Oslo
Tönsberg
Vänersee
Vättersee
Lödöse
Reval
Dagö
Ösel
Rigaer Meerbusen
Visby
Gotland
Riga
Öland
Kattegat
Ostsee
Landskrona
Åhus
Seeland
Kopenhagen
Malmö
Kalundberg
Skanör
Ystad
Nyborg
Naestved
Falsterbo
Fünen
Bornholm
Rönne
Memel
Kaunas
Königsberg
Lolland
Stolp
Rügenwalde
Braunsberg
Rügen
Danzig
Elbing
Kiel
Stralsund
Kolberg
Rostock
Lübeck
Greifswald
Wismar
Anklam
Gollnow
Kulm
Hamburg
Stettin
Stargard
Narew
Netze
Lüneburg
Thorn
Elbe
Uelzen
Oder
Bug
Salzwedel
Stendal
Aller
Berlin
Braunschweig
Brandenburg
Frankfurt/Oder
Helmstedt
Magdeburg
Goslar
Halberstadt
Warta
Nort-
heim
Aschersleben
Quedlinburg
Halle
Göttingen
Breslau
Oder
Weichsel
Krakau
0 50 100 150 km

Hiram Kümper

Der Traum vom Ehrbaren Kaufmann

Hiram Kümper

Der Traum vom Ehrbaren Kaufmann

Die Deutschen und die Hanse

Propyläen

Im dankbaren Gedenken
an Karl-Friedrich Krieger (1940–2020).

MIX
Papier aus verantwortungsvollen Quellen
FSC® C014496

Propyläen ist ein Verlag der Ullstein Buchverlage GmbH
www.propylaeen-verlag.de

ISBN 978-3-549-07649-1

2. Auflage 2021

Karten: Peter Palm, Berlin
Gesetzt aus der Scala
Satz und Repro: LVD GmbH, Berlin
Druck und Bindearbeiten: GGP Media GmbH, Pößneck
Printed in Germany

Inhalt

Die Deutschen und der Ehrbare Kaufmann: eine eigenartige Liebesgeschichte 9

Hanse – was ist das eigentlich? 21
1370 | 1870: von der Waffen- zur Studiengenossenschaft 22
Osthusens Sophismen und der hansische Knoten 25

Die große Transformation: der Stoff, aus dem Hanse wurde 32
Vor der Hanse: ein Wirtschaftsraum im Norden 32
Klimawandel und Kreuzzüge: Europa gerät in Bewegung 44
Ein neuer Zentralort im Schutze des Löwen: Lübeck tritt in die Geschichte 50

***Over sand unde over see:* die Geburt der Hanse aus Privilegien und Fahrtgemeinschaften** 61
Die Hanse – ganz ohne Meer? Westfalen und das Rheinland als frühe Kernzonen 65
Von *homines duri* zu Pfeffersäcken: Der Kaufmann wird sesshaft 71
Nordeuropa nach 1200: Der Boom nimmt Fahrt auf 74

Autonomie und Bünde: die Geburt der Hansestadt aus dem feudalen Vakuum 84
Handelssicherheit: zwischen *maghribi traders* und Mafia. 84
Vom Sicherheitsbedürfnis zur Privilegienpolitik 93

Der Boom kommt zum Ende – aber nicht für die Hanse 102
Konfrontation und Konföderation: Die *Dudesche Hense* tritt in die Geschichte ... 107
Stralsund, 1370: der König und die Kaufleute ... 111

Kaufleute, Koggen und Kontore: die Auslandsstützpunkte der Hanse ... 118
Der Petershof in Nowgorod: die »Mutter des hansischen Handels« ... 122
Der Stalhof in London: hansische Mehrstimmigkeit unter einem Dach ... 132
Der Weltmarkt des Westens: der *ghemene copman* in Brügge ... 136
Die *bryggen* in Bergen: zwischen dem Polarkreis und Italien ... 141
Unterwegs *over sand unde over see* – nicht nur zwischen den Kontoren ... 145

Hansischer Handel: zwischen Vertrauensökonomie und Innovationsrückstand? ... 161
Der hansische Ameisenhaufen und die Neue Institutionenökonomik ... 162
Die Hansen und das liebe Geld ... 180
Auf dem Rücken der Ameisen: hansische Warenwelten ... 190
Wie wurde man eigentlich Hansekaufmann? ... 205
Der Pfeffersack und seine Bücher – ein rückständiger Unternehmertypus? ... 214

Eigentum verpflichtet – aber wozu? Der hansische Kaufmann zwischen Himmel und Erde .. 219
Soziales und religiöses Leben in der mittelalterlichen Stadt ... 220
Die Ökonomie des Heils und die Erfindung der Wirtschaftsethik ... 233

Von fluider Verfasstheit und situativen Identitäten: die Städte und die Kaufleute 240
Die »Herren der Hanse« und das Regiment in der Stadt 241
Der Hansetag als organisatorisches Interface 251
Kaperbriefe und Kanonen: Hansestädte im Krieg 265
Stadt, Recht, *lex mercatoria*: kaufmännische Konflikte . . . 279

Der Herbst der Hanse und ihr Blätterwald: reagieren auf die *newe* und die Neue Welt 290
Eine *newe welt*? Der moderne Staat schlüpft aus dem Ei 292
Im Osten: Ein Großfürst wird Zar und es gibt Streit um das *dominium maris Baltici* 306
Die *martinianische Sekte* im Norden: Hanse und Reformation 315
Distributionsrevolution und *vulle mascopey*: Wandlungen im hansischen Handel 324
1554/57 – ein Quantensprung, erstaunlich leise: Die Hanse wird zur *confoederatio* 331

***Vor Zeiten wart ihr Hänse ... heute seid ihr Gänse:* Solidarität im europäischen Krisenjahrhundert?** 335
Das Ringen um die *hansische societet* und die letzten gemeinsamen Aktionen 336
Die Hanse und der *Teutsche Krieg* 347
Von Münster nach Rastatt: die Hanse im *siècle de Louis XIV* 354

Der Hanse ist tot, es lebe der Hanseat: Nachleben im Norden und anderswo 363
Politischer Stresstest: vom Alten Reich zu neuem Selbstbewusstsein 363
Neuanfang im Warmen: hanseatische Beziehungen nach Übersee 365

Eine »halbvergessene Antiquität« erwacht langsam wieder zum Leben: die bürgerliche Hansegeschichtsschreibung . . . 370
Schiffe für den Kaiser: die Hanse und die wilhelminische Flottenpolitik . . . 375
Vom *nordisch-germanischen Geist* zur *Brücke zwischen Ost und West:* neue identitäre Aufgaben . . . 378
Die Hanse der Neuzeit: offen, inklusiv ... und nicht ganz historisch . . . 386

Der Ehrbare Kaufmann und die Hanse: Visionen für eine geläuterte Wirtschaft? . . . 391

Anhang . . . 405
Anmerkungen . . . 407
Quellen- und Literaturverzeichnis . . . 459
Bildnachweis . . . 525
Register . . . 526

Die Deutschen und der Ehrbare Kaufmann: eine eigenartige Liebesgeschichte

und wenn ihr halbweg ehrbar thut,
dann habt ihr sie all unterm hut

J. W. v. Goethe, Urfaust, V. 421–422

Oktober 2019. Der Hörsaal einer mittelgroßen deutschen Universität, die mit Recht stolz auf ihre handelshochschulischen Wurzeln ist. Der Personalberater und »Ethik-Experte« im Bund Deutscher Unternehmer Christoph Dyckerhoff spricht über »Die Werte des Ehrbaren Kaufmanns und die heutigen globalen Märkte«. Untertitel: »Ist Ethik noch ein Erfolgsfaktor?« Der Saal ist bestens gefüllt, die Stimmung gut. Dyckerhoff spricht mit vielen Beispielen und führt einen selbst produzierten Film vor. Darin fragt er Führungspersönlichkeiten mittelständischer Unternehmen aus der Region nach der Bedeutung von Ethik für ihre Unternehmensführung. Die vollkommen überraschende Antwort: ganz wichtig. Für alle.[1]

Vorträge wie dieser sind wieder häufiger geworden. Werteorientierung und Unternehmensethik produzieren nicht nur Publikum, sondern Bücher, Fortbildungen, Lehrstühle, Firmenabteilungen. Das ist erst einmal ein gutes Zeichen. Es zeigt, dass auf Unternehmerseite ein Bedarf an Verantwortlichkeit und moralischem Handeln identifiziert worden ist. Schwierig ist dann unter Umständen nur, wie auf diesen Bedarf reagiert wird – nachhaltig oder mit Discounterstrategie, mit dem Ziel einer Veränderung oder als Selbstbestätigung des Status quo.

Zu dieser wirtschaftsethischen Konjunktur gehört ein weitverbreitetes Reden über den Ehrbaren Kaufmann und seine Kinderstube: die mittelalterliche Hanse. Meist ist das ein Reden, das sich vor allem im affirmativen Bezug auf sehr allgemeine Tugenden wie Aufrichtigkeit, Transparenz und Verlässlichkeit erschöpft und wenig danach fragt, wie diese Tugenden implementiert oder gar in ihren konkreten Handlungsausflüssen überprüft werden. Sozialethische Normen spielen keine wesentliche Rolle, es geht vor allem um Glaubwürdigkeit. Da liest man etwa die Weisheit, dass »die Haltung eines mit Bedacht agierenden Ehrbaren Kaufmanns« helfe, die Herausforderungen der Zukunft »besser zu meistern, aus diesen Vorteile zu generieren und negative Auswirkungen zu vermeiden«.[2] Bedachtsamkeit verhilft also zu besseren Entscheidungen. An anderer Stelle braucht es einen »Doyen der deutschen PR-Szene« als Autorität, um die folgende tiefgreifende Einsicht mit wörtlichem Zitat zu belegen: »Wer arglistig täuscht, setzt seine Glaubwürdigkeit aufs Spiel.«[3] Der Ehrbare Kaufmann tue so etwas nicht. Er handele vielmehr »reflektiert, gibt Acht auf andere, wie beispielsweise die Mitarbeiter, und bedenkt die Folgen des eigenen Handelns. Dadurch erreicht er Stabilität und Frieden in der Gesellschaft – was dann auch wieder Nutzen für ihn selbst bringt.«[4]

Ehrbarkeit durch die rosarote Brille

In diesem Sinne ist der Ehrbare Kaufmann schlicht ökonomischer Kitsch. – Kitsch, das ist das Gegenteil von Analyse, ist Emotions- und Affektakkumulation. Kitsch kann, wie Adorno einmal gesagt hat, geradezu »dümmlich tröstend« wirken, weil man damit Profanes, Banales, Selbstverständliches verklärt.[5] Alexander Grau hat unlängst eindringlich vor der Neigung zum »politischen Kitsch« gewarnt, die er den Deutschen attestiert.[6] Er macht das an der vermutlich einzigen Gruppe fest, die es derzeit mit ihren Idealen – egal, wie naiv das manchmal in der praktischen Umsetzung sein mag – einigermaßen ernst meint: den Jugendlichen der Fridays-for-Future-Bewegung. Darüber könnte man mit dem Kolumnisten des konservativen *Cicero* füglich streiten. Dass allerdings Kitsch eine Erfindung des Bürgertums gewesen sei und ausdrücklich bürgerliche Lebenswelten anspreche, ist eine anregende Beobachtung. Er hat etwas mit Ästhetisierung zu tun. Und die muss man sich erst einmal leisten können. So mag es nicht verwundern, dass der Ehrbare Kaufmann nicht im Gebrauchtwagenhandel nebenan, nicht beim Asialaden um die Ecke und nicht bei den Filialleiterinnen deutscher Supermarktketten, sondern bei hochpreisigen Unternehmensberatungen und in Vorstandsetagen fröhliche Urstände feiert.

Es ist aber unnötig, in plumpe Sozialbinaritäten zu verfallen und nicht weniger plumpe Vorurteile gegen Hochfinanz und Businesswelt zu bedienen: Ästhetisierung ist nicht von sich aus etwas Schlechtes. Und dass Erfolg korrumpiere, mag ein oft beobachteter Befund, aber noch lange kein Automatismus sein. Vielmehr kann ein positives Leitbild, wenn es nur genug Zugkraft entwickelt, natürlich auch jede Menge positiver Effekte haben – selbst wenn die Motive, sich diesem Leitbild anzuschließen, keine pflichtethischen, sondern ganz menschliche sind. Anerkennung zum Beispiel, auf dem Markt oder bei Mitmenschen. Und schon sind wir wieder bei den Future-Freitagen: Wer mehr auf seine Klimabilanz achtet, um Teil einer Bewegung zu sein, und nicht, weil ihm das schon immer wichtig war, der achtet trotzdem immer noch auf das Klima. Und wer sich im Geschäftsleben ehrbar verhält, handelt immer noch gut – auch wenn er damit seine Wirkung auf Kunden und Geschäftspartner verbessern will und sich nicht aus rein altruistischen Gründen zügelt.[7]

Warum Kitsch auch zum Problem werden kann

Momentan sind es vor allem zwei Gruppen, die über den Ehrbaren Kaufmann reflektieren: einerseits unternehmerische Verbände, Vereine und Initiativen, die aus einem sympathischen Idealismus heraus eine Bewegung anzustoßen versuchen, und andererseits: Beraterfirmen. Und hier liegt ein Problem. In der Welt betriebswirtschaftlicher Beratung, die dauernd neue Allheilmittel wie »Design Thinking« und »Blue Ocean Strategies« hervorbringt, hat nämlich die Renaissance des Ehrbaren Kaufmanns einen ganz eigenen, hilfreichen Effekt, den nur historisch fundierte Konzepte entfalten können: Die Consulting-Gurus können das sich immer schneller drehende Rad stetig neuer Moden und Modelle in der Managementtheorie beklagen und gleichzeitig mit einem (vermeintlich) historisch getesteten Heilsversprechen dieses Rad und damit die eigene Branche weiter am Laufen halten. Ganz nebenbei lässt sich das auch relativ leicht ins Berater-Werk setzen, denn wie funktioniert Storytelling besser als mit realen Storys, nämlich Hi-Storys?[8] Sie geben dem trockenen Gerippe wohlfeiler ethischer Imperative das nötige visionäre Fleisch und vermitteln zugleich einen Hauch von Empirie. War ja schließlich alles schon mal so. Wir müssen uns nur erinnern. Besser noch, weil emphatischer: rückbesinnen.

Dieser Trend ist Ausdruck einer generellen Entwicklung, die kritische Betriebswirtschaftlerinnen international schon länger mit Sorge beobachten: dass nämlich die Beraterwelt immer mehr Einfluss im ökonomischen System entfaltet, sich aber zugleich von der wissenschaftlichen Produktion der Datengrundlage, aufgrund derer sie berät, entkoppelt.[9] Kurz gesagt: Die Modelle werden visionärer, aber auch luftiger. Der Luzerner Wirtschaftswissenschaftler Bruno Staffelbach hat zu Recht schon vor fast zwanzig Jahren festgestellt, »dass die Lebensdauer der Akzeptanz von betriebswissenschaftlichen Aussagesystemen immer kürzer wird ..., verbunden mit dem unguten Gefühl, inwieweit es sich bei der Betriebswissenschaft angesichts dieser Diagnose dann noch tatsächlich um eine ›richtige‹ Wissenschaft handeln kann«.[10] Daran hat sich seitdem nichts geändert. Im Gegenteil: Der Prozess hat sich noch beschleunigt. Das betrifft auch das Reden vom Ehrbaren Kaufmann. Vor »Märchenstunden für das Management« und einer platten Vereinfachung von Ursachenbeschreibung und Therapievorschlag, kurz vor »Unternehmensverantwortung *light*« haben etwa auch Thomas Beschorner und Thomas Hajduk vom renommierten St. Galler Institut für Wirtschaftsethik gewarnt.[11] Der Ehrbare Kaufmann als Remedium sei »ebenso sympathisch wie einfach, und dies sind wohl die Hauptgründe für die Attraktivität der Metapher«.[12]

Tradition als Antwort auf die Herausforderungen der Gegenwart? Galopp auf alten und neuen Seidenstraßen

Mitunter können die von Beschorner und Hajduk kritisierten »Märchenstunden« aber auch ziemlichen Zündstoff bieten. Dann nämlich, wenn sie nicht nur unternehmerisches Handeln, das sowieso stattfindet beziehungsweise bereits stattgefunden hat, in schicke neue Kleider hüllen, sondern eine in die Zukunft gerichtete Wirtschaftspolitik mit neuen Argumenten ausstatten.

Eine solche Idee von der Hanse als historischem *role model* für zukünftige Entwicklungen hat jüngst der Sinologe Marcus Hernig in seinem Buch über den *Weg des chinesischen Drachens ins Herz Europas* ganz handfest aufgemacht.[13] Darin behandelt der China-Experte, der mittlerweile vor allem als Publizist und Berater tätig ist, die als »Neue Seidenstraße« bekannt gewordene *Belt and Road Initiative* (BRI) der chinesischen Regierung unter Staatspräsident Xi Jinping. Zwei Handelskorridore sollen das alte Reich der Mitte mit dem Westen verbinden: eine südliche *road* entlang der alten Seidenstraße (die *Maritime Silk Road* oder MSR) von China über Südasien nach Afrika und ein nördlicher *belt* über Land (*Silk Road Economic Belt* oder SREB), der sich vom östlichen China über Zentralasien, die Türkei und Iran mit einem Schlenker über Russland und das Baltikum bis nach Duisburg und Rotterdam windet. Verkehrs-, Infrastruktur- und Kommunikationsnetze sollen die einzelnen Stationen dieser weit ausgreifenden Korridore immer enger miteinander verbinden.

Für Industrie und Handel nicht nur in Schwellenländern ist diese Planung zunächst einmal eine große Chance, weil viel chinesisches Geld insbesondere für Infrastrukturmaßnahmen nach Westen fließt. Auch in der deutschen Wirtschaft findet die chinesische Vision daher durchaus positiven Widerhall – zumal jetzt, wo COVID-19 große Sorgen um die weitere Konjunkturentwicklung erzeugt und manche der chinesischen Regierung attestieren, die Krise rasch und effektiv in den Griff bekommen zu haben. Vielen anderen Europäerinnen und Europäern dagegen bereitet das ehrgeizige Projekt seit Jahren immer größere Sorgen – und durchaus nicht nur unverbesserlichen Gutmenschen, die das nonchalante Wegsehen des Westens gegenüber den Menschenrechtsverletzungen in China stört oder die sich über Petitessen wie »Nachhaltigkeit« in Umweltfragen Gedanken machen. Auch Ökonomen warnen vor den Abhängigkeiten und Einflussnahmen, die mit den immensen Investitionen aus der Volksrepublik einhergehen.[14]

Keine Angst, sagt Hernig, wir Deutschen hätten schließlich ein Erfolgsrezept, das wir den chinesischen Ambitionen entgegensetzen und sie so produktiv für Europa und insbesondere Deutschland nutzbar machen könnten: die Hanse. Diese Erfahrung könne uns helfen, meint Hernig, »den Drachen [zu] reiten«.[15] Um seine Ansicht zu begründen, stellt er zunächst fest, dass auch die alte Seidenstraße sich vor allem als Verbindung zwischen prosperierenden Städten darstellte, die zwischen Xi'an und Samarkand das Netzwerk der südlichen Seidenstraße gebildet hätten. Eine »ähnliche Geschichte urbanen Erfolgs«, nur eben »made in Germany«, sei auch die Hanse im Norden gewesen. Sie könne »viel Vorbildliches für unsere heutige Zeit« bieten, eben »genauso wie die Alte Seidenstraße den Chinesen als Muster für die Zukunft der Welt dient. Der Unterschied«, so diagnostiziert Hernig weiter, sei lediglich, »dass wir uns daran bestenfalls historisch erinnern und die schönen alten Rathäuser oder wuchtigen Stadttore, wie das Lübecker Holstentor, bewundern. Die Chinesen nutzten das Alte, um daraus das Neue zu formen. Sie bilden keine abstrakten Neubegriffe wie die EU, mit denen außer den Bürokraten und sogenannten Entscheidungsträgern im Grunde niemand etwas anzufangen weiß.«[16]

Dass mit dem Begriff der Hanse tatsächlich mehr Deutsche »etwas anzufangen« wissen als mit mancher begrifflichen Neuschöpfung, steht außer Frage. Fraglich aber ist, was Assoziationen, wie sie Hernig aufruft, nützen sollen, um »das Neue zu formen«: Nummernschilder, Fluggesellschaften und eine irgendwie diffuse Vorstellung von nordischem Seehandel. Kann nicht gerade ein (Miss-)Verständnis des »Alten«, (vermeintlich) Bekannten manchmal gefährlicher sein als die unbequemen, aber deshalb wenigstens sichtbaren Verständnishürden »abstrakter Neubegriffe«? Geschichte fühlt sich eben manchmal sehr komfortabel an, wenn man nicht wirklich nachdenken und nur affirmativ schwelgen möchte. Und genau das tut Hernig ausgiebig.

»Im Zentrum« der alten Hanse stand für Hernig »der Mensch, das erfolgreiche Einzelwesen. Im Grunde genommen ist die Hanse«, so führt er aus, »der Evolutionsprozess von Provinzhändlern zu angesehenen, ehrbaren Kaufleuten«, ja sie bildeten »eine Art Sitte heraus, einen Kodex des ehrbaren Kaufmanns, der sich heute in dem Ausspruch ›ein Mann – ein Wort‹ wiederfindet. ... Verlässlichkeit und Vertrauen waren Säulen, auf denen die Hanse als ein Netzwerk von Kaufleuten fußte.«[17] Die Hansekaufleute, die Hernig so idealisiert, entsprachen demnach ziemlich genau dem Tugendkatalog des Ehrbaren Kaufmanns, der heute landauf und landab aufgerufen wird – wie das so ist, wenn sich das Gestern und das Heute gegenseitig belegen und man das eine mit dem anderen, aber niemals mit historischen Quellen begründet. Denn die bleibt Hernig uns schuldig.[18]

Den Schritt von der geschichtsbildenden Kraft des »erfolgreichen Einzelwesens« hin zu einem Netzwerk, das vor allem Friede und Prosperität beschert, schreibt Hernig den Städten zu. Wie genau sie diese strotzende, geschichtsbildende Kraft der kaufmännischen Individuen in kooperative Bahnen gelenkt haben sollen, bleibt allerdings im Dunkeln. Und vermutlich auch mit gutem Grund – natürlich funktionierte, wie im vorliegenden Buch hoffentlich deutlich werden wird, diese harmonische Bindung nur aufgrund ökonomischer Anreize und entsprechend auch nur so lange, wie diese Anreize gegeben waren. Gerade deshalb war die Hanse ein »loser Bund«, der »am Anfang noch kein Prinzip, keine Statuten, keine ins Detail geplanten Zielvorgaben besaß. Genauso«, meint Hernig, »verhält es sich im Grunde mit BRI.«[19]

Das Schlimme ist: Er könnte in gewisser Weise sogar recht haben. Tatsächlich war die Abwesenheit von fester Struktur, gemeinsamen Zielvorgaben und einem großen, übergeordneten Plan, wie wir sehen werden, Programm der Hanse. Sie materialisierte sich eben immer nur dann, wenn sich eine Schnittmenge der Einzelinteressen ergab. Und das heißt: vor allem bei der gemeinsamen Nutzung ihrer Privilegien in den Auslandsstützpunkten und gegenüber den politischen Mächten, sobald ihre Privilegien zur Debatte standen. Umso schlimmer also, wenn China dabei wirklich ein *caput et principium omnium*, ein Haupt der Neuen Seidenstraße würde, das Lübeck, entgegen Hernigs Behauptung, nun wirklich nie gewesen ist.[20] Von mangelnder Festlegung würde der übermächtige Partner, der auf keinerlei Regeln Rücksicht nehmen müsste, wohl am meisten profitieren. Das eben nicht unter Gleichen geschlossene, sondern von Peking aufgebaute und unterhaltene Netzwerk von Infrastrukturnutznießern könnte immer dann Druck nach außen und innen ausüben, wenn es um die Verteidigung chinesischer Privilegien ginge – und würde alle Befürchtungen der BRI-Kritiker rundherum bestätigen. Da hilft es auch nicht, dass Hernig das politische Ausgreifen ins Ausland als besondere Leistung der Hansekaufleute idealisiert: »Im Zenit seiner Macht war Brügge, Handels- und Finanzzentrum Flanderns, Juniorpartner des Bundes, der seinen Regeln zu folgen hatte.«[21] Das ist zum Glück historisch Unsinn. Aber dass es als offenbar wünschenswerter Zustand in Parallele zu den chinesischen Ambitionen aufgeführt wird, stimmt doch bedenklich.[22]

Auch ohne weitere Detailexegese von Hernigs aporetischen Vergleichen um die Neue Seidenstraße dürfte klar geworden sein: Mit Hansebildern kann man nicht nur einfache, aber harmlose Silhouetten traditioneller ehrbarer Kaufmannschaft aufbauen, man kann auch politische Modelle entwerfen. Solche historischen Folien können dann sehr rasch eine beklemmende Wirkmacht entfalten – gerade wenn sie so flexibel sind, wie es die historische Hanse war. Jüngst hat übrigens der Münchener Sinologieprofessor Roderich Ptak in einem anregenden Essay nachdrücklich darauf hingewiesen, dass auch mit Blick auf die Seidenstraße des Mittelalters und insbesondere auf die Fahrten des chinesischen Admirals Zheng He, der in sieben geradezu mythisch verklärten Expeditionen zwischen 1405 und 1433 den Pazifik und den Indischen Ozean befuhr, die »lückenhafte Überlieferung dazu einlädt, bestimmte Sachverhalte nach Gusto nutzbar zu machen«.[23]

Nun ist historische Überlieferung per se lückenhaft. Für die Hanse sind wir allerdings in der einerseits glücklichen, andererseits höchst unbequemen Situation, dass in den Archiven und Bibliotheken noch für viele Generationen von Forscherinnen und Forschern Material lauert. Wir können also jetzt schon ziemlich gut und in Zukunft immer präziser über die Hanse Bescheid wissen, obgleich sie sich alle Mühe gegeben hat, sich stets dem Griff der Eindeutigkeit zu entziehen. Immerhin wissen wir über die Details, über den hansischen Handel, das Auftreten gegenüber den Herrschern Europas und die zähen Aushandlungsprozesse zwischen den Städten eigentlich schon eine ganze Menge. Und dennoch ist auch die mittelalterliche Hanse ein Phänomen, auf das man, so scheint es, nur zu gern die eigenen Zukunftsvorstellungen projiziert – und zwar bemerkenswerterweise ausschließlich positive. Hanse und Ehrbarer Kaufmann sind Hoffnungsträger, die mit dem Blick zurück in die Geschichte ein besseres Morgen versprechen sollen. Grund genug, sich der Geschichte der Hanse immer wieder aufs Neue anzunehmen. Und genau das wollen wir nun tun.

Jede Zeit entdeckt die Hanse neu – wir auch

Bevor es nun aber darangeht, sich lustvoll in den Details dieser spannenden Uneindeutigkeit und in der Buntheit des spätmittelalterlichen Lebens zu verlieren, ist es an der Zeit für Bekenntnisse: Was soll dieses Buch? Was hat es sich vorgenommen? Was erwartet mich als Leserin oder Leser?

Zunächst soll in diesem Buch Hansegeschichte erzählt werden. Das haben schon andere getan – auf großartige Weise. Klaus Friedland, Rolf Hammel-Kiesow und Carsten Jahnke etwa haben auf je eigene Art die große Kunst bewiesen, ein Thema wie die Hanse auf knappem Raum konzise darzulegen. Von den wertvollen älteren Titeln will ich nur den Elsässer Historiker Philippe Dollinger ausdrücklich nennen, dessen erstmals 1966 vorgelegtes Hansebuch mit gutem Grund bis heute aktualisiert und neu aufgelegt wird.[24] Dollinger war selbst kein Hansehistoriker. Er hatte zuvor nie eine Zeile über die Hanse geschrieben und legte dann ein Buch vor, das für einige Zeit die einzige und bis heute eine einschlägige unter den zwischenzeitlich sattsam vermehrten Gesamtdarstellungen blieb.

Dieses Buch tritt also in große Fußstapfen, es soll noch einmal Hansegeschichte erzählen – und das mit vielen Details und in aller Ruhe, weil ich den Luxus von etwas mehr Platz habe, den viele andere Darstellungen der jüngeren Zeit nicht hatten. Quellen sollen regelmäßig und auch im O-Ton zur Sprache kommen, denn nur so kann die Leserin ein Gespür für den »Sound« dieser Überlieferung bekommen. Und für ihr Charisma.

Dieses Buch soll aber auch eine Geschichte von Geschichte werden. Davon, wie sie gemacht und benutzt wird, welche Risiken und Nebenwirkungen sie birgt, welche Pfadabhängigkeiten die Gegenwarten jener mit sich bringen, die sich mit ihr beschäftigen. Denn es hat ja einen Grund, warum jede Generation sich wieder neu mit der Hanse beschäftigt – und stets etwas Neues an ihr findet, bis heute. Dieses große, fast ein bisschen anmaßende Programm soll es erlauben, neben den bereits bestehenden Darstellungen etwas einigermaßen Neues zu bieten.

Die Kapitel folgen zuerst einer sachlichen, in zweiter Linie einer groben chronologischen Reihenfolge: Nach einem kleinen Vorgeschmack, was es mit der Hanse als ziemlich fluidem Faszinosum auf sich hat, wird es in den beiden folgenden Kapiteln um den nordeuropäischen Raum und damit die Voraussetzungen gehen, unter denen sich niederdeutsche Kaufleute erst im Ausland und später auch in ihren Heimatstädten organisierten. Es geht um die »große Transformation«, die ein bereits blühender und durch intensiven Seeverkehr hochvernetzter Wirtschaftsraum im 12. Jahrhundert erfuhr, als er endgültig europäisiert wurde. Und darum, wie diese Veränderung mit der in dieser Zeit ebenfalls boomenden Städtelandschaft in Kontinentaleuropa zusammenhing. In dieser Umbruchsphase, der Hochphase einer kommerziellen Revolution, die ganz Europa erfasste, entstand die Hanse. Sie verdichtete Bestehendes und integrierte neu entstandene Akteure, auch indem sie andere gezielt ausschloss. Zu der Zeit, als der große Boom Anfang des 14. Jahrhunderts zu Ende ging, bildete sie flexible Strukturen der Zusammenarbeit aus, mit denen sie sich selbst, ihre Städte und Kaufleute erfolgreich über die folgende Krisenzeit hinüberrettete. Um dieses Zusammenrücken geht es im vierten Kapitel.

Damit ist die Hanse, wie wir sie aus dem Schulbuch kennen und lieben, endlich geboren: der große Verbund der großen Städte, der kräftig in der Politik mitmischte und halb Europa auf freundlich-ehrbare Weise mit Waren versorgte. Wie viel davon stimmt und wie viel davon allzu lieb gewonnene Übertreibung ist, behandeln die anschließenden Kapitel. Sie sind eher thematisch als chronologisch aufgebaut und fokussieren auf das 14. und 15. Jahrhundert. Es geht um die Außenbeziehungen der Hanse und ihrer Städte, vor allem in den Kontoren, um die politische Verfasstheit der Hansestädte und ihr Zusammenwirken, aber auch um den kaufmännischen Alltag und die Formen des Handels.

Die letzten drei Kapitel behandeln die Transformation der Hanse im großen europäischen Strukturwandel zu Beginn der Neuzeit, ihr langsames Versanden in der Zeit der großen Kriege und der Staatenbildungen, schließlich ihr Nachleben in den Seestädten des Nordens und ihre ganz erstaunliche Renaissance zum Ende des 19. Jahrhunderts. Wir werden vor allem in diesen letzten Kapiteln eines immer wieder feststellen: Jede Zeit macht sich ihr Bild von der Hanse – so auch wir. Nun hat ein Bild stets seine ganz eigene Perspektive, seine Auflösung und seinen Fokus. Wer malt, wer fotografiert, wer digital an Bildern arbeitet, der erlebt das tagtäglich. Und wenn das schon mit der Gegenwart, die wir so unmittelbar vor unserer Nase, vor der Linse oder auf dem Bildschirm vor uns haben, so ist – wie sollte es da mit der Geschichte anders sein? Sie fügt schließlich den vielen unbequemen Entscheidungsprozessen beim Bildermachen noch eine weitere Dimension hinzu: die Zeit.

Ein Bild, hat Kurt Tucholsky einmal gesagt, sagt mehr als tausend Worte. Das macht seine Schönheit aus – und stellt uns spätestens dann vor Probleme, wenn Bilder zu Argumenten werden. Denn die Uneindeutigkeit komplexer Bilder, die Abwesenheit von eindeutigen Reihenfolgen und Zeitabläufen, die Gleichzeitigkeiten und unklaren Fokusse, all das macht sie interpretierbar, formbar. Das macht sie überhaupt erst schön und interessant – aber letztlich auch benutzbar. Für Geschichtsbilder gilt das genauso. Sie können Argumente für vieles, auch für Gegensätzliches werden. Deshalb muss man immer wieder über sie reden. Genau das versuche ich in diesem Buch.

Mit Büchern ist es ja immer so eine Sache: Einer schreibt sie und hat den Spaß – aber ganz viele andere haben die Arbeit damit. Das ist beim vorliegenden nicht anders. Viele Bibliotheksmitarbeiterinnen und -mitarbeiter und nicht zuletzt auch mein Team am Lehrstuhl haben unglaubliche Mengen an Literatur gewuchtet, damit der Kümper etwas zu lesen hatte. Manchem Archivar verdanke ich nicht nur einen wunderbaren Lesesaal, sondern auch das eine oder andere Bier oder den entscheidenden Kaffee – alles wichtige Schmierstoffe für ein gutes Buch, weil sie typischerweise mit Gesprächen serviert werden. Tatsächlich haben viele Kolleginnen, Kollegen und Freunde durch spannende Ideen und kluge Ratschläge zu diesem Buch beigetragen, von denen Professor Inga Mai Groote besondere Erwähnung verdient.

Der größte Dank gilt allerdings dem Verlag: Kristin Rotter hat dieses Buch nicht nur angeregt, sondern bis zum Schluss mit vielen wichtigen Impulsen und sehr, sehr viel Geduld begleitet, Jan Martin Ogiermann durch sein feinsinniges und gründliches Lektorat aus dem Manuskript überhaupt erst ein Buch gemacht. Wer an der Berliner Friedrichstraße und anderswo noch alles im Vorder-, Hinter- und Zwischengrund gewirkt hat, lässt sich kaum aufzählen und erahne ich vermutlich auch nicht einmal in Gänze.

Trotz all dieser umfänglichen Unterstützung gilt: Was immer an Patzern stehen geblieben sein sollte, habe nur ich zu verantworten. Oder, wie es in einer Predigtsammlung des Münchner Hofpredigers Caspar Franck aus dem Jahr 1571 so treffend heißt: *Was … in der Correctur ubersehen, wirt ain verstendiger Leser leichtlich zu corrigirn wissen.* Na eben. Ihr macht das schon, liebe Leser!

Eine Bemerkung noch, bevor es losgeht: Aufmerksamen Leserinnen und Lesern wird nicht entgehen, dass im Folgenden bei Gruppenbezeichnungen mal die männliche, mal die weibliche Form genutzt wird. *Variatio delectat* – und schafft auch kein Geschlechtergleichgewicht, aber bemüht sich doch wenigstens um etwas weniger Einförmigkeit. Selbstverständlich sind in diesen Fällen stets alle Geschlechter gleichermaßen gemeint.

Hanse – was ist das eigentlich?

Die Hanse ist zentrales Argument und historisches Vorbild für jene, die Visionen einer vermeintlichen Rückkehr zu ehrbarer deutscher Kaufmannschaft entwerfen wollen. Tatsächlich ist die Hanse in besonderer Weise dazu angetan, solche und andere Vorstellungen auf sie zu projizieren, denn sie ist nur schwer auf einen Begriff zu bringen – was den historischen Akteuren zu ihrer Zeit nur recht war. Konsequent entzogen sich die Hansestädte einer Definition, welche politische Qualität ihr Bündnis denn nun eigentlich habe. In der Zeit ihrer größten wirtschaftlichen und politischen Entfaltung war das der Garant für ein flexibles Handeln bei möglichst geringer kollektiver Verantwortung.

Dabei sind die Politisierung der Hanse, ihre Anwendung als Projektionsfläche für Zukunftsvisionen und als legitimierender Verweis in aktuellen Debatten ein vergleichsweise junges Kind. Noch vor gut zweihundert Jahren war das ganz anders, war die Hanse ein rein historischer Gegenstand ohne störende Gegenwartsbezüge – und entsprechend auch kaum der Untersuchung wert. Im Jahr 1797, mitten in den Wirren der Revolutionskriege also, »empfing«, wie er selbst im Vorwort schreibt, der Göttinger Gelehrte Georg Friedrich Sartorius (1765–1828) die Idee für seine vierbändige *Geschichte des hanseatischen Bundes,* die 1802 im Druck erschien.[1] Gerade einmal zwei Jahre zuvor hatte er übrigens seine *Geschichte des Deutschen Bauernkrieges* vorgelegt, die alles, nur nicht unpolitisch war.[2] Nun aber gestand er freimütig ein: »Die damahlige Lage der öffentlichen Angelegenheiten Europa's wies einem politisch-historischen Schriftsteller einen sehr beschränkten Wirkungskreis an, wenn er anders Mißverständnissen entgehen, die bereits bestehenden nicht noch vermehren und dennoch der Wahrheit getreu bleiben wollte, zu einer Zeit, wo Alle bereits Partey ergriffen hatten.« Sartorius scheute also die Konfrontation, die Hanseforschung war ihm geradezu eine Form von Eskapismus: »Bey den mühevollesten Untersuchungen über das Mittelalter konnte man indeß hoffen, die Greuel der Gegenwart wenigstens augenblicklich zu vergessen.« Das kann man über eine gute Portion des öffentlichen Interesses am Mittelalter im Allgemeinen und an der Hanse im Besonderen sicher auch heute noch sagen. Und so gipfelt Sartorius' Bekenntnis in dem heute oft mit einem Schmunzeln zitierten Verdikt über die mittelalterliche Hanse: »Ein harmloserer, politischer Gegenstand ließ sich aber nicht wohl auffinden als diese halbvergessene Antiquität.«[3]

Das sollte sich im Laufe des anbrechenden Jahrhunderts gründlich ändern. Tatsächlich nahm sich das Bürgertum der norddeutschen Städte der Hanse und ihrer Geschichte so gründlich an, dass diese zu einem neuen Kristallisationspunkt ihrer Identitätspolitiken wurde. Und so sollte es auch die Weichen für die Erforschung der Hanse für die nächsten anderthalb Jahrhunderte stellen.

1370 | 1870: von der Waffen- zur Studiengenossenschaft

Während man im Mai 1870 in Berlin den Krieg gegen Frankreich vorbereitete, wurde in Stralsund gefeiert. Zum 500. Male jährte sich der Friedensschluss mit Dänemark, der die Hanse, jenes erst seit einigen Jahrzehnten wiederentdeckte Erbe deutschen Glanzes an Nord- und Ostsee, zum Höhepunkt ihrer Machtentfaltung brachte. So jedenfalls sahen es die Zeitgenossen und beriefen sich gerne auf die erfolgreichen Vorfahren, die dank ihrer engen Verbundenheit den mächtigen Dänenkönig Waldemar so weit in die Knie gezwungen hatten, dass ihnen sogar ein Mitspracherecht bei der dänischen Königswahl eingeräumt wurde.[4] Am Rande dieser Feierlichkeit fand sich auch eine Reihe von Historikern und interessierten Laien für eine Vereinsgründung zusammen. Im Jahr darauf war der *Hansische Geschichtsverein* (HGV) geboren, der es sich zur Aufgabe machte, diese glorreiche deutsche Vergangenheit zu erforschen. Er ist bis heute die zentrale Institution der internationalen Hanseforschung.

Zur Vereinsgründung gab man sich ein mit einem Doppeladler geziertes Siegel. Die äußere Umschrift lautete: *SIGNUM: CIVITATUM: MARITIMARUM: AO: 1370*, also »Siegel der Seestädte des Jahres 1370«, die innere Umschrift *SIEGEL + DES + HANSISCHEN + GESCHICHTSVEREINS + 1870 +*. Im ersten Band des Vereinsorgans, der noch heute erscheinenden *Hansischen Geschichtsblätter*, begründete der erste Vorsitzende des Vereins Wilhelm Mantel die Wahl des Siegels so: »Der Doppeladler deutet auf die alte so gut wie die neue Reichszugehörigkeit, durch Annahme seines Bildes schliessen wir die weiland Hansestädte des römischen Reiches so wenig aus, wie die Beziehung auf das im Jahre unserer Gründung 1871 neu errichtete deutsche Kaiserthum.«[5] Er verband ausdrücklich das »Signum der Seestädte, das Zeugnis althansischer Waffengenossenschaft« mit dem neuen »Symbolum neuhansischer Studiengenossenschaft«. Den nord-

Abb. 1: Mit dem Doppeladler im Vereinssiegel verband der Hansische Geschichtsverein seit 1871 das alte und das neue Kaiserreich.

deutschen Bürgern, die 1870 den Hansischen Geschichtsverein gründeten, waren ihre Vorgänger in den Seestädten des 14. Jahrhunderts unmittelbares Vorbild und Identifikationspunkt. Nur Waffen musste man keine mehr führen. Dafür hatte man ja nun seinen Kaiser.

Lange über die unmittelbare, nationalistisch kolorierte Zeitgebundenheit hinaus sollte sich dieses Bild der mittelalterlichen Hanse, mit dem der Hansische Geschichtsverein die neue Hanseforschung beförderte und in gewisser Weise auch zentralisierte, als Ballast herausstellen. Es war – und ist – das Bild eines geschlossenen, zwar nicht staatlich agierenden, aber doch an staatliche Kategorien angelehnten Städtebundes, der erstens seefahrend und zweitens militärisch aktiv gewesen sei. Kurz: Man sah hier eine politische Einheit mit schlimmstenfalls zeitweise mangelnder Bindungskraft und eben keinen Wirtschaftsverbund, der eine nur lose, situative Bindung bevorzugte. Dieses politikgeschichtliche Bild von der Hanse hat die Forschung bis in jüngste Zeit geprägt – und hält sich, nachdem wenigstens die Wissenschaft es weitgehend über Bord geworfen hat, entsprechend hartnäckig in der öffentlichen Vorstellung von der mittelalterlichen Hanse.

Wie sehr solche Grundvorstellungen den Blick auf einen Gegenstand vorbelasten können, lässt sich gut anhand der Periodisierung der Hansegeschichte vor Augen führen: Bis in allerjüngste Zeit hat man von der zweiten Hälfte des 14. Jahrhunderts als der »Blütezeit« der Hanse gesprochen.[6] Aus politischer Perspektive mag das einleuchten: Erfolgreich drückte die Hanse bei den Flamen durch eine Wirtschaftsblockade die Forderung nach Privilegien durch; noch erfolgreicher rang sie mit dem Dänenkönig Waldemar, was letztlich zu besagtem Stralsunder Frieden von 1370 und mittelbar also zu den Feierlichkeiten von 1870 führte. Wer aus einer anderen Perspektive, nämlich der des Handels, auf dieselben Ereignisse blickt, erkennt: Es waren besondere, geradezu krisenhafte Entwicklungen, die die Städte zu einem näheren Zusammenrücken und zum kollektiven Handeln zwangen. Und selbst dann beteiligten sich keineswegs alle Hansestädte – es war nicht »die Hanse«, die diese Maßnahmen ergriff, sondern ein jeweils situativ zusammengetretenes Bündnis einzelner Städte, die sich unter den Dachbegriff »deutsche Hanse« *(dudesche Hense)* versammelten. In gleicher Weise würde man aus dieser Perspektive das 16. Jahrhundert, das man für gewöhnlich mit dem »Niedergang« der Hanse verbindet, als ein Zeitalter großer Prosperität in vielen Hansestädten erkennen, in dem aber – wohl auch gerade deswegen – der hansische Kitt immer loser wurde. Man bedurfte der Hanse einfach nicht mehr.

Wir nähern uns also einem modernen Hansebegriff an, der die Unbestimmtheit und Flexibilität dieser Institution, die die Zeitgenossen ausnutzten und bewusst aufrechterhielten, ernster nimmt und sie nicht in unzeitgemäße politische Kategorien zu pressen versucht. Auch das mag wieder ein zeitgebundenes Bild sein, denn im Zeitalter der Globalisierung verlassen wir momentan die vielen lieb gewordenen Kategorien von Nationalstaat und Volkswirtschaft. Vielleicht erkennen auch wir in der Hanse nur das, was wir aus unserer eigenen Gegenwart heraus und mit unseren Deutungskategorien suchen. Nicht umsonst beschreiben immer mehr Hanseforscher ihren Gegenstand derzeit in Begriffen der heutigen Institutionenökonomik und der Netzwerkanalyse. Je klarer wir unsere eigene Zeitgebundenheit in der Analyse historischer Gegenstände eingestehen, desto wichtiger ist es, die Quellen zu Wort kommen zu lassen, um den Weg zu unserer Analyse offenzulegen. Und genau das wollen wir jetzt tun.

Osthusens Sophismen und der hansische Knoten

Aus dem Jahr 1469 ist uns ein Gutachten des Lübecker Syndikus Johannes Osthusen überliefert, eines Domherrn und promovierten Juristen.[7] Es antwortet ausdrücklich auf die eingangs gestellte Frage, was denn die Hanse nun eigentlich sei – und vermeidet zugleich jede Festlegung. Anlass und Verlauf des Konflikts, zu dem es Stellung bezieht, zeigen außerdem deutlich, wie weit es mit dem hansischen Zusammenhalt her war – und zwar sowohl in formell-institutioneller als auch in informell-ideeller Hinsicht, mit Blick auf eine gemeinsame, verbindliche Rechtsform ebenso wie hinsichtlich einer innerhansischen Solidarität. Ersteres versucht Osthusen ostentativ zu verneinen, das Fehlen des anderen wird aus der Notwendigkeit, überhaupt in dieser Sache zu gutachten, deutlich.

Die Hanse drückt sich aus der Kollektivhaftung

Auslöser war die Ermordung des königlichen Statthalters auf Island. Die Insel gehörte damals zur dänisch-norwegischen Krone; der Handel war zumindest theoretisch streng monopolisiert und für Ausländer verboten. Das unterliefen allerdings praktisch alle Handel treibenden Nationen der Zeit und so eben auch die Engländer. Dass es ausgerechnet englische Kaufleute waren, die im Streit mit den Isländern – in wohl stark alkoholisiertem Zustand – 1467 den königlichen Statthalter erschlugen, darf man also als Zufall bezeichnen. Trink- und rauffreudig war das kaufmännische Milieu jener Zeit schließlich unabhängig von der Herkunft; Strafzahlungen an lokale Herrschaften wegen der Verwundung oder sogar Tötung ausländischer Kollegen kommen in den hansischen Urkunden am laufenden Band vor.[8]

König Christian von Dänemark jedenfalls ließ auf diesen Vorfall hin zu Pfingsten des folgenden Jahres englische Schiffe auf dem Weg in die Ostsee festsetzen. Das war ein durchaus üblicher Fall der Kollektivhaftung (»Verbandsstrafe«), wie sie bei Fehdehandlungen auch zu Lande immer wieder griff: Einzelne Mitglieder wurden für Vergehen anderer Mitglieder derselben Gruppe zur Rechenschaft gezogen, um den Geschädigten schadlos zu halten. Diese wiederum konnten sich an die Gruppe oder deren hierarchisches Haupt, etwa einen Herrscher oder Stadtrat, wenden und versuchen, sich auf diese Weise schadlos zu halten. Die Logik dahinter war, dass die Konsequenzen von Fehlverhalten für den Geschädigten rasch gelindert und die längerfristigen Auswirkungen innerhalb der Gruppe der Schädiger ausgetragen wurden. Zugleich funktionierte dieses Vorgehen zumindest theoretisch präventiv.[9] Heute wirkt diese Haftungsform vor allem im Unternehmensrecht nach.

Dieses Prinzip der Verbandshaftung bringt selbstverständlich seine eigenen Probleme mit sich. Und entsprechend hat das Spätmittelalter mit der Haftung einer Gruppe für den Einzelnen immer wieder gerungen. Denn sie funktioniert nur so weit, wie Verbände auch wirklich Verantwortung für den Einzelnen übernehmen – nicht nur für den Schädiger, sondern vor allem für jenen, der an seiner statt zur Rechenschaft gezogen wird. Das setzt eine starke innere Kohäsion voraus. Und genau die hat es in der Hanse – entgegen allen romantisierenden Bildern, die das genaue Gegenteil behaupten – nie dauerhaft gegeben. Das Interesse, die Kollektivhaftung für sich selbst auszuschließen und sich im Ernstfall nicht als Kollektiv mit gemeinsamer Verantwortung hinzustellen, bewegte die Hanse dazu, betreffs ihrer Rechtsform konsequent zu lavieren. Nie hat sie sich festgelegt, was für eine Art von Zusammenschluss sie nun sei. Das konnte sie in gewisser Weise auch nicht. Vor allem aber wollte sie es nicht.

Eine ebensolche Festlegung schien der vorliegende Konflikt allerdings notwendig zu fordern. Der englische König nämlich, an den die Geschädigten mit Ersatzansprüchen herantraten, wollte auf die Festsetzung seiner Untertanen im Sund mit demselben Instrument der Kollektivhaftung reagieren, um wiederum gegen den dänischen König Druck aufzubauen. Einem reaktiven Festhalten dänischer Schiffe in England stand jedoch die Petitesse im Wege, dass es auf der Insel zu dieser Zeit schlicht keine dänischen Händler gab. Der Englandhandel für die dänisch-norwegische Krone wurde praktisch ausschließlich von Hansen und Holländern organisiert. Und so blieb König Edward IV. nur eine Umdeutung des gesamten Konflikts von einem englisch-dänischen zu einem englisch-hansischen. Den äußeren Anknüpfungspunkt boten zwei Danziger Schiffe, deren Mannschaften den Dänen bei der Festsetzung der englischen Händler im Sund geholfen hatten.[10]

Nun also verwirklichte England seine Haftungsansprüche an den Hansen in England. Die freilich kamen von überallher, nur nicht aus Danzig. Vielmehr stellten die Kölner die Mehrheit im Stalhof, dem Londoner Hansekontor, und konnten kaum ein Interesse daran haben, für ihre Danziger Kollegen zu haften – ganz gleich, ob die Ansprüche berechtigt waren oder nicht. Gerade für England kann man, wie in jüngerer Zeit Stuart Jenks und Nils Jörn überzeugend gezeigt haben, eigentlich kaum von einem einheitlichen hansischen Handel sprechen, sondern es dominierten dort klar die landschaftlich ausdifferenzierten Interessen der jeweiligen Herkunftsregionen und -städte der Hansekaufleute im Kontor.[11] Diese machten sich just in der zweiten Hälfte des 15. Jahrhunderts besonders bemerkbar. Lübeck hatte in den 1450er-Jahren nach längeren kriegerischen Auseinandersetzungen so gut wie jedes Interesse am Englandhandel verloren, und die anderen Städte hatten seit den frühen 1460er-Jahren immer wieder Probleme, die hansischen Privilegien von König Edward IV. bestätigt zu bekommen. Es bestanden folglich ohnehin schon merkliche Spannungen zwischen den Hansen und der englischen Krone. 1468 wurden nun der Stalhof versiegelt, seine Bewohner gefangen gesetzt und vom Kronrat zu einer Entschädigungszahlung von 20 000 Pfund herangezogen – eine hohe Summe, doch war die Kollektivhaftung als solche nicht ungewöhnlich.

Dieser Beurteilung der Sache nun widersprach also Johannes Osthusen mit seinem langen Gegengutachten. Und weil er sich Mühe geben musste, genau diese Kollektivhaftung zu widerlegen, bestritt er vor allem eines: dass die Hanse ein Kollektiv im Sinne einer juristischen Körperschaft oder einer verwandten Rechtsform sei.

Der situative Knoten der Hanse

Die zentrale Aussage in Osthusens Gutachten lautet: Die Hanse sei weder eine *societas,* also eine Handelsgesellschaft, noch eine *universitas,* eine Körperschaft nach eigenem Recht, wie es etwa die mittelalterlichen Universitäten waren, in deren Namen die lateinische Wurzel bis heute nachklingt. Das war zunächst einmal die direkte Antwort auf die Anfrage des englischen Kronrates, die behauptete, man müsse die Hanse »entweder als Gesellschaft, als Kollegium oder als juristische Körperschaft« *(quedam societas, collegium, universitas seu unum corpus)* begreifen, die füglich auf die eine oder andere Weise die *suprema potestas,* die Oberhoheit, sowie die *iurisdictio,* also die Gerichtsbarkeit, über ihre Mitglieder *(membra)* ausübe.[12] Genau dem widersprach Osthusen.

Die Hanse sei keine Handelsgesellschaft *(societas),* denn in der Hanse gebe es keinen gemeinsamen Besitz, keine Gütergemeinschaft und auch keine Risikoverteilung unter den Mitgliedern – *in Ansa Theutonica nulla sint bona communia* (»in der Deutschen Hanse gibt es kein Gemeingut«).[13] Vielmehr handle jeder auf seinen eigenen Gewinn und Verlust, Gesellschaften kämen immer nur zwischen einzelnen Hansekaufleuten, nie zwischen den Hansekaufleuten insgesamt zustande. Die Hanse sei ferner kein *collegium* wie etwa ein Domkapitel oder ein städtischer Rat, weil sie sich nicht aus mehreren Gleichen zusammensetze, sondern aus vielen voneinander entfernten Städten bestehe *(ex civitatibus multum distantibus aggregata est).* Eine Körperschaft *(universitas)* schließlich könne die Hanse schon gar nicht sein, denn sie führe kein Siegel, habe – wie mehrfach dargelegt – keinen gemeinsamen Besitz und auch kein Personal, nicht einmal einen Syndikus.

Keine der Städte, so unser Lübecker Syndikus weiter, habe bei diesen Versammlungen die alleinige Vormacht, nicht einmal zur Einberufung derselben. Vielmehr träfen sich die Städte *ex mutuo consensu,* also in gegenseitigem Einverständnis, und *ad aliquem locum,* an irgendeinem Ort. Daraus folgert Osthusen: Weil schon die Prämissen der königlichen Stellungnahme falsch seien, könnten auch die Schlüsse daraus nicht zutreffen. Vielmehr sei die Hanse ein »festes Bündnis« *(firma confederatio)* vieler Städte mit dem einen Ziel, »dass der Handel zu Wasser und zu Land den gewünschten Erfolg habe und der nötige Schutz gegen Piraten, Wegelagerer und andere Räuber« garantiert sei.[14] Hier wiederum stapelte er ziemlich tief, denn die hansischen Ziele waren durchaus nicht nur defensive, friedenssichernde, sondern umfassten auch den aktiven Privilegienerwerb.

Bis hierhin hat Osthusen in seinem Gutachten vor allem den gut ausgebildeten Juristen nach außen gekehrt. Zum Schluss holt er noch den Humanisten hervor und serviert uns gleich zwei wunderbare Etymologien für jene eigenartige *confederatio,* die sich *ansa theutonica* nenne. *Ansa* nämlich, so Osthusen, bedeute eigentlich »Henkel« – nicht umsonst spreche doch Ovid von den Fingern, denen der gedrehte Henkel entgleite *(tortilis a digitis excidit ansa meis)*, und Vergil von einem schweren Krug an einem abgenutzten Henkel *(et gravis attrita pendebat cantharus ansa)*.[15] Deshalb also nenne man auch den Zusammenschluss der Städte eine Hansa: Wie ein Henkel den Becher oder Krug vor dem Fall schütze, so bewahre die *ansa theutonica* die Städte vor solchem Schaden. In den Digesten wiederum, fährt Osthusen fort, jenem alten Lehrwerk des römischen Rechts, bezeichne die *ansa* einen Knoten. Und auch dieses Wortbild treffe hervorragend auf den Bund der Städte zu, der sich leicht lösen lasse, wenn man an den richtigen Enden ziehe, aber ansonsten fest zusammenhalte. Ja mehr noch: »Die *confederatio* der Städte wird zu Recht *Ansa* genannt, weil jeder Knoten und jede Schwierigkeit, die im Handel entstehen, durch den Städtebund, wenn man es richtig macht, gelöst und entwirrt wird; wenn man es aber auf irgendeiner Seite falsch macht, werden die Knoten zwischen den Händlern immer enger und bleiben verschlungen.«[16]

Der »hansische Grundkonsens«

Was uns auf den ersten Blick wie skurril-gelehrtes Geplänkel entweder langweilen oder amüsieren mag, ist zwar etymologisch falsch, trifft aber inhaltlich durchaus den Kern.[17] Denn wie konnte es angesichts solcher fluiden Bedingungen und der hier angehäuften Ausflüchte, was man alles nicht sei, überhaupt zu einem Gebilde kommen, das doch immer wieder und mit großem Erfolg handlungsfähig war? Ein Gebilde, das zumindest von außen als solches wahrgenommen wurde und das auch selbst immer wieder stolz als *dudesche hansa* auftrat?

Die Antwort gab schon 1469 Osthusen, doch vergaß ihn damit lange Zeit die staatsverliebte Hanseforschung, die ebenso wenig wie die englischen Kronjuristen des 15. Jahrhunderts einsehen wollte, wie ein Bund wirtschaftlich und politisch so erfolgreich und doch keine Körperschaft sein könne. Die dahinterstehenden Vorstellungen und Strategien hat erst in der zweiten Hälfte des 20. Jahrhunderts der Lübecker Stadtarchivar und spätere Ordinarius für Mittelalterliche Geschichte in Heidelberg, Ahasver von Brandt (1909–1977), herausgearbeitet.[18] Er hat die situative Verfasstheit der hansischen Politik ernst genommen, die ein kollektives Handeln immer nur dann aktivierte, wenn es nötig war, und den Städten ansonsten ihre Autonomie und ihr eigenständiges politisches wie wirtschaftliches Agieren überließ. Ziemlich treffend hat er von einem »handelspolitischen Eventualbündnis für den Notfall« gesprochen.[19] Immer dann, wenn die Einzelinteressen durch kollektive Aktionen bedient wurden, gab es die Hanse. Über eine durchaus lange Zeit – mindestens vom 14. bis 16. Jahrhundert – konnte ein gewisses Grundvertrauen in die Nützlichkeit des gemeinsamen Handelns in diesem eigenartigen, aber machtvollen »Eventualbündnis« aufrechterhalten werden. Und so konnte es, trotz seiner Situativität und der kaleidoskopartigen, immer wieder neu verhandelten und entsprechend vor dem 16. Jahrhundert nie inventarisierten Mitgliederschaft, so etwas wie Gemeinsinn entwickeln.

Die große Transformation: der Stoff, aus dem Hanse wurde

Wer keine Gründungsurkunde hat, der hat auch kein Gründungsdatum. Wir können also nicht sagen, wann sich die Hanse zusammenschloss. Sie wurde nicht *ad hoc* geboren, sie entstand vielmehr in einem sich über mindestens anderthalb Jahrhunderte hinziehenden Prozess, in welchem sich Kaufleute und Städte in einem immer stärkeren Netz miteinander verwoben. Sie positionierten sich unter Ausnutzung der großen politisch-sozialen Transformationen des 12. und 13. Jahrhunderts zunächst neben den bereits etablierten Akteuren an zentralen Orten des nordeuropäischen Handels und verdrängten sie schließlich immer mehr.

Vor der Hanse: ein Wirtschaftsraum im Norden

Der Norden Europas ist strukturiert durch die Nord- und die Ostsee, die »Geschwistermeere«, wie Olaf Mörke seine lesenswerte Parallelgeschichte tituliert hat.[1] Der Einbezug dieser Meere und ihrer sich urbanisierenden Küstenräume in das sich entwickelnde europäische Fernhandelsnetz war eine der wesentlichen Wurzeln dessen, was später »Hanse« hieß. Das eine, die Städte, entwickelte sich erst im ausgehenden 12. Jahrhundert, das andere, die Verbindung zum Süden, insbesondere nach Westfalen und in das Rheinland, intensivierte sich merklich. Aber das Dritte, der Handel, war schon vorher da.

Wie lange der nordeuropäische Fernhandel über das Meer zurückreicht, ist nicht leicht zu sagen. Aber wenn in Gräbern der bronzezeitlichen Wessexkultur, also anderthalb- bis zweitausend Jahre vor unserer Zeitrechnung, oder zur selben Zeit an der Donau und sogar früher in Mykene bernsteinbesetzter Schmuck und Waffen verwendet wurden, so kann dieser Bernstein nur über Land und Wasser von den Ostseeküsten gekommen sein.[2] Über diese frühe Zeit des Austausches zwischen Ost und West wissen wir so gut wie nichts, auch nicht, welche Wege er nahm, ob etwa um die Jütische Halbinsel herum oder über Land. Spätestens seit dem 9. Jahrhundert aber gab es nachweislich eine Verbindung zwischen den Geschwistermeeren, die eifrig von Händlern genutzt wurde: Über die Eider bei Tönning konnte man beim heutigen Friedrichstadt in das kleine Nebenflüsschen Treene abbiegen, das bis zum Flusshafen *Hugstaeth* (heute Hollingstedt) führte.[3] Von da aus war es ein kurzer Weg über Land bis nach Haithabu, einem der wichtigsten Handelszentren Nordeuropas zu jener Zeit. Dort stand der Seeweg offen zu den Küsten Skandinaviens oder ins Baltikum.

Die Nordsee heißt noch um 1070 in der Hamburgischen Kirchengeschichte des Adam von Bremen *oceanus britannicus,* die Ostsee *mare barbarum.*[4] Tatsächlich war das Zusammenwachsen der beiden Geschwistermeere zu einem gemeinsamen Wirtschaftsraum während des 11. und vor allem des 12. Jahrhunderts ein durchgreifender, wenn auch beileibe nicht immer friedlicher Europäisierungsprozess.[5]

Die Nordsee zwischen Friesland, Flandern und England

Auch Adams *oceanus britannicus* war für die meisten seiner Zeitgenossen durchaus keine europäische Kernzone. Von den Nordostküsten Schleswigs bis zur Zuiderzee, wo heute das IJsselmeer liegt, waren die Küstenregionen zwar bekannt, besiedelt und seit dem frühen Mittelalter auch christianisiert. Trotzdem war der Nordseesaum über weite Strecken ein zumindest gedanklich fernes Randgebiet der zivilisierten Welt, herrschten hier doch ganz andere Gebräuche und vor allem andere Vergesellschaftungsformen als im Rest des Altsiedellandes. Hier nämlich lebten die Friesen ganz ohne Grundherren, wie es sie sonst überall gab, und weitestgehend genossenschaftlich organisiert. Bis heute sind die

Friesen stolz auf ihre »friesische Freiheit«- auch wenn, oder gerade weil, vieles davon über die Jahrhunderte von wohlgepflegten Legenden überwuchert wurde.[6]

Die Friesen waren aber auch emsige Fernhändler. Zeitweise wurde die Bezeichnung *frisii* als Synonym für *mercatores,* also Händler, gebraucht.[7] Die wichtigste Handelssiedlung war Dorestad im Rhein-Maas-Delta, ein Umschlagplatz für Waren aus dem Frankenreich und England in den Osten, der allerdings schon 863 endgültig von Wikingern zerstört wurde.[8] Danach übernahm insbesondere Tiel am Nordufer der Waal, ebenfalls eine friesische Gründung, dessen Umschlagfunktion.[9] An der Wende vom 11. zum 12. Jahrhundert verblasste dann der Stern der Friesen am europäischen Handelshimmel wieder – wohl auch deshalb, weil die späteren Hansestädte immer größere Bedeutung erlangten.

Die Ostsee: das Binnenmeer der *barbari* wird europäisch

Gegenüber der offenen Nordsee war Adams *mare barbarum,* die Ostsee, ein Binnenmeer. Wo immer man sich auf diesem Meer befindet – nie ist man weiter als 130 Kilometer vom Land entfernt. Das war im Mittelalter zu groß, um es nach Belieben zu durchkreuzen. Aber es schaffte wichtige, weit zurückreichende Kontaktzonen zwischen seinen Ufern. Durch die beiden schmalen Wasserstraßen entlang der dänischen und schwedischen Küste, den Öresund und den Großen Belt, gelangt man ins offene Meer.

Trotz ihrer Umgrenzung war die Ostsee beileibe kein statischer Handelsraum, sondern ihre Anrainer und die Kaufleute, die sie befuhren, veränderten ihre Schwerpunkte und Blickrichtungen im Laufe der Jahrhunderte immer wieder. Für die vor- und frühhansische Zeit ist das oft nur sehr andeutungsweise aus Schriftquellen zu ersehen, weil diese erst im Hochmittelalter stärker zu sprudeln beginnen. Dafür legen die archäologischen Befunde ein umso beredteres Zeugnis dieser Zeit ab.[10] Die ältesten handelsgeschichtlich bedeutsamen Grabungsschichten reichen im nordwestlichen Ostseeraum noch bis in die spätrömische Zeit zurück. Deutlich dominierte damals und bis in die fränkische Zeit hinein die lokale

Produktion. Aber es finden sich auch Fundstücke aus dem Süden und dem Westen. Die wenigen arabischen Gegenstände aus dieser Zeit dürften wohl eher über das Frankenreich in den Norden gelangt sein als über direkte Handelskontakte.

Das ändert sich schlagartig im 9. Jahrhundert – in einer Zeit, als das Frankenreich in den Generationen nach Karl dem Großen wieder auseinanderbricht. Nun nehmen arabische Funde, insbesondere Münzen, die *Dirhem,* auf einmal sprunghaft in den Fundhorizonten zu, es tauchen außerdem Fundstücke vom Kaspischen Meer und aus der Schwarzmeerregion auf. Der Blick des Handels rund um die Ostsee verschob sich deutlich von West nach Ost. Oder genauer: Die Wege durch das unruhige Frankenreich scheinen an Attraktivität verloren zu haben, während die Ostroute auf einmal stärker in den Blick der Händler aus dem Orient geriet. Auf dieser Route fungierten die Rus', also die ostslawischen Fürstentümer, als Zwischenhändler für die Waren aus dem Norden. Diese Zeit war zugleich die Hoch- und Endphase der Wikinger, die Ost- und Nordsee – und einige von ihnen noch dazu das Mittelmeer und den Atlantik – mit ihren schnellen Schiffen bereisten.

Raid & Trade: Wikinger und Waräger als Krieger und Händler

Wann diese »Wikingerzeit« *(Viking age, Vikingetid)* eigentlich beginnt und endet, ist gar nicht so eindeutig.[11] Üblicherweise lässt man sie punktgenau im Jahre 793 mit dem Überfall skandinavischer Seefahrer auf das Kloster Lindisfarne im Nordosten der Britischen Inseln beginnen und mit der Schlacht von Stamford Bridge im September 1066 enden, als der »letzte Wikinger« Harald Hardråde (»der Harte«) durch einen anderen Harald, den letzten angelsächsischen König, besiegt wurde. Sechs Wochen später, in der berühmten Schlacht bei Hastings, sollte dieser Harald II. selbst einem Invasor aus der Normandie unterliegen, Herzog Wilhelm, den man forthin »den Eroberer« nannte. Mit der »Wikingerzeit« kam also zugleich die Zeit der angelsächsischen Herrschaft auf den Britischen Inseln zum Abschluss. So steht es in vielen Geschichtsbüchern zu lesen – und aus der Perspektive einer auf Herrscher und Könige fokussierten Geschichte stimmt das auch. Aus Sicht der Wirtschaftsgeschichte dagegen gibt es gute Gründe anzunehmen, dass die Wikingerzeit noch mindestens ein Jahrhundert länger dauerte. Denn ungefähr so lange liegen uns noch archäologische Fundkomplexe vor, die starke Ähnlichkeiten untereinander aufweisen.[12]

Woher diese Reichtümer kamen, die da regelmäßig in die skandinavische Erde versenkt wurden, kann man im konkreten Einzelfall kaum, insgesamt aber sehr gut sagen: Es waren vor allem Raubzüge *(raid)* und Handel *(trade)*, die die Wikingergruppen zu wenigstens zeitweise ausgesprochen reichen Gesellschaften machten. Dabei war natürlich Wikinger nicht gleich Wikinger – nicht einmal in der Wahrnehmung der lateinischen Christenheit, die mit fasziniertem Entsetzen auf die Nordmänner starrte und deren Aufzeichnungen über einige Zeit fast die einzigen Schriftquellen sind, die uns von diesen *barbari* aus dem Norden berichten.[13] Mit wenigen norwegischen Ausnahmen treten sonst erst seit dem 13. Jahrhundert die nordischen Sagas als wichtige Quellen hinzu, die aus der Rückschau von den Taten der Vorfahren berichten.[14]

Die Wikinger freilich sind nicht nur auf Beute-, sondern ebenso auf Kaufmannsfahrt gewesen. Um 870/90 etwa verfasste ein gewisser Ottar eine Reisebeschreibung, die er König Alfred dem Großen von Wessex zueignete.[15] Er war mehrmals mit einer Schiffsladung Tierhäute und Rentiergeweihe in See gestochen und hatte Handelsplätze in Südnorwegen, Dänemark und England besucht. Vermutlich war er ein ziemlich typischer Wikinger, denn er war offenbar nicht nur Kaufmann zur See, sondern auch ein Farmer mit, wie er stolz notiert, je zwanzig Rindern, Schafen und Schweinen, vor allem aber Herr einer riesigen Rentierherde von über 600 Tieren. Ungefähr zur selben Zeit beschrieb der Fernhändler Wulfstan seine Reise von den Britischen Inseln durch die dänischen Meerengen nach Haithabu und weiter zu den Slawen nach Truso, eine wohl schon im Hochmittelalter versunkene, davor aber sehr bedeutende Handelssiedlung im Weichseldelta, der man deshalb den schönen Beinamen »Atlantis des Nordens« gegeben hat.[16]

Die Wikinger sind also weit herumgekommen – und das durchaus nicht nur im Norden. Bekanntermaßen führten ihre Raubzüge sie schon zur Karolingerzeit die Seine hinauf bis nach Paris und über den Rhein bis nach Duisburg.[17] Sie umschifften die Iberische Halbinsel und erreichten Mitte des 11. Jahrhunderts Sizilien, wo sie ein eigenes normannisches Königreich gründeten.[18] Derselbe harte Harald Hardråde schließlich, der 1066 von seinem angelsächsischen Namensvetter bei Stamford Bridge geschlagen wurde, soll in seiner Jugend noch mehrere Jahre am Hof König Jaroslaws des Weisen in Kiew verbracht haben und über Konstantinopel in die Heimat zurückgekehrt sein. Denn die Wikinger hatten nicht nur die Westroute über England, die französische Atlantikküste und das Mittelmeer, sondern auch die Ostroute über Gotland bis nach Nowgorod und dann über Flüsse und Land bis tief in den Südosten Europas gemeistert.

In der Umgebung von Nowgorod und in Kiew bildeten sich im späten 9. Jahrhundert Fürstentümer heraus, deren Herrscher von skandinavischen Wikingern abstammten. Bemerkenswerterweise waren sie von den slawischen Einwohnern selbst ins Land geholt worden. Denn »es war keine Gerechtigkeit unter ihnen«, notierte Anfang des 12. Jahrhundert ein Mönch namens Nestor im Kiewer Höhlenkloster. »Und es erhob sich Sippe gegen Sippe, und es entstanden Fehden unter ihnen, und sie begannen, Krieg gegen einander zu führen. Und sie sagten untereinander: ›Lasset uns einen Fürsten suchen, der über uns herrsche und der anordne nach Recht!‹ Und sie fuhren über das Meer zu den Warägern, zu den Rus'.«[19] Nestors Chronik wurde etwas später vom Kiewer Abt Sylvester redigiert und sollte die erste Geschichte des alten Russland werden. Denn die Gerufenen kamen tatsächlich, Nestor berichtet von drei Brüdern mit ihren Sippen. Rurik, der Älteste, ließ sich in Nowgorod nieder, Sineus in Bjelo-Osero und Truwor in Isborsk. »Und von diesen Warägern erhielt das Russische Land seinen Namen – die Rus'.«[20]

Dieser letzte Satz ist im Russland unserer Tage nicht gern gehört, denn er legt nahe, dass das große Russische Reich, auf dessen Tradition sich auch die heutige Republik nur zu gern (und seit der Regierung Wladimir Putins immer mehr) beruft, nicht von einheimischen Slawen, sondern von Fremden gegründet wurde. Unter Stalin war diese »Normannentheorie« sogar ausdrücklich verboten, und Historiker, die der Nestor-Chronik Glaubwürdigkeit zusprachen, wurden interniert.[21] Dahinter steckte natürlich eine merkwürdige Vorstellung von Volk und Staat, die in den 1930er-Jahren noch ganz andere, schrecklichere Blüte trieb. Doch bis heute bewegt diese Gründungserzählung die Gemüter – übrigens außer in Russland auch in Weißrussland und der Ukraine, die ihre Staatswerdung ebenfalls auf die Waräger zurückführen.

Haithabu, Dorestad & Co.: die großen Emporien des Nordens

Die weit gespannten Verbindungen zwischen Ost und West hätten kaum funktioniert, hätte es nicht schon in der frühen Wikingerzeit Siedlungen an Ost- und Nordsee gegeben, die Umschlags- und Verteilerfunktionen wahrnahmen. Das Verteilen, gerade im Binnenland über die Flüsse, übernahmen oft Ufermärkte, an denen Händler zu einem einigermaßen festen Datum im Jahr mit ihren Schiffen anlandeten und für eine gewisse Zeit ihre Waren feilboten. Solche Ufermärkte gab es überall in Europa, und wir dürfen annehmen, dass einige von ihnen auch an der Wurzel der hochmittelalterlichen Messen stehen, die uns noch beschäftigen werden. Für den Umschlag von Ost nach West aber brauchte es auch größere Handelssiedlungen mit stationärer Struktur, in denen sich die Händler das gesamte Jahr hindurch begegnen und Waren tauschen konnten. In der Forschung hat sich für solche Handelssiedlungen, die meist einen besonderen Königsschutz genossen, der Begriff »Emporium« eingebürgert; manche sprechen etwas moderner und technischer von *nodal points* oder *hubs,* um die Netzwerk- und Umschlagsfunktion hervorzuheben.[22]

Der berühmteste dieser Handelsorte war zweifellos Haithabu, direkt gegenüber dem heutigen Schleswig am anderen Ufer der Schlei gelegen, das in enger Verbundenheit mit diesem Handelsplatz entstand und sich später zur Stadt entwickelte.[23] Von hier seien, berichtet Bischof Adam von Bremen, ständig Schiffe zu den Slawen, nach Schweden, ins Samland, ja sogar nach Griechenland ausgelaufen.[24] Und tatsächlich sind »Griechenlandfahrer« *(grikk-hafn)* in zahlreichen skandinavischen Runeninschriften verewigt.[25] Nicht weniger aussagekräftig sind sie betreffs der Züge – ob *raid* oder *trade* wissen wir oft nicht – nach Livland, Estland und Nowgorod.[26] Von Haithabu aus konnte man das slawische Truso ebenso ansteuern wie Schweden, Norwegen oder Gotland. Nach *Hammaburg,* später Hamburg geheißen, standen der Landweg oder das nahe Flüsschen Treene, sodann die Eider und an deren Mündung schließlich die Nordsee offen. Diese Verbindung zwischen Haithabu respektive später Schleswig und Hamburg war es, die dann von den Lübeckern zu ihren Gunsten umgelenkt werden sollte.

Schon früh gab es zwischen den Emporien des Nordens enge Verbindungen, die offenbar über den reinen Handel weit hinausgingen und soziale, vielleicht familiäre Beziehungen umfassten. Bischof Rimbert vom Bremen erzählt etwa in der *Vita Anskarii* aus dem 9. Jahrhundert von einer frommen Christin, die ihre Tochter anwies, ihren ganzen Besitz im dänischen Ribe zu verkaufen und das Geld im friesischen Dorestad unter die Armen zu verteilen.[27] Den intensiven Austausch zwischen diesen frühen Handelszentren führt uns aber besser noch als jeder Chronist der archäologische Befund vor Augen. Bei Ausgrabungen im alten Schleswiger Hafen wurde etwa eine männliche Holzfigur aus der Wende vom 11. zum 12. Jahrhundert gefunden (Abb. 2), die der Archäologe Christian Radtke als »seemännisches Mitbringsel oder als heimlich verehrte Kultfigur [aus] der Schiffskiste eines östlichen Pelzhändlers« gedeutet hat.[28] In Ribe fand man 2015 eine intakte Kleeblattkanne, die noch rund ein Jahrhundert älter sein dürfte und aus Belgien oder Nordfrankreich kam. Und der Dom, der dort Mitte des 12. Jahrhunderts errichtet wurde, besteht wesentlich aus Tuffstein, der aus Steinbrüchen in der Nähe von Köln stammte.[29] Zur gleichen Zeit reiste aus Schleswig ein gewisser Aloicus sogar bis ins mehr als 1200 Kilometer entfernte Saint-Gilles in Südfrankreich, um dort Zobelfelle zu verkaufen, die er kaum aus seiner

Abb. 2: Diese hölzerne Männergestalt aus dem 11./12. Jahrhundert wurde 2007 bei Grabungen im mittelalterlichen Hafen von Schleswig gefunden. Während man zunächst vermutete, es sei eine außergewöhnliche Kruzifix-Darstellung, hat Christian Radtke die These vertreten, es handle sich um einen Hausgeist oder eine andere pagane Darstellung aus Nowgorod.

Heimatstadt, wohl aber aus den Wäldern Russlands importiert haben dürfte.[30]

Nach der Jahrtausendwende schwenkten die Händler im Ostseeraum langsam ein weiteres Mal auf neue Routen um. Nicht nur kam die große Zeit der Wikinger allmählich zu ihrem Ende und konsolidierten sich die Nachfolgereiche der Karolinger – es kriselte auch bei den Handelspartnern im Orient, also auf der Landstrecke, die den Süden mit Nowgorod und anderen Häfen des Nordostens verband. Südlich des Aral-Sees brach die kurze Herrschaft der muslimischen Samaniden in Transoxanien und Chorasan mit großem Krach zusammen; aus den Bergwerken der Herrschaften weiter südlich kam immer weniger Silber; die christlichen Missionare im Norden brachten immer mehr Wikingervölker dazu, sich aus dem Sklavenhandel, der einen großen Bedarf im Süden bediente, zurückzuziehen.[31] So wurden die alten Handelsverbindungen nach Westen wieder stärker.

Vor allem ist es wieder der archäologische Befund, der das nahelegt: Die arabischen Dirhems bleiben auf einmal aus. Der letzte Fund dieser Art, in dem neben englischen, deutschen (übrigens auffällig vielen westfälischen) auch arabische Münzen zu finden sind, wurde in der kleinen Ortschaft Burge auf Gotland gefunden und datiert in die frühen 1140er-Jahre.[32] Dafür finden sich englische, vor allem aber deutsche Münzen nun in unglaublichen Mengen – so viele, dass man heute diesen Zeitabschnitt in der deutschen Münzgeschichte die »Periode des Fernhandelsdenars« nennt. Wenn man die Gesamtmenge der heute bekannten Fundmünzen und ihrer Fundorte für statistisch einigermaßen repräsentativ hält, dann sind damals, also im ausgehenden 10. und vor allem 11. Jahrhundert, mehr als die Hälfte aller in Deutschland geprägten Münzen über den Fernhandel – in dieser Zeit wohl kaum mehr über Tribute oder Raub – nach Skandinavien gelangt. Und wenn das stimmt, würde ihr Internationalisierungsgrad den des Euros heute um ein Vielfaches übersteigen und ungefähr dem des Dollars zum Ende des letzten Jahrtausends entsprechen.[33]

Kurz nach 1050 hörte dann Haithabu von heute auf morgen zu existieren auf. In einer großen Schlacht zwischen dem Norweger Harald Hardråde, jenem »letzten Wikinger«, von dem bereits die Rede war, und dem Dänenkönig Sven Estridsson wurde die Siedlung niedergebrannt. Die verbliebenen Bewohner zogen auf das andere Ufer der Schlei nach *Sliasthorp* und bauten Haithabu nie wieder auf. Die Neugründung zündete: Sehr früh gab es bedeutende Verbindungen nach Westfalen, insbesondere nach Soest, wo sich eine sehr alte Schleswigfahrergilde nachweisen lässt.[34]

Herrschaftsverdichtungen im Norden

Das 11. Jahrhundert ist die Zeit großer Veränderungen an Nord- und Ostsee. Schon kurz nach der Jahrtausendwende hatte Knud, den man daraufhin »den Großen« zu nennen pflegte, einen beeindruckenden, aber kurzlebigen Versuch unternommen, die angelsächsischen, dänischen und norwegischen Gebiete rund um die Nordsee unter seiner Krone zu vereinen.[35] Eine Generation später kam auch schon der Normannenherzog Wilhelm auf die Insel, der nicht nur England unter seine Krone, sondern auch die schottischen Könige in eine Lehnsmannschaft nach kontinentaleuropäischem Vorbild zwang. Trotzdem blieben die Verbindungen nach Norwegen noch lange Zeit stark.

In Schweden und Dänemark griffen Reichsbildung und Christianisierung eng ineinander.[36] Damit hielten auch eine Bistumsstruktur und mit dieser Verwaltung und Schriftlichkeit Einzug. In Norwegen setzte Olaf II. das Christentum als einzig zugelassene Religion durch, wurde daraufhin vertrieben und 1030 im Exil erschlagen, aber schon im Jahr darauf kanonisiert und forthin als Heiliger verehrt. Ein Jahrhundert später hatte das Erzbistum Trondheim schon zehn Suffraganbistümer: fünf in Norwegen selbst, fünf weitere auf Island, Grönland, Färöer, den Hebriden und den Shetland-Inseln.

Mit der Kanonisierung Knuds IV. 1099 bekam Dänemark seinen eigenen heiligen König. In beiden Fällen stabilisierte natürlich die Heiligsprechung der Herrscher auch ihre Dynastie und das Königtum als Institution. Schweden konnte mit der Heiligsprechung des 1160 in Uppsala getöteten Königs Erik IX. an diese schöne skandinavische Sitte anschließen. Zugleich stieß man bis nach Finnland vor, das man der schwedischen Krone einverleibte. Bis zum Ende des 12. Jahrhunderts war der Prozess der Konsolidierung in allen drei Königreichen abgeschlossen.

Ungefähr zur selben Zeit wie in Skandinavien begannen sich auch im südlichen Hinterland der Ostsee die Herrschaftsräume unter dem Wirken christlich gewordener Herrscher zu verdichten. Zwar herrschten in Holstein, Mecklenburg und Vorpommern noch pagane slawische Fürsten. Südlich und östlich aber formierte sich unter den Piasten seit der Mitte des 10. Jahrhunderts das Herzog- und dann sehr bald Königtum Polen mit engsten Beziehungen zum Kaiser wie auch zur böhmischen Krone, allerdings in deutlicher Frontstellung gegenüber Kiew, das sich im Zuge der Christianisierung ihrer Großfürsten Richtung Byzanz und also zum orthodoxen Glauben hin orientiert hatte.

Wie sehr um das Jahr 1000 herum Europa gedanklich zusammengerückt war, zeigt sich in einem herausragenden Stück ottonischer Buchkunst, das mancher vielleicht aus dem Schulbuch kennt: im Evangeliar Kaiser Ottos III., das heute in der Bayerischen Staatsbibliothek München verwahrt wird. Vier allegorische Frauengestalten huldigen da dem thronenden Herrscher mit Füllhörnern und Gabenschalen. Sie sind durch Beischriften über ihren Köpfen ausgewiesen als die vier Provinzen seines Reiches: *Roma, Gallia, Germania* und *Sclavinia.* Um die Jahrtausendwende war der Osten wie selbstverständlich in die Wahrnehmung und in den Herrschaftsanspruch des europäischen Kaisertums einbezogen.

Abb. 3: Anschnitte aus einer Doppelseite aus dem Evangeliar Kaiser Ottos III. Sie zeigt die vier Großprovinzen seines Reiches: *Roma*, *Gallia*, *Germania* und *Sclavinia*.

Klimawandel und Kreuzzüge: Europa gerät in Bewegung

Ein wesentlicher Auslöser des großen wirtschaftlichen Aufschwungs Europas und der damit einhergehenden Veränderungen auf der politischen Landkarte ebenso wie im Fernhandel um die Jahrtausendwende war das Klima. Der Kontinent erlebte in dieser Zeit eine andauernde Gunstwetterphase, ein »Wärmeoptimum«.[37]

Neben die günstigeren Grundbedingungen traten agrartechnische Innovationen, die sich immer weiter ausbreiteten. Die Dreifelderwirtschaft etwa, schon seit mehr als einem Jahrhundert im Westen Frankreichs praktiziert, hielt nun überall ihren Siegeszug. Der Beetpflug mit breiter Eisenschar, mit dem man die Scholle wirkungsvoll umgraben und damit den Unkrautdruck verringern konnte, löste langsam den Hakenpflug ab. Das Kummet ermöglichte das Anspannen von Pferden statt der – für manche Stadtkinder vielleicht erstaunlicherweise – schwächeren Ochsen. Die Dreifelderwirtschaft wiederum erlaubte den besseren Anbau des Sommergetreides Hafer, um diese Pferde auch verpflegen zu können. Alle diese Neuerungen setzten sich nicht überall zur gleichen Zeit und gleich stark durch. Aber sie veränderten die europäische Landwirtschaft doch nachhaltig.

Das hatte natürlich Folgen – vor allem für die Bevölkerungsentwicklung. Zum ersten Mal seit Langem, vielleicht sogar zum ersten Mal überhaupt in seiner Geschichte produzierte Europa über einen längeren Zeitraum hinweg Kalorienüberschüsse. Um die Jahrtausendwende erlebte der Kontinent eine wahre demografische Explosion, die bis in das 14. Jahrhundert anhielt. In Frankreich, England und dem Westen des Reiches verdreifachte sich die Bevölkerung zwischen dem 11. und dem 14. Jahrhundert, ebenso wohl in Skandinavien und den heutigen Niederlanden. In Mitteleuropa fiel die Kurve etwas flacher aus. Insgesamt dürfte sich die Bevölkerung Europas aber zwischen der Jahrtausendwende und dem frühen 14. Jahrhundert fast verdoppelt haben: von knapp 40 auf rund 75 Millionen Menschen.[38]

Landesausbau nach innen und *run* Richtung Osten

Mit dem Bevölkerungswachstum begann die Rodung der letzten großen Waldflächen, und ein aufwendiges Eindeichungsprogramm machte bisher ungenutzte Flächen urbar. Die Höfe rückten enger zusammen, das für das alte Europa so prägende Dorf als neue Sozialform entstand.[39] Vor allem aber drangen Siedler aus Westeuropa Richtung Osten vor, erst über die Elbe und dann immer weiter in das bisher slawisch besiedelte Gebiet. Früher hat man bei dieser Ostbewegung von »Ostkolonisation« gesprochen und damit interessanterweise nicht, wie man das vielleicht heute tun würde, den ausbeuterischen, sondern vielmehr den zivilisatorischen Aspekt solcher Kolonialisierung gemeint: Der gute Deutsche bringt einem menschenleeren, rückständigen Land Bevölkerung und Recht, Technik und Reichtum – kurz: Kultur. Damals, im 19. und 20. Jahrhundert, als der Begriff aufkam, war »Kolonialisierung« eben noch nichts Anrüchiges.[40] Erst nach dem Zweiten Weltkrieg und besonders in der Phase weltweiter Dekolonialisierung wuchs das Unbehagen. Denn natürlich kamen die deutschen, flämischen und anderen Siedler in Osteuropa nicht in unbesiedeltes Land. Und natürlich war das, was so friedlich »Kolonisation« oder »Besiedlung« genannt wurde, ziemlich regelmäßig ein blutiger Unterdrückungsprozess.

Der *run* auf den Osten wurde ausgelöst durch vollmundige Versprechungen für Seelenheil und Auskommen. Um 1108 herum soll zwar bereits eine *Epistola pro auxilio adversus paganos slavos,* ein Sendbrief »für Hilfe gegen die heidnischen Slawen« zum Heidenkampf aufgerufen und zugleich ökonomische Bereicherung in Aussicht gestellt haben. »Die Heiden sind zwar böse«, heißt es da, »ihr Land jedoch reich gesegnet mit Fleisch, Honig und Mehl. … Auf denn ihr Sachsen, Franken, Lothringer und Flamen, berühmteste Männer und Bezwinger des Erdkreises, hier könnt ihr sowohl eure Seelen retten, als auch, wenn ihr wollt, bestes Land gewinnen, um Euch dort anzusiedeln.«[41] Die Echtheit der *Epistola* ist allerdings bis heute umstritten – vor allem, weil jeder unmittelbare Effekt offenbar ausblieb. Erst zwei Jahrzehnte später sind stetige

Siedlungsbewegungen östlich der Elbe zu beobachten. 1147 rief dann der große Prediger Bernhard von Clairvaux nicht nur zum Zweiten Kreuzzug ins Heilige Land, sondern fast gleichzeitig auch zum »Wendenkreuzzug« gegen die heidnischen Slawen auf – mit enormem Erfolg.[42] Sein Kreuzzugsaufruf war bedeutsam für die politische Veränderung Nordosteuropas und noch dazu ein Wendepunkt in der Geschichte kirchlich legitimierter Gewalt. Denn hier wurden zum ersten Mal Zwangsmission und Kreuzzugsgedanke zusammengebracht, und hier brach der Damm für die Vorstellung, dass nicht nur die Verteidigung der heiligen Stätten und des Zugangs zu ihnen, sondern auch die Verbreitung des Christentums mit dem Schwert ein gottgefälliger Auftrag sei.[43]

Die Quellenlage zum Wendenkreuzzug ist ausgesprochen schlecht, und das Unternehmen selbst war auch unmittelbar nur bedingt erfolgreich. Deutlich erkennbar ist aber, dass sich hier zwei wichtige Herrscher in Stellung brachten, die in den folgenden Jahrzehnten die Geschicke des südwestlichen Ostseeraums und seines Hinterlandes entscheidend prägen sollten. Das war zum einen Heinrich der Löwe, Herzog von Bayern und Sachsen, um den es gleich noch ausführlicher gehen wird, zum anderen Markgraf Albrecht, genannt »der Bär«, der im Jahrzehnt nach dem Wendenkreuzzug die Mark Brandenburg als politisches Gebilde schuf. Das war der Durchbruch zu einer stetigen, militärisch untermauerten Expansion Richtung Osten.

Die Siedler, die aus dem Altsiedelland, vom Harz, aus Westfalen oder sogar aus Flandern kamen, brachten vielfach ihr angestammtes Recht mit. So bildete sich in den Jahrzehnten um 1200 ein Konglomerat land- und stadtrechtlicher Grundsätze heraus, das von einem Siedlungsort zum anderen weitergetragen wurde. Hier und da wurde es etwas verändert oder angepasst. Aber man gab sich große Mühe, weiterhin die Ähnlichkeiten statt der Unterschiede hervorzuheben. Ein einheitliches Rechtsgebiet verspricht nun einmal höhere Rechtssicherheit. Und Rechtssicherheit verspricht blühenden Handel. Auf diese Weise sind während des 13. und 14. Jahrhunderts deutsche Rechtsaufzeichnungen bis tief nach Mittel- und Osteuropa hineingetragen worden, die

Abb. 4: Die Besiedlung eines Dorfes »von wilder Wurzel«, dargestellt in der Heidelberger Bilderhandschrift des *Sachsenspiegels* (um 1304). Der Bauermeister, dem die Ansiedlung obliegt, ist an seinem Strohhut zu erkennen. Er erhält von seinem Grundherrn eine gesiegelte Urkunde mit den Vorrechten seiner neuen Siedlung.

teils schon von den Zeitgenossen, teils von der späteren rechtshistorischen Forschung großen Rechtsfamilien, etwa der sächsisch-magdeburgischen oder der lübischen, zugeordnet worden sind.

Was mit in den Neusiedellandschaften bereits ansässigen Slawen geschah, kann man nur sehr bedingt nachvollziehen. Gut greifbar ist ihre verminderte Rechtsstellung gegenüber den Deutschen, die beispielswiese noch im *Sachsenspiegel* des Eike von Repgow, dem wahrscheinlich bedeutendsten deutschen Rechtsbuch, festgeschrieben wurde. Es entstand in den Jahren um 1220 und erlebte dann – obwohl eigentlich eine Privatarbeit ohne jede herrschaftliche Autorität – eine ganz erstaunliche Karriere als subsidiäre Rechtsquelle nicht nur in seiner mitteldeutschen Heimat, sondern bis weit nach Mittel- und Osteuropa hinein.[44]

Die aggressive Siedlungsbewegung des 12. und 13. Jahrhunderts lässt sich nicht mit einer einzigen einfachen Begründung erklären. Eine schlichte Überbevölkerung jedenfalls, ein Mangel an »Lebensraum«, der nun eben »im Osten« gesucht wurde, wie es die Nazis so gern sahen, war es sicher nicht. Vermutlich waren es eher die herrschaftlichen Eliten, die einen Expansionsdrang verspürten. Denn langsam wurde das lehnsfähige Land knapp. Der amerikanische Historiker Robert Bartlett hat die These vertreten, dass es vor allem der nachgeborene, nicht erbberechtigte europäische Adel war, der nach neuen Betätigungsfeldern und Einnahmequellen strebte – und diese nach den Erfolgen des Ersten Kreuzzuges nur zu gerne im Heidenkampf fand, ganz gleich, ob im Heiligen Land oder im Osten.

Der Ritter wird geboren – und der Kaufmann reich

Tatsächlich eröffneten die Kreuz- und Kriegszüge des Hochmittelalters nicht nur dem nachgeborenen Adel, sondern einer ganzen gesellschaftlichen Schicht eine Chance für sozialen Aufstieg. Es waren vor allem die Funktionsträger der Fürsten und Herren, die Gutsverwalter, Vögte, Marschälle und wie sie alle hießen, die ihre Ämter von Generation zu Generation weitergaben und ihre Familien damit schrittweise aus der Hörigkeit, aus der sie stammten, weiter nach oben trugen. Diese Funktionselite nennt die Forschung Ministerialen, weil ihre Angehörigen ein *ministerium,* eben einen Dienst, verrichteten. Der Aufstieg dieser Dienstmannen, die nach und nach Lehen und Eigentum erhielten, beginnt bereits vor der Zeit der Kreuzzüge, wird durch die heiligen Kriege aber noch einmal kräftig dynamisiert.[45] Aus ihrem Drang nach Sozialprestige und gesellschaftlicher Abgrenzung nach unten wurde der »Ritter« geboren. Prediger wie Bernhard von Clairvaux werteten diese bewaffneten Reiter auf zu *milites Christi,* Kämpfern des Herrn. Eine vollständige, stark werteorientierte Kultur entstand um diese neuen Ritter, die sich in allen möglichen symbolischen Formen und nicht zuletzt in der bis heute faszinierenden Epik über Parzival oder Iwain niederschlug.

Für diese neue ritterliche Kultur waren Handelsaktivitäten nicht mehr satisfaktionsfähig. Ein Ritter erwirtschaftete kein Geld, er bekam nur welches – und vor allem: Er gab es aus. Denn all diese symbolische Kommunikation, mit der es die meisten Ministerialengeschlechter innerhalb erstaunlich weniger Generationen schafften, ihren unfreien Ursprung vergessen zu machen, war ungemein kostspielig. Man brauchte ein leistungsfähiges Schlachtross, man brauchte Harnischteile, die man unter Umständen erst teuer aus den Kernregionen der Fertigung, etwa aus dem Sauer- oder Siegerland, importieren musste. Oder man brauchte ein farbig gestaltetes Wappen – auch eine Neuerung der Kreuzzugszeit, die nun in ganz Europa selbstverständlich wurde. Und diese Wappen sollten dann auch überall sichtbar sein. Man musste Turniere besuchen, Feste feiern und sich ständig am Hofe seines Lehnsherrn herumtreiben.

Die ökonomische Grundlage für diese standesgemäße Betätigung der Ministerialen, aber genauso auch ihrer Lehnsherren bildete der eigene Lehns- oder Grundbesitz. Um den nicht zu gefährden, musste man aber den Grundholden angesichts der stetigen Gefahr von deren Flucht in die sprichwörtlich freie Stadtluft und der Verlockungen im östlichen Siedelland etwas bieten. Parallel zu den Verdichtungen in den ländlichen Räumen des Altsiedellandes und befeuert durch die nicht nur ökonomischen, sondern auch rechtlichen Anreize für Siedler im Osten veränderte sich daher neben den Agrartechniken auch die Agrarverfassung.

Das alte grundherrliche System, die Villikation, in der hörige Bauern die Erträge ihrer Scholle zu einem Gutteil an den Grundherrn abtraten und dessen Land regelmäßig im Rahmen frondienstlicher Pflichten bearbeiteten, wich immer mehr der Zinsherrschaft. Denn je marktförmiger die mittelalterliche Wirtschaft sich organisierte, desto mehr brauchten die Grundherren Geld statt Naturalabgaben. Wie viel Käse kann man schon essen, wie viele Eier sinnvoll auf den Markt bringen, ohne dass die Kosten die Gewinnspanne auffressen? Stattdessen stiegen stetig die Konsumbedürfnisse mit dem Angebot, das der Markt und der expandierende Fernhandel bereithielten: Jetzt brauchte der Herr nicht mehr nur Schwert und Rüstung, sondern vielleicht schon einen Zuchtfalken, die Herrin vielleicht ein schönes Stück flandrischen Tuches oder sogar Seide aus dem Orient. Die konnte man nicht mit Käse bezahlen. Und so verlegten sich viele weltliche Grundherren im Laufe des 13. und 14. Jahrhunderts gegenüber ihren Bauern immer mehr auf die Umwandlung alter Verbindlichkeiten in Zinszahlungen.[46]

Die europäische Wirtschaftsgeschichte spricht für die europäische Wachstumsperiode seit der Jahrtausendwende vom Beginn einer »kommerziellen Revolution«, einem Umbruch also, der so fundamental war wie die eng damit verknüpfte Agrarrevolution oder die Industrielle Revolution des 19. Jahrhunderts.

Dieses Ineinandergreifen von Heidenkreuzzug und Expansion machte in dieser Zeit auch das junge dänische Reich groß und mächtig. Auf Rügen hatte Erik II. Emune (»der Erinnerungswürdige«) schon in den 1130ern große militärische Erfolge errungen und weite Teile der Bevölkerung taufen lassen. Seinem Nachfolger Waldemar I. gelang es Ende der 1150er-Jahre endgültig, das Königtum nach innen zu befrieden und nach außen wichtige Allianzen zu schließen, indem er sowohl mit Barbarossa, dem er sogar als Lehnsmann huldigte, als auch mit Herzog Heinrich dem Löwen 1159 einen Freundschaftsvertrag schloss. Der westliche Ostseeraum hatte damit einen starken Herrscher, der ein Auge auf die heidnischen Herrschaften am anderen Ufer geworfen hatte. Aber er blieb nicht der einzige.

Ein neuer Zentralort im Schutze des Löwen: Lübeck tritt in die Geschichte

Das Jahr 1159 war nicht nur für das dänische Königtum, sondern für den gesamten Ostseeraum ein Schlüsseljahr. Dabei spielte ein junger Welfenherzog eine zentrale Rolle, der auf den Namen Heinrich getauft worden war und dem schon die Zeitgenossen den Beinamen *Leonis,* »der Löwenhafte«, gaben. Vor seiner Burg Dankwarderode, mitten in Braunschweig, steht noch heute ein bronzener Löwe, den er zum Zeichen seiner Macht gewählt hatte. Irgendwann in den Jahren nach 1170 aufgestellt, ist er die älteste freistehende Plastik nördlich der Alpen – man merkt schon daran, was für ein innovativer Geist Heinrich war. In vielen anderen welfischen Städten stehen Abgüsse dieses Löwen, um an ihre Verbindung zu dem Herzog zu erinnern. Mit diesem Heinrich also schloss Waldemar im selben Jahr, als er zum Lehnsmann des römisch-deutschen Königs wurde, einen Freundschaftsvertrag. Und Heinrich wiederum gründete eine Stadt von Neuem, deren Markt er selbst einige Jahre zuvor noch verboten hatte: Lübeck. Es war die erste Stadt an der Ostsee nach deutschem Recht – und nach dem neuen europäischen Erfolgsmodell bürgerlicher Autonomie, die sich schrittweise von ihrem Stadtherrn emanzipierte.

Das Ende der Abodriten und der Neuanfang für Lübeck

Heinrich entstammte der Ehe zwischen dem Bayernherzog Heinrich, den man auch »den Stolzen« nannte, und Gertrud, der einzigen Tochter Kaiser Lothars III. aus dem Haus der Süpplinburger. Als dieser 1137 auf dem Rückweg vom Kreuzzug sein Ende kommen sah, übergab er noch auf dem Sterbebett seinem Schwiegersohn die Reichsinsignien und verlieh ihm zu seinem Stammherzogtum noch das Herzogtum Sachsen, weshalb sich der Bayer mit gutem Grund Hoffnung auf die Nachfolge im Norden machte. Die Anerkennung dieser Ansprüche für sich und seinen Sohn Heinrich sollte noch einige Jahre in Anspruch nehmen; letztlich aber erlangte der junge Löwe doch die Herrschaft über beide Herzogtümer – und damit eine ungeheure Macht, die er durch konsequenten Herrschaftsausbau noch gehörig erweiterte.[47] In seinem nördlichen Herzogtum, das er im Zuge der gewaltsamen »Mission« slawischer Gebiete merklich ausdehnte, tat er, was alle neuen Herrscher in dieser Zeit taten: Er gründete Bistümer in den neuen Missionsgebieten, 1154 Ratzeburg, 1160 dann Lübeck. Beides waren junge Städte, denen slawische Siedlungen vorausgegangen waren.

Im Falle Lübecks muss es sich sogar um eine ziemlich bedeutende Siedlung gehandelt haben. Das slawische *Liubice*, das sich von der späteren Neusiedlung aus einige Kilometer traveabwärts, an der Mündung der Schwartau in die Trave, befand, wird schon bei Adam von Bremen erwähnt und war über rund drei Jahrhunderte lang ein wichtiger Herrschafts- und Handelsort erst der Wagrier und Polaben, später dann der Abodriten.[48] Das Abodritenreich war eine der letzten großen slawischen Herrschaften an der Ostsee, die sich noch ein Jahrhundert vor ihrer Zerschlagung zu einem beachtlichen und weitestgehend christianisierten Herrschaftsverband verdichtet hatte.[49] Unter ihrem König Heinrich »von Liubice« erreichte es seinen Höhe- und zugleich auch Endpunkt. Mit Unterstützung aus Sachsen und Dänemark hatte er sich 1093 in einer großen Schlacht bei Schmilau im heutigen Kreis Lauenburg zum Gesamtherrscher über Wagrier, Polaben, Abodriten und einige weitere elbslawische Stämme aufgeschwungen und wurde fortan in den sächsischen Quellen nur noch *rex slavorum,* König der Slawen, genannt. Er beseitigte seine Konkurrenten, schloss einen Friedensvertrag mit den um Lüneburg ansässigen sächsischen Billungerherzögen und soll ihnen sogar einen Treue- und Unterwerfungseid *(iuramentum fidelitatis ac subiectionis)* geleistet haben, also deren Lehnsmann geworden sein.[50] So befriedete er das Land, »rottete die Straßenräuber aus und trieb das Gesindel aus dem Land«, wie die Chronistik anerkennend berichtet.[51]

Der Handel in Alt-Lübeck und im ganzen Abodritenreich konnte also blühen in diesen Jahren um 1100. Nach Heinrichs Tod im Jahr 1127 allerdings zerfiel es rasch. In den 1130er-Jahren verleibten sich Holsteiner und Sachsen weite Gebiete im Westen ein, während der östliche Teil des Reiches mit Polabien und Wagrien dem Abodritenfürsten Niklot und seinen Nachkommen zufiel, die sich später ebenfalls in sächsische Lehnsmannschaft begaben und fortan Herren von Mecklenburg nannten.

In diese wirre Zeit fällt die Gründung von Lübeck im Jahre 1143 durch Adolf II. von Schauenburg, Graf von Holstein, dem Wagrien im Zuge der herrschaftlichen Umstrukturierung des südlichen Ostseesaumes zugefallen war. Unser Kronzeuge für alle diese Vorgänge ist der Chronist Helmold von Bosau, ein Zeitgenosse aus dem nahen Kloster Segeberg, dessen *Chronica Slaworum* (»Slawenchronik«) die wichtigste Geschichtsquelle für den Nordosten in dieser Zeit darstellt. Helmold berichtet uns von dem planmäßigen

Landesausbau, den der Schauenburger in seiner östlichen Grafschaft betrieb, denn er »schickte Boten in alle Lande, nämlich nach Flandern und Holland, Utrecht, Westfalen und Friesland, dass jeder, der zu wenig Land hätte, mit seiner Familie kommen sollte«.[52] An einem Ort namens Bukow auf einer Halbinsel zwischen Trave und Wakenitz schließlich fand er eine verlassene slawische Wallburganlage vor. »Da nun der umsichtige Mann sah, wie passend die Lage und wie trefflich der Hafen war«, berichtet Helmold weiter, »begann er dort eine Stadt zu bauen und nannte sie Lübeck, weil sie von dem alten Hafen und Hauptort, den einst Fürst Heinrich angelegt hatte, nicht weit entfernt war. ... So begann sich die Einöde Wagriens zu bevölkern und die Zahl seiner Einwohner vervielfältigte sich.«

Bereits 1147 wurde die neue deutsche Siedlung von einer slawischen Flotte angegriffen. Die Bevölkerung, so wird berichtet, war

Abb. 5: König Heinrich von Liubice (»Alt-Lübeck«) in der Mecklenburgischen Reimchronik des Ernst von Kirchberg aus den späten 1370er-Jahren.

»vor Trunkenheit weder aus Betten noch Booten zu bringen« – ein spannender Hinweis darauf, wie sehr dieses Lübeck ein Seehandelsplatz war, wo ein wesentlicher Teil der Bevölkerung schlicht auf dem Schiff schlief –, und es wurden »an dreihundert und mehr Männer erschlagen«.[53] Nur die Besatzung der Burg *(urbs)* hielt stand. Aber »alles, was Westfalen, Holländer und andere Einwanderer unterhalb der Trave angebaut hatten, verzehrten die Flammen«, also den Markt *(forum)* und die Stadt *(civitas)*, ebenso die »warenbeladenen Schiffe« *(naves mercibus onustas)* im Hafen *(portus)*. Der Bericht der Verheerung zeigt uns also deutlich, wie entwickelt Lübeck zu dieser Zeit schon war.

Im Herbst 1157 wurde, so berichtet Helmold, Lübeck erneut, diesmal durch eine Feuersbrunst, zerstört.[54] Daraufhin wandten sich die Bewohner an Herzog Heinrich: »Lange schon dauert es, dass der Markt zu Lübeck auf euren Befehl verboten ist. Wir sind zwar bisher in der Stadt geblieben, da wir hofften, den Markt durch Euer gnädiges Wohlwollen zurück zu bekommen, und uns auch nicht entschließen konnten, unsere mit großen Kosten errichteten Gebäude zu verlassen; nachdem nun aber unsere Häuser verbrannt sind, erscheint es uns sinnlos, sie an einem Orte wieder aufzubauen, wo kein Markt sein darf. Gib uns also Raum für eine Gründung einer Stadt an einem Orte, der dir genehm ist.« Der Hinweis auf die großen Kosten für die Häuser zeigt den hohen Entwicklungsgrad dieser Siedlung schon so bald nach der Gründung. Und tatsächlich legt die Lübecker Stadtarchäologie bis heute immer wieder neue Befunde vor, die eine immer detailliertere Rekonstruktion der ursprünglichen Besiedlung im sogenannten »Gründungsviertel« sowie unterhalb des Burgklosters, wo heute das Europäische Hansemuseum steht, erlauben.[55]

Vor allem aber verweist diese Stelle auf die Auseinandersetzungen zwischen Heinrich dem Löwen und seinem Schauenburger Grafen. Die blühende Stadt Lübeck nämlich machte Heinrichs nur wenige Kilometer entfernter Stadt Bardowick heftige Konkurrenz, ebenso wie die Saline zu Oldesloe der herzoglichen Salzproduktion in Lüneburg. Beides störte den Löwen. Und so ersuchte er Adolf darum, ihm »die Hälfte eurer Stadt Lübeck und des Salzwerkes abzutreten, damit wir die Verödung unserer Stadt leichter ertragen können. Sonst werden wir verbieten, dass weiter zu Lübeck Handel getrieben wird.«[56] Und weil der Graf das ablehnte, machte Heinrich seine Drohung wahr und verbot den Markt zu Lübeck.

Es kam zu einer kurzlebigen Neugründung jenseits der Wakenitz im Ratzeburger Land, die Heinrich *de suo nomino*, »nach seinem Namen«, bescheiden *Lewenstad* nannte. Das Ganze scheiterte grandios, weil der Platz sowohl für einen Hafenbau ungünstig war als auch nur mit kleinen Schiffen erreichbar, wie Helmold uns berichtet. Heinrich verlegte sich also erneut aufs Bitten und drängte Graf Adolf, ihm Lübeck, wo wohl trotz Verbots weiter gehandelt wurde, zu überlassen – »und er versprach viel, falls er seinem Wunsch nachgebe«. So gab Adolf schließlich nach, allerdings *quod necessitas imperarat*, wie Helmold berichtet, also aus irgendeiner Not oder einem Zwang heraus. Worin dieser bestand, verrät uns der Chronist wohlweislich nicht; aber dass Heinrich eine starke Hand hatte, dürfte bis hierher hinlänglich klar geworden sein. »Alsbald«, heißt es weiter, »kehrten auf Befehl des Herzogs die Kaufleute freudig zurück ... und begannen, Kirchen und Mauern der Stadt wieder aufzurichten. Der Herzog aber sandte Boten in die Hauptorte und Reiche des Nordens, Dänemark, Schweden, Norwegen und Russland, und bot ihnen Frieden, dass sie Zugang zu freiem Handel in seiner Stadt Lübeck hätten.« Und nicht bloß das: Er verlieh seiner Neugründung *jura honestissima*, also »ansehnliche«, aber vom Chronisten nicht näher spezifizierte und auch sonst leider nicht überlieferte Rechte. Das alles geschah in den 1150er-Jahren. Wie eigentlich genau und welche Rolle dabei möglicherweise ein »Gründerkonsortium« (Rörig) von Unternehmern gespielt haben könnte, das Herzog Heinrich zur Neugründung drängte, ist eine lang anhaltende Forschungsdebatte.[57]

Der Sturz des Löwen, die Krise des Kaisertums und Unsicherheit im Nordosten des Reiches

Um 1170 begann Herzog Heinrichs Stern zu sinken, bis ihm schließlich der Prozess gemacht wurde. Die Ereignisse selbst sind nur in späteren und meist auch ziemlich tendenziösen Quellen überliefert und also nicht ganz zweifelsfrei zu rekonstruieren. Jedenfalls hatte Barbarossa seinen Einfluss unter den Fürsten im *regnum teutonicum* nördlich der Alpen in den späten 1160er-Jahren erheblich ausgebaut, geriet aber gleichzeitig in Norditalien immer stärker unter Druck. Der neu gegründete Lombardische Städtebund strebte nach mehr Unabhängigkeit und verhandelte schon mit dem Papst – es wurde also Zeit, die kaiserlichen Lehnsleute zu aktivieren und ein Heer zusammenzuziehen. Die kamen auch alle brav, soweit wir sehen können. Nur Herzog Heinrich blieb aus. Manche Quellen berichten, er habe die Teilnahme am Heereszug an die Übergabe der Stadt Goslar und deren reicher Silberminen geknüpft. Andere Chronisten erzählen sogar von einem Kniefall des Kaisers vor seinem herzoglichen Cousin, den dieser – nach der politischen Symbolik jener Zeit auf geradezu skandalöse Weise – ignoriert habe.

Am Ende des Konflikts standen der Prozess gegen Heinrich und die Aberkennung seiner Herzogtümer 1180. Die welfischen Gebiete wurden in unterschiedliche Herrschaftsräume zersplittert – mit großen Folgen für die deutsche Geschichte bis weit über das Mittelalter hinaus. Bayern ging damals an die Wittelsbacher, die Steiermark wurde zum Herzogtum erhoben, Sachsen geteilt. Die westlichen Gebiete gingen als neues Herzogtum Westfalen an den Kölner Erzbischof, der Barbarossa unterstützt und wohl auch die Absetzung Heinrichs nachdrücklich betrieben hatte. Der östliche Teil fiel zum größten Teil an Bernhard von Sachsen, den jüngsten Sohn Albrechts des Bären. Holstein wurde als Grafschaft lehnsunabhängig von Sachsen und – nicht zuletzt – Lübeck mittelfristig Reichsstadt.

Für den Handel im sächsischen Herzogtum, insbesondere für die junge Wiedergründung Lübeck, war der Sturz des Löwen eine

Katastrophe. In hohen und zugleich wehmütigen Tönen lobt Arnold von Lübeck, der als frischgebackener Abt des Johannisklosters die Absetzung seines Stadtherrn miterlebte und Helmolds Slawenchronik fortschrieb, den Abgesetzten und den von ihm begründeten »sicheren Frieden im ganzen Land der Slawen, sodaß alle nördlichen Länder der Wagiren, Holzaten, Polaben und Obodriten ruhig und friedlich waren, und Raub und Diebsthal zu Wasser und zu Lande unterbunden wurden, Handel und Verkehr blühten und ›jeder unter seinem Weinstock und Feigenbaume lebte‹«.[58] Das waren natürlich keine wundersam witterungsstabilen lübischen Feigenbäume, von denen Arnold hier sprach, sondern biblische: Mit der gleichen Formulierung lobt die Bibel (1 Könige 5,5) Salomo, der den Israeliten Frieden und Wohlstand gesichert habe. Und als es um Heinrichs Nachfolger Bernhard geht, wird eine weitere biblische Parallele aufgemacht: »›Zu der Zeit war kein König in Israel, ein jeglicher tat, was ihm Recht dünkte.‹ (Richter 21,25) Denn nach der Verbannung des Herzogs Heinrich, der allein im Land übermächtig gewesen war und … die größte Sicherheit hergestellt hatte, … regierte nun jeder wie ein Tyrann an seinem Ort und tat entweder selbst seinem Nachbarn Gewalt an oder erduldete sie.«[59] Gemeint waren damit die lokalen Grafen und Herren – jene, die der Löwe mit harter Hand im Griff gehabt und befriedet hatte und die unter Bernhard nun taten, was sie wollten. So zerbrach das sächsische Herzogtum wie das biblische Königreich Israel unter den Nachfolgern Salomos.

Auf dem Dritten Kreuzzug ertrank Barbarossa 1190 einigermaßen unritterlich beim Baden im Fluss Saleph, nach seinem Tod wurden die Probleme von König- und Kaisertum noch dringlicher. Friedrichs Zweitgeborener und Nachfolger Heinrich VI. plagte sich zuerst noch mit dem Löwen, der sich aus dem englischen Exil heraus gegen seine Absetzung wehrte, dazu mit einer Opposition gegen die Staufer auf Sizilien und schließlich noch mit aufsässigen Fürsten im eigenen Land. Letzteren konnte er allerdings mit dem aufsehenerregenden Coup begegnen, König Richard von England, aus dem Robin-Hood-Stoff allgemein als »Löwenherz« bekannt, auf der Rückreise vom Dritten Kreuzzug in Niederösterreich gefangen setzen zu lassen. Dadurch floss ein immenses Lösegeld nach Deutschland – zur Hälfte an die Babenberger, denen die Gefangennahme geglückt war, zur anderen Hälfte an den Kaiser. Jetzt wieder einigermaßen sattelfest, hätte sich Heinrich auch um die nördlichen Grenzen des Reiches kümmern können, wäre er nicht 1197 plötzlich mit nur 32 Jahren an einer Fieberkrankheit, vermutlich der Malaria, auf Sizilien verstorben.

Bei aller unterschiedlicher Bewertung, die Heinrichs Handeln und Wirken erfuhr, war sich die ältere deutsche Nationalgeschichte doch einig, dass sein Tod eine der »furchtbarsten Katastrophen der mittelalterlichen Geschichte Deutschlands« gewesen sei.[60] Denn darauf folgte die erste Doppelwahl im Reich – natürlich zwischen einem Staufer und einem Welfen, jenem Sohn Heinrichs des Löwen nämlich, der als Otto IV. besonders im Norden Deutschlands eine nennenswerte Partei um sich scharen konnte. Dazu gehörte auch Erzbischof Adolf von Köln, der aber durchaus nicht aus eigenem Antrieb, sondern gedrängt von einer mächtigen Partei Kölner Bürger Otto zum Kandidaten ausrief.[61] Bürger, die nicht nur sämtlich Gläubiger ihres Erzbischofs, sondern eben auch – wen möchte das wundern? – im Englandhandel aktiv waren. Und tatsächlich finden wir den wieder sicher auf dem Thron sitzenden Löwenherz ebenfalls im Kreis der Unterstützer Ottos. Auf der anderen Seite stand eine vor allem sächsische Partei, deren Anhänger nach dem Sturz von Herzog Heinrich zu erheblichen Freiheiten gekommen waren und Kaiser Heinrichs VI. jüngeren Bruder Philipp nominierten.

Der Thronstreit stürzte Deutschland in Jahre des Krieges und wurde auch nach der Ermordung Philipps nicht beendet, weil die staufische Partei postwendend einen neuen Kandidaten präsentierte: den Enkel Barbarossas, der später als Friedrich II. dem staufischen Kaisertum noch einmal Glanz verleihen sollte. Und der Braunschweiger Otto überwarf sich in den wenigen Jahren seines Kaisertums so rasch mit dem Papst und den Großen seines Reiches, dass man seine nie wirklich etablierte Herrschaft bestenfalls als Episode bezeichnen kann.

Für den Norden Deutschlands und insbesondere für den südlichen Ostseeraum jedenfalls bedeuteten die Jahrzehnte um 1200 eine Zeit der großen Unsicherheit, der bedrängten Einzelherrscher und der prekären Allianzen. *gewalt vert ûf der strâze, fride unde reht sint sêre wunt,* dichtete der Minnesänger Walther von der Vogelweide in einem berühmten Reimspruch dieser Jahre, während er so *bein mit beine ... ûf eime steine* saß.[62] Das tat er nicht im Norden, sondern vermutlich irgendwo in Franken oder Bayern, wenn nicht noch südlicher. Aber im Norden des Reiches stand es schlimmer.

Taktieren zwischen immer neuen Stadtherrschern

Für Lübeck sind diese Jahre vom mehrfachen Wechsel des Stadtherrn und der Allianzen geprägt, wobei die städtische Diplomatie ausgesprochen klug agierte und so die eigene Position weiter festigen konnte.[63] Einer dieser Erfolge war ein großes kaiserliches Privileg aus dem Jahr 1188, in dem Friedrich nicht nur den Streit mit dem schauenburgischen Grafen schlichtete, sondern der Stadt auch endlich in Schriftform ihre angestammten Rechte bestätigte.[64] Das Original ist verloren – nicht etwa, weil hochmittelalterliche Urkunden nun einmal regelmäßig in den Wirren der Zeit verloren gingen, sondern weil die Lübecker das Privileg 1225 ganz bewusst zerstörten und durch ein neues ersetzten, das zwar in wesentlichen Teilen seinem Vorgänger entsprochen haben dürfte, aber auch einige neue Bestimmungen aufnahm. Ähnlich kreativ gingen übrigens 1265 auch die Hamburger vor, als sie sich ein unglücklicherweise nicht mehr auffindbares Barbarossa-Privileg kurzerhand selbst neu ausstellten.[65]

Zwei Jahre nach der Privilegierung starb der große Staufer, und Lübeck geriet erneut in die Auseinandersetzung zwischen Grafen, Herzog und Reich. Der Chronist Arnold berichtet uns, wie die Bürger in diesen Jahren mehrfach heftig diskutierten, ob sie sich dem Schauenburger Grafen, der zweimal die Stadt belagerte, ergeben oder den Schutz eines anderen Herrn suchen sollten.[66] Dabei optierten einige für den Anschluss an Markgraf Otto II. von Brandenburg, um ihre Reichsnähe zu demonstrieren; andere machten sich für ein Gesuch an den mächtigen Dänenkönig

Knud VI. stark, er möge die Stadt unter seinen Schutz stellen. Für die Geschichtswissenschaft des 19. Jahrhunderts kam das Vaterlandsverrat gleich. Nüchterne Betrachter müssen anerkennen, dass die Handelsinteressen Lübecks im Ostseeraum, vor allem aber das Bedürfnis nach einem starken Herrscher, der zur See und auf dem Land Sicherheit garantierte, diese Lösung nahelegten. Und tatsächlich wurde nach einigem Hin und Her letztlich Graf Waldemar von Schleswig neuer Stadtherr von Lübeck und bald darauf als Waldemar II. dänischer König.

In den anschließenden zwei Jahrzehnten der *Pax Waldemariana* blühte Lübeck weiter auf.[67] Der König verlieh der Stadt umfangreiche Rechte, etwa die Garantie ihres Eigentums im Falle der Havarie; er privilegierte den lübischen Schonenhandel und bestätigte der Stadt auch sämtliche von seinen Vorgängern eingeräumte Freiheiten.[68] In diesem Zusammenhang treten übrigens bereits *consules*, also Ratsleute auf – der gerade einmal zweite Beleg nach einem etwas früheren aus Utrecht dafür, dass im Reich ein eigenständiges, die Stadtgeschicke lenkendes Ratsgremium in Aktion trat. Die politischen Wechselbäder des ausgehenden 12. Jahrhunderts hatten offenbar zur Konsolidierung städtischer Autonomie geführt – nicht zuletzt durch das kluge Taktieren gegenüber möglichen Stadtherrn und Privilegiengebern. Diese Klugheit der frühen hansischen Diplomatie wird uns immer wieder begegnen.

Over sand unde over see: die Geburt der Hanse aus Privilegien und Fahrtgemeinschaften

Gotland ist heute eine beschauliche Urlaubsinsel mit viel Grün, guter Luft und noch besserem Seeblick. Man erreicht die Insel nur per Schiff und kleinen Propellermaschinen. Vom Flughafen, der kleiner als mancher deutsche Hauptbahnhof wirkt, kann man mit dem Leihfahrrad bequem in die Altstadt von Visby radeln.

Visby ist keine große Stadt, aber eine beeindruckende. Die streckenweise gut erhaltene mittelalterliche Stadtmauer und die gotischen Kirchenruinen vermitteln eine Idee davon, wie bedeutsam sie früher einmal war. Noch eindrucksvoller wird es, wenn man die Stadt verlässt und mit dem Rad oder Auto über die Insel streift. Denn hier ragen immer wieder kleine oder größere Kirchen in den Himmel – manchmal auf der sprichwörtlichen grünen Wiese, weil durch eine Bodenreform im 18. Jahrhundert manche alten Dörfer verschwanden. Insgesamt 99 dieser imposanten Bauten sind über die ganze Insel verteilt. Sie alle sind mittelalterlich. Und viele von ihnen beherbergen bedeutsame Kunstschätze.[1]

Ein charakteristisches Element gotländischer Kirchenkunst sind die in manchen dieser Landkirchen erhaltenen sogenannten Scheiben- oder Ringkreuze, die das Kreuz mit einer runden Scheibe oder einem Ring hinterlegen (Abb. 6).[2] Diese Bildtradition ist verbreitet bei steinernen Grab- und vor allem Sühnekreuzen in fast ganz Europa. Als hölzerne Triumph- oder Altarkreuze in Kirchen dagegen sind sie ziemlich selten. Es gibt sie eigentlich nur an zwei Orten: auf Gotland – und in Soest, wo in der Kirche St. Maria zur Höhe ein solches riesiges Kreuz aus den Jahren vor 1200 erhalten ist. Dabei sind die gotländischen Kreuze allesamt erheblich jünger. Aus dieser kunsthistorischen Auffälligkeit und mit dem Wissen, dass es in Soest schon früh eine Gotlandfahrer-Gesellschaft gab,[3] liegt der Schluss nahe, dass die Stadt die Insel beeinflusste. Auf Gotland war offenbar viel Geld vorhanden, um Kunstschaffende von weit her anzuziehen, die an den Kirchenbauten und ihrer Ausstattung mitwirkten. Und was lag da näher, als auf die Berichte, Empfehlungen, Erzählungen, kurz: auf die Informationen zurückzugreifen, die über den Handel auf die Insel kamen? So wundert es nicht, dass sich neben den deutschen bis ins 13. Jahrhundert hinein auch byzantinische Bildtraditionen in der gotländischen Steinskulptur greifen lassen. Aber je stärker der Handel von den niederdeutschen Kaufleuten bestimmt wurde, desto mehr Kunst oder Kunstschaffende kamen wohl auf diesen

Abb. 6: Das Soester Scheibenkreuz in der Kirche St. Maria zur Höhe aus dem späten 12. Jahrhundert – Vorbild für die zahlreichen späteren Scheibenkreuze auf Gotland?

Wegen nach Gotland. Der Kunsthistoriker Tobias Kunz etwa hat in seiner Dissertation eine der Herkunft nach wohl Kölner Bildhauerwerkstatt identifiziert, die um 1200 auf Gotland wirkte.[4] Spätestens nach der Jahrhundertmitte kamen niederdeutsche Kaufleute nach Gotland, insbesondere Westfalen und Lübecker. Dies belegt eine Urkunde Herzog Heinrichs des Löwen, die er schon wenige Jahre nach seiner Lübecker Neugründung ausstellte: das sogenannte Artlenburger Privileg.

Die Urkunde selbst ist hoch umstritten, zumal sie nicht im Original, sondern lediglich in drei späteren (und leicht unterschiedlichen) Abschriften aus dem 13. Jahrhundert überliefert ist.[5] An der ältesten dieser Abschriften, die 1223 für Lübeck angefertigt wurde, hängt das älteste Siegel der Stadt (Abb. 7). Ohne hier auf die Einzelheiten der urkundenkritischen Debatte einzugehen, kann man festhalten, dass Heinrich der Löwe einen ewigen Frieden *(pax perpetua)* zur Widerherstellung der »alten Eintracht« *(concordia antiqua)* zwischen »den Deutschen« *(theutonici)* und den Gotländern *(guttenses)* vermittelte, dabei die Gotländer vom Zoll befreite und ihnen versprach, sie in ganz Sachsen »wie die Seinen« zu beschützen: *tamquam nostri* – eine Formel, die uns später noch einmal in ganz anderem Kontext begegnen wird. Jene Gleichstellung *tamquam nostri* steht aber unter einer großen Bedingung, nämlich dass es die Gotländer genauso halten mögen. Was für ein Konflikt das war, den Heinrich hier zu alter *concordia* beilegte, wird aus der Urkunde nicht deutlich; lediglich von »Hass, Feindschaften und Mord aus Streit zwischen den Völkern« *(odia, inimicias, homicidia ex utriusque gentis dissensione)* ist die Rede. Auch wenn die Quellen für die Jahrzehnte um 1200 noch spärlich fließen, kann man doch indirekt die rasant zunehmende Bedeutung des gotländischen Handels erschließen, vor allem aus dem sich nun deutlicher abzeichnenden deutschen Handel mit Nowgorod.[6] Denn dieser war auf den Zwischenstopp Gotland angewiesen.

1253 erscheint in einer Urkunde der Gräfin Margrethe von Flandern ein klar als solcher benannter Zusammenschluss der Gotland bereisenden Kaufleute aus dem Reich, eine *universitas mercatorum*

Abb. 7: Nachzeichnung des ältesten Lübecker Stadtsiegels aus dem Jahr 1223. Die Umschrift lautet. SIGILLVM BVRGENSIVM DE LVBEKE, also »Siegel der Bürger von Lübeck«. Nach einer von mehreren Interpretationen zeigt es einen seefahrenden Kaufmann mit der für die Seefahrt typischen Kapuze, dem Kogel, gemeinsam mit einem barhäuptigen landfahrenden Kollegen und symbolisiert so das Zusammentreffen des Handels *over sand unde over see*.

Romani imperii Gotlandiam frequentium.[7] Zu dieser Zeit muss er aber schon länger bestanden haben. Neben diesen saisonal besuchenden Kaufleuten, den *frequentes*, gab es nämlich in Visby nicht nur die angestammten Gotländer, sondern auch jene Deutschen, die sich dauerhaft niedergelassen hatten *(manentes)*. Sie verbanden sich irgendwann in den Jahrzehnten um 1200 zu einer eigenen Gemeinschaft (noch einer *universitas* also), die ebenfalls ein eigenes Siegel führte.[8] Diese Sondergemeinde muss eine derartige Größe oder jedenfalls eine derartige Bedeutung erlangt haben, dass sie sich schließlich mit der gotländischen zusammenschloss, sodass Visby zu einer Doppelstadt wurde, mit zunächst zwei, dann einem gemeinsamen Ratsgremium, das aber peinlich genau darauf achtete, dass seine Angehörigen aus den Mitgliedern beider *nationes,* aus Deutschen und Gotländern, gewählt wurden. Dieses auf den ersten Blick etwas ungewöhnliche Modell war in den großen Handelsstädten gar nicht so selten und lässt sich etwa in Schweden noch häufiger nachweisen. Diese neue und weiterhin florierende Gemeinde Visby jedenfalls boomte in ähnlicher Weise wie auf dem Festland Lübeck. Das zeigt sich auch an der imposanten Stadtmauer mit ihren 44 Wachtürmen, die in diesen Jahren begonnen wurde.

Die Hanse – ganz ohne Meer? Westfalen und das Rheinland als frühe Kernzonen

Die Hanse entstand aber nicht allein im Ostseeraum und Nowgorod. Vielmehr machte erst die Verknüpfung mehrerer dynamischer Wachstumsräume während des 13. Jahrhunderts ihre später so beeindruckende Spannweite, die enormen Ausmaße des »Hanseraums« aus. Einen dieser Räume bildeten Lübeck, Gotland und die in rascher Zahl seit Beginn des Jahrhunderts entstehenden Städte an der südlichen Ostseeküste, mit Anknüpfungen weit in den Osten. Eine weitere Zone umfasste das Rheinland und Westfalen, mit Anbindung Richtung Westen, nach Flandern und England. Am Korridor zwischen diesen beiden Kernzonen lagen das nordwestliche Deutschland als Transitzone und Schaltstelle, einschließlich der wichtigen Hafenstädte Hamburg und Bremen, in Mitteldeutschland die sächsischen Städte mit ihren Verbindungen nach Süddeutschland und Osteuropa. Man kann geradezu von einer »Ellipse mit den beiden Brennpunkten Lübeck und Köln« sprechen.[9]

Köln: die Straße nach Flandern und das Tor nach England

Köln war im 12. und 13. Jahrhundert die größte und reichste Stadt Deutschlands. Sie war der Sitz eines der mächtigsten Reichsfürsten, des Erzbischofs von Köln, sodass in der Stadt selbst genauso wie in der Region ein hoher Bedarf an hochwertigen Waren für die zahlreichen Kirchen und Klöster, für die Dienstleute und Vasallen des Erzbischofs bestand.[10] Wie viel Einfluss die selbstbewussten Kölner Bürger mit ihrem Geld selbst auf Reichsebene entfalten konnten, ist bezüglich der Doppelwahl von 1198 schon angeklungen.

Einem dieser Kölner Bürger setzte der um 1200 geborene Dichter Rudolf von Ems ein literarisches Denkmal.[11] In seiner Erzählung *Der guote Gêrhard* berichtet er von den Abenteuern eines Kaufmannes, der im Orient zu großem Reichtum gelangt und diesen Reichtum richtig, nämlich *ze himel wernde stætekeit,* für ewiges Glück im Himmel, einsetzt.[12] Die etwas eigenartige Reiseroute führt ihn über Russland und das Baltikum in das persische Sarand und schließlich nach Damaskus. Im dortigen Gefängnis trifft er auf eine norwegische Königstochter, die an die nordafrikanische Küste verschlagen wurde, als sie sich mit ihrem – durch den Sturm von ihr getrennten – Verlobten auf dem Rückweg nach England befand. Nun bietet der arabische Burggraf Stranmûr Gerhard an, die Königstochter gegen den enormen Kaufmannsschatz zu tauschen, und stellt ihm in Aussicht, der englische Bräutigam oder der norwegische Vater würden ihm die Kosten schon doppelt und dreifach ersetzen. Tatsächlich opfert Gerhard seinen Besitz – aber nicht, um ihn später zu mehren, sondern aus purer Nächstenliebe. Er nimmt die Königstochter auf seinem Schiff mit zurück nach Köln und verheiratet sie dort an seinen Sohn, weil der ihr ursprünglich Versprochene ja weiterhin als auf See verschollen gilt. Just in der Hochzeitsnacht taucht er jedoch auf. Aber weil unser Gerhard eben ein *guoter* ist, tut er auch in dieser neuen Situation das Richtige und bewegt seinen Sohn dazu, auf die Braut zugunsten der älteren Rechte zu verzichten. Ende gut, alles gut.

Dieser wirklich durch und durch ehrbare Kaufmann, den Rudolf zum Helden seines Versromans wählte, hat ein konkretes Vorbild in der Kölner Stadtgeschichte: den Kaufmann und Bankier Gerhard Unmaze, der mit seinem literarischen Abbild allerdings vermutlich vor allem den Reichtum gemein hatte. Sein immenses Vermögen stammte aus einem beträchtlichen Erbe, das er als Zollpächter noch vergrößerte und dann gezielt in Grundstückskäufe investierte. Daneben war er im Englandhandel aktiv und einer der wichtigsten Geldverleiher seiner Zeit. Er gehörte auch zu jenen Kölner Bürgern, die 1198 die Wahl Ottos IV. finanzierten.

Diese rheinische Unterstützung kam nicht von ungefähr. Neben Gerhard kam die Mehrzahl der *homines imperii,* denen die englischen Könige im 12. und 13. Jahrhundert Privilegien erteilten, aus Köln.[13] Die enge Verbindung der Stadt mit dem Inselkönigreich reichte wohl schon länger zurück,[14] fand aber erstmals 1157 in der königlichen Bestätigung den schriftlichen Niederschlag, man wolle die *homines et cives Colonienses,* also kurz: die Kölner, wie die eigenen englischen Kaufleute behandeln, solange sie ihre Zölle zahlten. Die genaue Formulierung lautet *sicut homines meos,* entspricht also Heinrichs *tamquam nostri* gegenüber den Gotländern.

Daneben bekräftigt der König ausdrücklich seinen »Schutz und Schirm« *(custodia et protectio mea)* – eine Formel, die eigentlich aus dem Kontext lehns- und grundherrlicher Herrschaftsansprüche stammt.[15] Ganz im Unterschied zur bäuerlichen Sphäre der Grundherrschaft mit ihrem direkten Zugriff des Herrn auf seine Leute, den die Formel der *custodia* legitimierte, wurde hier aber gerade ein Freiheits- und Schutzraum für die fremden Kaufleute geschaffen. In derselben Urkunde wird auch schon ein *domum sua Londonensi,* also ein Haus dieser Kölner in London, erwähnt, dem eine spätere Hand durch Nachtrag über der Zeile den Namen *guildhalla (guildhall)* beifügte. Daraus wird später der hansische Stalhof am Themseufer werden. Die Beziehung der Kölner zur englischen Krone war also um die Jahrhundertmitte schon eng und verdichtete sich dann noch einmal just zu der Zeit, als auch Lübeck sein erstes großes kaiserliches Privileg erhielt. Denn für die Kölner wurde eben nicht Barbarossa zum großen Förderer, sondern später der englische König Heinrich II.[16] Und der Grund dafür lag in der geografischen Mitte zwischen der Themse und der rheinischen Metropole.

In Flandern nämlich hatte sich schon seit dem 11. Jahrhundert eine florierende Tuchindustrie entwickelt, deren Absätze bald darauf durch ein fein abgestimmtes und durch die flandrischen Grafen gut privilegiertes System von Messen in Ypern, Lille und Turnhout weiter gefördert wurden.[17] Die Wolle für das flandrische Tuch kam aus England, wichtige Absatzmärkte lagen im Norden und Osten. So entwickelte sich eine neue Handelsroute, die von Köln über Brabant nach Gent und Brügge verlief. Flandern stieg nicht nur als Produktions-, sondern auch als Handelszentrum zu immer größerer Bedeutung auf; insbesondere die Genter konnten ihre Position stark ausbauen.

Als den Gentern nun auf besondere Bitte Barbarossas der Kölner Erzbischof auch noch die Handelsfreiheit auf dem Rhein zusagte und damit der Weinhandel nach England ebenfalls an sie zu fallen drohte, fanden die Kölner einen prominenten Verbündeten im englischen Souverän. Heinrich II. konnte nämlich kaum glücklich sein über die immer stärkere ökonomische Übermacht der Genter im englischen Wollhandel, die durch die neuen rheinischen Privilegien noch gestärkt worden wäre. Und so verlieh er den Kölnern 1176/77 das umfassendste Handelsprivileg, das irgendeine deutsche Stadt in dieser Zeit vorweisen konnte, und nahm sie unter seinen Schutz *(in manu ... et protectione mea)*.[18] Diese Urkunde sollte später im Verbund mit den erworbenen Rechten der wendischen Städte den Kern des hansischen Privilegienschatzes in England ausmachen.

Westfalen: Handelsraum längs des Hellwegs

Es ist schon angeklungen, dass es zu einem bedeutenden Teil westfälische Kaufleute waren, die in der Gründungsphase Lübecks in Erscheinung traten, und wie häufig westfälische Fundmünzen nicht nur im deutschen Ostseeraum, sondern auch in Dänemark, Schweden und Gotland, in Finnland und Russland sind. Tatsächlich war die Ostsee – bisher im Wesentlichen über Schleswig – schon lange mit der Städtelandschaft Westfalens verbunden. Der Hellweg – eine alte Salzstraße, deren Wurzeln als Verkehrsader bis in vorrömische Zeiten zurückreichen und die als Königsstraße *(via regia)* unter besonderem Schutz stand – schlängelte sich vom Rhein bei Duisburg vorbei an den Orten des heutigen Ruhrgebiets, an der Reichsstadt Dortmund etwa, an Unna und Werl weiter nach Soest, das gern den stolzen Titel »Mutter der Hanse« für sich reklamiert,[19] von dort wiederum weiter über Salzkotten und Paderborn bis zum mächtigen karolingischen Hauskloster Corvey.[20] Entlang der Mittelgebirgsschwelle verband er auf diese Weise Westfalen mit den sächsischen Kernlanden um Goslar und den Rammelsberg mit seinen Silbervorräten, mit der alten Bischofsstadt Hildesheim und dann auch mit dem Neusiedelgebiet östlich von Magdeburg.

Dortmund war unmittelbar rechts und links des Hellwegs entstanden, der die Stadt in zwei fast gleich große Hälften teilte.[21] Heute verläuft die Fußgängerzone über den westlichen Teil dieser Durchgangsstraße und heißt daher Westenhellweg. Die großen Dortmunder Jahrmärkte waren terminlich genau auf die der anderen europäischen Messen abgestimmt.[22] Dortmunder Kaufleute besegelten ebenso wie die Kölner Englands Küsten und lassen sich ebenfalls schon für das 13. Jahrhundert am Londoner Stalhof nachweisen.[23] Insbesondere bei den baltischen Neugründungen längs der Ostseeküste spielten Dortmunder Bürger eine wichtige Rolle – so sehr, dass in den 1250er-Jahren die Bitte erging, man möge für die Gründung der Stadt Memel/Klaipėda in Litauen doch eine Abschrift des Dortmunder Stadtrechts zur Verfügung stellen; die Stadt solle demnach auch *Nova Tremonia* (»Neu-Dortmund«) heißen.[24] Daheim in Westfalen erzeugte diese ehrenvolle Anfrage freilich einige Verwirrung, denn das alte Dortmund hatte die Stadtrechte formal nie übertragen bekommen. Und so behalf sich der Rat mit einer Zusammenstellung Dortmunder Rechtsgewohnheiten, die aus diesem Anlass erstmals verschriftlicht wurden und damit heute zu den ältesten Aufzeichnungen Dortmunder Rechts gehören.[25]

Soest war durch die fruchtbaren Böden der umliegenden Börde und seine Solquellen früh zu einer reichen Stadt aufgestiegen.[26] Die günstige Lage am Hellweg tat ein Übriges, Soest war so Umschlagplatz etwa für Eisen und Halbfertigwaren aus dem Sauer- und Siegerland geworden. Früh bildete sich in Soest eine Schleswigfahrergilde, die vermutlich das Soester Salz und den schonischen Hering zusammenbrachte. Und entsprechend früh finden wir Soester auch auf Gotland und im von dort aus laufenden Handel ins Baltikum und nach Nowgorod. Entgegen der etwas holprigen, unvorbereiteten Verbreitung des Dortmunder Rechts tauchen Bezüge auf das Soester Recht und die alten Soester *Schrae,* wie man die dortigen Aufzeichnungen – und bemerkenswerterweise dann auch jene in Nowgorod und Riga – nannte, regelmäßig in der Stadtrechtslandschaft von Westfalen über Hamburg bis ins Baltikum auf. Nicht immer handelt es sich dabei, wie Stephan Dusil eindrücklich gezeigt hat, um eine tatsächliche Übertragung Soester Rechte oder Rechtsgewohnheiten.[27] Aber schon die Behauptung einer Zugehörigkeit zur Sphäre des Soester Rechts scheint für städtische Neugründungen attraktiv gewesen zu sein.

Zu den großen westfälischen Städten, einschließlich der alten Bischofsstädte Münster und Osnabrück,[28] gesellt sich – ebenso übrigens wie im Rheinland zu Köln und Duisburg – eine Vielzahl kleiner Städte und Ortschaften, die bemerkenswerte Handelsaktivitäten entwickelten. Das sauerländische Örtchen Medebach etwa, das damals unter kurkölnischer Herrschaft stand, trieb nachweislich schon Mitte des 12. Jahrhunderts bis nach Russland Handel. Kein Jahrhundert später finden wir westfälische Kaufleute aus Recklinghausen und Unna, aus Attendorn, Lemgo und Bocholt an den Handelsplätzen der sich rasch formierenden Hanse von Brügge und London bis Lübeck, Riga und Reval.

Alle zusammen – ganz weit im Osten

Wie eng die Verbindungen zwischen Westfalen und den angrenzenden Niederlanden, Nord- und Ostsee schon in der ersten Hälfte des 13. Jahrhunderts waren, zeigt ein im Jahre 1229 geschlossener Handelsvertrag zwischen einer Gruppe von Kaufleuten und dem russischen Fürsten Mstislaw Dawidowitsch von Smolensk.[29] Geregelt werden darin gegenseitige Handelsfreiheiten, die Klärung von Streitigkeiten vom Totschlag bis zur Schuldentilgung und einige Details mehr. Spannender aber noch als der Vertragstext sind die Vertragspartner, denn der Fürst verhandelte nicht etwa mit einer Stadt, sondern mit achtzehn einzelnen Kaufleuten – einem Konsortium also, das Bedingungen für alle Händler »lateinischer Zunge« (also Deutsche ebenso wie Gotländer) aushandelte. Vier kamen aus dem noch jungen Riga, drei vom »gotischen Ufer«, einer aus Bremen und je zwei aus Dortmund, Soest, Münster, Groningen und Lübeck. Die Überlieferung dieses Vertrages ist nicht ganz unproblematisch, denn wir haben nur spätere russische Abschriften. Doch jenseits aller Detailfragen zeigt der Vertrag einerseits, dass der Smolensker Fürst keine Probleme hatte, diese durch keine ersichtlichen Zeichen der Genossenschaft, etwa ein gemeinsames Siegel, verbundene Gruppe von Kaufleuten als Unterhändler anzuerkennen. Und irgendwie – man weiß leider nicht wie – müssen ja auch diese achtzehn Kaufleute zusammengefunden und sich der beschwerlichen Reise und des gewichtigen Mandats angenommen haben. Sie hinterließen jedenfalls ein weiteres Beispiel der ausgesprochen erfolgreichen (früh-)hansischen Diplomatie.

Von *homines duri* zu Pfeffersäcken: Der Kaufmann wird sesshaft

Wer die feinen, ernsten Gesichter der Hansekaufleute auf den Holbein-Porträts aus dem Londoner Stalhof betrachtet (s. Abb. 26), sieht Unternehmer, Kalkulanten, Denker – aber sicher keine Haudegen. Geboren wird dieser Typus des Kaufmanns, der von einem zentralen Firmensitz aus die Waren- und Geldströme ebenso lenkt wie seine Familie daheim und vielleicht sogar als Ratsmann die Geschicke seiner Stadt, im 12. und frühen 13. Jahrhundert. Erst der hochmittelalterliche Kaufmann wird sesshaft. Das hängt mit der Urbanisierung Europas zusammen, mit der zunehmenden Nachfrage in den neuen und alten Zentren, also der oben angesprochenen kommerziellen Revolution. Und es ergibt sich aus dem immer besseren Schutz der Handelswege, sei es durch Herrschaftsträger, sei es durch die Eigenorganisationen der Fernhandelskaufleute, wie auch die frühen Hansen welche darstellten. Sie ermöglichten es dem Kaufmann, daheim zu bleiben und andere zu schicken.

Über viele Jahrhunderte war das anders gewesen: Als *homines duri*, harte Männer, bezeichnete kurz nach der Jahrtausendwende der Benediktinermönch Alpert von Metz die Kaufleute der niederländischen Stadt Tiel an der Waal, heute eine verschlafene Mittelstadt von etwas mehr als 40 000 Einwohnern, damals eines der wichtigsten Handelszentren in Nordwesteuropa. »Sie sind keine Zucht gewöhnt«, wettert Alpert weiter. »Prozesse entscheiden sie nicht nach Gesetz, sondern nach Willkür; und diese Unsitte ist ihnen vom Kaiser, wie man sagt, durch Urkunde zugestanden.«[30] Unehelicher Beischlaf sei für sie keine Schande, und »morgens in aller Frühe halten sie Trinkgelage, und wer dabei mit lauter und hässlicher Stimme Reden schwingt, Lachen zu erregen, und zur Ermunterung des ungebildeten Volkes zum Saufen beiträgt, der trägt auch noch großes Lob davon.« Kurz: Alpert hielt nicht viel von diesen rauen Gesellen. Und tatsächlich dürften in der reinen Männergesellschaft der fahrenden Händler des Mittelalters keine zimperlichen Sitten geherrscht haben.

Gemeinsam unterwegs: die Hansen vor der Hanse

Tatsächlich kommt die eine Hanse von den vielen Hansen, von einer Vielzahl kleinerer und größerer genossenschaftlich organisierter Gemeinschaften, die regelmäßig die gefährliche Fahrt in die Fremde aufnahmen. *Hansa* bedeutet ursprünglich nichts anderes als »Schar« und ist in dieser Wortbedeutung schon in ganz frühen Quellen belegt.[31] Entsprechend gab es nicht die eine Hanse, sondern viele, überall im Westen Europas und in Skandinavien.

Aus der Mitte des 12. Jahrhunderts sind wir relativ gut unterrichtet über einen Kaufmann namens Godric von Finchale, der irgendwann zwischen 1070 und 1080 in Walpole/Norfolk in ziemlich ärmlichen Verhältnissen groß geworden war – ganz in der Nähe also von King's Lynn, einem später auch für hansische Schiffe wichtigen Hafen. Wenn wir seinem Biografen Reginald, einem

Mönch aus Durham, glauben wollen, ist Godric steinalt geworden: Er starb im Mai 1170 als Einsiedler und wurde später heiliggesprochen.[32] Reginald behauptet, ihn noch persönlich gekannt zu haben.

Godric soll, so erzählt es seine Heiligenvita, die Basis seines Kaufmannsvermögens mit dem Sammeln von Strandgut gelegt haben. Mit diesem Kapital betätigte er sich zunächst als wandernder Hausierer (als *pedes mercator,* wörtlich also »Zufußhändler«) und schloss sich mit dem so erzielten Gewinn städtischen Händlergruppen an *(postmodum ... se urbanis mercatoribus consociando confoederare).* Was das konkret heißt, kann nur vermutet werden, aber es könnte hier sehr gut eine frühe Form des Gesellschaftshandels gemeint sein, um den es im sechsten Kapitel noch ausführlicher gehen wird. So jedenfalls brachte es Godric zu stattlichem Reichtum, Anteilen an einem Schiff und einer Spezialisierung auf Luxuswaren.

Den noch vergleichsweise jungen Typus des Fernhändlers erklärt uns sein Biograf in wunderbarer Klarheit: »Er kaufte in den verschiedenen Ländern Waren, von denen er wußte, daß sie anderswo selten und daher umso teurer waren, auf, brachte sie nach anderen Gegenden, wo sie den Einwohnern fast unbekannt waren und daher begehrenswerter als Gold dünkten, erwarb für den Erlös neue Waren, nach denen wieder an anderer Stelle Nachfrage herrschte, und brachte so in beständigem Hin- und Herreisen, indem er hier billig einkaufte, dort teuer verkaufte, im Schweiße seines Angesichts ein bedeutendes Vermögen zusammen.«[33] Zugleich wird damit deutlich gemacht: Dieses Vermögen ist nicht unrecht erworben. Es ist mit harter Arbeit und großem Risiko verdient. Diese Argumentation war wichtig – gerade für einen Mann Gottes. Denn der Kaufmann setzte bei der Erzeugung von Profiten sein Seelenheil aufs Spiel. Wir werden das im siebten Kapitel noch vertiefen.

Das *confoederare* jedenfalls, das Sich-Anschließen an eine Gruppe von Kaufleuten, war für die Fernhändler des Hochmittelalters noch überlebenswichtig. Es lag nahe, dass sich diejenigen Händler zusammenschlossen, die regelmäßig in dieselbe Richtung und zu denselben Orten reisten. Es bildeten sich sogenannte

»Fahrtrichtungsgenossenschaften« oder Gilden, etwa die Schonen-, die England- oder die Gotlandfahrer.[34] So konnte man nicht nur den nötigen Schutz organisieren, sondern etwa auch gemeinsam gegenüber den Seeleuten auftreten, deren Schiffe man mietete, oder im Ausland den lokalen Behörden geschlossen gegenübertreten. Noch mehr neigten diese Genossenschaften freilich dazu, sich intern zu organisieren, denn sie hatten kein Interesse daran, die lokale Justiz zu bemühen, wenn es nicht unbedingt sein musste. Streitigkeiten wurden so weit als möglich untereinander geregelt. Und so wundert es nicht, dass man schließlich auch daheim wenig Wert auf Einrede von außen legte, solange nur die eigene Gruppe betroffen war – ganz wie die *homines duri* aus Tiel, die dafür eigens ein kaiserliches Privileg erlangten.

Die Wirtschaftsgeschichte hat diesen Fahrtgemeinschaften, die es ja nicht nur in Deutschland und Skandinavien, sondern in ganz Europa, in Nordafrika und in Asien gab, einen hohen Stellenwert eingeräumt. Für die Neue Institutionenökonomie waren sie Knotenpunkte auf dem Weg zur modernen europäischen Wirtschaft, mit einem hohen Grad an Selbstorganisation und freiem Spiel der Kräfte.[35] Gegen diese optimistische Sicht hat die kanadische Ökonomin Sheilagh Ogilvie, die Wirtschaftsgeschichte in Cambridge lehrt, eingewandt, dass für den langfristigen Erfolg dieser Gilden meist doch die Verbindung mit einer starken Schutzmacht den Ausschlag gab.[36] In Dänemark war das der König, der sogar selbst Mitglied der Knudsgilde wurde, sodass jedes Problem der Gilde automatisch auch ihn betraf.[37] Im Falle der Hanse waren es die Städte, die sich hinter ihre Fahrtgemeinschaften stellten und für die Vernetzung der Kaufleute ein institutionelles Forum, den Hansetag, einrichteten.

Nordeuropa nach 1200: Der Boom nimmt Fahrt auf

Waren die letzten Jahrzehnte des 12. Jahrhunderts unruhig und somit auch besonders dynamisch, so kennzeichnet die erste Hälfte des nachfolgenden eine Boomphase für all jene, die dieses Hin und

Her gut überstanden hatten: für den westlichen Ostseesaum und Gotland im Zeichen der dänischen *Pax Waldemariana* genauso wie für die Niederlande und Flandern, für Westfalen und das Rheinland. Weniger gut stand es dagegen für die Handelspartner an den Rändern des sich gerade herausbildenden Hanseraumes im äußersten Westen und Osten – und auch das trug zur Konsolidierung des frühhansischen Handels wesentlich bei, der nun geradezu »systemrelevante« Formen annahm und entsprechend immer selbstsicherer auftrat.

England war nach der stabilen Herrschaft Heinrichs II., der die Kölner in London so gefördert hatte, in unruhige Zeiten geraten und hatte im Krieg gegen Frankreich einen Großteil seiner Festlandsbesitzungen verloren. 1215 wurde die berühmte *Magna carta* ausgehandelt, die den König eng an seine Barone band. In Frankreich entwickelte sich zwar unter Philipp II. August und seinem Enkel Ludwig eine starke, geradezu zentralstaatliche Monarchie, zugleich aber versiegte der Reichtum der Champagne-Messen, deren Besucher immer stärker von den Märkten Flanderns angezogen wurden. Der zunehmende deutsch-italienische Handel über die Alpen und der sich ausweitende direkte Seehandel zwischen Italien, Flandern und England umgingen vielfach südfranzösische Zwischenhändler. Im Baltikum brachte man, wie gleich noch näher auszuführen sein wird, im Namen des Christentums eine gewaltsame Expansion voran, was die Region allerdings auch in den boomenden nordeuropäischen Handel integrierte. Im fernen Russland schließlich drängten langsam, aber merklich die Mongolen vor die Tür.

Die skandinavischen Reiche, insbesondere Dänemark, starteten stark in das 13. Jahrhundert. Dass Lübeck sich 1201 freiwillig unter die Schutzherrschaft des Dänenkönigs begeben hatte, ist dafür ein deutliches Zeichen. Gute zwei Jahrzehnte lang garantierte die Herrschaft König Waldemars II. Frieden im südwestlichen Ostseeraum, während Lübeck als der zentrale Versorgungshafen für die Feldzüge im Baltikum noch mehr in Schwung kam.

Neue Städte und neue Kämpfe an der Ostsee

Lübeck hat von den zwei Jahrzehnten dänischer Stadtherrschaft stark profitiert.[38] Die *Pax Waldemariana* ermöglichte ruhigen Handel, die Beziehungen zu Gotland konnten sich weiter verdichten – und insbesondere Hamburg, das seit 1201 ebenfalls unter dänischer Herrschaft stand, wurde zu einem neuen wichtigen Partner. Daneben betätigten sich auch die Herren von Mecklenburg erfolgreich als Gründer: Rostock und Wismar, beide entstanden wohl um 1200, erhielten 1218 beziehungsweise 1228 Stadtrechte nach lübischem Vorbild und hatten sich bis dahin zu ernst zu nehmenden Handelspartnern der Travestadt entwickelt, was durch gegenseitige Zollprivilegien gestärkt wurde.[39] Der König erteilte den Lübeckern neue Rechte, etwa für den Heringshandel in Schonen, und tat auch sonst alles dafür, den Handel seiner blühenden Hafenstadt zu fördern.[40] Aber letztlich war Waldemar ein Stadtherr – und den scheinen die Lübecker schon in diesen Jahren nur bei Bedarf geduldet zu haben. Kaum dass aus der Unterstützung Kontrolle wurde und der König in die Belange der Stadt aktiv eingriff, sollte sie sich gegen ihren Beschützer wenden.

Ungefähr zur gleichen Zeit, als sich die Travestadt unter den Schutz des Dänenkönigs begab, erwachte in Bremen der Missionsgeist neu. Schon seit einigen Jahren missionierte ein aus Gotland gekommener Mönch namens Meinhard gemeinsam mit einigen Gefährten bei den Liven an der unteren Düna; in Uexküll hatte er Mitte der 1180er-Jahre eine erste Kirche errichtet. Der Bremer Erzbischof, der nur zu gern an die alte missionarische Tradition seiner Kirche anknüpfen wollte, erhob ihn daraufhin zum Bischof von Livland, das damals noch gar keine rechte Begrenzung hatte, aber sich ungefähr im Bereich des heutigen Lettlands erstreckte.[41]

Um die Wende zum 13. Jahrhundert erlangte Bischof Albert von Bremen die Unterstützung Papst Innozenz' III., des Erzbischofs von Lund, des deutschen ebenso wie des dänischen Königs – und nicht zuletzt die Unterstützung der Stadt Lübeck und der Gotländischen Genossenschaft. Die so vereinten Kräfte missionierten gewaltsam große Gebiete Livlands, unterwarfen sie ihrer Herrschaft, und 1201 kam es zur Gründung der nach Lübeck zweiten großen Hafenstadt an der Ostsee: Riga.[42] Bischof Albert verlieh ihr zunächst Visbyer Stadtrecht, das später durch Hamburger und noch später Lübisches Recht ersetzt wurde.[43] Im Jahr darauf rief er einen eigenen Ritterorden ins Leben, die »Schwertbrüder« *(fratres militiae Christi)*, die insbesondere aus Ostwestfalen starken Zulauf fanden.[44]

Es begann in diesen Jahren die Zeit der »Preußenfahrten« und der »Litauerreisen« – euphemistische Bezeichnungen für die gewaltsame Bereicherung unter dem Deckmantel der Christianisierung, die erst Livland, dann Estland und später auch die Pruzzen heimsuchte. Für viele Adelige aus halb Europa, insbesondere für die jungen, gehörte es zeitweise zum guten Ton, einmal in den Osten gezogen und sich mit den Heiden geschlagen zu haben. Außerdem war einiges zu holen. Erst in der zweiten Hälfte des 14. Jahrhunderts war das Baltikum herrschaftlich so weit durchdrungen, dass die Preußenfahrten verebbten.[45]

Für all diese Aktionen war Lübeck der wichtigste Nachschubhafen. Während der Handel in den Westen blühte, verschafften die frommen Raubzüge Richtung Osten Lübeck nicht nur mittelfristig neue Zugänge zu den Ressourcen des Baltikums und Russlands, sondern auch ganz unmittelbar Einnahmen durch die Kreuzfahrer, die ernährt, ausgestattet und verschifft werden wollten. Der Stadtherr der Lübecker, König Waldemar, hatte sich nach anfänglicher Unterstützung der Kreuzzüge auf andere Felder, insbesondere in Deutschland, konzentriert, die Expansion in Livland dagegen weitestgehend Bischof Albert und den Schwertbrüdern überlassen. Als es aber 1218 erneut gegen die Esten ins Feld ging, wo die Dänen schon Jahrzehnte zuvor, unter Waldemars heiliggesprochenem Großvater Knud, Fuß zu fassen versucht hatten, sah er alte Ansprüche in Gefahr. Mit päpstlichem Privileg und großem Heer landete er wenig später bei der Burg Lyndanise, dem späteren Domberg von Reval.[46] Von dort aus begann Waldemar mit der konsequenten Eroberung des nördlichen Estlands, dabei auf das päpstliche Privileg pochend, dass er alle Gebiete, die er im Heidenland an die Kirche brächte, zugleich dem dänischen Reich einverleiben dürfe. Dabei geriet er in Streit mit Erzbischof Albrecht, erst über kirchliche Missionsfragen, dann über weltliche Schutzansprüche. Der offene Konflikt blieb wohl nur aus, weil beide Parteien ständig von rebellierenden Öselern und Esten, außerdem von den russischen Fürsten, deren Tributherrschaft die Kreuzzüge empfindlich störten, in Atem gehalten wurden.[47]

Eines der Mittel, mit denen Waldemar Bischof Albrecht und die Schwertbrüder empfindlich zu schwächen versuchte, war 1220 die Sperrung des Lübecker Hafens. Der schmerzhafte Eingriff in den Seehandel und der drohende Angriff auf den Handelspartner Riga, das ja unter bischöflich-bremischer Stadtherrschaft stand und damit Waldemar ein Dorn im Auge war, dürften in der Stadt nachdrückliche Zweifel gegenüber ihrem königlichen Schutzherrn gesät haben. Stattdessen wandte man sich an den Papst, der tatsächlich umgehend die Öffnung des Hafens durch Androhung des Kirchenbannes erzwang.[48] Als dann der Stern des Dänen in den folgenden Jahren immer mehr sank, er zwischenzeitlich auf Lysø sogar in Gefangenschaft geriet, stellte das auch die positiven Aspekte der Stadtherrschaft immer mehr auf den Prüfstand. Und letztlich war Lübeck in den vergangenen Jahrzehnten dergestalt an Bedeutung und Bevölkerung gewachsen, dass der Schritt in die Selbstständigkeit für die selbstbewussten Ratsherren auf der Hand lag.

1226: Lübeck wird Reichsstadt

Im Schulterschluss mit einer wachsenden holsteinischen Adelsopposition vertrieb die Travestadt 1225 die dänische Burgbesatzung. Ihre Hilfe bei der Erstürmung der Ratzeburg ließen sich die Lübecker von ihren aristokratischen Verbündeten eigens bestätigen: Man habe sich »nicht aus Pflicht, sondern aus freien Stücken und rechtem Willen« *(nullo de iure, sed de mero et sincero arbitrio)*, vor allem aber *propriis laboribus et expensis*, also auf eigene Kosten, an der Belagerung beteiligt.[49] Man wollte schwarz auf weiß bestätigt wissen, dass niemand irgendwelche Folgepflichten gegenüber irgendeinem Stadtherrn ableitete, da hier allein der aktive Wille der autonomen Bürgergemeinde im Spiel gewesen war.

Nach Erledigung der militärischen Angelegenheiten fehlte nur noch ein Privileg, das den Lübeckern die neue Freiheit bestätigte. Der alte Freiheitsbrief Barbarossas von 1188 kam dem schon sehr nahe. Und so machte sich eine Gesandtschaft auf zu seinem Enkel Kaiser Friedrich II., der in Italien wieder einmal dabei war, die aufmüpfigen Städte dem Reich untertan zu machen.[50] Der Staufer bestätigte in dem gewichtigen Reichsfreiheitsbrief, dass die Stadt von nun an »für immer frei sei ... und unmittelbar unter die Gewalt des Reiches gehöre« *(libera semper sit ... et ad dominium imperiale specialiter pertinens)*. Er verlieh ihr eigene Rechtsprechung ohne Einmischung eines auswärtigen Vogtes, kaiserlichen Frieden und eine eigene Münzstätte, die bald darauf zu großer Blüte kommen sollte. Das Stadtgebiet wurde Richtung Westen erweitert, bei Travemünde bekam die Stadt ein Stück Land, um ein Seezeichen darauf zu errichten. Die Lübecker Kaufleute zu See und zu Land sollten »für ihre Geschäfte stets unbehelligt abreisen und sicher zurückkommen«, wurden also im ganzen Reich besonders geschützt, sofern sie nur die rechten – das meint wohl: die kaiserlichen – Abgaben entrichteten *(dummodo solvant ius debitum, quod tenentur)*.

Bemerkenswert an der Urkunde sind vor allem die vielen konkreten und sehr weit reichenden Handelsfreiheiten: So werden die Lübecker nicht nur vom Zoll bei Oldesloe befreit, sondern auch von der Abgabe, die die Kölner und Tieler Kaufleute missbräuchlich von den Lübecker Englandfahrern verlangten. Eine *exactio, que »ungelt« dicitur,* eine Abgabe also, die *ungelt* genannt wird, sollen die Lübecker innerhalb des Herzogtums Sachsen nicht bezahlen müssen. Gemeint ist damit die Akzise, eine Verbrauchssteuer, die üblicherweise auf Wein, Bier und andere Konsumgüter erhoben wurde. Die Privilegienreihe geht aber noch weiter: Kein benachbarter Fürst solle den Verkehr von und nach Hamburg, Ratzeburg, Wittenburg, Schwerin und Mecklenburg verhindern. Es soll auch keiner von ihnen freies Geleit gewähren und dafür – was der Text nicht sagt, aber wohl meint – Gebühren verlangen. Schließlich schützt ja schon das Reich. Befestigungsanlagen dürfen im Übrigen auch in einem Radius von zwei Meilen um die Stadt nicht angelegt werden. Das Reich solle durch einen adeligen *rector* in der Stadt vertreten sein, der in der Folge meist von den Welfen gestellt wurde, aber nie viel zu sagen hatte.[51] Zu guter Letzt erneuerte Friedrich II. noch alle Rechte und Freiheiten, die sein Großvater Barbarossa der Stadt verliehen hatte – und zwar in einer Fassung, die der Lübecker Rat eigens für diese Gelegenheit hergestellt und dabei offenbar einige zusätzliche Freiheiten hineingeschmuggelt hatte.[52]

Nach dem Hinauswurf der Dänen aus der Stadtburg und der Einholung des Lübecker Reichsfreiheitsbriefes ging es mit Waldemars Ansprüchen im südlichen Ostseeraum zügig zu Ende. In der Schlacht bei Bornhöved am 22. Juli 1227 wurde er endgültig besiegt und musste sich aus Lübeck und Holstein zurückziehen.[53] Für die Lübecker ist die Schlacht – auch wegen ihrer Beteiligung – noch heute ein zentrales Ereignis der Stadtgeschichte.[54]

Abb. 8: *da wart ein grot strit [unde] de konig wart sigelos* … In der Schlacht bei Bornhöved wurde Waldemar II. von Dänemark vernichtend geschlagen, die dänische Herrschaft am südlichen Nord- und Ostseesaum endete. Illustration aus der Sächsischen Weltchronik.

Es wird erzählt, dass die Schlacht gegen den überlegenen Gegner nur deshalb gewonnen werden konnte, weil die Heilige Maria Magdalena auf dem Schlachtfeld erschienen sei und die Dänen geblendet habe.[55] Zum Dank dafür weihten die Lübecker ihr ein Kloster, das auf den Trümmern der geschleiften dänischen Stadtburg entstand. Für dieses Kloster wurden Mönche des jungen Dominikanerordens in die Stadt geholt, die das Burgkloster zu einer der größten Bettelordensanlagen Nordeuropas ausbauten. Seit 2015 befindet sich auf dem Gelände das Europäische Hansemuseum, in dessen modernen Bau die Überreste der Klosteranlage integriert wurden.

Der Deutsche Orden: mächtiger Partner, mächtiger Konkurrent

Unter den Zeugen, die 1226 im kaiserlichen Heerlager von San Donnino das Lübecker Reichsfreiheitsprivileg gegenzeichneten, findet sich eine ganze Reihe hoher deutscher Adeliger. Einer von ihnen dürfte auch im Vorfeld ein wichtiger Fürsprecher der Stadt gewesen sein, als es darum ging, den alten Freiheitsbrief Barbarossas nicht nur zu bestätigen, sondern auch zu erweitern: Hermann von Salza, Hochmeister des Deutschen Ordens.[56]

Der Orden hatte sich um 1190 während der Belagerung von Akkon im Zuge des Dritten Kreuzzuges gegründet und ursprünglich ein Feldlazarett, später dann ein stationäres Hospital im »Deutschen Haus« in Jerusalem geführt. Angeblich soll die Gründung wesentlich auf bremische und lübische Kreuzfahrer zurückgegangen sein – eine Legende will sogar, dass das Sonnensegel, das sie für ihr Spital vor Akkon nutzten, das Segel einer Kogge war.[57] Schon in den Folgejahren verwandelte sich die Gemeinschaft von einem karitativen Pflegeorden in einen schwertführenden Ritterorden nach dem Vorbild der Johanniter oder der Templer. Als solcher wurden die Herren vom Deutschen Haus in Jerusalem rasch sehr erfolgreich, durch Stiftung auch sehr wohlhabend, und gründeten ihre ersten Niederlassungen in Europa.

Das Experiment einer Territorialbildung in Siebenbürgen scheiterte zwar. Aber 1226, just als die dänische Ostseeherrschaft zerbrach und Lübeck sich um die Reichsfreiheit bemühte, bat der polnische Piastenherzog Konrad I. von Masowien den Deutschen Orden um Hilfe beim Kampf gegen die Pruzzen im Kulmer Land. Darin sah Hochmeister Hermann von Salza offenbar eine neue Chance für eine dauerhafte Herrschaftsbildung. Und so ließ er sich in einer berühmten Goldbulle Kaiser Friedrichs II. vom März 1226 in Rimini die uneingeschränkte Landeshoheit über alle Gebiete zusichern, die der Orden im Zuge der Heidenmission erobern würde.[58] Als wenige Monate später die Lübecker Gesandtschaft vor dem Kaiser erschien, dürfte er in ihnen einen wichtigen Logistikpartner für die Expansion im Baltikum erblickt haben. Tatsächlich schritten die ehemaligen Hospitalsritter rasch und effizient zu Werke und bildeten im eroberten Preußenland innerhalb weniger Jahre ein streng organisiertes Staatsgebilde aus. Hatten die Schwertbrüder in Livland noch mit anderen kooperiert und regelmäßig die eroberten Gebiete geteilt, so hielten die Deutschordensritter wenig von geteilter Macht. Die Schwertbrüder etwa inkorporierten sie kurzerhand 1237, nachdem diese eine vernichtende Niederlage gegen die Litauer kassiert hatten.

Der Ordensstaat war hoch ausdifferenziert, herrschaftsbewusst und setzte auf eine moderne, schriftliche Verwaltung.[59] Bischöfe und Städte genossen wenig Autonomie, dafür aber einen effektiven Schutz und eine starke Unterstützung in ihren Handelsaktivitäten. Die hohe Produktivität und effiziente Gewinnabschöpfung in der landwirtschaftlichen und gewerblichen Produktion verband der Orden mit einem weit ausgreifenden Eigenhandel. Er überließ also nicht alle Handelsaktivitäten den Kaufleuten in den preußischen Städten, bediente sich aber regelmäßig ihrer Kenntnisse. So standen einige von ihnen als sogenannte *Lieger* in Ordensdiensten, um einzelne Handelsgüter in den Städten des Auslandes für den Orden zu vertreiben. Sie arbeiteten eng mit den *(Groß-)Schäffern* des Ordens zusammen, dessen regionalen und lokalen Verwaltungschefs. Die legitimatorische Grundlage für solche Handelsaktivitäten, die einem geistlichen Orden, nicht einmal einem schwertführenden, eigentlich kaum anstanden, bildete ein gefälschtes päpstliches Privileg.

In Preußen entwickelte sich eine Reihe blühender Handelsstädte, nach Thorn und Kulm dann Elbing, Braunsberg, Königsberg. 1309 kam mit dem Erwerb Pommerellens noch das bereits 1224 gegründete Danzig hinzu. Entsprechend war die Hanse für den Deutschen Orden ein natürlicher Transitpartner für den Handel Richtung Westen, weshalb er die Einbindung seiner Städte in das hansische Netzwerk beförderte.[60] Der Hochmeister des Ordens war denn auch der einzige Fürst, der an der Seite der Städte auf den hansischen Tagfahrten vertreten war, allerdings als Gast, nicht als Beratender.

Autonomie und Bünde: die Geburt der Hansestadt aus dem feudalen Vakuum

Wenn die Hanse als Zusammenschluss von Kaufleuten aus den Fahrtgemeinschaften und der kollektiven Nutzung von Privilegien geboren wurde, so erwuchs die Hansestadt, die diesen Kaufleuten die nötige institutionelle Verankerung zur Wahrung ihrer Interessen bot, aus zwei großen Impulsen: dem Drang nach immer mehr städtischer Autonomie und dem Schutzbedürfnis für sich und ihre Kaufleute, das von den regionalen Herrschaften nicht ausreichend erfüllt wurde.

Das vorhergehende Kapitel hat mehr als deutlich gemacht: Das 13. Jahrhundert war eine unruhige Zeit. Als Friedrich Wilhelm Barthold 1862 seine zweibändige Hanse-Geschichte vorlegte, war für ihn klar, dass der Vertrag, den Lübeck und Hamburg 1241 zum beiderseitigen Schutz abschlossen, aus dem »Schrecken der Welt vor den Mongolen« heraus entstand.[1] Zwei Generationen später schon sah man die Unfähigkeit der lokalen Herrschaften, Schutz vor kriegerischer Gewalt im Allgemeinen zu bieten, als das eigentliche Problem an. Heute hat man erkannt, dass zu einem wesentlichen Teil diese Herren selbst das Problem waren. Denn gerade die ständigen Fehden und territorialen Auseinandersetzungen der Grafen, Barone und Fürsten untereinander führten diesen Zustand permanenten Unfriedens herbei – dafür brauchten sie keine Mongolen.

Handelssicherheit: zwischen *maghribi traders* und Mafia

Das zentrale Problem jeder Handelstransaktion ist Unsicherheit. Sie treibt die Preise nach oben, weil man Kosten aufwenden muss, um sie zu reduzieren – etwa durch Versicherungen, die den Schadensfall regulieren, oder durch Maßnahmen, die einen solchen unwahrscheinlicher machen, was von besserer Verpackung bis Bestechungsgeld reicht. Eine andere kostspielige Form der Unsicherheit liegt in der Suche nach dem richtigen Handelspartner, um eine optimale Qualität der Ware oder einen angemessenen Preis zu erzielen. All diese Kosten fassen moderne Ökonomen unter dem Begriff Transaktionskosten zusammen. Sie spielen seit den 1970er-Jahren in der sogenannten Neuen Institutionenökonomik eine bedeutsame Rolle und helfen tatsächlich, viele Wirtschaftsprozesse besser zu erklären, moderne ebenso wie mittelalterliche. Das hat auch die Hanseforschung, namentlich etwa Ulf Ewert, Stephan Selzer oder Stuart Jenks, gesehen und in einer ganzen Reihe von Arbeiten einleuchtend gezeigt.

Die *maghribi traders:* Information und Reputation

Im 11. Jahrhundert trieben jüdische Händler weit ausgreifenden Fernhandel im gesamten islamisch beherrschten Maghreb. Diesen *maghribi traders,* die mittlerweile zu einem stehenden Begriff in der Neuen Institutionenökonomik geworden sind, hat der israelische Historiker Avner Greif eine ganze Reihe wichtiger Studien gewidmet und dabei die reputationsbasierten Netzwerke *(coalitions)* herausgearbeitet, in denen sie ihren Handel weitestgehend ohne staatlichen Eingriff oder Schutz abwickelten.[2]

Die Durchsetzung von Absprachen und Verträgen ist aber nur die eine Seite des Sicherheitsproblems für den Fernhandel. Die andere ist die ganz konkrete Sicherheit auf See und Straße – sowohl vor den Naturgewalten als auch vor menschlichen Gewaltakten. Auch darüber, wie man dieses Sicherheitsproblem im Fernhandel in den Griff bekommt, können Greifs Studien anregend sein. Der Reputationsmechanismus, der Greifs *maghribi traders* ebenso wie später die Hanse trotz fehlender Verträge zur Erfüllung von Absprachen drängte, lässt sich nämlich auf das Verhältnis zwischen Herren und Kaufleuten, zwischen Schutzmacht und Schutzbedürftigen übertragen. Zunächst stellt sich die Frage: Was ist eigentlich der Anreiz eines Herrschers, fremde Kaufleute zu schützen und damit ihren Handel zu befördern, statt ihnen ihre teuren Waren schlicht zu rauben?

Allzu leicht würde man heute antworten: natürlich die Förderung der Wirtschaft. Aber das gilt nur unter den Bedingungen unserer modernen medialen Welt, in der sich Nachrichten rasend schnell verbreiten. Um in der mittelalterlichen Handelswelt als unverlässlicher Herrscher zu gelten, der sich lieber bei den fremden Kaufleuten bedient, statt sie zu schützen, muss überhaupt erst eine Kommunikation über entsprechende Vorfälle zwischen den Händlern aus unterschiedlichen Herkunftsregionen stattfinden. Und in einem zweiten Schritt müssen die bedrohten Händler darauf geschlossen reagieren. Wenn die Kaufleute aus Buxtehude ausbleiben, tut das dem englischen Königtum noch nicht weh – erst wenn es sich herumspricht und alle anderen auch wegbleiben. Die jüdischen Händler des Maghreb scheinen das verstanden und über ihr Netzwerk einen effektiven Druck aufgebaut zu haben. Die Hanse tat das auch. Das geschah nicht von ungefähr in der zweiten Hälfte des 13. Jahrhunderts – nicht, weil die auswärtigen Herrscher auf einmal besonders übergriffig geworden wären, sondern weil die Kommunikationsnetze dichter wurden – und weil die Städte, aus denen die Kaufleute in die Ferne zogen, das Problem immer dringlicher vor der eigenen Haustür hatten. Schon unmittelbar hinter den Stadtmauern wurde es in dieser unruhigen Zeit für Händler und Ware gefährlich. Die einzelnen Städte waren nicht in der Lage, ihnen Sicherheit zu garantieren, weil ihre Stadtherren und die Herren des Umlandes es auch nicht taten. Vielmehr verwickelten diese sich in immer neue Fehden untereinander und schädigten wechselseitig Land und Städte ihrer Gegner. Der Mediävist Gadi Algazi hat sogar einmal die These aufgestellt, dass sie das wenn nicht individuell bewusst, so doch als soziale Gruppe ziemlich systematisch machten, um ihre eigene Existenz als Schutz garantierende Elite aufrechtzuerhalten – im Grunde also wie die Mafia.[3] So oder so: Es waren unfriedliche Zeiten.

Wie konnte es dazu kommen? »Die schreckliche, die kaiserlose Zeit« und der Aufstieg der Landesherren

Das Jahr 1250 ist für die deutsche Mittelalterforschung stets ein Epochenjahr gewesen. In diesem Jahr starb Kaiser Friedrich II., der letzte Staufer auf dem Kaiserthron, der *stupor mundi,* der nicht nur das Reich zu großer Ausdehnung brachte, sondern auch dem päpstlichen Universalitätsanspruch erfolgreich trotzte. So jedenfalls sahen ihren Friedrich die – ausschließlich männlichen, meist protestantischen und daher tendenziell papstkritischen – Professoren des neu erwachten, jetzt Bismarck'schen Kaiserreichs, die das Fach Geschichte zu einer staatstragenden Leitwissenschaft erhoben.[4] Mit dem Tod Friedrichs II. begann für sie das *Interregnum,* »die kaiserlose, die schreckliche Zeit«, wie sie schon Schiller genannt hatte. Drei Aspiranten und ein Gegenkönig, der vom Papst schon zu Lebzeiten des Staufers aufgestellt worden war, diesen aber nicht überlebt hatte, wurden in jenen zwei Jahrzehnten von unterschiedlichen Parteien zu Königen erhoben. Alle drei waren, was die Geschichtswissenschaft des 19. Jahrhunderts natürlich als besonders krisenhaft wahrnahm, nicht einmal Deutsche! Keiner von ihnen konnte eine ausreichende politische Unterstützung hinter sich bringen. Am ehesten gelang dies noch Wilhelm von Holland, der für zwei kurze Jahre bis zu seinem Tod 1256 einigermaßen sattelfest herrschte – aber eben auch nur aus dem Sattel beziehungsweise, wegen der ständigen Kriegsführung im Nordwesten, aus der Ferne regierte. Nach seinem Tod kam es zu einer Doppelwahl zwischen Richard von Cornwall und Alfons von Kastilien, die das Reich endgültig in zwei Parteien spaltete. Erst 1273, nachdem Richard gestorben war und der Papst Alfons die Approbation verweigert hatte, einigte man sich auf einen gemeinsamen Kandidaten.

Die Zeit des Interregnums war, selbst wenn man alle Nationalherrlichkeit und Reichsromantik des 19. und frühen 20. Jahrhunderts beiseitelässt, in der Tat eine unruhige Zeit, in der sich die politische Lage langfristig veränderte. Relevant für die Frage nach der Entstehung der Hanse sind dabei ihre Folgen für den Ausbau der Landesherrschaft und die Reaktion der Städte. Denn das reichspolitische Vakuum ermöglichte es vielen Fürsten und Bischöfen, sich bei ihren weniger mächtigen Nachbarn, insbesondere aber bei Reichslehen und königlichen Regalien wie dem Bergrecht oder dem Zollregal zu bedienen. Auf lokaler Ebene taten es ihnen die kleineren Grafen und Ritter nach. Und so herrschte überall im Reich ziemlicher Unfriede.

Mehr noch: Wer über Zentraleuropa hinausblickte – und manchem hansischen Fernkaufmann darf man diese Weitsicht durchaus zutrauen –, der sah ringsumher dieselbe Unordnung. Auch bei den Nachbarn glänzte das Königtum aus unterschiedlichen Gründen durch Abwesenheit. 1252 klagte der Mönch Matthäus im englischen St. Albans, Frankreich, durch den katastrophalen sechsten Kreuzzug »seiner Anführer, Barone und Schätze beraubt«, befinde sich in so trostloser Lage, dass es in der Seele schmerze. Die Engländer aber, von Fremden unterdrückt und von vielen Herren beherrscht, während der eigene König sich in Frankreich und Sizilien herumtrieb, seien angesichts dieser Abwesenheit ihres Herrschers geradezu verwitwet *(viduata)* und verzweifelten immer mehr. Und: »Das Reich ist wie ein Schiff ohne Steuermann.«[5]

Das Schiff ohne Steuermann – ein eindrückliches Bild für die kaiserlose Situation im Reich. Derweil wurden die *principes,* die Reichsfürsten, zu *reguli* (»Königlein«) in ihren Territorien. Aber auch sie hatten nicht überall die nötigen Machtressourcen, um ihre Grafen und Herren im Zaum zu halten. So blieb den Städten nur eines: selbst zum Steuermann zu werden. Das konnten sie freilich kaum aus eigener Kraft. Und so ist das Interregnum für viele der späteren Hansestädte beides: ein großer Schritt in Richtung städtischer Autonomie gegenüber ihren anderweitig beschäftigten oder schlicht abwesenden Stadtherren, aber auch ein Schritt zu sicherheitspolitisch notwendigen Netzwerken, zur *concordia,* um gemeinsam die Sicherheit herzustellen, die ihnen weder das Königtum noch ihre Stadtherren länger garantieren konnten.

Concordia der Städte als Antwort auf *discordia* im Reich: von bilateralen Verträgen zum Netzwerk

Immer mehr Städte schlossen sich zusammen, um einen angemessenen Schutz für ihre Kaufleute zu garantieren. Zunächst noch bilateral: 1241 verbanden sich etwa Lübeck und Hamburg zum Schutz der sie verbindenden Straße, einige Jahre später dann Hamburg und Braunschweig zum gegenseitigen Schutz ihrer Kaufleute.[6] Schon in diesem Vertrag von 1247 wird deutlich, dass auch die Beziehungen zwischen den eigenen Stadtherren zum Problem werden konnten: Ausdrücklich hielten die beiden Städte fest, dass im Falle einer Fehde ihrer Herren sie nichts gegen die sich in der Stadt befindlichen Kaufleute der Partnerstadt unternehmen wollten, sondern ihnen eine angemessene Abzugsfrist einräumen würden.

Im September 1259 trafen die Städte Lübeck, Rostock und Wismar die Übereinkunft, dass jeder, der wegen Seeräuberei oder der Wegnahme zwischen den Bürgern (von den Waren bis zur Tochter) in einer der drei Städte friedlos wurde, auch in den anderen beiden keine Aufnahme finden solle.[7] Wenig später – die Urkunde ist nicht genau datierbar – erweiterte man diese Bestimmung auf alle Bürger, die »wegen eines Vergehens« *(propter excessum)* aus einer der Städte verwiesen wurden. Spannenderweise schlossen Stralsund und Demmin zeitgleich einen bis in einzelne Formulierungen ganz ähnlichen Vertrag.[8] Und noch im Jahr der Wismarer Übereinkunft verbanden sich schließlich Lübeck und Hamburg in einem Zusatzvertrag zur Unterhaltung einer berittenen Truppe, die den Frieden auf der Straße sichern, und zur Ausrüstung von Schiffen auf der Elbe, die gegen Piraten vorgehen sollten.[9]

Neben die Friedenspolitik nach außen bis hin zur Stellung gemeinsamer Kontingente traten immer engere Verbindungen untereinander bis in den Autonomiebereich der städtischen Räte hinein. Es fand also eine aktive und den Herrschaftsalltag betreffende Netzwerkbildung statt. Wenn beispielsweise im oben genannten Bündnis der 1260er-Jahre der Friedensbrecher aus

Rostock gleichzeitig auch in Wismar und Lübeck als solcher galt, dann auch in Hamburg durch einen entsprechenden Vertrag mit gleichlautender Bestimmung, den Lübeck bereits 1241 mit der Elbstadt geschlossen hatte.[10] Das gleiche Modell können wir für Northeim, Münden und Göttingen beobachten, die durch ähnliche, jeweils bilaterale Verträge zusammengeschlossen waren.[11] Das Netz zwischen den Städten wurde auch in dieser Beziehung immer enger.

Städtebünde entstanden freilich nicht nur im Norden. Der bekannteste und größte unter ihnen wurde im Juli 1254 zwischen den großen Städten des Mittel- und Oberrheins geschlossen und ist deshalb als »Rheinischer Städtebund« in die Geschichte eingegangen. Ihm traten in der Folge immer mehr Städte bei, auch solche abseits des Rheins wie Lübeck und Hamburg.[12] Wie viele es letztlich waren, lässt sich gar nicht recht sagen: ein Mitgliederverzeichnis des Jahres 1255 nennt sowohl Bremen als auch Zürich und endet mit dem bezeichnenden Satz: *in Westfalia Munstere et alie civitates plus quam LX* – »in Westfalen: Münster und mehr als 60 weiteren Städten«.[13]

Während der Rheinische Städtebund noch reichspolitische Ambitionen verfolgte, indem er ausdrücklich nur einen einmütig gewählten König anerkennen wollte, waren die westfälischen Bündnisse, die ihm vorangingen und ihn letztlich auch überlebten, stärker auf die Friedenssicherung aus handelspolitischen Abwägungen bedacht – und entsprechend den seestädtischen Bündnissen in vielem sehr ähnlich. So schlossen sich 1246 im tecklenburgischen Ladbergen die Bischofsstädte Münster, Osnabrück, Minden und weitere *adiutores* (»Zugewandte«, nachweislich waren das mindestens Coesfeld und Herford) zum Schutz ihrer Märkte und gegen adlige Friedensbrecher zusammen, dann 1253 in Werne Münster, Dortmund, Soest und Lippstadt.[14] Mit Friedensbrechern waren vor allem die eigenen Landesherren gemeint. Insbesondere der Ladbergener Bund von 1246 hielt nicht damit hinter dem Berg, dass er als Reaktion auf die Partnerschaft zwischen den bischöflichen Herren von Münster und Osnabrück geschlossen worden war.

Die *societas antiqua* der sächsischen Städte

Tatsächlich waren die Herren allüberall das Problem. Ende der 1260er-Jahre beschwerten sich die Räte einer langen Reihe von späteren Hansestädten, unter anderem Bremen, Stade und Lüneburg, aber auch Goslar, Hildesheim und Wernigerode – Lübeck interessanterweise diesmal nicht – bei ihren Amtskollegen in Gent darüber, dass ihre Kaufleute durch Arrest oder Beschlagnahme ihrer Waren für den Schaden eines Genter Händlers haften sollten, der im sächsischen Gebiet Schaden erlitten hatte: »nicht nur ohne Schuld, sondern sogar ohne Grund« *(non solum sine culpa, verum etiam sine causa)*.[15] Dabei erwähnen die Städte auch ihre *societas antiqua*, ihren alten Bund, und reklamieren ausdrücklich, auch für alle anderen Städte Sachsens zu sprechen *(nec non omnium oppidorum Saxonie)*. Eben dieses Vertretungssystem, das beflissentlich offenlässt, für wen genau man da eigentlich spricht, haben wir schon von Johannes Osthusen kennengelernt, dem es zwei Jahrhunderte später ja ebenfalls darum ging, eine kollektive Haftung zu bestreiten. Tatsächlich sollte das eines der wesentlichen und über lange Zeit auch sehr erfolgreichen Prinzipien der Hanse werden.

Aber wir sehen noch viel mehr Strukturähnlichkeiten zu dem, was wenig später die Hanse ausmachen sollte: Zum Beispiel dürften gar nicht alle der hier genannten und nicht genannten sächsischen Städte überhaupt betroffen gewesen sein; aus vielen von ihnen wird im 13. Jahrhundert kaum je ein Kaufmann nach Gent gereist sein. Selbst für Bremen lässt sich das erst knapp ein Jahrhundert später nachweisen, für Wernigerode überhaupt nicht.[16] Trotzdem treten die Städte gemeinsam, eben als alte *societas* auf. Sie betonen, dass sie selbst den Raub ihrer eigenen Güter »durch die Hände der Tyrannen« *(a tirannorum manibus)* nicht verhindern, genauso wenig also Fremde schützen könnten – und zwar ausdrücklich, weil sie sich in ihre Burgen zurückziehen *(eo quod in castris se recipiant)*. Daran sieht man gut, um wen es hier geht: die kleinen Herren, die Ritter, die Grafen, also den niederen und mittleren Adel, der sich in Zeiten des Interregnums bedient, wo er eben kann. Nicht gemeint sind hingegen die Landesherren, denn nicht einmal jene *principes* könnten diese *tiranni* befrieden, klagt das sächsische Antwortschreiben an Gent. Genau in dieser Wiedererlangung im Ausland geraubter oder zurückgehaltener Güter, für die sich hier Gent im Namen seiner Kaufleute starkmachte, lag die zentrale Herausforderung der Zeit, was auch im Zusammenrücken der Hansestädte und im gemeinsamen Auftreten nach außen deutlich wird.

Die Verdichtung der frühhansischen Diplomatie

Gerade diese kaufmännische Diplomatie im Namen der Städte ist bemerkenswert und unterscheidet sich von der Genter Beschwerde in einem zentralen Punkt: Die Ratsherren agierten im Verbund. Der oben erwähnte Vertrag von Smolensk aus dem Jahr 1229 lässt wie selbstverständlich eine Gruppe von achtzehn Kaufleuten aus sehr unterschiedlichen Herkunftsstädten auftreten und sie gemeinsam Privilegien aushandeln, die sogar noch über ihre jeweiligen Herkunftsstädte hinaus für alle Deutschen und Gotländer Gültigkeit beanspruchten. Auch im Rahmen der viel kleineren, alltäglichen Diplomatie wird diese Zusammenarbeit der Städte in Gestalt ihrer Kaufleute und Ratsherren immer deutlicher.

Wie rege die frühhansische Diplomatie in diesen Jahren war, zeigt ein für seine Zeit ungewöhnlich persönlicher Brief, den der Lübecker Kaufmann und Ratsherr Johann von Dowey an seine Kollegen in der Heimat sandte. Darin beschwert er sich bitterlich über die Vielzahl der Geschäfte, die ihm aufgetragen wurden: »Ihr habt mir zuerst in eurem Brief befohlen, gerade als ich aus Estland kam, ich sollte sogleich wieder umkehren, den Abgeordneten der dänischen Königin zu begegnen. Darauf, als ich schon zur Abreise fertig war, schreibt ihr mir, ich sollte erst in Gotland die offenen Geschäfte ... besorgen. Das habe ich getan, Gott weiß es, so gut und wahrhaftig ich konnte!« Bei diesen Geschäften auf Gotland ging es um ein gestrandetes lübisches Schiff, dessen Ladung dänische Vasallen an sich gebracht hatten. Der Lübecker Rat schritt, ganz seinem Selbstverständnis als Schutzmacht seiner Bürger und Händler entsprechend, dagegen ein.[17]

Die Sache ging ziemlich lange hin und her – und es dürfte wenig verwundern, dass Johann froh war, als sie endlich erledigt schien. Auf Ruhe allerdings durfte er sich keine Hoffnung machen: »Jetzt aber, als ich glaubte, endlich von solchen Sorgen befreit zu sein, schreibt ihr mir, ich müsse mit den Briefen des Königs und der Königin von Dänemark abermals nach Estland umkehren.«[18] Also wieder zurück nach Reval! Das passte Johann ganz und gar nicht – umso weniger, als er wenig Erfolgschancen in dieser Mission sah: »Ich fürchte ..., dass ich nichts oder nur wenig ausrichten kann, das eine aber weiß ich, dass ich mir viele Feinde damit mache.« Es ist nicht ganz klar, wie wir seine Sorge deuten können; vielleicht hatte er Geschäftskontakte in Visby oder Reval, vielleicht fürchtete er auch schlicht den Ärger der Kaufleute, deren Waren mit dem gestrandeten Schiff verlustig gegangen waren und die den Diplomaten für den mangelnden Erfolg der Verhandlungen verantwortlich machen könnten. Doch es half nichts: »Obwohl mir nun das alles schwierig und lästig ist, kann ich doch weder, noch will und darf ich euren Wünschen entgegen handeln.« Am Ende war Johanns Pessimismus unbegründet und seine Mission von Erfolg gekrönt, auch weil er nicht allein, sondern im Verbund verhandelte, nämlich mit den Gotländern Matthias und Arne sowie dem Rigaer Bürger Johannes von Rigemunde.[19]

Was in der genervten Überanstrengung unseres Ratsherrn deutlich wird: Die Städte trieben eine ausgesprochen aktive und weit ausgreifende Diplomatie, um ihre Händler, deren Waren und Absatzmärkte zu schützen. Und sie taten das in zunehmendem Maße gemeinsam. In dieser Zeit verdichtete sich also die Zusammenarbeit zwischen den sicherheitssuchenden Fahrtgemeinschaften und mehr noch zwischen den Städten, denen sie entstammten.

Vom Sicherheitsbedürfnis zur Privilegienpolitik

Damit kamen zwei Faktoren zusammen, die das gemeinsame Handeln der Städte auf eine immer regelmäßigere Basis stellten. Der eine waren die Städtebünde. Sie gab es vor, während und in gewisser Weise auch noch nach der Hanse, und sie beförderten deren Zusammenschluss. Die Hanse aber war selbst kein solcher Städtebund. Die Ziele der Bünde waren auch nicht unmittelbar hansisch, sondern sie wurden geschlossen *pro bono pacis et statu terre* (»für die Beförderung des Friedens und des Zustandes des Landes«) beziehungsweise *umme not und bederf unser lande.*[20] Der zweite Faktor war eine Zunahme städtischer Einzelfalldiplomatie, die immer mehr Städte mit einschloss und damit immer mehr »hansisch« wurde. Beides zusammen versetzte diese offenbar in die Lage, gemeinsam mit einigem Nachdruck aufzutreten, und erlaubte zugleich die nötige Flexibilität, um sich nicht in jedem dieser Einzelfälle darauf festlegen zu müssen, für wen man eigentlich alles sprach. Immer häufiger wird in den folgenden Jahrzehnten die Formel, die Diplomaten verhandelten für ihre Herkunftsstädte und *alia quarundam civitates,* also »gewisse andere Städte«.

Die erfolgreiche gemeinsame Einzelfalldiplomatie ließ die dafür notwendigen Konsultationen immer häufiger und das Informationsnetzwerk immer funktionaler werden – genau wie bei den Greif'schen *maghribi traders,* nur eben mit institutioneller, nämlich städtischer Rückendeckung. Je effektiver der Informationsfluss innerhalb dieser *coalitions,* desto höher die Wahrscheinlichkeit, dass unsichere Handelsplätze verwaisten und so der Druck auf die lokalen Obrigkeiten wuchs, diese Plätze wieder attraktiv zu machen. Immer besser konnte die hansische Diplomatie Boykottdrohungen nun auch offensiv einsetzen. Sie forderte nicht nur Schutz ein, sondern ging Obrigkeiten aktiv um Privilegien, also um Bevorteilung gegenüber Konkurrenten an.

Die Städte nahmen die Förderung der eigenen Wirtschaft also zunehmend in die eigene Hand und überließen sie nicht mehr ihren Stadtherren. Was 1161 noch Heinrich der Löwe für die *theutonici* in Gotland gefordert hatte, nämlich dass sie in den Genuss derselben Vorrechte gelangen sollten, die er seinerseits den Gotländern zusicherte, das forderten jetzt die Städte im Verbund selbst von auswärtigen Herrschern ein – und im Laufe des 13. Jahrhunderts stetig mehr als das. Das war natürlich kein Bruch, sondern ein Prozess: Hier und da traten noch vereinzelt Stadtherren oder geistliche Würdenträger als Vermittler dieser Privilegien an auswärtigen Höfen auf.[21] Aber das wurde rasch immer seltener und geschah stets nur im Namen einer einzelnen Stadt. Viel häufiger traten jetzt die Städte selbst – und dann regelmäßig gemeinsam – diplomatisch in Aktion. Zugleich kann man beobachten, dass die gewährten Privilegien auf einen immer größeren Personenkreis ausgedehnt wurden.

Von der *universitas* zu den *universi:* von der Kaufmannsgilde zur Stadt, von der Einzelstadt zum Städtenetz

Um die Jahrhundertmitte setzt eine lange Reihe von Privilegierungen niederdeutscher Kaufleute an allen möglichen auswärtigen Handelsknotenpunkten ein. Was vorher den Kaufmannsvereinigungen verliehen worden war, wird jetzt allen Kaufleuten einer oder sogar mehrerer Städte verliehen – also nicht mehr der *universitas* (dem »Zusammenschluss« beziehungsweise der Gilde), sondern den *universi* (»allen«). So regelte etwa 1243 Wilhelm II. von Holland Geleitrechte und Zolltarife in seiner Grafschaft für die *universos mercatores de Lubeca et de Homborch,*[22] also nicht mehr für eine lübisch-hamburgische Genossenschaft, sondern schlicht für alle Händler aus Lübeck und Hamburg. Und gut zehn Jahre später ermäßigten die Grafen von Holstein den Hamburger Zoll außer für alle Kaufleute aus Braunschweig und Magdeburg auch für die umliegenden, nicht näher benannten Ortschaften *(aliorum opidorum et circumjacencium civitatum),* die dadurch in eine unmittelbare Beziehung zu den beiden sächsischen Städten gesetzt wurden.[23] Diese Ortschaften waren ja selbst in dieser Sache weder Verhandlungspartner noch Urkundenempfänger, sondern nutzten die Magdeburg-Braunschweiger Privilegien einfach mit.

Im selben Jahr erschienen in Valenciennes am Hofe der Gräfin Margarethe von Flandern Hamburger und Lübecker Ratsgesandte, die sich ausdrücklich als Vertreter »aller Kaufleute und Städte des Römischen Reiches« *(universis mercatoribus et civitatibus Romani imperii)* Köln, Dortmund, Soest und Münster sowie »anderer mit ihnen verbundener Städte« *(aliis cum iisdem concordantibus)* bezeichneten.[24] Verhandelt wurde über die Zölle in Brügge und Damme, Privilegien in Gerichts- und Schuldsachen sowie den bemerkenswerten, aber letztlich nicht erfolgreichen Plan, in Damme eine *villa nova*, eine eigene Siedlung der deutschen Kaufleute, zu gründen.[25]

Die Idee, sich unter die Formel der *mercatores et civitates Romani imperii* zu stellen, sich also als Kaufleute ebenso wie als Städte einen Reichsbezug zu geben, stammte wohl aus Lübeck, denn Ähnliches hatten die Lübecker 1226 schon einmal (damals allerdings noch als dänische »Reichsbürger«) in England versucht, und dieselben Rechtspersonen ließ man 1253 auch durch die Grafen von Holstein privilegieren.[26] Dabei ging es scheinbar nicht so sehr um die technische Deklaration, dass (nur) Reichsstädte als Privilegiensucher auftraten – was ja auch gar nicht der Fall war –, sondern eher darum, die verhandelnden Städte als bloße Vertreter einer größeren Gruppe deutscher Städte und ihrer Kaufleute hinzustellen. Und tatsächlich wurden die Privilegien letztlich nicht einzelnen Städten, sondern sämtlichen *mercatores* des Reiches verliehen.[27] Drei Jahrzehnte später war das eine gewöhnliche Formel geworden. Es waren somit letztlich die Hansen selbst, die darüber entschieden, wer dazugehörte und wer nicht am hansischen »Privilegienpanzer«, wie Rolf Sprandel dieses zunehmend dichte Geflecht von Vorrechten ziemlich passend genannt hat, teilhatte.[28]

Der lübische Privilegiengürtel und die Partner im Kielwasser

Die flandrischen Privilegien waren der erste wichtige Erfolg einer städtischen Diplomatie, die man schon »frühhansisch« nennen kann. Auf diesen Durchbruch hatten die Lübecker in den Jahrzehnten dänischer Stadtherrschaft und dann insbesondere nach Erlangung der Reichsfreiheit mit bemerkenswerter Konsequenz hingearbeitet.[29] Danach erwarb die Stadt im Laufe des 13. Jahrhunderts sukzessive ein umfassendes Bündel von Privilegien aller Art, vom Geleitschutz über Zoll- und Ungeldnachlässe bis zu Gerichtsprivilegien und Strandrechtausnahmen. Dabei stachen drei Kernzonen heraus: die Ostseeküste in Mecklenburg, Pommern, auf Rügen und in Livland, sodann die skandinavischen Ostseeküsten in Dänemark, Norwegen und Schweden und schließlich die großen westeuropäischen Handelsplätze in England, der Grafschaft Holland, im Bistum Utrecht und in Brabant. Selbst für einen ungehinderten Zugang zu den Champagne-Messen, die sich zu dieser Zeit bereits im Abstieg befanden, sicherte man sich für alle Fälle noch die nötigen Privilegien am Niederrhein und im Herzogtum Kleve.[30]

Fast überall war Lübeck die erste Stadt, die sich ein solches Privileg ausstellen ließ. Andere Städte folgten – was wiederum kaum ohne die Kenntnis der Lübecker Privilegien möglich gewesen wäre. So kommt es zu dem ausgesprochen anregenden Phänomen der Anschlussprivilegierungen.[31] Ein Beispiel: Wohl auch, um sich für die Wahl zum römisch-deutschen König zu empfehlen, gewährte Wilhelm von Holland seit 1248 erst den Dortmundern, dann den Kaufleuten der – von wichtigen Verbündeten beherrschten – Mark Brandenburg, den Bremern und schließlich auch den Soestern die vergünstigten Zollsätze, »wie sie die Lübecker zahlen«.[32] Florens, sein Sohn und Nachfolger auf dem holländischen Grafenthron, schloss dann wenig später auch die Hamburger in die *gratia et protectio,* die Gnade und den Schutz ein, den die Lübecker bereits genossen.[33] Die Beispiele ließen sich beliebig vermehren. In einigen wenigen Fällen waren andere Städte die ersten am Platz: in England naheliegenderweise die Kölner, in Dänemark die *civitates Sclavie et maritime,* also die slawischen und die Seestädte, ohne dass genau spezifiziert würde, welche das waren.[34] So lernten die Hansestädte die Vorteile kollektiv genutzter Infrastrukturen kennen, wenn etwa nur einige wenige Abgesandte für eine ganze Städtegruppe Verhandlungen führten; und sie lernten, wie viel politischen Druck man aufbauen konnte, wenn man gemeinsam auftrat.

Stapelverlegung und Seeblockade: Die Hanse entdeckt ihre Druckmittel – und damit sich selbst

Die erste große Kraftprobe der hansischen Gemeinschaft fällt in das Jahr 1280, sodass manche die Geburt der Hanse in dieses und die darauffolgenden Jahre setzen.[35] In Flandern hatte Graf Guido den ausländischen Kaufleuten – durchaus nicht nur den Hansen, sondern auch den Spaniern und Franzosen – mit großzügiger Hand immer mehr Privilegien verliehen. Das bereitete nun langsam dem Rat seiner Stadt Brügge Sorgen, weil die Stadtoberhäupter die Stellung der eigenen Kaufleute in Gefahr sahen. Je selbstbewusster die Auswärtigen wurden, desto mehr missachteten sie auch andere, noch nicht durch Privilegien eingeschränkte Regeln, etwa das Verbot des direkten Handels untereinander, das sogenannte »Gästerecht«. Dadurch drohten lokale Makler, über die bisher zum Beispiel der Handel zwischen einem Kölner und einem Engländer hätte abgewickelt werden müssen, gänzlich aus einzelnen Geschäftsfeldern verdrängt zu werden. Gleiches galt für die Infrastruktur und die darin Beschäftigten, also etwa Packer, Wieger und so weiter, und nicht zuletzt auch für die städtischen Einrichtungen, denen nun die Gebühren verlustig gingen. Das alles schürte natürlich Unruhe in der Stadt und gefährdete die Sicherheit der hansischen Kaufleute und ihrer Waren. Und so nahmen sie im Sommer 1280 gemeinsam mit ihren spanischen Kollegen Verhandlungen mit Graf Guido auf, der ihnen im August die Niederlassung im nahe gelegenen Aardenburg erlaubte und gleichzeitig umfangreiche Privilegien am neuen Standort einräumte. Wortführerin war offenbar wieder Lübeck, denn man versicherte sich brieflich der Zustimmung zahlreicher Städte, darunter Thorn, Goslar, Dortmund und Münster.[36]

An einer solchen Verlegung konnte wiederum Brügge, das den Weggang sofort wirtschaftlich zu spüren begann, wenig gelegen sein, und so eröffnete die Stadt Verhandlungen mit den auswärtigen Kaufleuten. Als der herausstechende Kopf trat dabei erneut Johann von Dowey auf, von dessen beschwerlichem diplomatischen Leben wir zuvor schon aus erster Hand gehört haben. Tatsächlich klagte er auch diesmal wieder: Allein und ganz ohne Unterstützung aus anderen Städten müsse er verhandeln und bitte deshalb darum, man möge doch »auf gemeinsamen Konsens aller Städte« *(de communi consensu omnium civitatum)* drei oder vier Männer mit den Siegeln ihrer Kommunen nach Flandern schicken, um ihn zu unterstützen.[37] Ob sie kamen, wissen wir nicht, doch steht fest, dass die Verlegung der Kaufmannssiedlung (des »Stapels«) funktionierte. Zwei Jahre nach dem Auszug nach Aardenburg waren die deutschen und spanischen Kaufleute wieder in Brügge, ausgestattet mit neuen umfänglichen Privilegien. Die Signalkraft dieser ersten erfolgreichen Stapelverlegung als politisches Druckmittel kann für das Zusammenwachsen der frühen Hanse kaum überschätzt werden.

Durch diesen Erfolg bestärkt, probierten die Hansen die Schlagkraft eines gemeinsamen Vorgehens schon wenige Jahre später gegenüber dem König von Norwegen.[38] Hier zeigte sich, dass die Städte auch bereit waren, in der Eskalation einen Schritt weiter zu gehen. Im Januar 1284 teilte Stralsund den Lübeckern mit, dass ihnen die Englandfahrer – und zwar nicht nur die Stralsunder Englandfahrer, sondern alle *mercatores Angliam visitantes* – ein Beschwerdeschreiben hatten zukommen lassen, um das tägliche »große Unrecht« *(magna injuria)* zu klagen, das ihnen in Norwegen widerfahre *(que eis est facta et fit eis omni in Noweya)*.[39] Wie dieses Unrecht im Einzelnen aussah, bleibt offen. Es muss aber schon ein vorhergehendes Schreiben Lübecks gegeben haben, das nicht erhalten ist, auf das sich die Stralsunder allerdings ausdrücklich beziehen. Auf einer gemeinsamen Tagfahrt wolle man beraten, »wie man besagter Sache widerstehen könne« *(quomodo predicits causis resistamus)*. Und so traf man sich bald darauf in Wismar.[40] Neben der norwegischen Angelegenheit wurde noch eine Reihe weiterer, vergleichsweise unbedeutender Themen diskutiert. Die Agenda Lübecks war klar und wurde auch durchgesetzt: »Wegen der Norweger: dass keine Waren durch den Sund kommen.«[41]

Gesagt, getan: *De stede makeden do ere schepe to unde voren in Norweghen, dar se deden groten schaden,* berichtet der Lübecker Chronist Detmar ein rundes Jahrhundert später. *Se legheden oc sunderlike koghen in den Noressund unde in anderen steden; de werden, dat to Norweghen nen korn, nen beer edder brod edder ander ghud mochte komen.*[42] Mit Koggen wurde also der Öresund blockiert – und so kamen weder Korn noch Bier noch Brot noch andere Waren nach Norwegen. König Erich von Dänemark witterte seine Chance, etwas gegen den missliebigen Nachbarn zu unternehmen. Er stieg auf Seiten der Hansen in die Blockade ein und versprach, dass kein Schiff von Dänemark aus Nahrung nach Norwegen bringen sollte.[43] Den König von England konnten die Hansen nicht zu Gleichem bewegen – nicht einmal die Unterstützung durch den römisch-deutschen Amtskollegen konnte ihn dazu veranlassen.[44] In der Folge schaltete sich schließlich König Magnus von Schweden ein und versuchte zu vermitteln.[45] Und so vertrug sich König Erich, den das Lübecker Urkundenbuch konsequent bei seinem wenig schmeichelhaften Beinamen *Prästehader* (»Priesterfeind«) nennt, mit Lübeck, Rostock, Hamburg, Stralsund und »den anderen deutschen Seestädten« *(ceterarum maritimarum civitates Theotunie)* und versprach, ihre Privilegien fortan »fest und unverbrüchlich zu beachten«.[46] Nicht nur der freie Seehandel wurde garantiert, sondern auch der norwegische Binnenmarkt geöffnet.

Wenn zwei sich streiten …

Geschickt profitierte man auch von der angestrengten Lage in England. Das Inselkönigreich befand sich unter Edward I. (genannt *Longshanks,* der Langbeinige) zunächst in einer Expansionsphase. Nach erfolgreicher Niederschlagung einer Adelsopposition gemeinsam mit seinem Vater Heinrich III. und einem selbst organisierten Kreuzzug brachte Edward in den 1270er-Jahren die Waliser unter englische Herrschaft und witterte zum Ende des Jahrhunderts im schottischen Thronfolgekonflikt die Möglichkeit, auch hier zuzugreifen. Dagegen brach unter der Führung unter anderen von William Wallace, den Kinoliebhaber vermutlich eher unter dem Namen *Braveheart* (1995) kennen, ein schottischer Unabhängigkeitskampf los, der sich noch bis zur Mitte des 14. Jahrhunderts hinziehen sollte. Auch an diesem brisanten politischen Schauplatz war übrigens Lübeck rasch zugegen und sicherte sich die nötigen Privilegien. Noch heute liegt im Archiv der Hansestadt eine Urkunde vom Oktober 1297, in der »Braveheart« den Lübeckern freien Handel in den schottischen Häfen zusichert.[47]

Die Schotten verbanden sich in ihrem Freiheitskampf mit dem alten Feind Englands auf dem Kontinent, mit Frankreich. Diese

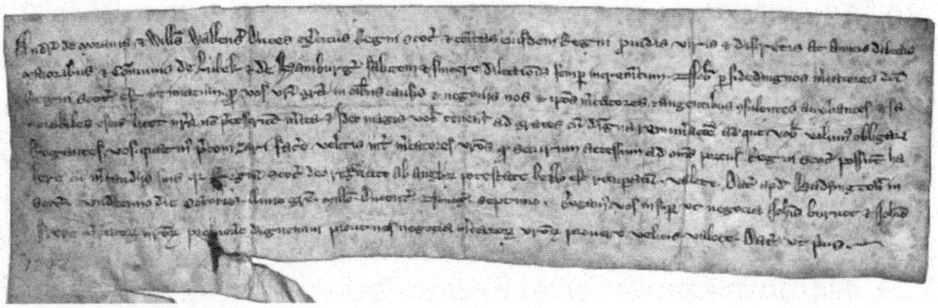

Abb. 9: In dieser Urkunde vom 11. Oktober 1297 sicherte William »Braveheart« Wallace den Lübeckern freien Zugang zu den schottischen Häfen zu. Es ist das einzige Dokument, das heute noch von dem berühmten Freiheitskämpfer erhalten ist.

»alte Verbundenheit« *(aulde alliance)* sollte noch bis in die Konfessionsquerelen des 16. Jahrhunderts hinein immer wieder aktualisiert und erst durch die schottische Reformation beendet werden.[48] Frankreich wiederum ging im selben Jahr auch mit Norwegen ein Bündnis ein. König Erik II. hatte bis zum Ausbruch des schottischen Unabhängigkeitskampfes selbst Ansprüche auf den Thron erhoben, sich dann aber mittels finanzieller Abfindungen dazu bringen lassen, den schottischen Kandidaten John Balliol zu unterstützen. Diese Zahlungen auch wirklich durchzusetzen war wohl das Hauptziel, das Erik mit dem Eintritt in das schottisch-französische Bündnis verfolgte.

Obwohl die offene militärische Eskalation für Norwegen ausblieb, zog der Bruch der Verbindung nach England spürbare Folgen nach sich, denn die englische Krone verbot Getreideexporte nicht nur nach Schottland, sondern eben auch nach Norwegen, das regen Seehandel mit Schottland führte – sodass man dort folglich noch mehr auf die Importe der Hansen angewiesen war als ohnehin schon. Die günstige Position, die die Hansen seit der Blockade von 1284/85 und dem damals ausgehandelten Frieden innehatten, konnten sie nun also nutzen und weiter ausbauen.[49]

So hatten die Hansen zum Ende des 13. Jahrhunderts wesentliche Privilegien an allen Eckpunkten ihrer Handelsaktivitäten, in

England, Flandern, Norwegen und dem weit entfernten Russland, erlangt. Sie versorgten die sich in Produktion und Konsumverhalten immer weiter ausdifferenzierenden Gesellschaften Nordeuropas mit Rohstoffen und den begehrten Fernhandelswaren.

Der Boom kommt zum Ende – aber nicht für die Hanse

Aus dieser Position der Stärke und des Zusammenwachsens heraus betrat die Hanse das 14. Jahrhundert und damit die Zeit, in der die Wachstumskräfte Europas erschöpft und die Resilienzkräfte gegenüber externen Krisen offenbar noch nicht ausreichend ausgebaut waren. Das Wetter wurde wieder schlechter, Agrarkrisen erschütterten hochurbanisierte Regionen wie Flandern, Kriege hemmten nicht nur den Handel, sondern auch die Produktion und Versorgung.[50]

Der Schwarze Tod

Dazu war es ein exogener Schock, der Ende der 1340er-Jahre Europa traf: die Pest. Aus Zentralasien über genuesische Schiffe nach Europa gebracht, breitete sich die Pandemie zunächst entlang der Handelswege und dann in den Ballungsräumen aus, wo *social distancing* und hygienische Grundbedingungen nicht gegeben waren. Nicht umsonst erinnert die Seuche viele Kommentatorinnen des 21. Jahrhunderts an die großen Herausforderungen unserer Tage durch das SARS-CoV-2-Virus. Es gibt tatsächlich eine Reihe bedenkenswerter Parallelen, die aber weniger auf medizinischem Gebiet als in der sozialen Reaktion auf die Krise zu suchen sind: im Umgang mit Infizierten etwa oder der Abschottung gegenüber möglichen auswärtigen Überträgern. So wurde eine Isolation von *quaranta giorni,* also vierzig Tagen, in den 1370er-Jahren in Venedig üblich, nach der wir heute noch eine solche Isolation »Quarantäne« nennen, selbst wenn sie viel kürzer dauert. Die Suche nach Sündenböcken und das Aufkommen von Verschwörungstheorien waren typische Begleiterscheinungen schon der mittelalterlichen Pestwellen und begleiten auch 2020 die »Hygiene-Demonstrationen« in vielen deutschen Städten.

Für den Kontext der hansischen Geschichte besonders bedeutsam ist die Frage nach den wirtschaftlichen Folgen der Pest-Pandemie und dem Umgang der öffentlichen Entscheider damit, die zwischen hygienischen Erwägungen und den drängenden Forderungen einer belasteten Wirtschaft hin- und hergerissen waren. Wie die bundesrepublikanische Politik des 21. Jahrhundert mussten auch die Obrigkeiten des späten Mittelalters sich an den Umgang mit der Seuche und ihren Folgen erst gewöhnen. Dabei darf man nicht vergessen, dass seit dem 14. und bis in das 18. Jahrhundert hinein die Pest ein stetiger Begleiter europäischer Gesellschaften blieb.[51] Die wirklich *grote pestilencie* des 14. Jahrhunderts traf Lübeck beispielsweise nicht in den Jahren um 1350, sondern erst 1367 und 1376, also Jahrzehnte später. Die letzte große Pestwelle suchte die Handelsstädte an Nord- und Ostsee noch in den Jahren 1708/14 heim und forderte in Danzig über 20 000, in Hamburg über 10 000 Tote. Wieder entwickelte sich die Ausbreitung merklich entlang der Seehandelslinien. Trotzdem verzichteten die Stadtväter, obwohl man es damals durchaus schon besser wusste und solche Maßnahmen beispielsweise in London längst üblich waren, auf eine Quarantäne für Waren und Personen, um den Handel möglichst wenig einzuschränken.[52]

Doch zurück zum »Schwarzen Tod« des 14. Jahrhunderts. Es ist gar nicht leicht, Aussagen über die regionale Verbreitung der Pest in den Jahren nach 1348 zu treffen, weil Bevölkerungszahlen aus dieser vorstatistischen Zeit nicht in der nötigen Dichte vorliegen und mittelalterliche Chronisten, auf deren Zeugnis wir daher oft angewiesen sind, gerade Zahlenangaben gern maßlos übertrieben.[53] Von 90 000 Toten der ersten Pestjahre in Lübeck ist etwa bei Reinmar Kock zu lesen, der allerdings auch erst im 16. Jahrhundert schrieb.[54] So viele Menschen haben 1350 in Lübeck gar nicht gelebt, geschweige denn, dass sie gestorben wären. Dass das Sterben groß war, steht aber außer Frage und lässt sich etwa am sprunghaften Ansteigen von Testamenten in Lübeck gut nachvollziehen.[55] Aus anderen Hansestädten liegen zumindest Näherungswerte vor.[56] Sie zeigen uns übrigens nicht nur, wie stark die Pest die Seestädte traf, sondern auch, welche Berufsgruppen besonders gefährdet waren: die nämlich, die sich eben nicht ohne Weiteres in Isolation begeben konnten oder wollten, vom Hafenarbeiter bis zu den Ratsleuten.

Die Pest und das massenhafte Sterben führten nicht nur, wie heute in Corona-Zeiten, zu einem Blühen von Verschwörungstheorien – insbesondere gegenüber den Juden, denen man Brunnenvergiftung und allerlei andere Auslöser vorwarf –, sondern sie dynamisierten Stadt und Land in ganz Europa vor allem in sozialer und wirtschaftlicher Hinsicht.[57] Einerseits konnten auf einmal immense Vermögen von heute auf morgen auf Erben übergehen, von denen manche den plötzlichen Reichtum für eine enorme Kapitalakkumulation verwendeten. Andererseits konnten solche frei werdenden Vermögen auch zu einem Problem werden, weil es an Erben fehlte oder sich diese nicht ermitteln ließen – dann galt in vielen Städten der Grundsatz, das Erbe »Jahr und Tag« für mögliche Anspruchshalter unangetastet zu lassen. Kurz, Kapital und Produktionsmittel lagen vielfach brach.

Besonders heikel war das für Branchen, die sehr kapitalintensiv waren und in denen Betriebe genossenschaftlich durch mehrere Anteilseigner finanziert wurden, insbesondere Bergwerke. Wenn hier der Inhaber einer Stollenberechtigung, der sogenannten Kuxe, verstarb oder es am hochbegehrten Fachpersonal für die Arbeit im Berg fehlte, konnte es sein, dass ein Stollen über längere Zeit unbewirtschaftet blieb. Das aber führt in Bergwerken dazu, dass sich Grundwasser ansammelt und die Stollen »absaufen«, wie der Bergmann sagt. Und eine Wiederinbetriebnahme ist sehr aufwendig. Mit den Pestwellen des 14. Jahrhunderts ging demnach eine veritable Montankrise einher, der aufgrund des Ausbleibens von Münzmetallnachschüben eine Geldkrise auf dem Fuße folgte. Das spürten auch die Wirtschaftsakteure unterhalb der Großfinanz. In den Städten, wo das Sterben besonders um sich griff, wurden außerdem die Facharbeiter knapp – und so stiegen die Löhne für die Gesellen und andere Gewerbetreibenden, steigerten deren

Nachfrage nach Luxusprodukten und bestärkten damit noch die ohnehin schon bestehenden Inflationseffekte.

Auf dem Land dagegen wurde immer weniger Personal benötigt, um die Flächen zu bewirtschaften, weil immer weniger hungrige Mäuler zu stopfen waren. Denn der demografische Einbruch ließ natürlich auch den Bedarf an Lebensmitteln und damit die Preise merklich sinken. Wirtschaftshistoriker nennen das eine Lohn-Preis-Schere. Der Effekt war ein stetiger Zuzug vom Land in die Stadt, was wiederum das Sterben nicht abreißen ließ, weil die Ansteckungsgefahr in der Stadt um ein Vielfaches höher lag. Vor allem in Gegenden, wo man im Zuge der europäischen Bevölkerungsexplosion selbst die schlechtesten Böden noch urbar gemacht hatte, wurden jetzt Dörfer wieder aufgegeben. Andererseits konnten diejenigen, die sich trotz fallender Getreidepreise auf dem Land halten konnten – und das waren vor allem die vermögenderen Grundbesitzer –, das massenhaft frei werdende Ackerland an sich bringen und so beträchtlich expandieren.[58]

Besonders schwer traf es Norwegen.[59] Dort forderte die Krankheit verhältnismäßig weit mehr Opfer als in den meisten Regionen Europas – zwischen der Hälfte und zwei Drittel der Bevölkerung fielen ihr zum Opfer, und es sollte bis ins 17. Jahrhundert dauern, ehe sich das Land von diesem demografischen Einbruch erholte. Da wir für Norwegen dank des historischen Zufalls einer Herdstellenzählung deutlich bessere Aufzeichnungen als für andere Länder besitzen, kann diese Schätzung als einigermaßen gesichert gelten.[60] Die Epidemie dynamisierte die norwegische Gesellschaft nachhaltig. So wurde der Adel fast vollständig ausgerottet. Vom Land, wo der Tod verhältnismäßig am schwächsten um sich griff, zogen die Menschen, ebenso wie im Reich, in Richtung Stadt. In der Konsequenz schrumpfte die norwegische Agrarwirtschaft weiter und wurde das Land nun gänzlich und langfristig abhängig von Getreideimporten und also von den Hansen. Diese tiefgreifenden Veränderungen hat die norwegische Geschichtswissenschaft der Hanse lange zum Vorwurf gemacht – wie überhaupt *Norges nedgang* (der »Niedergang Norwegens«) des Spätmittelalters vom Großreich zum Juniorpartner in der Union mit Dänemark lange

Zeit zu den dominanten Themen der norwegischen Mittelalterforschung zählte, was der Interpretation sicher auch nicht immer gutgetan hat.[61] Dass die niederdeutschen Händler die großen Profiteure dieser Entwicklung waren, dürfte aber außer Frage stehen.

Auch die Hansestädte zwischen Westfalen und dem Baltikum standen während der Pestjahre in unterschiedlicher Intensität denselben medizinischen, sozialen und ökonomischen Herausforderungen gegenüber wie der Rest Europas, wodurch ihre Verbindung in der zweiten Jahrhunderthälfte einen organisationellen Schub durchlief. Als Zwischenhändler hielten sie den überregionalen Warenaustausch aufrecht, der nun umso wichtiger war. So etablierten sie sich dauerhaft an den Auslandsstützpunkten und gegenüber den Herrschern ihrer Haupthandelspartner als Privilegiengemeinschaft. Die in diesen Jahrzehnten erworbenen Privilegien vollendeten offenbar jenen »Privilegienpanzer«, denn die Hansen erstrebten zu keinem späteren Zeitpunkt – selbst als die Zeichen dafür günstig standen – deren Erweiterung und begnügten sich mit dem Erhalt ihrer Vorrechte.

1347: Selbstvergewisserung in Brügge

Dass diese Privilegien um die Mitte des Jahrhunderts eine kritische Masse erreicht hatten, zeigt sich in einem Strukturierungsschritt, den man in Brügge noch vor der Ankunft der Pest in Europa, nämlich bereits 1347 unternahm. Am 28. Oktober hielten die in Brügge Handel treibenden *ghemenen coplude uten Romischen rike van Almanien* fest, sie wollten von nun an ein Buch führen über alle Privilegien, aber auch städtischen Ordonnanzen, Willküren und eigene Ordnungen, kurz: über alle Texte, die ihr Leben und ihren Handel in der Fremde regelten. Das Kontor bekam also langsam Konturen.

Bei dieser Gelegenheit entfleuchte den Kaufleuten eine der frühen Selbstbeschreibungen als Gruppe: In *dre deel* sei man *ghedelet,* so heißt es da – und »das ist so zu verstehen: die Kaufleute aus Lübeck und den wendischen Städten sowie die Sachsen und wer zu ihnen gehört, die gehören in das erste Drittel. Die von Westfalen und die von Preußen und wer zu ihnen gehört, die gehören zu dem anderen Drittel; und die aus Gotland und Livland und aus Schweden und wer zu ihnen gehört, zu dem dritten.«[62] Diese Aufteilung der *ghemenen coplude* nach ihren Herkünften macht ein Prinzip deutlich, das die gesamte Geschichte der Hanse begleitete: Es gab zwar eine gesamthansische Nutzung der Privilegien vor Ort, aber jenseits derselben rechnete man durchaus nicht mit gesamthansischen Interessen.[63]

Die Brügger Selbstvergewisserung war aber nicht nur nach innen gerichtet. Man trug den erworbenen Privilegienschatz auch zusammen, weil man sich zunehmend in diesen Vorrechten beschnitten sah. Immer wieder waren in den unruhigen Zeiten des Hundertjährigen Krieges Kaufleute zu Wasser und zu Land beraubt worden und forderten nun von Graf und Stadt (oft erfolglos) Entschädigung aufgrund der gewährten Geleitprivilegien. Und auch in England geriet der Wollhandel der deutschen Kaufleute, dessen Umschlagplatz auf dem Kontinent Brügge war, in diesen Jahren immer wieder unter Druck.[64] In dieser Situation traten die *ghemenen coplude* selbstbewusst und fordernd gegenüber Städten und Grafen auf, was einerseits durchaus der traditionellen Politik vor Ort entsprach, andererseits aber in ihren Heimatstädten, obschon sie diese Linie grundsätzlich teilten, auch Besorgnis hervorrief. Denn die Kaufleute in Brügge handelten eigenständig und ohne diplomatischen Auftrag aus der Heimat. Aus dieser doppelten Herausforderung für die Städte – einerseits Verteidigung der eigenen Privilegienposition im Ausland, andererseits Erhalt der innerbetrieblichen Struktur – ergab sich jener letzte Schritt, mit dem die Hanse, die eigentlich längst geboren war, sich auch deutlich zu erkennen gab.

Konfrontation und Konföderation: Die *Dudesche Hense* tritt in die Geschichte

1358 war ein Epochenjahr der Hansegeschichte. Und wie alle Epochenjahre ist es lange Zeit völlig überschätzt worden – und dann in jüngerer Zeit wegen dieser Überschätzung hart geschmäht. Die

Wahrheit liegt, wie so oft, irgendwo dazwischen. Zu Anfang jenes Jahres traten *up dem oversten raadhuse* in Lübeck abgesandte *raadmanne der stede* zusammen – nicht irgendwelcher also, sondern *der stede.*[65] Welche das waren, wird im Protokoll sogleich durch eine lange Liste erklärt: aus Hamburg, Rostock, Stralsund, Wismar, Braunschweig kamen die Ratssendeboten – alles Kaufleute *van unsem dridden diele,* von jenem Drittel also, und alles *koplude des Romeschen rikes van Alemannien van der Dudeschen Hense, de to Brugge to Vlanderen pleghen to wesende,* also jene *frequentes,* wie sie in den früheren, zum Beispiel den gotländischen Quellen hießen. In diesem Satz wird zum allerersten Mal von einer *Dudeschen Hense,* einer »Deutschen Hanse«, gesprochen, als deren rechtmäßige Vertreter sich die Anwesenden offenbar begriffen. Das war schon etwas Epochales, keine Frage. Aber es kam, wie in den vorhergehenden Kapiteln hinlänglich klar geworden sein dürfte, keineswegs aus dem Nichts.[66]

Neben den persönlich Anwesenden hatten *andere stede ..., de ok in unserem dridden diele syn, ... uns ere breeve ... ghesand,* also Briefe geschickt, um für sie zu sprechen. Dabei handelte es sich aber offenbar nicht bloß um schriftliche Voten, sondern um Generalvollmachten *(dar se uns ere macht hebben inne gheven).* Mit ähnlichen Vollmachten *erer unde anderer stede weghene van Prutzen* waren außerdem die Ratsleute von Elbing und Thorn ausgestattet, die ebenfalls in Lübeck anwesend waren. Hier zeigt sich schon ein recht selbstverständlich etabliertes Vertretungssystem: Wer nicht da ist, überträgt sein Mandat auf Nachbarstädte und ist so Teil der Verhandlung.

Es geht aber noch weiter. Die Ergebnisse nämlich, die zu Lübeck beschlossen wurden, sollten nicht nur für die anwesenden und die sie bevollmächtigenden Städte, sondern für *jowelik stad,* für jede Stadt also, gelten – oder zumindest für *jenich stad van der Dudeschen Hense,* wie es später heißt. Man hatte also offenbar eine ziemlich präzise Vorstellung davon, wer zu diesem Kreis gehörte, und eine ebenso präzise Vorstellung davon, dass man für diesen Kreis bindende Beschlüsse fassen konnte. So bindend, dass man den Verstoß dagegen unter *pyne unde broeke,* unter Strafe, stellte.

Mit einiger Wucht tritt hier also auf einmal ein Gebilde hervor, das, bei allen Veränderungen, für die nächsten zweihundert Jahre im Kern einigermaßen stabil bleiben wird: die strukturiert konsensbildende Hanse mit dem Hansetag als Ort gemeinsamer Besprechung; das Vertretungssystem für abwesende Städte; der Rezess als Verschriftlichung der Beschlüsse. Kein Wunder, dass die ältere Forschung hier den Übergang von der Kaufmanns- zur Städtehanse gesehen hat: vom Handeln einzelner niederdeutscher Kaufmannsgruppen in kleinen, anlass- und zeitgebundenen Allianzen hin zum Auftreten eines Städtebündnisses mit einem gemeinsamen politischen Programm und offenbar langfristiger Bindungskraft.

Die Flandernblockade

Der Beschluss, den diese *Dudesche Hense* auf dem epochemachenden Lübecker Hansetag von 1358 fasste, war in der Hauptsache folgender: dass *neman van der Dudeschen hense schole ute der havene der stad negher seghelen to Vlanderen wen to der Maase,* dass also kein Hansekaufmann näher an Flandern heransegeln solle als bis zur Maas. Er solle nichts an die *vlaminghe* verkaufen, ebenso wenig in den brabantischen Städten Mechelen oder Antwerpen Handel treiben, die in unmittelbarer Nachbarschaft lagen und entsprechend enge Beziehungen zu Flandern unterhielten. Selbst wenn ein Schiffer *van rechter nod weghene, alse van storme, windes eder wederes* in einen flandrischen Hafen westlich der Maas verschlagen werde, solle er seine Waren dort nicht verkaufen, sondern er möge *snellen so he irst mach ... weder seghelen,* sich so schnell wie möglich wieder aus dem Staub machen. Dieses vollständige Embargo wird in den folgenden Artikeln noch ausdifferenziert und der Einkauf in Flandern ebenso verboten wie der Import dorthin. Flandern war vom hansischen Handel abgeschnitten – und zwar ganz Flandern, nicht nur Brügge, wie es in der Vergangenheit bei der Stapelverlegung nach Aardenburg geschehen war.

Der Anlass für dieses Handelsembargo waren die immer häufigeren Klagen deutscher Kaufleute über die Verhältnisse in Flandern: Münzverschlechterungen und neue städtische Abgaben schmälerten die Gewinnmargen. Wirte, Makler und Logistiker hoben ihre Preise an. Und zuletzt dehnte die Stadt auch noch ihr Stapelrecht aus und verlangte nun, dass auch Salz und Getreide, das die Kaufleute bisher direkt untereinander (»von Schiff zu Schiff«) verkaufen durften, ausgeladen und auf dem öffentlichen Markt feilgeboten wurden – auch das kostete. Daneben klagte man über zunehmende Mängel in der Rechtssicherheit und Verstöße gegen die gewährten Privilegien in der Eigengerichtsbarkeit.[67]

Die große Flandernblockade dauerte wenig mehr als zwei Jahre, dann gaben Graf und Städte nach. Im Sommer 1360 wurden den *Romani imperii mercatores* umfangreiche Privilegien eingeräumt und die bisher nur für Brügge geltenden Freiheiten auf ganz Flandern ausgedehnt.[68] Weiterhin also: den Kaufleuten des römisch-deutschen Reiches! Denn es sollte noch einige Jahre dauern, bis die 1358 angestoßene Begriffsneuschöpfung »*Dudesche Hense*« sich endgültig durchgesetzt hatte.

Kontore – Konturen – Kandaren

Die Flandernblockade hatte aber nicht nur ein geschlossenes Auftreten nach außen erfordert, sondern auch Anlass zur festeren Strukturierung des Verhältnisses zwischen dem Brügger Kontor und den Hansestädten geboten. Bereits auf der ersten Tagfahrt zu Lübeck, die sich im Februar 1356 der *causa querimoniali mercatorum in Brugis* (den »Brügger Querelen«) annahm, wollte man *unanimiter concordantum,* also geschlossen oder einstimmig, auf die Situation reagieren.[69] So zog man nach Brügge, um die Angelegenheit zu regeln, maßregelte aber erst einmal das Kontor und verwies die dortigen gewählten Vorsteher der Kaufleute, die sogenannten Ältermänner, auf ihren Platz.[70] Zwar wurden die Beschlüsse von 1347 umfassend bestätigt – aber eben nicht mehr von den Ältermännern, sondern von den Vertretern der Städte. Dann reiste man wieder ab. Zur Blockade sollte es erst anderthalb Jahre später kommen, als die Brügger Querelen sich immer noch nicht erledigt hatten.

Im Laufe der folgenden zwei Jahrzehnte wurden die anderen drei Kontore in gleicher Weise auf Linie gebracht und einer strafferen Governance unterworfen. Am einfachsten war das in Bergen, wo wegen der Lübecker Dominanz nie eine besondere Unabhängigkeit bestanden hatte. Als man 1365 die norwegische Niederlassung fester einbinden wollte, bat man wie selbstverständlich Lübeck um Genehmigung, die mit derselben Selbstverständlichkeit gewährt wurde.[71] Den Ältermännern in Nowgorod verkündete 1361 eine Gesandtschaft von Ratsherren aus Lübeck und Visby, fürderhin möge man keine Beschlüsse mehr fassen, ohne vorher die Zustimmung Lübecks, Visbys und der drei livländischen Städte Riga, Reval und Dorpat einzuholen.[72] Das Kontor in London behielt noch am ehesten und längsten einige Freiheiten gegenüber dem Hansetag. Aber auch hier wurde der Zugriff stärker.

Stralsund, 1370: der König und die Kaufleute

Während die Flandernblockade die Städte enger aufeinander bezog, diese die Kontore unter schärfere Kontrolle brachten und regelmäßiger Hansetage einberiefen, kamen in den Kriegen gegen den Dänenkönig Waldemar IV. Atterdag einstweilen die Grenzen der innerhansischen Solidarität zum Vorschein. Waldemar hatte es in den ersten zwanzig Jahren seiner Regierung geschafft, das marode und zerrüttete Reich, das er 1340 übernommen hatte, zu konsolidieren. Er hatte altes Kronland zurückgewonnen und eine Adelsopposition überwunden – das alles übrigens auch mittels der zumeist guten Kontakte zu den hansischen Seestädten und dem Deutschen Orden, die den für die Konsolidierung nötigen Wohlstand sicherten.[73] Aus dieser Position der Stärke heraus eroberte Waldemar 1360 Schonen, eigentlich eine alte dänische Kernregion, die aber 1332 von Graf Gert von Holstein an Schweden verkauft worden war (und seit 1653 auch wieder zu Schweden gehört). Für die Hansen, die dort seit langen Jahren die Messen besuchten und regen Heringshandel trieben, war das ein heikler Moment. Denn jeder Herrscherwechsel konnte ja ihre Privilegien wieder infrage stellen. Man ersuchte also höflichst um eine Bestätigung und bot auch, wie es sich gehörte, eine stattliche Summe, um sich für diesen Akt erkenntlich zu zeigen. Der Dänenkönig zeigte sich offen für die Bitten der hansischen Gesandten, forderte aber das vierfache Entgelt: 4000 Mark. Die Hansen protestierten – und zahlten.[74]

Die teuer erkaufte Harmonie hielt freilich nicht lange. Denn schon im folgenden Sommer landete Waldemar mit rund 3000 Söldnern auf Gotland. Die große Schlacht des Dänenkönigs gegen ein Bauernheer am 27. Juli auf den Feldern vor Visby endete in einem Blutbad, weil die Stadt ihre Tore den Gotländern nicht öffnete, dann aber unmittelbar nach der Schlacht kapitulierte.[75] Waldemar bestätigte Visby zwar gegen hohe Tributzusagen ihre Rechte.[76] Für die Hansen aber war die Eroberung von Gotland ein Fanal, dass es mit der Übermacht des Dänenkönigs keinen guten Fortgang für sie haben könnte.

Nun suchte man also die Konfrontation. Ein Greifswalder Tag beschloss schon im August, dass kein hansisches Schiff mehr Dä-

Abb. 10: Waldmar IV. »Atterdag« plündert Visby. Das riesige Ölgemälde aus dem Jahre 1882 stammt von Schwedens wohl populärstem Historienmaler, Carl Gustaf Hellqvist. Mittelalterliche Themen der Nationalgeschichte hatten es ihm besonders angetan.

nemark anfahren sollte; einige Wochen später dehnte man die Blockade auf alle Schiffe aus.[77] Bündnisse mit den skandinavischen Konkurrenten, König Håkon VI. von Norwegen und König Magnus von Schweden, sollten die Maßnahmen verschärfen.[78] Als Nächstes begann man, gezielt Neutralitätsverträge mit den norddeutschen Fürsten und Herren zu schließen, um sich militärisch den Rücken frei zu halten[79] Die wendischen und pommerschen Städte verbündeten sich, während die Preußen und Holländer Neutralität wahrten und die westfälisch-rheinischen ebenso wie die sächsischen Städte, die der ganze Konflikt kaum etwas anging, schlicht desinteressiert und weitgehend passiv blieben. So weit ging die hansische Solidarität eben doch nicht, schon gar nicht in diesen Jahren.

Zur Finanzierung wurde ein Pfundzoll beschlossen, also eine Sonderabgabe auf alle auslaufenden Schiffe, die pro Schiffspfund bezahlt wurde.[80] Dieses Finanzierungsmittel hat die Hanse auch später immer wieder genutzt, um ad hoc Kriegskassen zu füllen. Dergestalt gerüstet, zog man noch im selben Jahr gemeinsam mit den königlichen Verbündeten gegen Helsingborg und scheiterte gründlich – so gründlich, dass es den Anführer der Flotte, den Lübecker Bürgermeister Johann Wittenborg, den Hals kostete.[81] Irgendeinen Schuldigen musste man für das Militärfiasko eben finden.

Obwohl der wendischen Allianz der große militärische Erfolg versagt blieb, war auch Waldemar auf keinen längerfristigen Konflikt erpicht. Im Mai 1365 schlossen die Parteien zuerst einen Waffenstillstand und kurz darauf in Vordingborg einen wackeligen Frieden, mit dem eigentlich keine der Konfliktparteien recht zufrieden sein konnte: Den Hansen wurden nur einige ihrer schonischen Privilegien – und das auch nur auf sechs Jahre – bestätigt, während den Dänen schon diese wenigen Vorrechte eigentlich nicht passten.[82] Besonders verärgerte die Einigung allerdings die Neutralen, also die preußischen und holländischen Handelsstädte, denn ihr wesentliches Problem bestand fort: Die Sunddurchfahrt blieb weiterhin durch dänische Schiffe behindert.

1367: die Kölner Konföderation

Eine langlebigere Lösung wurde hinausgezögert, als Waldemar anlässlich der Hochzeit Karls IV. in Krakau mit dem Polenkönig Kasimir III. zusammentraf und einen Freundschaftsvertrag aushandelte, der nun wiederum den Ordensstaat in eine bedrohliche Zwickmühle brachte. Die Konsequenz kann man gut in den Hanserezessen dieser Jahre nachvollziehen: Die preußischen Städte blieben sämtlich fern. Kaum aber, dass sich Ende des Jahres 1366 Polen und Preußen wieder ausgesöhnt hatten, waren sie wieder da – und forderten lautstark eine Wiederaufnahme der Repressalien gegen Dänemark.[83] Die wendischen Städte – mit dem Vertrag von Vordingborg zwar ebenfalls unzufrieden, aber formell nun einmal daran gebunden – reagierten zurückhaltend und verwiesen die preußischen Forderungen *ad referendum,* also zur Wiedervorlage. Das hielt die Preußen freilich nicht zurück, die nun ihrerseits in Elbing mit den holländischen Städten ein Bündnis schlossen, das mittels einer Handelsblockade die Freiheit der Sunddurchfahrt erzwingen sollte.[84] Zugleich kündigte man eine neue Tagfahrt an, die noch im selben Jahr in Köln stattfinden sollte und auf der weitere Bündnispartner angeworben werden sollten.

So trat im November der Kölner Hansetag zusammen – das einzige Mal übrigens, dass sich eine überregionale Tagfahrt in dieser für die Hanse so wichtigen Stadt beriet.[85] Im Vorfeld hatte gerade im wendischen Viertel eine ganze Reihe von Regionaltagen stattgefunden, die dieses Treffen vorbereiteten, denn man war sich durchaus nicht einig, wie mit dem forschen Vorgehen der Preußen und Holländer umzugehen war.[86] Letztlich schlossen sich die wendischen Städte in Köln nun doch dem Bündnis gegen den Dänenkönig an. Zwar hatte die Sundpassage, die im Mittelpunkt der holländisch-preußischen Interessen stand, für die wendischen Städte kaum Gewicht. Aber man wollte im Erfolgsfalle nicht abseits geblieben sein und am Ende ohne Privilegien dastehen.

Die westfälischen Städte zeigten weiterhin wenig Interesse an einer Auseinandersetzung mit Dänemark, obwohl natürlich auch ihr Absatz in Skandinavien beeinträchtigt war. Eine teure Auseinandersetzung schien ihnen jedoch keine Alternative. Dortmund zum Beispiel teilte ganz ausdrücklich mit, es sei an einem Seekrieg nicht interessiert. Auf der anderen Seite siegelten auch drei heute niederländische Städte den Konföderationsbeschluss: das holländische Amsterdam – damals noch weit vom Weltstadtstatus späterer Tage entfernt und durch das Importmonopol für Hamburger Bier eng an den hansischen Handel gebunden –, dazu das seeländische Brielle und Harderwijk, das zum Herzogtum Geldern zählte.

Den einzelnen Bündnisstädten und -städtegruppen wurde ausdrücklich erlaubt, weitere Verträge mit den Fürsten ihrer Region und auswärtigen Herrschern abzuschließen, um die Koalition gegen Waldemar zu erweitern. Und tatsächlich zogen letztlich elf Fürsten mit den Hansestädten in den Krieg. Hier zeigte sich die kluge hansische Diplomatie wieder von ihrer besten Seite: Die Verträge mit den Fürsten waren sämtlich kurzfristig auf zwei oder drei Jahre terminiert, während das in Köln geschlossene Bündnis zwischen den Städten von Anfang an auf drei Jahre nach einem erwarteten Friedensvertrag geschlossen wurde. Man konnte die fürstlichen Partner also leicht wieder loswerden, wenn sie ihren Zweck erfüllt hatten oder anderweitig auf dumme Gedanken kommen sollten, während die städtische Allianz weiterhin zusammenstand. In deren Rücken, also im Hinterland Norddeutschlands und Pommerns, versuchte Waldemar derweil vergeblich ein Bündniswerk zu knüpfen.

Das kölnische Bündnis ging zügig ans Werk – nicht ohne sich mit einem offiziellen Beschwerdeschreiben auch an die norddeutschen Fürsten, an Kaiser Karl IV. und Papst Urban V. zu wenden.[87] Wieder wurden Allianzen mit Schweden, Mecklenburg und anderen Fürsten geknüpft, wieder ein Pfundzoll beschlossen, wieder rüsteten die Ostseestädte eine Flotte, der diesmal aber mehr Glück beschieden war. Schon im Frühjahr 1368 war der Sund unter ihrer Kontrolle, ein gutes Jahr später fiel die Burg Helsingborg und damit die letzte königliche Festung am Sund. Im November 1369 wurden ein Waffenstillstand vereinbart und ein Frieden entworfen, der dann im Mai des darauffolgenden Jahres in Stralsund in Kraft trat.[88] Dieser »Friede von Stralsund« war es, zu dessen 500. Jubiläum der Hansische Geschichtsverein aus der Taufe gehoben wurde – und das mit gutem Grund.

1370: ein epochemachender Frieden

Tatsächlich war der Friede, den die Kölner Konföderierten mit Dänemark aushandelten, ein ausgesprochen günstiger. Nicht nur wurden alle wendischen und holländischen Privilegien bestätigt und auch den Preußen der privilegierte Zugang zu den schonischen Messen eingeräumt, auch die Sundpassage wurde geöffnet und dadurch gesichert, dass der hansische Vertragspartner auf fünfzehn Jahre hin die Burgen und Messeplätze in Schonen zu Pfand erhielt. Es waren aber nicht diese günstigen Konditionen, die im Mai 1870 die Hansebegeisterten nach Stralsund zogen, um die *Saecularfeier* jenes Friedens zu begehen. Vielmehr war ihnen der Sieg der Kölner Konföderation über die Dänen auch ein Sieg der deutschen Städte und letztlich des deutschen Reiches. Sie erblickten in dem Vertrag das Erblühen eines Städtebundes, der auf Augenhöhe mit Monarchen Politik betrieb.[89]

Tatsächlich hat diese Auffassung, auch nachdem sie allzu nationalistischer Rhetorik entkleidet worden war, noch ziemlich lange nachgewirkt. Bis weit in das 20. Jahrhundert war Stralsund 1370 der »Höhepunkt der hansischen Geschichte«, das Anbrechen einer Blütezeit, die man weniger durch den wirtschaftlichen Erfolg einzelner Hansestädte als anhand einer diffusen Vorstellung hansischer »Macht« im Ostseeraum für erwiesen ansah. Dazu trug wesentlich die Auffassung bei, der Friede habe den Hansen ein »Mitspracherecht« bei der dänischen Königswahl eingeräumt, die bis heute durch die Literatur geistert. Hier und da wundert man sich, dass dieses Recht offenbar nie genutzt wurde, betrachtet diese erhebliche Einschränkung aber vor allem als Beleg für die – absolut richtige – Diagnose, dass die hansischen Ziele eben vorrangig wirtschaftliche, keine machtpolitischen waren. Dabei ist dieses Mitspracherecht schlicht eine Missinterpretation – oder doch wenigstens in dieser Formulierung eine starke Verkürzung –, die nur schwer auszumerzen ist.

Im Vorfeld des großen Friedenswerkes nämlich tat die für den Krieg gegen Dänemark zusammengetretene Konföderation genau das, wofür sie in ihrem Kölner Vertragswerk und den anschließenden Fürstenverträgen die Grundlage gelegt hatte: Sie bootete die Fürsten aus und schloss einen Sonderfrieden mit Dänemark. Übrigens statt mit dem dänischen König, der weiterhin persönlich Partner für ein Gegenbündnis suchte und sich im Herbst 1369 deshalb nicht in Dänemark befand, mit dem Reichsrat. Dieser handelte sowohl im Sommer 1369 den Waffenstillstand als auch die Vorverträge für den Stralsunder Frieden aus. Insofern standen auch alle Zusagen, die der Reichsrat der Hanse machte, unter dem Vorbehalt der Ratifizierung durch den König. Und nur um diese Ratifizierung ging es eigentlich beim *rade der stede,* jenem Mitspracherecht, das der dänische Reichsrat den Hansestädten ausdrücklich einräumte.[90] Es war ja nicht gesagt, dass Waldemar wiederkehren würde, obgleich der Friede den einfachsten Fall einer Heimkehr ausdrücklich vorsah: Der König solle dann den Vertrag *myt syme groten ingheseghele beseghelen,* also mit seinem großen Siegel ratifizieren – und zwar *oft he by sinem rike bliven will,* also wenn er bei seinem Reich bleiben und weiterhin König sein wolle. Der Vertrag sieht aber auch Sicherheiten vor, falls das nicht der Fall sein sollte. Wenn nämlich Waldemar sein Reich *by syme levende* einem anderen übertragen sollte oder sogar *afginghe,* also sterben würde – *dar ene Got vor beware!* –, so versprach der Reichsrat jeglichen Nachfolger nur mit dem *rade der stede* und nur dann zu akzeptieren, wenn jener auch deren *vryheyth* ratifiziere. Wenn überhaupt von einem Mitspracherecht die Rede sein kann, so war es also auf zwei konkrete Fälle und die unmittelbare Nachfolge Waldemars beschränkt. Obwohl man also die politische Dimension des Friedens von Stralsund gegenüber der älteren Hanseforschung relativieren muss, so sind der wirtschaftliche Effekt und die Signalwirkung dieses Erfolges sicher nicht zu unterschätzen – zumal damit in rascher Folge die Schlagkraft der Zusammenarbeit zwischen den Städten unter Beweis gestellt wurde.

Kaufleute, Koggen und Kontore: die Auslandsstützpunkte der Hanse

»Die Hanse ist im Ausland entstanden, und vor allem dort funktionierte sie auch.«[1] Mit diesem einfachen Satz bringt es Rolf Hammel-Kiesow auf den Punkt. Tatsächlich kann die Hanse, wenn man sie als eine Interessengemeinschaft begreift, die wesentlich auf der Sicherung von Handelswegen und der Nutzung gemeinsamer Privilegien basierte, nirgends so greifbar sein wie an den Orten, an welchen sie diese Privilegien tatsächlich nutzte – also an den zentralen Handelsplätzen außerhalb des Reiches.

Es waren vor allem vier Plätze, die in dieser Funktion herausstachen und in den vorhergehenden Kapiteln bereits eine Rolle spielten: der Petershof im russischen Nowgorod, der Stalhof in London, die *tyskebryggen* in Bergen und der flandrische Megahandelsplatz Brügge, wo die hansische Niederlassung lange Zeit keinen festen, baulichen Ort und also auch keinen entsprechenden Namen hatte – als *gemeener copman* agierte sie gleichwohl. Da die vier Plätze gewachsene Institutionen waren, gestalteten sich vor allem ihre Beziehungen zum Gastland im Detail sehr unterschiedlich, doch existierte in sämtlichen Kontoren all das, was die Hanse selbst nicht hatte: eine klare Mitgliederstruktur und eine eigene Hierarchie mit gewählten »Ältermännern« *(olderlude)*, eine eigene Kasse, ein eigenes Siegel und, spätestens seit dem 15. Jahrhundert, auch eigene, an die Siegelbilder angelehnte Wappen. Das Brügger Kontor verfügte seit 1486 sogar über einen offiziellen Wappenbrief, den ihm Friedrich III. verliehen hatte. Kurz: Die Kontore waren strukturierte Organisationen und keine fluide Institution wie die Hanse, die sie kontrollierte. Sie waren, wie es die Lübecker 1450 einmal formulierten, *der stapel der koppenschupp, uppe welken de Dutsche Hanze principal fundert unde gebuwet is,* »der Stapelort der Kaufmannschaft, auf den die Deutsche Hanse zuvorderst gegründet und aufgebaut ist«.[2] Da waren sie sich mit Rolf Hammel-Kiesow also einig.

Die Kontore: vier große – und eine ganze Reihe kleine

Bezogen auf die genannten vier Handelsorte taucht der Begriff »Kontor« erst in der Spätzeit der Hanse in den Quellen auf.[3] Vorher werden sie meist als der »Gemeine Kaufmann« oder schlicht als »die deutschen Kaufleute« vor Ort angesprochen und nannten sich auch stolz selbst so. Wenn von allen vier Kontoren die Rede war, hießen sie meist die *vier stapele,* also die vier Stapelplätze, an denen die Hansen gemeinschaftlich besonders privilegiert waren.

Daneben bestanden zu unterschiedlichen Zeiten durchaus noch andere deutsche Kaufmannssiedlungen, die teils sogar über eigene Stapel- oder Zollprivilegien verfügten, sich aber von den großen Vier nicht nur quantitativ, sondern auch qualitativ unterschieden. Sie bildeten nämlich einerseits nur sehr schwache genossenschaftliche Strukturen aus und blieben andererseits meist auf die Privilegien einzelner Städte beschränkt, partizipierten also nur mittelbar am von den Hansestädten erworbenen und verteidigten »Privilegienpanzer«.[4]

In England muss in dieser Hinsicht vor allem King's Lynn genannt werden, wo heute noch ein altes hansisches Haus aus dem späten 15. Jahrhundert steht.[5] Der günstig gelegene Hafen versprach mit der direkten Verbindung nach Boston und zum Markt von St. Botulph gute Absatzmöglichkeiten ins Inland und wurde sowohl von der seeländischen Küste, insbesondere von Stavoren aus, als auch im englisch-norwegischen Fisch- und Getreidehandel stark frequentiert. Wie an sonstigen Standorten wählten die Deutschen sich auch hier einen Ältermann, der sie gegenüber den lokalen und königlichen Behörden vertrat.[6]

Im niederländischen Stavoren, in Amsterdam und im flandrischen Sluis, dem Brügger Vorhafen unmittelbar an der Einfahrt in

Abb. 11: Das alte hansische Warenhaus in der St Margaret's Lane in King's Lynn. Es wurde 1475 unmittelbar nach Abschluss des Vertrags von Utrecht errichtet, der den Hansen erstmals offiziell erlaubte, in Lynn einen Handelshafen einzurichten.

den Zwin, unterhielten die Hamburger eigene Häuser, für die Ordnungen aus den Jahren um 1400 überliefert sind.[7] Sie dienten vor allem dem Absatz des beliebten Hamburger Bieres, rund ein Drittel der gut 450 selbstständigen Brauer in Hamburg produzierten in den 1370er-Jahren für diese privilegierten Häuser.[8] 1418 wurde das Vorrecht der Hamburger Kaufleute in Sluis bestätigt, kleinere, wörtlich »gewöhnliche« Konflikte *(wontlike zake),* unter die unter anderem *scheldeworde* fielen, untereinander zu regeln, während alle größeren Streitsachen an die Brügger Älterleute gingen.[9] Tatsächlich kam es 1436 in Sluis zu einem spektakulären Mord, der nur durch eine umfangreiche Kapellenstiftung gesühnt werden konnte.[10]

Auch tief im Osten gab es Niederlassungen, die nicht denselben Status erlangten wie das Kontor in Nowgorod und trotzdem einige Bedeutung besaßen. In Pskow/Pleskau etwa wohnten die Hansen am »Deutschen Strand« am Ufer der Pskowa zur Miete und trieben regen Handel mit den dortigen Bojaren. Gehandelt wurde vor allem ins livländische Tartu/Dorpat, wo wiederum die Pleskauer im »Russischen Ende« wohnten.[11]

Die Vitten auf Schonen

Eine Sonderrolle unter den hansischen Außenposten nehmen die sogenannten Vitten auf Schonen ein.[12] In ihrer Bedeutung als Umschlagsplatz stehen sie den vier Kontoren in nichts nach, doch blieben die Aktivitäten im Kern saisonaler Messehandel. Gesamthansische Strukturen entwickelten sich dort nie. Die Niederlassungen der Städte lagen zwar nebeneinander, aber rechtlich und in der Privilegiennutzung agierte jede weitestgehend für sich.

Die schonischen Messen entstanden mit dem in Europa wachsenden Fischkonsum, der nach immer größeren und preiswerteren Mengen Fisch verlangte.[13] Die besondere Größe und Qualität der schonischen Heringsschwärme ließen hier früh einen Markt entstehen, den deutsche, dänische und slawische Kaufleute bereisten, um mit den lokalen Fischern direkten Handel zu treiben. Um den Fisch markttauglich zu machen, brachten sie Salz und Transporttonnen mit und legten die Fische vor Ort in Salzlake ein. Für diese Tätigkeit erwarben sie direkt hinter dem Strand kleine Landstücke mit dem nötigen Süßwasserzugang, um die Salzlake herzustellen, und bebauten sie mit Holzbuden. Diese Ansiedlungen nennt man »Vitten«, die einzelnen Händlergrundstücke darauf »Spatien«. Solche Vitten entstanden überall an den Stränden Schonens, außerdem zahlreiche größere und kleinere Marktplätze mit wechselnder Bedeutung. Aus einigen dieser Fischerorte sind später im Hinterland der Strände Städte entstanden, etwa Ystad, Trelleborg oder Malmö.

Früh sicherten sich die Lübecker Privilegien auf Schonen, später auch die Händler anderer Städte. Sie reservierten sich eigene Vitten, erwarben das Recht auf eine eigenständige Gerichtsbarkeit untereinander und schließlich auch das wichtige Gästerecht, das den direkten Handel zwischen auswärtigen Kaufleuten erlaubte. So wurden die schonischen Messen, die zwischen August und

Oktober stattfanden, nicht nur wichtige Handelsplätze für Heringe und Salz, sondern überhaupt wichtige Warenumschlagsplätze zwischen Ost und West. Weil ihnen ihre Handelspartner aus dem Osten entgegenkamen, mussten die Händler aus dem Westen nicht mehr durch den Öresund fahren – und zunehmend gaben sich diese Partner, allen vorweg Lübeck, auch alle Mühe, ihnen die Weiterfahrt nicht nur abzunehmen, sondern diese geradezu zu verhindern.

Nach dem Frieden von Stralsund überspannten die wendischen Städte den Bogen, indem sie versuchten, immer mehr Auswärtige vom Heringssalzen auszuschließen. Sie sollten weiterhin kaufen dürfen, aber nicht selbst in die Produktion einsteigen. Damit stärkten sie zwar mittelfristig ihre eigene Präsenz, verödeten aber langfristig das internationale Potenzial der Messen.[14] Als sich nach 1400 die Sunddurchfahrt und zugleich neue Formen der Heringsverarbeitung an Bord durchsetzten, bedeutete das den endgültigen Rückfall Schonens auf einen reinen Heringsmarkt, der allerdings überregional bedeutsam blieb und auf dem Lübeck weiterhin seine Dominanz aufrechtzuerhalten suchte.[15] Als überregionale privilegierte allgemeine Warenumschlagsplätze der Hanse blieben dagegen die vier Kontore bestehen: London, Brügge, Bergen und Nowgorod.

Der Petershof in Nowgorod: die »Mutter des hansischen Handels«

Nowgorod wird immer wieder einmal als die »Mutter des hansischen Handels« bezeichnet. Das spielt nicht so sehr auf das Volumen des hansischen Russlandhandels wie auf das hohe Alter der gegenseitigen Beziehungen an. Sie gehen, wie im zweiten Kapitel gesehen, bis weit in das 12., vielleicht sogar bis in das 11. Jahrhundert, also jedenfalls in die gemeinhin als »vorhansisch« bezeichnete Zeit zurück.[16] Aus dieser frühen Zeit erwartet man zunächst nur sehr wenige erhaltene Schriftzeugnisse.

Bereits 1932 hat man in Nowgorod mit umfangreichen Ausgrabungsarbeiten begonnen, die auch während der späteren Sowjetzeit fortgesetzt und in jüngster Vergangenheit wieder mit neuer Intensität aufgenommen worden sind. Die erstaunlichen Ergebnisse, die diese Grabungen hervorgebracht haben, waren auch deshalb möglich, weil im feuchten Boden vor Ort ganz ungewöhnlich gute Bedingungen für die Erhaltung von organischen Stoffen wie Holz oder Leder bestehen. Und so haben sich in Nowgorod nicht nur bemerkenswerte Objekte russisch-hansischer Kultur, sondern auch eine ganz besondere Form früher mittelalterlicher Schriftlichkeit in eindrucksvolle vielen Beispielen erhalten: Birkenrindenurkunden.[17]

Geschrieben wurde auf den Rinden in der Regel nicht mit Tinte, sondern es wurde der Text mit einem speziellen Griffel in das weiche Material eingeritzt. Solche Urkunden haben sich auch in anderen Städten der Region, etwa in Pskow oder in Staraja Russa erhalten, aber nirgends ist die Funddichte so hoch wie in Nowgorod. Fast 800 Stücke sind mittlerweile ergraben. Sie sind ein Fundus für die Rechts-, Handels- und Alltags- wie auch für die Sprachgeschichte. Viele Relikte des Altrussischen, unter anderem auch ein paar deftige Schimpfwörter, kennen wir nur von diesen Urkunden. Ein nennenswerter Teil ist in anderen Sprachen verfasst – etwa in einer frühen Stufe des Finnischen, in Griechisch, Latein oder sogar in Niederdeutsch. Außer für Rechtsgeschäfte wurden Birkenrinden zur geschäftlichen Nachrichtenübermittlung genutzt. Um 1220 etwa schrieb ein gewisser Mose seinem Geschäftspartner Spirko folgendes Birkentelegramm: »Wenn Matei bei dir noch nicht … das Wachs abgeholt hat, dann schicke es mir mit Pruß. Ich verkaufte das Zinn und Blei, und all die Schmiedewaren. … Du musst hierher kommen. Nimm mit dir ca. vier Federwaagen an Zinn und ungefähr zwei rote Tücher. Das Geld zahle sofort.«[18]

Abseits der russischen Geschäftswelt bergen die Nowgoroder Birkenrinden übrigens noch einen ganz besonderen Schatz: gleich zwölf Zeichnungen eines sechs- beziehungsweise siebenjährigen Jungen namens Onfim aus den Jahren um 1200, die wohl im Kontext irgendeiner Art von Elementarschulbildung entstanden sind.[19]

Abb. 12: Auf dieser Birkenrinde aus Nowgorod hat sich in den Jahren um 1200 ein Junge namens Onfim verewigt.

Sie zählen zu den ganz wenigen Kinderzeichnungen, die aus dem Mittelalter überliefert sind.

Sauerländer im Russland des 12. Jahrhunderts?

Wann genau der deutsche Direkthandel mit Russland einsetzte, lässt sich nicht ohne Weiteres sagen, weil die Drehscheibenfunktion Gotlands einerseits offensichtlich, andererseits in dieser frühen Zeit nicht immer greifbar ist. Ob also die Erwähnung des Handels in Dänemark und Russland *(Dacia vel Rucia)* im erzbischöflichen Stadtrechtsprivileg für den kleinen kurkölnischen Ort Medebach aus dem Jahr 1165 tatsächlich bedeutet, dass Sauerländer damals schon nach Russland reisten, ist kaum zu entscheiden.[20] In dieser Zeit treffen wir auch im Ostseeraum, auf Gotland oder in Schleswig, noch Russen an, die ihrerseits Fernhandel trieben, und auch Heinrich der Löwe hatte sie ja bei seiner Neugründung 1158 ausdrücklich durch Boten einladen lassen. In späterer Zeit verschwinden sie aus den Quellen. Für die Jahre um 1191/92 ist dann ein erster Friedensvertrag des Fürsten von Wolchow mit deutschen und gotländischen Kaufleuten bezeugt, die hier gemeinsam (als eine *gilda communis*) auftreten.[21] Der Hintergrund für diese Aussöhnung waren Konflikte um die Enteignung russischer Handelsgüter auf Gotland, die für ein Vergehen einiger Kaufleute aus Nowy Torg im Nowgoroder Land gegenüber einem Deutschen eingezogen worden waren.

1199 bekräftigte dann Fürst Jaroslaw Wladimirowitsch von Nowgorod jenen »alten Frieden« mit den Deutschen und Gotländern.[22] Man versprach einander freies Geleit für Boten und Kaufleute und setzte die Strafen für alle möglichen Gewalttaten fest. Bemerkenswert umfangreich sind dabei im Übrigen die Regelungen für unterschiedliche Formen sexueller Gewalt, von der gewaltsamen Annäherung (»wird der Frau eines anderen oder einem Mädchen die Bedeckung vom Haupt gerissen, sodass sie barhäuptig dasteht ...«) bis hin zur Vergewaltigung. Daran zeigt sich gut, mit was für einer rauen Männergesellschaft man es bei diesen frühen Fernhandelskaufleuten zu tun hatte. Unwillkürlich mag man an den zuvor zitierten Benediktiner Alpert von Metz und sein Lamento über die *homines duri* aus Tiel denken.

Der lange und gefährliche Weg nach Nowgorod

Der Weg nach Nowgorod war weit und gefährlich. Bis zum Beginn des 13. Jahrhunderts, als Riga gegründet wurde, folgte man meist der nördlichen Route, dem sogenannten »Königsweg«, der über den Finnischen Meerbusen zur Newa führte. Man reiste also zunächst durch dänische und schwedische Gewässer. Deshalb waren Verträge mit den dortigen Königen notwendig; außerdem konnten russisch-schwedische Konflikte wie der um die Newamündung den Handel empfindlich stören. 1303 bat der Lübecker Kaufmann Johann von Dowey, dem wir schon als Top-Diplomat der entstehenden Hanse begegnet sind, deswegen bei König Birger von Schweden um ausdrücklichen Schutz für die deutschen Kaufleute.[23] Dieser gestand die freie Fahrt *versus Nye ad Nogardiam*, durch die Newa nach Nowgorod also, zunächst für zwei Jahre zu –

sofern die Händler Waffen, Eisen, Stahl und Lebensmittel nur für ihren eigenen Gebrauch *(ad usus persone proprie)* mit sich führten und sich jeglicher Parteinahme gegen ihn in Rat und Tat *(de facto vel consilio)* enthielten.

Einmal glücklich an der Newamündung angelangt, mussten die Kaufleute ihre Waren von den größeren Seeschiffen auf flache, wenn auch mitunter gar nicht kleine Flussboote, die sogenannten Lodjen, umladen. Mit ihnen konnte man den Ladoga-See überqueren und schließlich in die Wolchow einfahren, an deren Ufer Nowgorod das Erbe des frühmittelalterlichen Handelsplatzes der Waräger Alt-Ladoga angetreten hatte.[24] Auch diese letzte Strecke war durchaus keine kurze, und die vielen Stromschnellen konnten den Booten noch gefährlich werden. Deshalb griff man auf Einheimische zurück, die die Lodjen vom Ufer aus zogen. In den Quellen heißen sie *vorschkerle.*[25] Nachdrücklich forderten die Deutschen von den Fürsten, man möge starke und geeignete Männer *(viri robusti et idonei)* für diese Aufgabe bestellen;[26] offenbar kam es immer wieder zu Unfällen.

Abb. 13: Russische *vorschkerle* ziehen ein Handelsschiff über Land. Darstellung aus der *Historia de gentibus septentrionalibus* des Olaus Magnus von 1555.

Endlich angekommen, wurden die Schiffe an Land gezogen und entladen. Da auch hierbei noch ein stattlicher Weg zurückgelegt werden musste, nutzte man die sogenannten *Woloki*, besondere Schleifwege, auf denen die Schiffe auf Rädern oder Rollen vorangebracht werden konnten.[27] Das Monopol für diesen Transport hatten lokale Träger und Fuhrleute. Ihr Lohn wurde in den Handelsverträgen mit den Deutschen und Gotländern immer wieder neu festgesetzt, und der Streit um Erhöhungen oder um Aufschläge für die Gäste gegenüber russischen Händlern schlug sich regelmäßig in den Quellen nieder.

Im 13. Jahrhundert entstanden alternative Wege nach Nowgorod. Mit der Gründung von Riga öffnete sich der Landweg über Pleskau, das dadurch ebenfalls zu einem wichtigen hansischen Umschlagsplatz wurde, nach Dorpat, der einzigen größeren Stadt im livländischen Binnenland. Später kamen noch die Landrouten von Reval oder Pernau aus dazu. Trotz der Gefährdung der Seereise durch Sturm und Piraterie scheint der Landweg aber nicht attraktiver gewesen zu sein, denn die Nordroute blieb noch lange die befahrenste, soweit man das aus den spärlichen Quellen einschätzen kann.[28]

Tatsächlich taucht die Reise über Land in den Quellen regelmäßig als »Schlittenfahrt« auf, was ein Indiz dafür sein könnte, dass sie hauptsächlich im Winter, wenn der Schiffskonvoi nicht auslaufen konnte, angetreten wurde.[29] Zum Ersten dürfte die Teilstrecke, die man über Land zurücklegte, schlicht kostenintensiv gewesen sein. Nicht nur standen immer wieder Zölle und Gebühren an, sondern vor allem war der Transport auf Schlitten und Wagen einheimischen Fuhrleuten vorbehalten. Zum Zweiten waren auf dem Landweg die Gefahren der Räuberei und der regelmäßigen *discordia inter terras circumiacentes*, der Auseinandersetzung zwischen den umliegenden Herrschaften, nicht zu unterschätzen, weil die Fürsten von Nowgorod regelmäßig im Krieg mit ihren Nachbarn lagen.[30] Zum Dritten schließlich waren die Kaufleute auch über Land an feste Wege gebunden, von denen abzuweichen hohe Strafen bis hin zum Verlust der gesamten Ware nach sich ziehen konnte. Dass das ein reales Problem sein konnte, zeigen die steten Wiederholungen in den deutsch-russischen Verträgen, man möge Kaufleuten, die sich verirrt hatten, doch wieder den richtigen Weg weisen.[31] Der Weg über Land war also nicht um so vieles risikoärmer, dass er die höheren Gewinnspannen, die man beim Seehandel erwarten durfte, aufgewogen hätte.

Der Petershof: eine hansische Exklave in Nowgorod

Das Territorium, in dem Nowgorod lag, war zwar ein Fürstentum, aber kein lehnsrechtlich organisiertes, wie es im Westen die Regel war.[32] Spätestens seit 1215 waren es nicht mehr die Fürsten, die die Stadt und das Umland beherrschten, sondern vielmehr rund vierzig Geschlechter begüterter Grundbesitzer, der Bojaren. Sie versorgten sich in der Stadt mit den nötigen Luxuswaren für ihren repräsentativen Lebensstil und verkauften zugleich die auf ihren Grundherrschaften und in ihren Wäldern erwirtschafteten und erjagten Überschüsse. Sie waren es auch, die der Stadt ein ganz anderes Gesicht aufprägten, als es die Städte Westeuropas aufwiesen: ein weitläufiges Stadtareal mit großen, von Palisadenzäunen abgesteckten Gehöften.[33]

Die Bojaren wählten einen fürstlichen Statthalter und seit der Mitte des 12. Jahrhunderts auch das kirchliche Oberhaupt. Ihre Entscheidungen trafen sie im Veče, einer Art Volksversammlung, die aber nur die eigene oligarchische Oberschicht vertrat. Aus dieser wurden etwa 50 Repräsentanten gewählt, die die obrigkeitlichen Funktionen wahrnahmen, während der Veče die von ihnen ausgearbeiteten Anträge nur mit Ja oder Nein bestätigte oder ablehnte. Berühmt sind in den frühen Quellen die eingekauften »Schreichöre« der Bojaren, die ihren Voten lautstark Ausdruck verliehen.[34] Auch die Absetzung des alten und die Inthronisation eines neuen Fürsten fielen in die Befugnisse des Veče, und die Bojaren machten fleißig Gebrauch davon: Allein zwischen 1139 und 1199 sind insgesamt 33 Herrscherwechsel zu verzeichnen. Das alles mag dazu beigetragen haben, dass sich in Nowgorod mit dem Petershof ein Kontor mit besonders weitreichenden Freiheitsrechten etablieren konnte, die man schon als Extraterritorialität bezeichnen kann.

Der Petershof lag auf der Ostseite des Wolchow und somit in jener Stadthälfte, wo auch der Markt sich befand. Wie der Hof ursprünglich aussah, ist nicht überliefert. Vermutlich war er ähnlich einem Bojarenhof angelegt, von denen einige in den letzten Jahrzehnten archäologisch erschlossen worden sind, dürfte diese aber an Größe übertroffen haben. Die Versetzung der Palisadenzäune und damit die Ausdehnung des Petershofes auf Kosten der benachbarten Straßen waren im 15. Jahrhundert ein Dauerthema zwischen Hansen und Russen.[35]

Geschützt von einem mächtigen Palisadenzaun fanden sich hier Wohn- und Lagerhäuser aus Holz, eine Brauerei, Mühle, Bäckerei und Badstube sowie ein großer Versammlungsraum, den die Quellen die *grote stove* (»Große Stube«) nennen. Die namensgebende steinerne Peterskirche wird erstmals 1275 erwähnt, es dürfte aber einen hölzernen Vorgängerbau gegeben haben. Auf dem Gotenhof, der 1402 von den Hansen erst gemietet, später dann wohl gänzlich übernommen wurde, sind die Fundamentreste eines Wachturms gefunden worden. Vermutlich hat es also auch im Petershof einen solchen Turm gegeben, wahrscheinlich einen hölzernen. So konnte man die Landungsbrücken am Wolchow gut im Blick haben und war gegen Überfälle geschützt. Außerdem dürfte der Turm als Gefängnis für straffällig gewordene Kaufleute gedient haben.

Leben und Handel im Petershof

Die oben zitierten Friedensverträge des 12. Jahrhunderts sind wie selbstverständlich beiderseitig formuliert, etwa: »Einen Deutschen soll man nicht in Nowgorod ins Gefängnis setzen und einen Nowgoroder nicht bei den Deutschen.«[36] Ob der damit bezeugte russische Aktivhandel über Gotland hinausging, kann dahingestellt bleiben. In hansischer Zeit jedenfalls lässt er sich nicht (mehr) feststellen. Tatsächlich waren die Deutschen in Nowgorod offenbar ausgesprochen erfolgreich darin, die Handelswege Richtung Westen für sich zu monopolisieren. Zwar traten bis zur Mitte des 13. Jahrhunderts noch gotländische Kaufleute in Erscheinung, die den Petershof offenbar mitnutzten. Bis kurz nach der Jahrhundertwende aber waren sie von den lübisch-westfälischen Kaufleuten praktisch vollständig verdrängt worden.

Der Petershof stand unter der Selbstverwaltung des »Gemeinen deutschen Kaufmannes«, also der jeweils anwesenden Kaufmannsgemeinschaft. Zweimal im Jahr fuhren Kaufleute aus dem Westen Nowgorod an: Die Winterfahrer kamen im Herbst und überwinterten vor Ort, bis die See wieder befahrbar war. Sie blieben also rund ein halbes Jahr. Die Sommerfahrer dagegen blieben kürzer. Sie kamen im Frühjahr und fuhren im Herbst, bevor die großen Stürme einsetzten. Die Zahlen konnten mitunter sehr variieren. Für die Hochphase im 13. und 14. Jahrhundert schätzt man zwischen 150 und höchstens 200 Kaufleute, die gemeinsam mit ihren Gesellen die Bewohnerschaft des Petershofs mit seinem Areal von ungefähr 2000 Quadratmetern auf vielleicht 500 bis 600 Bewohner brachten.[37] Wohlgemerkt: alles Männer.

Um ihr Zusammenleben vor Ort und den Kontakt mit Einheimischen und anderen Händlern zu regulieren, gab sich die Kontorgemeinschaft Ordnungen, die den eigenartigen Namen »Schrae« (mit Dehnungs-e) tragen; zwischen dem 13. und dem 17. Jahrhundert sind sieben Fassungen dieser Schraen überliefert.[38] Im Schwedischen bedeutet *skrå* heute so viel wie »Gilde« oder »Zunft«, im Isländischen und auf den Faröern in etwa »Verzeichnis« oder »Register«. Eine gewisse Verwandtschaft können also diese modernen Begriffe nicht leugnen. Tatsächlich gibt es aber nur einen einzigen Ort, an dem auch eine Rechtsaufzeichnung schon im Mittelalter als Schrae bezeichnet wurde: Soest, ausgerechnet.[39] Dort existierte schon seit mindestens den 1220er-Jahren ein Stadtrecht, das noch die heutige Forschung als die »alte Schrae« oder wahlweise auch die »alte Kuhhaut« bezeichnet. Und tatsächlich wird schon in der ältesten Nowgoroder Ordnung festgehalten, dass man *swat ... over blivet allerjarlic*, also die Kassenüberschüsse, *to Gotlande ... in sante Marien kerken in sante Peters kisten legen* und die vier Schlüssel, die zu dieser *kisten* gehörten, jeweils Kaufleuten aus Lübeck, Visby, Dortmund und eben auch Soest übergeben solle.[40]

Die Schraen regelten das Leben im Petershof und die Kontakte nach außen. An der Spitze stand der gewählte Ältermann *(olderman)*, der seinerseits Beisitzer ernannte. Seine Befugnisse waren deutlich weitreichender als in den anderen hansischen Kontoren und umfassten zunächst den Kontakt zu den lokalen Behörden und den Schriftverkehr mit den Städten in der Heimat, sodann die Verwaltung der Kasse und der einzuziehenden Gebühren sowie die innerkontorliche Gerichtsbarkeit samt Strafvollzug. Man konnte aber Berufung gegen seine Entscheidungen einlegen, zunächst in Visby, später in Lübeck.[41]

Die Beziehungen zu den russischen Kaufleuten in Nowgorod waren oft angespannt.[42] Rechtsstreitigkeiten wurden vor dem Tausendschaftsführer (so hieß der Vertreter des Fürsten) auf dem Platz vor der Johanniskirche, der Kirche der Nowgoroder Kaufleute, beigelegt. Oft ging es dabei um mangelnde Warenqualität und Schuldfragen. Insbesondere achtete man in Nowgorod streng auf das Verbot des Gästehandels, also der direkten Geschäfte zwischen auswärtigen Kaufleuten.[43] Eine wichtige Rolle beim Kontakt zwischen Einheimischen und Hansen spielten Übersetzer, die in beide Richtungen hochgefragt waren.

Gehandelt wurde vor allem mit Wachs und Pelzen, gelegentlich auch mit Tran, Talg und Fischen, vor allem Stör, oder Orientwaren.[44] Die besondere Bedeutung von Wachs und Pelzen zeigt sich schon daran, dass dafür 1342 und 1376 eigene Verträge ausgehandelt wurden.[45] Die Hansen importierten vor allem Tuche und Leinwand, aber auch Fertigwaren und Genussmittel. Die Einfuhr von Metallen und Gerät, insbesondere Waffen, wurde immer wieder reguliert oder gänzlich verboten, was die Hansen offenbar nicht immer davon abhielt. So wurden etwa Ende des 14. Jahrhunderts einige Revaler Kaufleute aufgegriffen, die Waffen in Heringsfässern, unter dem Fisch verborgen, nach Nowgorod schmuggeln wollten.[46]

Bei all diesen Konflikten darf man trotzdem nicht übersehen, dass Russen und Deutsche auch aufeinander angewiesen waren. Eine Nowgoroder Chronik berichtet zum Jahr 1230/31 von einer Hungersnot und wie die *nem'zi*, die Deutschen also, »von Übersee eilends … herbeikamen mit Nahrungsmitteln und Mehl und viel

Gutes stifteten«.[47] Hansischer Nachwuchs wiederum lebte regelmäßig an einem der Bojarenhöfe der Stadt, um Russisch zu lernen.[48]

Der Stalhof in London: hansische Mehrstimmigkeit unter einem Dach

Die Geschichte der deutschen Kaufleute in England geht weit zurück. Bereits König Æthelred II. hatte um das Jahr 1000 herum gewissen *homines imperatoris,* Männern des Kaisers also, »die in ihren Schiffen kommen«, dieselben Rechte wie seinen eigenen königlichen Männern gegeben.[49] Wer freilich diese ominösen Kaiserleute waren, darüber schweigt die Urkunde. Und just um diese Zeit dürfte es auch mehr als ungemütlich für Kaufleute auf der Insel gewesen sein. Denn die Herrschaft Æthelreds II. ist vor allem durch die ziemlich erfolglosen Versuche geprägt, die Däneninvasionen zu überwinden. Viel Schutz konnte er also auswärtigen Kaufleuten kaum bieten. Aber die Formel *tamquam nostri* (»wie die Unseren«) machten sich wörtlich oder der Idee nach die englischen Könige auch später zu eigen. In dem fast zweihundert Jahre jüngeren Privileg Heinrichs II. für die Kaufleute von Köln werden die königlichen Amtsleute angewiesen, ihnen denselben Schutz zu gewähren »wie unseren eigenen Leuten und Freunden« *(sicut homines meos et amicos).*[50] 1194 befreite König Richard Löwenherz die Kölner und ihre *gildhalla* (»Gildehalle«) von allen bisherigen Abgaben in England.[51] Das ist die erste Nennung des späteren Kontors.[52]

All diese frühen Schutzbriefe und Privilegien, die von den englischen Königen im 12. und frühen 13. Jahrhundert den deutschen Kaufleuten ausgestellt wurden, bezogen sich auf Fahrtgemeinschaften einzelner Städte, ganz früh eben für Köln, später dann für Braunschweig (1230), Hamburg (1260) und Lübeck (1267).[53] Trotzdem haben die Kölner stets versucht, eine Sonderstellung im Kontor zu verteidigen, über eine gewisse Zeit auch erfolgreich. 1469 kopierte der Kölner Kaufmann Gerhard von Wesel eine ganze Anzahl von hansischen Privilegienurkunden, die im Kontor aufbewahrt wurden, und schickte sie abschriftlich nach Köln, nicht ohne kleine, aber feine Änderungen daran vorzunehmen.[54] So versuchte er, Köln ein eigenständiges, dauerhaftes Englandprivileg neben den allgemeinen hansischen Privilegien zu verschaffen.[55]

1282: eine *hansa Alemanie* in London

Seit wann das Londoner Kontor bestand, lässt sich nicht recht sagen. Gemeinhin wird auf eine Urkunde König Edwards I. aus dem Jahr 1282 verwiesen, in der sich die *mercatores* einer *hansa Alemanie* mit der Stadt London über die Instandhaltung des Bishopsgates einigten.[56] Es ist der älteste Wortbeleg für die Erwähnung einer »Deutschen Hanse«, gut 70 Jahre vor dem selbstbewussten Auftreten in der Flandernblockade, wo die Bezeichnung in niederdeutscher Sprache auftritt. In diesem Zusammenhang wurden jener *hansa* ihre Freiheiten *(libertates)* bestätigt, die sie bisher *racionabiliter* (rechtmäßig) genossen hatte, sowie einige kleinere und eine große neue verliehen: das Recht auf die Wahl eines gemeinsamen Ältermannes *(aldermannus)* bestätigt, wie sie von den Hansen der Kölner, Lübecker und Hamburger schon seit einigen Jahren praktiziert wurde.[57] Später sollten die Hansen dieses Selbstverwaltungsprivileg übrigens als *dat fundament van des copmans privilegien bynnen der stat von London* einstufen.[58]

Das heißt nicht, dass die Hansen in London ihre Privilegien nicht stets verteidigen mussten – im Gegenteil. Stuart Jenks hat das in seiner dreibändigen Habilitationsschrift und einer ganzen Reihe von Aufsätzen nachgezeichnet. Wie in Brügge, wo Ähnliches bei den frühen Kontorverlegungen des 14. Jahrhunderts zu beobachten war, ergaben sich viele dieser Konflikte aus dem kleinen, aber feinen Unterschied, wer die jeweiligen Privilegien verliehen hatte: die Stadt oder die Krone. Maßgeblich an der Urkunde Edwards I. war der Umstand, dass diese *composicio* (Vergleich) zwar vom König vermittelt und besiegelt, aber letztlich zwischen der *hansa Alemanie* und der Stadt geschlossen wurde.[59] Das Junktim zwischen hansischer Verpflichtung zur Pflege des Bishopsgates und der Garantie ihrer städtischen *libertates* zielte eben auf eine lange Dauer, solange diese Verpflichtungen nur erfüllt wurden, und konnte nicht bei jedem Regierungswechsel durch den Kronrat angezweifelt oder an neue Bedingungen geknüpft werden, wie es bei königlichen Privilegien regelmäßig geschah.

Wie gut die Kaufleute im Stalhof es verstanden, sich mit der weltlichen und geistlichen Administration in London von ganz unten bis ganz oben gutzustellen, zeigt eindrücklich ein Ausgabenverzeichnis aus den Jahren um 1400: Nicht nur die im engeren Sinne der Kontorsverwaltung zugehörigen Personen bekamen *up niejarsaventh* (zum Neujahrsabend) großzügige Geschenke, sondern auch das Klientel des Londoner Sheriffs und des Mayors und nicht zuletzt der Mayor selbst, der ein Fass Stör und zwei Tonnen Heringe erhielt, außerdem die *grawen monyke* (die Franziskaner), die sich auch über Fisch freuen durften.[60] Kleine Geschenke erhalten eben die Freundschaft – und große umso mehr.

Der Stalhof: die *guildhall* der Deutschen

Von Anfang an waren die Kölner unter den in London Handel treibenden Deutschen tonangebend. Als diese hervorgehobene Position zu bröckeln begann, versuchten sie immer wieder, sie schriftlich zu fixieren. So existiert beispielsweise ein Statut aus dem Jahr 1324, das allerdings nur in einer viel jüngeren Abschrift überliefert ist. Es bestimmt, dass jeder Kölner Englandfahrer auf der Insel das Recht habe, *quod vulgariter hansa dicitur,* also alle hansischen Privilegien zu nutzen.[61] Voraussetzung sei, dass man mindestens für Jahr und Tag das Kölner Bürgerrecht innehatte. Wo vier oder mehr Kölner Kaufleute anwesend waren, sollten sie sich einen eigenen Ältermann wählen und diesem gehorsam sein; auf Zuwiderhandlung wurde eine schwere Strafe (die auch *hansa* genannt wird) ausgesetzt. Außerdem sollten diese Ältermänner *pro communi utilitate,* also zum allgemeinen Wohl, Statuten erlassen dürfen. Wie diese Hanse(n) der Kölner zu den anderen deutschen Kaufleuten in England stand(en), ob neben, unter oder – dem Anspruch nach – über ihnen, bleibt dagegen offen, falls denn dieses

Statut überhaupt eine zeitgenössische Rechtswirklichkeit dokumentiert. Das ist nämlich nicht gesagt. Insgesamt liegt die Frühzeit der Hansen in England abseits der Kontakte mit den königlichen Behörden ziemlich im Dunkeln.

In den Jahren um 1300 taucht dann eine *gildhala mercatorum Colonie et Alamanie* auf, also die »Gildehalle der Kölner und der Deutschen«. Einige Jahre später heißt sie schon *Esterlingshalle,* also Halle derjenigen, die aus dem Osten kommen; und langsam setzt sich dann die Bezeichnung *steelyard,* Stalhof, durch.[62] Woher diese Bezeichnung kommt, ist nicht ganz klar, meist wird es vom Wort *stal* (Verkaufsplatz) hergeleitet. Es ist aber auch möglich, dass das niederdeutsche *stael* dahintersteckt, was so viel wie »prüfen und mit einem Gütesiegel versehen« heißt. Das würde gut passen, da die Waren, die über die Themse anlangten und nicht bereits bei Versand geprüft worden waren, im Stalhof entsprechende Plomben oder Siegel erhielten.[63]

Im Stalhof lebten die Kaufleute in kleinen Kammern, die sie vom Kontor mieteten; die Mahlzeiten wurden gemeinsam eingenommen. Einige wohnten zudem in der Umgebung zur Miete, was zu steigenden Mietpreisen und entsprechend zu Unmut führte.[64] Später gab es außerdem ein »Rheinisches Weinhaus« in unmittelbarer Nähe des Kontors, eine Art Stammkneipe für die Hansen also. Es zeigt, dass das Kontorsleben nicht auf den Stalhof beschränkt blieb, sondern man sich, ähnlich wie in Brügge, durchaus mit der Stadtbevölkerung mischte. Im Gegensatz zu den anderen hansischen Kontoren hatte das Londoner auch keine eigene Kirche, sondern nur eine kleine Kapelle und zählte ansonsten zum Pfarrbezirk von All Hallows the Great. Was auf den ersten Blick als Mangel erscheint, ist also im Grunde als Vorzug zu bewerten, weil es offenlegt, wie sehr das Kontor in die Gaststadt integriert war.

Innerhalb des Stalhofes agierten die Kaufleute lange Zeit ziemlich selbstständig und ohne Einmischung des Hansetages. Spätestens seit 1437 allerdings wurde das immer schwieriger, als drei hansische Ratssendeboten aus Lübeck, Hamburg und Danzig mit Zustimmung des »Gemeinen Kaufmanns«, genauer des *ghemenen copman van der dusken Hense, up de tidt tho Lunden wensende,* eine neue Wahlordnung beschlossen.[65] Zuvor hatte man stets zwei Ältermänner gewählt, von denen einer das Londoner Bürgerrecht erworben haben oder sogar in England geboren sein musste.[66] Nun wählte man nur noch einen – und das streng nach dem Proporz der Hansedrittel.

Erst der danach einsetzende Systematisierungsschub um die Mitte des 15. Jahrhunderts versetzt uns heute in die Lage, mehr über das Leben im Stalhof und dessen Strukturierung zu erfahren. Denn viele weitere Statuten sind erst durch eine 1460 zusammengetragene Sammlung älterer Beschlüsse überliefert, die einerseits vom Hansetag, andererseits vom Kontor und seinen *oldermennern* gefasst worden waren.[67] Sie regulieren außer Handelsfragen alle möglichen Aspekte des Zusammenlebens, etwa das Verbot des Würfelspiels *in heymeliker platze,* die Einhaltung von Sauberkeit und Nachtruhe oder das Mitbringen von zwielichtigen *gesellen* oder »losen Weibern« *(lose wyve)*.[68] Natürlich half das, wie alle Regulationen, immer nur bedingt. 1452 prügelten sich im Stalhof mehrere Kaufleute im Streit darüber, wer welche Frau mit auf seine Kammer nehmen dürfe.[69]

Der Weltmarkt des Westens: der *ghemene copman* in Brügge

Brügge verdankt seinen Auf- ebenso wie seinen Abstieg dem Zwin, einem Meeresarm, der bis auf wenige Kilometer an die Stadt heranreichte. Um 1100 war Brügge, das keinen unmittelbaren Anschluss an die Schelde oder andere große Flüsse hatte, noch keine Konkurrenz für die Messeorte der Champagne und deren brabantisch-flandrische Handelspartner in Lille, Turnhout oder Ypern. Erst nachdem eine große Sturmflut 1134 das Zwin massiv erweitert und die Fahrrinne vertieft hatte, konnten auch seegängige Schiffe von der Schelde her einfahren und hatte Brügge auf einmal als einzige der flandrischen Städte einen beinahe unmittelbaren Meereszugang. 1180 entstand an der Mündung der Reie, einem kleinen Flüsschen, das Brügge mit dem Zwin verband, der Brügger Vor-

Abb. 14: Der berühmte Brügger Riesenlastkran in einem flämischen Stundenbuch von ca.1510.

hafen Damme. Später wurde die Reie durch künstliche Kanäle bis in die Stadt und auf den Brügger Marktplatz verlängert, sodass man von Damme aus mit kleineren Booten die Waren bequem in die Stadt oder von dort in den Hafen bringen konnte.

1438 sollen, wie ein spanischer Reisender berichtet, an manchen Tagen 700 Schiffe den Hafen in Damme verlassen haben.[70] Schon seit dem späten 14. Jahrhundert allerdings hatte das Zwin wieder stetig Sand angesetzt. Brügge, inzwischen zur wichtigsten Stadt Flanderns emporgestiegen, bot alles auf, was man in dieser Zeit zur Rettung des Hafens tun konnte – aber mittelfristig erfolglos.[71] Die Stadt blieb ein wichtiges regionales Handels- und überregional bedeutsames Produktionszentrum. Aber den Rang als Stapel für *all nacyons of Cristiante,* für die gesamte Christenheit, lief ihr zum Anbruch der Neuzeit Antwerpen ab.[72]

Es hätte auch anders kommen können

Tatsächlich übersieht man über der Brügger Erfolgsgeschichte gern, dass es im 13. Jahrhundert – und eigentlich auch durchgängig danach – durchaus noch weitere Anlauforte gab, oder anders gesagt: dass es historische Alternativen gab und es anders hätte kommen können. Gerade zu Anfang musste sich Brügge mit seinen Standortvorteilen erst einmal gegen die Städtekonkurrenz insbesondere im Herzogtum Brabant durchsetzen. Vor allem die Rheinländer brachten ihre Waren – allen voran ihr Haupthandelsgut, den Wein – zunächst deutlich lieber nach Gent oder Ypern als nach Westflandern.[73] Der Herzog ließ sich auch nicht lumpen und sicherte durch eine Reihe von Privilegien den fremden Händlern freien Handel, sodass wir in Antwerpen zunächst vor allem Kölner, von der Wende zum 14. Jahrhundert an auch Lübecker und Dortmunder in größerer Zahl finden.[74]

Auch in Antwerpen bildeten sich Genossenschaften deutscher Kaufleute, die wesentlich über ihre Herkunftsstädte definiert waren. Und auch dort öffneten sich manche dieser Genossenschaften für Kaufleute aus anderen Städten, 1329 zum Beispiel die Dortmunder für die Braunschweiger.[75] Die hatten vom Herzog eine eigene Gerichtsbarkeit über Handgreiflichkeiten untereinander zugestanden bekommen. Und nun hatten Soest und Lübeck sich für die Braunschweiger verwandt, um die Dortmunder zur Aufnahme in dieses Recht zu bewegen. Mit Erfolg. Auch in Antwerpen also kooperierten Hansestädte und bildeten Privilegiengemeinschaften.

Während Robert von Flandern den deutschen Kaufleuten noch Sicherheit wegen seines Krieges mit Frankreich versprechen musste,[76] verlieh 1315 sein nördlicher Nachbar Herzog Johann II. von Brabant den deutschen und anderen fremden Kaufleuten umfangreiche Zollfreiheiten in Antwerpen und Bergen op Zoom.[77] Sie durften sich einen eigenen *capitaneus* wählen – einen Vorsteher, der später in den Kontoren *olderman* hieß. Außerdem durften die fremden Kaufleute von nun an in Zusammenarbeit mit den städtischen Schöffen den Wiegemeister bestimmen, der für den Handel eine herausragende Rolle spielte. Nicht umsonst stritt man sich ständig um Betrügereien an der Waage.

In Antwerpen also hätten sich die Handelsaktivitäten und -rechte zu dieser Zeit genauso gut zu einem Kontor verdichten können. Der eigentliche Aufstieg der Scheldestadt sollte dann aber erst im 15. Jahrhundert beginnen, als nicht nur das Antwerpener Tuchgewerbe noch einmal einen starken Aufschwung erlebte, sondern auch – wie in Brügge – ein Naturereignis die Karten neu mischte. Durch die Elisabethsturmflut am 19. November 1404 gingen fast 3000 Hektar flandrische Landmasse, die größtenteils erst in den vorangegangenen Jahrzehnten mühsam eingedeicht und dem Meer abgerungen worden waren, wieder verloren. Für Antwerpen aber hatte diese Katastrophe einen positiven Effekt: Die Schelde war nun bis vor die Tore schiffbar.[78] Just in jener Zeit also, als das Zwin vor Brügge versandete, wurden die infrastrukturellen Voraussetzungen im konkurrierenden Antwerpen schlagartig besser. So kommt es vielleicht nicht von ungefähr, dass erst in diesen Jahren zum ersten Mal von den deutschen Kaufleuten in Antwerpen ausdrücklich als Kaufleuten der »deutschen Hanse« gesprochen wurde – und zwar im Zuge der Bestätigung und Erweiterung jenes Privilegs von 1315, das seit hundert Jahren den deutschen

Kaufleuten so günstige Konditionen sicherte.[79] Trotzdem sollte es noch mehr als ein weiteres Jahrhundert dauern, bis die Hansen Brügge aufgaben und sich gänzlich nach Antwerpen wandten.

Dazwischen liegt eine Phase außergewöhnlicher wirtschaftlicher Blüte. Brügge war Knotenpunkt für Händler aus allen Himmelsrichtungen. Auch Kaufleute aus dem Mittelmeerraum bildeten eigene Kolonien und traten mit den Händlern anderer *communities* in lebhaften Austausch – in Form von Handels- ebenso wie von Geldgeschäften.[80] Einzelne verlegten sich gänzlich auf den Finanzsektor, sodass Brügge nicht nur einer der wichtigsten Handelsplätze Europas, sondern auch der Bankenplatz Nummer eins nördlich der Alpen wurde. Nicht umsonst leiten viele Forscher das Wort »Börse« nicht direkt von der *bursa* (Geldbeutel) ab, sondern vom Haus der Brügger Bankierfamilie van der Burse, die drei solcher Geldbeutel im Wappen trug.

Hansen und Hostelliers

Eine Besonderheit Brügges gegenüber den drei anderen Kontoren war das langjährige Fehlen eines eigenen Hauses. Stattdessen traf man sich im Karmeliterkloster, wo man eine eigene Kapelle gestiftet hatte. Hier wählte man alljährlich die Älterleute, hier richteten verstorbene Hansekaufleute ihr Totengedenken ein.[81] Auch für London kann man sagen, dass »das Kontor« im Wesentlichen aus den Menschen, nicht aus dem Gebäude bestand. Aber immerhin gab es eines. In Brügge dagegen hatte das Kontor bis 1442 keinerlei Gebäude. Die Hansen lebten, auch nachher noch, zur Miete bei Brügger Bürgern, den sogenannten »Hostelliers«; nur vereinzelt besaßen sie auch eigene Häuser.[82] Eine Kontorsgemeinschaft, wie sie in Nowgorod oder, mit Einschränkungen, in London und Bergen bestand, wäre auch logistisch kaum zu realisieren gewesen, da auf dem Brügger Weltmarkt mit Abstand die meisten Händler unterwegs waren. Als 1457 eine Generalversammlung des Kontors stattfand, sollen 600 Männer teilgenommen haben.[83] Es spricht allerdings vieles dafür, dass sich sonst selten mehr als 200 deutsche Kaufleute in Brügge aufhielten – immer noch eine stolze Zahl.[84] Im selben Jahr zog man, von Seiten der Stadt durch Überlassung des Bauplatzes gefördert, an den später deshalb so genannten Oosterlingenplein, wo man sich schließlich von dem Architekten Jan van den Poele ein repräsentatives, dreistöckiges Steinhaus bauen ließ, das noch zwei Jahrhunderte später als eines der »sieben Bauwunder Brügges« galt.[85]

Die besondere Wohnsituation der Hansen in Brügge bei den ortsansässigen Hostelliers schuf auch spezifische Handelsbedingungen: Regelmäßig tauchen diese Hostelliers in den Quellen auch als Makler auf, über die man die Geschäfte vor Ort abwickelte.[86] Einen Glücksfall für die Hanseforschung stellten die Ende der 1990er-Jahre im Brügger Stadtarchiv entdeckten und von einem großen Kieler Forschungsprojekt ausgewerteten Steuerlisten der Jahre 1363 bis 1390 dar.[87] Die Privilegien von 1307/09 gewährten den Hansen eine fünfzigprozentige Ermäßigung auf Wein, und die Steuerlisten dokumentieren die Namen der Berechtigten. So ist es möglich, für einen Ausschnitt von immerhin drei Jahrzehnten über tausend Hansekaufleute in der Stadt am Zwin individuell zu greifen und mit ihnen die »Hostels«, in denen sie logierten. Diese besonders enge Verbindung der Hansen zu ihren Gastgebern könnte im Übrigen auch der Grund für den starken Einfluss der französischen, flämischen und holländischen Literatur auf die niederdeutsche gewesen sein.[88]

Die *bryggen* in Bergen: zwischen dem Polarkreis und Italien

Das Kontor im norwegischen Bergen bildete eine Siedlung von langgestreckten Einzel- und Doppelhöfen an der Ostseite der Bucht Vågen, die bis heute den Namen *tyskebryggen* (»deutsche Brücke« oder »Landungskai«) trägt. Es war die nach der Zahl der anwesenden Kaufleute vermutlich kleinste und zugleich auch die jüngste der hansischen Außenniederlassungen – oder jedenfalls diejenige, die in den Quellen zuletzt als privilegierter, fester Handelsort aufscheint.[89] Und das ziemlich unvermittelt: 1343 bestätigte

König Magnus den *mercatores de hansa Theutonicorum* ihre bereits bestehenden Zollprivilegien.[90] Es muss diese *hansa* also zuvor schon gegeben haben, auch wenn die Hinweise darauf spärlich sind und noch in den 1320er-Jahren der norwegische König ausdrücklich verbot, ohne seine Zustimmung irgendwelche Verbindungen *(samhælldi)* einzugehen oder Gesetze und Statuten aufzurichten *(logh ædha sætningar)*.[91] Eine ausdifferenzierte Kontorsordnung ist denn auch aus dem gesamten Mittelalter nicht überliefert, sondern nur einzelne Entscheidungen über konkrete Organisations- und Rechtsfragen, die manchmal mit dem Hansetag, meist aber bilateral mit Lübeck abgestimmt wurden.[92] Einzelne Statuten wurden auch vom Hansetag selbst für Bergen erlassen, erstmals 1369 auf einer Tagfahrt zu Stralsund.[93] Aus all diesen kleineren Regelungen kann man immerhin erkennen, dass es auch in Bergen einen *olderman*, vielleicht aber auch mehrere gab, dem ein Kaufmannsrat zur Seite stand. Sein Einfluss erstreckte sich wohl vor allem auf Bergen selbst, während die hansischen Niederlassungen in Tromsø und Oslo offenbar relativ unabhängig vom Kontor, das heißt, integriert in die jeweiligen Ortschaften und unter dem Recht des Gastlandes agierten.[94] Tatsächlich war das Bergener Kontor das einzige, das nie offiziell unter die Kontrolle des Hansetages gestellt wurde. Durch das gesamte Mittelalter hindurch und ebenso in der frühen Neuzeit verhandelte es selbstständig mit den lokalen Behörden und dem norwegischen König. Andererseits stand die *bryggen* schon früh unter dem zwar informellen, jedoch starken Einfluss Lübecks, der sich zum Ende des 15. Jahrhunderts darin äußerte, dass jährlich Berichte an die Trave geschickt wurden.[95] Dort hatte sich 1380 eine eigene Bergenfahrergesellschaft gegründet, die stark im Rat vertreten war und von der sogar eine nennenswerte Chronistik überliefert ist.[96]

Ein exklusives Handelsgut: der Stockfisch

Wohl und Wehe des Bergener Kontors waren untrennbar mit seinem wichtigsten Handelsgut, dem Stockfisch, verbunden. Dabei handelt es sich um getrockneten Kabeljau, der vor allem von Januar

Abb. 15: Im *Schichtbuch* des Hermen Bode finden sich auch vier Wappen für die großen Kontore. Die hier abgebildeten für Bergen und Nowgorod sind sprechende Wappen, die jeweils rechts (»heraldisch links«) den Reichsadler, im jeweils anderen Wappenfeld aber lokale Symbole zeigen: den Stockfisch für Bergen und den Schlüssel als Symbol des Heiligen Petrus für den Petershof in Nowgorod.

bis März, also während der großen Arbeitspause in der Landwirtschaft, von den auf den Lofoten lebenden Bauern gefangen wurde. Sie köpften den Fisch, nahmen ihn aus und hängten ihn schließlich, paarweise an den Schwanzflossen zusammengebunden, auf großen Holzgestellen zum Trocknen auf. So entstand der Stockfisch. Nur das besondere Klima dieser Inselgruppe nördlich des Polarkreises macht eine solche Lufttrocknung überhaupt möglich – anderswo verdürbe der Fisch einfach.

Die Zubereitung des mitunter brettharten Fisches ist aufwendig; für die meisten modernen Rezepte wird er zunächst gewässert, das heißt, für mehrere Tage in kaltes Wasser gelegt und so wieder genießbar gemacht. Diese Variante, das *plewen und einweichen*, war auch im Mittelalter schon verbreitet.[97] Daneben genoss man den Stockfisch auch ungewässert, wobei man die harten Fasern mit einem Hammer bearbeitete – wie heute ein Schnitzel. So jedenfalls berichtet es der venezianische Schiffbrüchige Pietro Querini, den es 1432 bis zu den Lofoten verschlug. Sein Zubereitungstipp: ordentlich gute Butter dazu.[98]

Querini wusste auch zu berichten, dass diese *stoccafissi* eine wichtige Handelsware in den *mari tedeschi*, den deutschen Meeren, waren. Tatsächlich ging der Handel weit über die Nord- und Ostsee hinaus und umfasste ganz Europa.[99] Seine besonders gute Haltbarkeit machte ihn zu einem wichtigen Nahrungsmittel gerade auch an Bord, und so ist der Stockfisch mit den Seefahrernationen bis in das Mittelmeer gelangt. Noch heute gehört er in Nordfrankreich, Spanien und vor allem in Süditalien zu vielen lokalen Gerichten. Lange dachte man zudem, der Stockfischhandel habe erst im 13. Jahrhundert, kurz vor oder sogar erst mit der Ankunft der Hansen, begonnen. Mittlerweile geht man davon aus, dass schon die Wikinger im Frühmittelalter Handel mit Stockfisch trieben.[100] Die Hansen, insbesondere die Lübecker, monopolisierten diesen Handel aber zunehmend.

Fischer von den Lofoten brachten den Stockfisch selbst nach Bergen, denn nördlich von dort sollte kein deutscher Kaufmann Handel treiben.[101] Die deutschen »Sommergäste«, wie sie in den Quellen heißen, kamen zu den großen Messen von Juli bis September, die »Wintersitzer« hatten Hofbesitz in der Stadt und blieben. Sie wurden den Einheimischen schon 1276 rechtlich gleichgestellt.[102] Versuche des norwegischen Königs, den direkten Handel zwischen ihnen und den Fischern zu unterbinden, um die eigene Kaufmannschaft zu stärken, blieben vergeblich. Erst im 16. Jahrhundert entwickelte sich von Bergen und Trondheim aus ein stärkerer norwegischer Binnen- und Außenhandel.[103]

Unterwegs *over sand unde over see* – nicht nur zwischen den Kontoren

Die vier Kontore waren wichtige Eckpunkte des hansischen Handels und markierten vor allem die West-Ost-Verbindungen in Nordeuropa, die in wesentlichen Strecken über See realisiert werden konnten, was dem Massentransport zugutekam. Neben dem Transport *over see* waren der *over sand* und nicht zuletzt die Flussschifffahrt bedeutsam für den Transithandel der Hansen. So banden sie nicht nur die großen Häfen, sondern auch die Messestädte im Binnenland von Frankfurt am Main über Leipzig bis Breslau oder Lemberg in ihr Handelsnetz ein.

Die »Hansischen Handelsstraßen« hat Friedrich Bruns schon in den 1960er-Jahren versucht, in einem verdienstvollen Atlasprojekt zu rekonstruieren.[104] Letztlich verdeutlicht sich an einem solchen Projekt die zentrale Frage, was »hansischer Handel« eigentlich außerhalb der Kontore genau bedeutet, wo er anfängt und wo er aufhört. Wenn man den Handel unter Ausnutzung entsprechender Privilegien in den Kontoren, auf den schonischen Messen und den kleineren hansischen Niederlassungen, kurz: im Ausland noch relativ unstrittig als »hansisch« wird bezeichnen können, so ist das für alle weiteren Handelsaktivitäten deutscher Kaufleute aus den Hansestädten nicht immer so eindeutig zu sagen. Das mag ein Grund dafür sein, dass der hansische Seehandel den Aspekt des Transithandels über Land schon immer in den Schatten gedrängt hat. Lediglich der Landtransfer über kurze Strecken zwischen zwei Häfen – insbesondere die schleswig-holsteinische Landbrücke – hat immer wieder das Interesse der Forschung gefunden.[105] Dennoch: Hansehandel bleibt für die meisten Seehandel.

Die »Hanse-Kogge« – ein schwieriger Erinnerungsort

Es ist dies eine gute Gelegenheit, einmal das zentrale Symbol der Hanse in unserer modernen Erinnerungskultur zu erwähnen: die Hansekogge. Kaum etwas ist so eng mit der Ikonografie der Hanse verbunden wie dieses Schiff. Mit gutem, vielleicht sogar besserem Recht könnte man übrigens sagen: *der* Hansekogge(n). Denn in den niederdeutschen Quellen ist das Schiff, soweit ich sehe, immer maskulinisch verwendet. So versprechen die Lübecker 1342, *enen coggen utmaken mit werafteghem volke* (»mit wehrhaftem Volk auszustatten«).[106] Der lateinische Begriff *coga,* der eher selten fällt, aber sicher auf die eine oder andere, vielleicht mittelbare Weise Pate für das niederdeutsche Wort *coggen* stand, ist absolut unspezifisch und meint schlicht ein Schiff. In dieser Bedeutung findet er sich auch im Kontext der Kreuzzüge ins Heilige Land, weit weg vom hansischen Ostseeraum.

Selbst wenn man die Nickeligkeiten der Genusbildung beiseitelässt, gibt der oder die Kogge(n) Rätsel auf. Einerseits ist das Schiff in hansischen Quellen, mehr aber noch in der Hanseerinnerung omnipräsent, andererseits ist jedoch gar nicht recht klar, was eine Kogge zur Kogge machte und sie von den vielen Schiffstypen, die Ost-, Nord- und Zuiderzee durchfuhren, unterschied. Zu den prominenteren Modellen gehörten etwa der breite und relativ flachbödig gebaute *Holk* und die *Schnigge,* ein kleiner, wendiger Bootstyp, der beispielsweise beim Einsatz gegen die Vitalienbrüder eine Rolle spielte.[107] Viele Zuordnungen argumentieren mit Schiffssiegeln, wie sie in großer Zahl aus den Städten des Hanseraums, der Niederlande und der englisch-schottischen Küsten überliefert sind.[108] In der Hansegeschichte spielt etwa das jüngere Danziger Hauptsiegel aus den Jahren um 1400 eine besondere Rolle. Im Rückgriff auf eine Stadtchronik des 17. Jahrhunderts wurde das Schiff auf diesem jüngeren Siegelbild von der Forschung lange Zeit als Holk, das Schiff auf dem älteren Siegel des 13. Jahrhunderts als Kogge identifiziert und damit ein angenommener Umbruch in der hansischen Seeschifffahrt vom einen zum anderen Schiffstyp begründet. Das Problem bei solchen Gleichsetzungen von historischen Schrift- und Bildquellen ist häufig, dass die Zeitgenossen keinen exakten Sprachgebrauch pflegten – Schreiber waren eben typischerweise keine Seeleute. Aus Sicht der Schiffsarchäologie jedenfalls machen die meisten Schiffsbezeichnungen mehr Probleme, als sie lösen.[109]

So ist dann auch seit einiger Zeit ein heftiger Streit um die Bedeutung des Begriffs »Kogge« entbrannt. Fragen der Schiffsbaugeschichte und der »nationalen« Herleitung von friesischen, skandinavischen oder slawischen Bootstypen wurden schon lange debattiert und lösen sich langsam von allzu evolutionären Grundvorstellungen. Inzwischen stehen sich aber zwei noch grundsätzlichere Interpretationen gegenüber: eine, die in der Kogge weiterhin einen Schiffstyp sehen will, wie das etwa anhand der beiden berühmtesten Koggenwracks, der »Bremer Kogge« und der dänischen »Kollerup-Kogge«, museal kommuniziert wird. Und eine andere Lesart, dass der Begriff eine rechtliche Bedeutung mit Bezug auf die Ladelast hatte, der ganz unterschiedliche Bauarten entsprechen konnten.[110]

Bei der Beschreibung mittelalterlicher Schiffe unterscheidet man oft zunächst die Art der Beplankung, nämlich zwischen einer überlappenden Bauweise (Klinkerbauweise) und einer mit direkt Kante an Kante aneinander anschließenden Planken (Kraweelbauweise). Bei der Klinkerbauweise wird die jeweils untere Planke

Abb. 16: Das ältere (links) und das jüngere (rechts) Hauptsiegel der Stadt Danzig. Der Chronist Georg Curick sagt über das rechte: *Das Grosse Siegell ist eine grosse alte Holcke oder Schiff*. Aus den augenfälligen Unterschieden zum älteren hat man geschlossen, dass hier eine Kogge zu sehen sei.

Abb. 17: Wenn wir uns schon nicht sicher sind, was eine Kogge ist – das ist jedenfalls keine. Die *bunte ko,* das legendäre Hamburger Schiff, das 1401 Klaus Störtebeker gefangen genommen haben soll, wurde gleich mehrfach eindrücklich, aber sicher unhistorisch von Hans Bohrdt in Szene gesetzt.

angeschmiegt, das heißt leicht schräg angehobelt. So verschieben sich die Planken ineinander und halten dicht, auch über eine Trockenphase hinweg. Bei der Kraweelbauweise hingegen werden die Kräfte, die auf das Schiff einwirken, über die Nahtkanten weitergeleitet, sodass die Gesamtkonstruktion stabiler und also auch für größere Schiffe geeignet ist.

Ein weiteres typisches Element mittelalterlicher Seeschiffe waren die Aufbauten, insbesondere das *Kastell,* von dem es mal nur eines am Bug, häufiger ein weiteres am Heck gab. Vor allem aber einte die mittelalterlichen Schiffe des Hanseraumes eines: Es waren durch die Bank Einmaster. Die eindrucksvollen Dreimaster mit ihren wind- und stolzgeschwellten Segeln und langen Kanonenreihen, wie sie die Marinemaler des 19. und frühen 20. Jahrhunderts gern ins Bild setzten, gehören ins Reich der Fantasie und der Hanseromantik – und in die Frühe Neuzeit.

Kaufmann und Schiffer – ein schwieriges Verhältnis

Der Schiffsverkehr nahm durch das gesamte Mittelalter hinweg stetig zu. Das Wachstum von Produktion und Nachfrage, die auf diese Weise zusammengebracht werden wollten, machte die Entstehung und den Erfolg der Hanse schließlich erst möglich. So entwickelte sich aus dem Handel der seefahrenden Kaufleute eine eigene, spezialisierte Logistikbranche, die sich immer weiter ausdifferenzierte. Der Schiffer, abgeschliffen aus dem niederdeutschen *schipher,* also wörtlich »Schiffsherr«, war ein neuer Unternehmertypus, der durch die Sesshaftwerdung des Kaufmannes überhaupt erst entstand, auch wenn die Grenzen weiterhin fließend blieben.[111] Denn einerseits trieben auch die Schiffer (und sogar zum Teil die Mannschaft) neben dem Transport fremder Handelsware noch Eigenhandel. Und andererseits stellte auch der Hansekaufmann des Spätmittelalters das Reisen nicht gänzlich ein. Aber er beschränkte diese Mobilität immer mehr auf einzelne Lebensabschnitte, insbesondere auf die Ausbildung und die Zeit der frühen Kapitalbildung. Hatte er endlich Wohlstand erlangt, blieb er immer länger daheim, reiste nur noch anlassbezogen und mietete seine Waren auf Schiffen ein, um sie zu Partnern an anderen Standorten zu senden. Manche Kaufleute waren auch selbst Schiffseigner. Aber gerade die typische Diversifizierung in den Aktivitäten des hansischen Kaufmanns, der eben nicht nur auf einer Route, sondern *over sand unde over see* handelte, machte ihn gegenüber dem Schiffer, der lediglich zwei Häfen miteinander verband, so erfolgreich, was zu einer immer weiter gehenden Arbeitsteilung beitrug.

Entsprechend war man auch aufeinander angewiesen – was nicht immer zu einem guten Verhältnis beitrug. Gerade wenn Laderaum knapp und also die Nachfrage hoch war, gab jede Verzögerung oder jeder Ausfall, die ein Schiffer aus nautischen oder anderen, oft von ihm gar nicht zu verantwortenden Gründen zu vermelden hatte, Anlass für kaufmännischen Zorn. Er sei *ser bloede in der see und halff vorsuffet* (»sehr dumm auf dem Wasser und halb besoffen«), schimpfte etwa 1532 der Lübecker Kaufmann Reymer Sandow über den Linienschiffer Hans Stacken, der regelmäßig zwischen der Travestadt und Reval hin und her fuhr: *dat meyste scheppet my nicht be eme* (»das meiste verschiffen wir nicht mit ihm«).[112] Stacken war mit einer seiner Ladungen schon am Darßer Ort, also noch ein gutes Stück vor Hiddensee, wieder umgekehrt und nach Lübeck zurückgesegelt – warum, wird nicht gesagt. Das brachte natürlich Gewinneinbußen. Trotz solcher Verärgerung, die offenbar nicht die erste war, transportierte Sandow regelmäßig mit Stacken, wenn auch nicht *dat meyste*. Frachtraum war eben begehrt, und so musste man sich manchmal mit den weniger beliebten Anbietern begnügen.

Regelmäßig erwarben Kaufleute eigene Anteile an einem Schiff, um sich die nötigen Kapazitäten zu sichern. Diese Anteile konnten auch weiterverkauft werden und waren mitunter begehrt. Außerdem versuchte man, den vorhandenen Frachtraum der eigenen *peer group* vorzubehalten. 1402 etwa bestimmte das Brügger Kontor, dass *gheen schipher van der Hanze sal unthalen eninghe coeplude offte guet buten de Hanze behorende,* also kein hansischer Schiffer irgendwelche außerhansischen Kaufleute oder Waren auf sein Schiff aufnehmen möge, *umme darmede to zeghelne to Lijfflande.*[113] Der Livlandhandel von Brügge aus sollte ausschließlich hansisches Vorrecht sein, die Schiffe *buten de Hanze,* wörtlich also die außerhalb der Hanse, sollten draußen bleiben.

Auf der anderen Seite konnte auch nicht jeder Schiffer glücklich mit seinen kaufmännischen Auftraggebern sein. Ein wesentliches Problem dürfte auch heutigen Logistikern nur zu bekannt sein: der ständige Zahlungsverzug und das Risiko, ganz ohne Bezahlung zu bleiben.[114] Obwohl die hansischen Schiffsrechte die Risikobeteiligung des Schiffers stark einschränkten, hatte er doch regelmäßig *not und moe ghenoch,* wenn er die Reise abbrechen und in den Heimathafen zurückkehren musste. Heuer und Verpflegung der Mannschaft, die bis ins Kleinste geregelt waren, fielen schließlich trotzdem an. Und so konnten ausbleibende Zahlungen

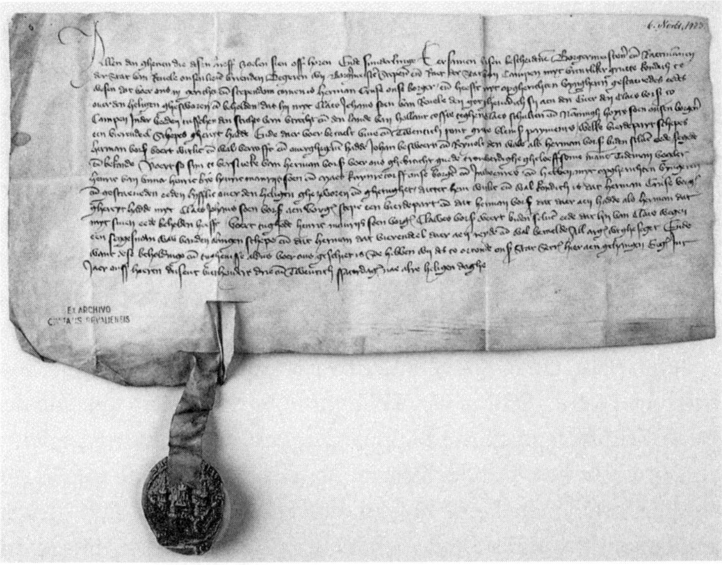

Abb. 18: Herman Cruse aus Kempen verkauft seinen Viertelanteil am Schiff von Claus Johansson aus Reval (Tallinn) für 25 Pfund flämisch (das entspricht ca. 5 kg. Silber) an Johan Beswort und Reynolt de Wale, die wohl auch aus Kempen kommen. Das Schiff verkehrt zwischen Livland und den Niederlanden.

der Kaufleute den Schiffer leicht an den Rand des Ruins bringen. Zum vereinbarten Frachtlohn, über den häufig gestritten wurde, kam für das Beladen und Löschen des Schiffes noch das sogenannte Windegeld hinzu, das die Seeleute pro Frachteinheit erhielten. Stellte der Schiffer das dazu nötige Tauwerk, konnte er ein Drittel des Windegelds für sich beanspruchen.[115]

Trotz dieses angespannten Verhältnisses wussten sich *scippers* und *coepluyde* – jedenfalls soweit sie noch selber reisten – mit ihrer Besatzung (den *scipmans*) auch auf derselben Seite, drohte ihnen doch allen zugleich regelmäßig, zu *versterven und in der zee in dem denste des ghemenen besten [to] verdrincken.*[116]

Alltagsleben an Bord

Natürlich war das Leben auf dem Wasser hart und regelmäßig gefährlich, dazu auch gelegentlich langweilig.[117] Es fehlt nicht an Hinweisen auf Zerstreuung, archäologisch nachweisen lassen sich insbesondere Spiele vom Würfeln bis hin zum *schachzabel,* zum Schachspiel. In Lübeck sind bei Ausgrabungen im Hafenbecken außerdem einfache Musikinstrumente wie Flöten und Maultrommeln gefunden worden.[118] Wie viel Zeit aber für solche Muße außerhalb des sicheren Hafens tatsächlich war, steht auf einem anderen Blatt. Denn Kogge und Anverwandte waren offene Schiffstypen mit wenig Schutz vor Wellen und Spritzwasser, weshalb der große Schulterkragen mit Kapuze, die *gugel,* ein wichtiger Begleiter an Bord war. Der Teil der Besatzung, der nachts nicht zur Wache eingeteilt war, hatte keine Koje unter Deck, in die man sich zurückziehen konnte, und schlief auch nicht in Hängematten, die erst im späten 16. Jahrhundert vermehrt aufkamen, sondern die Seeleute krochen zwischen die Ware oder in ihr *hudevat,* eine Art Schlafsack aus Fell. Erst im 15. Jahrhundert kamen die ersten Mannschaftsunterkünfte unter den Vorderkastellen auf. Wie viele Männer auf engstem Raum zusammenlebten, ist schwer zu sagen, weil nur sehr vereinzelt Zahlen vorliegen.[119] Die meisten Handelsschiffe des 14. und 15. Jahrhunderts dürften kaum eine Mannschaftsstärke von zwanzig Mann überschritten haben, im Einzel- und besonders im Kriegsfall kam noch eine hohe Zahl Nicht-Seemänner dazu.

Zu tun war auf Fahrt genug, nicht nur in der Takelage. Insbesondere musste ständig gepumpt werden, denn Regen, Spritzwasser und starke See drangen regelmäßig ein und sammelten sich in der Bilge *(sutte),* dem Raum oberhalb des Kiels. *Der smac, der zu der sutten gal, der ist nicht guot gevert,* dichtete der Minnesänger Tannhäuser Mitte des 13. Jahrhunderts: »Der Geruch, der aus der Bilge kommt, der ist kein guter Gefährte.«[120] Manch ein zeitgenössischer Seemann hätte das vermutlich deftiger formuliert. Im Deutschen Schifffahrtsmuseum Bremerhaven kann man den Nachbau einer Pumpe selbst bedienen und sich so eine Vorstellung davon machen, welche Mühe das war.

Schiffbruch und Strandrecht

Zum Alltagsleben gehörten auch die Gefahren schwerer See. Von den erfahrenen Seeleuten des englisch-niederdeutschen Kreuzzugsunternehmens von 1147 und ihrer Expertise mit dem Lot war weiter oben schon die Rede. Dieselben Schiffe gerieten später bei den Balearen in einen Sturm, bei dem, wie der Chronist und Augenzeuge berichtet, »selbst unsere kühnsten Seemänner durch die unglaubliche Dunkelheit der Nacht und die Höhe der Wellen in Furcht gerieten«.[121]

Schon die frühen Seerechte unterschieden verschiedene Schweregrade von Seenot, die im Laufe der frühen Neuzeit dann rechtlich immer weiter ausgeformt wurden.[122] Viele Maßnahmen am Schiff und seiner Ladung waren nur in besonderen Notlagen, der sogenannten »Großen Haverei«, gerechtfertigt, etwa der Seewurf, also das Überbordwerfen von Waren, das Kappen von Masten oder Takelage, die absichtliche Strandung oder das Anlaufen eines Nothafens. Natürlich mussten solche Maßnahmen dann später gegenüber den leidtragenden Befrachtern als *wedders unde wyndes halven* unumgänglich beschworen werden, als *nootsake* (»Notfall«), in dem nur für Schiff und Besatzung gehandelt worden war.[123] Dabei galt der oberste Grundsatz der Seegemeinschaft. So bestimmte etwa das Lübische Schiffsrecht von 1299 ausdrücklich, im Notfall möge der *schiphere aller erst berghen de lude,* also zuerst die Leute bergen – und dann erst die Ware.[124] Gerade in minder dramatischen Fällen befreite ihn das freilich nicht von etwaigen Regressforderungen der Kaufleute. 1531 etwa lief der Schiffer Hinrich Kron vor dem Stolper Ort bei Rostock auf Grund und musste sich vorwerfen lassen, das sei nur *synes fasten koppes* (»seines Dickkopfes«) *schult.*[125]

Solche Auseinandersetzungen um die Verantwortung von Schiffsunglücken und die daraus resultierenden Schadensersatzforderungen waren an der Tagesordnung. Häufig ging es dabei nicht um den völligen Verlust der Ware, sondern um die Rückerlangung der an den Stränden geborgenen Handelsgüter. Immerhin waren weite Teile der hansischen Schifffahrt weiterhin Küstenschifffahrt, und so ließ sich vieles von den Bewohnern der

Küstenregionen bergen. Um die Rückerstattung dieses geborgenen Gutes bemühten sich nachdrücklich die Städte, die ihren Kaufleuten den Rücken stärken wollten. Nicht zuletzt deshalb gehörte die Einschränkung des Anrechts der Ortsansässigen auf die gestrandeten Güter zu den ganz frühen Privilegien, die entlang der großen Routen immer wieder ausgehandelt und vehement verteidigt wurden.[126] Die Klagen über nicht restituierte Güter brechen damit nicht ab – kein Wunder, ging es doch im Einzelfall um enorme Schadenssummen. Trotzdem setzte sich das Seeversicherungswesen im Norden erst im 16. Jahrhundert und damit fast dreihundert Jahre später als im Mittelmeerraum durch.

Navigation auf den Meeren des Nordens

Bis ins 13. Jahrhundert war Seefahrt auf Nord- und Ostsee vor allem Küstenschifffahrt, also das Segeln in Sichtweite des sicheren Landes.[127] Zur Orientierung dienten Landmarken oder Geländeformen wie die als »Dornbusch« bekannte Hügelkette an der Nordspitze Hiddensees, mit zunehmender Urbanisierung auch künstliche Anhaltspunkte wie Kirchtürme oder Burgen.[128] In der niederdeutschen Seemannssprache hießen solche Zeichen *kenning* oder *merke*. »Wenn ihr zwischen dem Haus und der Kirche nicht mehr hindurchsehen könnt, seid ihr auf der seichtesten Stelle des Riffs«, heißt es etwa in einem allerdings etwas jüngeren Seebuch aus dem 15. Jahrhundert.[129]

Seit dem 13. Jahrhundert begann man zudem, gezielt solche sekundären Orientierungsmarken zu schaffen, etwa mit dem Turm vor Travemünde 1226 oder der *Luchte*, dem Leuchtfeuer auf dem Gellen bei Hiddensee, das 1306 seine Funktion aufnahm. Solche Navigationshelfer wurden natürlich auch später, als man nicht mehr auf die Küstennähe angewiesen war, nicht überflüssig. Weiterhin baute man auch Seezeichen aus Tonnen, Baken und Leuchtfeuern, die teils bis in die Mitte des 18. Jahrhunderts gepflegt wurden. Die Hochphase dieser Tätigkeit, die vor allem die großen Hansestädte der Nord- und Ostsee forcierten, fällt sogar erst in die Zeit zwischen 1450 und 1550.[130] Als etwa »Bauern und böse Leute« die offenbar markanten Bäume auf Kap Domesnäs (heute Kolkasrags bzw. Kap Kolka) fällten, die den Schiffern traditionell die Einfahrt in den Rigaer Meerbusen gewiesen hatten, baute die Hanse 1518 umgehend einen Turm, um die primäre durch eine sekundäre Landmarke zu ersetzen.[131]

Für die Navigation nach solchen Landmarken war der Ausguck vom Vorkastell oder aus dem Mastkorb der Schiffe von entscheidender Wichtigkeit. Er wird im Laufe des 13. Jahrhunderts bei allen größeren Schiffen gängig, wenn wir dem nicht ganz einfachen Befund von Schiffssiegelbildern glauben wollen – oft haben wir freilich neben den archäologischen Befunden nicht viel anderes.[132]

Obwohl immer in Sichtnähe des rettenden Ufers, war die Küstenschifffahrt durchaus keine gefahrlose Angelegenheit. Neben dem Risiko, bei höherem Seegang an die Küste gedrückt zu werden, lauerten in Ufernähe Riffe und Sandbänke. Regelmäßig musste die Mannschaft deswegen mit dem Senklot kontrollieren, ob das Schiff genug Wasser unter dem Kiel hatte. Das war nicht nur eine verantwortungsvolle Tätigkeit, sondern auch eine, die viel

Abb. 19: Zwei Schiffer arbeiten mit dem Lot. Holzschnitt aus Olaus Magnus, *Historia de gentibus septentrionalibus* von 1555.

Erfahrung benötigte und bei der man sich auszeichnen konnte. »Erfahrene und zuverlässige Seeleute können am in die Tiefe geworfenen Lot erkennen, wie nahe oder fern der Hafen liegt«, notierte noch Mitte des 16. Jahrhunderts, als man solche Entfernung längst anders hätte bestimmen können, der schwedische Kartograf Olaus Magnus bewundernd.[133] Und tatsächlich berichtet schon um die Mitte des 12. Jahrhunderts der Chronist Osbern von einer Meisterleistung mit dem Lot, als ein Schiff mit englischen und niederdeutschen Kreuzfahrern 1147 die Westspitze der Bretagne umsegelte und man die Nähe des vollkommen unsichtbaren Landes nur mittels Lotungstiefe und der charakteristischen Farbe des Wassers feststellte.[134]

Für das Übersetzen über offene See kannte die ältere Schifffahrt die Navigation nach dem Polarstern, den sogenannten »Nachtsprung«.[135] Nicht umsonst finden wir den Polar- oder Nordstern auf vielen hansestädtischen Schiffssiegeln des Mittelalters.[136] Der Schiffer bewegte sein Schiff im stets gleichen Winkel dazu und hielt es so auf Kurs. Das ging freilich nur bei Nacht und klarem Himmel, wenn der Stern gut zu sehen war. Daher der Name.

Wer von Lübeck oder Stralsund den weiten Weg nach Gotland segeln wollte, setzte typischerweise schon mit einem ersten Nachtsprung von Hiddensee zu den Kreideklippen von Møn über.[137] Die Klippen waren morgens, wenn der Polarstern verblasste, leicht erkennbare Landmarken. Vom dänischen Møn aus konnte man dann nordwärts entlang der Küste nach Schonen gelangen und entlang der schwedischen Süd- und Ostküste auf die Königsroute Richtung Gotland schwenken. Die Insel wurde wiederum mit einem Nachtsprung angefahren. Von dort aus konnte man dann mit einem erneuten Nachtsprung Riga und mittelbar auch Nowgorod erreichen.

Nach 1200 dann machte im Nord- und Ostseeraum die Navigation einen Quantensprung. Die ältesten Beschreibungen der neuen Technik stammen schon aus den 1180er-Jahren aus England und Frankreich, und um 1252/55 beschreibt Heinrich von Kröllwitz das Ganze als auch im Nordosten längst etablierte Technik:[138] der Schiffer *giuzet wazzer in ein vaz unde wirfet eine nalden drin, unde wiset ir des magnes schin.* Es wird also eine Nadel in ein Gefäß mit Wasser geworfen und mit einem Magnetstein magnetisiert. Die Nadel beginnt sich daraufhin zu drehen und weist in Richtung des *leitsterns,* wie der Polarstern hier und übrigens auch in den skandinavischen Quellen *(leiðarstjarna)* sehr treffend genannt wird. Durch diesen Effekt brauchte der Schiffer den Stern nicht mehr zu sehen, konnte also auch bei verhangenem Himmel oder tagsüber fahren.

Noch bis ins 15. Jahrhundert hat man auf diese recht einfache Weise nach dem Polarstern navigiert. An der Wende vom 14. auf das 15. Jahrhundert zeigt sich schließlich im Hanseraum der aus dem Mittelmeer stammende Kompass in Quellen.[139] Fraglich bleibt, wie verbreitet diese Technik im alltäglichen Seeverkehr war. 1459 notiert der italienische Kartograf Fra Mauro auf seiner *Mappa mundi* offenkundig irritiert: »Auf diesem Meer«, gemeint ist die Ostsee, »wird nicht nach Karte und Kompass gesegelt, sondern mit Hilfe des Lotes.«[140] Und wenige Jahre zuvor schilt der berühmte portugiesische Prinz Heinrich, den man gemeinhin als »den Seefahrer« kennt, vier namentlich nicht genannte Flandernfahrer, sie würden Seemannsgarn verbreiten und seine Schiffer, die sich gerade einmal wieder anschickten, die Fahrt um das gefährliche Kap Bojador zu versuchen, irre machen – und das, obwohl sie doch weder vom Kompass noch von Karten etwas verstünden *(nom sabem mais teer agulha nem carta pera marear).*[141] Tatsächlich häuften sich dann gerade im 16. Jahrhundert das Erstaunen von Gästen aus dem Süden und die Kritik von Gelehrten – durchaus auch deutschen – über die merkwürdig rückständige Verwendung des Kompasses im Nordosten. *Vil schiffer, so auss Preussen in England und Portugal ... achten ... kainer seecharten noch rechtfertigen compass,* schimpfte etwa der Geograf Georg Joachim von Lauchen 1541.[142]

All den Anzeichen, die auf einen starken Innovationsrückstand im hansischen Norden hinweisen, kann man die Überlegung entgegenhalten, wofür die hansische Schifffahrt denn eigentlich auf die neue Technik hätte zurückgreifen müssen.[143] Für die angestammten Schiffer und ihre Routen waren die etablierten, terrestrischen Navigationsmethoden in den allermeisten Fällen völlig ausreichend. Erst wenn es auf unbekanntere Gewässer mit größeren überseeischen Distanzen ging, ergab sich überhaupt die Notwendigkeit astronomischer Navigation. Und selbst dann ging es in der Regel nicht ohne Vorwissen – nicht umsonst wurden viele Entdeckungsfahrten als waghalsige Heldentaten gefeiert. Schließlich ermöglichte auch der Kompass nicht das blinde Fahren, sondern sollte eigentlich das Segeln auf festen Routen, auf *varwegen* oder *traden,* erleichtern – nur eben auch außerhalb der Sichtweite von Küstenlinien. Wer *upp der trade* blieb, war auf der richtigen Strecke und damit einigermaßen sicher. Dafür allerdings mussten solche Routen auch bekannt und als sicher erprobt sein.

»Schiff« heißt nicht immer »Meer«: hansische Binnenschifffahrt und städtischer Stapel

Über der Wind-und-Wetter-Romantik hansischer Seeschifffahrt sollte nicht vergessen werden, dass Alltag auf dem Schiff nicht immer Alltag auf dem Meer bedeutete. Die Binnenschifffahrt war ein vitaler Teil des hansischen Handels, auch wenn sie in der Hanseforschung stets eine randständige Rolle gespielt hat.[144] Der Übergang freilich war mitunter auch im Wortsinne fließend, denn die Frage, inwieweit seegängige Schiffe die großen Ströme einfahren konnten und wo und ab welchem Zeitpunkt in kleinere Flussschiffe umgeladen werden musste, ist nicht in allen Fällen einfach zu beantworten. So hat etwa Clemens von Looz-Corswarem gute Argumente für die Annahme vorgebracht, dass der Rhein bis ins Hochmittelalter, als die Kölner den deutschen Englandhandel dominierten, mit seetauglichen Schiffen befahren werden konnte.[145] Noch die *Legenda aurea* aus den Jahren um 1270 berichtet wie selbstverständlich davon, dass englische Schiffe über den Kanal in die Rheinmündung einfuhren, sich in Tiel verproviantierten und dann stromaufwärts weiter nach Köln fuhren, um von dort aus sogar noch weiter bis Mainz und Basel zu reisen. In Köln – offenbar erst hier! – wurde freilich das Fahrzeug gewechselt, *quia ulterius ire non poterunt,* weil man eben mit dem seetüchtigen Gefährt wegen dessen Größe auf dem Rhein nicht weiterkam.[146]

Abb. 20: Anton Woensam, Prospekt der Stadt Köln vom Rhein aus, 1531.

Je größer dann im 13. Jahrhundert die Schiffe wurden, desto schwieriger war die Einfahrt in Rhein und Elbe. Mit Größe und Beladung nahm nicht nur der Tiefgang zu, es wurde auch immer anspruchsvoller, diese Schiffe zu navigieren. Um vor dem Wind zu kreuzen, war relativ viel Wasserfläche bei gleichzeitig ausreichender Wassertiefe vonnöten – und das war auf den meisten Flüssen kaum mehr gegeben. Deshalb verlegte man sich an vielen Flüssen, zumindest für die Fahrt stromaufwärts, auf das Treideln, das Ziehen der Schiffe vom Ufer aus durch Pferdegespanne, die auf sogenannten Treidel- oder Leinpfaden geführt wurden. Manche dieser Pfade existieren heute noch, etwa längs der Ruhr und südlich von Köln auch längs des Rheins. Sie werden heute meist als Fuß- oder Fahrradwege genutzt. Für die Treidelschifffahrt braucht man aber andere Schiffstypen als für die See- und die Binnenschifffahrt mit Segelschiffen. Ein charakteristischer Unterschied ist etwa der Mast, der bei Treidelschiffen nicht in der Mitte, sondern im vorderen Drittel sitzt, um der Kraft der Pferdegespanne, die ja stets ein wenig Richtung Ufer zogen, besser gegensteuern zu können.

So wurde Köln zum Umladeplatz, an dem die Waren auf Treidelschiffe, die später so genannten »Oberländer«, gepackt wurden. Wunderbar nachvollziehbar setzt das die berühmte Stadtansicht des Holzstechers Anton Woensam aus dem Jahr 1531 ins Bild: Rechts sieht man die Segelschiffe mit ihrer aufwendigeren Takelage, links die bauchigen Treidelschiffe mit den Masten im vorderen Schiffsteil.[147] Dieses Umladen der Waren in Köln allerdings war nicht ausschließlich schiffstechnischen Notwendigkeiten, sondern in allerersterLinie dem Stapelrecht der Kölner geschuldet.[148] Die ließen sich 1259 das Privileg bestätigen, dass niemand an der Stadt vorbeifahren durfte, sondern alle Kaufleute ihre Waren ausladen und in der Stadt zum Verkauf anbieten mussten. Zum Weitertransport waren dann ausschließlich Kölner Kaufleute und Spediteure berechtigt. Dieses mächtige Privileg ließ den wirtschaftlichen Aufschwung, den Köln ohnehin längst genommen hatte, durch die Decke gehen.

Aber Köln war nicht die einzige Stadt und der Rhein nicht der einzige Fluss, die diese Entwicklung nahmen, wenn anderswo die Maßstäbe auch kleiner waren. An der Elbe stritten sich Hamburg und Stade lange über Zoll und Stapel, an der Weser Münden und Bremen.[149] Verließ man die großen Wasserstraßen und tauchte in das weit verzweigte Netz der Nebenflüsse und Kanäle ein, kamen im Laufe des Spätmittelalters immer weitere Zollstationen und kleinere Stapelplätze für einzelne Warengruppen dazu.[150]

Seit dem späteren 14. Jahrhundert wurden allerorten die Wasserstraßen planmäßig ausgebaut und als Infrastrukturen des Binnenhandels gestärkt. Zahlreiche neue Kanäle entstanden, etwa der wichtige Stecknitzkanal zwischen der Elbe bei Lauenburg und der Trave, der den Gütertransport für Lübeck wesentlich erleichterte.[151] Lüneburg plante seinerseits schon seit 1412 einen Kanal von der Elbe zum Schaalsee, der mittelbar einen Wasserweg bis nach Wismar, dem großen Brennholzlieferanten für die Lüneburger Saline, schaffen sollte. Realität wurde die Schaalfahrt aber erst im 16. Jahrhundert.[152]

Trotz all dieser Infrastrukturmaßnahmen blieb die Binnenschifffahrt beileibe kein ruhiger Job. Sandbänke und andere natürliche Hindernisse konnten Schiff und Mannschaft ebenso gefährden wie an den Meeresküsten, außerdem waren Schiffskollisionen zumindest auf den stärker befahrenen Wasserstraßen gar nicht selten. So verzeichnet etwa ein Zettel, der den Lübecker Kämmereirechnungen von 1474 beiliegt, die Nachlassaufnahme eines gewissen Johann Ruter, der *vordrunken in deme Rine* war.[153]

Hansischer Handel: zwischen Vertrauensökonomie und Innovationsrückstand?

Traditionell hat man den hansischen Handel mit vier wesentlichen Charakteristika umschrieben: Er sei erstens Transithandel gewesen. Die Hansen kauften also vom Produzenten, häufiger aber noch von anderen Zwischenhändlern und verkauften an lokale Händler, traten aber nicht in direkte Handelsbeziehungen mit den Konsumenten. Zweitens sei der hansische Handel in der Hauptsache Massenhandel *(bulk trade)* gewesen: mit Getreide, mit Fisch, mit Öl, Wolle, Holz – und vielem mehr. Aber eben nicht so sehr mit Edelmetall, Gewürzen oder Seidenstoffen. Drittens sei dieser massenhafte Transithandel, so liest man oft, im Wesentlichen ein Ost-West-Handel gewesen. Nicht grundlos identifiziert man die Hanse so stark mit Nordeuropa. Und viertens schließlich sei der hansische Handel nicht so sehr von den großen Firmen und Gesellschaften geprägt gewesen, wie sie im Süden agierten, sondern von vielen durchaus gut situierten, aber im Vergleich eben viel kleineren Kaufleuten, die erst in der Masse das erstaunliche Handelsvolumen »der Hanse« ausmachten. Stuart Jenks hat dafür den schönen Begriff »Ameisenhandel« geprägt, der es ziemlich gut trifft – zumal Ameisen ein Vielfaches ihres eigenen Körpergewichts tragen. *Bulk trade* eben.

Es ist genau dieses Bild, das die Hanse heute in der öffentlichen Wahrnehmung so sympathisch macht: Das Bild einer hart arbeitenden Kaufmannschaft, die Brücken zwischen den Regionen Europas schlug und dringend benötigte Ressourcen hin und her schiffte, statt sich mit luxuriösem Tand abzugeben. Deren Gewinne so groß waren, dass man sie für ihre Klugheit und ihr kaufmännisches Können, ebenso für ihre Stiftertätigkeit und ihre Kulturaffinität bewundern kann, aber immer noch so überschaubar, dass sie nicht an die Misstrauen erzeugende Anonymität von Großkonzernen erinnert. Eine Kaufmannschaft, die aus ihren Gewinnen heraus stiftete, statt Schulden zu machen; die in kleinen, greifbaren und ziemlich transparenten Handelsgesellschaften zusammenarbeitete; die Wert auf Familie legte; die sich politisch engagierte. So mögen wir die Hanse.

Der hansische Ameisenhaufen und die Neue Institutionenökonomik

Eine wichtige Rolle für die Veränderung unseres Bildes von der Hanse hat seit der Jahrtausendwende die Neue Institutionenökonomik gespielt.[1] Sie ist oben schon einmal angeklungen, als Avner Greifs *maghribi traders* eingeführt wurden. Die Institutionenökonomik, ganz gleich, ob alt oder neu, interessiert sich wesentlich für Wechselwirkungen zwischen Wirtschaft und Gesellschaft – die Schaltstellen, an denen diese Wirkungen geschehen, sind die namengebenden Institutionen. Gegenüber den an überzeitlich gültigen Marktgesetzen interessierten Vertreterinnen der klassischen und neoklassischen Wirtschaftstheorie betont die Institutionenökonomik die Bedeutung von sich wandelnden institutionellen Rahmenbedingungen und von nicht-ökonomischen Verhaltensanreizen. Für sie sind nicht alle Marktgüter einer Kategorie völlig gleich, die Zeit zwischen Produktion und Güteraustausch spielt eine wesentliche Rolle, und sie nimmt den sehr realen Umstand ernst, dass eben nicht alle Marktteilnehmer zu jedem Zeitpunkt über dieselben Informationen verfügen.

Die Neue Institutionenökonomik ist insofern ein wichtiger kritischer Faktor für die Theoriebildung in den Wirtschaftswissenschaften, weil sie immer wieder den Finger in die Wunde neoklassischer Vorstellungen vom *homo oeconomicus* als rationalem Wesen legt, der mehr oder minder automatisch einer inneren Präferenzenlogik (»immer mehr, immer besser«) und Effizienzkriterien folge – und dazu noch stets vergleichbare Möglichkeiten habe. Den Zweifel an dieser Vorstellung von Mensch und Welt, die sich zwar gut mathematisieren lässt, aber nirgends eine Entsprechung in der Realität findet, hat der »Nobelpreisträger« Douglass North maßgeblich inspiriert und dazu beigetragen, dass sich die Neue Institutionenökonomik seit den 1970er-Jahren zu einer der wichtigen Alternativen zum Mainstream entwickelt hat.[2] North vor allem ist es zu verdanken, dass der institutionelle Wandel – und damit die Wirtschaftsgeschichte – wieder stärker in die Theoriebildung eingebracht wird. Das macht seine Ideen auch so interessant für die Hansegeschichte.

Gewinnmargen, Arbitrage und Transaktionskosten

Der Modus des Geldverdienens durch Handel war im Mittelalter kein anderer als heute: Verdient wurde und wird an der Preisdifferenz zwischen Einkauf und Verkauf. Wer die Preisdifferenzen zwischen heute und morgen ausnutzt, der betreibt S p e k u l a t i o n; wer die Preisdifferenzen zwischen zwei Orten ausnutzt, der betreibt A r b i t r a g e. Ersteres ist immer noch ein risikoreiches Geschäft, während das andere vor allem eine Frage der Zugänglichkeit von Informationen ist. Wer weiß, was eine Ware in China kostet, kann sich ausrechnen, ob es sich lohnt, sie nach Deutschland zu importieren. Je transparenter Märkte sind, desto geringer werden die Chancen, mit Arbitrage größere Gewinne zu erzielen, weil dann immer mehr Marktteilnehmer diese Chancen nutzen wollen. Außerdem nähern sich dann Preise geografisch entfernter Märkte einander an. Ökonomen nennen das »Marktintegration«. Wachsende weltweite Marktintegration ist ein charakteristischer Zug von Globalisierung.

Integrierte Märkte bedeuten für den Verbraucher oft fallende Preise, für den Handel aber entsprechend geringere Gewinnmargen. Er ist deshalb auf immer stärkeren Druck gegenüber den Produzenten angewiesen, weshalb unsere T-Shirts zwar stetig preiswerter, aber gleichzeitig immer unverantwortlicher werden. Wer das nicht mitmacht oder die Produktionspreise schlicht gar nicht weiter drücken kann, der ist zumindest auf Masse angewiesen, um so aus vielen kleinen Gewinnen noch einen gewissen

Gesamtertrag zu generieren. Und so ist wiederum der Fernhandel in einer Zeit wachsender Marktintegration stets auf weiteres Wachstum mit all seinen Folgeproblemen angewiesen.

Der mittelalterliche Hansekaufmann hatte diese Probleme erst einmal nicht. Er verdiente noch ganz gut am Arbitragehandel, etwa an den Preisdifferenzen zwischen so weit entfernten Orten wie Nowgorod und Brügge. Gerade in diesem Falle, wo er als Mittelsmann zwischen zwei ökonomisch sehr unterschiedlichen Settings hin- und herreiste – Irsigler hat das einmal ganz passend mit einer Reise von der Archaik in die Moderne verglichen – und mit Waren handelte, die im Zielland nicht produziert wurden, waren solche Differenzen regelmäßig beachtlich.[3] Er musste nur erstens Zugang zu guten Informationen über den jeweiligen lokalen Preis haben oder sich, was zumindest in den ersten Jahrhunderten des hansischen Handels meist der Fall war, darauf verlassen können, dass die Differenzen schon groß genug sein würden. Er benötigte zweitens ein gutes Netzwerk vor Ort, um günstige Preise im Einkauf erzielen und sich auf Qualität, Logistik etc. verlassen zu können, und drittens brauchte er möglichst effektive Transitwege, um auch hier die Kosten klein zu halten.

All diese Kosten nennt die Institutionenökonomik »Transaktionskosten«. Stuart Jenks unterscheidet zwischen den sichtbaren, meist leicht bezifferbaren Kosten, die beim Erwerb eines Handelsgutes jenseits des eigentlichen Preises entstehen, also bei Transport und Veräußerung: Kosten für Fracht, Zoll, Lagerung und so weiter. Und da sind die unsichtbaren Kosten, die der Ökonom auch »Opportunitätskosten« nennt, weil es jene Kosten sind, die dadurch entstehen, dass der Hansekaufmann das eine tut und das andere lässt, ihm also eine Möglichkeit, eine Opportunität, entgeht.[4] Diese Kosten sind nicht mess-, sondern bestenfalls schätzbar – aber sie sind sehr real. Sie betreffen vor allem die Zeit, mitunter aber auch bares Geld, das der Kaufmann aufwenden muss, um Erwerb und Verkauf seiner Handelsgüter zu organisieren. Und da Zeit bekanntlich Geld ist, läuft das mitunter auf das Gleiche hinaus. So muss der Kaufmann, heute wie damals, Zeit aufwenden, um ein anfängliches Informationsdefizit über Ware und Verkäufer zu beheben. North nennt das Such- und Messkosten. Wer kennt schon die unterschiedlichen Qualitäten flandrischer Tücher, und wer weiß schon, bei wem es den besten Schonenhering gibt? Das muss erst herausgefunden werden. Weil das alles mit gehöriger Unsicherheit einhergeht, muss der Kaufmann sich absichern, also insbesondere Verträge aufsetzen. So ergeben sich Vereinbarungskosten. Und weil auch das regelmäßig schiefgeht, stehen ihm bei mangelndem Absicherungserfolg auch noch Durchsetzungskosten ins Haus.

Zunehmende Marktintegration senkt die unsichtbaren Transaktionskosten, da sind sich Neoklassiker und Institutionenökonomen einig. Die Informationsasymmetrie nimmt stetig ab, und damit nicht nur die Such- und Messkosten, sondern ebenso der Anreiz, vertragsbrüchig oder unzuverlässig zu werden, weil jeder sofort vom Fehlverhalten erführe. Trotzdem bleibt der ideale Markt der gleichberechtigten Marktteilhaber natürlich stets unerreicht.

Rechtsstandprivilegien, Wareninspektion und Infrastruktur: Die Hanse senkt erfolgreich die Transaktionskosten

Wie sehr die Hanse zum Geschäftserfolg des einzelnen Hansekaufmanns durch die Senkung sowohl der sichtbaren als auch der unsichtbaren Transaktionenkosten beitrug, tritt seit einigen Jahren immer deutlicher hervor.[5] Dabei betrafen die hansischen Privilegien im Ausland auf den ersten Blick vor allem die sichtbaren Kosten, namentlich Zölle und Verbrauchssteuern (Akzisen). Solche Erleichterungen lassen sich auch bilateral und zeitlich begrenzt für andere, nicht-hansische Marktteilnehmer und außerhalb des hansischen Wirtschaftsraumes immer wieder finden. Daneben nehmen aber schon in den frühen Privilegien Sonderrechte zur Senkung von Durchsetzungskosten einen breiten Raum ein, etwa die Garantien, von »unrechten Abgaben« verschont zu bleiben,[6] dazu die Erbfolgeerleichterungen für im Ausland verstorbene Hansekaufleute *(toversichtsbreve)* oder die privilegierte Regelung von Standrecht Schuldklagen.

Die strenge Regulierung von Verpackungsarten und -größen

im hansischen Handel trug zur Senkung der Such- und Messkosten bei.[7] In vielen europäischen Städten minimierten geschworene Gewerbeaufseher die Möglichkeiten des Betrugs. Im Brügger Kontor gingen die Hansen noch einen Schritt weiter und befreiten sich im 14. Jahrhundert von der Aufsicht durch diese Beamten. Sie erwirkten die Anerkennung der eigenen Qualitätskontrolle durch die Stadt und ersparten damit jedem einzelnen Kaufmann ganz konkrete, sichtbare Transaktionskosten.[8] Indem die Kontrolle beispielsweise der Wachslieferungen schon beim Ausschiffen in Nowgorod geschehen war, konnten die Waren direkt in den Verkauf. Nur wenn diese Kontrolle nicht stattgefunden hatte, war die kostenpflichtige Prüfung durch die städtischen *wasvinders* nötig.

Handelsgüter, die bereits in ihren hansischen Herkunftsstädten geprüft und damit für den auswärtigen Verkauf freigegeben waren, nannte man *ventegut* (von französisch *vendre,* weil man es sofort nach Ankunft verkaufen konnte), während ungeprüfte Güter, die erst noch im Kontor überprüft werden mussten, als *stapelgut* bezeichnet wurden. Wiederholt bringen die Hanserezesse ihre Sorge um Qualitätsmängel zum Ausdruck und fordern gute Kontrolle. Die Hanse verfügte also »bereits im frühen 14. Jahrhundert über ein europaweites System der Wareninspektion ..., das die Such- und Messkosten ihrer Kaufleute spürbar senkte. Kein Konkurrent der Hanse hatte Vergleichbares aufzubieten. Ein Grund also für den hansischen Erfolg.«[9]

Dieses Inspektionssystem nützte auf allen Stationen des hansischen Handels der Beschleunigung und der Kosteneffizienz jeder einzelnen Transaktion. Weitere Einspareffekte kamen vor allem in den Kontoren und Auslandsniederlassungen zum Tragen. Gerade hier wurden die Transaktionskosten früh und radikal reduziert, wie Jenks an den Beispielen Brügge und Nowgorod nachweisen konnte. Dass ähnliche Mechanismen auch außerhalb der großen Kontore griffen, haben Christina Link und Diana Kapfenberger am Danziger Beispiel gezeigt. Hier spielte etwa die Holzbrake in Kauen, wo das Holz unmittelbar vor dem Ausfuhrhafen Danzig in Qualitätsgruppen eingeteilt wurde, eine ähnliche

Rolle wie die Wachssiegelung in Nowgorod; das Segeln im Verband senkte außerdem die Kosten für die Sicherung der Fracht vor Kaperfahrern.[10]

Kapitalführung und »schlafende« Beteiligung: der hansische Gesellschaftshandel

Die Hansen beförderten aber nicht nur in den einzelnen Kontoren, sondern auch untereinander durch bestimmte Handelstechniken und Vertragsformen die Senkung von Such-, Mess-, Vereinbarungs- und Durchsetzungskosten. Diese Techniken und Verträge sind ebenfalls Institutionen im Sinne der Institutionenökonomik. Der Rechtshistoriker Albrecht Cordes hat sie in seiner Habilitationsschrift genau untersucht und damit das Wissen, wie genau der einzelne Hansekaufmann mit seinem Gegenüber Handel trieb, enorm nach vorne gebracht.[11] Zu Recht betont dabei Cordes, dass sich zwar gewisse Muster beschreiben, sich aber daraus kein normativer Rahmen, etwa in der Art allgemeiner Gesetzgebung, ableiten ließe. Es habe eben kein festgefügtes mittelalterliches Kaufmannsrecht gegeben, da die *lex mercatoria* aus tradierten Rechtsgewohnheiten bestanden habe, die man der Überlieferung kaufmännischer Alltagspraxis nur gleichsam »ablauschen« könne.[12]

Eine wichtige Quelle, der die Hanseforschung viel von der Praxis des hansischen Gesellschaftshandels abgelauscht hat, ist das sogenannte »Societates-Register« in einem der mittelalterlichen Lübecker Stadtbücher, dem Niederstadtbuch.[13] In diesem Register wurden zwischen 1311 und 1361 insgesamt 249 Handelsgesellschaften mit zusammen mehr als 400 Kaufmännern – und auch einigen wenigen Frauen – eingetragen. Aus den kurzen lateinischen Einträgen, die umständliche Vertragsurkunden ersetzen sollten, kann man die typischen Vertragsformen sehr gut extrahieren: Immer gibt es jemanden, der eine Summe Geldes hat *(X habuit)*, zu dem ein Zweiter etwas dazugibt *(ad quas ei posuit Y)*. Das Verhältnis der beiden Summen lässt sich berechnen. Es ist fast immer eins zu eins oder eins zu zwei. Dann kommt in der Regel noch ein Halbsatz zur Gewinnteilung hinzu, zum Beispiel *lucrum divident equaliter inter eos,* »sie teilen den Gewinn gleichmäßig unter sich«. Mehr steht dort üblicherweise nicht. Manchmal aber tut uns das Societates-Register den Gefallen, die so verzeichneten Verträge mit einem Namen zu versehen: *vera societas.*

Die *vera societas,* die »echte Gesellschaft«, stand im Zentrum des hansischen Gesellschaftshandels und tritt uns in den niederdeutschen Quellen meist als *wedderlegginghe,* »Widerlegung«, manchmal auch als *selschop* (Gesellschaft) oder *kumpaney* entgegen. Das auf den ersten Blick etwas eigenartige Wort *wedderlegginghe* entspricht dabei sprachlich sehr genau der oben zitierten, stets wiederkehrenden lateinischen Formel in den Registern: *X habere ... ad quas Y ponere* – »X hat etwas und Y legt etwas dazu«, oder eben *ad contra Y ponere* – »legt etwas dagegen«. Beides meint dasselbe und heißt dann im Niederdeutschen eben *wedder-leggen,* wider- oder dagegen-legen. Kurz: zwei Kapitalanlagen kommen zusammen.

In der Frühzeit des hansischen Handels, also etwa bis zur Mitte des 14. Jahrhunderts, gab es im Grunde nur diesen einen Typus von Gesellschaftshandel: Zwei (und nicht mehr) Gesellschafter treten dabei miteinander in eine vergleichsweise kurzfristige Beziehung – ein Jahr, zwei Jahre, mehr sind es in der Regel nicht. Beide geben Geld in die Gesellschaft, wie oben schon erwähnt: mal zu gleichen Teilen, mal im Verhältnis eins zu zwei. Meist sind es überschaubare Beträge, jedenfalls viel geringere als in den riesigen Handelsgesellschaften Süddeutschlands, wo viele einzelne Gesellschafter sehr unterschiedliche Anteile in eine große, kapitalstarke und auf lange Dauer angelegte *societas* gaben. Die Große Ravensburger Gesellschaft etwa, die Werner Widmann eine »Bodenseehanse« genannt hat, existierte zwischen 1380 und 1530, war hierarchisch strukturiert und setzte enorme Summen um.[14] Die hansische Widerlegung war dagegen in der Regel vergleichsweise klein, formal praktisch hierarchielos und von kurzer Dauer.[15] *Bet 1 klen myt profit alß 1 grot myt schaden* – »besser ein kleines Geschäft mit Profit als ein großes mit Schaden«.[16]

Die Verluste wurden in der hansischen Widerlegung nach »Markzahl«, also nach dem Verhältnis der eingezahlten Anteile eins zu eins oder eins zu zwei geteilt, die Gewinne aber immer zu gleichen Teilen, nach »Mannzahl«: Was man gewinnt, das soll man *like deelen* – »gleich aufteilen«, heißt der älteste gesellschaftsrechtliche Artikel im lübischen Recht, der schon kurz nach 1270 aufgeschrieben wurde.[17] Das war ein weiterer charakteristischer Unterschied des hansischen Gesellschaftshandels etwa im Vergleich zu den Prinzipien, die im Mittelmeerhandel oder in den süddeutschen Gesellschaften üblich waren: Dort teilte man Gewinne üblicherweise nach »Markzahl«, also nach den eingezahlten Anteilen.[18]

Gewinn und Verlust des durch Widerlegung finanzierten Handelsgeschäftes hingen an Geschick und Fortune des kapitalführenden Gesellschafters, der mit dem Gesellschaftskapital auf Handelsreise ging. Man nannte ihn deshalb den *socius tractans,* den »handelnden Gesellschafter« oder Traktanten. Er war in den Lübecker Registereinträgen immer derjenige, der etwas hatte. Der andere blieb daheim. Sein Einsatz beschränkte sich auf die Kapitalinvestition und umfasste keinerlei Mitsprache. Dieser Gesellschafter hört auf den sprechenden Namen *socius dormiens,* also »schlafender Gesellschafter«.[19]

Eine Sonderform des hansischen Gesellschaftshandels schließlich stellte das Sendegut *(sendeve)* dar, die niemals allein bestand, sondern immer auf eine bereits bestehende *societas* aufgesattelt wurde. Das war Handelsgut, das der Traktant auf Gefahr und Gewinn des Kapitalgebers kostenfrei, also für ihn selbst risikolos, aber eben auch unentgeltlich mitführte. Es war eine von mehreren Möglichkeiten für den Kapitalgeber, seine Investition zu erhöhen. Zugleich stärkte es das Netzwerk, weil man sich einen Gefallen schuldig blieb.[20]

Die Tradition des hansischen Gesellschaftshandels geht weit zurück, wahrscheinlich bis tief in das 12. Jahrhundert. Das schon mehrfach angesprochene Medebacher Stadtrecht von 1165 jedenfalls beschreibt eine solche *societas,* wenn es Fälle regelt, in denen jemand einem Mitbürger Geld gab, um in Dänemark, Russland oder anderswo Handel zu treiben. Und auch der Dortmunder Chronist Dietrich Westhoff berichtet von einer solchen Geschichte aus den Jahren kurz vor 1200.[21] Er selbst schrieb seine Chronik erst im frühen 16. Jahrhundert, beruft sich aber darauf, er habe die folgende Episode von verlässlichen, *lofwerdigen* Leuten gehört: Ein Dortmunder Adeliger, *ein vrom, gotsvurchtende helt,* soll damals einem *wolkundigen koepgesellen* eine größere Summe Geld gegeben haben, um nach seinem Gutdünken damit Handel zu treiben – und zwar mit der Verabredung, dass *was er wunne, dat er, der uetleger der summen, desselvigen gewunnen die helfte geneiten wolde,* dass also von jedem Gewinn der Investor (der *utleger der summen*) die Hälfte bekommen solle. Eine klassische Widerlegung, eine *vera societas:* Der Kapitalgeber gibt dem Traktanten eine Summe Geldes mit; dieser führt völlig weisungsfrei damit Handelsgeschäfte; am Ende wird der Gewinn eins zu eins geteilt. Genau so hätte man das Geschäft auch im Lübecker Societates-Register finden können. Und tatsächlich: *Got gaf glucke!* – Gott schenkte Glück! Der kapitalführende Kaufgeselle kam nach einigen Jahren mit einer *groten summa* zurück nach Dortmund. Der fromme Investor bekam seine Gewinnausschüttung, wollte sie aber um seiner *conscientien* nicht annehmen und stiftete alles für den Bau der Nikolaikirche – warum auch das nicht untypisch gewesen sein dürfte, darum geht es im nächsten Kapitel. Die Kirche wurde, wie aus anderen Quellen belegt ist, 1198 geweiht. Und so kann man diese Episode – wenn sie denn wahr ist – noch in das 12. Jahrhundert datieren. Selbst wenn sie im Detail doch nicht verlässlich sein sollte, so ist sie immerhin ein beredtes Zeichen dafür, wie fest der hansische Gesellschaftshandel in der Selbstwahrnehmung der Hansestädte verankert war.

Gesellschaftshandel als Sprungbrett für den Nachwuchs

Die *vera societas* eignete sich in besonderer Weise für den Aufstieg tüchtiger, aber noch kapitalarmer junger Kaufleute, die in kleineren Gesellschaften mit reichen Kaufleuten sukzessive ihren Kapitalstock mehren konnten. Die relativ überschaubaren Anteile wurden wegen der kurzen Laufzeiten rasch wieder frei, wuchsen dabei im Idealfall noch und standen für neue Investitionen zur Verfügung. Hier und da konnte die Gewinnteilung zugunsten des Kapitalführers verschoben werden, was man mitunter als Nachwuchsförderung sogar ziemlich explizit in den Quellen greifen kann.[22] Noch weiter ging der Revaler Kaufmann Heiße Patiner und vermachte 1536 Teile seiner Handelsgesellschaften an junge Mitgesellschafter – heute würde man vielleicht sagen: an seine Auszubildenden – mit der ausdrücklichen Begründung, *up dat se mogen mannes werden* (»damit sie zu Männern werden«).[23]

Im Lübecker Societates-Register deutet sich, soweit die Namen eindeutig zuweisbar sind, eine klare Trennung an: Das Geld kam von den Etablierten, zu einem großen Teil von Ratsherren; der Traktant dagegen kam aus dem Nachwuchs, meist auch im engeren Sinne: Er war Sohn, Neffe, Schwager des Kapitalgebers oder anderweitig mit ihm familiär verbunden.[24] Trotzdem kann man kaum von »Familiengesellschaften« sprechen, wie sie etwa in Süddeutschland weit verbreitet waren. Denn nicht das Familienvermögen wurde eingesetzt und gemehrt, sondern individuelle Einlagen, die nach der kurzfristigen Investition in eine Gesellschaft wieder voneinander getrennt wurden.[25]

Die Hansen waren sich dieser besonderen Chance des Gesellschaftshandels für den Nachwuchs durchaus bewusst. »Gott pflegt armer Leute Kinder aus Westfalen in die Ostseestädte zu jagen«, bemerkte der Lübecker Chronist Reinmar Kock, um die auffällige Zahl von Westfalen zu erklären, die 1494 unter den in Nowgorod festgesetzten Deutschen zu finden waren. »Dort müssen sie lange als Jungen und Knechte dienen, leiden und dulden. Dann können sie Gesellen, danach Gesellschafter werden, dann Handel und Gut erben und schließlich auch dem Stadtregiment vorschreiben.«[26]

ere und *love:* Schlüsselbegriffe im Netzwerkhandel

Der Kern der Widerlegungen und des *sendeve*-Geschäfts war persönliches Vertrauen: *se ock … tho* – »sieh mal zu«, heißt es in der herrlich lakonischen Sprache des lübischen Rechts, mit wem du da Geschäfte machst! »… derjenige, der das Gut verkaufen soll, der ist berechtigt, damit in jeder Hinsicht zu tun und zu lassen, was er will. Und der ihm sein Gut anvertraut hat, der muss ihm auch die

Abrechnung darüber anvertrauen. Deshalb sieh auch untereinander zu, wem du dein Gut anvertraust.«[27] Interessant ist das kleine niederdeutsche Wörtchen *malck,* das so etwas wie »gegenseitig« oder »untereinander« bedeutet.[28] Denn obwohl dem Traktanten hier sämtliche Freiheiten eingeräumt werden und ihm auch bei der Abrechnung ein Vertrauensvorschuss – *love* oder *gelove* – zusteht, ist er beim Abschluss des Geschäftes mit in der Verantwortung: Man sieht eben beiderseits zu, ob es passt. Nicht nur der Kapitalgeber muss vertrauen, auch der Traktant muss sich der Verantwortung, die er übernimmt, bewusst sein. Und zwar nicht auf irgendeine abstrakte Weise, sondern gegenüber einem konkreten Vertragspartner.

Wenn der Traktant dieses *(ge-)love* verletzte, das in ihn gesetzt, mit dem er *belovet* wurde, so war das unter Umständen nur schwer gerichtlich einklagbar. Trotzdem muss das Vertrauensverhältnis erstaunlich effektiv funktioniert haben. Nur so erklärt sich die hohe Bedeutung des Warentauschs ohne jeden formalen Vertrag, bei dem sich die Händler gegenseitig als Agenten einsetzten und nach außen auf eigene Rechnung, tatsächlich aber für den Partner handelten.[29] Er war weit verbreitet, lässt sich aber natürlich in den Quellen noch schlechter ausmachen als Widerlegung und *sedeve,* weil erst gar nichts Schriftliches dazu produziert wurde, jedenfalls nichts Offizielles. Immerhin kann man in den erhaltenen Kaufmannsbüchern jener Zeit, etwa dem eines Vicko van Geldersen aus Hamburg, eines Hans Wyneke aus Reval oder Johann Pyre aus Danzig, die Bedeutung des gegenseitigen Handels ohne Vertrag erkennen.[30]

Zugleich herrschte ganz offenbar weder ein rechtlich-formelles noch ein traditionell-informelles Konkurrenzverbot, das den Handel auf Gegenseitigkeit mit mehreren Partnern gleichzeitig untersagt hätte, wie es bei den Handelsgesellschaften Süddeutschlands die Regel war.[31] So konnte ein einzelner Kaufmann stets mehrere solcher Handelsgeschäfte gleichzeitig durchführen, Gewinne, die anfielen, reinvestieren oder überschüssiges Kapital als Widerlegung in eine Handelsgesellschaft einbringen. Dabei konnte er sich auf einzelne Routen und Warengruppen spezialisieren, während ihm über sein Netzwerk und die darin versammelte Expertise Investitionsmöglichkeiten von großer Vielfalt offenstanden.[32]

Hansekaufleute betonten in ihrer Korrespondenz mit Geschäftspartnern ostentativ ihre Freundschaft *(mascop, fruntscap)* und beschworen das gemeinsame Netzwerk.[33] Auch in anderen Quellen scheinen Kollegialität und Chancengleichheit auf, manchmal werden die Kaufmannskollegen sogar als *medebroder* (»Mitbrüder«) bezeichnet.[34] Auch normativ tat man einiges, um diesen Zusammenhalt zu gewährleisten. Im Londoner Kontor wurde etwa 1414 dekretiert, *dat gen kopeman van der Hense dem anderen to vorvangende wesen en schal,* dass also kein Kaufmann einem anderen etwas zum Nachteile tun solle – weder mit Worten noch mit Taten.[35] Insbesondere solle niemand, wenn englische Kaufleute ins Kontor kämen, hinter dem Rücken des Mithansen irgendwelche Zeichen geben, dass es sich um schlechte Ware handle – *mistert maken,* wie es lautmalerisch heißt. Kein Händler solle Konkurrenz erzeugen, indem er seine Kaufbude öffne *(syn bolen openen)* oder sonst irgendwie Lärm mache, um auf andere Waren hinzuweisen *(nosynge maken my anderem gude)*. Erst wenn die Besucher mit dem Kaufmannskollegen nicht einig geworden waren, »dann mag ein anderer zu ihnen treten und sein Bestes probieren« *(so mach eyn ander den by se kamen syn beste proven)*.

Die Netzwerkstruktur des hansischen Handels führte dazu, dass der Transithandel vor allem zwischen Hansekaufleuten ablief und erst die Endabnehmer wieder *Butenhansen* – Nicht-Hansen waren. Streng wurde zwischen den Beziehungen mit Auswärtigen und dem kaufmännischen Verhalten innerhalb der eigenen Gruppe unterschieden. Und auch im umgekehrten Falle, mit Blick auf auswärtige Kaufleute, die »Gäste« in den Hansestädten selbst, wurde der Kontakt genau reguliert.

Binnen und *buten* des Netzwerks: der Gästehandel

Der Gästehandel war ein wichtiges Phänomen des hansischen Wirtschaftssystems, ist heute aber nur schwer greifbar. Auf den ersten Blick wirkt er furchtbar einfach und als Regulationsinstrument sehr effektiv: Es gab ein *binnen* und ein *buten*, ein Innen und ein Außen – wer *binnen* war, wurde bevorzugt, wer *buten* war, durch Vorschriften und Gebühren benachteiligt. Solche Regelungen gab es im Mittelalter überall in Europa. Interessant ist, dass auch die Hanse als Gesamtverband versuchte, ein solches *binnen* und *buten* zu etablieren. So blieben die Butenhansen von der unmittelbaren Nutzung hansischer Privilegien in den Kontoren konsequent ausgeschlossen, und von der mittelbaren wenigstens offiziell. Mehrfach versuchte der Hansetag, Handelsgesellschaften zwischen Binnen- und Butenhansen zu verbieten beziehungsweise bereits bestehende zu einem bestimmten Stichtag aufzulösen.[36]

Allein die stetige Wiederholung zeugt schon davon, wie wenig erfolgreich solche Versuche waren. Zu verlockend war der gemeinsame Gesellschaftshandel für beide Seiten: Die Hansen konnten so in direkte Beziehungen zu kapitalkräftigen Kaufleuten vor Ort eintreten und im Idealfall langfristige Netzwerke knüpfen, in die ihre hansischen Konkurrenten nicht eingebunden waren. Die Butenhansen andererseits konnten auf diese Weise als stille Teilhaber in den Genuss der hansischen Privilegien und aller Segnungen der niedrigen hansischen Transaktionskosten kommen. In Krisensituationen, etwa im Kriegsfall, konnten sie außerdem ihre Handelsaktivitäten als hansische Teilhaber relativ ungehindert fortsetzen, zumindest solange die Hansen nicht selbst involviert waren; nach außen trat ja nur der Traktant in Erscheinung und die Ware galt damit allen kriegsführenden Parteien als hansische. Dieses Unterlaufen hoheitlicher Sperren und die gefürchteten Repressalien, die das nach sich ziehen konnte, könnten auch einer der Gründe sein, warum die Hansetage immer wieder auf das Verbot von Gesellschaften mit Butenhansen pochten, sonst aber offenkundig wenig taten, um es wirklich durchzusetzen.

Ein weiterer Grund für das Verbot von Handelsgesellschaften zwischen Binnen- und Butenhansen und die Beschränkung der Außenkontakte auf Kauf und Verkauf stand im Zusammenhang mit den eigenen hansischen Blockaden: Ein eigentlich blockierter Butenhanse, der einen hansischen Traktanten fand, konnte weiter ungesehen Handel treiben, weil er als Kapitalgeber ja nicht in Erscheinung trat. Diese Praxis machte jede Blockade löchrig und unnütz und sollte von den Hansetagen entsprechend unterbunden werden. Dass das Gästerecht der Hansetage also der Durchsetzung von Handelsblockaden dienen sollte, hat Stuart Jenks überzeugend gezeigt.[37] So erklärt er, warum dieses gesamthansische Gesellschaftsverbot mit Butenhansen neben das Gästerecht der einzelnen Städte trat, das die eigenen Kaufleute gegenüber Fremden – auch aus anderen Hansestädten – bevorteilte. Beides ist in der älteren Forschung gern in einen Topf geworfen worden, was zu entsprechend widersprüchlichen Einschätzungen führte.

Eine weitere Einschränkung durch die Hansetage zielte auf die sogenannte passive Befrachtung. 1402 verbot der Hansetag auf Initiative des Brügger Kontors erstmals die Entgegennahme butenhansischer Handelsgüter durch hansische Schiffe, zumindest für die Passage Brügge-Livland.[38] Auf diese Weise versuchte die Hanse, die Flamen aus dem Aktivhandel mit Livland herauszuhalten und das eigene Transitmonopol aufrechtzuerhalten. Wirklich erfolgreich war diese Maßnahme aber offenbar nicht, denn gut zwei Jahrzehnte später wechselte die hansische Strategie, um den flämischen Livland-Handel zu unterbinden.[39] Nun sollte statt durch die Verweigerung des eigenen Frachtraums die butenhansische Infrastruktur umgekehrt durch das Ausbleiben hansischer Befrachtungsaufträge bezwungen werden.

Wieder war es das Brügger Kontor, das die Initiative ergriff und in einem langen Brief an den Hansetag alle Tricks aufzeigte, wie die Flamen trotz des Befrachtungsverbots weiterhin Handel mit dem Osten trieben: über Hansekaufleute, die das Bürgerrecht ihrer Heimatstadt aufgäben und wenige Kilometer weiter in der nächsten nicht-hansischen Stadt um Aufnahme bäten; durch die Anmietung, ja sogar den Kauf hansischer Schiffe und die Beauftragung hansischer Werften.[40] Insbesondere die Holländer hielten die Winterlage nicht ein und führen auch zwischen November und Februar ins Baltikum. Nun bat man den Hansetag, er möge all diese Aktivitäten unterbinden. Das wiederum stieß auf Ablehnung bei den livländischen und preußischen Zielhäfen, denen natürlich an einem regen Schiffsverkehr gelegen war, ob nun binnenhansisch oder butenhansisch. Was als die Stärkung des binnenhansischen Handels für den einzelnen Hansekaufmann durchaus von Vorteil sein konnte, wurde von den Hansestädten mitunter als hinderlich für ihre individuelle wirtschaftliche Entfaltung wahrgenommen. Die stillschweigende Bevorzugung der binnenhansischen Händler durch das hansestädtische Gästerecht war freilich dennoch die Regel.

Kophus und *fondaco:* der städtische Stapel und die Gäste

Im städtischen Gästerecht, das die Behandlung außerstädtischer, binnen- wie butenhansischer Kaufleute in den Hansestädten regelte, findet sich zunächst einmal große Vielfalt, die nur schwer in übergreifende Kategorien zu bringen ist. Im Kern stand in vielen Orten der Stapel, vom Kölner Stapel ist ja bereits die Rede gewesen. Das Stapelrecht *(nedderlage)* zwang vorbeiziehende Kaufleute, Station zu machen, abzuladen und ihre Waren für eine bestimmte Zeit zum Kauf anzubieten – natürlich gegen Gebühren. Für die Stadt war der Stapel also eine Einnahmequelle und stärkte zudem ihre wirtschaftliche Funktion als Distributionsschaltstelle für Stadt und Hinterland, von der auch die angeschlossenen kleineren Binnenhäfen profitierten. In jüngerer Zeit hat daher die Wirtschaftsgeschichte den Stapel immer mehr als strukturbildende Maßnahme und nicht als bloßes Handelshindernis verstanden, wie dieser von der älteren wirtschaftsliberalen Lehre gern gedeutet wurde.[41]

Dass dieses Stapelrecht besonders in den großen Handelsmetropolen weiter reglementiert wurde, kann man in ganz Europa beobachten. In Venedig etwa entwickelte sich direkt am Rialto, nach dem heute so viele Eiscafés benannt sind, mit dem *Fondaco dei Tedeschi* ein besonderes Haus, wo die deutschen Kaufleute ihre Waren direkt bei der Ankunft einlagern mussten. Von dort aus verkauften sie diese unter der Kontrolle der venezianischen Behörden, oder sie nahmen neue Ware von den venezianischen Orienthändlern an.[42] Die Händler durften den Fondaco nur tagsüber verlassen; nachts wurde er abgeschlossen und streng bewacht.

Sofort fällt die Ähnlichkeit mit den hansischen Kontoren ins Auge – und zu Recht ist der venezianische Fondaco auch mit dem Nowgoroder Kontor verglichen worden.[43] Hier wie dort lässt sich eine ähnliche Abschottung von der Stadtgesellschaft feststellen, wie sie in Bergen, weniger noch in London und Brügge nicht gegeben war.

Die Abgeschlossenheit des Fondaco haben die deutschen Kaufhäuser, wie man entsprechende städtische Einrichtungen nannte, nicht erreicht. Sie erfüllten aber ähnliche Zwecke.[44] Hier wurde das Stapelgut aufbewahrt, auf seine Qualität geprüft und meist auch zum Verkauf angeboten; hier konnte man Menschen, Produkte und Geschäfte im obrigkeitlichen Blick behalten. In den hansischen Seestädten freilich fehlen solche öffentlichen Kaufhäuser bis weit in das 15. oder sogar 16. Jahrhundert hinein in ganz auffälliger Weise.[45] Selbst in Hamburg, wo schon im 13. Jahrhundert »wie in einem Musterkatalog all das konzentriert [wurde], was fortan für den reibungslosen Ablauf des Fernhandels als notwendig angesehen wurde«, gab es ein solches Kaufhaus nicht.[46]

Dieses auffällige Fehlen hat Stephan Selzer mit der Netzwerkstruktur des hansischen Handels in Verbindung gebracht, die Fremde zwar nicht formal ausschloss, aber doch merklich schlechter stellte: Für kaum einen butenhansischen Kaufmann war es sinnvoll, dauerhaft Lager- oder Verkaufsräume in einer Hansestadt anzumieten, und die öffentliche Infrastruktur in Form eines Kaufhauses fehlte ebenfalls. So war der Gast auf die teure und aufwendige Einmietung bei hansischen Kaufleuten angewiesen – Stichwort »Suchkosten«! –, während die Hansekaufleute über ihr Netzwerk leicht und im Zweifel sogar kostenlos entsprechenden Platz in einem der lokalen Privathäuser eines befreundeten Mithansen finden konnten.[47] Diese private Lösung der Herausforderung, Lager- und Verkaufsräume zu finden, hielt die Transaktionskosten – sichtbare wie unsichtbare – klein und gewährte einen Marktvorteil gegenüber den Butenhansen. Eine öffentliche Lösung mittels Kaufhaus war also gar nicht gewollt.

Indem man die Butenhansen von den hansischen Infrastrukturen informell fernhielt, waren die Binnenhansen in den Hansestädten stets im Vorteil. Und so konnten sich die Städte zumindest im 14. und früheren 15. Jahrhundert ein ziemlich liberales Gästerecht leisten. In der ältesten Lübecker Kaufmannsordnung aus der Mitte des 14. Jahrhunderts etwa wird den auswärtigen Kaufleuten lediglich auferlegt, ihre Ware zunächst acht Tage in der Stadt zum Kauf anzubieten. Später wurde diese Frist sogar noch auf drei Tage verkürzt.[48] Erst 1472 hieß es dann ganz rigoros: *Nen gast mach mit gaste copslagen* (»Kein Gast soll mit einem anderen Gast Handel treiben«). Diesmal allerdings wurden Gäste aus Hansestädten *(coplude, de in de Henzestede to husz behören)* ausdrücklich ausgenommen, die vom neunten Tag an auch untereinander Handel treiben durften.[49] Darin könnte man erste Indizien dafür sehen, dass die binnenhansischen Kohäsionskräfte immer mehr herausgefordert wurden. Auch anderswo drangen die lokalen Kaufleute während des 15. Jahrhunderts immer stärker darauf, den Gästehandel zu beschneiden und sich selbst eine Maklerrolle zu verschaffen.[50]

Vom Bootsjungen zum Hansekaufmann? Die Mannschaft und der Handel

Eine – weder wirklich buten- noch binnenhansische – Handel treibende Gruppe sollte nicht vergessen werden: die Seeleute, auf deren Schiffen die hansischen Waren von einem Ort zum anderen gebracht wurden.[51] Auch sie konnten unmittelbar am hansischen Handel teilnehmen und so im Einzelfall zu ansehnlichem Vermögen kommen, das ihnen den Aufstieg in die kaufmännische Mittel- und Oberschicht ermöglichte.

Das Instrument für solche Beteiligungen war die sogenannte »Führung«, also das Mitführen von Handelswaren im Schiff auf eigene Rechnung. Schon die *Rôles d'Oléron*, die ältesten seerechtlichen Bestimmungen des europäischen Mittelalters, führen die Möglichkeit an, dass Seeleute anstelle ihrer Heuer einen Anteil am Frachtraum bekommen und diesen gegebenenfalls an Kaufleute weitervermieten konnten.[52] Entsprechendes findet sich in den einzelnen Schiffsrechten des Hanseraumes. In Riga etwa standen den Besatzungsmitgliedern *binnen landes twe punt … unde dor den sunt,* bei der Sunddurchfahrt also, vier Pfund auf eigene Rechnung zur Verfügung;[53] in Hamburg und Lübeck gab es schon Ende des 13. Jahrhunderts noch differenziertere Bestimmungen.[54]

Hatten junge Schiffsleute durch Vermietung ihres Anteils am Frachtraum erst einmal Rücklagen gebildet, die ihnen den Ankauf von Handelsware erlaubten, konnten sie ihr persönliches Ladevolumen bei der nächsten Überfahrt selbst nutzen und somit im kleinen Maßstab Eigenhandel treiben oder sich Partner für eine *wedderlegginghe* suchen. Wer das erfolgreich tat, konnte expandieren, indem er anderen Besatzungsmitgliedern ihre Anteile abkaufte. So tauchte 1473 auf dem Holk eines Kampener Schiffers in Bergen ein Koch namens Ludeke Mertens auf, der in Bergen für die nicht unbeträchtliche Summe von 90 Gulden Fisch kaufte (was wir freilich nur wissen, weil er sie schuldig blieb).[55] Einige Jahre später finden wir dann einen Mann gleichen Namens unter den Bergener Englandfahrern, die mit Boston handelten.[56]

Wie groß der Anteil solchen Eigenhandels der Seeleute am hansischen Handelsvolumen insgesamt war, lässt sich nur schwer abschätzen. Thomas Wolf hat anhand von Revaler Zollregistern gezeigt, dass zumindest dort die Seeleute eine Ausbezahlung der Frachtanteile in der Regel bevorzugten,[57] und Samsonowicz kann für den Danziger Handel Ähnliches bestätigen: Die Beteiligung der Seeleute am Gesamthandel lag hier während des 15. Jahrhunderts fast durchgängig deutlich unter 10 Prozent.[58] Auf dieser Datengrundlage kann man zwar kaum umfassend argumentieren, doch legt sie nahe, dass die Hürden für seemännischen Eigenhandel offenbar hoch lagen und die direkte Auszahlung auch anderswo die näherliegende Wahl gewesen sein dürfte.[59] Schließlich benötigte erfolgreicher Handel nicht nur Frachtraum und Ware, sondern auch Kenntnisse über Waren, Preise und die Situation vor Ort, oder anders gesagt: Man brauchte Kontakte. Und all das hatten die befrachtenden Kaufleute ihren Transporteuren natürlich voraus. Die *schamele unde arme gesellen*, wie die Schiffsleute einer Bergenfahrt 1521 einmal genannt werden,[60] dürften kaum satisfaktionsfähige Handelspartner für die Hansekaufleute im norwegischen Kontor gewesen sein.

Trotzdem lässt sich der Eigenhandel hansischer Seeleute bis zum Ende der Hansezeit im 17. Jahrhundert in den Quellen greifen und wird sogar sichtbarer, was bedeuten kann, dass er zunahm. Oder er tritt einfach deshalb klarer hervor, weil wir aus dieser Zeit über mehr seemännische Testamente und Nachlassinventare verfügen, in denen gegenseitige Ausstände, insbesondere geschuldete Waren, minutiös aufgeführt sind.[61]

Die Hansen und das liebe Geld

Reibungsloser Zahlungsverkehr und stabile Währungen gehören zu den Grundvoraussetzungen florierenden Handels. In der mittelalterlichen Welt mit ihren stark fragmentierten Herrschaftsgebieten, entsprechend vielfältigen Währungen und unsicheren Verkehrswegen konnte beides nur bedingt erwartet werden. Und trotzdem boomte der Handel durch das gesamte Spätmittelalter hindurch. Es fragt sich also, ob die hansische Infrastruktur etwas dazu beitrug, das Geld für ihre Kaufleute zu einer verlässlicheren Größe zu machen.[62] Gerade in Norddeutschland hat man gern auf die Tendenz zur Vereinheitlichung des hansischen Münzwesens hingewiesen und der Einführung des Euro auf diese Weise historische Schützenhilfe geleistet. »Die Hanse schuf lange vor dem Euro eine Gemeinschaftswährung«, konstatierte etwa Cornelis Rattmann drei Wochen vor der Währungsumstellung in der *Welt am Sonntag*.[63]

Der Wendische Münzverein

Richtig ist: Die Währungsvielfalt war nicht erst für die Fern-, sondern schon für die Regionalhändler des Mittelalters ein echtes Problem. Richtig ist auch, dass die norddeutschen Hansestädte dieses Problem früh anzugehen versuchten, indem sie per Vertrag eigene Währungsunionen schlossen. Die erfolgreichste war der sogenannte »Wendische Münzverein«.[64] Seine Grundlage schufen Lübeck und Hamburg, die ja bereits seit der Mitte des 13. Jahrhun-

Abb. 21: Lübecker Gulden aus dem Jahr 1341. Auf der Vorderseite zeigt er die florentinische Lilie – daher der Name *florin* und die übliche Abkürzung *fl.* auch in Deutschland, auf der Rückseite Johannes den Täufer.

derts die sich bildende Hanse prägten: Schon 1255 beschlossen sie zum ersten Mal einen gemeinsamen Münzfuß, also ein einheitliches Münzgewicht bei einheitlichem Feingehalt.[65] 1370 einigten sie sich auf einen neuen, und 1379 folgte dann der besagte Münzverein zusammen mit Lüneburg und Wismar. Drei Jahre später traten Rostock und Stralsund dem Bündnis bei.

In den gut hundert Jahren dazwischen hatte sich einiges getan. Vor allem hatte Lübeck begonnen, Goldmünzen auszuprägen, wofür die Stadt 1340, neben Frankfurt, als erste im ganzen Reich ein entsprechendes Privileg von Kaiser Ludwig IV. erworben hatte.[66] Geprägt wurde nach dem international wohlbeleumundeten Florentiner Standard, weshalb das Münzbild die italienischen Vorbilder nachahmte: die Lilie und den Heiligen Johannes den Täufer, den Schutzpatron der Stadt am Arno. Goldmünzen prägte man nicht ohne Grund, verwiesen sie doch in zweifacher Weise auf die besondere Bedeutung einer Stadt: Zum einen musste das Gold erst einmal dorthin gelangen, zum andern demonstrierte man damit den Bedarf nach hohen Nominalen, die nur nötig sind, wenn auch große Summe fließen. Der Lübecker Gulden zeigte somit weithin sichtbar, wie sehr der Fernhandel brummte. Und er stattete die eigenen Kaufleute mit einer Währung aus, die auf den internationalen Märkten etwas galt.[67]

Mit ähnlichen Hintergedanken ging man an die Prägung höherer Silbernominale. Das taten auch andere Städte und Fürsten im Reich zu dieser Zeit. Aber die Witte, wie die neue Vier-Pfennig-Münze des Wendischen Münzvereins hieß, sollte sich als besonders stabile Währung herausstellen. Sie wurde außer in Lübeck ebenso in den anderen Städten des Münzvereins geprägt und hatte einseitig überall das gleiche Münzbild, um Verlässlichkeit für die Handelspartner herzustellen.[68] Als Bezugswährung für die Witte und den Pfennig, für die ein einheitlicher Münzfuß vereinbart wurde, setzte man die Lübische Mark fest – ein reines Rechengeld, das selbst nicht ausgeprägt wurde, mit dem man aber Relationen, auch zu anderen Währungen, leicht berechnen konnte. Der Wendische Münzverein, anfangs nur auf kurze Zeit geschlossen und immer wieder mit wechselnden Partnern kurzfristig verlängert, hatte letztlich bis in die zweite Hälfte des 16. Jahrhunderts Bestand und löste sich erst auf, als das Reichsmünzwesen immer stärker in die Regionen eingriff. Im Verlauf seiner knapp dreihundertjährigen Geschichte wurden noch verschiedene weitere gemeinsame Nominale vereinbart.

Währungsvielfalt und Bargeldknappheit

Der 1984 bei Aushubarbeiten für die neue Musikschule in Lübeck gefundene Münzschatz mit knapp 400 Gold- und über 20 000 Silbermünzen gibt ein beredtes Zeugnis davon, wie groß die Währungsvielfalt im Säckel eines Hansekaufmanns trotz aller Münzvereine weiterhin war.[69] Der Wendische Münzverein schaffte die Währungsvielfalt nämlich keineswegs ab, machte aber die Kaufleute zu geschätzten Geschäftspartnern, die eben auch reichlich gutes – und weniger verdächtiges, minderwertiges oder nur schwer umzurechnendes – Geld im Beutel hatten.

Das Mittelalter hatte aber noch mit einem ganz anderen Problem zu kämpfen, das zwar nicht stetig, jedoch immer wieder auftrat: der Geldknappheit. Da alle mittelalterlichen Währungen Kurantmünzen waren, deren Wert sich nach dem Edelmetallgehalt bemaß, musste eine Verknappung der zur Verfügung stehenden Edelmetallmengen, wie sie etwa im 14. Jahrhundert im Nachgang der Pest massiv auftrat, fast zwangsläufig zur Geldentwertung führen. Bei dauernder Konkurrenz zwischen guten und schlechten Währungen lässt sich außerdem der Trend beobachten, dass gutes Geld dem Markt entzogen und gehortet wird und man nur das schlechte Geld möglichst rasch wieder ausgibt. Das schlechte Geld verdrängt also das gute. Diesen Effekt, der natürlich nur eintreten kann, wenn für einen Käufer Wahlfreiheit besteht, mit welcher Geldsorte er seine Verpflichtungen begleicht, nennt man nach seinem Erstbeschreiber das Gresham'sche Gesetz. Es gilt nicht so ubiquitär, wie der Name »Gesetz« es nahelegt, lässt sich aber doch ziemlich häufig beobachten.

Der amerikanische »Nobelpreisträger« George A. Akerlof, der wie Douglass North zu den Gründungsvätern der Neuen Institutionenökonomik gehört, hat dieses Gesetz auf den amerikanischen Gebrauchtwagenmarkt übertragen und gezeigt, wie die schlechten Wagen *(lemons)* aufgrund von asymmetrischen Informationen die guten *(plums)* verdrängen: Da potenzielle Käufer die Qualität eines Gebrauchtwagens nur schwer ohne zusätzliche, kostenintensive Expertise einschätzen können, bilden sie einen Erwartungswert, der sich an einem Durchschnitt orientiert und Kaufrisiken mit einbezieht, damit aber regelmäßig unter dem Preis der guten, verlässlichen Anbieter liegen wird. So verdrängen die *lemons* nach und nach die *plums* vom Markt.[70]

Mit dem mittelalterlichen Bargeld verhielt es sich ganz ähnlich: Informationen über die Qualität gerade von schlechtem Geld waren nur schwer zu erlangen, die Kurse deshalb tendenziell hochvolatil. Und so ist es kein Wunder, dass man immer wieder in Kauf- oder Rentenverträgen klare Auszahlungsmodalitäten vereinbarte, die eine Zahlung nicht in jener Währung, die zum Zahlungszeitpunkt vor Ort *gang unde gheve* war, sondern in einer wertstabilen Münzsorte vorsah. Dasselbe galt für den sogenannten Wechselbrief.

Der Wechselbrief als Finanzinnovation

Der Wechsel stellt eine der zentralen Neuerungen der kommerziellen Revolution dar.[71] Er machte einerseits bargeldlose Zahlungen selbst über weite Distanzen möglich, andererseits erlaubte er Kreditgeschäfte, insbesondere den Warenkredit. Das steigerte die Effizienz des Handels ungemein, denn die Mitnahme von Bargeld von einem Ort zum anderen entfiel, und das verfügbare Kapital konnte viel effektiver eingesetzt werden. Das im kaufmännischen Säckel ruhende Geld brachte schließlich keine Gewinne, es musste arbeiten. Mit einem Wechsel kaufte man Ware, erwirtschaftete damit einen Gewinn und beglich erst dann den Kaufpreis. Im hansischen Handel auf Gegenseitigkeit lief es genauso, nur dass erst gar kein Geld benötigt wurde. Die Ware wurde auf Vertrauen zum Geschäftspartner geschickt, der vom Gewinn neue Ware kaufte und sie zurücksandte. Wer auf solche Gegenseitigkeit aber nicht bauen konnte, der musste Sicherheiten anbieten, also entweder Pfandgegenstände oder eben einen Wechselbrief. Solche Geschäfte waren schon auf den großen Messen des Hochmittelalters möglich geworden, wo Messeaufseher die Bücher führten und man von Messeort zu Messeort unterschiedliche Waren erstehen konnte. Dann wurden die Kaufleute sesshaft und benötigten neue Instrumente, um Zahlungen über Zeit zu leisten. Und der Wechsel war das wichtigste darunter.

Unter den vielen Formen von Wechselbriefen, die in Mittelalter und früher Neuzeit existierten, kann man zwei Grundformen unterscheiden: Die eine war der sogenannte »Eigenwechsel« – schlicht ein Schuldschein. Man nannte ihn auch »Solawechsel«, weil man nur eine einzige Ausfertigung benötigte, oder »trockenen« Wechsel, was auf den Umstand anspielte, dass dieser gänzlich ungeeignet für die Abwicklung von Fernhandels- und insbesondere Seehandelsgeschäften war. Für diese Transaktionen kam die zweite Grundform des Wechsels zum Einsatz: der »gezogene« Wechsel, auch »Tratte« genannt. Daran waren nicht nur zwei, sondern gleich vier Personen an zwei Orten beteiligt: Dem Aussteller oder Trassanten wurde vom Wechselnehmer oder Remittenten ein

Kredit in der lokalen Währung gewährt. Der zog dann diesen Wechsel auf einen anderen Kaufmann oder einen Bankier an einem anderen Ort, den Trassaten, und wies im Wechselbrief einen Begünstigen (Präsentanten) aus, dem er den Brief schickte und an den die Schuldsumme vom Trassaten ausgezahlt werden sollte.

Von diesem einfachen Schema aus konnte die Sache beliebig kompliziert werden, weil insbesondere in der frühen Neuzeit viele unterschiedliche Rechtsformen entwickelt und durch regionale oder territoriale Wechselordnungen geregelt wurden.[72] Aber das Grundgerüst blieb: Die eine Transaktion fand am einen, die andere am anderen Ort statt. Zwischen beiden Zahlungen verging eine gewisse Zeit, und sie wurden meist in unterschiedlichen Währungen abgewickelt. Man konnte also mit dem Wechsel nicht nur Geld von einem Ort zum anderen überweisen, sondern auch Arbitragehandel betreiben. Nichts anderes taten die frühen Bankiers, wie etwa die Bediensteten der großen italienischen Banken, der Medici oder der Datini, in Brügge.

Der Norden als bankenfreie Zone?

Der hansische Norden gilt als weißer Fleck der mittelalterlichen Bankengeschichte.[73] Das liegt vor allem daran, dass sich in den Archiven der großen italienischen Bankhäuser kaum Aussagen über ihre Niederlassungen und Agenten im Norden finden, andererseits von den *wesselboken* (»Wechselbüchern«), die hier und da in kaufmännischen Aufzeichnungen erwähnt werden,[74] bisher jede Spur fehlt. Die – freilich bescheidene – Ausnahme war Lübeck. In den städtischen Aufzeichnungen finden sich bemerkenswert viele Italiener, außerdem sind in den letzten Jahrzehnten zahlreiche Briefe Florentiner Kaufleute an die Medici und andere italienische Bankiers ediert worden, die offenbar in Lübeck als Agenten tätig waren.[75]

In der venezianischen Medici-Filiale arbeitete 1427 ein gewisser Gianni di Lubiche, ein Hannes aus Lübeck, als *garzonetto* (Lehrling).[76] In dieser Zeit betrieb in Lübeck Gerhardo de Bueri oder Gerard der Wale, wie ihn die Niederdeutschen nannten, sein Wechsel- und Bankengeschäft. An seinen Geschäftsaktivitäten fällt auf, dass er fast ausschließlich Geldtransfers vom Norden in den Süden leistete, also nicht etwa nach Brügge oder einen anderen der großen hansischen Knotenpunkte, und fast ausschließlich geistliche Auftraggeber hatte. Bis 1469 wickelten er und später sein Handlungsgehilfe Francesco Rucellai als Medici-Korrespondent den Geldverkehr in Richtung Kurie ab,[77] sie schickten die vielen kirchlichen Gebühren und Ablassentgelte in Richtung Zentrale. Unter der Lübecker Kaufmannschaft hatte er keinen einzigen nachweisbaren Kunden.

Aus dieser Kaufmannschaft heraus gründete sich 1461 die Bank des Godeman van Buren, für den gleich mehrere bedeutende Kaufmannskollegen Bürgschaften übernahmen. Er war zuvor Ältermann der Nowgorod- ebenso wie der Flandernfahrer gewesen, handelte im gesamten hansischen Kerngebiet und zählte zur städtischen Oberschicht. Zehn Jahre später starb er – hoch verschuldet. Seine Bank- und Wechselgeschäfte zeigen klassische Überweisungen von Ort zu Ort,[78] aber auch Verwahrungsgeschäfte und Kredite.[79] Sehr erfolgreich war er offensichtlich nicht, aber gut vernetzt. In der langen Liste von Schuldnern, die anlässlich seines Todes angelegt wurde, findet sich der halbe Lübecker Rat. An seine Stelle trat der Lübecker Domherr Alf Greverade II., der zwischen 1472 und 1477 eine öffentliche Wechselbank in der Stadt betrieb.[80] Dass sich die Abwicklung seiner Bankgeschäfte nach seinem Tod im Jahre 1500 noch zehn Jahre hinzog, könnte zumindest ein Indiz dafür sein, dass auch er nicht sonderlich erfolgreich war – obgleich kein aufsehenerregender Konkurs in den Quellen aufscheint. Unmittelbar nach seinem Ableben übernahmen jedenfalls die Fugger die Bankgeschäfte in Lübeck.

Es gab also durchaus hansische Anschlüsse an das europäische Bankensystem, und für Kredit- und Überweisungsgeschäfte standen Wechselbanken zur Verfügung. Sie waren allerdings bemerkenswert schwach ausgeprägt und weit dünner gesät als in anderen Regionen. Das bedarf der Erklärung, denn offenbar stand ja nicht die Unkenntnis dieser wichtigen Finanzinstitutionen dahinter. Warum also brauchte der Hanseraum offenbar keine oder jedenfalls kaum Banken?

Eine wichtige Erklärung ist die Abwesenheit von großen, kapitalintensiven Produktionsstätten in Nordeuropa während des Mittelalters.[81] Hier gab es eben keine großen Bergbauanlagen, keine Saigerstätten und (noch) keine Textilmanufakturen wie im Süden und Westen, für deren Finanzierung große Kapitalmengen respektive Banken nötig gewesen wären. Die Hansekaufleute hatten keinen Anreiz, in Produktion zu investieren, sie zogen ihre Profite aus dem Handel. Sie hätten auch kaum Geld für Investitionen erübrigen können, denn aufgrund der spezifischen Form des hansischen Gesellschaftshandels war ihr Kapital praktisch durchweg im Einsatz. Die vielen kleinen Erlöse wurden sofort reinvestiert, und erst mit dem Tod eines Kaufmanns und der Abrechnung aller laufenden *societates* wurden größere Geldsummen frei.

Wichtiger aber als Erklärung dürfte die Netzwerkstruktur des hansischen Handels sein: Die zentrale Bankenfunktion von Remittent und Präsentant, die andernorts Vertreter eines Bankhauses an zwei unterschiedlichen Standorten übernahmen, konnten die Hansen untereinander selbst übernehmen – dank *ere* und *gelove*. Man buchte einfach eine zu transferierende Summe innerhalb einer Gesellschaft, was in den Quellen *overscrifen* oder *overkofen* genannt wurde. Geld wurde also nicht anders behandelt als jede andere Ware und konnte so beliebig von einem Ort des Hanseraumes in den anderen übertragen werden, wenn man nur das entsprechende Netzwerk dafür hatte.[82] Problematisch wurde das erst, wenn man Wechsel auf Orte außerhalb des Hanseraumes zog, mit denen kein regelmäßiger Handel stattfand und wo also das Ausgleichen der Handelsbilanz schwerfiel.[83]

Die vermeintliche Kreditfeindlichkeit der Hanse

Wenn also die Überweisungsfunktion des Wechsels im Hanseraum in regem Gebrauch war, bleibt noch die Frage, ob damit auch die Ausnutzung der Kredit- und Arbitragefunktionen einherging. Das führt zurück zur Ausgangsbeobachtung, dass (gutes) Geld zu gewissen Zeiten knapp werden konnte – selbst oder vielleicht gerade in so großen Handelsmetropolen wie Brügge. Dort bekam man an der Wende vom 14. zum 15. Jahrhundert die große europäische Edelmetallknappheit *(Great Bullion Famine)* zu spüren.[84]

Zunächst untersagte man, vermutlich auf Weisung des Herzogs, im September 1399 die bargeldlose Verrechnung von Wechselbriefen. Die Hintergründe sind nicht ganz klar, aber offenbar hielt man die zahlreichen Fernhandelskaufleute aus aller Herren Länder für die Schuldigen an der Barmittelknappheit und wollte sie nun zwingen, ihr Bargeld in der Stadt zu lassen. Das Ganze ging aber kräftig nach hinten los: Der flämische Écu entwickelte geradezu sprunghafte Kursschwankungen, allerdings mit deutlicher Tendenz nach oben, mit der Folge, dass nun erst recht Bargeld gehortet und dem Markt entzogen wurde. König war, wer mit Bargeld handeln konnte, dessen Verknappung wiederum zu Preistumulten führte. Der Warenhandel wurde umso unattraktiver, je größere Spekulationsgewinne aus den Währungsgeschäften lockten. Die Korrespondenten der Datini-Bank reagierten sofort und wiesen ihre Partner in Barcelona an, sämtliche Überschüsse per Wechsel nach Brügge zu überweisen, andererseits keinesfalls einen Wechsel anzunehmen, der in Brügge zahlbar war. Und auch die Katalanen in Brügge zogen sich innerhalb weniger Wochen aus dem Warenhandel zurück und verlegten sich auf den Devisenhandel. Das alles geschah noch im Winter 1399.

Die Hansen an der fernen Ostsee reagierten erstaunlich spät und langsam auf die Krise. Zwar hatte das Kontor umgehend nach Lübeck geschrieben, doch wurde man dort erst auf wiederholte Anfrage aktiv. Immerhin kam man im Konzert mit den angefragten livländischen und preußischen Städten im Juli 1401 – fast zwei Jahre nach Ausbruch der Krise – zu dem Beschluss, ein allgemeines Kreditverbot für die nächsten drei Jahre zu erlassen, das am 29. September 1401 in Kraft treten sollte.[85] Nur Dortmund hatte zugunsten ihrer *vrunde,* »Freunde« also, die Wolle aus England exportierten, gegen das Verbot protestiert.[86] Das Brügger Anliegen eines Kreditverbots unterstützend, hatte sich dagegen der Nowgoroder Petershof eingeschaltet, was ein Streiflicht auf den erstaunlichen Informationsstand am anderen Ende der hansischen Wirtschaftswelt wirft. Und so *dunkete* es den Hansetage *zeere nutte ..., da de borch ghensliken afgedan wörde,* jegliche Form von Kredit also verboten würde, weil *de copman, de Russenlande, Vlanderen unde andere* Orte bereiste, *dar van grot beschedighet wert unde syne handelinge unde loven sere tachter,* also verlustig gehe.[87] Einer von vielen sprechenden Belegen übrigens, dass *handelinge* und *love,* Handel und Vertrauen, stets miteinander verknüpft gedacht wurden.

Zwei Tage nachdem das hansische Kreditverbot in Kraft trat, hob der Brügger Magistrat die Wechselverordnung vom September 1399 auf. Trotzdem hat die Forschung sich lange Zeit durch diese Vorgänge in zwei lieb gewonnenen Wahrheiten bestätigt gesehen: erstens, dass der dirigistisch veranlagte Hansetag immer nur furchtbar langsam auf jede Herausforderung reagierte, und zweitens, dass die Hansen fundamental kreditfeindlich gewesen wären, weil ja der *borg,* wie man nun endlich einmal feststellte, der *handelinge* und dem *love* doch so abträglich sei.

Dieses Vorurteil hat Stuart Jenks überzeugend widerlegt und gezeigt, dass die Hansen vielmehr »überraschend klug« handelten.[88] Er zeigt das Ineinandergreifen des preußischen Flandernhandels: Die preußischen Händler sammelten die großen Erlöse für das während des Winters im Osten verkaufte Tuch, um das Geld dann vor Ort an die westeuropäischen Kreuzfahrer, die auf »Preußenfahrt« ins Baltikum aufbrachen und auf die gefährliche Schifffahrt nur das Nötigste an Barmitteln mitgenommen hatten, zu verleihen. Die in Preußen aufgenommenen Schulden wurden in Brügge an dortige Hansekaufleute zurückbezahlt und so die Überschüsse aus dem Tuchverkauf im Osten mittels der Kreuzfahrer und ihrer Schulden bargeldlos in den Westen transferiert. In genau dieses kluge System nun brach die Brügger Währungskrise und machte die langfristigen Wechsel von Preußen nach Flandern zu einem Risikogeschäft. Denn in Preußen zahlte man in Silber, in Flandern in Gold. Verschob sich nun das Verhältnis zwischen dem flandrischen Écu und den preußischen Silbermünzen, konnte das gut eingespielte Wechselgeschäft auf einmal zu hohen Verlusten führen. Und vor genau diesem Effekt, den das Eingreifen des Brügger Magistrats in die Zahlungsmodalitäten der Wechsel bewirkt hätte, hatte das Nowgoroder Kontor so eindrücklich gewarnt. Aus dieser Perspektive erscheint das Agieren Lübecks und des Hansetages weit weniger träge und dirigistisch, sondern vielmehr gut informiert und klug abwägend.

Auf dem Rücken der Ameisen: hansische Warenwelten

Es gab kein Warensortiment, das ausschließlich von Hansekaufleuten gehandelt wurde, und wohl ebenso wenig Waren, die gänzlich außerhalb ihres ökonomischen Blickes lagen. Gerade in den letzten Jahren ist das immer deutlicher geworden, nachdem Carsten Jahnke, Stephan Köhler und andere auch die hansischen Importe eher exklusiver Fernwaren wie Datteln, Rosinen oder Reis in den Blick genommen haben.[89] Trotzdem kann man ein Portfolio von Waren aufmachen, die immer wieder in den Quellen aufscheinen und eine genauere Betrachtung lohnen.

Vieles in der hansischen Warenwelt hing mit zentralen Produktions- und Umschlagsorten zusammen, weil einzelne Städte sich auf besondere Warengruppen – insbesondere solche, die ihr Umland hergab – spezialisierten. Es gibt einen bildhaften Vers über diesen Umstand, der unter der schönen Bezeichnung »Althansischer Spruch« durch die Literatur geistert, ohne dass ich bei aller Mühe habe nachvollziehen können, woher er ursprünglich stammt und wie alt er denn nun wirklich ist: »Lübeck ein Kaufhaus, Köln ein Weinhaus, Braunschweig ein Honighaus, Danzig ein Kornhaus, Magdeburg ein Backhaus, Rostock ein Malzhaus, Lüneburg ein Salzhaus, Stettin ein Fischhaus, Halberstadt ein Frauenhaus« und so weiter.[90] Worauf sich die letzte Nennung stützt, muss wohl für immer offen bleiben. Alle anderen sind, wenn man sich in die Handelsgeschichte der jeweiligen Städte vertieft, recht triftige Charakterisierungen.

Eine »hansische Warenkunde« allerdings, die immer einmal wieder eingefordert wird, fehlt bis heute.[91] Sie würde vermutlich noch ganz andere spannende Details ans Licht bringen und unerwartete Bestseller aufzeigen – etwa die schwedische Butter, deren Erlöse Mitte des 14. Jahrhunderts die Einnahmen aus dem Pelzhandel deutlich überstiegen.[92] Oder Schwefel.[93] Oder fossile Baustoffe wie Kalkstein. All diese Waren und viele mehr trugen die hansischen Schiffe über die Meere und sind bislang nur schlaglichtartig untersucht worden. Gleiches gilt für gewerbliche Produkte und Halbfertigwaren. Wie war es beispielsweise um den Draht aus dem märkischen Sauerland, die Klingen und Nadeln des Siegerlandes, die Buntmetallarbeiten aus dem Maasländischen oder die rheinische Irdenware bestellt? All das harrt noch systematischer Untersuchungen, teils weil die Wirtschaftsgeschichte sich noch immer zu wenig mit den archäologischen Befunden auseinandersetzt, teils auch, weil man sich stets auf den Seehandel gestürzt und den Binnenhandel vernachlässigt hat.[94] Die nächsten Generationen von Hanseforscherinnen und Hanseforschern haben also noch genug zu tun. Bis dahin begnügen wir uns mit einem Überblick über die wichtigsten Handelsgüter des Nordens zwischen Ost und West, so wie sie sich derzeit darstellen.

Von West nach Ost: Tuche, Wolle, Wein

Die wahrscheinlich wichtigsten Exportgüter über das gesamte Mittelalter hinweg waren Stoffe und Tuche unterschiedlicher Qualität.[95] Und es ist nicht ganz leicht zu erklären, warum eigentlich. Natürlich bestand stets eine hohe Nachfrage – aber das gilt für viele Produkte. Die hohen Gewinnerwartungen, die ein Hansekaufmann mit dem Tuchhandel verband, ergaben sich wohl aus der Funktion von Kleidung als soziales Distinktionsmerkmal und den Distanzen zu denjenigen Produktionsstätten, die besonders nachgefragte Tuche herstellten.

Feine Tuche waren schon sehr früh ein Statussymbol und entsprechend eine heiß begehrte Fernhandelsware. Eine Wikingersaga von den Orkney-Inseln etwa erzählt von Sveinn Ásleifarson, der beim Frühjahrsbeutezug zwei Schiffe aufbrachte, die mit einer großen Ladung Tuch von England aus nach Dublin wollten. »Die Engländer wehrten sich wenig, und sie raubten jeden Pfennig, der auf den Schiffen war, nur ihre Kleider behielten die Engländer und einige Lebensmittel, und sie fuhren dann mit den Schiffen weg. Aber Sveinn und seine Leute fuhren auf die Hebriden und teilten ihre Beute. Sie segelten mit großer Pracht von Westen weg. Wenn sie in den Häfen lagen, spannten sie englische Tuche über sich. Und als sie auf Orkney zusegelten, da nähten sie sich feine Tuche vorne auf die Segel, sodass es aussah, als ob die Segel ganz aus feinem Tuch gemacht waren. Das nannten sie Tuchwiking.«[96]

Solche englischen Tuche waren es wohl auch, mit denen schon im 9. Jahrhundert die Friesen Handel trieben – auch wenn sie in den Quellen mitunter als *pallia fresonica,* als friesische Tuche auftauchen, was die Wissenschaft zu viel Fantasie und manchem Streit angestachelt hat.[97] Aber nicht nur für die möglichen Herkunftsnationen, auch für die späteren Marktführer hatte die Frage nach dem friesischen Erbe für eine gewisse Zeit geradezu staatstragende Bedeutung. Der Belgier Henri Pirenne legte Wert darauf, sehr genau zwischen den *draps de Frise,* die von einer *industrie barbare,* und den *draps de Flandre,* die von einer *industrie perfectionnée* herstammten, zu unterscheiden – und darauf, dass diese perfektionierte flandrische Tuchindustrie nicht aus der barbarischen friesischen entstanden, sondern beide Herstellungsarten »Fremde« seien.[98] 1909, als Pirenne das konstatierte, war Belgien schließlich eine stolze Industrienation und eine Übernahme vom nördlichen Nachbarn nicht vorstellbar.

Die Hansen haben sich an dieser Professionalisierung der flandrischen Tuchherstellung zum eigenen Nutzen beteiligt. In Poperinge etwa, einer der flandrischen Kleinstädte nahe Ypern, setzten sie im Laufe des 15. Jahrhunderts eigene Produktionsstandards gegenüber den lokalen Produzenten durch und trafen monopolartige Abnahmevereinbarungen.[99] Schon früh heißt es beim Kontor in Brügge, man solle größere Menge Poperinger Tuch nur kaufen, wenn es *von den ramen ghedaen* und man es selbst oder verlässliche Gewährsleute inspiziert hätten.[100] Lange sollte es jedenfalls nicht dauern, da liefen diese flandrischen Tuche – ganz gleich, welches friesische Erbe sie nun weitertrugen oder nicht – den englischen Luxuswaren den Rang ab.

Natürlich erwuchs dem West-Ost-Handel mit hochwertigen

Tüchern immer wieder auch lokale Konkurrenz – zu groß war die Nachfrage während des gesamteuropäischen Wirtschaftsbooms. Die schlesische Textilindustrie etwa nahm schon gegen Ende des 14. Jahrhunderts einen derartigen Aufschwung, dass das Nowgoroder Kontor den Handel mit den Konkurrenzprodukten schlicht untersagte.[101] Weniger eine Konkurrenz als vielmehr eine Erweiterung des Angebots dürfte die expandierende Leinenproduktion im hansischen Binnenland gewesen sein, die durch die Flachsimporte aus dem Osten zusätzlich angeschoben wurde.[102]

Problematischer waren für das Flanderngeschäft aber ohnehin der sich wandelnde Geschmack und die zunehmende preiswerte Konkurrenz aus England und den nördlichen Niederlanden. Beides setzte den flämischen Tüchern, für die sich die Hansen im Norden beinahe ein Monopol erarbeitet hatten, im Laufe des 15. Jahrhunderts stark zu. Und dann waren da noch Luxustücher aus Italien, die eher über die Frankfurter Messen oder die süddeutschen Reichsstädte als über Brügge und die Hanseschiffe nach Deutschland kamen, oder aufwendig gearbeiteter Barchent, ein Baumwoll-Leinen-Gemisch, aus Schwaben und Franken. Nicht unterschlagen werden sollte allerdings, dass durchaus auch Luxuswaren in die andere Richtung gehandelt wurden. Die reich bestickten Kölner Schmuckborten etwa, vor allem solche mit religiösen Motiven, erfreuten sich auch in Italien großer Beliebtheit.[103] Als im Laufe des Spätmittelalters die Massenprodukte die exklusiven Stoffe an Bedeutung überholten, sanken auch die Gewinne am einzelnen Stück massiv, was aber durch größere Mengen ausgeglichen werden konnte. Zugleich sank das Risiko gegenüber den teuren Luxusprodukten erheblich.[104]

Köln war das »Weinhaus« der Hansen.[105] Hier schlug man nicht nur die beliebten milden Rhein- und Moselweine um, sondern auch den portugiesischen *azoye* aus der Gegend von Lissabon, den spanischen *granate* – und den besonders beliebten süßen Malvasier, der in Mallorca, Südfrankreich, aber auch auf manchen griechischen Inseln angebaut wurde. Dabei dienten die teuren Importweine nicht nur dem privaten Konsum in reichen Bürgerhaushalten, sondern insbesondere repräsentativen Zwecken wie

Empfängen und Weingeschenken des Rates oder für die gemeinsamen Mahlzeiten der Bruderschaften und Trinkstuben.[106]

Der Konsum muss insgesamt enorm gewesen sein. In Köln wurden um 1430 von den rund 40 000 Stadtbewohnern 2,5 Millionen Liter Wein im Jahr konsumiert, also rund 65 Liter pro Kopf.[107] Nicht umsonst war daher die Weinakzise, die Verbrauchssteuer auf den Ausschank und Verkauf von Wein, eine der wichtigsten Einnahmequellen vieler Städte überall im Reich, und der Weinkeller war eine bedeutsame Einrichtung in vielen hansestädtischen Ratshäusern.[108] In Lübeck etwa, wo sich der Rat schon früh das Schankmonopol auf Rheinweine gesichert hatte, lagerten 1289 über 150 000 Liter des begehrten Getränks.[109] Da das Ratsamt ein Ehrenamt bedeutete, aber durch besondere Weinzuteilungen honoriert wurde, wird man dort sicher darauf geachtet haben, dass auch entsprechende Qualität vorgehalten wurde. Der heute so berühmte *Lübecker Rotspon* allerdings, ein Bordeaux, der in Fässern nach Lübeck geliefert wird, erst dort zur Flaschenreife kommt und abgefüllt wird, ist eine Tradition, die nicht weiter als bis ins späte 16. Jahrhundert zurückreicht.

Von Ost nach West: Wachs, Pelze, Bernstein

Obwohl das Mittelalter beileibe nicht so sprichwörtlich dunkel war, wie es gerne dargestellt wird – künstliche Beleuchtung brauchten die Menschen auch damals. Während in vielen Hütten und Häusern Herdstellen oder unangenehm qualmende Kienspäne für schummeriges Licht sorgten, war doch mindestens eine Institution auf ständigen Nachschub an Kerzenwachs angewiesen: die Kirche. Auch der Adel und andere Wohlhabende zeigten mit der Verwendung von Kerzen ihre ökonomische Potenz. Außerdem fand Wachs in zahlreichen weiteren Kontexten vom Urkundensiegel bis zum Abdichten von Lebensmittelgefäßen Verwendung. Kurz, es herrschte riesiger Bedarf. Schon im Früh- und Hochmittelalter lässt sich daher ein reger Wachshandel rund um die Ostsee festmachen, an dem sich alle Anrainer beteiligten; seit der Wende vom 13. auf das 14. Jahrhundert war er dann fest in hansischer

Hand.[110] Über Nowgorod, Polozk und Pskow kam der wertvolle Rohstoff in großen Mengen in den Westen. Später stieg auch der Deutsche Orden in das lukrative Geschäft ein. In England erreichten die Hansen annähernd eine Monopolstellung für den Wachsimport aus Osteuropa, der in guten Zeiten jährlich über 75 Tonnen auf die Insel brachte.[111]

Einen ähnlich enormen Umfang erreichten die Pelzimporte, die ebenfalls beinahe exklusiv über Hansekaufleute in den Westen kamen. Schon 1311 wird etwa von der Beschlagnahmung von fast 50 000 Pelzen deutscher Kaufleute in Pleskau/Pskow berichtet. Und in England kamen, nachdem die Hansen im 14. Jahrhundert die norwegische Konkurrenz im Land annähernd vollständig ausgeschaltet hatten, über 90 Prozent der Fellimporte mit den Hansen ins Land.[112]

Wie der Einkauf dieser typischen Ostware aussah, zeigt das Gestühl der Rigafahrer in der Stralsunder Nikolaikirche aus der Zeit um 1360/70.[113] Vier eichene Relieftafeln, die ursprünglich bunt gefasst waren, zeigen russische Pelzjäger bei der Jagd und beim Handel der erbeuteten Felle. Eindrücklich wird die Jagd in Szene gesetzt: Zobel und Hermeline werden mit Hunden aus ihren Bauten im Boden getrieben. Das Eichhörnchen lebt in den Bäumen und muss erst mit stumpfen Pfeilen und Schlagstöcken

Abb. 22: Russische Pelzjäger verkaufen ihre Beute an hansische Händler, dargestellt auf dem Rigafahrergestühl in der Stralsunder Nikolaikirche.

herabgetrieben werden. Das graue Winterfell dieser besonderen Eichhörnchenart, das so genannte Feh, galt in Westeuropa als wichtiges Statussymbol.

Auf einer der Tafeln mit den Jagdszenen sieht man die typische osteuropäische Waldbienenzucht, die sogenannte Beutnerei. In die Bäume werden größere Aushöhlungen, die »Beuten« geschlagen, in denen die Bienen siedeln können. Zur Erntezeit wird der Baum mit der Axt geöffnet und werden Wachs und Honig entnommen. Eine weitere Relieftafel veranschaulicht den Handel der Pelzjäger mit den Kaufleuten aus dem Westen: Sie tragen die Felle in hängenden Bündeln, die von einer unten offenen Textilbedeckung geschützt werden, zu einer befestigten Ortschaft – vielleicht sogar zum Kontor, das im Bild freilich überraschend viele Steinbauten aufweist. Diese charakteristische Form der Fellverpackung, die auch als Maßeinheit zu je zehn Fellen unter dem Namen *tendelingh* oder *decker* in den Quellen auftaucht, sehen wir zweihundert Jahre

Abb. 23: Bernsteinfischer an der preußischen Küste, dargestellt im *Orbis sensualium pictus* des berühmten Pädagogen Amos Comenius von 1662. Am Strand sieht man die Aufseher, die darauf achten, dass kein Fundstein unterschlagen wird.

später beim Einzug der Moskowiter auf dem Regensburger Reichstag (Abb. 44) noch immer. Charakteristisch für die Darstellung von Russen in jener Zeit sind außerdem ihre zu Zöpfen geflochtenen Haare und Bärte. So werden sie nicht nur im Stralsunder Gestühl, sondern etwa auch in Lübeck ein gutes halbes Jahrhundert später dargestellt.[114]

Neben Pelzen und Fellen zählte Bernstein, den man vor allem an den samländischen Küsten in großen Mengen finden konnte, zu den wichtigen Luxusexporten.[115] Besonders für Rosenkränze war der bräunlich funkelnde Stein ein begehrtes Schmuckelement. Abseits des Baltikums ist Bernstein extrem selten, und so hatte sich der Deutsche Orden für diesen edlen fossilen Rohstoff früh das Monopol gesichert. Erst hatte er ein Vorkaufsrecht, später sogar ein allgemeines Verbot durchgesetzt, unbearbeiteten Bernstein auch nur zu besitzen. Außerdem wurden Ausbeute und Verarbeitung streng überwacht, um die Unterschlagung von Fundbernsteinen so weit als möglich auszuschließen. Mehrheitlich ging der preußische Bernstein dann allerdings unverarbeitet in den Westen bis nach Lübeck und Brügge, wo man in den Zünften der Rosenkranzmacher dankbare Abnehmer fand.

Mit dem Bernstein handelten sogenannte »Lieger«, die keine Ordensangehörigen waren, sondern Kaufleute, Angehörige der städtischen Oberschichten Preußens, die durch Verträge und Soldzahlungen an den Orden gebunden wurden. Es handelte sich um Hansekaufleute, die für den Bernsteinhandel kurzzeitig ihren sprichwörtlichen Hut wechselten: vom eigenständigen Kaufmann zum angestellten Faktor oder Handelsdiener.[116] Für den einzelnen Kaufmann stellte das eine willkommene Erweiterung seiner Geschäfte um eine verlässliche Einkunftsquelle dar.

Hering, Stockfisch – und Salz

Fisch dürfte im Speiseplan des Mittelalters ungleich wichtiger gewesen sein als er es heute in den meisten Regionen Europas ist. Das lag vor allem an seiner Funktion als Fleischersatz, denn ein guter Christ fastete nicht nur freitags sowie in den Wochen vor

Ostern und Weihnachten, sondern zudem an zahlreichen weiteren Feiertagen im ganzen Kirchenjahr. Je nach Region und Ernsthaftigkeit aß man das halbe Jahr kein Fleisch. Außerdem war Fleisch teuer, Fisch dagegen ein bezahlbarer Ersatz als Eiweiß- und Energielieferant. Und er ließ sich gepökelt, getrocknet oder eingelegt relativ lange aufbewahren, was für Fleisch und manche pflanzliche Nahrung weit weniger galt.

Wie wichtig der Fisch als Fastenspeise war, kann man nüchternen Rechnungen und schlecht gelaunten pastoraltheologischen Fastenmahnungen entnehmen. Man kann es aber auch in faszinierenden, detailreichen Wimmelbildern sehen, wie sie Pieter Breughel der Ältere um die Mitte des 16. Jahrhunderts malte (Abb. 24). In seinem großen Tafelgemälde *Der Kampf zwischen Fasching und Fasten,* das man in seiner farbigen Pracht im Kunsthistorischen Museum Wien bestaunen kann, sieht man links die Karnevals- und rechts die Fastenbräuche. Links herrscht Ausgelassenheit: Es gibt Waffeln und Kuchen, Musik, Verkleidungen und Kartenspiele. Männer hängen trunken über Weinfässern, einige laufen einem Narren hinterher. Rechts geht man nicht in die Kneipe, sondern in die Kirche. Man spendet Almosen und schließt sich einer Prozession an. Zu trinken gibt es keinen Wein, sondern Wasser aus dem Brunnen. Direkt daneben: ein Fischstand. Oberhalb ziehen zwei gebeugte Gestalten eine Karre mit Heringen. Im Bildvordergrund wird dieses Gegenüber in zwei allegorischen Figuren verdichtet, die ein Lanzenstechen austragen: Der dickleibige, offensichtlich trunkene König Karneval, dessen Lanze vor fettem Geflügel und Spanferkel nur so trieft, reitet auf einem Weinfass gegen den verhärmten Prinzen Fastenzeit an, der ihm auf seiner langen Brotschaufel kraftlos zwei Heringe entgegenstreckt.

Der Zusammenhang zwischen Fastenspeise und europäischer Massenware ist offensichtlich. Interessant bleibt die Frage nach der Henne und dem Ei: Die meisten Historiker halten den gestiegenen Bedarf an Fisch für eine Folge der Christianisierung. Der französische Historiker Raymond Delatouche dagegen behauptet einen gegenläufigen Prozess. Die stetige Vermehrung kirchlicher Fastentage sei eine gezielte ernährungspolitische Maßnahme ge-

Abb. 24: Pieter Breughel der Ältere, *Der Kampf zwischen Fasching und Fasten*, um 1559, Öl auf Eichenholz.

wesen, um den Fischkonsum gegenüber dem knappen Getreide und dem für die breite Bevölkerung zu teuren Fleisch zu steigern.[117] Gefolgt ist ihm in dieser Meinung freilich bisher kaum jemand. Sei es, wie es sei: Die eiweißreichen Meeresbewohner waren jedenfalls für die europäische Ernährung des Mittelalters so wichtig, dass Stifter regelmäßig Geistliche und Bedürftige mit Stockfisch- oder Heringszuweisungen bedachten.[118]

Der wichtigste Fastenfisch Europas war der Hering, der im Spätsommer in riesigen Mengen in die Ostsee kam, um dort zu laichen.[119] Wie enorm die Exportmengen dieses Massengutes nach ganz Europa waren, kann man schlaglichtartig an den wenigen in Malmö überlieferten Pfundzolllisten ablesen. Demnach wurden allein 1375 über 25 000 Tonnen Hering verzollt.[120] Der Nordseehering dagegen war weniger beliebt. Er verdankt seinen Aufstieg vor allem der erfolgreichen Verdrängung der Holländer von den schonischen Messen, sodass ihnen gar nichts anderes übrig blieb, als seit dem 15. Jahrhundert eine eigene Heringsindustrie aufzubauen. Als dann nach 1500 die Heringsschwärme in der Ostsee aus unerfindlichen Gründen ausblieben, übernahmen der Nordsee- und der Atlantikhering dessen Funktion als überregionale Handelsware.

Über die Bedeutung des Seefischs für den überregionalen Handel schließlich vergisst man leicht die Rolle der lokalen Küsten- und der Binnenfischerei.[121] Zwar konnte im hansischen Fernhandel der Süßwasser- dem Seefisch quantitativ keinesfalls das sprichwörtliche Wasser reichen. Er entwickelte sich allerdings in manchen Regionen, etwa in Preußen, durchaus zum Massengut, das über beachtliche Strecken verfrachtet wurde.[122] Hering und Stockfisch aber waren die großen Marktführer.

Von den Verteilerhäfen an der Küste gelangte der Fisch über die Binnenwasserwege zu den Umschlagsplätzen Europas. Es entwickelte sich ein ausdifferenziertes Gewerbe, das von den Trägern *(dregers)* der Tonnen und Körbe bis zu den *heringswescheren* reichte, die den Fisch wuschen und dabei kontrollierten – manchmal sogar in eigenen Heringshäusern *(domus allecium* beziehungsweise *herinckhusen),* wie es sie etwa in Lübeck, Wismar, Rostock und Lüneburg, aber auch weiter im Hinterland, etwa in Hildesheim, gab.[123] Hier wurden typischerweise auch die Heringstonnen für den Weiterverkauf zwischengelagert und der Fisch gegebenenfalls auch umgetonnt. Das war dann nötig, wenn die konservierende Salzlake auszutrocknen begann. Leicht kann man sich vorstellen, welche Geruchsbelästigung diese speziellen Kaufhäuser darstellten. Und so wundert es nicht, dass sie meist außerhalb der Stadt angesiedelt wurden, wenn sie nicht ohnehin in unmittelbarer Nähe des Hafens lagen. Die Hildesheimer etwa verboten 1278 das Waschen von Heringen innerhalb der Stadt.[124]

Mit der Zeit entwickelten sich vielerorts um die Heringshäuser herum eigene Fischmärkte, auf denen üblicherweise neben Seefischen auch Süßwasserfische feilgeboten wurden. Wie bedeutsam der Fisch gerade für große Metropolen sowohl für den Umschlag als auch für den eigenen Konsum war, zeigt der Umstand, dass es solche Fischmärkte schon früh weitab der Küste im Umfeld der größeren Binnenhäfen gab – in Köln etwa, wo im 12. Jahrhundert ein Fischmarkt am Rhein entstand.[125] Andernorts wurden die Fischverkäufer mit den Fleischbänken der Metzger vergesellschaftet oder – ebenfalls sachlich naheliegend – auf den Salzmarkt gewiesen.

Der Verkauf der Fische wurde streng überwacht, insbesondere beim Hering, wo genau zwischen dem teuren schonischen und dem preiswerteren deutschen Hering, der von den pommerschen oder rügischen Küsten stammte, unterschieden wurde. Die Qualitätsunterschiede zwischen den angebotenen Fischen waren auf dem Markt wie auch bei der Weitergabe im Fernhandel immer wieder ein Konfliktpunkt, weil allzu oft mit Betrug zu rechnen war. Streng warnte etwa der Lübecker Rat davor, *ghuden heringh uppe wandelbaren,* also schlecht gewordenen, *hering vor de bodeme packen.* Die Verkäufer und Heringswäscher, die an solchen Betrügereien beteiligt waren, wurden vom Rat gerichtet und *de packers, de sodanen heringh gepacket hebbem, de scholen hir to Lubeke nicht meer packen.*[126] Berufsverbot also. Die Ware wurde eingezogen und üblicherweise verbrannt.[127]

Die Haltbarmachung des leicht verderblichen Massengutes war der springende Punkt im Heringshandel. Deshalb spielte die unmittelbare Verbindung von Salz- und Fischhandel eine große Rolle, wie schon bei den schonischen Vitten gesehen. Salz konnte durch Verdunstung aus Seewasser gewonnen werden, wie es etwa an der Atlantikküste praktiziert wurde und heute noch wird. Dieses Salz war geschmacklich weniger beliebt und entsprechend auch preiswerter; es wurde von großen hansischen Salzflotten aus Westfrankreich importiert, die in der Bucht von Bourgneuf, südlich der Loiremündung, Richtung England und Flandern in See stachen und deshalb meist Baienflotte (von französisch *baie* – Bucht) genannt werden. Diese Baienfahrt war im 13. Jahrhundert eine wichtige Wurzel des hansischen Wohlstandes und beeinflusste auch die hansische Schifffahrt. Später wurden außerdem südlichere Häfen Frankreichs angefahren, sodass sich die Handelskontakte schließlich bis Portugal und Spanien ausweiteten.[128]

Wichtiger noch als das Salz des Atlantiks war das des hansi-

Abb. 25: Willem Beukelszoon, der legendarische Erfinder des Matjes. Lithografie eines Kirchenfensters aus seinem Heimatort Biervliet in Zeeland, 1821.

schen Binnenlandes, das aus den Salinen etwa von Lüneburg, Kolberg oder Soest stammte. Gerade das Lüneburger Salz, das früh zum wirtschaftlichen Erfolg Lübecks beitrug, war für seine besondere Qualität hoch geschätzt und versorgte zu einem Gutteil die schonischen Heringsmessen.[129] Das lange Einkochen der Sole hat bis heute seine Spuren in der Landschaft hinterlassen, denn ohne den hohen Brennholzbedarf der mittelalterlichen Salzindustrie gäbe es wohl keine Lüneburger Heide.

Eine kleine Revolution des Heringshandels soll im ausgehenden 14. Jahrhundert im kleinen Örtchen Biervliet am äußersten Südzipfel von Zeeland, damals eines der wichtigen Salzzentren der Region, der Fischer Willem Beukelszoon ausgelöst haben, indem er den Matjes erfand. Dafür werden nur ganz junge Heringe verwendet, die in der kurzen Zeit zwischen Ende Mai und Anfang Juni gefangen werden. Man entfernt mit einem Kehlenschnitt die Kiemen und einen Teil der Eingeweide, belässt aber insbesondere die Bauchspeicheldrüse im Fisch, deren Enzyme im anschließenden Salzlakebad eine Fermentation auslösen. Wem diese Beschreibung noch nicht den Appetit verdorben hat: Dieser *Nieuwe Haring* ist heute noch ein niederländisches Nationalgericht und ausgesprochen köstlich. Für die mittelalterliche Handelsgeschichte war er aber noch etwas: preiswerter. Denn es wird für diesen Prozess deutlich weniger kostbares Salz als für die ansonsten übliche Pökelung gebraucht. Kein Wunder also, dass Beukelszoon noch immer ein Held für die Niederländer ist und noch im 21. Jahrhundert in einer Umfrage auf Platz 157 der wichtigsten Landeskinder rangierte.

Massen- und Markenprodukte: Getreide und hansische Biere

Zwei weitere Massengüter sollen am Ende dieser kleinen hansischen Warenkunde stehen. Eine zentrale Rolle nahm früh und durchgehend das Getreide ein.[130] Wurde es in der frühen Hansezeit aus dem gesamten südlichen Hinterland von Ost- und Nordsee insbesondere nach Skandinavien verschickt, so stammte es in der frühen Neuzeit aus der unumstrittenen Kornkammer Preußen, die vor allem die Niederlande, England und Schottland belieferte. Lange Zeit hat die Forschung dazu geneigt, diese Verhältnisse in das Mittelalter zurückzuprojizieren. Tatsächlich setzte dieser Trend wohl erst im ausgehenden 15. Jahrhundert ein und versorgten sich bis dahin die Niederlande eher selbst sowie am Niederrhein und aus Westfalen.[131] Erst die andauernden Konflikte in und um Geldern, Brabant und Burgund während der ersten Hälfte des 16. Jahrhunderts ließen die Ostseeimporte wichtiger werden, womit zugleich der Druck auf diese Märkte, sich neuen Teilnehmern zu öffnen, stieg und die ohnehin längst zerbröselnden hansischen Monopolansprüche zusätzlich belastete. Außerdem hatten die Getreideexporte aus dem Baltikum im Mittelalter eine gewisse Bedeutung für den europäischen Markt, ebenso in der frühen Neuzeit. Aber es waren eben keine hansischen Geschäfte mehr: Längst hatten sich im 16. und 17. Jahrhundert Holländer und Engländer auf diesen Routen eingeschaltet.

Als letztes wichtiges Massengut des hansischen Handels sei noch das Bier erwähnt.[132] Noch heute streiten sich Lokalpatrioten und Bierenthusiastinnen über die Urheberschaft am deutschen Reinheitsgebot, die lange Bayern für sich in Anspruch nahm, was Hamburger wiederum beharrlich infrage stellen.[133] Unstrittig dagegen ist, dass die Hanse einen wesentlichen Anteil an der Ausbreitung des Hopfenbiers in Nordeuropa hatte.[134] Zuvor wurden Biere wesentlich mit Kräuterzusätzen und nach sehr individuellen Rezepten gebraut. Solche Grutbiere findet man auch heute noch – und unter den *craft beers* immer öfter.

Dass sich die Biere mit Hopfen als Bierwürze durchsetzten, lag auch an ihrer längeren Haltbarkeit – was nicht zuletzt auf Schiffsreisen äußerst nützlich war, selbst wenn man, wie die Hansen, keine langen Passagen ohne Hafenkontakt fuhr. Wie der Hopfen ins hansische Brauwesen gelangte, ist nicht abschließend geklärt. Man vermutet, dass die Brauer der Hansestädte diese Technik von den Slawen übernahmen, da schon früh slawische Einzelhändler in der Lübecker Zollrolle auftauchen, die Hopfen in die Stadt brachten.[135] Auch Wismar, im 14. und 15. Jahrhundert ein Zentrum der Bierproduktion im Ostseeraum, bezog seinen Hopfen vor allem aus dem Wendland im Osten Mecklenburgs.[136] Die hansischen Hopfenbiere aus Wismar und anderen Städten jedenfalls verbreiteten sich im 14. und 15. Jahrhundert in ganz Nord- und Westeuropa und waren als *oosterlinghe dronken* (»Osterlingentrunk«) etwa auch in Brügge beliebt. Wie sehr der Nordwesten Geschmack an dem Bier der Hansen fand, kann man gut an der Beschwerde der Holländer erkennen, dass am gräflichen Hof Hamburger Bier ausgeschenkt werde, obwohl es sonst in der Grafschaft verboten war, um die gräflichen Einnahmen aus der Grutbesteuerung nicht zu schmälern.[137]

Im Laufe des 15. und des 16. Jahrhunderts entwickelte sich das Alltagsgetränk Bier dann zu einem veritablen Konkurrenten für das Genussgetränk Wein – oder nahm der alltägliche Weinkonsum zugunsten des Bieres ab. In Köln beispielsweise verringerte sich zwischen 1430 und 1480 der Weinkonsum von den oben bereits angeführten 65 Litern auf nur noch 35 Liter pro Kopf und Jahr.[138]

Insgesamt genossen die Biere des Hanseraumes einen hervorragenden Ruf. Dass unter den rund 130 Brauorten, die 1575 der Hamburger Theologe Heinrich Knaust in seiner viel gelesenen Abhandlung von den *vornemsten Bieren in Teudschlanden, beide Weitzen und Gersten, Weisser und Rotter Biere* seiner Expertenmeinung unterzog, ganz überproportional viele in Nord- und Mitteldeutschland lagen, könnte freilich seiner Herkunft und seinem Wirkungskreis zwischen Hamburg, Stendal und Erfurt geschuldet sein.[139] Auch die 1662 erschienene *Wurstologia & Durstologia* sang das hohe Lob auf die norddeutschen Biere, insbesondere auf die braunschweigische *Mumme,* ein stark malzhaltiges und dadurch besonders haltbares Exportbier, das heute noch gebraut wird.[140]

Wie wurde man eigentlich Hansekaufmann?

Im Kapitel über den hansischen Gesellschaftshandel dürfte deutlich geworden sein: Die Zeit an Bord und in den Kontoren im Ausland war für die meisten Hansekaufleute nur eine Episode in ihrem Berufsleben. Viele verbrachten die weitaus meiste Zeit daheim und führten ihre Firma im Rückgriff auf ihr Netzwerk, das sie ständig mit Waren, Geld und Anweisungen versorgten und von dem sie wiederum auf gleiche Weise versorgt wurden. Doch auch für jene, die in einem der hansischen Kontore residierten, verlangte der Berufsalltag neben dem eigentlichen Handel, dem Kaufen und Verkaufen vor Ort, vor allem eines: Netzwerkpflege. Soweit das nicht vor Ort geschah, musste man dafür auf Kommunikationsmedien zurückgreifen. Und das waren neben anderen Hansekaufleuten und ihren Gesellen, die mündliche Nachrichten weitergaben, vor allem Briefe.[141]

Das berühmte Gemälde des Danziger Kaufmanns Georg Giese (1497–1562), das Hans Holbein neben weiteren für den Londoner

Abb. 26: Die Hansekaufleute waren fleißige Briefeschreiber. Auf diesem berühmten Holbein-Gemälde ist der Hansekaufmann Georg (»Jörg«) Giese aus dem Londoner Stalhof dabei, einen Brief zu öffnen. *Dem erszamen Jorgen Gisze to Lundene, Engelant, mynem broder, to handen*, lautet die Adresse darauf.

Stalhof malte, bringt gut zum Ausdruck, welche besondere Bedeutung das Briefeschreiben für den Kaufmann hatte – sei es, um Kontakt mit der Familie daheim zu halten oder um sein Netzwerk zu instruieren.[142] Und das war, wie im Kapitel zum Gesellschaftshandel ja bereits gezeigt, oft genug ohnehin ein und dasselbe. In den Londoner Porträts der Hansekaufleute hat der Geschäftsbrief, wie die Kunsthistorikerin Katrin Petter-Wahnschaffe herausgearbeitet hat, aber nicht nur eine alltagsgeschichtliche Triftigkeit, sondern eine geradezu ikonografische Bedeutung: Er ist »Attribut der kaufmännischen Ehrbarkeit«.[143] Er entspricht dem Zirkel der Bauleute und Architekten oder dem Goldpokal in Porträts erfolgreicher Goldschmiede. Gerade für das Londoner Kontor war das Briefeschreiben offenbar ein besonders wichtiges Werkzeug. Die Händler in London produzierten nicht nur deutlich mehr Schriftlichkeit als ihre Kollegen in den anderen Kontoren, sondern verwendeten auch gleich vier Siegel, während selbst »der König von England, der ein großes Land intensiv regierte, nur drei Siegel« führte.[144]

Unsere Zeitzeugen: die Veckinchusens

Unter den fleißigsten hansischen Briefeschreibern, deren Korrespondenzen heute noch erhalten sind, war der Lübecker Kaufmann Hildebrand Veckinchusen. Um 1365 in Lübeck geboren, sicherte er sich mit einer waghalsigen Unternehmensgründung in Venedig, auf die später noch einmal zurückzukommen sein wird, ebenso wie mit seinen vielen Briefen und umfangreichen Geschäftspapieren einen wichtigen Platz in der Hanseforschung. Erhalten haben sich zwölf Rechnungsbücher und mehrere Hundert Briefe, die mittlerweile alle in brauchbaren bis sehr guten Editionen vorliegen.[145] Vor allem korrespondierte er mit seiner Familie daheim und seinem Bruder Sievert, mit dem er über mehr als zwanzig Jahre Handelsgeschäfte in ganz Europa betrieb. In den Schreiben vermischen sich Geschäftskorrespondenz und Familienleben in ganz eindrücklicher Weise. Deshalb sind die Veckinchusens immer wieder als Zeugen kaufmännischen Alltags im 15. Jahrhundert herangezogen worden, wie auch im Folgenden.

Über die Herkunft und Ausbildung Veckinchusens weiß man trotz dieser günstigen Überlieferungslage allerdings nichts. Im Kindesalter muss er sich in Dortmund aufgehalten haben, weil er selbst berichtet, 1377 dort den Kaiser gesehen zu haben.[146] Ob er aus Radevormwald stammte, wie Franz Irsigler vermutet hat, oder seine Familie aus der Twente, aus den östlichen Niederlanden also, einwanderte, wie neuerdings vorgeschlagen wurde, kann nur anhand von Indizien vermutet werden.[147] Sicher aber scheint, dass er kein *armer lude kynth* war, sondern aus dem Elternhaus bereits ein gewisses Vermögen – und sei es auch nur ein gesellschaftliches – mit auf den Weg bekommen hat. Denn in erster Ehe war er mit der Dortmunder Bürgermeisterstochter Lyseke Swarte verheiratet. Als sie starb, war Hildebrand schon Ältermann des gotländisch-livländischen Viertels im Brügger Kontor. Seine neue Ehefrau Margarethe, eine geborene Witte, stammte aus Riga. Er holte sie nach Brügge, wo die Familie bis 1418 wohnte. Dann erwarb Hildebrand ein Haus in der Königstraße 15 in Lübeck, das heute noch steht, und ließ seine Frau mit sieben Kindern dort. Er selbst fuhr zurück nach Brügge. Von dort aus machte er Geschäfte im ganzen Ostseeraum, zudem in Köln, Straßburg und anderen Metropolen des Westens. Mit der »venedischen Gesellschaft«, die er mit seinem Bruder Sievert und einer Reihe weiterer Teilhaber gründete, begann nach unglaublichen Anfangserfolgen sein Abstieg. Nach mehreren Jahren im Brügger Schuldturm starb er im Februar 1428 gänzlich verarmt und hoch verschuldet, wahrscheinlich in Brügge.[148]

Schulbildung als Fundament

Eine gute Grundausbildung war das Fundament kaufmännischen Erfolgs.[149] Entsprechend bemüht waren die Städte um die nötigen Infrastrukturen. In praktisch allen großen Städten des Reiches, in denen während des 13. Jahrhunderts die neu entstehenden Ratsgremien mit dem Ortsbischof um die Unabhängigkeit rangen, war der Zugriff auf die Schulen einer der Streitpunkte. Und immer setzte sich am Ende die Stadt durch – meist mit der Gründung eigener Schulen.[150] Die Lübecker etwa eröffneten schon 1262 auf eigene Faust eine zweite Lateinschule und gingen für die Erlaubnis dazu bis zum Papst. Lediglich den Gesangsunterricht konnte sich der Bischof noch als Vorrecht für seine Schule sichern.[151]

Wichtiger noch für die Ausbildung des kaufmännischen Nachwuchses waren die Elementarschulen, von denen Lübeck um 1300 schon vier hatte, für jede Kirchengemeinde eine. Hier konnten die Kinder Lesen, Schreiben und Rechnen und in der Regel auch etwas Latein lernen. Wer akademisch höher hinauswollte, wechselte dann an die Lateinschule. Für die kaufmännische Ausbildung aber war die Elementarschule zunächst ausreichend, bevor es dann zur weiteren Ausbildung – auch in schulischer Hinsicht – in die Ferne ging.

Aus der Kloake einer dieser Schulen, die St. Jakobi in der Lübecker Altstadt angegliedert war, hat man bei Ausgrabungen im Jahre 1866 über 50 Wachstäfelchen aus den 1360er-Jahren geborgen.[152] Sie konservieren uns den Elementarschulalltag der Hansezeit. Die noch erkennbaren Aufzeichnungen auf den Lübecker Wachstäfel-

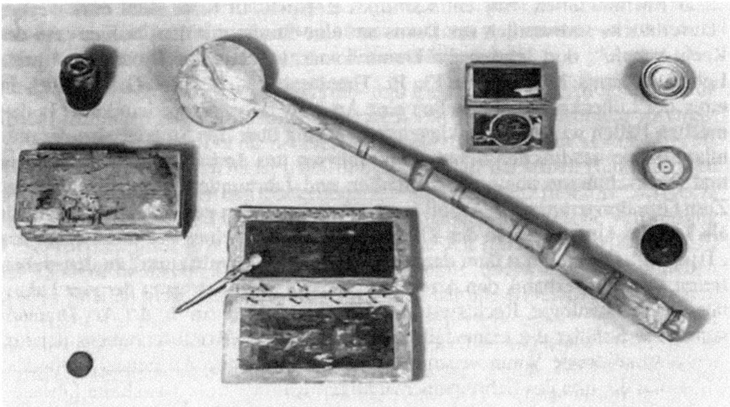

Abb. 27: Schulgeräte aus der Kloake der Lübecker St. Jakobi-Schule.

chen sind von ganz unterschiedlicher Natur. Auch Kritzeleien sind dabei, zum Beispiel eine ungelenke Kreuzigungsgruppe, die der Schüler vielleicht in St. Jakobi zeichnete.[153]

Spannender für unsere Frage nach der Ausbildung des hansischen Nachwuchses sind die Briefübungen, die den Schülern vom Lehrer diktiert wurden und mit einer Ausnahme sämtlich in Latein gehalten sind. Darunter finden sich tagesaktuelle Beispiele, etwa ein wahrscheinlich fiktives Unterstützungsschreiben des Rates ihrer Heimatstadt an den Herzog von Holstein, der gerade vergeblich Helsingborg belagerte.[154] Als die für uns namenlosen Schüler diese Zeilen ins Wachs ritzten, dürfte der Krieg der Kölner Konföderation gerade auf dem Höhepunkt gewesen sein. Mehrere andere Briefübungen betreffen Handelsgeschäfte, unter anderem die Anfrage eines Lübecker Kaufmanns nach Frankfurt am Main, ob man ihm nicht einen Gastgeber zur *bona nox,* für eine gute Nacht, empfehlen könne – einer der vielen Hinweise darauf, wie sehr die Stadt trotz ihrer relativen Nordlage ein südlicher Knotenpunkt des hansischen Handels war.[155]

Der Elementarunterricht war durchaus nicht nur den Söhnen vorbehalten. Oft lernten auch die Töchter der Kaufmannsfamilien zumindest rudimentär Lesen und Schreiben. Ob das auch in der Schule oder eher im Heimunterricht geschah, ist nicht ganz leicht zu beantworten. Aber dass viele Bürgersfrauen und -töchter lesen und schreiben konnten, ist gut bezeugt. »Lieber Freund!«, diktierte etwa Lisbeth Veckinchusen aus dem Kölner Exil an ihren Schwager Hildebrand in Brügge. »Sei bitte nachsichtig und lies diesen Brief mit Sorgfalt, da meine Tochter noch nicht so gut schreiben kann. Aber auf der anderen Seite wollte ich dies niemand anderen schreiben lassen.«[156] Tatsächlich konnte die Mutter wohl selbst nicht schreiben, den brisanten Brief einem Fremden diktieren wollte sie aber auch nicht. Allzu deutlich wird darin klar, dass beide Brüder in erheblichen Finanzschwierigkeiten steckten: Der eine, Sievert, musste einen empfindlichen Kredit bei dem Kölner Bankier Simon Sassolini aufnehmen, um zum König nach Speyer zu reisen. Der andere, Hildebrand, schrieb hastig zurück, er möge bloß keinen Wechsel auf ihn ziehen, weil er nicht imstande sei zu zahlen. Solche Kalamitäten blieben besser in der Familie. Nichts wäre für die beiden Brüder problematischer gewesen, als in *ungheloven,* in Verruf und damit in schlechte Kreditwürdigkeit zu geraten.

Die kleine Gertrud *(Drudeke)* hat noch häufiger Briefe für die Mutter geschrieben; gleich mehrmals findet sich der bezeichnende Hinweis, sie könne es *nicht alle tydt ghedoen,* also nicht ständig tun.[157] Im Veckinchusen'schen Briefnachlass findet sich auch ein eigenhändiger Brief von Gertrud an ihren Vater.[158]

Erziehungssorgen – und Lehrjahre in der Fremde

Während Gertrud also fleißig lernte und ihre Mutter sich bald nicht mehr für die ungelenke Schrift ihrer Tochter entschuldigen musste, entwickelte sich ihr Bruder Jost zu einem Sorgenkind. Erst wollte er nicht recht Lesen lernen, dann fiel es der Mutter immer schwerer, ihn *im twange* zu halten.[159] Er wurde deshalb nach Livland geschickt, um dort eine Ausbildung zu erhalten – und wohl auch mehr Disziplin.[160]

Sein Cousin Kornelius machte sich freilich auch nicht besser: ein *wylt schalck* soll er gewesen sein.[161] 1412 – da war er gerade zehn oder elf Jahre alt – verlor der Vater, der ja ohnehin selten zu Hause war, die Geduld und schickte ihn zum Onkel Hildebrand nach Brügge: *Latet Kornelys scryven und welsch lernen,* bittet er: Schreiben und Französisch beziehungsweise Flämisch soll er lernen. Und dann musste der Junge eben sehen, wo er bleibt. »Ich will kein Geld mehr für ihn ausgeben«, schrieb Sievert verärgert seinem Bruder, »und es tut mir leid, dass Du so hohe Ausgaben für ihn hast.« Jetzt sollte er endgültig bei *vroemden luden* sein Glück versuchen.[162]

Die Veckingchusens waren nicht die Einzigen mit Nachwuchssorgen. Da schrieb etwa im September 1513 der Danziger Kaufmann Hans Chonnert an seinen Handelspartner und wohl auch Freund, den finnischen Domprobst Paul Scheel in Åbo, dem heutigen Turku.[163] Ihm hatte er gerade seinen Sohn, der nach dem Vater ebenfalls Hans hieß, zur Ausbildung geschickt. An erster Stelle solle der Knabe Finnisch lernen – was besonders interessant ist, weil das Finnische zu dieser Zeit eine rein gesprochene und noch keine Schriftsprache war. Ferner solle er *swedysche breffe* schreiben lernen, also wohl Kaufverträge und Ähnliches. Von gesprochener Sprache hier kein Wort. Und schließlich *ok so wat lattynesch,* also wörtlich »ein bisschen Latein«. Denn Hans junior solle wie sein Vater *eyn choppman werden, so ys yt em ganch nutte,* sehr nützlich also.

Eyn fyn june sei der Knabe, beteuert der Vater, dem *Got und Marya ... fele wernonft* gegeben hätten.[164] Aber der Alkoholgenuss seines Sprösslings muss ihm wohl schon in der Heimat Sorge bereitet haben, denn er bittet seinen Freund in Turku inständig: *Her meysster Pawel, ik bydde ju fruntlich: Ber mach he nycht drynken,* aber *mochte he got dunber chrygen, dat were em sere got.*[165] Die Unterscheidung zwischen vollalkoholischem *ber* und leichtem, gutem Dünnbier, das dem Jungen guttäte, ist bezeichnend. Hier geht es nicht um grundsätzliche Enthaltsamkeit, sondern um die Sorge wegen Übermaß und Rauschzuständen. Die väterliche Mahnung half freilich wenig. Im Juli des Folgejahres schrieb Chonnert seinem Sohn: *Hans, yk hore eyne qwade tydyne, wo du eyn berdore werst, wo uw ber supt ... als eyn su, dat my denne sere wordrut und my let ys.*[166] Woher genau sich das schöne Schimpfwort *berdore* etymologisch entwickelt hat, ist schwer zu sagen, vielleicht meint es einen »Bier-Toren« *(ber-dor)*, also jemanden, der unvernünftig viel trinkt. Denn darum geht es ja ganz offensichtlich. Vater Hans beschreibt es uns mit ärgerlichen Worten: eine *qwade tydyne*, eine schlechte Nachricht also, habe er bekommen, wie sehr sein Sohn ein *berdore* sei, dass er Bier saufe wie eine Sau *(wo uw ber supt ... als eyn su)*, was ihm großen Verdruss *(wordrut)* beschere. Und so bittet Chonnert seinen Freund in Turku noch im selben Monat: *Werdyge lewe here, sendet my ok Hans to hus. My ys geseckt, wo sere he ber drynket. Dat ys my let* (»Werter, lieber Herr, schickt mir auch Hans nach Hause. Mir ist gesagt worden, wie viel Bier er trinkt. Das ist mir leid«).[167]

Lehrjahre sind keine Herrenjahre

Die Ausbildung des Nachwuchses in der Fremde war üblich in der Biografie eines hansischen Kaufmanns – nicht nur für den naheliegenden Erwerb der nötigen Fremdsprachenkenntnisse, sondern auch als Erziehungsmodell. Die Jahre sollten bewusst hart sein, und man achtete sehr darauf, dass der üblicherweise noch sehr junge Lehrling von 11, 12 oder 13 Jahren *in dwange geholden werde, dat he sinen willen nicht en krige*.[168] Außerdem diente diese Zeit dazu, erste Handelserfahrungen zu sammeln. *Jach den jungen ... flux forth, lat den pengel ummer her lopen*, schrieb 1553 der Kaufmann Hermen thor Mölen aus Narva an seinen Revaler Handlungsdiener, »damit ich bis zum Sommer meinen Gewinn zurückerhalte«.[169] Der »Bengel« – gemeint ist Hermens Sohn Andreas – sollte also nicht fortgejagt, sondern auf Reisen geschickt werden, damit er sich bewähren konnte. Tatsächlich war das *umme jagen* der Lehrlinge und Knechte mit dem Gut ihrer Herren und Ausbilder eine beliebte Methode, um sie auf das Leben als Kaufmann vorzubereiten.

Besonders hart ging es bei der Aufnahme in ein Kontor oder eine Fahrtgenossenschaft zu. Hier standen dem dann meist schon einige Jahre älteren Nachwuchs Aufnahmeriten und »Spiele« bevor, die mitunter drastische Züge annahmen.[170] Wir lesen vom

Aufhängen über qualmenden Feuern, vom Unter-Wasser-Drücken im eisigen Meer vor Bergen, von kollektiven Prügelritualen und vielem mehr. Von solchen Riten stammt unser heutiges Wort »hänseln«, das ursprünglich nichts anderes heißt als »zum Hansekaufmann machen«. Diese *rites de passage,* diese Aufnahmerituale in eine raue Männergesellschaft stellten soziale Kohäsion in der Gruppe der Kaufleute her, weil sich ihnen Arm und Reich gleichermaßen unterwerfen mussten.

Einmal im Kontor angekommen, gab es für die *kynder* offenbar auch Formen der Selbstorganisation. In Nowgorod etwa trafen sie sich in einer eigenen beheizten Stube, dem *kindersteven,* wählten sich einen eigenen Ältermann, der auch Strafgelder für Prügeleien und andere kleine Vergehen verhängen konnte. Das funktionierte nur deshalb, weil dem Kaufmannsnachwuchs von Anfang an eingetrichtert wurde: Wer herrschen will, muss auch dienen, muss leiden können. Vom *kynd* oder *junghe* über unselbstständige Geschäfte als *knecht* und die Mitwirkung an ersten Handelsgeschäften als *gheselle* konnte man sich mit Geschick und harter Arbeit ein Startkapital erwirtschaften und damit selbstständig machen. Das konnte gute zehn Jahre dauern, manchmal auch mehr. Rechtsfähig wurde ein Knecht nach Lübischem Recht mit 18 Jahren – aber das nötige Kapital für größere eigene Geschäfte dürften die meisten in diesem Alter noch nicht beisammengehabt haben. Die Gesellen mussten sich dafür wohl regelmäßig *noch mindestens zwey jahre mit ihres herrn geldern oder guetern an anderen oerten, es sey zu wasser oder lande, ... gebrauchen lassen.*[171]

Der Revaler Handelslehrling Hans Wyneke, der 1497 bei einem Schiffsunglück vor Danzig in jungen Jahren ertrank, hinterließ mit seinem über sieben Jahre geführten, aber nur einige wenige Blätter enthaltenden Handlungsbuch ein einzigartiges Dokument, das einen Einblick in das Leben und die Ausbildung eines werdenden Hansekaufmanns vermittelt.[172] Wyneke war vermutlich in Reval geboren worden und kam mit etwa 13 Jahren zu dem Revaler Kaufmann Steffen Pelser. Pelser wiederum stammte aus einer ostwestfälischen Familie im fernen Lippstadt, die sich nach seinem Tod im Jahre 1500 in Reval um das Erbe stritt.[173] In seiner Firma hatte er zeitgleich mindestens zwei Lehrlinge, neben Hans den aus Münster stammenden Jakob Stöve, der zwei Jahre älter war und schon rudimentäre Kenntnisse im Schreiben, Lesen und Rechnen hatte.

Auch Hans wurde *umme* gejagt, meist nach Lübeck, manchmal weiter nach Flandern, wo sein Dienstherr Pelser Felle, Nadeln, Wachs und andere Ostwaren absetzte und Tuch einkaufte. Auch in Pelsers Korrespondenz kann man immer wieder von Hans' Reisen lesen – unter anderem in diesem Vorwurf eines seiner Handelspartner: »Hättet ihr Hans Wyneke weiter *umen jaget* mit Wiesel, Hermelin ... hätte das die Unkosten wohl bezahlt gemacht. Es sei nicht geschehen, wie Valentin meint.«[174] Jener Valentin Lam freilich, der seinen Partner Pelser in Reval anschwärzte, sollte später selbst bankrottgehen. Insgesamt rechnete Hans Wyneke, soweit man aus seinen Aufzeichungen sehen kann, stets sauber mit seinem Dienstherrn ab und verhalf ihm zu den kleinen Gewinnen, die für den hansischen Ameisenhandel eben typisch waren.

Der Pfeffersack und seine Bücher – ein rückständiger Unternehmertypus?

Der Rückblick auf das zurückliegende Kapitel beantwortet die selbst gestellte Frage bereits: natürlich nicht. Warum sie trotzdem stellen? Lange Zeit war die deutsche Wirtschaftsgeschichtsschreibung vom Modell der oberdeutschen Firma als einzig rationaler Unternehmensverfassung überzeugt. Das hat 1976 der Erlanger Wirtschaftshistoriker Wolfgang von Stromer in einem berühmten und in den letzten Jahrzehnten häufig kritisierten Aufsatz auf den Punkt gebracht, der mit dem »innovatorischen Rückstand« der Hanse ihren Niedergang im 15. Jahrhundert erklären wollte.[175] Er erkannte diesen Rückstand erstens im weitgehenden Fehlen innovativer Technik und der entsprechenden Gewerbezweige, also Verhüttung, hochwertige Textilproduktion oder Feinmechanik; zweitens im Fehlen des damit meist verbundenen Verlagssystems, in welchem die Einzelschritte der gewerblichen Produktion von einem Investor, dem Verleger, jeweils angestoßen und das daraus resultierende Halbfertigprodukt in den nächsten Bearbeitungsschritt weitergereicht wurde; und drittens im Fehlen zeitgemäßer Finanztechniken sowohl im öffentlichen als auch im privat-kaufmännischen Bereich, also im Fehlen von Banken und moderner doppelter Buchführung.

Einige dieser Vorwürfe sind im zurückliegenden Kapitel bereits entkräftet oder wenigstens relativiert worden. Vor allem aber dürfte anhand der grundlegend anderen Struktur des hansischen Handels und der damit betriebenen Kapitalakkumulation deutlich geworden sein, dass hier fundamental andere, nicht schlechtere Antworten auf Grundfragen kaufmännischer Existenz gefunden wurden. Die hansische Firma bestand aus einer Vielzahl kleiner, kurzlebiger und mehr oder minder paritätischer Handelsgesellschaften, die oberdeutsche dagegen war ein hierarchisches Unternehmen mit großem Kapitalstock und langfristiger Bindung, das auf stetiges Wachstum angelegt war. Insofern wundert es auch nicht, dass die Wirtschaftsgeschichte des 20. Jahrhunderts sie für das allein selig machende Modell gehalten hat, glaubte doch nach dem Zweiten Weltkrieg die optimistische Neoklassik an eine stetig wachsende Wirtschaft. Erst seit im neuen Millennium kritische Stimmen immer lauter werden, die Konzepte für eine nachhaltigere »Postwachstumsökonomie« einfordern, hat auch das Nachdenken über Alternativen zugenommen und könnte auch die »hansische Firma« wieder Modellcharakter entwickeln.

Das Fehlen der doppelten Buchführung, jener besonders innovativen Finanztechnik, die die Oberdeutschen von den Italienern gelernt hatten, lässt sich leicht erklären: Sie war in der hansischen Firma nicht nötig. Im Süden diente sie der Kontrolle der Faktoreien, der weisungsgebundenen Auslandsposten also, deren Personal nicht auf eigene Rechnung, sondern als Angestellte der Firma Handel trieb. Zwischen diesen Faktoreien und der Zentrale flossen ständig Gelder hin und her, die im Auge behalten werden wollten. Außerdem waren süddeutsche Firmen stärker als die Hanse in Wechselkursgeschäfte eingebunden, die nicht nur ein hohes Maß an Information, sondern auch an Schriftlichkeit erforderten.

Alles das gab es in der hansischen Firma nicht oder jedenfalls nicht im selben Ausmaß. Sie war fraglos weniger komplex, aber deshalb offenbar nicht weniger erfolgreich. Sie unterhielt keine angestellten Vertreter und keine kostenintensive Bürokratie, sondern setzte einerseits ihre Handelspartner, andererseits die genossenschaftlich unterhaltene Binnenstruktur der Hansetage ein, um Informationen zu beschaffen und den Verkauf von Waren zu organisieren. Im Geschäftsmodell der *vera societas* war das beiderseitige Bemühen um Gewinnmaximierung und korrekte Abrechnung unmittelbar angelegt. Langfristiges Wachstum wurde durch Kettengeschäfte, nicht durch eine einzelne Gesellschaft erzeugt, das Risiko finanzieller Totalschäden damit minimiert. Und nicht zuletzt waren *ere* und *gelove* die auf langfristige Stabilität angelegten Faktoren der hansischen Firma. Denn sie sicherten letztlich das Weiterkommen in der Kette immer neuer Handelsgesellschaften und Warengeschäfte.

Auf diese Weise konnte die hansische Firma sogar das Vertretungsproblem – in der wirtschaftswissenschaftlichen Literatur *principal-agent problem* genannt – lösen, mit dem sich hierarchisch strukturierte Handelsfirmen regelmäßig herumärgern müssen: Der Auftraggeber *(principal)* muss relativ hohe Kosten aufwenden, um seinen Vertreter *(agent)* zu kontrollieren, der ja vor Ort immer einen Wissensvorsprung hat und deshalb Misswirtschaft oder sogar Selbstbedienung am Firmenkapital leicht verschleiern kann. Für die Angestellten der oberdeutschen Firmen bestand also ein viel größerer Anreiz zum *moral hazard,* wie dieses Handeln in der ökonomischen Forschung genannt wird.[176] In der hansischen *societas* dagegen hatte der Agent, der Traktant also, ein lebhaftes Eigeninteresse am Blühen der Gesellschaft, weil er zugleich Kapitalgeber war und alle Gewinne hälftig in seine eigene Tasche gingen.

Wie effektiv dieses *share cropping* als Angleichung der Interessen von Prinzipal und Agent sein kann, hat die Unternehmenstheorie erst im ausgehenden 20. Jahrhundert wiederentdeckt, als immer mehr Firmen ihre Manager durch Börsenanteile am Firmengewinn beteiligten. Das funktioniert aber nur so lange, wie individueller Gewinn und Gesellschaftsgewinn miteinander verknüpft bleiben, es also wie bei der hansischen *societas* »alles oder nichts« heißt, weil erst am Ende abgerechnet und der individuelle Gewinn an den Traktanten ausgezahlt wird. Das hält ihn letztlich bei der Stange. Wenn dagegen regelmäßige Dividenden ausgezahlt werden und die Unternehmensanteile durch den Manager frei veräußerbar sind, kann unter Umständen überhaupt erst das Problem des Informationsvorsprungs auf Manager- beziehungsweise Agentenseite entstehen. So geschah es etwa in der Subprime-Krise, die 2007 den großen Finanzcrash auslöste. Manager erkennen nämlich in der Regel früher als alle anderen Marktakteure die Bedrohungen für die von ihnen geleiteten Firmen oder Firmensegmente und können darauf mit Verschleierung oder sogar Scheingewinnen reagieren. So werden die Börsenkurse, Anlegeraktivitäten oder andere Investitionen künstlich hochgehalten oder sogar noch angetrieben. Die Wirtschaftswissenschaften nennen das *control fraud,* also Aufsichtsbetrug. Der Manager mit Informationsvorsprung kann sich das zunutze machen, im richtigen Moment die eigenen, im Wert noch gestiegenen Anteilspakete veräußern und sich dann pünktlich aus der platzenden Blase zurückziehen. Bei der hansischen *societas* ging das nicht oder jedenfalls viel schlechter – *love* sei Dank. Auch deshalb kommen die Hanse und der Ehrbare Kaufmann in modernen Compliance-Diskussionen immer wieder aufs Tapet.[177]

All diese Vorteile der hansischen Firmenstruktur funktionierten irgendwann zunehmend schlechter – auch das kann nicht bestritten werden. Im Kapitel über den Strukturwandel des 15. und 16. Jahrhunderts wird zu fragen sein, warum. Letztlich waren es vor allem Wachstumseffekte, die immer weiter über die alten Netzwerke hinausgriffen und damit immer solidere Absicherungen des Warenumschlags nötig machten. Aber für lange Zeit blieb das hansische Modell für die niederdeutschen Kaufleute das rationalere. Das lag nicht am vermeintlichen Traditionalismus der Hansen, sondern kann mit neueren institutionentheoretischen Modellen überzeugend erklärt werden: Die Hansen verbanden seit ihrer Entstehung höchst heterogene Wirtschaftsräume zwischen dem archaischen Nowgorod und dem hoch entwickelten Brügge. Ganz anders der mediterrane Wirtschaftsraum, von dem der oberdeutsche Süden im Laufe des Mittelalters so stark beeinflusst wurde: Hier herrschten viel homogenere Handelssysteme, die außerdem bereits einen viel höheren Komplexitätsgrad und eine stärkere Verdichtung erreicht hatten – seit der römischen Antike schon.

Man startete in Nord und Süd während der kommerziellen Revolution des Hochmittelalters von sehr unterschiedlichen Positionen und entwickelte sich dann entlang unterschiedlicher Pfadabhängigkeiten, die zu den oben beschriebenen, sehr unterschiedlichen Lösungen führten.[178] Die institutionalisierten Lösungen allerdings vernetzten sich untereinander und stabilisierten sich damit gegenseitig. Selbst wenn die südeuropäischen Handelstechniken für viele Herausforderungen rationaler erscheinen mögen, war der individuelle Anreiz, sie zu nutzen, gering, weil die zu erwartenden Kosten den zu erwartenden Nutzen überstiegen. In der Institutionentheorie nennt man das *lock-in,* das Eingeschlossensein in institutionelle Arrangements, die weitergetragen werden, selbst wenn man sie als objektiv ineffizient betrachtet, weil schlicht die Schmerzgrenze – oder positiv und wirtschaftswissenschaftlich gesprochen: der Grenznutzen – noch nicht erreicht ist. Das erklärt, warum beispielsweise der Handel auf Gegenseitigkeit, der in den Jahren um 1500 auch für die Niederdeutschen kein effizientes Modell des Warenaustausches mehr war, dennoch weiter praktiziert wurde. Und es zeigt, dass man neben dem im engeren Sinne finanz- und handelstechnischen Agieren der Hansen auch die Rahmenordnung einbeziehen muss, um den Hansekaufmann als Unternehmertypus angemessen zu beurteilen.

Eigentum verpflichtet – aber wozu? Der hansische Kaufmann zwischen Himmel und Erde

Der mittelalterliche Kaufmann, insbesondere der Fernkaufmann, war gleich doppelt gefährdet: sein Leib, weil er sich auf gefährliche Fahrten begab, und mehr noch seine Seele.[1] Die Wahrscheinlichkeit, in Sünde zu fallen, war für ihn groß, etwa indem er am Sonntag arbeitete, auf seinen vielen Fahrten die Ehefrau vernachlässigte – vor allem aber indem er illegitime Wirtschaftspraktiken anwendete, die im Mittelalter unter dem Begriff Wucher *(usura)* zusammengefasst wurden.[2] Im engeren Sinne bedeutete das Zinswucher und bezog sich zunächst einmal auf Geldgeschäfte. Zur sinnbildlichen Begründung des christlichen Zins- und Wucherverbotes wurde dabei die Szene aus dem Matthäus-Evangelium, in der Christus die Geldhändler aus dem Tempel vertreibt. Das Konzept wurde aber schon seit frühchristlicher Zeit über Geldgeschäfte im engeren Sinne hinaus immer mehr ausgeweitet und auf jede Art von ungerechtem Wirtschaftshandeln übertragen, insbesondere auf die Frage nach dem gerechten Preis *(iustum pretium)*, die für das Seelenheil der Kaufleute so wichtig war.

Nun liegt es in der Natur des Handels, dass er seine Gewinne durch eine Differenz zwischen Kauf- und Verkaufspreis erwirtschaftet. Die Todsünde der Habgier *(avaritia)* lauerte damit für den mittelalterlichen Kaufmann an jeder Ecke. Petrus Lombardus, einer der einflussreichsten Schulautoren des Hochmittelalters, lehrte deshalb in seinen hundertfach an den Universitäten und Kathedralschulen als Lehrbuch abgeschriebenen und kommentierten Sentenzenkommentaren, dass Kaufleute und Soldaten nicht zum Bußsakrament zugelassen werden könnten, solange sie nicht ihren Beruf aufgäben.[3] Dem folgte schon im Mittelalter wohl niemand an der Seelsorgefront. Aber prekär war das Verhältnis des Kaufmanns zu seinem Seelenheil allemal.

Eine besonders ausführliche Mahnrede an Kaufleute samt einem ebenfalls ziemlich umfangreichen Exempel *Van eynem bedrechliken koepmanne* findet sich in einem Lübecker Plenar, also einer Sammlung von Bibel- und Predigttexten, die durch einzelne Glossen angereichert wurde. »Auch Kaufleute sind nicht ehrlich«, heißt es in einer davon. »Judas, der Verräter des Herrn, war auch ein Kaufmann. Ein Kaufmann hat einen gefährlichen Beruf! Wollte man die ganzen Umstände alle niederschreiben, das gäbe ein größeres Buch als das Evangelienbuch. Wenn der Kaufmann nur ein einziges Kleinod wahrhaftig gebrauchen würde, so stünde es mit den Kaufleuten besser! Dieses Kleinod heißt: Rechtschaffenheit *(rechtferdycheyt)*. Das Kleinod haben viele Kaufleute verloren ... Und sie verwenden keine Mühe darauf, es wieder zu suchen. Ja fürwahr! Wäre ihnen etwa ein Gulden oder ein Schilling hinter ihre Kiste gefallen, sie würden sich bedeutend mehr Mühe machen, ihn wieder zu suchen!«[4] Dabei zeigt der unbekannte Glossator, der vielleicht selbst aus einem Kaufmannshaushalt stammte, erstaunlich tiefe Einblicke in das Gewerbe. Nach vielen Mahnungen und viel Kritik ist er aber durchaus zu einer positiven Bewertung in der Lage: »Ein rechtschaffener, treuer Kaufmann, der ist großer Ehre würdig ..., denn ein Kaufmann hat ein gefährliches Amt. Leider wird die Welt je älter desto schlechter.«[5] Und so musste der mittelalterliche Kaufmann stets um sein Seelenheil bangen.

Soziales und religiöses Leben in der mittelalterlichen Stadt

War schon ertragreicher Handel kaum gottgefällig zu gestalten, so konnte man wenigstens die göttliche Gnade möglichst nachdrücklich erflehen – durch Gebete, Beichten und die entsprechend verhängten Bußen, aber auch durch Wohltätigkeit und Unterstützung religiöser Einrichtungen. Letzteres war eine Frage des Geldes, das persönliche Gebet hingegen musste der Kaufmann schon selbst sprechen.

Wie religiös die Kaufleute des Mittelalters waren, kann man oft nur mittelbar erschließen. Es gibt einige wenige und schon sehr frühe Hinweise, dass mitunter auf Handelsschiffen Priester mitfuhren und für eine gültige Zelebrierung der Messe sogar tragbare Altäre mit Reliquien im Gepäck hatten.[6] Das ging freilich nicht ohne Risiko vonstatten. Hermann, der Dekan von St. Gereon in Köln, erzählte dem Zisterzienserabt Caesarius von Heisterbach eine Geschichte darüber, die er selbst während des Vierten Kreuzzugs miterlebt haben wollte. Damals seien alle angewiesen worden, keine Hostien auf den Schiffen mitzuführen, weil man schwere See erwarte und die konsekrierten Oblaten nicht habe gefährden wollen. Nur ein friesisches Schiff habe gegen diese An-

Abb. 28: Die Gedenktafel für den Schiffsprediger Sweder Hoyer († 1565) aus der Lübecker Jakobikirche stellt ihn bei der Arbeit auf einem Kriegsschiff dar.

ordnung verstoßen – und sei natürlich durch göttlichen Zorn in Seenot geraten. Die Pyxis mit allen Hostien sei über Bord gegangen. Aber ein Wunder sei geschehen: obwohl der Deckel gefehlt habe, sei kein Tropfen Wasser in das Gefäß eingedrungen.[7] Auch in anderen Zusammenhängen beschert der Schiffbruch als existenzielle Erfahrung dem Historiker Momentaufnahmen davon, wie religiös die Seeleute waren – oder eben auch nicht. Ansonsten ist es schwierig einzuschätzen.

Von der täglichen Gebetsverrichtung daheim oder im Kontor kann kaufmännischer Buchbesitz zeugen, wenn auch nur sehr bedingt. Hildebrand Veckinchusen etwa bat im Februar 1422 seine Frau, sie möge ihm sein *ghetydebok unde dat bok van den teyn gheboden* nach Brügge senden, also ein Stundenbuch, mit dem man sehr strukturiert über den Tag hinweg beten konnte, und ein Buch über die Zehn Gebote.[8] Aber zum einen weilte er zu dieser Zeit schon einige Jahre in Brügge, hatte seine religiöse Lektüre bis dahin also wohl nicht vermisst, und zum andern saß er im Brügger Schuldgefängnis, hatte also deutlich mehr Zeit zum Lesen, vielleicht auch ein größeres Bedürfnis nach Kontemplation.

Der Heilige Nikolaus als Patron der Schiffer und Kaufleute

Der natürliche Ort für die Suche nach Vergebung und Seelenheil war die nächstliegende Pfarrkirche. Dabei begegnet uns in den Kirchen des Hanseraumes auffallend häufig ein Heiliger, den heutzutage vor allem die Kinder schätzen: der Heilige Nikolaus. Der Bischof von Myra, der die Kinder belohnt oder bestraft, wurde auch von Seeleuten, Schiffern und fahrenden Kaufleuten verehrt, was auf ein Seerettungswunder zurückgeht, das über ihn erzählt wurde.[9] Deshalb gibt es in vielen Regionen Deutschlands – nicht nur im Norden – noch immer die Tradition, Nikolausschiffchen zu basteln.

Der Nikolauskult erlebte just im Hochmittelalter, als der erste Urbanisierungs- und Kommerzialisierungsschub über Europa rollte, seinen großen Aufschwung.[10] 1087 entführten ausgerechnet Kaufleute seine Gebeine aus Konstantinopel und brachten sie zunächst ins süditalienische Bari. Entsprechend breitete sich der Kult dort besonders früh und nachdrücklich aus. Rasch war Flandern erreicht und spätestens im 13. Jahrhundert auch der südliche Ostseesaum, Sachsen und das Missionsgebiet. In der Eulenspiegel- und Hansestadt Mölln, direkt an der Salzstraße zwischen Lübeck und Lüneburg gelegen, wurde schon bald nach der Stadtrechtsverleihung 1202 damit begonnen, die Nordwand der Hauptkirche St. Nikolai mit einem beeindruckenden Freskenzyklus zu verschönern, der den Heiligen Nikolaus beim Segnen eines Pilgerschiffs und daneben den Heiligen Jakobus beim Krönen von Pilgern zeigt.

Nicht nur in Norddeutschland, sondern überall entlang der großen Handelsrouten finden sich heute Nikolauskirchen. Von einer war sogar oben schon die Rede: Sie wurde dem Chronisten Westhoff zufolge von einem westfälischen Adeligen kurz vor 1200 in Dortmund gestiftet, nachdem dieser im Fernhandel zu Geld gekommen war. Aus dieser auffälligen Häufung von Nikolaikirchen längs der Handelsrouten und insbesondere auch in den Hansestädten hat Karlheinz Blaschke die These entwickelt, es handle sich um die Folge der Ausbreitung des Handels, der sich von einem Kerngebiet westlich der Elbe zunächst wie eine Kette entlang von Handelsstraßen und dann flächig im »nikolai-europäischen Raum« ausgebreitet habe.[11] Er vermutet, diese frühen Nikolaikirchen seien alle oder jedenfalls fast alle als Eigenkirchen von Fernhändler-Genossenschaften gestiftet worden. Mit dem Wachsen der Kaufmannssiedlungen habe sich das gewandelt, hätten andere Gruppen in der Stadt ebenfalls Einfluss erlangt und deshalb auch andere Patrozinien gefordert. Mit dem Bau einer Marienkirche, so die prononcierte These, »vollzog sich der Wechsel von der Kaufmannssiedlung zur Stadt und damit von der Kaufmannskirche zur Stadtkirche. Für den Vollzug des Gottesdienstes wäre dieser Aufwand nicht notwendig gewesen, er ergab sich lediglich aus dem neuen Selbstbewusstsein einer erweiterten Bürgerschaft. Sie war über die Abgeschlossenheit der Fernhändler zur Offenheit der Stadtgemeinde hinausgewachsen und strebte im Selbstverständnis

Abb. 29: Fresko aus der Nikolaikirche in Mölln, 13. Jh. – Links die Pilgerkrönung durch den Hl. Jakobus, rechts der Hl. Nikolaus, der Pilger in einem Schiff segnet.

der Bürger- und Kirchgemeinde einen materiellen Ausdruck im Neubau der Marienkirche an.«[12]

Blaschkes Thesen sind von der Forschung nur verhalten aufgenommen worden.[13] Verlockend sind sie schon – aber vielleicht auch zu sehr. Der Umkehrschluss, der damit insinuiert wird, dass nämlich Nikolaipatrozinien regelmäßig auf eine besonders frühe Gründung und eine Gründung durch Fernkaufleute hinweisen, scheint im Einzelfall höchst problematisch, wenn etwa, wie in Mölln, die Verleihung der Stadtrechte der Einführung des Nikolauskults vorausging. Andererseits ist von Blaschke überzeugend beobachtet worden, dass der ausdrückliche Kaufmannsheilige bei den frühen Stiftern von Kirchen und Kapellen hoch im Kurs stand. Und wer hätten diese Stifter wohl sein sollen, wenn nicht die reichen Fernkaufleute?

Das Möllner Beispiel zeigt im Übrigen auch, wie eng die Verbindung zwischen Fernkaufleuten und Pilgern war, die hier mit ihren jeweiligen Heiligen ins Bild gesetzt wurden. Vielfach war die

Passage von Pilgern ein wesentlicher Zuverdienst für die Schiffseigner – oder aber ihre kostenlose Beförderung ein mildtätiges Werk für das eigene Seelenheil. Nicht zuletzt pilgerten auch Hansekaufleute selbst regelmäßig. Welch große Bedeutung diese massenhaften Reisen zu den großen Pilgerstätten Europas und des Heiligen Landes hatten, davon zeugen die unzähligen Pilgerzeichen, die man bei archäologischen Grabungen in den Hansestädten findet: kleine Plaketten, die an den Besuch in fernen Landen erinnern und ihn daheim dokumentieren sollten.[14] Das Europäische Hansemuseum hat diesen »Social Media des Mittelalters« 2017 eine eigene Ausstellung gewidmet.

Ganz gleich, ob man die Nikolaikirchen nun mit Blaschke ausdrücklich als »Kaufmannskirchen« bezeichnen will oder nicht: Die städtischen Kirchen waren nur ein Angebot an die Gläubigen, um sich ihres Seelenheils zu vergewissern. Daneben traten im Spätmittelalter neue religiöse Serviceeinrichtungen, die den Pfarrbezirken immer stärker Konkurrenz machten.

Bettelorden: die neuen Religionsvirtuosen

Die Bettelorden waren eine der großen theologisch-pastoralen Innovationen des Spätmittelalters, denn sie stellten das etablierte Mönchtum auf den Kopf: Statt des Rückzugs aus der sündigen Welt, um für diese zu beten *(vita contemplativa)*, schrieben sie sich den aktiven Eingriff, die Veränderung dieser Welt im Dienst an den Gläubigen und den weniger Gläubigen *(vita activa)* auf die Fahnen. Anders als der ältere große Reformorden der Zisterzienser gingen sie nicht möglichst tief in die sprichwörtliche Wildnis – was im europäischen Altsiedelland auch langsam schwierig wurde –, sondern siedelten sich vielmehr direkt in den Städten an. Weil sie, wie der Name schon andeutet, weder wie die Benediktiner von großen Stiftungen noch wie die Zisterzienser von großen Wirtschaftsbetrieben lebten, sondern – zumindest theoretisch – von alltäglichen Zuwendungen, war das auch geradezu existenznotwendig. Nur in der Stadt war eine solche Lebensform überhaupt möglich.

Zwei besonders erfolgreiche Orden wurden bald nach 1200 gegründet und päpstlich approbiert: der Orden der *Fratres minores*, der »Minderbrüder«, wie er wörtlich heißt, den man heute nach seinem Gründer Franz von Assisi landläufig als »Franziskanerorden« kennt; und der *Ordo praedicatorum*, also »Predigerorden«, den man ebenfalls meist eher nach seinem Ordensgründer benennt: die »Dominikaner«. Beide Gründungsgestalten müssen charismatische Führungspersönlichkeiten gewesen sein. Franziskus, der Sohn einer reichen Tuchhändlerfamilie aus Umbrien, genoss zunächst eine entsprechende Jugend mit guter Bildung und Militärdienst, legte dann nach einem Erweckungserlebnis alle Privilegien seiner Herkunft ab und lebte vollständige Armut in der Nachfolge der Apostel, eine *vita apostolica*. Domingo aus dem kastilischen Caleruega war wohl ebenfalls ein Kaufmannssohn und schlug zuerst eine gut dotierte Klerikerkarriere ein. Dann gründete er als Prediger gegen Katharer und Waldenser in Südfrankreich eine Priestergemeinschaft mit dem ausdrücklichen Ziel der Ketzerbekämpfung, die rasch zu einem neuen Orden heranwuchs. Jener Waldo übrigens, nach dem sich seine Anhänger »Waldenser« nannten, war genauso ein Spross einer Händlerfamilie und predigte Armut in der Nachfolge Christi – allerdings in der Volkssprache und mit Vorstellungen von Heiligenverehrung, Ablass und Priestertum aller Gläubigen, die dreihundert Jahre später jeden protestantischen Reformator entzückt hätten, aber so gar nicht konform mit dem katholischen Dogma waren.

So waren es Dominikaner und Franziskaner, die päpstliche Anerkennung, ja sogar Unterstützung gewinnen und sich auf dem seelsorgerischen Markt der Städte durchsetzen konnten. Beide Orden kamen schon in der ersten Nachgründergeneration in den Norden und breiteten sich dort rasch aus. In Lübeck beispielsweise errichteten, wie erwähnt, die Dominikaner auf dem Gelände der gerade geschleiften dänischen Burg schon um 1229/30 ihr neues Kloster.

Nachdem die Bettelorden in vielen Städten anfangs willkommen geheißen wurden, führten der rasche Erfolg dieser neuen Orden und die päpstliche Privilegierungspolitik schon bald zu

Konkurrenzsituationen mit den alteingesessenen Klerikern und Orden. Denn nicht nur die Stadtbewohner strömten den neuen virtuosen Predigern zu, sondern im Kielwasser dieser Begeisterung auch die freiwilligen Zuwendungen wie Spenden und Stiftungen. Die »Mönche der Märkte und Messen«, wie Andreas Rüther sie genannt hat, scheinen den Ängsten der armen Reichen um ihr Seelenheil näher gestanden zu haben als der etablierte Pfarrklerus.[15]

Als wäre das nicht schon Konkurrenz genug, verlieh Rom den jungen Orden auch noch zwei wesentliche Pfarrrechte: das Recht, die Beichte zu hören, und das Bestattungsrecht. Zuvor wurde man auf dem Friedhof der Pfarrei bestattet, zu der man eben gehörte. Eine freie Wahl gab es nicht. Nun konnte man auf einmal den eigenen Leib und die damit einhergehenden Gebühren der eigenen Pfarrkirche entziehen und sich etwa bei den Dominikanern bestatten lassen, was offenbar viele auch taten. Und gerade bei wohlhabenden Familien bedeutete das nicht nur die Bestattung als solche, für die Gebühren anfielen, sondern auch die geldwerte Stiftung von Messen und anderen sogenannten Seelgeräten, also gottesdienstliche Verrichtungen, die regelmäßig durch Priester, Vikare oder eben Mönche zum Gedenken an die Verstorbenen abgehalten werden sollten. Kein Wunder also, dass Konflikte mit dem Stifts- und Pfarrklerus ausbrachen.

By dessen tiden, berichtet der Lübecker Franziskaner und Chronist Detmar zum Jahr 1255, *worden de Predekerebrodere unde de Mynnerbrode,* sein eigener Orden und die Dominikaner also, *van der papheit,* den Pfaffen, *sere vorvolghet* – und das aus purer Eifersucht auf das Wohlwollen der Päpste, *umme des willen, dat de pewese en gutlik weren.*[16] Einige Jahrzehnte später eskalierte der Konflikt dann im »Großen Streit« zwischen dem kampflustigen Bischof Burkhard von Serkem und dem Domklerus einerseits und Rat und Stadtgemeinde andererseits, der sich knapp zwei Jahrzehnte zwischen 1299 und 1317 hinzog.[17] Auslöser war die Leiche der Witwe Rigborg, die entgegen ihrem testamentarisch festgelegten Willen nicht bei den Franziskanern, sondern in der Kirche ihres Pfarrbezirks beigesetzt werden sollte. Verwandte der Verstorbenen entführten daraufhin die Leiche mit Gewalt, um ihr zu ihrem letzten

Willen zu verhelfen – wohl auch mit Unterstützung oder jedenfalls mit Billigung der Franziskaner.[18] Sofort verhängte der Bischof Repressalien, die wiederum auf heftigen Widerspruch des Rates stießen.

Die Stimmung in der Stadt war so aufgeheizt, dass Bischof Burkhard und sein Domkapitel schließlich mehr oder minder freiwillig Lübeck verließen.[19] Aus dem Eutiner Exil heraus verhängte der Bischof das Interdikt über die Stadt, das heißt, es wurde allen Geistlichen verboten, Messen abzuhalten, zu predigen und die Sakramente zu spenden – ein schweres Zwangsmittel, wenn man die stetige Sorge des mittelalterlichen Menschen um sein Seelenheil in Betracht zieht. Auch den Bettelorden wurde explizit untersagt, die Beichte abzunehmen und zu predigen. Die aber stellten sich auf die Seite der Stadt und unterliefen das Interdikt. Lange und letztlich erfolgreich prozessierte der Lübecker Rat beim Papst, zu dem man als wichtigster Nachschubhafen für die Kreuzzüge im Baltikum ohnehin einen guten Draht hatte. Bischof Burkhard reiste seinerseits nach Rom, wo er, wie eine spätere Notiz verärgert festhält, »eine Menge Geld in der Sache ausgab« *(pecuniam multam valde ibidem expendit)*,[20] zog aber den Kürzeren.

Totengedenken als Heilsvorsorge und Prestigefrage

Der Lübecker Streit ist beileibe kein Einzelfall. Ganz ähnliche Konflikte fochten etwa 1265 und 1289 die Dominikaner in Hamburg aus.[21] Andernorts wurden Prozesse sogar um einzelne Leichen geführt, was der Witwe Rigborg noch erspart geblieben war.[22] Aber die Sorge um die letzte Ruhestätte war offenbar eine wesentliche in vielen spätmittelalterlichen Städten – besonders für soziale Schichten, die sich eine freie Grabwahl leisten konnten.[23] Diese Sorge entspricht der besonderen Rolle, die die Toten in der mittelalterlichen Gesellschaft einnahmen. Denn sie verschwanden nicht einfach, sie waren weiterhin Teil dieser Gesellschaft, die mit ihren Toten lebte.

Die zentrale Denkfigur, die das zum Ausdruck brachte, war die *memoria*, das Gedächtnis, um das sich bemühte, wer nur irgendwie konnte. Gemeint war damit liturgisches ebenso wie soziales Gedächtnis. Ziel waren sowohl die Sorge um das eigene Seelenheil durch fromme Stiftungen und andere heilsstiftende Maßnahmen als auch die Vergegenwärtigung des Verstorbenen im öffentlichen Raum, der sich damit sein eigenes Nachleben sicherte und zugleich den Zusammenhalt der Hinterbliebenen, der Familie oder sozialen Gruppe, der er entstammte, stärkte.[24] Insofern stand die Memoria unmittelbar mit dem Selbstbild einer Familie oder Gruppe in Verbindung und sollte dieses Bild nach außen transportieren. Dabei war nicht nur die Ausstattung des Grabmales selbst, sondern auch dessen Position von entscheidender Bedeutung. Je näher am Altar man bestattet wurde, desto näher kam man der *virtus,* der besonderen Kraft, die von den darin verborgenen Heiligenreliquien ausging und die säkulare Geister ein wenig an »die Macht« aus George Lucas' Star-Wars-Filmen erinnern mag. Erst die Reformation und die Aufklärung verbannten die Friedhöfe vor die Stadtmauern.

Eine erstrangige Quelle für die mittelalterliche Vorsorge um die eigene Memoria sind die zahlreichen Bürgertestamente, die aus den Hansestädten überliefert sind. Lübeck sticht mit einer unglaublichen Anzahl hervor, aber auch die Stralsunder Testamente sind früh schon als besonders wertvolle Quellen erkannt, Testamente aus Lüneburg, Köln und Riga in jüngerer Zeit in eigenen Studien untersucht worden.[25] Aus diesem reichen Fundus kann man gut erkennen, wie wichtig den Kaufleuten ihre Memoria war. Sie verteilten ihre Legate oft auf viele unterschiedliche geistliche und karitative Institutionen einer Stadt, typischerweise aber nicht an alle. Man hatte wohl sehr genaue Vorstellungen, wer dem eigenen Seelenheil besonders zuträglich sei. Dieser kaufmännische Umgang mit den guten Werken stieß allerdings nicht erst bei den Reformatoren auf Kritik: »Manche Leute meinen«, mahnt eindringlich ein Lübecker Plenar des späten 15. Jahrhunderts, »dass sie Gott einen großen Dienst tun, wenn sie Kirchen und Klöster reich machen mit der armen Leute Gut ... schöne Kirchen und Klöster zu machen: das ist wohl eine gute Sache – sofern du darüber nicht die armen Leute vergisst!«[26]

Bruderschaften: die *Service Clubs* des Mittelalters

Einer Bruderschaft anzugehören konnte einen wichtigen Baustein für die eigene Memoria jenseits von Stiftung und Familie liefern und nebenher eine Reihe sehr diesseitiger Vorteile mit sich bringen.[27] Heute haben Bruderschaften kein gutes Image – mit gutem Grund. Genannt werden so nämlich im Grunde nur noch Studentenverbindungen: einerseits die US-amerikanischen *fraternities*, die man in fast jedem Collegefilm vor allem als trinkfest und feierwütig präsentiert bekommt; andererseits die deutschen Burschenschaften, die in ähnlichem Ruf stehen und darüber hinaus durch einzelne Gruppen und Mitglieder auch noch regelmäßig (und zum Schaden aller anderen) mit Äußerungen und Handlungen auffallen, die man nur als ganz rechts außen bezeichnen kann. Beides tut dem Image der *fraternitates* nicht besonders gut. Dabei gibt es natürlich auch gesellschaftsfähige, ja dem Anspruch nach gesellschaftsfördernde Bruderschaften. Wer heute dem Rotary Club, den Lions oder irgendeinem anderen der weltweit agierenden *Service Clubs* beitritt, der verbindet damit typischerweise zweierlei: einmal den Wunsch, sich sozial zu engagieren, sodann das Interesse an der Ausweitung seines Netzwerkes. Er bringt dafür in der Regel mindestens solide ökonomische Ressourcen, eine gewisse gesellschaftliche Stellung und ein eigenes Netzwerk mit. Kurz, es treffen sich typischerweise Führungspersönlichkeiten aus unterschiedlichen ökonomischen und gesellschaftlichen Feldern, tun Gutes und reden auch darüber – und vor allem miteinander. In manchen dieser Clubs sind bis heute keine Frauen zugelassen, bei anderen nur als Partnerinnen, bei wieder anderen als Vollmitglieder. Sich gegenseitig – die »Freunde«, wie es üblicherweise heißt – zu unterstützen gehört genauso zum Credo dieser Clubs wie der Dienst an der Gemeinschaft. Man verbindet also das Angenehme mit dem Nützlichen – idealiter für sich und für andere.

Mittelalterliche Bruderschaften funktionierten genauso. Stadtbürger, regelmäßig unter Einbeziehung der Ehefrauen und Witwen, schlossen sich freiwillig zusammen. Sie leisteten Beitritts- und regelmäßige Mitgliedsbeiträge, die für gemeinsame religiöse und soziale Verrichtungen, also für Gottesdienste, Stiftungen und das Gedenken an die Verstorbenen ihrer Gemeinschaft, aber auch für gemeinsame Bankette und oft sich daran anschließende Armenspeisungen verwendet wurden.[28] Viele Bruderschaften kümmerten sich außerdem um die Hinterbliebenen verstorbener Mitglieder. Bis hierhin haben sie starke Strukturähnlichkeiten mit einer Zunft oder Gilde. Aber: Bruderschaften trat man freiwillig bei. Sie rekrutierten in der Regel quer zur Berufsstruktur und nahmen Mitglieder unterschiedlicher Betätigung, teils sogar aus fremden Städten auf, solange sie nur dem Ziel gemeinsamer Netzwerkbildung und gemeinsamer Verrichtungen dienlich sein konnten, also die nötigen ökonomischen und sozialen Ressourcen mitbrachten. Gerade für den hansischen Netzwerkhandel war der Besuch oder sogar die Mitgliedschaft in Bruderschaften jenseits der eigenen Heimatstadt ein wichtiges Mittel der Kontaktpflege.[29]

Im ausgehenden 14. Jahrhundert differenzierte sich freilich in vielen der größeren Seestädte die Kaufmannschaft so weit aus, dass sich eigene Gesellschaften derjenigen Kaufleute bildeten, die regelmäßig in dieselbe Richtung Handel trieben: die Rigafahrer, die Schonenfahrer, die Nowgorodfahrer und so weiter. Auch sie bildeten Bruderschaften, also *fraternitates,* die sich im Deutschen oft Kompanie *(kumpaney)* nannten. Ihre Verrichtungen entsprachen genau jenen der traditionellen, also der religiösen und sozialen Bruderschaften: man stiftete gemeinsam, man traf sich in eigenen Kapellen, oft an eigenen Altären, die man dem Patron der Kompanie widmete – und man knüpfte das gemeinsame Netzwerk immer enger. Das war für alle Beteiligten natürlich praktisch: Man konnte Informationen austauschen, Handelsgesellschaften eingehen, Nachwuchs rekrutieren, Kinder verheiraten. Das alles mit besonderer Beziehung zu den eigenen Handelsgeschäften. Vor allem im Ausland konnten Kompanie und Bruderschaft wichtige Netze darstellen. So schlossen sich beispielsweise in Amsterdam die Hamburger zu einer Bruderschaft zusammen.[30]

Eine enge Verbindung pflegten die städtischen Bruderschaften zu den Kirchen und Klöstern ihrer Städte, denn typischerweise wählte man sich dort eine Kapelle als Sitzungsort und stiftete für diese einen Altar. Die Lübecker Antonius-Bruderschaft etwa traf sich jährlich zu Mariä Heimsuchung am 2. Juli im Burgkloster, um all ihrer Mitglieder zu gedenken, die *buten edder bynnen landes,* also etwa auch auf Handelsfahrt oder in einem der Kontore, verstorben waren.[31] In den Wochen darauf beging man dann die alljährliche *koste,* ein Festmahl, bei dem man sich als Gruppe inszenierte – auch das eine typische Form bruderschaftlicher Selbstvergewisserung und Netzwerkpflege.[32]

Nach der Reformation haben sich aus vielen Bruderschaften wohltätige Gesellschaften entwickelt, die sich meist um in Not geratene Mitglieder, manchmal auch um Wohlfahrt im weiteren Sinne bemühten. Viele von ihnen waren berufsständisch organisiert und verbanden beispielsweise die Schiffer in den Seestädten miteinander.[33] In Bremen nahm man 1545 Anstoß daran, dass »das Geld, das während der Reise aus Strafgeldern gesammelt worden war, nicht *zur Ehre Gottes und für die Notdurft der Armen, sondern zu eitlen und unnützen Essen, Saufen* und zur Feier anderer, leichtfertiger Feste aufgewandt werde, wodurch der Allmächtige (dem man doch die gute Heimkehr eigentlich zu danken habe) zu Ungnade und Strafe bewegt werde, auch den Armen keinerlei Nutz und Trost geschehe«.[34] Diese Worte stehen am Anfang der Gründungsurkunde von *Haus Seefahrt* in Bremen, dem vielleicht »ältesten noch bestehenden Sozialfonds in Europa«.[35] Sie liegen auf einer Linie mit dem neuen reformatorischen Geist, denn auch Martin Luther hatte wenig übrig für die Bruderschaften, die zu nichts anderem gut seien, als *das man eyn fressen und sauffen anricht,* ja das Ganze sei doch *mehr eyn luderey,* »ganz heidnisch und von geradezu säuischem Wesen«.[36]

Nun ging es in Bremen also anders zu. Auf einmal sollte, »wenn die alljährliche Rechenschaft … gehalten wird, das was dabei an Bier oder sonst verzehrt und vertrunken wird, nicht zum Nachteil und Schaden der Armen aus der vorgenannten Kiste genommen werden, sondern ein jeglicher soll seinen Anpart aus seinem eigenen Beutel vergüten und bezahlen«.[37] Jeder aß und trank also auf eigene Kosten – das war neu im hansischen Bruderschaftswesen. Und es fand Nachahmer. In Lübeck etwa die Schiffergesellschaft, die 1535, unmittelbar nach der Einführung der Reformation, aus dem Zusammenschluss zweier aufgelöster mittelalterlicher Bruderschaften hervorging.[38] Sie erwarben ein Haus direkt am Koberg, das heute noch steht und außer einem Restaurant auch eine Reihe von Ausstattungsgegenständen des 17. Jahrhunderts beherbergt, und gaben ihren *broderen* und *susteren*, also den männlichen wie weiblichen Mitgliedern auf, jeden Sonntag eine genau bezifferte Armenspeisung auszuteilen.[39]

Die Ökonomie des Heils und die Erfindung der Wirtschaftsethik

Die kommerzielle Revolution des Hoch- und Spätmittelalters wurde begleitet von einer durch ökonomische Metaphern geprägten Umformung des christlichen Glaubens, die im 13. Jahrhundert einsetzte und sich bis zum Ausgang des Mittelalters immer stärker herausbildete. Sie mündete in die großen Streitigkeiten um Ablass

Abb. 30: Kaufmann und Tod Hand in Hand. Ausschnitt aus dem berühmten Totentanz in der Lübecker Marienkirche nach einer Kopie aus dem Jahr 1701. Das Original ist im Zweiten Weltkrieg zerstört worden.

und Pfründenschacher, die einen Augustinermönch mit Namen Luther dazu brachten, eine lange Liste von Thesen an eine berühmte Tür in Wittenberg zu nageln, was bekanntlich weltgeschichtliche Konsequenzen hatte. Der Kirchenhistoriker Berndt Hamm hat in diesem Zusammenhang von »merkantilen Logiken« gesprochen, die das Heilsverständnis des späten Mittelalters prägten, und das an zahlreichen, allerdings durchweg oberdeutschen Beispielen illustriert.[40] Man könnte ihnen aber mühelos eine entsprechende Zahl hansisch-niederdeutscher Belege gegenüberstellen.

Das Fegefeuer als Seelenstapel

Diese Ökonomisierung der religiösen Vorstellungen hatte ganz verschiedene Gründe. Es käme dem Spekulieren über den zeitlichen Vorrang von Henne oder Ei gleich, wollte man fragen, ob die immer vernetztere, immer handelsaktivere Gesellschaft des Mittelalters sich in bester Kaufmannsmentalität den Himmel kommerzialisierte oder ob die Kommerzialisierung des Himmels die allgemeine Mentalität, nicht nur die der Pfeffersäcke, infizierte. Angebot und Nachfrage dynamisierten sich wohl schlicht gegenseitig. Die wesentliche theologische Produktinnovation jedenfalls, die dieser Nachfrage nach einer Zähl- und damit Beherrschbarkeit des eigenen Seelenheils entgegenkam, war das Fegefeuer. Obgleich ohne unmittelbare biblische Grundlage, legte es eine beispielhafte dogmatische Karriere hin – schließlich nützte es allen Beteiligten. Seine »Geburt« im ausgehenden 12. Jahrhundert hat der französische Mediävist Jacques Le Goff in einem der großen Klassiker der Mittelalterforschung geschildert.[41]

Die fundamentale Neuerung waren veränderte Jenseitsvorstellungen: Gott entschied nicht mehr erst beim Jüngsten Gericht über die Wertigkeit des Menschen, sondern schon in der Todesstunde. Dieses Urteil konnte freilich kaum je blütenweiß ausfallen. Dafür ist der Mensch zu sehr Mensch. Und so musste erst die letzte Schuld getilgt werden. Für diese Tilgung war das Fegefeuer, das *purgatorium,* der neue Reinigungsort. Das Fegefeuer funktionierte also im Grunde wie der hansische Warenstapel: Man kam nicht daran vorbei. Stattdessen musste die Seele anhalten, abbinden und offenlegen, was sie mit sich führte – wie lange, das lag am präsentierten Sündenballast. Wer genug Zeit im Purgatorium verbracht hatte, der hatte seine Schuldigkeit getan und konnte weiterziehen.

Vom Purgatorium eines Wucherers aus Lüttich erzählt der Zisterzienser Caesarius von Heisterbach in seiner berühmten Mirakelsammlung.[42] Dieser Wucherer starb, ohne seine Sünden gebüßt zu haben, und wurde deshalb außerhalb des Friedhofs bestattet. Bloß wenige Jahre bevor Caesarius zur Feder griff, hatte das Dritte Laterankonzil 1179 dem Wucherer, der seine Schuld nicht gesühnt hatte, die Bestattung in geweihter Erde abgesprochen.[43] Die Frau des Wucherers bat für ihn, jedoch vergebens. Da bot sie an, an seiner Stelle zu büßen, sich als Inkluse für den Rest ihres Lebens einschließen zu lassen und durch Fasten, Beten und Nachtwachen Gott barmherzig für die Seele ihres Mannes zu stimmen. Zweimal sieben Jahre lebte sie fromm in einem verschlossenen Haus auf dem Friedhof, auf den ihr Mann daraufhin überführt worden war. Da erschien er ihr in einer Vision und verkündete, dass ihr Opfer ihn erlöst habe.

Aus dieser sehr frühen Geschichte zeigt sich schon, wie die Kommerzialisierung des Seelenheils funktionierte: als *quid pro quo*, als Tauschgeschäft. Da der Verstorbene nicht mehr selbst für seine Sünden büßen konnte, tat er es im Fegefeuer. Wenn aber jemand anderes die Buße übernahm, konnte seine Zeit dort verkürzt werden. Im Ablass wurde dieser Grundgedanke konsequent ausgebaut. Hier war es nicht ein anderer Laie, sondern die Kirche höchstselbst, die für den sündhaften Verstorbenen die Buße übernahm. Dieser Leistung konnte man sich noch zu Lebzeiten vergewissern, war also nicht auf irgendwelche Anverwandten und ihre Sorge um das Seelenheil des Verstorbenen angewiesen, sondern konnte sein Heil guten Gewissens in die Hände von Experten geben.

Geistliche Stiftungen zur Abhaltung von Messen und Bittgebeten hatten denselben Hintergedanken. Aber letztlich blieben sie immer nur eine Bitte. Der Ablass hingegen war ein Versprechen, eine Auszahlungsquittung für Sühneleistungen, die direkt aus dem Gnadenschatz der Kirche ausbezahlt wurden. Den verwaltete der Papst, der die Auszahlung an seine leitenden Angestellten, an Kardinäle und Bischöfe, später auch an besondere Beauftragte delegierte oder pauschale Auszahlungsanweisungen an Institutionen wie Wallfahrtskirchen vergeben konnte. Ablässe wurden also für alle möglichen geistlichen Verrichtungen gewährt, etwa für Pilgerfahrten, auch für die bewaffneten, also die Kreuzzüge, oder für besondere Stiftungsanlässe.

Im 15. Jahrhundert kamen dann Almosenablässe und damit letztendlich der Ablasshandel auf: Genauso wie der Gnadenschatz kirchlich verwaltet wurde, sollte nun auch die Gegenleistung, das Almosen, nicht mehr direkt gespendet, sondern in kirchliche Obhut eingezahlt werden. Damit war der Ablass endgültig kommerzialisiert und letztlich ein Wechselarbitragegeschäft: von der einen Währung – der nur diesseitigen, ungünstigen – in eine bessere, weil ewige. Und von Wechselarbitrage verstand ein Kaufmann etwas.

Wie Ablass und Fegefeuer zusammenhängen, erklärt auf wunderbar eindrückliche Weise der Dominikanerprediger Johannes Leo in einer Predigt, die er 1502 im Kölner Kreuzherrenkloster hielt.[44] Der Ablass, predigte Leo, sei nichts anderes als eine *verscheldunge der tzytlicher pynen des vegefuyrs ind neit der hellen,* also eine Verkürzung der Zeit im Fegefeuer, nicht aber der Zeit in der Hölle. »Nun höre, mein Kind«, fuhr er fort, »nimm dir zu Herzen und verstehe, was Ablass ist: Bist du im Leben und bis an den Tod würdig, den Ablass zu verdienen, so gibt Gott dem Papst und dieser wiederum deinem Beichtvater die Macht, dass er dich von aller Peinigung des Fegefeuers frei machen kann, als ob du nie gesündigt hättest.« Das seien die Sterbesakramente. Die wenigsten aber könnten bis zu ihrer Sterbestunde einen reinen Tisch machen. Auf sie warte das Fegefeuer, denn: *Got wylt betzalt syn vur der schoult.* (»Gott will bezahlt sein für die Schuld.«) Das war der Dreh- und Angelpunkt der Ablasslehre. Sünde musste nun einmal gebüßt werden. Büßte der Sünder nicht mehr selbst, so konnte die Kirche aus dem von ihr verwalteten Gnadenschatz, den Christus und die Heiligen, insbesondere die Märtyrer, reichlich mit Einlagen gefüllt hatten, die Schuld für ihn begleichen. »Wenn jemand dreißig Gulden schuldig ist«, erklärt Leo, »dann muss er das entweder selbst bezahlen oder es muss durch jemand anderen bezahlt werden. Und genau so hat der Papst die freie Macht, aus dem Schatz der heiligen Kirche zu geben.« Das muss den Kölner Kaufleuten eingeleuchtet haben – und ebenso, dass es nur gerecht sei, wenn der so erzeugte Saldo auf andere Weise wieder ausgeglichen werde. Also: jeder, wie er kann. Wer nicht selbst in den Gnadenschatz der Kirche einzahlte, der konnte wenigstens zum Unterhalt der Kirche beitragen und kaufte Ablassbriefe. Fast zur selben Zeit als Johannes Leo im Kölner Kreuzherrenkonvent predigte, war in Lübeck der päpstliche Ablasskommissar Raimundus Peraudi unterwegs, jener Beamte also, der für den Vatikan die Ablassgelder einsammelte, und brachte in der Travestadt ungeheuer große Summen *(gruwelick grot geldt)* zusammen.[45]

Neben dem Ablasshandel waren vor allem fromme Stiftungen naheliegender Ausdruck des neuen Glaubens an das Fegefeuer. Stiftungen hatte es freilich schon zuvor gegeben. Der französische Mediävist Jacques Chiffoleau hat sich daher gefragt, ob die Fegefeuerlehre eine Veränderung im Stifterverhalten bewirkt habe, und das anhand von Testamenten aus Avignon und der südfranzösischen Grafschaft Venaissin untersucht. Er kommt zu einer einleuchtenden Deutung, die ebenfalls merkantile Logiken aufdeckt: Wer an eine Erlösung beim Weltengericht am Jüngsten Tag glaubte, stiftete natürlich tendenziell auch auf die gesamte Zeitspanne hin, die mit diesem Jüngsten Tag ein Ende haben würde. Dafür ist ein »ewiges« Totengedenken die richtige Wahl. Wer dagegen an das Fegefeuer glaubte, investierte eher in die Zeit unmittelbar nach dem Tod, um seinen Aufenthalt dort zu verkürzen.[46] Ralf Lusiardi hat diese These an der reichen Stralsunder Testamentsüberlieferung getestet und zumindest ähnliche Tendenzen, wenn auch keine so charakteristische Ausprägung wie im päpstlich dominierten Avignon gefunden.[47]

Die gelehrte Beruhigung

Zum Beginn dieses Kapitels ist Petrus Lombardus mit der Feststellung zitiert worden, weder des Soldaten noch des Kaufmanns Seelenheil könne unbeschadet bleiben. Diesem Diktum widersprachen nun die Theologen der folgenden Generationen – und zwar bemerkenswerterweise diejenigen der Bettelorden, die ja nach ihrem Zug von der klösterlichen Abgeschiedenheit mitten in die Städte mit den Kaufleuten in alltägliche Berührung kamen: der Dominikaner Albertus Magnus († 1280) und sein Schüler Thomas von Aquin († 1274) etwa ebenso wie der Franziskaner Bonaventura († 1274). Die einflussreichste Stellungnahme unter diesen drei verfasste Thomas in seiner *Summa theologica,* dem bedeutsamsten Werk der spätmittelalterlichen katholischen Lehre überhaupt.[48] Er beschäftigt sich darin ziemlich eingehend mit den einzelnen Risiken, denen der Kaufmann sein Seelenheil aussetzt. Er kommt aber schlussendlich zu einer grundsätzlichen Vereinbarkeit von Handel und Christentum: »Die irdischen Güter darf man erstreben, aber nicht um ihrer selbst willen, um sie in unser Endziel zu verlegen, sondern sie zu benutzen, wie die Rebe die Ranke, um sich hinaufzuringen zum ewigen Glück.«[49] In praktischer Predigtarbeit hatte diesem Gedanken schon sein Lehrer Albertus Magnus in einer Predigt vor Augsburger Dominikanerinnen Ausdruck verliehen: Die Kosten und Mühen *(labore et industria)* dürften und müssten bei der Kalkulation eines gerechten Preises *(iustum pretium)* mit einkalkuliert werden.[50] Im 14. Jahrhundert ging dann Aegidius Lessinus, selbst ein Schüler des Thomas von Aquin, noch weiter. Er war in seiner Grundeinstellung schon ziemlich wirtschaftsliberal, denn ihm zufolge sei jede Übertragung, die mit freiem Willen geschehe, auch eine gerechte. Das Kriterium der Wertäquivalenz zwischen Gut und Gegenwert wurde damit gänzlich fallengelassen; wer freiwillig einen Handel tätigt, der akzeptiert auch den Preis.

Neben die gelehrte Diskussion traten Leitfäden, die ausdrücklich für die Praxis der Prediger und Beichtväter verfasst wurden.[51] Eine der einflussreichsten, die *Summa de paenitentia* (ca. 1222/1235), stammt ebenfalls von einem Dominikaner, dem Generalmagister Raymundus de Peñaforte. Der Doktor des Kirchenrechts kümmerte sich als päpstlicher Pönitentiar von Amts wegen ganz besonders um das Bußwesen der Kirche. Auch bei Raymundus findet sich eine ziemlich ausführliche Auseinandersetzung mit dem Wucher – und auch er sieht, ebenso wie Thomas, Fälle vor, in denen Laien ein Gewinn erlaubt sein müsse.[52] Im Allgemeinen sei es auch erlaubt, teurer zu verkaufen als einzukaufen, solange es »auf einem allgemeinen Markt« *(communiter in foro)*, das heißt zu etablierten Konditionen, passiere und keine schlechte Absicht dahinterstünde. Interessant ist dabei seine Begründung zum Zusammenhang zwischen Gewinnerwirtschaftung und sozialer Mildtätigkeit: Jeder Gewinn schade natürlich einem anderen. Da sich aber bei einer etablierten Marktpraxis, also im alltäglichen Geschäftswesen, der eigentlich Geschädigte gar nicht mehr feststellen ließe, solle man die angebrachte Restitution den Armen *(in usu pauperum)* geben. Solche Überlegungen wurden immer häufiger in den religiösen Werken des Spätmittelalters. Versierte Theologen waren zu gefragten Experten in Sachen Wirtschaften und Gemeinwohl geworden.[53]

Von fluider Verfasstheit und situativen Identitäten: die Städte und die Kaufleute

Vom hansischen Kaufmann, seinem Geschäfts- und Alltagsleben geht es in diesem Kapitel zurück auf die Ebene der Städte. Denn die Hansen waren eben immer beides: Zusammenschlüsse niederdeutscher Kaufleute und ein Zusammenwirken der Städte, aus denen sie kamen. Im zweiten Kapitel ist das ausführlich gezeigt worden: Neben die Kaufleute traten im Laufe des 13. Jahrhunderts immer stärker Städte und verschafften ihnen nicht nur Sicherheit auf See und Straße, sondern auch Vergünstigungen an den Handelsplätzen im In- und Ausland. Früher hat die Forschung deshalb auch von einer »Kaufmannshanse« und einer »Städtehanse« gesprochen und sah sogar das eine in das andere übergehen: Die Kaufmannshanse der Frühzeit mit ihren lockeren Fahrtgemeinschaften und der Vergesellschaftung in den Kontoren wandelte sich zu der mächtigen Städtehanse des 14. und 15. Jahrhunderts, die Kriege führte, Könige unter Druck setzte und in die Organisation der Kontore eingriff.[1] Aus der Vielzahl der informellen und formellen Institutionen sei eine Organisation, aus der Ad-hoc-Diplomatie ein Städtebund geworden, dem nur die Kleinigkeiten einer Gründungsurkunde und eines Siegels gefehlt hätten.

Spätestens seit den 1990er-Jahren würde kaum jemand die Hanse noch einen Städtebund nennen – und auch die Entwicklung von der Kaufmanns- zur Städtehanse ist als Erklärungsmodell für das Wesen der Hanse verworfen worden.[2] Das besondere Verhältnis zwischen Hansekaufleuten und Hansestädten bleibt dennoch erklärungsbedürftig. Sieht man von der überholten periodisierenden Entwicklungshypothese einmal ab, fällt zumindest in den großen Handelsstädten eine Personalunion ins Auge, die den besonderen Erfolg der Hanse als Zusammenspiel von Kaufleuten und

Städten erst erklärt. Die dortigen Führungsschichten nämlich bestanden zum überwiegenden Teil aus eben jenen Hansekaufleuten, deren Privilegien ihre Städte im gemeinsamen hansischen Konzert schützten und deren Transaktionskosten sie so nachdrücklich senkten. Kurz: Die Stadträte machten gleichzeitig Stadt- und Firmenpolitik. In diesem Kapitel geht es darum, wie sie das taten, warum das eine Zeit lang funktionierte – und warum dann schließlich nicht mehr.

Die »Herren der Hanse« und das Regiment in der Stadt

Der Aufstieg dieser *heren der Hense*, wie sie einmal der Lübecker Chronist Gotthart von Hövel an der Wende zum 17. Jahrhundert nannte,[3] fiel eng mit der Urbanisierungswelle des Hoch- und Spätmittelalters in Europa zusammen. Grundzug dieser Urbanisierung war das Streben nach Autonomie, die Abkoppelung der Bürgerschaft, jener *con-iuratio* (»Ver-Schwörung«), von ihrem Stadtherrn, weswegen Stadtluft so frei machte, wie es das Sprichwort will. Und tatsächlich waren es erst die reichen Händler im Nordwesten und bald darauf auch Lübecks, die sich solche besonderen Freiheiten sicherten und dafür sorgten, dass die Geschicke ihrer Stadt in den eigenen Händen, das heißt: in denen einer Führungsschicht lagen, die selbst darüber entschied, wer zu ihr gehörte und wer nicht.

Die gute Gesellschaft

In Brügge hatte sich 1127 nach dem Mord an Graf Karl von Flandern eine Gruppe an die Spitze der gerade entstehenden Stadt gestellt, die in den Quellen mal *meliores* (»die Besseren«), mal *sapientiores* (»die Weiseren«) oder *prudentiores* (»die Ehrlicheren«) genannt wird und jedenfalls so etwas Ähnliches wie einen Stadtadel, ein Patriziat, bildete.[4] In Köln hatten sogar schon gute fünfzig Jahre zuvor die *primores* (»Ersten«) einen Aufstand gegen ihren erzbischöflichen Stadtherrn angezettelt – bemerkenswerterweise wegen der Beschlagnahme eines Schiffes. Wer diese »Ersten«

waren und wie sie sich organisierten, wird weder hier noch in Brügge von den Chronisten thematisiert, aber offenbar war es jedem Zeitgenossen einigermaßen klar. In Köln beruhte ihre besondere Stellung, wie Luise von Winterfeld herausgearbeitet hat, nicht wie anderswo auf angestammtem Grundbesitz, sondern auf Handelsgewinnen.[5] Das könnten sie mit den Oberschichten etwa in Lübeck gemein gehabt haben, wobei hier die Rolle des Grundbesitzes für die ursprüngliche Kapitalakkumulation noch nicht ganz geklärt ist.[6] Bald darauf jedenfalls schloss man sich in Köln in einer eigenen Bruderschaft, der sogenannten *Richerzeche* (»Gesellschaft der Reichen«), zusammen und bestimmte von nun an selbst sehr genau, wer zu den *primores* gehörte und wer nicht.[7] Die Richerzeche bestimmte seitdem ziemlich selbstverständlich die Geschicke der Stadt *vulgi eciam favore applaudente,* wie es heißt, »unter dem allgemeinen Beifall der Bevölkerung«, des *vulgus*.[8]

In Lübeck hatte sich 1379 mit der Zirkelgesellschaft eine der Kölner Richerzeche ganz ähnliche Vereinigung gegründet, in der sich die politische und ökonomische Elite traf, nach eigenem Gutdünken neue Mitglieder kooptierte und zugleich zwar nicht offiziell, aber deshalb nicht weniger offensichtlich den Anspruch auf Besetzung des Stadtrates erhob.[9] Aus ihren Reihen rekrutierten sich die neuen Ratsmitglieder – und damit offenbar nicht nur aus einem Eliten-, sondern auch aus einem Familiennetzwerk. Denn tatsächlich war die absolute Mehrzahl aller Lübecker Ratsherren Ende des 14. Jahrhunderts mindestens im dritten Grad miteinander verwandt.[10] Hier griff also auf politischer Ebene derselbe Netzwerkmechanismus, der auch im hansischen Handel so erfolgreich war. Und genau deshalb war das hansestädtische Patriziat an vielen Orten zwar relativ abgeriegelt gegenüber nicht-kaufmännischen Kreisen – also etwa erfolgreichen Handwerkern –, aber erstaunlich offen gegenüber der Kooptation von Zugezogenen, solange es sich nur um erfolgreiche Kaufleute handelte, die bereit waren, sich in die ökonomischen und familiären Netzwerke vor Ort einzugliedern. Ein gutes Beispiel für einen solchen Ein- und Aufstieg bietet der berühmte Lübecker Bürgermeister, ja geradezu »Staatsmann« Hinrich Castorp, der irgendwann um 1420 in Dortmund geboren wurde, im Brügger Kontor sein Vermögen machte, bis er 1450 nach Lübeck übersiedelte und dort bereits zwei Jahre später als Ratsherr kooptiert, später dann Bürgermeister wurde.[11] Er war zusammen mit Johannes Osthusen Ende der 1460er-Jahre auf Mission im Ausgleich mit der englischen Krone und in zahlreichen anderen hansischen Angelegenheiten unterwegs.

Die Hanse stabilisiert die Macht der Eliten

Keineswegs klatschte die nicht an den Ratsgeschäften beteiligte Bürgerschaft immer und überall nur Beifall. In Norddeutschland gab es schon in der zweiten Hälfte des 14. Jahrhunderts in vielen Städten Unruhen, die fast immer mit dem Ausschluss der Handwerker vom Stadtregiment, mit der Monopolisierung der politischen Macht durch die Kaufmannsschicht zusammenhingen.[12] Die Unruhen entzündeten sich oft an ganz handfester städtischer Wirtschaftspolitik, etwa an Steuererhöhungen oder anderen Entscheidungen, die deutlich zugunsten hansischer Aktivitäten durchgesetzt wurden oder in anderer Weise die Fernhändler begünstigten. Für Rolf Sprandel waren im Grunde alle Hansestädte zweigeteilt in eine der Hanse zugewandte und eine der Hanse fernstehende Partei in der Bürgerschaft, die geradezu notwendig regelmäßig in Streit über die städtische Beteiligung an hansischen Ausgaben geraten mussten.[13]

Diese Sicht hat viel für sich. Die Kosten für Belange der Hanse stiegen natürlich mit jeder Verdichtung ihrer Binnenaktivitäten, also etwa mit der stärkeren Kontrolle der Kontore und insbesondere mit der Verstetigung der teuren Tagfahrten. Für die Hansekaufleute im Rat waren das Investitionen, die ihre Transaktionskosten senkten und daher dem Handel der gesamten Stadt zugutekamen. Den Gewerbetreibenden dagegen dürfte es nicht immer eingeleuchtet haben, warum sie an diesen Kosten beteiligt werden sollten, zumal die Hanse vergleichsweise wenig für den Absatz ihrer Waren tat. So kam es 1365/66 in Bremen, 1374/80 in Braunschweig und 1380/84 auch in Lübeck zu ersten Aufständen. Immer wieder baute die Hanse dabei von außen Druck auf, um die

Unruhen in einer Stadt zu befrieden und ihre vertriebenen oder in Bedrängnis geratenen Kollegen wieder in den Sattel zu setzen. Schließlich waren die Ratsherren der Hansestädte, die »Herren der Hanse«, durch die regionale Diplomatie und die Tagfahrten gut untereinander bekannt, wenn nicht miteinander verwandt. Sie kamen ihren Kollegen und Schwägern zu Hilfe und verfolgten dabei eine simple systemische Linie hansestädtischer Politik: Ruhe und Ordnung. Umstürze störten einfach die Wirtschaft, ob nun in der eigenen Stadt oder anderswo. Und so hatte man größtes Interesse daran, nicht nur zwischen den Städten, sondern auch innerhalb von deren Mauern für Stabilität zu sorgen.

Dabei setzte man zunächst auf Diplomatie und, wenn das nichts half, auch auf Drohungen und Sanktionen. In Anklam beispielsweise war 1387 der Rat sehr handfest abgesetzt, nämlich bei einem Sturm aufs Rathaus ermordet worden.[14] Umgehend forderten die Lübecker Ratsherren die Stralsunder Kollegen auf, in der Nachbarstadt einzugreifen, da aus der Uneinigkeit zwischen den *honorabiles et discreti viri*, den ehrwürdigen und weisen Männern, und der *communitas plebea* (dem »Volk«) nicht nur ein *grande periculum*, also eine »große Gefahr«, sondern eben auch ein schlechtes Beispiel für viele andere Städte *(exemplum pluribus civitatibus)* entstehe.[15] Wenige Monate später war in Anklam wieder alles beim Alten.

Ein paar Jahre später war dann Stralsund selbst an der Reihe: 1391 kam die Stunde des Ältermanns und Gewandschneiders Karsten Sarnow, dem die spätere Chronistik lobend zugesteht, er habe *nicht van groten frunden sinen ursprung*, sondern sei *alleen siner dapfer und ridderlicken daden halven tho enem borgermeister geraden.*[16] Nach einer außerordentlich erfolgreichen Aktion gegen Piraten in der Ostsee gelangte er an die Spitze der Stadt und setzte zugleich eine neue Stadtverfassung durch. Er verdarb es sich allerdings mit seinen Unterstützern, weil er sie nicht an der neu gewonnenen Macht beteiligte. Und so wundert es nicht, dass der neue Rat keinen großen Rückhalt hatte, als die Hanse begann, Sanktionen anzudrohen. Die schlechte Versorgungslage nach mehreren Missernten tat ihr Übriges. Schon zwei Jahre nach Einführung der

Sarnow'schen Verfassung wurde der neue Rat gestürzt, die Verfassungsänderung rückgängig gemacht und Sarnow mit seinen Parteigängern enthauptet.[17]

Die »Verhansung« als Druckmittel

Das letzte hansische Druckmittel gegen unbotmäßige Mitgliedsstädte – und der Aufstand gegen den eigenen Rat war sicher eine der schwersten Unbotmäßigkeiten – stellte die sogenannte »Verhansung« dar, der Ausschluss aus der Gemeinschaft. Sie ist nur selten in den Quellen direkt greifbar und kann häufig nur im Rückblick vermutet werden, wenn eine Stadt sich reumütig um Wiederaufnahme bemühte.[18] Für den Hansetag dürfte in der Mehrzahl der Fälle auch kein Interesse an einem wirklichen Ausschluss bestanden haben – eher dürfte man froh gewesen sein, dass die bloße Androhung oft ausreichte.

Ein prominentes Beispiel einer solchen Verhansung ist der in der Stadtgeschichtsschreibung als »Große Schicht« bekannt gewordene Braunschweiger Bürgeraufstand des Jahres 1374. Die Stadt hatte eine Reihe von Burgen und befestigten Häusern im Umland durch Pfand erworben, um die Handelswege zu sichern, und sich damit in eine Schuldenkrise gestürzt. Auf die notwendig gewordenen Steuererhöhungen folgte der Aufstand, und es kamen acht Ratsmänner ums Leben, weitere wurden vertrieben.[19] 1375 verkündete daraufhin der Hansetag, *dat se der van Brunswyk ute der hense unde ute [de]s copmannes rechte unde vryheid* ausschließen wollten.[20] Das bedeutete, dass »kein Kaufmann in Flandern, in England, in Dänemark, in Norwegen, in Novgorod noch irgendeiner anderen Stadt, die in des Kaufmannes Recht ist, Gemeinschaft oder irgendeinen Handel mit ihnen pflegen soll, weder zu Land noch zu Wasser, weder kaufen noch verkaufen, unter Androhung des Verlustes von Ehre und Gut«.[21] Eine Blockade also, wie sie auf ähnliche Weise in Flandern zwei Jahrzehnte zuvor so viel Wirkung gezeigt hatte. Beschlossen worden sei das von allen Städten, *de in der Dudeschen henze sin, mid vulborde der andren stede to ereme rechte horende,* also von den Hansestädten mit dem Kon-

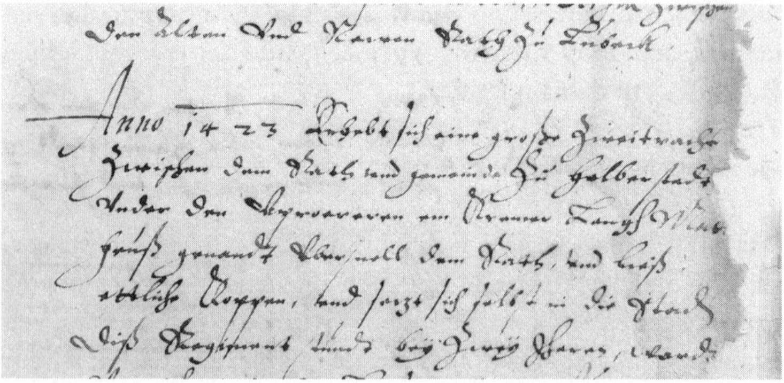

Abb. 31: *Anno 1423 erhebt sich eine große zwietracht zwischen dem rath und gmeinde …* Unruhen gab es in dieser Zeit regelmäßig in den Städten Norddeutschlands.

sens ihrer Verbündeten. Fünf Jahre später war Braunschweig wirtschaftlich so beschädigt, dass man den alten Rat wieder annahm und sich auf umfassende Bußleistungen für die acht Getöteten verständigte.

Wie lange diese innerhansische Solidarität noch ihren Wert für die Führungsschichten hatte, zeigt ein spannendes, leider schlecht erhaltenes Doppelblatt in den Hanseakten ausgerechnet des Braunschweiger Stadtarchivs.[22] Es diente offenbar zur Vorbereitung eines Hansetages, der 1598 in Lübeck abgehalten wurde. Vermutlich ein Braunschweiger Ratsverwandter notierte darin eine Reihe von Städteunruhen aus dem Bereich der sächsischen oder wendischen Städte während der vergangenen rund zweieinhalb Jahrhunderte – und betonte jedes Mal, wie diese *zwiedracht* durch Verhansung oder die Androhung derselben, jedenfalls durch den diplomatischen Druck der Hanse beendet worden sei – wie diese Städte *durch gemeine hanse-stedt zu gehorsamb pracht:* Braunschweig 1374, Lübeck 1412, Halberstadt 1423, Lüneburg 1454, Bremen 1464, Rostock 1487 und so weiter. Das war im Sommer 1598 keine historische Nostalgie, sondern konkrete politische Handlungsanlei-

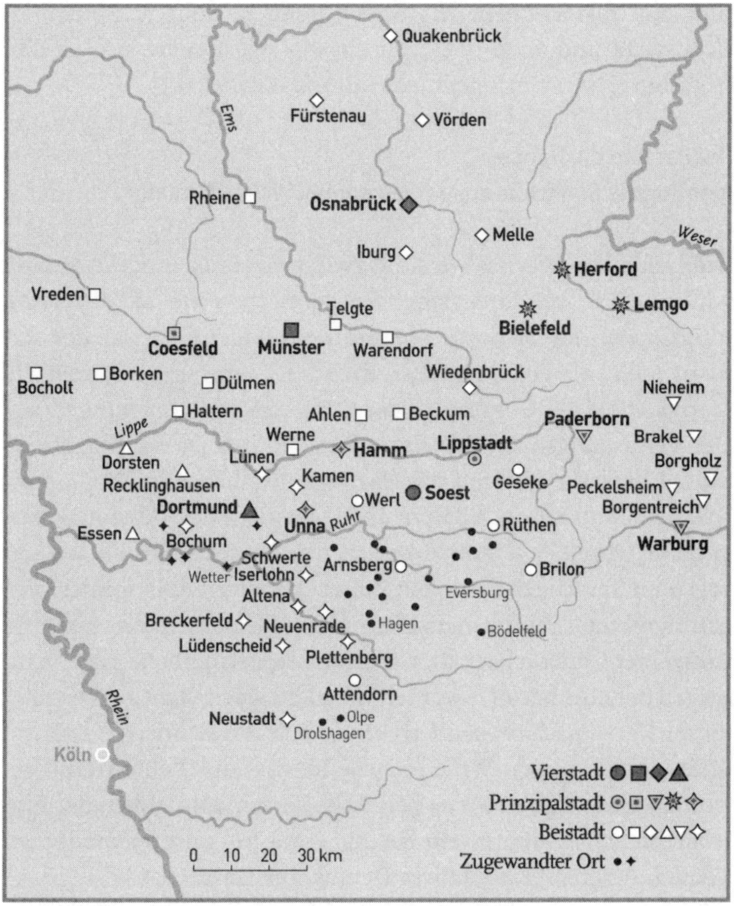

Abb. 32: Das Westfälische Hansequartier wie es im 16. Jahrhundert aus den Quellen aufscheint. Die unterschiedlichen Zeichen der Karte markieren eng miteinander korrespondiere Städte, die innerhalb des Hansequartiers regionale Städtegruppen ausbildeten.

tung mit historischem Argument, denn in Lübeck, Stralsund, Greifswald und auch in Braunschweig selbst sollte sich in den nächsten Jahren noch genug *zwiedracht* einstellen.[23]

Der Rat und die Hanse: Identität als Schlüssel zur gemeinsamen Willensbildung

Die besondere Wechselwirkung zwischen Hanse und Stadträten wird deutlich, wenn man sich vergegenwärtigt, wie sich die Handlungsmacht des Stadtrates legitimierte. Eigentlich war der Rat nicht mehr als ein geschäftsführendes Gremium, während die Obrigkeit bei der Gesamtheit der Gemeinde, der *communitas*, lag. Der Verfassungshistoriker Ernst Pitz hat in einer viel beachteten Studie herausgearbeitet, wie das eigentümliche Verhältnis zwischen Rat und Bürgerschaft in der Rechtsfigur der »Identität« ausgestaltet wurde.[24] »Identität« meint dabei nicht, wie im heute verbreiteten Sprachgebrauch, ein Zugehörigkeitsgefühl, sondern ein ganz konkretes Zusammenfallen: Wer auf legitime Weise zur Führung einer Genossenschaft, wie sie die mittelalterliche Stadt ja im Kern darstellte, berufen worden war, der sprach nicht als Vertreter dieser Gemeinschaft, sondern er war mit ihr identisch, er vertrat ihren gemeinsamen Willen. Diese Idee ist uns heute fremd geworden und zeigt, dass das politische Gleichheitsdenken der mittelalterlichen Stadt nur sehr bedingt etwas mit unseren modernen Vorstellungen repräsentativer Demokratie zu tun hat.[25]

Das Geschäftsführungsmodell mittelalterlicher Identität bedeutete im Umkehrschluss nichts anderes, als dass der Rat in seinem Handeln stets vom Willen der Bürgerschaft getragen wurde – einem Willen, der sich in der Regel durch Schweigen und Gefolgschaft ausdrückte. Die mittelalterlichen Stadtunruhen sind also ein Indikator für ein Knirschen im Konsensgetriebe, und viele dieser Unruhen waren auch keine großen Stadtkämpfe, wie es mitunter die Chronistik darzustellen suchte, sondern erschöpften sich in Aufläufen vor dem Rathaus, um dem allgemeinen Dissens mit der Ratspolitik lautstark Ausdruck zu verleihen.[26]

Die meisten Alltagsgeschäfte konnten die Bürgermeister relativ frei entscheiden, für wichtigere trat dann der ganze Rat zusammen. Für »große und schwerwiegende Geschäfte« *(negotia ardua et magna)* dagegen bedurfte es außerdem der Zustimmung der gesamten Bürgerschaft.[27] Dieses alte Grundprinzip »Was alle etwas angeht, soll auch von allen gebilligt werden« *(quod omnes tangit, ab omnibus approbari debet)* versuchten im Übrigen auch die Landstände der frühen Neuzeit immer wieder gegenüber den Fürsten durchzusetzen – mal mehr, mal weniger erfolgreich.[28] Der große Unterschied zwischen den Repräsentationsrechten der Landstände und den auf Identität gegründeten Handlungsspielräumen städtischer Räte war, dass die einen für sich selbst sprachen oder als Prokuratoren mit umfänglichen Vollmachten ausgestattet waren, die anderen aber für ihre gesamte Bürgergemeinde sprachen.[29]

Diese *Ratssendeboten*, wie sie in den hansischen Quellen heißen, waren keine Bevollmächtigten, sondern Sprecher ihrer Städte. Sie vertraten umfänglich deren Interessen, aber man darf das nicht mit einer Generalvollmacht verwechseln. Der feine Unterschied ist nicht ganz leicht zu greifen – und entsprechend hatten auch die Zeitgenossen schon ihre liebe Not damit. Ausgangspunkt der Pitz'schen Beobachtungen ist dementsprechend ein Streit zwischen hansischen Ratssendeboten und englischen Gesandten auf einem Hansetag des Jahres 1449 über die Vollmachten der versammelten Städtevertreter, der schon seit mehr als zehn Jahren brodelte. Die Engländer waren wie stets mit *litterae procuratoriae* angereist, mit Briefen also, die ihnen eine formal unbeschränkte Vollmacht *(plena potestas)* einräumten. Das heißt, die englische Seite hatte im Vorfeld viel Zeit auf Willensbildung verwandt, die Verhandlungsziele festgesteckt und die königliche Regierung ihre Bereitschaft erklärt, die von den Prokuratoren herbeigeführten Verhandlungsergebnisse anzuerkennen.

Ganz anders die Hansen: Sie reisten mit zwar ähnlich umfassenden Vollmachten an – schließlich handelten sie in Identität mit der Bürgerschaft –, hatten aber nur für sehr konkrete Punkte vorhergehende Willensbildung betrieben und befanden sich also theoretisch in stetiger Unsicherheit, ob sie wirklich noch den Willen ihrer Bürgerschaft zum Ausdruck brachten, sobald sie sich auch nur geringfügig von den im Vorfeld erhobenen Willensäußerungen entfernten. Sie waren eben nur Sprecher eines allgemeinen Willens, den sie mal in Form besonderer Instruktionsschreiben wenigstens protokollarisch mit zum Hansetag nahmen, mal nur mündlich erfahren hatten, der aber ansonsten von ihnen mehr erahnt als gewusst werden konnte. Insofern bestand die »Vollmächtigkeit« *(vulmechtiheit)* der hansischen Ratssendeboten immer nur so weit, wie sie mit ihrer Diagnose des politischen Willens in der Heimatstadt richtiglagen. Ihre heimische Bürgergemeinschaft hatte stets das Recht, die so herbeigeführten Ergebnisse abzulehnen. Deshalb band ein Rezess die versammelten Hansestädte nicht, selbst wenn ihre Ratssendeboten ihn mit herbeigeführt hatten, sondern jeder Beschluss musste erst daheim in das eigene Stadtrecht aufgenommen, also von der Bürgerschaft mitgetragen werden. Dieses Ungleichgewicht zwischen der *procura* des gelehrten Rechts und dem deutschrechtlichen Einungsgedanken, der die Hansestädte trug, führte immer wieder zu Konflikten mit butenhansischen Partnern wie den Engländern. Nach innen scheint dieses Prinzip aber hervorragend funktioniert zu haben.

Das lag auch daran, dass den einzelnen Ratssendeboten eine schwere Aufgabe zuteilwurde, die sie am besten durch Einigkeit lösen konnten. Je einhelliger die Urteile der Versammelten, desto mehr Rückhalt konnten sie für ihre Beschlüsse daheim erwarten. Deshalb war das hansische Tagfahrtenwesen auch so sehr um Konsens bedacht: »Wenn die Ratssendeboten in der Diskussion Eintracht, Einmütigkeit, Einstimmigkeit erreicht hatten und die Debatte verstummte, dann war mit dem Reden auch die Sache beschlossen«, so Ernst Pitz über den Hansetag.[30] Tatsächlich heißt das aber auch, dass alle Konflikte letztlich auf sublimere Weise – durch Druck oder Freundlichkeiten – gelöst werden mussten, als dass sie offen ausgetragen wurden. Und das lässt die Vermutung reifen, dass den Ratssendeboten nicht nur als Sprechern ihrer Bürgerschaft, sondern als Netzwerk einer politischen Entscheidergruppe große Bedeutung zukam.

Der Hansetag als organisatorisches Interface

Aus dem Vorhergehenden erklärt sich, warum der Hansetag kein Parlament der Hanse war.[31] Er hatte kaum bindende Befugnisse, und selbst die wenigen, die man ihm allgemein zusprach, konnte er kaum durchsetzen, wenn die Betroffenen nicht mehrheitlich mitspielten. Es fehlte ihm jeglicher Zwangsapparat. Gegen Auswärtige griffen einzelne Hansestädte im Verbund schon einmal zu den Waffen. Aber niemals ist das nach innen geschehen. Und niemals waren bei solchen Militäraktionen alle Städte mit an Bord. Denn die Hanse war eben kein Staat, keine hierarchisch strukturierte Organisation und kein Bündnis, dessen Mitglieder durch Vertrag aneinander gebunden gewesen wären.

Der Hansetag war vielmehr ein Forum, ein Mittel der Meinungsbildung, des Informationsaustausches und des Interessenausgleichs. Er war eine diplomatische Veranstaltung. Daraus folgen zwei Charakteristika dieser Tagfahrten: Erstens fanden die Hansetage höchst unregelmäßig statt – mal alle paar Monate, mal nur alle paar Jahre. Man traf sich nur, wenn es auch einen Anlass gab, der gemeinsames Handeln erforderte. Nach konventioneller Zählung (über die man im Detail streiten kann) fanden zwischen 1356 und 1400 insgesamt 41 Hansetage statt, zwischen 1400 und 1440 dann 14, zwischen 1440 und 1480 schließlich 17.[32] In der zweiten Hälfte des 14. Jahrhunderts fanden also mehr Tagfahrten statt als während der ersten acht Jahrzehnte des Folgejahrhunderts. Aber auch innerhalb dieser Zeiträume war die Verteilung höchst unterschiedlich und sagt der Durchschnittswert – in der ersten Periode alle 13 Monate, in der letzten alle 29 – nichts aus. Das zweite wichtige Charakteristikum, das aus der Funktion des Hansetages als Forum folgte: Es beteiligten sich an den jeweiligen Treffen nur jene Städte, die sich unmittelbar von den zu diskutierenden Fragen betroffen fühlten oder aus repräsentativen Gründen der Meinung waren, sie dürften nicht fehlen. Entsprechend variierte auch die Teilnehmerzahl stark. Nur selten waren mehr als zwanzig Städte und in rund 40 Prozent aller Hansetage weniger als zehn unmittelbar anwesend.[33] Gemessen an den dicht punktierten Hansekarten, die typischerweise zwischen ein- und zweihundert Hansestädte verzeichnen, ist dieser Befund ein eindrückliches Bild von der Flexibilität der Hanse.

Vertretungssystem und Regionaltage

Ein Grund dafür ist das ausgefeilte Vertretungssystem, das schon bei der Einladung zum Hansetag zum Tragen kam. Seit 1418 lud stets Lübeck ein. Daraus ist der Eindruck entstanden, die Stadt sei ein *caput tocius Hanze*, ein »Haupt der Hanse« gewesen.[34] Wenn sie das überhaupt je war, dann eher im Sinne einer Schaltzentrale. Besondere Vorrechte gegenüber den anderen Mitgliedern hatte sie nicht. Und immer wieder haben sich, gerade in Zeiten lübischer Schwäche, andere Städte in den Mittelpunkt geschoben.[35]

Die Einladungen ergingen zusammen mit den zu beratenden Punkten an zentrale Städte im Netzwerk der Hanse, die Vororte oder Quartiersstädte. In den Ratsstuben dieser Vororte wurde das Einladungsschreiben kopiert und an regionale Vororte weitergesandt, die dann wiederum ihr nachgelagertes Netz von Mittel- und Kleinstädten informierten. Köln etwa sandte nach Wesel und Münster, Wesel dann nach Duisburg und Dortmund, Münster dagegen nach Coesfeld, Coesfeld wiederum nach Bocholt, Borken, Haltern oder Vreden. So wurden die Kosten für die Informationsverbreitung aufgeteilt und zunächst von den größeren Städten mit der besseren Infrastruktur getragen. Sie beschickten in der Regel dann auch den Hansetag, forderten dafür aber die Beteiligung ihrer »Beistädte« (wie die vertretenen Städte in der Forschung meist heißen) an den Kosten.[36] Dieses Geld einzutreiben war beileibe nicht einfach, wie aus den Beschwerden der Vor- und Quartiersstädte hervorgeht. Immer wieder versuchte der Hansetag, die knausernden Kleinstädte zu sanktionieren – aber mit wenig Erfolg.

Oft erfüllten die regionalen Haupt- oder Vororte auch abseits der eigentlichen Hansetage eine Scharnierfunktion zwischen Städtegruppen und hansischen beziehungsweise der Hanse zugewandten Wirtschaftsräumen. So vermittelte etwa Lüneburg durch seine Boten immer wieder zwischen den wendischen und den sächsischen Städten; Wesel, das an der Lippemündung in den Rhein liegt, war Schaltstelle zwischen den niederrheinisch-maasländischen und den IJsselstädten auf der einen und den westfälischen Städten auf der anderen Seite. Und so kam es dort und in anderen Städten regelmäßig zu Regionaltagen, die manchmal der Vorbereitung einer hansischen Tagfahrt, manchmal aber auch ausschließlich regionalen Fragen gewidmet waren. Gerade in Lübeck und den anderen großen Seestädten sind diese Regionaltage manchmal nicht ganz einfach von den parallel oder kurz danach tagenden Hansetagen zu trennen. Deshalb kann man auch lange darüber streiten, wann der erste Hansetag stattfand – ob 1256, als in Wismar Streitigkeiten zwischen Lübeck und Rostock beigelegt werden sollten (mit diesem Tag beginnt die Editionsreihe der *Hanserezesse*) oder 1285, als man erstmalig auf einem gemeinsamen Tag in Lübeck und nicht durch Vor-Ort-Diplomatie eine Kontorsverlegung in Brügge beschloss; oder sogar erst 1356, im Vorfeld der Flandernblockade. Weil es so schwer ist festzustellen, wann eine Tagfahrt eine »gemeinhansische« war, hat Volker Henn ein pragmatisches Kriterium vorgeschlagen: Sind Städte aus mindestens zwei Hansequartieren anwesend, solle man von einem Hansetag sprechen, andernfalls von einem Regionaltag oder interregionaler Diplomatie.[37] Nach diesem Kriterium hätte sich erstmals 1305 ein allgemeiner Hansetag getroffen, als Vertreter des Wendischen und des Sächsischen Städtebundes in Lübeck zusammenkamen.[38]

Die hansischen Rezess-Editionen: ein reiches und schweres Erbe

Wesentliche Quelle aller Kenntnisse über die Hansetage und die auf ihnen verhandelten Sachverhalte – und damit wesentliche Quelle für einen Großteil dessen, was gemeinhin als »Hansegeschichte« wahrgenommen wird – sind jene *Hanserezesse*. Dabei handelt es sich um Protokollschriften der Punkte, die beim Auseinandergehen *(recedere)* feststanden. Alles andere, worüber nicht entschieden werden konnte, wurde *ad referendum*, also zur Wiedervorlage genommen. Und das konnte mitunter ziemlich viel sein.[39]

Die Rezesse selbst verzeichneten also nur die Ergebnisse, keine

Diskussionsverläufe. Sie sind nur sporadisch durch die Notizen einzelner Ratssendeboten bekannt, das meiste der hansischen Verhandlungen dürfte für immer im Dunkeln bleiben und kann nur noch aus den Einladungsschreiben, der Korrespondenz zwischen einzelnen Städten und den hin und wieder überlieferten Instruktionsschreiben für einzelne Gesandtschaften näherungsweise rekonstruiert werden. Zum Glück, möchte man meinen, edieren oder »regestieren« (so nennt man eine besondere Art der formellen Kurzzusammenfassung, die Historiker seit dem 19. Jahrhundert betreiben) die dicken Bände der *Hanserezesse* seit ihrem ersten Band von 1870 auch diese Beiüberlieferung und drucken nicht nur die eigentlichen Rezesse ab, die eine merkwürdige Harmonie hansischer Tagfahrten vorgaukeln würden.

Seit einigen Jahren wird allerdings immer deutlicher, dass das Mammutwerk der Rezesseditionen nicht nur ein beeindruckendes, sondern auch ein hoch problematisches Erbe der ersten Generationen der Hanseforschung ist. Tatsächlich prägen die Auswahl und die Präsentation des Quellenmaterials bis heute die Forschung und damit unser aller Bild von der Hanse. Diese Einsicht geht im Wesentlichen auf die kritischen Inspektionen Carsten Jahnkes zurück, wird aber mittlerweile in der Hanseforschung allgemein geteilt.[40]

Die Recesse und andere Akten der Hansetage erschienen im Kern zwischen 1870 und 1941 – mit einem Nachzüglerband 1971 – in vier Reihen mit insgesamt 26 Bänden. Zusammen mit den 11 Bänden des *Hansischen Urkundenbuches* (1876–1939) gehörten sie zu den größten deutschen Editionsprojekten überhaupt. Sie erheben den Anspruch, die hansischen Versammlungen mit ihren Vor- und Nachakten – also den Ladungsbriefen, den Berichten aus den Kontoren, den Abstimmungen zwischen den Städten und so weiter – zwischen 1256 und 1537 zu dokumentieren. Doch genau in dem Zeitraum, den die *Hanserezesse* abdecken, hatte die Hanse praktisch keine zentrale Struktur. Nur die Kontore führten überhaupt so etwas wie ein Archiv. In den Städten wurden selbstverständlich ebenfalls Hanseurkunden und Hanseakten gesammelt – aber eben nach den örtlichen Usancen und dem jeweiligen Aufbewahrungsinteresse. Nicht einmal Lübeck kann von sich behaupten, für diese Zeit ein repräsentatives, geschweige denn vollständiges Bild der hansischen Überlieferung zu bieten, obwohl es neben dem 2009 eingestürzten Kölner Stadtarchiv, wohin die Brügger Kontorsüberlieferung verbracht worden war, einen der wichtigsten Bestände der Hansegeschichte beheimatet. Wie also kamen die Akten in die Edition? Nach welchen Prinzipien wurde gesammelt, ausgewählt und angeordnet? Das sind Fragen, die sich Historikerinnen immer stellen (müssen), wenn sie mit ediertem Material umgehen, denn natürlich ist jede Editionsarbeit auch ein Auswahlprozess.

Über die Entstehung der hansischen Geschichtsforschung im 19. Jahrhundert wird im letzten Kapitel noch ausführlicher zu berichten sein. Daher nur so viel: Es ist ein travezentrisches, vor allem an den wendischen Städten mit Lübeck an der Spitze orientiertes Hansebild, das hier zum Tragen kommt. Die Editoren der ersten Stunde haben Großes geleistet, indem sie mit unglaublicher Geschwindigkeit umfassende Bände vorgelegt haben. Sie taten das allerdings erstens auf der Grundlage vor allem der Archive aus den norddeutschen Seestädten unter Einbeziehung der reichen Kölner Archivalien und einiger preußischer Archive. Für besondere Fragen wurden gezielt auch niederländische Quellen gesichtet. Westfalen aber, der Großteil der sächsischen Städte, die Altmark und viele andere Regionen des hansischen Wirtschaftsraumes blieben gänzlich unberücksichtigt.

Neben diese geografische Schieflage in der Quellenauswahl tritt zweitens eine systematische. Denn Koppmann, Höhlbaum und die anderen frühen Editoren der Hanserezesse sahen in der Hanse vor allem ein politisches Gebilde und wählten diejenigen Quellen aus, die sie diesem Verständnis nach zu edieren hatten. Handelsgeschichtliche Quellen etwa wurden in das *Hansische Urkundenbuch* ausgelagert.[41] Nach diesen Grundsätzen wurden selbst die abgedruckten Dokumente teils auseinandergerissen oder gekürzt – und das nicht immer kenntlich gemacht.[42] Man darf also nicht glauben, dass uns in den *Hanserezessen* die Hanse ganz unmittelbar entgegentritt und man das Material nur richtig deuten müsse. Und trotzdem: Es gibt momentan kaum eine Alternative.

Neben der Aufgabe, die Rezesse der Jahre nach 1537 überhaupt erst einmal zugänglich zu machen, fällt zukünftigen Generationen von Hanseforscherinnen also auch die undankbare Last zu, aus den von den Vorvätern ererbten Granitblöcken, die in sich eine beachtliche, heute kaum einzuholende Leistung darstellen, achtsam einen repräsentativeren und editorisch valideren Weg zu den hansischen Quellen des Mittelalters zu bauen. Bis dahin bleiben die Hanserezesse ein Steinbruch. Jeder, der sich dort für größere Konstruktionen bedienen möchte, muss diese mit genauen Nachrecherchen und oft genug auch mit Archivbesuchen untermauern, wenn er sich ihrer Statik einigermaßen sicher sein will.

Wie lief ein Hansetag ab?

Wie ein Hansetag im Einzelnen ablief, darüber geben die Rezesse selbst also kaum Auskunft, bestenfalls aus den »Vorakten« und »Beilagen« kann man einiges über die Struktur und das Zusammenkommen der Hansetage rekonstruieren. Knapp, aber dafür als direkter Augenzeuge berichtet von einer solchen Tagfahrt des Jahres 1494 dagegen der Hildesheimer Ratssendebote Henning Brandis, Spross einer wichtigen Kaufmannsfamilie und mit seinem *Diarium* (»Tagebuch«) einer der besonders aussagekräftigen Zeitzeugen für die politische und Alltagsgeschichte Norddeutschlands im ausgehenden Mittelalter.[43] »Am Freitag vor Pfingsten ritt ich mit vier Pferden von Hildesheim nach Bremen zum Tag der Hansestädte«, notierte Brandis in sein Tagebuch. Die Reise von gut 150 Kilometern dauerte über eine Woche, denn erst am Sonntag Trinitatis erreichte die kleine Gruppe Bremen. Am Montag passierte noch nichts. Tatsächlich konnte es dauern, bis alle Ratssendeboten eingetroffen waren – manchmal sogar so lange, dass einzelne bereits Angekommene zunächst wieder abreisten, um die hohen Kosten des Aufenthalts am fremden Ort zu sparen. Wenn schon die Reise von Hildesheim nach Bremen eine gute Woche in Anspruch nahm, kann man sich gut vorstellen, wie lange und zu welchen Kosten Ratssendeboten aus beispielsweise Reval unterwegs waren. Vier Pferde wie die, mit denen Brandis angereist war, und deren Reiter standesgemäß unterzubringen kostete nun einmal eine Kleinigkeit.

»Am Dienstag gingen wir zur ersten Sitzung auf das Rathaus.« Sie taten das vermutlich von St. Marien, der Lübecker Ratskirche aus. Denn kein Hansetag begann ohne vorherigen Gottesdienst.[44] »Alles, was dort«, also im Rathaus, »gesprochen wurde«, berichtet Brandis weiter, »wurde protokolliert; und wer einen Rezess darüber wollte, der konnte ihn haben« – *aver vor vel gelt.* Worum es im Einzelnen ging, das berichtet Brandis nicht.[45] Nur einen Beratungspunkt hält er für besonders erinnerungswürdig, dass nämlich »unter vielen anderen Artikeln eine Vereinbarung konzipiert wurde, in der sich die Städte einigten, eine gemeinsame Kasse *(kesten)* einzurichten und darin zehn Jahre lang Geld einzuzahlen.« Diese Kasse sollte Städten helfen, *de nöt unde gewalt anekeme ... unde sonst vort to helpende raden und daden,* also für alle anderen hansischen Aktivitäten zur Verfügung stehen, die *mit velen schönen artikelen* beschrieben wurden. Dass es in absehbarer Zeit wieder zu solchen *nöt unde gewalt* kommen könnte, lag 1494 durchaus in der Luft: Braunschweig war gerade erst nach langer Belagerung durch seinen herzoglichen Stadtherrn von einem hansestädtischen Koalitionsheer entsetzt worden; Lübeck und Hamburg stritten mit den Herzögen von Sachsen-Lauenburg.[46]

An diesem Hansetag kann man trotz aller Schwächen der Rezess-Editionen gut nachvollziehen, wie eine gesamthansische Tagfahrt als Reaktion auf ein als gemeinsam erkanntes Problem zustande kam: Die Braunschweiger Causa war schon im Vorjahr auf einer Tagfahrt zu Bremen, bei der Vertreter aus Lübeck, Lüneburg und Hamburg angereist waren, und mehreren weiteren Regionaltagen vorbesprochen worden. Erst einmal musste sich herausstellen, ob es sich um ein hansisches oder ein regionales Problem handelte. Man schrieb an Köln, Osnabrück und eine Reihe anderer Städte, denen die Braunschweiger *van herten leyd* taten – die aber auch direkte Handelsinteressen mit der Sache verbanden.[47] Köln schließlich regte dann einen Hansetag an, der nun, ein gutes Jahr später, wiederum in Bremen zusammentrat. Mit der gewichtigen kölnischen Stimme hatte man die Verteidigungsfrage zu einer hansischen gemacht. Und so reisten auch eine nennenswerte Zahl westfälischer Städte und Hannover, die zuiderzeeischen Städte sowie ein Teil der großen wendischen Städte, Stralsund und Wismar, zu Pfingsten 1494 nach Bremen, wo allerdings neben der Frage einer gemeinsamen Kriegskasse auch manch anderes Anliegen, insbesondere aus den Kontoren, zu besprechen war. Die letzte Tagfahrt von ähnlicher Größe hatte 1487 stattgefunden – kein Wunder also, dass sich das eine oder andere aufgestaut hatte. Beraten wurde über die meisten Versammlungspunkte, wie Brandis im *Diarium* berichtet, nicht gemeinsam im Plenum, sondern zunächst »jeder in seinem *dele*«, also seinem Quartier oder Drittel *(dat eine Lubeke, dat andere Kollen, dat dridde Brunswyk)*. Jede dieser drei Drittelhauptstädte sollte dann auch einen Schlüssel zu der hansischen *kesten* erhalten – *unde twe bybelegene stede,* also zwei Beistädte aus jedem Drittel.[48]

Abschließend teilt Henning Brandis noch die Sitzordnung auf dem Hansetag mit, die ein steter Streitpunkt zwischen den Städten war – insbesondere, wenn einzelne seit Langem keine Tagfahrt mehr besucht hatten und nun auf einen vorgeblich angestammten Platz pochten. Das taten beispielsweise 1418 die Bremer, die nicht hinter den Hamburgern sitzen wollten und selbst vor Urkundenfälschung nicht zurückschreckten, um ihren besonderen zeremoniellen Vorrang als angebliche Reichsstadt in der Sitzordnung der Gleichen herauszustellen.[49] Tatsächlich dürfte die Sitzordnung mehr als äußerlicher Tand gewesen sein. Das besondere Konsensprinzip der hansischen Tagfahrten verschaffte denjenigen, die in der Sitzordnung vorne saßen und folglich als Erste sprechen durften, auch einen strategischen Vorteil, der bei der gemeinsamen Meinungsbildung durchaus Bedeutung entfaltete.

Reihum nahm man zu den Tagesordnungspunkten Stellung. Bei komplexen Problemen wurden Ausschüsse gebildet oder zog man sich zur Beratung in die einzelnen Drittel zurück, wie in unserem Beispiel wegen der gemeinsamen Kasse. In der letzten Tagungssitzung, der sogenannten »Vergleichung«, ging es so lange reihum, bis ein Konsens gebildet war und diejenigen, die nicht zustimmen wollten, schwiegen oder sogar abgereist waren.

Den so erzielten Beschluss diktierte dann der vorsitzende Bürgermeister vor allen Anwesenden einem Ratsschreiber – und damit war der Rezess auch schon formuliert. Ob und wie genau dieser idealtypische Ablauf immer eingehalten wurde, ist schwer zu sagen, weil in der Regel eben nur dieses letzte Ergebnisprotokoll vorliegt. Es spricht aber vieles dafür, dass diese für das 16. Jahrhundert, als die hansische Schriftproduktion insgesamt redseliger wurde, gut belegte Vorgehensweise damals schon über viele Generationen eingeübt war.[50]

Der Hansetag jenseits der Politik: eine Schaltstelle für Informationen

Wenn der Hansetag kein »Parlament der Hanse« war, worin lag dann eigentlich seine besondere Funktion? Vor allem darin, die aktuelle Vor-Ort-Expertise der Kontore mit dem langfristigen Organisationswissen erfahrener Kaufleute aus den einzelnen Städten bei konkreten Anliegen zu einer Art gesamthansischer Expertise zusammenzubringen und daraus Handlungsanleitungen zu entwickeln.[51] Denn die immer komplexer werdende Handelswelt erforderte stetig mehr Informationen, die Einzelne über ihre Netzwerke kaum zusammenzubringen vermochten – nicht einmal die oberdeutschen Firmen, die viel Geld in ihre Informationsnetzwerke investierten, um nicht nur über Preise, sondern ebenso über politische Entwicklungen, Nachfrage und Moden sowie alles andere, was irgendwie Auswirkungen auf ihren Handel hätte haben können, *up to date* zu bleiben. Für den Hansekaufmann löste diese Herausforderung der Hansetag. Und nicht bloß das: Über gemeinsame Regularien reduzierte er auch die Handlungsmöglichkeiten auf ein erträgliches Maß, was wiederum Risikoabschätzungen einfacher machte – selbst Fehleinschätzungen und daraus resultierende falsche Entscheidungen trafen damit schließlich nicht nur den Einzelnen, sondern gleichermaßen alle. Damit senkte der Hansetag wiederum diejenigen Transaktionskosten, die nicht dem einzelnen Kaufmann und seinem Unternehmen entstanden, sondern von den Städten getragen wurden.

Aus diesem Bedarf nach der Kombination von frischem Vor-

Ort-Wissen und erfahrungsbasiertem organisationellem Wissen erklärt sich im Übrigen die Vorreiterrolle Lübecks als »Haupt« der Hanse – man könnte noch präziser sagen: als ihr Gedächtnis. Obwohl die gut sortierte und professionell betreute Lübecker Ratskanzlei wie erwähnt kein Archiv der Gesamthanse bereitstellte, so fand doch wegen der regelmäßigen Gastgeberschaft immerhin sehr viel hansisches Schriftgut dort Niederschlag. Zudem fungierten im 14. und 15. Jahrhundert die Lübecker Ratsherren dank ihrer bemerkenswert langen Amtszeiten, ihrer Vorerfahrung und ihrer Mitgliedschaft in den Fahrerkompagnien als lebendiges Organisationengedächtnis, das auf den Hansetagen mit den Informationen der in der Regel nur kurzzeitig eingesetzten Älterleuten der Kontore zusammentraf.[52] Beide Wissensressourcen verschränkten sich, Informationen konnten synthetisiert und diskutiert werden, um Handlungsoptionen daraus abzuleiten. Was im ausgehenden 14. und beginnenden 15. Jahrhundert so wunderbar funktionierte, wurde zu einer Pfadabhängigkeit, die Lübeck immer mehr in die Rolle eines informellen hansischen Vorortes brachte – und zwar durchaus auf Drängen der anderen Städte.[53] Die Travestadt fungierte nicht so sehr als Anführerin, sondern vielmehr als Sekretärin oder Archivarin der Hanse, die Informationen sammelte und damit für alle Beteiligten die Kommunikationskosten senkte.

Aus dieser Perspektive erkennt man gut den Unterschied zwischen den politischen Versammlungen der Städtebünde oder der Eidgenossen und den Tagfahrten der Hanse, der die besondere Fluidität der Hanse sinnfällig macht und zugleich die Forschung stets beschäftigt hat. Schließlich trat, wie Ahasver von Brandt gezeigt hat, auf den Hansetagen nie »die Hanse«, sondern traten »jeweils stark wechselnde Interessen- und Aktionsgruppen einzelner Städte« auf, die sich damit *ad hoc* als Hanse materialisierten.[54] Selbst als man im ausgehenden Mittelalter begann, Bußgelder für ein Ausbleiben auf dem Hansetag anzudrohen, blieben regelmäßig viele Städte fern. Und offenbar war man auch recht großzügig in der Anerkennung von Entschuldigungsgründen. Stuart Jenks hat das sehr überzeugend erklärt: Es war schlicht sinnlos, »ahnungslose Städte« zwangsweise einzubinden, die weder nutzbare Informationen für das jeweils anliegende Problem beizusteuern hatten noch ein nachdrückliches Interesse, die daraufhin gefassten Beschlüsse in ihrem Stadtrecht umzusetzen.[55] Und deshalb war die Arbeitsgruppe gegenüber der »Gesamtbelegschaftsversammlung« die viel sinnvollere Arbeitsweise. Da jedoch selten nur ein Problem anstand, kamen auf den Hansetagen meist mehrere solcher Arbeitsgruppen zusammen. Wer freilich an keiner der verhandelten Herausforderungen einen Anteil hatte, der blieb eben fort.

Die hansische *tohopesate* – Versuche einer stärkeren Bindung

Der Hansetag war also nur insofern ein politisches Organ, als er Ausgleich bei Konflikten innerhalb der hansischen Gemeinschaft zu stiften suchte und nach außen die Privilegien des Gemeinen Kaufmanns verwaltete, mitunter auch verteidigte. Im 15. Jahrhundert trat dann eine neue politische Institution an seine Seite, die nun auch die einzelnen Städte beschützen sollte, und zwar gegen die Fürsten und Herren im Reich. So wurde einerseits ein alter Gedanke aus den Konsolidierungstagen der Hanse im 13. Jahrhundert reaktiviert, andererseits ein ziemlich »unhansisches« Gebilde geschaffen, das eine deutlich stärkere vertragliche Ausgestaltung erfuhr: die *tohopesate*.[56]

In den hansischen Quellen heißt diese besondere Form des Zusammenschlusses mehrerer Städte manchmal auch *tosammendesettinge*, also »Zusammensitzen« – und genau das meint *tohopesate* auch. Sie war ausdrücklich ein Städtebund statt einer freien Einung wie die Hanse und wies die meisten entsprechenden Charakteristika auf: eine Gründungsurkunde mit klarer Zielsetzung, gemeinsame Institutionen wie eine Kasse oder Militärkontingente – und nicht zuletzt auch eine zeitliche Beschränkung, wie das bei solchen Bündnisverträgen auch andernorts üblich war. Den Zeitgenossen war die Verschiedenartigkeit beider Vereinigungen durchaus bewusst, sie unterschieden streng zwischen dem *vorbund der gemenen stede*, also der Hanse, und der zeitlich befristeten Tohopesate. In einem spannenden, langen Brief der Lübecker an den

Rat der Stadt Köln vom Mai 1471 etwa setzten die Ratsherren von der Trave ihren rheinischen Kollegen detailliert auseinander, *dat dat verbund der gemenen stede (van der Duitsche hanze) … durch unse seligen vorfahren, lefhebbere des gemeinen besten unde wolvard der copmansschup, vormiddelst sorchfoldigem, flitigem arbeyde vor langen jahren, de itzung in mynschen gedechtnisse nicht en sin, nutliken is upgenomen unde erworven* worden sei. Kurz, schon seit Menschengedenken bestehe die Hanse und solle sich um das allgemeine Beste des Gemeinen Kaufmannes kümmern, während die Tohopesate auf lediglich sechs Jahre *unrechter gewalt unde averfalle* verhindern sollte.[57]

Ein erster Vorstoß, eine gesamthansische Tohopesate aufzurichten, wurde 1418 unternommen, als in Lübeck eine zehnjährige Verfassungskrise beendet worden und der vertriebene Alte Rat wieder in seine Amtsgeschäfte eingesetzt worden war.[58] Wie oben gezeigt, konnte der Hansetag in einem solchen Fall städtischer Unruhen Schutz bieten – ein Schutz, den ein vertraglich geschlossenes Schutzbündnis noch ungleich effektiver zu garantieren versprach. Zugleich reagierte der Lübecker Vorschlag auf ein Erschlaffen der hansischen Tagfahrten, nachdem die Travestadt während der Herrschaft des Neuen Rates, den die meisten befreundeten Städte nicht anerkannt hatten, zehn Jahre lang in ihrer Vermittlerfunktion ausgefallen war. Schon 1411 beklagten die in Wismar versammelten Ratssendeboten in eindringlichen Worten, es stünden so viele Herausforderungen an allen Enden des hansischen Wirtschaftsraumes und in allen Kontoren an, dass wenn man *nene remedia … jegen maket wurden,* also keine Abhilfe geschaffen würde, *dat de hense to nichte schole werden* – dass die Hanse zugrunde gehen werde.[59] Als ein solches *remedium* schlugen die Lübecker nun also ein auf zwölf Jahre geschlossenes Bündnis mit klarer Mitgliederstruktur, gestaffelter Kostenverteilung und einem zentralen Bundesgericht vor, das allerdings nicht der Hansetag, sondern der Lübecker Rat sein sollte.[60] Der Vorstoß scheiterte – warum, kann angesichts der bisher bekannten Überlieferung nur spekuliert werden. Es ist nicht einmal klar, ob der lübische Vorschlag überhaupt diskutiert wurde.

Trotzdem kommt dem Hansetag von 1418, auf dem Delegierte aus bemerkenswerten 31 Städten zusammenkamen, einige Bedeutung zu.[61] So gut besucht waren die Tagfahrten in diesen Jahren schon länger nicht mehr gewesen. Man traf eine ganze Reihe wichtiger Entscheidungen, die nicht nur im Rahmen des üblichen Rezesses überliefert sind, sondern in Auszügen sogar öffentlich bekannt gemacht wurden.[62] Das Danziger Exemplar trägt beispielsweise die Aufschrift: *Dit schal man in grotem text scriven laten unde hegen id up up dat rathus* (»Das soll man in großen Buchstaben schreiben und am Rathaus aushängen lassen«).[63] Die ersten Bestimmungen dieser Verlautbarung betrafen die aktuelle Situation: Man ächtete ganz ausdrücklich jegliche Form von *uplop … tegen den rad,* von Aufruhr gegen den Rat also, und verneinte die Zusammenarbeit mit solchen Aufrührern und allen Städten, die sie unterstützen sollten. Städte, in denen der Rat vertrieben werde, sollten so lange aus der Hanse ausgeschlossen bleiben und kein Handel mit den Bewohnern dieser Stadt getrieben werden, bis der alte Rat restituiert worden sei *(so lange wente de rad … wedder yn ere macht unde werdicheid gekomen)*. Neben diesen und einer ganzen Reihe von Handels- und Gewerbebestimmungen wurde auf der Lübecker Tagfahrt noch eine Reihe wichtiger Grundsatzentscheidungen zur Organisation der Hanse getroffen. Zwei davon sind bereits an anderer Stelle erwähnt worden: die Beschränkung der Ratssendeboten auf *gesworn radman in ener henzsestad* sowie die klare Feststellung, dass nur Bürger von Hansestädten an den hansischen Privilegien teilhaben sollten – über lange Zeit ein durchaus strittiger Punkt zwischen Hansetag und Kontoren.[64] Insgesamt aber blieb es bei den konventionellen Aufgaben des Hansetages: der Sicherung des binnenhansischen Friedens und dem Fortkommen der Kaufmannschaft.

Zu einer ersten sicher verbrieften, gesamthansischen Tohopesate kam es dann erst 1451, als sich 28 Städte aus allen drei Hansedritteln zusammenschlossen.[65] Vorangegangen waren Bündnisentwürfe der Jahre 1443 und 1447, von denen nicht eindeutig erwiesen ist, inwieweit sie auch umgesetzt wurden, zumal sie sich mit einzelnen regionalen Bündnissen kreuzten. Tatsächlich waren die 1440er-Jahre für viele Hansestädte eine bedrängte Zeit: In Westfalen tobte die Soester Fehde, in Brandenburg hatte Berlin-Cölln 1442 seine Unabhängigkeit an den Landesfürsten Friedrich II. verloren, im Nordwesten gab es immer wieder Ärger mit den Oldenburger Grafen,[66] in vielen norddeutschen Städten kam es wiederholt zu inneren Unruhen, zu *twidracht* und *uploep*.[67] Dass also das Bedürfnis nach Bündnisverträgen wuchs, verwundert nicht. Die Tohopesate von 1451 wurde auf sechs Jahre geschlossen und beinhaltete die üblichen Beistandspflichten sowie eine gemeinsame Kasse, um anstehende Herausforderungen in den Griff zu bekommen. Neu war darin die Bestimmung, dass eine Stadt, die gegen die Bündnisvereinbarungen verstieß, nicht nur aus der Tohopesate, sondern auch aus der Hanse ausgestoßen werden sollte.[68] Wenige Jahre später sollte das beispielsweise Münster treffen, von wo Aufständische 1454 zahlreiche Ratsherren vertrieben, ohne dass die Verhansung jedoch vollstreckt worden wäre. Stattdessen forderte die Hanse nach altbewährtem Prinzip benachbarte Hansestädte auf, zwischen altem und neuem Rat zu vermitteln.[69]

Letztlich blieben die gesamthansischen Tohopesaten des 15. Jahrhunderts aber Episode, und es dürfte den regionalen Bündnissen, in die viele Hansestädte jenseits des hansischen Verbundes eingetreten waren, eine viel größere Bedeutung zukommen. Das zeigt sich auch daran, dass in den 1460er-Jahren, als die Bedrohung durch die Fürsten allerorts massiv zunahm, zwar immer wieder neue Tohopesaten vorgeschlagen, aber letztlich nicht abgeschlossen wurden.[70] Vergeblich beschworen Hanse-Funktionäre wie der Brügger Kontorssekretär Goswin von Coesfeld immer wieder, die *stede moghen* angesichts der immer stärker werdenden Territorialfürsten *wal to seen, dat se sick bii een halden* (»wohl zusehen, dass sie zueinander stünden«).[71] Dieses letztendliche Scheitern der defensiv angelegten Tohopesaten wirft allerdings die Frage auf, wie es die Hansestädte dann überhaupt geschafft haben sollen, offensiv gemeinsam Krieg zu führen. Und die Antwort ist sehr einfach: gar nicht.

Kaperbriefe und Kanonen: Hansestädte im Krieg

Tatsächlich sind die von Roman über Film und Computerspiel populär gemachten Seekriege von Hansestädten gegen König Waldemar Atterdag, gegen England und die Grafschaft Holland stets nur Kriege einzelner Koalitionen wie der wendischen Seestädte oder der Kölner Konföderation gewesen. Schließlich waren in diesen Konflikten so gut wie nie gesamthansische Interessen betroffen. Und so konnten die Hansetage mitunter zwar für eine gewisse Zeit eine gesamthansische Blockade, also einen Handelskrieg beschließen. Die Beteiligung an einer größeren und entsprechend kostspieligen Militäraktion war aber nie mit allen Städten zu machen. Dafür fanden sich stets nur jene zusammen, deren Interessen unmittelbar betroffen waren. Deshalb beteiligte sich kaum je eine Binnenstadt an den Seeaktionen gegen Dänemark, hielten sich die rheinländischen Städte mehrheitlich aus dem Konflikt mit Holland, aus dem mit England wiederum Köln heraus und setzte die Hanse bei Ausbruch der Soester Fehde lediglich diplomatische Unterstützung in Gang. Regionale Interessen überwogen in der Regel die hansischen – und das von Anfang an und nicht erst als sklerotische Erscheinung in der Spätzeit der Hanse.

»Seekriege« – Fehden auf dem Wasser

Dieses eingeschränkte Engagement korreliert mit der Form der hansischen Kriegsführung, die mit den Kriegen der Neuzeit wenig zu tun hatte – sowohl militärisch als auch in ihrer begrenzten Zielsetzung. Denn die Kriege der Hansestädte dienten nicht der Unterwerfung ihrer Gegner, sie verfolgten keine ideologischen oder religiösen Zielsetzungen, sondern ausschließlich wirtschaftliche. Auch wurde keine Erweiterung der eigenen Machtbasis wie territoriale Zugewinne, ja nicht einmal ein Zugewinn an Privilegien angestrebt. Die ältere Forschung, die sich die Hanse wie einen sehr flexiblen Staat vorgestellt hat, wunderte sich über diese vermeintliche Selbstbeschränkung der Hanse. Nicht einmal auf dem Höhepunkt ihrer militärischen Machtentfaltung, dem Frieden von Stralsund, ließ sie sich dazu hinreißen, endlich eine feste territoriale Machtbasis am westlichen Ostseesaum auszubilden. Nach 1370 wird noch deutlicher, dass alle militärischen Erfolge »der Hanse«, oder besser: einzelner Hansestädte im Verbund, nicht mehr erreichten – und offenbar auch nicht mehr zum Ziel hatten – als die Sicherung des Besitzstandes. Und darin vermochte die ältere Hanseforschung nur ein Schwinden der hansischen Machtposition zu erkennen, an die sich die Hansestädte noch ein gutes Jahrhundert lang einigermaßen erfolgreich klammerten. Wer sich von der Vorstellung löst, dass hier Staaten Kriege gegeneinander führten, die – ganz in der Logik neuzeitlicher Staatsraison – immer bestrebt waren, ihre Machtposition auszubauen, den wundert dieser Befund viel weniger. Denn im Grunde führten die Hansestädte nur sehr selten wirkliche Kriege – sie unternahmen vielmehr Militäraktionen entweder zur Sicherung der Handelsrouten oder als Fehden zur See.

Die Fehde als Mittel der Rechtsdurchsetzung stammte aus dem adeligen Milieu.[72] Der Adelige war genauso verpflichtet, sein Recht zunächst auf dem Instanzenweg zu suchen. Erlangte er es in dieser Weise aber nicht, so war ihm gestattet – eigentlich war er sogar dazu verpflichtet –, sein Recht selbst durchzusetzen. Denn: *Got is selve recht, darumme is eme recht lief,* wie es im Sachsenspiegel heißt.[73] Wer also eine Rechtsbeugung zuließ – und sei sie auch gegen einen selbst gerichtet –, versündigte sich gegen Gott, dem das Recht so lieb war.[74] Deshalb war die Fehde auch kein Krieg. Sie diente einzig und allein der (Wieder-)Herstellung des Rechtszustandes, wie man ihn erkannt zu haben glaubte. Die Tötung des Gegners wäre, gemessen an dieser Vorstellung, ein höchst ineffizienter Akt gewesen – wer hätte dann das bislang verwehrte Recht anerkennen sollen? Vielmehr ging es um Nadelstiche, um Aktionen gegen die Ressourcen des Fehdegegners. Und so traf es regelmäßig Bauern und Kaufleute.

Die stellvertretend Betroffenen waren aber nicht nur passive Opfer. Christine Reinle hat nachweisen können, dass auch Bauern Fehden führten,[75] und so verwundert es nicht, dass auch Städte und sogar einzelne Stadtbürger zu diesem Mittel griffen. Zuvor hat man die Fehde als adeliges Reservatrecht wahrgenommen, was sich mit den theoretischen Schriften des Mittelalters deckt, jedoch weniger mit der Realität. Theoretisch bedurfte es für die Fehde zunächst der Ausschöpfung aller Rechtsmittel und dann einer formalen schriftlichen Fehdeerklärung (»Absage«) – des sprichwörtlichen »Fehdehandschuhs« also.[76] In der Realität war das Verfahren aber oft viel handfester, wie beispielsweise die Aktionen des Stader Bürgers Swartekop weiter unten noch zeigen werden.

Auch die großen militärischen Aktionen der Hansestädte waren schlicht Fehden. Das sieht man schon daran, dass sie durchweg von Diplomatie begleitet und umgehend beendet wurden, sobald ein günstiger Friede sich anbot.[77] Es ging dabei allein um die Durchsetzung eines Rechtsanspruches, wofür diplomatische wie auch militärische Mittel parallel eingesetzt wurden. See und Land unterschieden sich dabei in der Logik dieser Konflikte wenig, denn in beiden Fällen war das Risiko hoch, dass auch eigene Menschen und Ressourcen in Mitleidenschaft gezogen wurden – ein weiterer Grund, warum die Hanse militärische Konfrontation zu vermeiden suchte. Wenn Lübeck allein in den Kaperkrieg zog, passierte es immer wieder, dass auch andere hansische Schiffe vom Gegner – oder sogar von Lübecker Schiffen – mal mehr, mal weniger »aus Versehen« aufgebracht wurden.

Kaperfahrt und Seekriegsführung

Die frühen hansischen Konflikte wurden, wie zuvor gesehen, oft als befristete Handelsblockaden, als Wirtschaftskriege geführt. Solche Blockaden ließen sich gesamthansisch beschließen und über die eigene Infrastruktur einigermaßen durchsetzen, solange die eigenen Schiffe die einzigen waren, die bestimmte Routen befuhren oder die nun blockierten Häfen mit bestimmten Gütern versorgt hatten. Bei der Flandernblockade von 1356/58 funktionierte das offenbar sehr gut. Je mehr Konkurrenz aber auf einer Route unterwegs war, desto wahrscheinlicher wurde die Blockade gebrochen und dadurch wirkungslos. Und so blieb in der Regel nur Gewalt, also das Aufbringen feindlicher Schiffe, die die eigene Blockade zu

Abb. 33: Kampf von Bord zweier Koggen oder eines ähnlichen Schiffstypus in der Randminiatur einer Dekretalenhandschrift aus dem frühen 14. Jahrhundert.

durchbrechen suchten. Das erklärt auch, warum die hansischen »Seekriege« kaum große Schlachten kannten. Es ging darum, Druck auf den Gegner auszuüben, nicht um Kampf und Sieg.

Für die Kaperfahrt – und mehr noch als Begleitkonvoi für hansische Handelsflotten gegen feindliche Kaperfahrer – bewaffneten die Städte oder kaufmännische Reederkonsortien Schiffe.[78] Das waren keine Kriegsschiffe, die exklusiv für den Kampf gebaut waren, sondern dieselben Modelle, die auch im Handel zum Einsatz gelangten.[79] Erst das 16. Jahrhundert sah die Ankunft des Kriegsschiffes in Nordeuropa; aus dem Mittelmeerraum und England kamen Modelle, mit deren Enkeln und Urenkeln dann im 17. und 18. Jahrhundert die großen Seeschlachten geschlagen werden sollten. Aber eben von den Seemächten Europas, nicht von der Hanse. Noch 1510 wurde auf einem wendischen Städtetag der Verkauf von zwei *ghude schepe*, nämlich *hollicke, cravelle, barssen* an den schwedischen Reichsverweser Svante Sture in Lübeck bestätigt, ganz übliche Schiffstypen für den Handel also, die allerdings mit allerlei Geschützen – *hovestucken, scherppentynen, hackelbussen* – ausgestattet worden waren.[80]

Im 14. und 15. Jahrhundert wäre es kaum vorstellbar gewesen, dass ein hansisches Schiff mit schwerem Geschütz wie dem nach

Schweden gelieferten *hovestuck,* einer schweren Bombarde, die schon mal mehr als eine Tonne wiegen konnte und mit Steinkugeln schoss, ausgestattet worden wäre – und das nicht nur, weil das nötige Schwarzpulver erst im 15. Jahrhundert aufkam. Genauso darf man die Vorstellung, es habe auf hansischen *orlogschepen,* den zum Krieg umgerüsteten Schiffen, Wurfgeschütze wie etwa Bliden gegeben, getrost in das Reich der Mythen verbannen.[81] Zum einen war die Tragfähigkeit des Decks bis weit in das 15. Jahrhundert nur bedingt geeignet, um größere Geschütze darauf aufzustellen, denn erst spät kamen Kniehölzer *(kne)* auf, die manchmal zur Verstärkung der Decksbalken eingesetzt wurden.[82] Zum anderen – und dieses Argument ist ungleich wichtiger – war es für den Kaperkrieg als »Fehde zur See« gänzlich irrational, ein Schiff, das man sich entweder dauerhaft oder zur Erpressung einer Lösezahlung aneignen wollte, durch Beschuss zu versenken oder zu beschädigen. Dementsprechend findet sich in den Ausstattungsinventaren, die hier und da erhalten sind, selten Brandmunition und stets für das Entern geeignete Bewaffnung.

Geschossen wurde, wenn überhaupt, auf die Besatzung, nicht auf das gegnerische Schiff. Dafür kamen vor allem Bogen- und Armbrustschützen zum Einsatz, die sich auf den Kastellen, aber auch in den sogenannten *Marsen* einen erhöhten Standpunkt verschafften. Das waren verbreiterte und durch besondere Leinwandkonstruktionen gegen feindlichen Beschuss geschützte Mastkörbe. In geringer Zahl finden sich im 15. Jahrhundert auch *bussenschutten,* also Büchsenschützen, in den Lübecker Soldlisten – aber niemals mehr als drei pro Schiff. Manchmal verschossen sie wohl den gefürchteten *hagelschot,* eine Lehmkugel mit eingearbeiteten Eisenteilen, die verheerende Verletzungen bei der Besatzung anrichten konnte.[83] Ansonsten fand die gewaltsame Auseinandersetzung vor allem im Nahkampf an Bord statt, wozu die Schiffe mit Ketten und Enterwerkzeugen möglichst eng zusammengehalten wurden. So konnten im Einzelfall selbst größere Seekämpfe geschlagen werden.

Im hansischen Kontext waren solche Schlachten aber vor dem 16. Jahrhundert eher selten. Eine der ganz berühmten schlugen die wendischen Hansestädte 1428 vor Kopenhagen, in der fast die gesamte im Hafen liegende dänische Flotte vernichtet wurde.[84] Bei dieser Gelegenheit kam erstmals in Nordeuropa Schiffsartillerie über eine größere Distanz zum Einsatz. Außerdem sollen rund 8000 Mann Richtung Dänemark gesegelt sein, offenbar um dort anzulanden. Doch waren solche spektakulären Einsätze die absolute Ausnahme, und seit dem 16. Jahrhundert gab es noch weniger Anlass, die raren Seeschlachten »hansisch« zu nennen. Es dominierte die Kaperfahrt, die ja auch viel besser zur Fehdeführung auf dem Wasser passte.

Das Geschäft mit der Gewalt

Während für militärische Großaktionen wie den Zug gegen Dänemark Pfundzölle erhoben und kurzlebige gemeinsame Kriegskassen gebildet wurden, waren die Kaperfahrten und die städtisch initiierten Aktionen zur »Befriedung« der Schifffahrt zum wesentlichen Teil privat finanzierte Unternehmungen.[85] Meist trat eine Gruppe von Kaufleuten als Reeder auf und stattete ein Schiff aus, oder aber es betätigten sich Schiffer mit ihren Mannschaften auf eigene *eventur,* auf eigenes Risiko. Für Kaperfahrten mit ihrer Rückendeckung stellten die Städte entsprechende Briefe aus. Die einen, die sogenannten *Markenbriefe,* ermächtigten lediglich dazu, sich für einen erlittenen Verlust an Schiff und Ladung des Gegners schadlos zu halten. Die Kaperbriefe dagegen, die in den Quellen oft den sprechenden Namen *steelbreve* tragen, legitimierten zum »Stehlen«, zur uneingeschränkten Schädigung des Gegners zum eigenen Nutzen oder zu dem des Ausstellers.[86]

Im konkreten Fall kam es oft zu bunten Teil- und Mischfinanzierungen. 1385 beispielsweise stattete der Stralsunder Bürgermeister Wulf Wulflam, der bisher die im Frieden von Stralsund den Hansen zugesprochenen Sundschlösser verwaltet hatte, auf eigene Kosten – *schaden van schepen, van koste, van luden und van vengnisse* – vier *fredeschipe,* »Friedeschiffe«, aus, um gegen die Kaperfahrt in der Ostsee vorzugehen. Dafür erhielt er aus dem Pfundzollgeld der Hansestädte eine Anschubfinanzierung von

5000 Mark und stellten die Städte ihm die Schiffe *up ere eventure* zur Verfügung, während die Mannschaft auf Wulflams Kosten ging. Im Gegenzug sollte alles, was er von den *seeroveren* erbeutete, ihm gehören, es sei denn, *dat de seerover dem koepmanne dat ghenomen hadden, dat scholde men deme koepmanne wedder gheven.*[87] Wulflam tat also, kurz gesagt, nichts anderes als diejenigen, die er bekämpfte – nur eben mit hansestädtischer Lizenz und Garantien für deren Kaufleute.

Ob auf eigenes Risiko oder mit städtischem Brief – die Kaperfahrt war immer eine risikoreiche und teure Angelegenheit. Die Einnahmen aus der *Prise,* der Plünderung der aufgebrachten Schiffe, war dementsprechend ein wesentlicher Faktor bei der Finanzierung der Fehdehandlungen. Die Prise konnte nach weitverbreiteter Auffassung sogar gegen neutrale Schiffe angewandt werden, wenn sie nur für den Feind bestimmtes Gut transportierten – oder man es ihnen überzeugend genug vorwerfen konnte.[88] Das freilich machte die Sache mitunter kompliziert, da die hansischen Schiffe ja regelmäßig von mehreren Kaufleuten finanziert wurden. Und außer den eigentlichen Schiffsbesitzern konnten noch beliebig viele Befrachter in die Sache verwickelt sein. Nicht umsonst versuchte der Hansetag immer wieder, über das Gästerecht die Befrachtung von hansischen Schiffen mit butenhansischem Kaufmannsgut zu unterbinden. Das reduzierte zwar die Gefahr, zum Kollateralschaden einer Prise zu werden, bannte sie aber nie ganz, weil eben auch Hansestädte immer wieder in die größeren und kleineren Fehden zur See involviert waren.

Auf dem Höhepunkt eines Kaperkrieges zwischen den preußischen Ständen und dem Deutschen Orden etwa brachten 1458 Danziger Kaperer drei Rigaer Schiffe als *vyende gud* auf.[89] Davon waren aber auch lübische Warensendungen betroffen, woraufhin sich sofort Ratssendeboten aus der Travestadt einschalteten. Lübeck war neutral geblieben, um es sich nicht mit dem Orden und, noch wichtiger, nicht mit den Landesherren zu verderben, die mit den Ordensrittern sympathisierten. Gesuche aus Danzig um finanzielle Unterstützung wurden mit dem Hinweis auf die Kosten im wendisch-dänischen Krieg wenige Jahrzehnte zuvor freundlich abgelehnt – gerade beim Waffengang stieß die hansische Solidarität oft an Grenzen. Immerhin: Die Lübecker kauften die Schiffe von den Kaperern zurück, befriedeten die Situation also auf eigene Weise, und ein knappes Jahr später bestätigte auch die Stadt Danzig diesen Ausgleich.[90] Lediglich die Güter des Deutschen Ordens, also des eigentlichen Gegners, sollten den Kaperfahrern überlassen bleiben. Und wunderbar pragmatisch wurde formuliert: *allet, dat gegeten und gedruncken is beth up dissen dach, dat sal gegeten und gedruncken blyven* – was von der Ware schon konsumiert worden war, das musste auch nicht ersetzt werden, »das soll gegessen und getrunken bleiben«.

Wie fließend der Übergang zwischen städtisch tolerierter Kaperei und planmäßig vorangetriebenem Seekrieg war, lässt sich besonders am Danziger Kampf in der Ostsee gut nachvollziehen. Noch während man sich über die drei von den Rigaern aufgebrachten Schiffe verständigte, sandte der Danziger Rat einen Brief an die wendischen Hansestädte und Bremen, mit dem sie wirklich jeden – ausgenommen nur Kirchenräuber, Mörder und Geächtete – *dartho inladen und inropen* wollten, *uns darto rathlick, hulplick und bystendich* zu sein, also Rat, Hilfe und Beistand zu leisten, ichren *vynden in der hulpe Godes* zu *wedderstande*. Diese Einladung möge man doch bitte an *juwer stat kerkenporten*, also an den Kirchentüren, öffentlich anschlagen.[91]

An dem Geschäft mit der Gewalt auf See beteiligten sich ganz unterschiedliche Gruppen auf verschiedene Weise. Wir treffen Kaufleute unter den Kaperfahrern, dazu Schiffer und Soldaten – viele kann man sozial kaum zuordnen. In den Quellen heißen sie mal *soldener* (»Söldner«), mal *uthligher* (»Auslieger«), mal schlicht *vrunde*, was nicht so sehr »Freunde« als vielmehr »Unterstützer« der jeweils fehdeführenden Stadt bedeutet.[92] Deutlich erkennbar wird eine Professionalisierung dieser »Gewaltakteure«, wie sie die Forschung seit einigen Jahren nennt, während des Spätmittelalters. Natürlich waren da Abenteurer unterwegs – heute würde man vielleicht passender von »Entrepreneurs« sprechen –, um Hochrisikogeschäfte mit der Gewalt zu treiben. Bei den meisten dürfte es sich jedenfalls kaum um eine Bande Verstoßener gehandelt haben, wie man es sich für die Karibikpiraten des 17. und 18. Jahrhunderts gern vorstellt.

Die Seerechte des 15. Jahrhunderts kennen den Begriff »Pirat« nicht einmal.[93] Von England aus entwickelte sich seitdem langsam der Gedanke, die eigenmächtige Gewalt zur See verstoße gegen den Herrscherfrieden – heute würde man sagen: gegen das Gewaltmonopol des Staates –, sei also letztlich Hochverrat.[94] Bis dieser Standpunkt ein allgemeiner wurde, blieb die Beurteilung maritimer Gewalt eine der Perspektive und der Allianzen: Wer ein *rovere* war und wer ein *uthliger,* wer raubte und wer legitime Gewalt anwandte, das bestimmte die Situation und damit letztlich derjenige, der seine Deutung dieser Situation durchsetzen konnte. Auch in unserer Zeit sind weder die Piraterie selbst noch die Deutungskämpfe darum, wer eigentlich ein Pirat sei, erledigte Probleme und beschäftigen gleichermaßen Friedens- und Entwicklungshilfeorganisationen sowie völkerrechtliche Institutionen.[95]

Ein mittelalterlicher Gewaltentrepreneur war weder auf eine bestimmte Partei noch auf die Kaperei dauerhaft festgelegt. So konnte der Hildesheimer Diderik Pining nach langen Jahren als Kaperfahrer in dänischen Diensten zum Statthalter auf Island aufsteigen, während sein Freund und Mitbürger Hans Pothorst, mit dem er Mitte der 1470er-Jahre angeblich das sagenumwobene *Vinland* an der nordamerikanischen Küste bereiste, die Seiten wechselte, in Hamburger Dienste trat und sogar in eine der dortigen Ratsfamilien einheiratete.

Störtebeker & Konsorten: der Mythos um die Vitalienbrüder

Kaum ein »Gewaltprofi« des hansischen Mittelalters dürfte fester im kollektiven Gedächtnis verhaftet sein als Klaus Störtebeker.[96] Er soll einer der Hauptmänner einer legendenbeladenen Gruppe von Kaperfahrern gewesen sein, mit der schon seit dem 17. Jahrhundert Geschichtspolitik gemacht wird. In den Quellen des ausgehenden 14. und des 15. Jahrhunderts tauchen sie als *fratres victualium, vitallier broderen* oder *fitalgaebrøthernae* auf, als Vitalienbrüder. Woher dieser Name kommt und ob ihn sich die Männer selbst zulegten, ist kaum mehr nachzuvollziehen – denn es gibt kein einziges Selbstzeugnis dieser Brüder. Der Name könnte etwas mit den *vitailleurs* zu tun haben – so nannte man die Versorgungstruppen im Hundertjährigen Krieg zwischen England und Frankreich. Er könnte aber auch Blockadebrecher meinen oder jene, die vor allem Viktualien, also Lebensmittel, raubten. Allein in diese vielen möglichen Namensherkünfte lassen sich alle möglichen Geschichten hineindeuten: von arbeitslosen Söldnern bis zu den Robin Hoods der Nord- und Ostsee, die vor allem die notleidende Bevölkerung mit Nahrung versorgten. Geschürt wurde und wird dieses Potenzial zur Legendenbildung durch die parallel auftauchende Bezeichnung als *likedeeler,* die noch ganz andere Assoziationen weckt. *Like deelen* heißt »gleich teilen«. Die Vitalienbrüder waren also nicht nur Brüder, sondern auch noch »Gleichteiler«. Das bezeichnet erst einmal nichts anderes als die Aufteilung der Prise zu gleichen Teilen, hat aber regelmäßig Vorstellungen einer hierarchielosen Gemeinschaft geweckt und zu wilden sozialromantischen Indienstnahmen der Vitalienbrüder geführt.[97]

Dabei lohnt es, sich zu erinnern, dass das *like deelen,* die Teilung nach Mann- und nicht nach Markzahl, das Grundprinzip der Gewinnteilung im hansischen Gesellschaftshandel war. Aus dieser Perspektive erscheinen die Vitalienbrüder weniger als Sozialexperiment denn als eine Sammelbezeichnung, vielleicht sogar als eine einfache Dachorganisation für viele kleine und kurzfristige Kapergesellschaften, die *up eventur* Schiffe ausrüsteten, den »Risikohandel« der Kaperfahrt unternahmen und nach Abschluss der Gesellschaft den Gewinn nach Kopfzahl gleich teilten – ganz so wie es die *vera societas* eben vorsah. Doch auch diese Deutung springt uns nicht aus den Quellen entgegen, im Gegenteil. Sie ist genauso gut oder schlecht belegbar wie ältere Vorstellungen von den Vitalienbrüdern.

Die erste Generation der Vitalienbrüder bringt man üblicherweise mit dem mecklenburgischen Kaperkrieg gegen Dänemark um 1390 in Verbindung, der die Geburtswehen der Kalmarer Union, des Zusammenschlusses von Schweden, Dänemark und Norwegen unter der Krone Margarethes I., begleitete.[98] Denn die

Herzöge von Mecklenburg erhoben Anspruch erst auf den dänischen, dann auf den schwedischen Thron. Um diesen Anspruch durchzusetzen, bedienten sie sich der Kaperfahrer, für die sie eine ganze Reihe von Privilegien ausstellten und die Häfen von Rostock und Wismar öffneten – sehr zum Verdruss der mit diesen landesherrlichen Städten verbundenen Hanse, die sich in diesem Konflikt neutral zu halten suchte. In diesem Kontext tauchten die Vitalienbrüder auf. Der lübische Chronist Reinmar Kock berichtete – allerdings gut zweihundert Jahre später –, die *Victallien Brodere* hätten in diesen Jahren *de Sehe inne* gehabt *unde jederman Schaden* getan, *derhalven tho Lubeck alle Segelatie Stille lagh,* die Schiffe also im Hafen blieben.[99] 1393 überfielen sie angeblich sogar Bergen, raubten durchaus nicht nur Viktualien, sondern, wie ein anderer Chronist berichtet, auch Gold, Silber und kostbaren Hausrat, brachten alles nach Rostock und Wismar und verkauften es dort: »die Bürger beider Städte machten sich wenig Gedanken, ob die Ware rechtlich oder widerrechtlich in Besitz genommen worden war«.[100] Erstaunlicherweise schweigen die Rezesse und andere Hansequellen gänzlich zu diesem Vorfall.

Überhaupt sind die Quellen ein Problem. An kaum einer Stelle wird in der zeitgenössischen Überlieferung, in den Gerichtsprotokollen, den Briefen, den Hanserezessen oder den Soldverträgen ein einzelner Gewaltprofi ausdrücklich als »Vitalienbruder« bezeichnet – sie treten fast immer nur als Gruppe auf, deren Mitglieder ungenannt bleiben. Erst die Chronistik gibt in der Rückschau einigen von ihnen Namen. Einer der wichtigsten Autoren ist der Dominikanermönch Hermann Korner, Zeitgenosse und auch sonst eine interessante Gestalt. In der Hochphase der Vitalienbrüder selbst noch Söldnerführer in lübischen Diensten – allerdings wohl zu Lande –, trat er um die Jahrhundertwende ins Lübecker Burgkloster ein, machte dort Karriere als Leiter des Ordensstudiums, bezog in vorgerücktem Alter noch einmal die Universität Erfurt und promovierte in Theologie.

Über mehrere Jahrzehnte seines zweiten Lebensabschnitts verfasste Korner eine umfangreiche Weltchronik, die er noch mehrfach überarbeitete.[101] Diese *Chronica novella* zählt heute zu den wichtigsten Quellen sowohl zur Geschichte Lübecks als auch der Hanse im 14. und frühen 15. Jahrhundert. Und sie erwähnt zum ersten Mal Klaus Störtebeker.[102] Lange Zeit hat man diesen Klaus mit einem *Nicolao Stortebeker* in Verbindung gebracht, der 1380 im Wismarer Verfestungsbuch genannt wird.[103] Das würde gut ins Bild passen, war doch ein »Verfesteter« ein aus der städtischen Rechtsgemeinschaft Ausgeschlossener – und aufgrund einschlägiger Vereinbarungen außer in der eigenen Stadt ebenso in allen anderen Hansestädten. Zu der Vorstellung des rechtlosen Piraten, der sein Glück nun auf Kaperfahrt suchte und mehr oder minder zu Recht schließlich von den Hamburgern gefangen genommen und hingerichtet wurde, passte das sehr gut. Aber wenn man genau hinschaut: *Nicolao* war gar nicht der Verfestete – er war das Opfer desselben. Nur die Namensverschiebung von »Nikolaus« zu »Klaus« bleibt nicht unplausibel. Schon früh sind Zweifel angemeldet worden. Ein *Johan Stortebeker* aus Danzig wurde ins Spiel gebracht, der im August 1400 in einem Vertrag mit Herzog Albrecht I. von Bayern, gleichzeitig Graf in Holland und im Hennegau, erwähnt wird, als dieser insgesamt 114 *gemeenre vitaelgebrodere* in Dienst nimmt.[104] Es bleibt also spannend um Klaus Störtebeker – wenn er denn überhaupt Klaus hieß.

Bei solchen Überlieferungsschwierigkeiten allerdings, wie sie sich im Falle Störtebeker darstellen, wird es immer komplizierter, die tradierte Erzählung von den Vitalienbrüdern als einer auf nicht ganz nachvollziehbare Weise zusammengehaltenen, aber doch gemeinsam agierenden Gruppe, einer »Bruderschaft« eben, weiterhin aufrechtzuerhalten, die erst erfolgreich in der Ostsee ihr Unwesen trieb, dann eine Art Piratennest auf Gotland errichtete, schließlich aber vertrieben wurde und bei den Häuptlingen Ostfrieslands an der Nordsee einen neuen Schlupfwinkel und neue Absatzmärkte für die erbeuteten Güter fand.[105] Der Historiker Gregor Rohmann hat gute Gründe dafür vorgebracht, dass die Vitalienbrüder eher das Produkt eines *labeling*-Prozesses gewesen sein dürften, der einzelne Kaperfahrer ihrer Legitimität berauben und die Vorrangstellung Lübecks und Hamburgs bei der Befriedung der See – durchaus auch als Vertreter eines pro-

Abb. 34: Dieser Haudegen hier ist lange Zeit gern als Störtebeker verkauft worden. Tatsächlich zeigt die Radierung aus den Jahren um 1515 Kunz von Rosen, den Hofnarren und Rat Kaiser Maximilians I.

pagierten gesamthansischen Interesses – befördern sollte.[106] Dazu gehörte die Deutungsmacht darüber, wer ein legitimer *uthliger* und wer ein illegitimer *seerovere* war. Und dazu dürften auch spektakuläre Hinrichtungen gehört haben, wie die von Klaus Störtebeker und angeblich 79 weiteren Vitalienbrüdern auf dem Hamburger Grasbrook – ganz gleich, ob sie nun tatsächlich stattfand oder nicht.

Die Legende will, dass Störtebeker noch mit abgeschlagenem Kopf an der Reihe seiner *brodere* vorbeilief, bis er unrühmlich, aber sehr symbolträchtig über ein Huhn stolperte – denn auch Hüh-

Abb. 35: Dieser Schädel soll dem mythenbeladenen Vitalienbruder Klaus Störtebeker gehört haben. 2011 ist er aus dem Museum für Hamburgische Geschichte geraubt worden, mittlerweile aber dort wieder zu bewundern.

nern wird ja nachgesagt, dass sie ohne Kopf noch eine Weile mobil sind. Der Mythenbildung um den großen Haudegen haben solche Geschichten jedenfalls gutgetan. Dazu kam die Wiederentdeckung der glorreichen Gefangennahme Störtebekers auf Helgoland durch den Hamburger Kapitän Simon von Utrecht, dessen Grab im 17. Jahrhundert vom Stadtrat gezielt zum Denkmal umfunktioniert wurde, um Zustiftungen für den Kampf gegen französische Freibeuter in der Nordsee und arabische Korsaren im Mittelmeer zu akquirieren.[107] In diesem Kontext wurde auch eine Radierung des Nürnberger Druckers David Funck, die eigentlich einen Vertrauten Kaiser Maximilians darstellt (Abb. 33), kurzerhand umbenannt und mit der Inschrift *Claus Stürtz den Becher* versehen – eine wunderbare Etymologie dieses besonderen Namens, die bis heute die Fantasie der Bierglasbranche anregt. Als schließlich 1878 bei den Arbeiten zum Bau der Speicherstadt auf dem alten Hamburger Grasbrook ein Schädel gefunden wurde, der offensichtlich einem Hingerichteten gehört hatte (Abb. 35), stand fest: Störtebeker höchstselbst war wiedergefunden worden – und erfreut sich seitdem größter Popularität: als Haudegen, Gruselfigur und Freiheitsheld, ganz nach Belieben.

Stadt, Recht, *lex mercatoria*: kaufmännische Konflikte

Zum Schluss dieses Kapitels wäre noch auf die Frage einzugehen, wie eigentlich die Hansekaufleute Konflikte untereinander regelten und welche Rolle dabei ihre Heimatstädte, welche vielleicht auch die Hanse spielte. Der erste Blick gilt dabei naheliegenderweise dem Recht, das heißt der gut und lange erforschten Vernetzung der Stadtrechte Nord- und Osteuropas.[108] Gerade die Neugründungen östlich der Elbe waren im Zuge der hochmittelalterlichen Ostsiedlung regelmäßig mit bereits vorhandenen Stadtrechten bewidmet worden, wobei man dabei in Anschlag bringen muss, dass diese »Stadtrechte« häufig noch sehr kurze, geradezu rudimentäre Rechtsaufzeichnungen waren. Mehr Rechtsbereiche umfassten und mehr Differenzierung erreichten allerdings schon im 13. Jahr-

Abb. 36: Stadtrechtsverleihungen in Mitteleuropa.

hundert das Lübische und das Magdeburger Recht, die entsprechend häufig an die Neugründungen nach deutschem Recht verliehen wurden: längs der Ostsee vor allem das Lübische, im Binnenland bis hinunter nach Ungarn das Magdeburgische.[109] Daneben traten natürlich noch andere Stadtrechte, im westlichen Hanseraum insbesondere das Hamburger *Ordeelbook* (»Urteilsbuch«) von 1270, das in vielen Nord- und Ostseestädten rezipiert wurde,[110] und in Preußen das Kulmer Recht des Deutschen Ordens.[111] Außerdem bestanden komplexe Verbindungen zu den älteren Stadtrechten Westfalens, zu den Herkunftsorten der Siedler im Osten also.

Die ältere Rechtsgeschichte hat aus dieser Ausbreitung von Stadtrechten eine Fortschrittsgeschichte gemacht, die der Rechtshistoriker Heinrich Reincke auf eine einprägsame Formel gebracht hat: »Köln«, als das älteste der genannten Stadtrechte, »improvisiert, Soest konserviert, Lübeck rationalisiert, Hamburg formuliert.«[112] Er beruft sich auf die geradezu kettenhafte Verleihung der genannten Stadtrechte von der einen zur nächsten Stadt, die sich zwar tatsächlich so in den Quellen finden lässt, über deren konkrete Bedeutung aber lange gerätselt werden musste, solange man sich eine solche Verleihung als hierarchischen Akt vorstellte. Man fand nämlich im materiellen Recht dieser Städte so viele Unterschiede, dass diese durch die bloße Fortbildung eines einmal verliehenen Rechtes kaum mehr zu erklären waren, und wandte entsprechend viel Mühe auf, die Gemeinsamkeiten und möglichen Anleihen des einen beim anderen nachzuweisen. Heute hat man sich langsam von allzu hierarchischen Erklärmustern gelöst und nimmt die flexible, ja die geradezu kreative Rechtsnutzung mittelalterlicher Städte in ihrem Streben nach Autonomie und Sicherheit ernster.

Fraglos traten Städte durch die Verbreitung von Stadtrechten in Beziehung zueinander. Wenn sich diese Beziehungen ausdehnten und zu einem dichten Netzwerk auswuchsen, spricht die rechtshistorische Forschung von einer Stadtrechtsfamilie. Dabei unterscheidet man üblicherweise zwischen einer Mutterstadt, von der das Recht ausging, und einer Tochterstadt, die das Recht empfing, etwa mittels Übertragung durch den Stadtherrn oder sogar durch aktive Anfrage, wie zum Beispiel schon vor 1241 diejenige Breslaus in Magdeburg, um eine Abschrift der Statuten zu erhalten.

Man darf sich allerdings diesen stadtrechtlichen Familienverband nicht zu eng und schon gar nicht als eine verbindliche, übergreifende Normenhierarchie vorstellen, wie sie etwa das Europarecht darstellt, das ja die Einzelstaaten durchaus bindet und nationales Recht brechen kann. Diesen Fehler hat die ältere Forschung regelmäßig gemacht, da sie sich als Idealmodell eben nichts anderes als den Nationalstaat vorstellen konnte. Vielmehr waren auch die Stadtrechtsfamilien konsensbasierte Rechtsgemeinschaften, die auf der gegenseitigen Anerkennung von Autorität statt auf technischen Hierarchien beruhten – wie mittelalterliches Recht überhaupt oft über Konsens funktionierte.

Das Bild von der Mutter- und der Tochterstadt macht die Unterschiede und Gemeinsamkeiten gut nachvollziehbar: Erstens erbt die Tochter von der Mutter vielleicht die blauen Augen, ist aber keine Kopie von ihr. Ebenso waren die Tochterrechte oft teilweise oder sogar nur vage Nachbildungen der Mutterrechte.[113] Zweitens sind Kinder irgendwann einmal erwachsen, erlangen also immer mehr Autonomie gegenüber ihren Müttern. Nicht anders entwickelte sich durch eigenständige Rechtssetzung, das Statuarrecht, das ererbte Stadtrecht weiter. Anfangs war der Rechtszug an den Oberhof der Mutterstadt, also die Nachfrage bei unklaren oder strittigen Punkten, noch sehr häufig; später flaute er meist ab, so wie sich das Kind mit der Gründung einer eigenen Familie stärker von den Eltern abnabelt. Manchmal schoben sich auch andere, näher gelegene Städte dazwischen. Vor allem aber waren die Antworten auf solche Anfragen nicht bindend. Selbst die Appellation einer unzufriedenen Gerichtspartei an das Gericht der Mutterstadt, die sogenannte »Urteilsschelte«, war kein Instanzenzug im modernen Sinne, sondern lediglich das Einholen einer neuen autoritativen Meinung.[114] Und drittens wenden sich manche Kinder noch im blühenden Erwachsenenalter an ihre Eltern, wenn etwas allzu unsicher ist oder sie deren Hilfe brauchen – und Eltern versuchen auch erwachsenen Kindern immer wieder hineinzureden.

Genauso funktionierten Stadtrechtsfamilien. Sie bildeten eine Gegenseitigkeit, auf die man sich berufen konnte, die aber nicht ständig formalistisch eingefordert wurde.[115]

Ganz wie der Hanse bediente man sich der eigenen Stadtrechtsfamilie vor allem, wenn es Nutzen brachte, etwa wenn man die Privilegien der Mutterstadt gegenüber dem Stadt- und Landesherrn als selbstverständlich ererbte und folglich eigene hinstellen wollte. Noch als in der frühen Neuzeit die Fürsten immer stärker auf ihre Städte zugriffen, brachten Tochterstädte dieses Argument vor.[116] Ansonsten wahrte man gern seine Autonomie – ganz wie in jeder guten Familie. Innerhalb der Hanse kommt im Übrigen noch die spannende Beobachtung hinzu, dass sich manche größere Hansestadt Abschriften von Rechten anderer Städte besorgte, die nicht zur eigenen Stadtrechtsfamilie gehörten. Dortmund und Osnabrück etwa bekamen Abschriften des Soester Rechts zugestellt, ganz offensichtlich, um über die Rechtsgewohnheiten der mit ihnen wirtschaftlich und politisch eng verbundenen Stadt informiert zu sein.[117] Ebenso haben sich Abschriften des Hamburger, Bremer und natürlich auch des Lübischen Rechts sowie vieler weiterer in Archiven vielerorts in Deutschland erhalten.

Bei genauerer Untersuchung dieser mal eng, mal weitläufig miteinander verwandten hansischen Stadtrechte zeigen sich vor allem die Unterschiede. Und auch die lange Zeit in der Forschung ungefragt weitergetragene Annahme Friedrich Ebels, dass in den Kontoren Lübisches Recht angewandt worden sei, ist in letzter Zeit mit guten Gründen in Zweifel gezogen worden.[118] Nur in Bergen, wo Lübeck ohnehin das Heft in der Hand hielt, war das einigermaßen zweifelsfrei der Fall; in Nowgorod rang man immer wieder darum; in London und Brügge gibt es keinen einzigen materiellen Hinweis, dass man sich nach lübischen Rechtsnormen richtete.[119] Trotzdem war die – gleichwie entfernte – Verwandtschaft der norddeutschen Stadtrechte untereinander auch ein Bindemittel: Selbst wenn im Detail unterschiedliche materielle Rechtsnormen galten, waren doch die Rechtsfiguren und -institutionen, mithin auch die Rechtstermini zumindest vergleichbar und konnten so leicht zueinander in Beziehung gesetzt werden. Wenn man etwa im schauenburgischen Rinteln oder im damals märkischen Lippstadt für eine Blutwunde bestraft wurde, die mit einer *ekahete* geschlagen wurde, so konnte man mit diesem Begriff auch in Lübeck, woher dieser vermutlich nach Rinteln »importiert« worden war, zudem in Visby, Riga und in Nowgorod etwas anfangen, kaum aber in Nürnberg oder Regensburg.[120] Besonders im Verfahrensrecht gab es große Ähnlichkeiten, obwohl in Lübeck der Rat zugleich die Gerichtshoheit innehatte und es in Magdeburg ein eigenes Schöffengericht gab. Eine große Bewegung zur Vereinheitlichung der Stadtrechte allerdings, die von der älteren rechtsgeschichtlichen Forschung dem »Hanseraum« unterstellt wurde, hat es nie gegeben.

An den Stadtrechten Nordeuropas fällt auf, dass diese erstaunlich zurückhaltend waren, wenn es ausgerechnet um die Regulation der Kaufmannschaft und ihres Handels ging, obwohl diese doch die Bedeutung und den Wohlstand der Städte garantierten. Während das Gewerbe in immer neuen, mit den Zünften, Ämtern, Gaffeln – oder wie immer diese gewerblichen Zusammenschlüsse je nach Region hießen – ausgehandelten Statuten reguliert wurde, blieb der Fernhandel bemerkenswert ungeregelt, bis er in Kontakt zum lokalen Markt trat und die Produkte vor Ort von den Krämern, den Tuchhändlern und anderen angeboten wurden.

Lex mercatoria oder *vruntscap eder rechte* – transnationales Handelsrecht *avant la lettre* oder informeller Konfliktaustrag?

Aus diesem Umstand hat die Forschung früh den Schluss gezogen, es müsse eine Art übergreifendes, im Wesentlichen ungeschriebenes Gewohnheitsrecht gegeben haben, nach dem sich die Fernhändler untereinander verständigten. Die Rechtsgeschichte hat dafür den Begriff *lex mercatoria* (»Kaufmannsrecht«) eingeführt.[121] Später seien diese Regeln dann – vor allem auf Drängen der Kaufleute selbst – lokal verschriftlicht worden, wie überhaupt die Städte als »Treibhäuser des modernen Staatsdenkens« und der Rationalisierung der Rechtsordnung aufgefasst wurden.[122] Diese ganz besondere Spannung – translokales Recht der Kaufleute auf der einen, lokales, »staatstreibendes« Recht der Städte auf der anderen Seite – ließ sich nur auflösen, indem man die Kaufleute als Rechtsvereinheitlicher begriff, die auf den für sie wichtigen Rechtsgebieten immer stärker auf Konvergenz zwischen den lokalen Lösungen drängten. Und das habe gerade im Hanseraum gut funktioniert, weil die Stadtrechte ohnehin miteinander mehr oder minder verwandt gewesen seien. Ein wunderbares, auf einen Zirkelschluss hinauslaufendes Bild, das sich aber in der historischen Wirklichkeit kaum nachweisen lässt.[123]

Natürlich gab es solche Konvergenzen. Sichtbar werden sie vor allem im Schiff- und Seerecht, das an unterschiedlichen Orten in West- und Nordeuropa zu sehr vergleichbaren Regelungen kam.[124] Aber es fällt schwer, diesen Regelungen wirklich die normative Schlagkraft eines Gesetzes nach modernem Verständnis zuzusprechen, zumal eigentlich gar nicht recht feststand, wo dieses See- und Schiffrecht nun eigentlich galt.[125] Denn die See ist bekanntlich ein nur schwer zu beherrschender Raum. Karl-Friedrich Krieger hat in seiner Dissertation, einer kleinen, aber bis heute viel zitierten Schrift über eines der ganz frühen und in weiten Teilen Westeuropas rezipierten Seerechte, die *Rôles d'Oléron*, nachgewiesen, dass im 13. Jahrhundert die englische Seegerichtsbarkeit städtisch, die schottische, französische und kastilische aber landesherrlich waren.[126] Nach welchen Kriterien aber beim Konflikt über Fracht oder Verträge der Gerichtsstand gewählt wurde, darüber konnte er keine Aussage finden. Gegen die naheliegende Idee, es könnte der Ausgangshafen gewesen sein, sprechen zumindest zahlreiche Gegenbeispiele, in denen insbesondere Landesherren die Gerichtsbarkeit über einzelne Schiffe für sich beanspruchten. Gleiches galt für den Norden: Es war durchaus nicht einheitlich geregelt, was passierte, wenn ein Kaufmann aus einer Stadt des Lübischen Rechts in Konflikt mit einem Kollegen in einer Stadt des Magdeburger Rechts geriet. Beide konnten den Gerichtsstand in ihrer jeweiligen Heimatstadt suchen – aber wer sich durchsetzte, stand auf einem anderen Blatt.

Zu diesen Grundproblemen kommt eine weitere Beobachtung hinzu: Es finden sich auffällig wenige Bemühungen in den Städten, ihre Stadtrechte den sich wandelnden Bedingungen des Fernhandels anzupassen oder sie mit anderen Städten zu vereinheitlichen und Klarheit über die Wahl des Gerichtsortes zu schaffen. Dabei hätte man nach dem Bild der älteren rechtshistorischen Forschung solche Bemühungen doch erwarten dürfen, zumal die »Herren der Hanse« in den Stadträten überwiegend eben jene vorgeblich rechtsvereinheitlichenden Fernkaufleute waren. Aber mehr noch: Es finden sich auch kaum Gerichtsurteile. Wer die von Wilhelm Ebel edierten Lübecker Ratsurteile oder die von seinem Sohn Friedrich bearbeiteten Magdeburger Schöffensprüche durchblättert, wird feststellen, wie verhältnismäßig selten kaufmännische Fragen behandelt werden. Zu Konflikten um Schiffe und Schiffsladungen findet sich noch das eine oder andere, aber doch erheblich weniger, als es der Bedeutung des Gegenstandes angemessen wäre. Alltägliche Fragen von Zahlungsausständen, von Wechselbriefen und dergleichen finden sich noch viel weniger. Wer eine Ebene tiefer steigt und im Staub der Archive die Gerichtsbücher der Hansestädte sichtet, wird regelmäßig Klagen über solche Gegenstände finden – aber auch hier kaum je ein abgeschlossenes Urteil, das durch den städtischen Büttel oder irgendeine andere Behörde des Gerichts vollzogen worden wäre.

Diese seltsame Abwesenheit von rechtsgültigen Urteilen in kaufmännischen Angelegenheiten ist freilich kein hansisches, sondern ein nordeuropäisches Phänomen. Auch in England, wo die Akten der King's Bench und des Court of Common Pleas fast lückenlos erhalten sind und also auch kein zufälliger Verlust diese Abwesenheit erklären könnte, sind zwar voll von Schuld- und anderen wirtschaftlichen Klagen und zahlreichen Ladungen – aber es gibt kaum Urteile.[127] In Amsterdam, in Antwerpen und in anderen großen Handelsmetropolen des Westens sieht es genauso aus.[128]

Ebendieser Befund führt auf die Spur kaufmännischer Konfliktlösung: Es wollte nämlich niemand ein Urteil – man wollte nur die Schlichtung. Urteile waren teuer, es dauerte lange, sie herbeizuführen, und sie waren anfechtbar. Schlichtungen waren das nicht.[129] Soweit als Schlichter wiederum angesehene Mitglieder

der eigenen Sozialgruppe, Hansekaufleute also, eingeschaltet wurden, konnte man sich außerdem einigermaßen sicher sein, dass die Entscheidung dem aktuellen Konsens über die Regeln des kaufmännischen Miteinanders folgte, die sich ja durchaus dynamisch verändern konnten – viel dynamischer als jede Rechtsaufzeichnung, die es aus diesem Grunde wohl sehr bewusst nicht gab. *Expressa nocent, non expressa non nocent,* heißt eine alte Rechtsformel. Heute kennen wir sie in freier Paraphrase aus jedem Krimi: »Alles, was Sie sagen, kann und wird vor Gericht gegen Sie verwendet werden.« Die hansischen Kaufleute hatten daran kein Interesse. Die informelle Beilegung lag ihnen viel näher als der formelle, umständliche und am Ende gar rechtsfortbildende Gerichtsgang, der schlimmstenfalls neue Normen erzeugte, nach denen man sich zu richten hatte. Der Prozess funktionierte in dieser Logik allenfalls als Druckmittel und wurde deshalb auch flugs wieder abgebrochen, sobald die Gegenseite sich zur Schlichtung bereit zeigte. Aber um diesen Druck aufzubauen, brauchte es eben ein Gericht – und das stellten den Hansekaufleuten die Städte zur Verfügung.

Die Lösung eines Konflikts in *vruntscap* (»Freundschaft«), also auf außergerichtlichem Wege statt durch *recht,* war offenbar eine weitverbreitete Praxis im Mittelalter.[130] Wie sehr, das wird in den nächsten Jahren noch deutlicher werden, denn in Frankfurt am Main hat unlängst eine Forschergruppe die Arbeit aufgenommen, die sich intensiv mit der Fortentwicklung des vormodernen Handelsrechts beschäftigt und dabei insbesondere die Konfliktregulation in den Blick nimmt. Dabei hat die Beschäftigung mit diesen weit zurückliegenden Fragen unmittelbare Relevanz für unsere Gegenwart: In der globalisierten Handelswelt erfährt die *lex mercatoria* als transnationales Ordnungssystem seit den 1960er-Jahren eine beachtliche Renaissance. So bringt etwa ein aufwendig betriebenes *World Wide Forum* online einschlägige Gerichtsurteile und Literatur *for the Study of the New Lex Mercatoria* zusammen.[131]

Wenn sich heute ein globales Gewohnheitsrecht und eigenständige Schiedsgerichtsbarkeiten im Bereich des internationalen Handelsverkehrs ausbilden, dann berührt diese Entwicklung fundamentale Fragen der Einstellung zu Recht und Staatlichkeit, die sich mit historischen Argumenten unterfüttern lassen. Man kann zum Beispiel mit den Verfechtern einer solchen Neuen *lex mercatoria* anerkennen, dass im Idealfall Experten auf dem allerneuesten Stand der Dinge Entscheidungen treffen – Entscheidungen, die sich der Dynamik der globalen Wirtschaftsentwicklung relativ mühelos anpassen, zumindest in der Theorie. Oder man teilt die Sorgen der Vertreter des Internationales Privatrechts, das sich große Mühe gibt, ein komplexes System von Kollisionsregeln zu entwickeln, um die unterschiedlichen nationalen Privatrechtssysteme in Beziehung zueinander zu setzen. Denn letztlich heißt *lex mercatoria* im Kern auch: Recht ohne (staatliche) Gerichte. Und so ist mit gutem Grund immer wieder die Frage gestellt worden, ob man das Kaufmannsrecht überhaupt als eine Rechtsordnung bezeichnen könne oder ob es nicht rechtspolitisch hochbrisant sei.[132] Denn letztlich macht die Privatisierung der Rechtsfindung das internationale Handelsrecht auch marktförmig – so jedenfalls die nicht unbegründete Befürchtung. Und dieser Markt ist nur in den Augen neoklassischer Idealvorstellungen ein offener und gleicher.

Stadt, Kaufmann, Konflikt – mal ganz konkret

Vom Abstrakten zum Konkreten! Wie weit dieser informelle Konfliktaustrag zwischen Kaufleuten gehen konnte und wie unmittelbar darin die Städte verwoben waren, lässt sich am besten an einem Beispiel nachvollziehen. 1460 gerieten zwei Bürger aus Bremen mit einem gewissen Swartekop aus Stade in Streit über eine von ihm eingeforderte ausstehende Zahlung oder Schuld *(wente de borgher van Staden wolde gheld hebben, unde de anderen wolden em nicht gheven)*.[133] Der Gang zu den jeweiligen Gerichten der Heimatstädte scheint keinen Konsens ergeben zu haben, zur Schlichtung riefen sie stattdessen den Rat der Stadt Hamburg und den Bremer Domprobst an. Als diese scheiterte, betonte der Stader Swartekop, dass er *syn recht manen unde soken,* also anmahnen und suchen wolle. Das tat er auf sehr handfeste Weise, indem er den beiden Bremern auf der Elbe auflauerte, sie gefangen nahm und nach Winsen an der Luhe brachte. Für ihn diente das wohl der

Durchsetzung seines als legitim empfundenen Rechtsanspruches, für den Rat der Stadt Hamburg aber war das eine Verletzung ihrer Schutz- und Hoheitsrechte am *vrighen strome der Elbe* und Swartekop damit nichts anderes als ein *stratenrover*. Man beachte: Die Elbe wird hier ganz selbstverständlich als Straße angesehen.

Der Hamburger Rat sandte umgehend einige Ratsherren nach Winsen und erhob Klage gegen Swartekop. Es wurde auch eine Gerichtsverhandlung angesetzt, der Herzog Bernhard von Lüneburg, der Stadtherr von Winsen, persönlich vorsitzen sollte. An dieser Stelle werden die Ereignisse etwas undurchsichtig: Obwohl die Hamburger Ratsherren sich bereits in Winsen befanden, erschienen sie nicht zum Prozess. Daraufhin bekam Swartekop aus rein formalen Gründen Recht zugesprochen und wurden wiederum die Hamburger in Haft genommen. Man kann nur vermuten, dass sie das Gericht des Lüneburgers nicht anerkennen wollten – schließlich gab es genau zu dieser Zeit allerlei Streitpunkte zwischen der Elbestadt und dem Herzog.[134] Es entspann sich jedenfalls ein ausgiebiger Rechtsstreit, in den sich nicht nur die Stadt Lüneburg, sondern in gut hansischer Solidarität auch Lübeck einmischte.[135] Die Hamburger Ratsherren wurden schließlich freigelassen. Wie die Sache für Swartekop ausging, darüber schweigen die Quellen. Auch das ist nach allem, was zuvor gesagt wurde, nicht untypisch, sondern vielmehr Programm: Schnelle Einigung und wenig Schriftlichkeit, daran war allen gelegen, den Kaufleuten wie ihren Städten.

Der Herbst der Hanse und ihr Blätterwald: reagieren auf die *newe* und die Neue Welt

Mit diesem Kapitel brechen das 16. Jahrhundert und damit die Spätzeit der Hanse an. Die ältere Hanseforschung hat dieser Zeit traditionell wenig Beachtung geschenkt. Wenn man überhaupt davon sprach, war meist vom »Niedergang der Hanse« die Rede. Ihre große Zeit war offensichtlich vorbei: Die Hansetage wurden immer weniger besucht und nach dem Dreißigjährigen Krieg auch kaum mehr einberufen, bis sie 1669 ganz eingestellt wurden. Der machtvolle Glanz eines Stralsunder Friedens war längst verblasst, und mit Handelsblockaden und dem Pochen auf alte Privilegien waren Holländer und die englischen Merchant Adventurers längst nicht mehr von den hansischen Häfen der Nord- und Ostsee fernzuhalten.

Expansion, Blütezeit und Verfall – das kannte man längst als Erklärungsschema für historische Verläufe. Edward Gibbons *Decline and Fall of the Roman Empire*, erschienen erstmals 1776 bis 1789, hatte schließlich über viele Generationen seinen festen Platz im bürgerlichen Bildungshaushalt. Und auch für die marxistisch inspirierte Geschichtsschreibung war die Überdehnung eines stark expansionistischen Raubimperialismus ein gängiges Erklärungsmodell. Erstaunlicherweise waren es aber in den Augen vieler marxistisch orientierter Forscherinnen und Forscher nicht die Hansen, die diesen Imperialismus betrieben, sondern die neuen kapitalistischen Handelsorganisationen und der aufstrebende staatliche Merkantilismus, die den armen und ehrbaren hansischen Handel schließlich schluckten. So oder so: Aufstieg – Blüte – Niedergang, das war ein gut etabliertes Narrativ in der deutschen Geschichtswissenschaft für lange Zeit. Und warum nicht auch für die Hanse?

Seit einiger Zeit löst sich die Hanseforschung immer mehr von dieser Erzählung. Statt den Niedergang der Hanse durch Druck von außen oder Versagen im Innern zu beklagen, weist sie auf die produktiven Umwandlungen hin: auf das Versanden der hansischen Organisationsformen angesichts der Blüte des hansestädtischen Handels, auf die Umwandlung des hansischen Gesellschaftshandels durch Anschluss an den europäischen Welthandel und seine Finanztechniken. In diesem Kapitel soll es um diese Transformationszeit gehen, um das ausgehende 15. und vor allem das 16. Jahrhundert sowie um die Versuche der Hanse, sich durch einen gewaltigen Organisationsschub diesem Strukturwandel anzupassen – bis in den Dreißigjährigen Krieg hinein. Dabei ging vieles, was im Mittelalter gewachsen war, verloren, doch es entstand auch Neues. Dazu passt das Bild vom Herbst der Hanse. Es geht auf den großen niederländischen Kulturhistoriker Johan Huizinga zurück, der die Herbstmetapher mit seiner mehrfach übersetzten und bis heute mit gutem Grund immer wieder nachgedruckten *Herfsttij der Middeleeuwen* von 1919 in unser kulturelles Gedächtnis eingeschrieben hat. Er verstand das Spätmittelalter, das er in zeitlose, dichte Geschichtsbilder gebracht hat, eben nicht als eine Zeit des Verblühens und des Untergangs, sondern als Transformation in etwas Neues.

Es steckt noch eine weitere Assoziation in der Metapher vom Herbst: das Laub, die vielen Blätter – allerdings nicht von Bäumen, sondern aus Papier. Die Überlieferung aus dieser Epoche explodiert nämlich, was sicher dazu beigetragen hat, dass die Spätzeit der Hanse traditionell nicht mit demselben Elan bearbeitet wurde und wird wie ihre mittelalterliche Geschichte. Das ist kein Spezifikum des Hanseraumes oder der Hansestädte, es charakterisierte ganz allgemein die beginnende frühe Neuzeit, das anbrechende Aktenzeitalter. Papier war preiswert, Experten, die es füllen konnten, auch. Die Welt war komplizierter geworden, und die Zeitgenossen brauchten mehr Schriftlichkeit, um den Überblick zu behalten und sich ihrer selbst zu vergewissern. Sie brauchten mehr Verwaltung, um ihre zunehmend komplexen Angelegenheiten in den Griff zu bekommen, und mehr Archive, um sich an all die wichtigen und unwichtigen Vorgänge in dieser Verwaltung zu erinnern.

Die Welt wurde vielschichtiger und in Reaktion darauf auch verrechtlichter und verwalteter. Der moderne Staat wuchs heran – jener moderne Staat, von dem die Hanseforschung traditionell behauptet hat, er habe die Hanse letztlich als Störfaktor abgeschafft. In gewisser Hinsicht ist das auch richtig. Darüber hinaus trug die Hanse selbst zu dieser Abschaffung – oder besser: zu ihrer Transformation – erheblich bei, indem sie sich alle Mühe gab, unter dem Eindruck einer zunehmenden Institutionalisierung selbst zu einer festen Institution zu werden. Was die staatsverliebten englischen Juristen des Mittelalters den Hansen mit ihren bohrenden Fragen nie hatten abringen können, versuchten sie schließlich eilfertig selbst zu schaffen: eine klare Festlegung, wer zur Hanse gehörte und was es eigentlich hieß, ein Mitglied der Hanse zu sein.

Eine *newe welt?*
Der moderne Staat schlüpft aus dem Ei

Ganz Nordeuropa durchlief am Ausgang des Mittelalters große Veränderungen. Hatte die Stadt als neuer Erfolgstypus gesellschaftlicher Organisation die große hochmittelalterliche Transformation Europas geprägt, so war es nun der Staat, der langsam Formen annahm, die sich mit den heutigen vergleichen lassen. In diesem Aufstieg der Territorial- und Nationalstaaten und ihrer Herrscher, der *domini terrae* (»Landesherren«), wurde traditionell ein wichtiger, mitunter sogar *der* Grund für den Niedergang der hansischen Netzwerkstrukturen gesehen.[1]

Der Aufstieg der Territorialgewalten

In Vorwürfen gegenüber jenen *domini,* insbesondere gegenüber den mächtigsten und wichtigsten unter ihnen, den Kurfürsten, hatte die deutsche Geschichtswissenschaft allerdings viel Übung. Ihnen hat man stets den »Sonderweg« des römisch-deutschen Reichs vorgeworfen, das sich eben nicht wie Frankreich und andere Herrschaftsgebilde nach und nach zum zentralisierten Flächen- und später zu einem einheitlichen Nationalstaat habe entwickeln können. Stattdessen wurde es zum »Flickenteppich«. Dieses Wort geistert bis heute durch das Geschichtsbewusstsein der Deutschen, wenn es darum geht, den Zustand Deutschlands vor der seligmachenden Reichseinigung von 1871 zu beschreiben – und zwar auch jenseits borussophiler Kreise, bei denen die Vorliebe für ein geeintes Reich unter preußischer Führung auf der Hand liegt.[2]

Natürlich kann man kaum wegdiskutieren, dass das Alte Reich starke föderale Strukturen entwickelte. Man könnte sogar Parallelen zum bundesdeutschen Föderalismus ziehen, der allerdings keine direkte Folge dieser zentripetalen Kräfte ist. Und man könnte angesichts der Schwächen, die ein solcher Föderalismus regelmäßig bei Bildungspolitik und Coronamaßnahmen offenbart, wieder in alte Lamenti verfallen. Das übersähe aber, dass eben jener Föderalismus die Konfessionsfreiheit rettete, die Ausbildung mehrerer industrieller Zentren beförderte und letztlich – heute wie damals – eine stärkere politische Repräsentation der Regionen und ihrer Vielfalt ermöglichte. Nach hinten losgegangen ist das lediglich dort, wo einzelne Landesherren mehrere Länder unter einer Krone vereinigten und so Nebenländer entstanden, denen sie wenig Beachtung zukommen ließen. Solch ein Nebenland, eine königsferne Landschaft war lange der Hanseraum für das Reich gewesen. Das hatte viel Unsicherheit für den Einzelnen erzeugt, aber auch Gestaltungsfreiheit für jene, die sich dieser Unsicherheit annahmen: die Hansestädte.

In zunehmendem Maße reklamierten die Landesherren des ausgehenden Mittelalters und der beginnenden Neuzeit für sich die *superioritas* oder *overste gewalt,* die Oberherrschaft also über alle möglichen anderen Herrschafts- und Jurisdiktionsansprüche, die andere lokale Eliten des Territoriums und zum Teil auch die Kirche noch aus Tradition innehatten.[3] Von dieser *superioritas* war es noch ein weiter Weg zur *souveraineté,* die 1566 Jean Bodin in seinen *Sechs Büchern über den Staat* konzeptionell ausformulieren und Europa damit ein bis heute nachwirkendes neues Staatsverständnis geben sollte. Aber es war ein Anfang. So begannen jene *domini terrae* mancherorts schon im ausgehenden 14. Jahrhundert, es immer mehr zum Teil ihres Selbstverständnisses zu machen, innerhalb ihrer Territorien den Landfrieden zu sichern. Sie verstanden sich als Garanten eines immer häufiger beschworenen *gemeynen rechts,* dass nämlich jeder *dem andern schuldich is, dat he geyn gewalt an yn legen sulde,* wie es der Kölner Erzbischof Wilhelm von Gennep formulierte.[4]

So richtig gut funktioniert hat das, wie zuvor schon an zahlreichen Beispielen ersichtlich, bis weit in die frühe Neuzeit hinein nicht. Aber zumindest dem Anspruch nach wurde im ausgehenden Mittelalter das Territorium zum Friedensbezirk und gerieten damit Städtebündnisse, die diesen Frieden sichern wollten, unter immer größeren Rechtfertigungsdruck. Die Rezeption des römischen Rechts im Reich und damit die Entstehung einer immer ausgefeilteren Staatslehre sowie eines Rechtsgebietes, das man mit großen Anführungszeichen »Öffentliches Recht« nennen könnte, taten ein Übriges.[5] Es dauerte je nach Region anderthalb Jahrhunderte und länger, bis sich all das vom Anspruch zur Wirkung entfaltete – ein Prozess, der mehr und mehr die Handlungsspielräume der Hansestädte einschränkte.[6]

Die Herrschaft wird zum Gegner – und das immer öfter

Die ersten fürstlichen Vorstöße gegen die Autonomie ihrer Städte sind im vorhergehenden Kapitel bereits angeklungen: die Eroberung von Berlin-Cölln durch Friedrich II. von Brandenburg etwa oder der langjährige Kampf um Soest, das sich 1444 von seinem Kölner Stadtherrn lossagte, weil dessen regierende Hand zu stark wurde, was die Hansen auf den Plan rief und den schon jahrzehntealten Plan einer Tohopesate endlich realisierbar machte. Geholfen hat es aber wenig. Zwar konnte sich in den 1450er-Jahren Stralsund gegen die Eingriffe Herzog Wartislaws IX. wehren und auch Braunschweig 1493 den eigenen Landesherrn noch erfolgreich schlagen.[7] Aber die Bedrängung städtischer Autonomie wurde immer dichter. In der Altmark griff in den 1480er-Jahren Friedrichs Nachfolger Johann Cicero von Brandenburg rigide durch, die Hallenser unterwarfen sich nach städtischen Unruhen 1478 ihrem Stadtherrn Erzbischof Ernst von Sachsen.[8]

Die Formen, in denen die Landesherrschaft ihre *superioritas* wieder stärker in die Städte einbrachte, waren im Detail höchst unterschiedlich. Mal waren es vor allem Gerichts- und Geleitrechte, die wieder reklamiert wurden, mal Akzisen und andere Abgaben. Vor allem suchten die Fürsten ein Berichtswesen zu etablieren, eine stetige Verwaltungskommunikation, die regelmäßig und sehr genau über den Status quo informierte und damit ein Hineinregieren überhaupt erst ermöglichte. Dieses Anerkennen von Verwaltungsmacht war mitunter viel wichtiger als jedes konkrete Herrschaftshandeln. Wissen ist eben auch Macht. Viele Städte konnten sich dieses Strebens im Laufe des 15. und 16. Jahrhundert nicht mehr erwehren und mussten sich fortan von ihrem Stadt- und Landesherrn in die Karten beziehungsweise in die städtischen Rechnungen und Ratsprotokolle schauen lassen.

Hanse oder nicht? Das Lavieren wird immer schwieriger

Unter diesen Vorzeichen wuchs auch für jene Städte, deren Eigenständigkeit noch einigermaßen unangetastet blieb, der Druck, in hansischen Dingen Farbe zu bekennen. Das war neu, denn gerade für die mittleren und kleinen Städte war es bis dahin gar nicht schwer, sich ganz situativ mal zur Hanse zu bekennen und mal nicht. Gerade die ostniederländischen Städte machten sich das über lange Zeit zunutze, was immer wieder auch die Hanseforschung ins Zweifeln gebracht hat. 1441 beispielsweise beschloss man auf dem Hansetag, Kampen wieder in die Hanse aufzunehmen, deren Privilegien die Stadt einige Zeit lang entbehrt hatte.[9] Walter Stein hat trotzdem bei seiner Zusammenstellung der Hansestädte an einer vorherigen Zugehörigkeit zur Hanse gezweifelt.[10] So hielt es Kampen für nötig, sich die im Juni 1360 für die Hansen erworbenen flandrischen Privilegien ein knappes Jahr später und in abgewandelter Form bestätigen zu lassen.[11] Andererseits war die Stadt bei wichtigen Tagfahrten mit Ratssendeboten vertreten –

etwa 1368 in Stralsund, als über einen möglichen Ausschluss der Hamburger beratschlagt wurde, weil diese sich nicht zur Hilfe gegen Waldemar Atterdag entschließen konnten.[12] Auch später kann man ein ständiges »süderseeisches Lavieren zwischen Holland und der Hanse« beobachten.[13] 1423 erlangte Kampen von seinem Landesherrn die Befreiung seiner Schiffe von Ankerplatzgebühren *(ankeragegelden)* sogar mit dem ganz ausdrücklichen Argument, dass sie nicht der Hanse angehörten *(dat sy in der hanze niet en wern noch en syn)*.[14] Dieses Hin und Her überrascht uns heute viel weniger, als es Walter Stein noch überraschte – es entspricht dem Konzept der Hanse als fluide Interessengemeinschaft, an deren Rändern sich die Zu- und Abgewandtheit vom hansischen Ganzen ständig veränderte. Aber der Druck, Farbe zu bekennen, nahm zu, von innen immer wieder seitens Lübecks und der wendischen Städte, mehr aber noch von außen durch die fremden Kronen und die eigenen Landesherrn.

Die Lage der Kampener um die Mitte des 15. Jahrhunderts war in der Tat eine verzwickte. Sie führt unmittelbar in die verworrene politische Situation in Westeuropa, die für die Hansen wie auch für andere Städte immer herausfordernder wurde, wollten sie ihre lieb gewonnenen Freiheiten behalten. Kampen gehörte zum Hochstift Utrecht, hatte also einen geistlichen Landesherrn, wobei gerade die Utrechter Bischöfe durchaus wehrhaft auftraten.[15] Über und neben ihnen stand ein Vogt, ein weltlicher Fürst also, der die Schirmherrschaft über das Hochstift ausübte. Diese Funktion reklamierte just seit 1439 Herzog Philipp »der Gute« von Burgund für sich, der sich anschickte, sein rund um die Senfhauptstadt Dijon gelegenes Herzogtum zum größten fürstlichen Territorialkomplex Westeuropas auszubauen. Sein Vater hatte bereits Flandern an Burgund gebracht, und Philipp erwarb nun noch die Herzogtümer Luxemburg und Brabant, die Grafschaft Holland und den dazugehörigen Hennegau, Zeeland und eine ganze Reihe weiterer, kleinerer Herrschaften hinzu. Da wundert es kaum mehr, dass er auch die Vogtei über Utrecht zwar nicht widerspruchs-, aber doch relativ widerstandslos für sich beanspruchen konnte. Später schaffte er es sogar, seinen unehelichen Sohn David auf dem Bischofsthron zu installieren. Er war als Vogt zwar nicht der unmittelbare Stadtherr Kampens, aber doch in einer günstigen Position, um Druck auf die Stadt auszuüben.

Der »Hansisch-Niederländische Krieg«: weder hansisch, noch niederländisch, noch ein Krieg

Kampen entschied sich dennoch, als es notwendig wurde, für die Hanse. Am 7. April 1438 nämlich gestattete Herzog Philipp in seiner Eigenschaft als Graf von Holland den holländischen Städten die Kaperfahrt gegen die wendischen Hansestädte und den Grafen von Holstein, an der sich Kampen aber nicht beteiligte.[16] Lange Zeit hat man den Konflikt für einen Kampf um die holländische *Ummelandfahrt,* um den Zugang zur Ostsee gewertet – und die Wikipedia berichtet es zu dem Zeitpunkt, an dem das Manuskript zum vorliegenden Buch abgeschlossen wurde, unter dem Stichwort »Hansisch-Niederländischer Krieg« immer noch so, was die Langlebigkeit von überkommenen Hansegeschichten demonstriert. Denn der Krieg war gar kein Krieg, und es focht nicht die Hanse, sondern die sechs wendischen Städte, und ebenso wenig kämpften die Niederlande, die es ja auch noch gar nicht gab, sondern die Städte der Grafschaft Holland. Mittlerweile ist auch längst überzeugend nachgewiesen, dass es in allererster Linie ums Geld, genauer um die Beute des Kaperkrieges gegen Dänemark ging, die von den wendischen genauso wie von den Zuiderzeestädten beansprucht wurde.[17] Die Ostsee dagegen stand den Holländern längst offen.

Es zeigt sich auch hier der Gewinn des Perspektivwechsels, diese Auseinandersetzungen nicht länger als Kriege zwischen staatsähnlichen Gebilden zu begreifen, die eine Invasion vorantreiben oder abwehren, sondern als Fehde, als Instrument der gewaltsamen Durchsetzung von Rechtsansprüchen. So erklärt sich nämlich auch, dass beide Parteien nach Beendigung des Konflikts vollkommen unaufgeregt zum Tagesgeschäft übergehen und Beziehungen miteinander knüpfen konnten. Zum Problem wurde die holländische Ostseeschifffahrt erst drei bis vier Jahrzehnte später, als der Handel ein derartiges Volumen annahm, dass er zu einer ernsthaften Konkurrenz der Hansen wurde.[18]

An diesen Auseinandersetzungen wird zudem deutlich, dass Philipp der Gute nicht das Gefühl hatte, auf die Hanse angewiesen zu sein. Als es 1436 zu Ausschreitungen gegen Hansekaufleute in Brügge kam, zeigte der Herzog sich herzlich unbeeindruckt und tat nichts für den Ehrbaren Kaufmann. Andererseits ließ er die Hansen bei ihrer Blockade Brügges gewähren, denn die Stadt begehrte zu dieser Zeit gemeinsam mit Gent gegen ihren Landesherrn auf und konnte aus seiner Perspektive ohnehin einen Dämpfer gebrauchen. So kappte die Hanse zum letzten Mal erfolgreich die Zufuhr preußischen Getreides und anderer Waren nach Flandern, der Getreidepreis vervierfachte sich innerhalb kürzester Zeit, und Brügge lenkte ein. Zugleich verloren die flandrischen Städte in zunehmendem Maße an Autonomie, während sich die effiziente burgundische Verwaltung ihrer bemächtigte.[19]

Als dann die Hansen zehn Jahre später den sogenannten *Schoß*, eine Zahlung, die in Brügge auf alle hansischen Waren erhoben wurde und mit der unter anderem das Kontor finanziert wurde, auch auf die Messen in Brabant, Holland und Zeeland ausdehnen wollten, ließ sich Herzog Philipp nicht darauf ein und suchte seine mittlerweile botmäßigen Städte vor den Privilegien der Ausländer zu schützen.[20] Der Hansetag reagierte erneut, aber ohne großen Erfolg, mit einer Stapelverlegung – erfolglos wohl auch deshalb, weil man mittlerweile ziemlich weit wegziehen musste, wollte man das burgundische Großterritorium verlassen. Die Verlegung nach Deventer scheiterte an den Kaufleuten selbst, ein Stapel in Utrecht am gewaltsamen Widerstand des Burgunderherzogs. Außerdem blockierten die Kölner den Beschluss und weigerten sich schlicht zu zahlen. Dass diese Weigerung, zu den Gemeinkosten beizutragen, ein Vierteljahrhundert später noch einige Kreise ziehen sollte, konnte damals niemand ahnen. Aber dem Kölner Solidaritätsentzug sollte ebenso wie der traditionell engen Bindung an England im heraufziehenden Konflikt der Hanse mit dem Inselreich eine zentrale Rolle zukommen, was sogar zur zeitweisen Verhansung der Stadt führte.

Abb. 37: Hans Memlings »Jüngstes Gericht« wurde 1473 vom Kaperfahrer Paul Beneke nach Danzig gebracht. Dort steht es noch heute.

Das »Hansisch-Englische Krieg«: ein bisschen hansisch, ziemlich englisch – und an der Grenze zu einem echten Krieg

Die Vorgeschichte der englisch-hansischen Auseinandersetzungen ist schon im einleitenden Kapitel angeklungen: Ausgehend vom Totschlag des dänischen Statthalters Islands durch englische Kaufleute 1467 war es zu wechselseitigen Repressalien gekommen, die auch hansische Schiffe in Mitleidenschaft gezogen hatten. Der englische Kronrat hatte König Edward IV. gedrängt, die Hansen mit einer hohen Summe zum Schadensersatz heranzuziehen. Obwohl sich die Kaufleute im Stalhof zur Stellung von Bürgschaften bereit erklärten, wurden sie letztlich gefangen gesetzt und ihre Güter beschlagnahmt.[21]

Eine überraschende Wendung nahm dieser Konflikt, als bald darauf die Kölner Hansekaufleute aus der Haft wieder entlassen, die anderen Hansen aber vom Kronrat zu einer hohen Geldzahlung verurteilt wurden. Von den zu vermutenden Verhandlungen des Kölner Rates, die dazu führten, ist nichts überliefert. Umgehend aber nahm dieser die Gründung einer eigenen, rein kölnischen Niederlassung in London in Angriff und bemühte sich, die hansischen Privilegien für die eigenen Kaufleute bestätigt zu bekommen. Für wenige Jahre bildete sich so eine Kölner »Sonderhanse«, die die umfassende Verhansung Kölns nach sich zog;[22] die übrigen Hansen brachen noch vor der Aufhebung der Privilegien durch König Edward den Handel nach England ab.[23]

Nun trat das Brügger Kontor eigenständig in Aktion und begann, noch bevor irgendetwas vom Hansetag beschlossen worden wäre, den Kaperkrieg gegen England. Erst wurde der Import englischer Tuche verboten. Als dann aber deutlich wurde, dass das Verbot massiv unterlaufen wurde, optierte man nachdrücklich für Gewaltmaßnahmen.[24] Lübeck, das ohnehin kaum mehr eigene Interessen am Englandhandel hatte, aber die Störung des Handels im Ärmelkanal durch Kaperschiffe seit Jahrzehnten beklagte, ließ sich nicht lange bitten.[25]

Trotz einiger weniger spektakulärer Unternehmen hatte der Kaperkrieg gegen England nur mäßigen Erfolg. 1473 erbeutete immerhin der Danziger Kapitän Paul Beneke mit seiner »Peter von Danzig«, dem *groten kraweel,* wie zeitgenössische Quellen das Riesenschiff auch bewundernd nannten, die englische »St. Thomas«, die für die enorme Prise von 60 000 Pfund ausgelöst wurde. Dabei verwickelte ein Beutestück dieser spektakulären Kaperung nicht nur den Kapitän, sondern auch seine Heimatstadt und den Erzbischof von Bremen, der schützend seine Hand über ihn hielt, in ernsthafte diplomatische Schwierigkeiten.[26] An Bord befand sich nämlich das heute weltberühmte Triptychon »Das Jüngste Gericht« des Brügger Malers Hans Memling, einem der wichtigsten Vertreter der flämischen Renaissancekunst. Der Altar war eine Auftragsarbeit für die Medici und befand sich auf dem Weg Richtung Florenz. Die Medici, einschlägig mit dem Heiligen Stuhl verbandelt, setzten sofort alle Hebel in Bewegung, ihre Bestellung wieder freizupressen. Trotz päpstlicher Intervention kam das Kunstwerk nach Danzig, wo es der Marienkirche geschenkt wurde und heute im Nationalmuseum zu sehen ist.

Den Kölner Englandhandel konnten die Hansen letztlich nicht in dem Maße schädigen, wie sie es sich wohl erhofft hatten.[27] Vor allem aber machte Karl der Kühne von Burgund, der Nachfolger des oben erwähnten »guten« Philipp und Verbündeter Englands im Krieg gegen Frankreich, den hansischen *uthlegern* im Ärmelkanal das Leben immer schwerer.[28] Dann wurde der schwache englische König im Herbst 1470 von einer Adelsopposition um Richard Nevill ins Exil nach Alkmaar getrieben, und der Burgunderherzog bot ihm bereitwillig Unterstützung bei der Wiedergewinnung des Thrones an. Die hansischen Kaperfahrer an der Küste wurden nun für die Überfahrt ihres ehemaligen Gegners gewonnen. Dafür stellte ihnen der auf seine Wiedereinsetzung hoffende König weitreichende Privilegien in Aussicht.

Die Rückeroberung des Thrones gelang, die Nevills wurden entmachtet, und es begannen zähe Verhandlung um die Aussöhnung zwischen den Hansen und England.[29] Am Ende stand der Friede von Utrecht, der am 28. Februar 1474 geschlossen wurde.[30] Die Engländer sagten eine Entschädigungssumme von 10 000 Pfund zu – viel weniger, als die Hansen ursprünglich gefordert hatten –, die in den nächsten Jahren über eine Befreiung von sämtlichen Handelsabgaben abgestottert wurde. Das Kronratsurteil gegen die Hansen wurde aufgehoben, und die hansischen Privilegien wurden wieder bestätigt, während man auf die englische Forderung gleicher Privilegien in Preußen verzichtete. Schließlich bestätigte der König, dass seine Amtsleute auf jegliche Verhansung umgehend und ohne eigene Prüfung reagieren sollten, indem den Verhansten die Nutzung der Privilegien verweigert würde. Damit war das Ausscheren der Kölner gebrochen, konnte man sie aus dem Stalhof hinauswerfen und in Ruhe auf ihr Gesuch um Wiederaufnahme in die Hanse warten – das 1476 auch kam und zügig umgesetzt wurde.[31] Geschwächt gar nicht so sehr durch den Kaperkrieg als vielmehr durch die enormen finanziellen Belastungen, die 1475 mit dem Reichskrieg am Rhein gegen Karl den Kühnen einhergingen, war die Stadt auf ein Einlenken angewiesen.[32]

Lage beruhigt, aber nicht geklärt: London, das Kontor und die Merchant Adventurers nach dem Frieden von Utrecht

Die hansischen Privilegien waren also 1479 noch einmal bestätigt worden, was sich aber vor allem der aktuellen Zwangslage König Edwards IV. verdankte. Der Unmut in der englischen Kaufmannschaft und im Kronrat war also nur gedeckelt, nicht verschwunden. Das große Dauerthema blieben die englischen Handelsprivilegien in Preußen, die nicht erneuert worden waren. In den Jahrzehnten nach 1500 war die Lage immer wieder höchst gespannt, vor allem unter dem englischen Kanzler Kardinal Wolsey, der mit ständigen Prozessen und Abgabenerhöhungen die Hansen stark unter Druck setzte.[33] Nach seinem Sturz im Jahre 1530, als er dem Vielheirater Heinrich VIII. nicht rechtzeitig die Scheidung von Katharina von Aragon hatte sichern können, schienen auch die Zeichen für das hansische Gemeinhandeln in London wieder günstiger. Es war diese optimistische Zeit, in der der berühmte Hans Holbein wiederholt von den Kaufleuten im Stalhof beauftragt wurde.[34] Neben prunkvollen allegorischen Wandgemälden und einer Reihe von Kaufleuteporträts schuf er im Auftrag des Stalhofes auch einen Prunkbogen für die Hochzeit Heinrichs VIII. mit seiner neuen Frau Anne Boleyn im Jahre 1533. Eine Zeit lang waren die *stedes of the Hanse Tutonigk* tatsächlich im Blickfeld der englischen Monarchie, um im Norden neue Allianzen gegen den Kaiser, Papst Clemens VII. und den wenig verlässlichen Franz I. von Frankreich zu schmieden.[35] Mittelfristig jedoch hatten die Avancen der Hansen im Stalhof dem Hause Tudor gegenüber wenig Erfolg.

Auch der Vertrag von Utrecht stellte sich als kein sehr verlässliches Dokument heraus. Immer wieder trafen sich Delegationen in Brügge und Antwerpen, um über die Privilegien beziehungsweise deren Auslegung neu zu verhandeln.[36] In dieses mühevolle Gerangel hinein begann die englische Regierung 1552, systematisch hansische Privilegien zu kassieren und Exporteinschränkungen zu verhängen. Wieder machten sich hansische Delegationen auf den Weg, um darüber zu beratschlagen. Diesmal aber traf man sich nicht auf neutralem Gebiet, in Brügge oder in Amsterdam, sondern in London. Schon dieser Umstand war bezeichnend für die inzwischen verschobenen Machtverhältnisse.

Tatsächlich wurde es für die Hanse zunehmend schwerer, ihren Privilegienbestand aufrechtzuerhalten. Zu einflussreich waren die Korporationen der englischen Kaufleute geworden, allen voran die Merchant Adventurers, ein Zusammenschluss von Tuchhändlern, dessen Entstehung noch bis in das 13. Jahrhundert zurückreichte und der nun zu einer mächtigen *Company* mit über 7000 Mitgliedern herangewachsen war.[37] 1560 erlangten sie das Monopol für den Tuchexport in die Niederlande und nach Norddeutschland, wenige Jahre später gründeten sie Niederlassungen in Hamburg und Emden. In zahlreichen Denkschriften an die Krone und das Privy Council analysierten die Kaufleute und ihre politischen Mitstreiter die innere Krise der hansischen Konkurrenz.[38] Mit Zähigkeit bemühten sich die hansische Diplomatie und der Stalhof, der sich 1556 noch einmal neue Statuten gab, um Selbstbehauptung gegen die Company. Am Schluss stand trotzdem die endgültige Schließung des Kontors durch Elisabeth I. im Jahr 1598 als Reaktion auf die Ausweisung der Merchant Adventurers aus Emden.[39]

Das Versanden von Brügge und ein verpasster Neuanfang in Antwerpen

Während man in London ein Jahrhundert lang um die hansischen Privilegien stritt, verlor der Brügger Stapel Jahr für Jahr an Bedeutung. Ein Grund dafür war ein ganz natürlicher: Der Zwin versandete nach und nach, und alle Versuche, die die flandrischen Städte dagegen unternahmen, verlangsamten den Prozess bestenfalls. Nun war Antwerpen klar im Vorteil, die Schelde war nun einmal leichter zu befahren. Und wenn deren Tidefühligkeit für die kleinen Schiffe unter Umständen früher sogar eher ein Risiko gewesen war und man deshalb weiter landeinwärts gelegene Häfen zu schätzen wusste, so konnten nun die schweren Schiffe des 15. Jahrhunderts die seenahe Hafeneinfahrt nutzen. Noch dazu lockten in Antwerpen freizügigere Handelsbestimmungen und der direkte Zugang zum englischen Tuchhandel, der sich immer stärker auf

Abb. 38: Das Hansische Kontor in Antwerpen auf einem heute zerstörten Wandgemälde im Bremer Rathaus aus der Zeit um 1700.

die Brabanter Messen, also nach Antwerpen und Bergen op Zoom verlagerte, nachdem er im flandrischen Brügge während des Krieges zwischen England und Burgund – wieder einmal – verboten worden war. Diese Aussperrung des wichtigsten englischen Exportguts war schon seit Mitte des 14. Jahrhunderts immer wieder als Druckmittel eingesetzt worden. Dagegen hatte ein stabiler, offener Markt, auf den man sich verlassen konnte, natürlich Entwicklungsvorteile. Und so wuchs mit der Bedeutung des englischen Tuches für den europäischen Markt auch die Bedeutung Antwerpens.[40]

Trotz alledem blieben die Hansen noch Jahrzehnte in Brügge und hielten am alten Kontor fest, wenn auch die Zahl der Ältermänner 1486 reduziert wurde. Dieses Verharren ist ihnen lange von der Hansegeschichtsschreibung zum Vorwurf gemacht und als ein Indikator für das innovationsfeindliche, übermäßig konservative Handeln der Hanse gewertet worden. Tatsächlich besaßen sie schon seit langer Zeit Privilegien in Antwerpen, die aber ebenso lange nicht mehr bestätigt worden waren. Die boomende Scheldestadt entwickelte ihrerseits wenig Antrieb, sich ohne Not auf eine Bestätigung einzulassen, hatte sie doch die Hansen im Gegensatz zum kriselnden Brügge nicht wirklich nötig. Zudem stellten sich auf den Hansetagen auch viele Städte gegen eine Verlegung des Kontors. Man blieb also zunächst im Haus der Osterlinge und bemühte sich, den Verfall so gut es eben ging aufzuhalten.[41]

Der späte Neuanfang stand unter keinem guten Stern. Schon in den 1530er-Jahren hatte das Sekretariat des Brügger Kontors nach Antwerpen gewechselt, wo die Hanse schon länger ein kleines Haus am Alten Kornmarkt für ihre Gäste unterhielt. 1531 wurde zum letzten Mal der Brügger Schoß erhoben. Trotzdem begannen nur sehr langsam ernsthafte Verhandlungen mit der Stadt um eine offizielle Verlegung, 1555 erst entschloss sich endlich auch der Hansetag. Nach zähem Gerangel war Antwerpen, das eigentlich auf die Osterlinge nicht sonderlich angewiesen war, sogar dazu bereit, in die Umsiedlung zu investieren, überließ den Hansen ein Grundstück am Rande der Neustadt und übernahm ein Drittel der Baukosten. Die prachtvolle, vierflügelige Anlage mit 144 Schlafkammern, die darauf entstand, erstreckte sich über fast 5000 Quadratmeter Fläche und wurde 1568 fertiggestellt.

Just in diesem Jahr brach der Aufstand in den Niederlanden los. Dort war man lange schon unzufrieden mit der spanischen Herrschaft, die aus der Ferne regierte und Amtleute einsetzte, die in fremden Zungen sprachen. Seit dem Durchbruch des Calvinismus und den strengen Rekatholisierungsmaßnahmen unter Philipp II. kamen noch Konfessionskonflikte hinzu. Und schließlich fühlte sich die starke und weiter expandierende Handelsmacht im Nordwesten immer mehr von der Zentrale in Madrid gegängelt. Adel und Städte in den Niederlanden waren also gleichermaßen unzufrieden. So kam es an verschiedenen Orten zu Aufruhr, den der spanische König mit harter Hand durch seine Statthalter niederwerfen ließ. Einem von ihnen, Fernando Álvarez de Toledo, Herzog von Alba, hat Friedrich Schiller in seinem *Don Carlos* von 1787 ein literarisches Denkmal gesetzt. Dass sich der große Schriftsteller auch geschichtsschreibend mit dem Aufstand in den Niederlanden auseinandergesetzt hat, ist dagegen weniger bekannt. Kurz bevor er 1789 auf die Professur für Universalgeschichte nach Jena berufen wurde, veröffentlichte er den ersten – und letztlich einzigen – Band einer *Geschichte des Abfalls der vereinigten Niederlande von der spanischen Regierung*.[42]

Dieser Abfall, der 1581 die Gründung der Republik der Vereinigten Niederlande und einen insgesamt 80 Jahre andauernden Krieg nach sich ziehen sollte, zerstörte die Einbindung der jetzt niederländischen Städte in den hansischen Verbund endgültig und machte das schöne neue Kontor in Antwerpen im Grunde ziemlich nutzlos. Das heißt freilich nicht, dass hansische Kaufleute keinen Erfolg in Antwerpen gehabt hätten – im Gegenteil. Aber die alte Kontorsstruktur bot ihnen eben keinen Nutzen mehr. Sie senkte keine Transaktionskosten, weder durch kollektive Privilegiennutzung noch durch Infrastrukturen noch durch eine besondere Beförderung des Netzwerkhandels. Dass diese Struktur in der Welt des 16. Jahrhunderts immer weniger ihren Zweck erfüllte, gilt auch für andere Handelsniederlassungen; der Fondaco dei Tedeschi in Venedig etwa verlor in der zweiten Jahrhunderthälfte ebenfalls massiv an Bedeutung.

Im Osten: Ein Großfürst wird Zar und es gibt Streit um das *dominium maris Baltici*

Auch am anderen Ende des hansischen Wirtschaftsraumes, rund um die Ostsee, blies seit dem ausgehenden 15. Jahrhundert ein neuer Wind, der einiges umherwirbelte. Ganz im Osten stieg mit der Einung Russlands ein neues Großreich auf, im Westen zerbrach die wackelige Personalunion der skandinavischen Kronen unter dänischer Führung in der Kalmarer Union und stieg Schweden als neue Macht mit hegemonialen Ansprüchen auf das *mare balticum* empor. Am Südsaum wuchs das polnische Königreich unter den Jagiellonen im Verbund mit Litauen zu einer Großmacht heran, die den Deutschen Orden verdrängte.

Abb. 39: Iwan III. (»der Große«) auf dem Nationaldenkmal »Tausend Jahre Russland« in Nowgorod, das 1862 eingeweiht wurde. Damit werden die Wurzeln der russischen Nation mit der Herrschaft der Ruriks in Nowgorod verbunden.

Der Abstieg des Deutschen Ordens

Für den Ritterorden, der im 14. Jahrhundert ein mächtiger Partner der Hanse gewesen war, markierte die Schlacht bei Tannenberg am 15. Juli 1410 den Wendepunkt. Hintergrund des Konflikts zwischen dem Orden und dem Königreich Polen war die Umlenkung der Handelswege, die König Władisław II. Jagiełło systematisch durch großzügige Privilegien für den Krakauer Stapel betrieb. Damit war dem Orden der direkte Weg zu seinen ungarischen Kupferminen versperrt und zogen immer mehr Händler den Weg über Warthe und Oder der Weichsel vor. Nach der Niederlage von 1410, der Tausende Ritter und der Hochmeister selbst zum Opfer fielen, kam es zu einem ersten Aufstand im Ordensland, der blutig niedergeschlagen wurde. In Thorn und Danzig kostete es die Bürgermeister ihren Kopf, den hansischen Handel und das städtische Patriziat, das ihn trug, viele Privilegien. Vor allem entspannen sich seitdem immer neue Kriege des Ordens gegen Polen, Litauen, den eigenen Adel und auch die Städte. Letztere wussten sich schließlich nicht mehr anders zu helfen, als sich – mit Ausnahme von Königsberg – 1466 freiwillig der polnischen Krone zu unterstellen, um den drückenden Zugriff des Ordens abzuschütteln und den Frieden wiederherzustellen.[43] Da halfen auch die warnenden Worte der Ratskollegen aus dem Westen nicht, die sich unter dem Lübecker Bürgermeister Hinrich Castorp vergeblich um Vermittlung bemühten.

1494: Iwan der Große schließt das Kontor

Zur gleichen Zeit geriet das Nowgoroder Kontor, dessen Bedeutung gegenüber dem Handel der livländischen Städte ohnehin stetig abnahm, unter immer größeren Druck. Das Großfürstentum Moskau stieg unter der vier Jahrzehnte dauernden Herrschaft Iwans III. seit 1462 zu einem neuen Großreich im Osten auf, das schließlich auch die Oberherrschaft über Nowgorod für sich beanspruchte. Iwan beseitigte die letzten alten Abhängigkeiten gegenüber den Mongolen, unterwarf die kleineren Fürstentümer und erweiterte den moskowitischen Machtbereich letztlich bis an den Ural. Nachdem 1453 Konstantinopel von den Osmanen erobert und dem Byzantinischen Reich damit ein Ende gesetzt worden war, schwang sich Iwan, der sich fortan nicht mehr Großfürst, sondern *Zar* (»Kaiser«) nannte, nun zum »Bewahrer des byzantinischen Throns« auf. Moskau wurde von ihm und seinen Nachfolgern als »drittes Rom« inszeniert. Unter die Herrschaft des neuen Zaren fiel schließlich auch das reiche Nowgorod, dessen Bojaren er wenige Jahre später enteignete und in weit entfernte Gegenden umsiedelte.

Die Hansen im Petershof mit ihrer weitreichenden Autonomie, die sie 1392 noch einmal durch eine Handelsblockade erstritten hatten, dürften dem Zar genauso ein Dorn im Auge gewesen sein wie ihre Verbindung zu den Resten des Deutschen Ordens in Livland. So nutzte Iwan die Ermordung russischer Kaufleute in Livland als Vorwand, um die Deutschen im Kontor gefangen zu setzen und ihre Güter zu beschlagnahmen, wie es dreißig Jahre zuvor König Edward mit den Stalhofbewohnern wegen der Causa auf Island getan hatte. Natürlich lief auch jetzt die hansische Diplomatie heiß. Es dauerte aber drei Jahre, bis die rund fünfzig Inhaftierten wieder auf freiem Fuß waren. Wir kennen sie übrigens alle namentlich – und können daran ablesen, dass neben Lübeckern und Westfalen gerade auch Livländer zu den wichtigsten Gruppen im Kontor gehörten, während die vollständige Abwesenheit von preußischen Kaufleuten zeigt, dass in dieser Richtung bereits eine deutliche Verwerfung innerhalb der Hanse eingesetzt hatte.[44] Sie zeigte sich auch in dem Umstand, dass bei jeder hansischen Handelsblockade der Jahre um 1500 sich ausgerechnet Danziger Schiffe in Narva, Viborg oder Åbo als Blockadebrecher betätigten.[45]

Der Petershof blieb fast zwanzig Jahre geschlossen. Als er 1514 wieder seine Tore für die deutschen Händler öffnete, bekamen die Hansen zwar ihre Privilegien zurück, hatte der Handel aber längst andere Wege eingeschlagen und sollte sich nicht mehr zu altem Glanz erneuern. Spätestens seit Mitte des 16. Jahrhunderts befanden sich Kontor und Stadt wirtschaftlich auf dem absteigenden Ast.[46] Stattdessen übernahmen die livländischen Städte Reval, Riga und Dorpat, später besonders auch Narva, die Funktion Nowgorods im Handel mit dem Norden, wogegen sich Lübeck auf den Hansetagen vergeblich durch den Ausbau seiner Stellung im Nowgoroder Kontor zu wehren suchte. Nach dem Ende der Ordensherrschaft etablierten sich ohnehin neue südliche Handelsrouten über Livland in das erstarkte Königreich Polen und weiter in Richtung der großen Messen in Leipzig. Insofern war das Ende des Kontors nicht der Grund für den Niedergang hansischer Strukturen im Nordosten, sondern eher deren Symptom. Denn die livländischen Städte profitierten fraglos von der neuen Situation. Streng verboten sie weiterhin direkten Gästehandel, also das unmittelbare Handelsgeschäft zwischen fremden Kaufleuten – nur dass sie diesmal eben damit auch die Hansen trafen. Auch hiergegen protestierte Lübeck vergeblich.

Das Ende der Kalmarer Union und die neuen skandinavischen Mächte

Die zweite große Veränderung der Staatenwelt rund um die Ostsee setzte 1521 mit dem Zerbrechen der Kalmarer Union und dem Erstarken der nun wieder separierten Kronen ein. Von dem holsteinischen Widerstand gegen diese Union, der auch den dänisch-wendischen und den holländisch-wendischen Kaperkrieg befruchtete, ist bereits die Rede gewesen. Als Schatten hielt sich das bröckelige Bündnis unter dänischer Führung noch bis 1523, als sich Gustav I. Wasa mit der Unterstützung Lübecks gegen Christian II. zum König von Schweden krönen ließ und endgültig aus der Union ausscherte. Dabei war er nicht der erste Gegenkönig, den der schwedische Adel gegen den dänischen Kandidaten aufstellte. Schon seit der Absetzung Erichs von Pommern mit lübischer Hilfe 1439 war eigentlich keine unumstrittene und friedliche Herrschaft mehr in der Union zustande gekommen, und vor allem die schwedischen Reichsverweser, von denen auch Gustav einer gewesen war, hatten sich zu einer dauerhaften Opposition gegen den jeweiligen Unionskönig entwickelt.

In Dänemark war 1513 jener Christian II., ein Schwager Kaiser Karls V., auf den dänisch-norwegischen Thron gelangt, aber zehn Jahre später durch seinen Onkel Friedrich gestürzt worden. Christian ging ins Exil nach Holland und betrieb von dort aus einen Kaperkrieg gegen seinen Onkel und die Hansestädte, die in Schweden besagten Gustav Wasa auf den Thron gebracht hatten. Und so kämpften die Holländer und die Hansen einen Stellvertreterkampf um die Kronen der zerbrochenen Kalmarer Union. Einer der vom vertriebenen Christian Angeworbenen, der Stockholmer Bürgersohn Claus Kniphoff, wurde im Herbst 1525 von einer Hamburger Flotte bei Greetsiel gefangen genommen und im Alter von gerade 25 Jahren auf demselben Grasbrook hingerichtet, auf dem auch Klaus Störtebeker sein Leben beendet haben soll. Der Hamburger Franziskaner Stephan Kempe, der in diesen Jahren zu einer wichtigen Triebkraft der Reformation in der Stadt werden sollte, begleitete ihn zur Richtstatt und verfasste eine vielstrophige Ballade

Abb. 40: *Ille sceleris fert poenam hic diadema* – »Jener trägt zur Strafe des Verbrechens dieses Wappen«, heißt es auf dem linken Spottbild auf Jürgen Wullenwever aus dem Jahre 1537. Neben seinem Kopf ist aber nicht das Familienwappen, der schreitende Löwe über zwei Eicheln, zu sehen, sondern ein Körperteil eines Gevierteilten, das an einem Galgen hängt. Vierhundert Jahre später, im nationalsozialistischen Lübeck, erhielt Wullenwever ein Porträt für die Bürgermeistergalerie im Rathaus. Hier heißt es zu seiner Ehrenrettung: *Kein Dieb, kein Verraether, kein Wiedertaeuffer auf Erden bin ich jemals gewest und wills auch nimmer befunden werden.* Oben rechts sieht man das eigentliche Wappen der Familie.

über den *fynen yungen man,* für den er offenbar eine gewisse Bewunderung aufbrachte.[47] Und so ist eine detaillierte Beschreibung des Seekampfes zwischen ihm und den Hamburgern erhalten.

Im Jahr 1531 landete der vertriebene König mit Unterstützung seines kaiserlichen Schwagers in Norwegen und begann mit der Wiedereroberung seiner Krone. In dieser Situation wandte sich Friedrich an Lübeck, um Unterstützung gegen seinen Neffen einzuwerben. Im Gegenzug versprach er, den Holländern die Durchfahrt für eine nicht näher definierte, aber wohl ziemlich große

Warengruppe von »Stapelgut« durch den Sund zu verbieten.[48] Die Sache endete für den Dänen erfolgreich, für Lübeck aber unerfreulich: Friedrich hielt sich nicht an sein Versprechen, das vom Reichsrat nie ratifiziert worden war, sondern einigte sich rasch mit den Holländern und begünstigte den Ostseehandel der Fugger. Ebenso wenig hielt sein Sohn, Graf Christian von Holstein, der ihm als Christian III. 1535 nach seinem Sieg in der sogenannten »Grafenfehde« gegen eine Allianz der wendischen Städte und des Grafen von Oldenburg auf den Thron folgte, sich an die Zusage, den Handel der Holländer einzuschränken.

Der hansische Wortführer der Allianz, der Lübecker Bürgermeister Jürgen Wullenwever, führte den Kaperkrieg auf eigene Faust weiter, unterstützt durch den für sein Draufgängertum legendär gewordenen Hamburger Ankerschmied Marx Meyer, der die Lübecker Kaperflotte kommandierte. Wullenwever war eine faszinierende und schwierige Gestalt, von der nicht ganz leicht zu sagen ist, ob er »Demokrat oder Demagoge« war.[49] Der aus dem Brandenburgischen Mitte der 1520er-Jahre nach Lübeck Eingewanderte begann dort im Zuge der Reformationsunruhen eine steile politische Karriere. Nach innen agierte er als Reformer und wollte den Einfluss des Patriziats beschneiden, nach außen als drängelnder Machtpolitiker. Letztlich scheiterten Wullenwever und sein Freund Meyer an der königlich-fürstlichen Allianz, und beide fanden den Tod durch Vierteilung – der eine in Dänemark, der andere vor einem fürstlichen Landgericht bei Wolfenbüttel. Lübeck wurde durch das erfolglose Engagement im Kampf um die Kronen finanziell wie politisch stark zurückgeworfen. Christian III. aber setzte sich als neuer König von Dänemark und Norwegen durch und führte seine Lande zu einem merklichen neuen Aufschwung.

Der wirkliche Gewinner der Auseinandersetzungen rund um die westliche Ostsee war aber der Schwede Gustav Wasa. 1523 mit nennenswerter Unterstützung lübischer Kaufleute an die Macht gekommen, hatte er wenige Jahre später – wiederum unter Vermittlung aus Lübeck – Frieden mit seinem dänischen Konkurrenten Friedrich geschlossen und damit die Kalmarer Union endgültig zu Grabe getragen. Lübeck – nicht die Hanse! – erhielt nun von

Friedrich die hansischen Privilegien, insbesondere die auf den schonischen Messen, bestätigt.[50] In seiner fast vierzigjährigen Herrschaft führte Gustav eine Erbmonarchie ein und stärkte das Königtum durch massive Ausweitung der Krongüter, denen er die im Zuge der Reformation eingezogenen Kirchengüter zuschlug. Hielt das Königtum zuvor nur rund fünf Prozent des schwedischen Grundbesitzes, waren es nun über 30 Prozent. Damit war der König viel weniger auf die finanzielle Unterstützung der Reichsstände angewiesen und konnte politisch wie militärisch selbstbewusst gegenüber den Nachbarn rund um die Ostsee agieren.

Das Erbe des Ordens wird aufgeteilt und der Kampf um die Vorherrschaft auf der Ostsee zum Dauerthema

Auch für das Königreich Polen war unter der langen Herrschaft von Sigismund I. und Sigismund II. ein goldenes Zeitalter angebrochen. Das Ordensregiment in Preußen dagegen war gänzlich verblasst. Hochmeister Albrecht von Zollern wandelte die letzten westpreußischen Reste 1526 in ein erbliches protestantisches Herzogtum um, das von der polnischen Krone zu Lehen empfangen und ein knappes Jahrhundert später in Personalunion mit dem Kurfürstentum Brandenburg vereint wurde. Die beiden Länder bildeten die Wurzel der späteren Großmacht Preußen. Einen gewichtigen Zuwachs zur polnischen Krone sollte schließlich der Anschluss Livlands und Kurlands an das mit ihr unierte Litauen im Jahre 1569 darstellen, der als Reaktion auf russische Expansionspläne zustande kam.

Um die große russische Expansion unter Iwan III. ist es gerade schon gegangen. Sein gleichnamiger Nachfolger, den man unter dem Beinamen »der Schreckliche« kennt, trieb den konsequenten Ausbau der russischen Zarenmacht nach innen und außen mit harter Hand weiter voran. Als 1553 das erste englische Schiff bei Archangelsk an der Mündung der Nördlichen Dwina ins Weiße Meer Anker warf, war das Interesse am Handel mit dem Westen über die Ostseeroute geweckt und wurde von Iwan mit der gewohnten blutigen Konsequenz umgesetzt. Das Objekt seiner Begierde war Livland. Hier herrschte ein eigenständiger Zweig des Deutschen Ordens, der von einem eigenen Landmeister gelenkt wurde und sich 1410 aus der unglücklichen Schlacht bei Tannenberg gegen den polnischen König herausgehalten hatte. Nun aber stellte Russland Ansprüche.

Ausgangspunkt waren Auseinandersetzungen mit den benachbarten, nunmehr russischen Bojarenrepubliken Nowgorod und Pskow, die sich schon durch das gesamte 15. Jahrhundert gezogen hatten und die nun der neue Zar Iwan für sich instrumentalisieren konnte. Natürlich ging es immer auch um wirtschaftliche Fragen, doch wurden diese Konflikte regelmäßig mit Argumenten legitimiert, die in die Zeit der gewaltsamen christlichen Mission zurückreichten. Denn Livland war im 13. Jahrhundert eben nicht nur von Reval und also vom katholischen Westen aus, sondern auch vom orthodoxen Nowgorod her in einer Reihe von Kreuzzügen missioniert worden. Auf diese komplizierte Ausgangssituation konnte man sich noch im 15. und 16. Jahrhundert beziehen. Ein regelmäßiger Stein des Anstoßes war etwa der sogenannte »Dorpater Zins«, eine Zahlung, die der Dorpater Bischof traditionell an Nowogord und nun, nach dessen Eroberung durch Iwan III., den Moskauer Großfürsten zahlen sollte.[51] Wie dieser Zins historisch eigentlich in die Welt gekommen war und welchen Umfang er hatte, darüber waren sich die Zeitgenossen ausgesprochen uneins. Bewusst war man sich auf russischer Seite nur, dass man Anspruch darauf hätte – und dass dieser Anspruch nicht erfüllt würde.

Im Sommer 1558 ging es also gegen Livland. Im Mai fiel Narva, zwei Monate später auch Dorpat. Innerhalb der folgenden drei Jahre führte das zum gänzlichen Auseinanderbrechen von Altlivland, wie es seitdem heißt. Dessen Regionen – und damit auch die dortigen Hansestädte – begaben sich entweder unter den Schutz der Nachbarmächte Dänemark, Polen und Schweden, die sich in den Konflikt einmischten, oder wurden gleich von ihnen erobert.[52] Der letzte Ordensmeister Gotthard Kettler unterstellte das ihm verbliebene Kurland und Semgallen schließlich 1561 als Herzogtum der polnischen Lehnshoheit.

Der Krieg um Livland wird von Historikern auch der »Erste

Nordische Krieg« genannt, weil er am Anfang einer ganzen Reihe militärischer Auseinandersetzungen um die Vorherrschaft über die Ostsee, um das *dominium maris Baltici* stand, die die gesamte frühe Neuzeit prägten. Dabei verbanden sich immer neue Konfliktherde mit dem übergeordneten Ringen um überregionale Hegemonie. Überdeutlich wird das im sogenannten »Dreikronenkrieg«, der sich unmittelbar an die Kämpfe um Litauen anschloss. Angestoßen wurde er von einer auf den ersten Blick nichtigen Symbolik: Kurz nachdem Erik XIV. den dänischen Thron bestiegen hatte, fügte er wie seine Vorgänger drei Kronen als Zeichen der Kalmarer Union in sein Wappen ein. Von schwedischer Seite wurde das als ein Affront gewertet, der fortgesetzte Ansprüche auf die schwedische Krone zeigen sollte. Und so trugen zwischen 1563 und 1570 Dänemark, Schweden und das in den Konflikt eingreifende Polen unter zeitweiser Beteiligung von Lübeck den nächsten Streit um die Vormachtstellung über die Ostsee aus.[53] In diesem Zusammenhang entstand auch das Epitaph des Lübecker Schiffspredigers Sweder Hoyer (oben, Abb. 28). Die Hanse konnten die Lübecker nicht zur Unterstützung bewegen, auch wenn sie es auf den Hansetagen von 1564, 1566 und 1567 wiederholt versuchten. Dass Lübeck in dieser Zeit beharrlich am Russlandhandel festzuhalten versuchte, trieb einen weiteren Keil in die hansischen Verbindungen. Reval reagierte zeitweise sogar mit Kaperfahrten gegen die lübischen Schiffe.[54] Trotzdem bestand es bei seiner Unterwerfung dem schwedischen König gegenüber im Juni 1561 darauf, dass sie in der *Deutsche Anze* verbleiben dürften, *ob sy darinnen bleiben willen und derselben Freiheit ferner genießen*.[55] Sicher ist eben sicher. Tatsächlich besuchte Reval die Hansetage seitdem nicht mehr.

Die *martinianische Sekte* im Norden: Hanse und Reformation

Das pommersche Trzebiatów/Treptow an der Rega ist heute eine verschlafene Kleinstadt mit knapp 10 000 Einwohnern. Als 1517 ein Augustinermönch in Wittenberg zur Feder griff und mit

95 Thesen gegen den Ablasshandel und die päpstliche Alleinautorität zu Felde zog, war es das umso mehr. Dort unterrichtete an der Stadtschule schon gute fünfzehn Jahre ein gewisser Johannes Bugenhagen, der aus dem nahen Wolin stammte, nach einem zweijährigen Grundstudium an der Universität Greifswald den Lehrberuf ergriffen und sich schließlich zum Rektor der kleinen Schule aufgeschwungen hatte.

Was nach einer gewöhnlichen Karriere in der Provinz klingt, sollte zu einem wichtigen Ausgangspunkt für die Reformation Nordeuropas werden.[56] Denn Bugenhagen unterrichtete nicht nur Latein und einige Grundwissenschaften, wozu ihn sein Greifswalder Artes-Studium leidlich befähigte, er legte auch die Bibel aus – ganz ohne Theologiestudium. Was anderswo vielleicht unangenehm aufgestoßen wäre und Bugenhagen in Schwierigkeiten gebracht hätte, scheint in Treptow nicht nur geduldet worden zu sein, sondern zog mit der Zeit immer mehr interessierte Hörer in die Stadt, darunter auch Mönche aus dem nahen Prämonstratenserkloster Belbuck. Dort wurde der theologische Autodidakt 1517 sogar Lektor. Im selben Jahr erhielt er von seinem Landesherrn Herzog Bogislaw X. den Auftrag, eine Landeschronik zu verfassen, die er schon im Jahr darauf vorlegte. Bugenhagen hatte sich also zu einem regional bedeutsamen Gelehrten gemausert. Und auf diesen fruchtbaren Boden fiel nun die neue Lehre Luthers.

Die Schriften des Wittenberger Professors beeindruckten Bugenhagen so sehr, dass er bald nach einem ersten Briefkontakt mit dem Reformator 1521 die Universität Wittenberg bezog, um in engeren intellektuellen Austausch mit Luther und Melanchthon zu treten. Auch im fernen Sachsen machte der Pommer offenbar Eindruck. Er wohnte bei den Melanchthons, hielt ab 1524 selbst Vorlesungen, und schon 1525 empfahl ihn Luther für die vakant gewordene Stelle des Wittenberger Stadtpfarrers. Der Kandidat hatte Erfolg, obwohl Bugenhagen zu dieser Zeit bereits verheiratet war. Tatsächlich schloss er kurz darauf die Ehe seines Freundes Luther mit der ihrem Kloster entlaufenen Nonne Katharina von Bora und sollte zwei Jahrzehnte später die Grabrede auf ihn halten.

Kurz: Bugenhagen gehörte zum engsten Kreis der Wittenberger Reformation. Er nahm aktiv teil an den großen Kontroversen um das Abendmahl, er kannte alle wichtigen Vertreter der ersten Reformationsphase und korrespondierte noch mit ihnen, als er Wittenberg längst verlassen hatte. 1528 nämlich ging Bugenhagen nach Braunschweig und stieß damit die große Welle der städtischen Reformationen in Norddeutschland an.

Braunschweig, Hamburg und schließlich Lübeck: In drei zentralen Hansestädten wirkte Bugenhagen über Jahre und erarbeitete Gottesdienst- und Schulordnungen. Daneben wirkten seine Schüler und Studenten weit in die Region hinein, zum Beispiel die drei ehemaligen Mönche Georg von Ueckermünde, Christian Ketelhot und Johann Kureke, alle drei noch Schüler aus der Treptower Zeit, die in den pommerschen Städten die Reformation weiter ausbreiten sollten.

Die *martinianische Sekte* kommt in den Norden

Am Anfang dieser rasanten Ausbreitung stand freilich vielerorts Misstrauen bis hin zu offener Ablehnung.[57] Zwar lag Kritik am Klerus in diesen Jahren europaweit in der Luft und fand insbesondere die Einbeziehung der Gemeinde ins Abendmahl, der sogenannte »Laienkelch«, überall große Sympathien. In den Augen der städtischen Obrigkeiten aber, denen es in erster Linie um die Stabilität der Verhältnisse ging, barg die neue Lehre vor allem Potenzial für neue innerstädtische Unruhen, was angesichts der vorhergehenden Phase stetiger sozialer Konflikte in vielen Städten sicher nicht ganz unbegründet war.[58] Und so beschloss ein Hansetag zu Lübeck im Januar 1525 zunächst einmal Maßnahmen gegen die *martinianische Sekte*, um insbesondere den Druck und Verkauf lutherischer Schriften zu unterbinden.[59]

Das stellte sich allerdings als ziemlich wirkungslos heraus, weil die meisten Hansestädte nicht mitzogen. Hier zeigte sich, was es bedeuten konnte, dass die Rezesse erst in statuarisches Recht der jeweiligen Städte umgesetzt werden mussten. Nur Hamburg, Lüneburg und Rostock erließen entsprechende Regelungen, während

Abb. 41: Johannes Bugenhagen, der bedeutendste Reformator Norddeutschlands, in einem Porträt Lucas Cranachs des Älteren aus dem Jahr 1537.

alle anderen Ratssendeboten sich darauf zurückzogen, kein Mandat für diese Frage zu besitzen. Und so kam man ein halbes Jahr später, wiederum in Lübeck, zu dem resignierenden Beschluss, dass *von wegen der Martinische lere* es jeder halten solle, wie er wolle, und *sich ein iczliche Stadt mit gutten predigers vorsorgen sal.*[60] Lediglich wenn dieser Prediger – welcher Konfession er sein möge, wird hier geflissentlich offengelassen – Unruhe in der Stadt hervorriefe, so solle man ihn davonjagen.

Die städtischen Obrigkeiten hatten mit ihrer Sorge nicht ganz unrecht. Bugenhagen blieb in dieser ersten Reformationsphase im Norden der einzige direkte Lutherschüler und inspirierte viele andere gelehrte Prediger, die häufig aus dem Umfeld der Bettelorden stammten. Sie griffen reformatorische Ideen auf, verbreiteten diese aber in erheblich radikalerer Form als der Wittenberger und sein Gefährte aus Pommern. In Wismar etwa wurde der ehemalige Franziskaner Heinrich Never noch 1541 wegen zu radikaler Vorstellungen von seiner Pfarrstelle entlassen.[61] Hinzu kam, dass durchaus nicht alle Volksprediger jener Tage reformatorische Absichten hegten. Nevers ehemaliger Ordensbruder Hennig Budde brachte zwar 1522 in Stralsund *etliche dusent lute* zusammen, um ihnen zu verkünden, *dat de … regenten der stede … erer administration und handelinge rekenscop geben* müssten.[62] Andererseits gab er sich als ausdrücklicher Gegner lutherischen Gedankenguts, obschon solches in der Stadt durchaus zirkulierte. Kurz, es gab gleichzeitig eine bürgerliche Opposition und eine reformatorische Bewegung.

Kein Wunder also, dass das eigentliche Reformationsgeschehen von Hansestadt zu Hansestadt sehr unterschiedlich ablief. Weder kann man ein Muster einer »hansischen« noch auch nur einer »norddeutschen« Reformation aufzeigen, auch wenn das gerade in der älteren Forschung gelegentlich behauptet worden ist.[63] In Lübeck beispielsweise verband eine starke Opposition, die vor allem aus Gewerbetreibenden bestand, die Einführung der Reformation ausdrücklich mit sehr weltlichen Partizipationsforderungen gegenüber dem städtischen Patriziat und vertrieb letztlich die altgläubigen Ratsmitglieder, ehe dann Bugenhagen der Stadt eine Kirchenordnung gab.[64] In Stralsund wiederum war der Reformationsprozess rasch und heftig, aber von der Gemeindeopposition zunächst ganz unabhängig.

In Hamburg waren es ausgerechnet zwei reiche Kaufleute und ein hoher städtischer Beamter, die am Anfang der Konfessionskonflikte standen: der Schonenfahrer Friedrich Ostra, der Aufseher der städtischen Münze Dirk Ostorp und der Englandfahrer Detlev Schuldorp.[65] Im Haus des Letzteren in der Kleinen Reichenstraße entwickelte sich offenbar schon in den 1520er-Jahren ein Zirkel lutherisch gesinnter Bürger. 1522 begannen der Prämonstratenser Johann Widenbrügge, im Jahr darauf der aus Rostock stammende Franziskaner Stephan Kempe öffentlich die Reformation in der Stadt zu predigen. Letzterer ist uns übrigens schon als Dichter begegnet: Von ihm stammt das Lied über den »Piratenhauptmann« Claus Kniphoff, den er selbst als Geistlicher zur Hinrichtung begleitet hatte.[66] In der Elbstadt war das Reformationsgeschehen von heftigen Auseinandersetzungen zwischen den Anhängern des alten und des neuen Glaubens geprägt. Entschieden wurden sie 1528 durch eine öffentliche Disputation, an der neben Kempe auch der Lübecker Kaplan Johann Fritze teilnahm, und die daran anschließende obrigkeitliche Einführung der Reformation. Ein Jahr später hatte auch Hamburg seine Bugenhagen'sche Kirchenordnung.

Viel schneller und meist auch viel friedlicher als in den Hansestädten des nord- und südwestlichen Ostseeraums breitete sich die Reformation in Livland aus, was sogar den Landmeister des Deutschen Ordens Wolter von Plettenberg überraschte, der selbst nicht wenig zu dieser Verbreitung beigetragen hatte: Man habe *in allen Landen in keiner Stadt nach Wittenberg der lutherischen Lehre so rasch angehangen ... wie hier im Lande.*[67] In Reval und anderen livländischen Hansestädten nutzte man die Reformation zur Eingliederung in die Landesherrschaft des Ordens und zugleich zur Entmachtung der livländischen Bischöfe. Nach anfänglichen Bilderstürmen waren die Ereignisse hier viel friedlicher als in den Städten des Westens, weil gezielt lutherische Prediger ins Land geholt wurden, die weniger radikale Positionen, sondern den insgesamt sehr obrigkeitsfreundlichen Kurs des Wittenberger Reformators vertraten.

Wiederum anders verlief die Reformation in Danzig, wo sie zwei Anläufe brauchte, bis sich die neuen Verhältnisse einigermaßen konsolidierten.[68] Nach stürmischen Anfängen Mitte der 1520er-Jahre köchelte die Durchdringung von Gemeinde und Rat mit lutherischen Ideen langsam vor sich hin, aber erst 1557 erlangte man vom König ein Konfessionsprivileg zur Duldung der neuen Lehre – für die stolze Summe von 100 000 Gulden. Damit war aber der Reformationsprozess nur bedingt abgeschlossen. Besonders die polnischen Adeligen im Danziger Umland waren gar nicht so sehr von Wittenberg als von den reformierten Lehren aus Zürich und Genf beeinflusst. Daneben spielten auch die Böhmischen Brüder, die sich in der Tradition der Hussiten sahen, und die Unitarier, die die Dreifaltigkeitslehre gänzlich ablehnten, eine gewisse Rolle in der polnischen Konfessionslandschaft. 1570 einigten sich alle diese Gruppen auf ein gemeinsames Glaubensbekenntnis, um dem Katholizismus geschlossen etwas entgegensetzen zu können. In der konkreten Konfessionspolitik war jedoch die Mehrstimmigkeit des polnischen Protestantismus immer wieder eine Herausforderung. In Danzig schlug sich das im vollständigen Ausbleiben eines institutionellen Kirchenregiments nieder. War die »Wittenbergisierung« der 1520er-Jahre am Widerstand von König und Bischof gescheitert, trat dem zweiten Anlauf einer Konfessionalisierung – nun unter calvinistischen Vorzeichen – die lutherische Gemeinde entgegen. So blieb die Konfession eine Sache der Gemeinden und keine des Rates, der sich auf einen »unkonfessionellen Mittelkurs« verlegte.[69]

Hansekaufleute als Boten der Reformation?

Träger des frühen Reformationsgeschehens waren im Norden fast überall Theologen. Das klingt auf den ersten Blick selbstverständlich, war es aber nicht. Tatsächlich spielten in anderen Regionen, etwa in Oberdeutschland, neben den Menschmedien auch gedruckte reformatorische Schriften eine viel größere Rolle, als das im Norden der Fall war, wo die gesprochene Predigt einen höheren Stellenwert hatte. Das lag vor allem in der Sprachgrenze begründet, denn zunächst fehlte es schlicht an niederdeutschen Drucken – und so erreichten die oberdeutschen und lateinischen Schriften Luthers, Zwinglis und ihrer Weggefährten zunächst nur bestimmte gebildete Schichten in den Städten des Nordens.[70] Niederdeutsche Lutherschriften wurden um 1520 nur in Lübeck, Halberstadt und Braunschweig verlegt. In Danzig und Königsberg dagegen druckten die Verleger Tretter und Weinreich Luther zunächst weiterhin nur auf Hochdeutsch. Nicht vor, sondern erst mit der Durchsetzung der Reformation im Norden florierte auch der entsprechende Buchmarkt – erst die Nachfrage erzeugte das Angebot, wenn man so will. Rasch erkannte man daraufhin im mitteldeutschen Kernland das Potenzial des nördlichen Marktes, und selbst Luthers Hausdrucker Hans Lufft druckte schließlich eine niederdeutsche *Hillige Schrifft*.

Anders war es im Baltikum und in Skandinavien, wo die Reformation obrigkeitlich gefördert und rasch vorangetrieben wurde. 1524 schon erschien die erste Übersetzung der Lutherbibel in dänischer Sprache, zwei Jahre später das Neue Testament in Schwedisch, gleich nachdem König Gustav Wasa die Reformation in seinen Landen eingeführt hatte. Dieser rasante Übersetzungsprozess trug wesentlich zur weiteren Verbreitung der neuen Lehre im Norden Europas bei.[71] In den baltischen Ländern und Finnland verband er sich darüber hinaus mit der Ausgestaltung der noch jungen Schriftsprachen. Das erste gedruckte Buch in litauischer Sprache etwa war 1524 der Katechismus des Königsberger Pfarrers Martynas Mažvy, das erste Werk in finnischer Sprache, die *Abckiria* des Luther-Schülers Mikael Agricola (»Bauer«), eine Sammlung von Auszügen aus dem Kleinen Katechismus seines akademischen Lehrers. Mit dieser Fibel wurde überhaupt erst die Grundlage der finnischen Schriftsprache gelegt. Man erinnere sich: Auch der Kaufmannssprössling Hans Chonnert sollte ein gutes Jahrzehnt zuvor noch *wat finnijsch* lernen. Aber damals eben noch rein mündlich.

Nachdem sich evangelische Schriften zu solchen Bestsellern entwickelten, konnte die Reformation für Kaufleute mitunter nicht nur für den eigenen Glauben, sondern auch für den Geldbeutel interessant sein. 1525 etwa wurde im Lübecker Gasthaus »Zum Goldenen Horn« ein dort von einem Kaufmann deponiertes Fass beschlagnahmt, das randvoll mit lutherischen Messtexten und Taufbüchern in deutscher, estnischer, lettischer und livländischer Sprache war.[72] Lübeck hing zu dieser Zeit noch offiziell dem alten Glauben an. Gedruckt wurde aber schon fleißig reformatorisch, und mit den Produkten wurden auswärtige Buchmärkte in Regionen beliefert, wo es noch keine entsprechenden Druckereien gab. Gerade in den frühen Jahren der Reformation darf also die Rolle der Ratssendeboten, Hansekaufleute und ihrer Gesellen für die Ausbreitung reformatorischer Gedanken nicht unterschätzt werden.[73]

1526 berichtete das Londoner Kontor nach Lübeck, es habe zu Jahresbeginn eine Hausdurchsuchung im Stalhof stattgefunden, weil *vele der coplude van uns Martin Lutters boken by sick enthelden ock der dagelix* (täglich) *mer in Engelandt brochten, wordorch eyn grot ardom,* ein großer Irrtum also, *des christengeloven* sich ausbreite.[74] Ob die königlichen Amtsträger und Lordkanzler Wolsey, der den Hansen ohnehin nicht gewogen war,[75] dabei wirklich die Sorgen wegen der neuen Lehren aus dem Osten antrieben oder ob nicht vielmehr der Vorwand genutzt wurde, um ein Druckmittel für die zeitgleiche Ausweitung des Einfuhrzolls in die Hand zu bekommen, kann offen bleiben. Im Jahr zuvor hatte es jedenfalls bereits ein Verhör der Hansekaufleute Hans Ellerdorpe, Helbert Bellendorpe und Hans Reussel gegeben, die lutherische Schriften auf die Insel geschmuggelt haben sollten.[76] Die gefundenen Schriften wurden so öffentlichkeitswirksam verbrannt, dass selbst der berühmte John Foxe in seiner monumentalen protestantischen Märtyrergeschichte darüber berichtete.[77] Ganz auf die Aufrechterhaltung der Geschäfte bedacht, schrieb die Kontorsleitung also in den Folgemonaten auch nach Wismar und Danzig, man möge die nach England und in die Niederlande reisenden Kaufgesellen anhalten, *sich des Lutherischen Treibens und lutherischer Bücher zu enthalten und nach Landes Gewohnheit zu leben.*[78]

Überhaupt nahmen die Zeitgenossen auf der Insel fremde Kaufleute als wesentliche Motoren der Reformation – und also in dieser Hinsicht als Störenfriede – wahr. 1530 etwa berichtete der hochbetagte Bischof von Norwich, dass weder Adel noch Bürger in seiner Diözese von der neuen Lehre besonders angezogen würden, wohl aber »Händler und andere, die nicht weit weg von der See wohnen« *(merchants and such as hath their abiding not far from the sea).*[79] Tatsächlich lassen sich neben London vor allem die Ostküstenhäfen als Zentren der frühen Reformation in England ausmachen. Und als in den 1550er-Jahren unter der »blutigen« Königin Mary vehemente Protestantenverfolgungen einsetzten, finden sich unter den Exulanten neben den erwartbaren Geistlichen vor allem Kaufleute.[80]

Distributionsrevolution und *vulle mascopey*: Wandlungen im hansischen Handel

Während Reformation und Machtgerangel Europa auf Trab hielten, durchlief auch der hansische Handel tiefgreifende Veränderungen, die allerdings nicht sämtlich als krisenhaft beschrieben werden können, wie es die ältere Forschung gern getan hat.[81] Der hansische Handel des Mittelalters, wie wir ihn im sechsten Kapitel kennengelernt haben, bestand aus einer Vielzahl kleiner, vergleichsweise kapitalschwacher Unternehmungen mit wenig Spezialisierung, die über ein enges, vertrauensbasiertes Netzwerk miteinander verbunden waren. So konnten einerseits Risiken gestreut werden, andererseits die spezifischen Expertisen für unterschiedliche Orte und Produkte bestmöglich ausgenutzt werden. Es ergaben sich Transaktionskostenvorteile, die besonders die Hansetage und Kontore samt den damit verbundenen Privilegien boten. Gemeinsam konnte ein florierendes Handelsnetz aufgebaut und am Laufen gehalten werden. Dieses hatte eine Brückenfunktion zwischen weit auseinanderliegenden und sehr heterogenen Handelsräumen zwischen Nowgorod und Brügge beziehungsweise London. Mit der zunehmenden Integration der europäischen Märkte, wie sie boomende Handelsaktivitäten zwischen den regionalen Märkten nun einmal zwangsläufig mit sich bringen, ging die Exklusivität dieser Brückenfunktion langsam verloren. Neue Konkurrenten traten auf, alte wurden stärker, der hansische Handel selbst immer dichter – und die Gewinnmargen entsprechend kleiner. Die Wachstumseffekte, von denen man im 13. und 14. Jahrhundert hatte profitieren können, hatten ihre Grenzen erreicht, und die Fundamente, auf denen sie ruhten, veränderten sich.

Konjunkturwellen, Distributionsrevolution und Atlantikhandel

Nach allem, was die bisher vorliegenden Detailstudien ergaben, stellt sich vor allem die erste Hälfte des 15. Jahrhunderts für den Norden als eine wirtschaftliche Depressionsphase dar. Rolf Hammel-Kiesow konnte etwa zeigen, dass der Umsatz im Lübecker Hafen zwischen 1368 und dem Ende des 15. Jahrhunderts sich fast halbierte, in manchen Bereichen sogar noch dramatischer einbrach. Der Heringshandel in Schonen war mit einem verbleibenden runden Fünftel nur noch ein Schatten seiner selbst, wohl auch wegen der massiven Konkurrenz aus Holland, und der Salzhandel war fast um die Hälfte zurückgegangen. Zu Beginn des 16. Jahrhunderts erholte sich die Konjunktur an der Trave, wie überhaupt im ganzen südlichen Ostseeraum. Andere Produktgruppen schoben sich nun in den Vordergrund: In Lübeck etwa nahm statt Hering, Salz und Tuchen nun die Bedeutung von Wein und Holz zu.[82] In Hamburg, wo zwischenzeitlich der Bierabsatz um fast ein Drittel einbrach, kann man ebenfalls eine Depressionsphase, die allerdings weit weniger dramatisch ausfiel, und einen noch stärkeren Aufschwung zu Beginn des Folgejahrhunderts feststellen. In Köln schließlich waren die Konjunkturbewegungen noch volatiler.[83] Kurz gesagt: Wie im politischen Bereich mehrten sich in den letzten Jahrzehnten des Mittelalters an vielen Orten auch in der Ökonomie die Probleme und Spannungen, die sich aber kaum über einen Kamm scheren lassen. Diese Vielfalt legt nahe, dass auch die wirtschaftlichen Interessen der Hansestädte sich immer weniger unter einen Hut bringen ließen. Zwischenzeitlich hatten sich die Interessen merklich verschoben und viele Städte ihre handelspolitische Blickrichtung verändert.

Damit eng verbunden war eine tiefgreifende Transformation der Handelswege und ihrer Verknüpfungen, für die Stuart Jenks den Begriff der *Distributionsrevolution* eingeführt hat.[84] Gemeint ist damit eine Hierarchisierung der Märkte von den internationalen Messen bis zur Krämerbude, durch die letztlich erst verlässliche Lieferketten für einzelne Produkte entstanden. Das wiederum war die unmittelbare Voraussetzung für eine weitere wirtschaftshistorische Revolution, die Europa in den Jahrzehnten nach dem Dreißigjährigen Krieg erfasste: die Konsumrevolution, also der Durchbruch ganz neuer, breit gefächerter Käuferbedürfnisse von Zucker über Tabak und Rum bis zu indischem Tee.[85]

Diese Distributionsrevolution des ausgehenden Mittelalters lässt sich für den Hanseraum an einzelnen Konzentrationsphänomenen erkennen: Der Englandhandel zum Beispiel lief in dieser Zeit, wie zuvor schon angeklungen, fast ausschließlich über Köln und Danzig. Alle englischen Tuche und andere Waren, die auch in anderen Städten des Reiches problemlos zu erwerben waren, stammten also nicht aus dem Aktivhandel mit England, sondern kamen mittelbar über Köln oder Danzig in die regionalen Märkte. Seit dem 14. Jahrhundert, als Lübecker, Herforder und Wipperfürther Kaufleute den Stalhof bevölkerten, hatten sich die Dinge gründlich geändert. Deshalb auch hatten 1474 so wenige Städte ein aktives Interesse an einer Beteiligung an den Verhandlungen in Utrecht. Arnsberg lehnte Soest gegenüber ein Engagement ausdrücklich mit der Begründung ab, dass *unse staid ynwoner in Engellandt nicht* Handel trieben, sondern *in uwer staid und to Dorpmunde er market und kopenschopp plegen to halden,* weshalb man weder *gelt* noch *contribucien dar to geven* wolle.[86]

Aber nicht nur im zwischenregionalen Handel, auch auf globaler Ebene sah die Wende vom 15. auf das 16. Jahrhundert fundamentale Veränderungen, deren bedeutsamste sicher die (Wieder-) Entdeckung Amerikas durch Christoph Kolumbus war.[87] Seinem folgenschweren Irrtum folgten wenige Jahre später die tatsächliche Öffnung des Seeweges nach Asien durch Vasco da Gama und in rasendem Tempo die blutige Eroberung Südamerikas durch Cortés und Konsorten. Die Welt der Europäer vergrößerte sich schlagartig – und damit auch die Handelsgebiete. Der Aufschwung des Atlantikhandels nach Amerika und Asien hatte unmittelbare Effekte auf die Ostsee wie auch auf den bis dahin florierenden Mittelmeerhandel: Beide Binnenmeere wurden zu Randmeeren, zu Zuliefer- und Abnahmegebieten für die atlantische Welt, wo ungleich höhere Gewinne (und Risiken) lockten. Der Hansehistoriker Fritz Rörig hat diese Beobachtung in einem lesenswerten Aufsatz über die Rolle des Meeres für die europäische Geschichte auf eine griffige Formel gebracht: »Venedig und Lübeck sind die Gefangenen ihrer eigenen Meere geworden; der Aufstieg Hamburgs aber ist das Ergebnis des Sicheinordnens in die neuen, relativ bescheidenen Möglichkeiten im Schatten der atlantischen Westmächte.«[88] Zunächst profitierten vor allem Sevilla und Lissabon von der unmittelbaren Anbindung an die neuen Kolonien im Westen. Im Laufe des 16. Jahrhunderts traten dann auch Antwerpen und Amsterdam als neue Zentralhäfen für den Atlantikhandel hinzu. Nun ist es nicht so, als hätten die Hansen sich nicht an diese neue Welt anzupassen versucht, als Kaufleute taten sie das regelmäßig mit einigem Erfolg. Aber der Städte und Kontore als Rückgrat bedurfte es dafür immer weniger.

Die *vulle mascopey* und der Handel mit Faktoren: Der hansische Gesellschaftshandel verliert an Kontur

Wenn wir die hansische Handelsgesellschaft im sechsten Kapitel als eine Einrichtung kennengelernt haben, deren Teilhaber nur für die eigenen Gesellschaftsanteile hafteten und deren Gewinn in der Regel brüderlich nach Mannzahl, also gleichmäßig untereinander und nicht nach der Höhe der Anteile, der Markzahl, geteilt wurde, so war das ein Schema, das lediglich eine auffällig häufige Ausgestaltung der Geschäftsbeziehungen, nicht die einzig mögliche beschrieb. Im ausgehenden 15. Jahrhundert wurde das Tableau dann noch einmal bunter. Das ergab sich auch daraus, dass die Handelsbeziehungen zu Butenhansen sich intensivierten und man darüber auch neue Gesellschaftsformen kennenlernte. Außerdem pochten die Partner außerhalb des hansischen Netzwerks auf andere Regeln – weil sie sich nicht im selben Maße auf den innerhansischen Reputationsmechanismus verlassen konnten, die Strecken länger und die verhandelten Güter oft höherpreisiger waren. Nach und nach passte sich auch der Handel mit anderen Hansekaufleuten an die neuen Formen an. Das alte System der Gewinnteilung nach Mannzahl wurde im 15. Jahrhundert zunehmend flexibler; einzelne Kaufleute reduzierten und hierarchisierten merklich die Gesellschaften, in denen sie sich finanziell engagierten.

Um 1500 lässt sich dann immer häufiger eine Gesellschaftsform nachweisen, die den Namen *mascopey*, meist *vulle mascopey* trug.[89] Der Begriff stammt aus dem Niederländischen, was schon hellhörig macht, und lässt sich andernorts in Europa mit der *compagnia* vergleichen, einer Handelsgesellschaft also, wie sie im Italien des hohen Mittelalters entwickelt wurde und sich dann in Westeuropa und Oberdeutschland, aber eben zunächst nicht im Hanseraum durchsetzte. Dabei herrschte nicht nur die Teilung streng nach Markzahl, sondern war zudem jeder Teilhaber in vollem Umfang am Risiko der Gesellschaft beteiligt. Ging also die Ware zum Beispiel bei einem Schiffsbruch zugrunde oder starb einer der Teilhaber noch bei Bestehen der Gesellschaft und hinterließ Schulden, so hafteten die anderen für ihn mit. Wie langsam diese Idee in den hansischen Gesellschaftshandel hineindiffundierte, kann man daran sehen, dass der Begriff und die Vertragsform lange Zeit vor ihrer praktischen Umsetzung an der Ostsee ankamen. Hier folgte scheinbar die Praxis einmal (und zögerlich) dem Recht und nicht, wie sonst üblich, umgekehrt. Es finden sich zwar Verträge, die als *vulle mascopey* geschlossen wurden, aber bis nach 1500 kaum Klagen, in denen tatsächlich die nicht persönlich am Geschäft beteiligten Gesellschafter auch herangezogen wurden. Das änderte sich erst im 16. Jahrhundert, als die Fälle häufiger wurden – vielleicht auch, weil die Gesellschaften an Größe und die spektakulären Verluste zunahmen.[90]

Die Unterschiede zwischen den Konturen der Gesellschaften oberdeutscher oder italienischer Prägung und des spezifisch hansischen Gesellschaftshandels mit Widerlegung und Sendegut verblassten im Laufe der frühen Neuzeit. Immer häufiger blieben Faktoren, also Beauftragte oder Angestellte, die nicht selbst an der jeweiligen Gesellschaft beteiligt waren, langfristig am jeweiligen Handelsort. Sie rechneten dementsprechend sofort mit ihren Auftraggebern ab – meist, indem sie neue Waren einkauften und zurücksandten. Bei den oberdeutschen Handelshäusern war dieses System längst üblich. Es hatte Vor- und Nachteile. Einerseits war das Kapital viel flexibler einsetzbar und konnte so zielgenauer reinvestiert werden als in den alten, hansischen Handelsgesellschaften. Andererseits waren die Risiken viel höher, weil die soziale Kontrolle durch das hansische Netzwerk wegfiel – und so mussten sich immer mehr Hansekaufleute dem *prinzipal-agent problem* stellen, von dem zuvor schon die Rede war. Im schlimmsten Falle konnte der Faktor vor Ort sogar *verlopen,* sich also mit den Gewinnen absetzen.[91] Aber auch ohne solche Katastrophen war es nötig, den Faktor stets auf dem Laufenden und unter Kontrolle zu halten. Kommunikativ wäre beides im alten hansischen System kaum möglich gewesen – schon weil die Strecken zu lang für eine regelmäßige und rasche Kommunikation waren. Der hansische Handel beruhte auf Briefen, konnte sich aber auch mehr Zeit lassen, weil an beiden Enden der Kommunikation eigenständig agierende Kaufleute saßen. Der Faktor dagegen brauchte Informationen und Anweisungen.

Die kommunikative Infrastruktur dafür wurde im Laufe des 16. Jahrhunderts zwischen allen großen Handelsplätzen konsequent ausgebaut: Es entstand ein regelmäßiges Boten- und Postwesen, das alle einschlägigen Routen bediente.[92] 1598 installierten Lübeck und Hamburg sogar eine gemeinsame Post.[93] Daneben ermöglichte der Letterndruck, der sich seit Gutenbergs Zeiten enorm entwickelt hatte, nun auch die preiswerte Zirkulation von aktuellen Informationen, für die man nicht mehr auf das eigene Netzwerk zurückgreifen musste, sondern schlicht bezahlte: Die Zeitung war geboren. Ließen die Fugger noch lange Zeit, wohl auch um die umständlich erhobenen Informationen nicht frei zugänglich zu machen, handschriftlich vervielfältigte Briefzeitungen zwischen ihren Niederlassungen in ganz Europa zirkulieren, erschienen Nachrichtenblätter mit Preis- und Angebotsinformationen seit dem ausgehenden 16. Jahrhundert immer häufiger gedruckt und wurden *lengst die gassen oder in die heuser feilgeboten.*[94] An den großen Messeplätzen entwickelten sich eigene Periodika, die sogenannten »Messrelationen«, denen sich bald darauf »Preiscuranten«, also aktuelle Listen von Warenpreisen an unterschiedlichen Handelsplätzen, beigesellten. So war bald jedem ein Überblick möglich, den zuvor nur das individuelle Netzwerk über briefliche Kommunikation hatte bieten können.[95] Der Distributionsrevolution folgte also eine Medien- und Kommunikationsrevolution.

Von den Veckinchusens zu den Buddenbrooks: neuer Handel, neue Sitten

Der zunehmende Eigenhandel und die Arbeit mit Faktoren stellten neue Herausforderungen für ein traditionelles Fundament binnenhansischer Beziehungen dar: das Vertrauen. Durch das Zurücktreten der Netzwerke ging auch ihre zentrale Funktion verloren, über die Reputation des einzelnen Kaufmanns, über *ere und gelove,* die Geschäfte am Laufen zu halten. Auch in der neuen Handelswelt spielte Vertrauen noch eine große Rolle – aber es war kein individueller Vertrauensvorschuss in den einzelnen Kaufmann, sondern ein institutioneller in eine Firma, in ein Handelshaus, und das hieß damals noch mehrheitlich: in eine Familie. Der »gute Name« löste sich vom einzelnen Kaufmann und weitete sich nicht nur über mehrere Generationen, sondern tendenziell auf alle Familienmitglieder aus. Bescherte Veckinchusens nichtsnutziger Filius Anfang des 15. Jahrhunderts dem Vater vielleicht Verdruss, aber doch keine geschäftlichen Nachteile, so war das um 1550 schon ganz anders. Das soziale Kapital der hansischen Firma wuchs mit dem Erfolg der Generationen und der Repräsentationsfähigkeit ihrer Familienmitglieder.[96] Das ist ein Phänomen, das sich außer im Hanseraum überall in Europa beobachten lässt; es hing nicht nur mit ökonomischen, sondern auch mit sozialen Veränderungen zusammen. Gerade in protestantischen Territorien und Städten, die ja zumindest die norddeutschen und preußischen Hansestädte ganz überwiegend waren, brach sich eine Form der öffentlichen Überwachung und Disziplinierung bis weit in das Private Bahn, die stark von der ideologischen Überhöhung des Haushalts als Keimzelle des Gemeinwesens geprägt war. Und so erklärt sich auch das Gebot des strengen Maßhaltens selbst für die Superreichen und die übellaunige Arbeitsethik, die aus so vielen hansischen Quellen des 17. und 18. Jahrhunderts spricht. Am Ende war die hansische Gesellschaft abgelöst durch das familiengeführte hanseatische Handelshaus, wie es Thomas Mann in seinen *Buddenbrooks* verewigt hat.

1554/57 – ein Quantensprung, erstaunlich leise: Die Hanse wird zur *confoederatio*

Wie der einzelne Hansekaufmann, der je nach Ausgangssituation höchst unterschiedliche Anpassungschancen an die neue Handelswelt hatte, so sahen sich auch die Hansestädte immer größeren Herausforderungen gegenüber. Der hansische Verband hatte dabei in den Jahrzehnten um 1500 nur noch wenig Bindekraft bewiesen – zu verschieden waren die Interessen und auch die Möglichkeiten. Um die Jahrhundertmitte nahm die Frequenz der – regionalen wie gesamthansischen – Tagfahrten allerdings merklich zu.[97] Allein die wendischen Städte trafen sich zwischen 1542 und 1569 zwanzig Mal, das kölnisch dominierte westfälische Drittel dreizehn Mal. Für die Westfalen war diese rege Aktivität umso erstaunlicher, als sie über lange Jahre Zurückhaltung, die wohl in ihrer bisweilen ablehnenden Haltung gegenüber der lübischen Ostpolitik begründet lag, geübt hatten.[98] Jetzt aber konnte und wollte man wieder zueinanderfinden, zumal es an allen Knotenpunkten des hansischen Handelsraumes gewaltig zwickte. Anfangs versuchte man noch die Reaktivierung der Tohopesate, doch taucht das Wort in den Quellen nach der Mitte des 16. Jahrhunderts nicht mehr auf. An seine Stelle traten andere, die den Bündnischarakter noch deutlicher machten: *einung, vorstendnuß* oder *confoederation*.[99]

Die *einung* wurde auf zwei gut besuchten Hansetagen in den Jahren 1554 und 1557 mit großen Schritten ins Leben gerufen. Zunächst wurden die nie eindeutig festgelegten Drittel in Viertel mit einer klaren Struktur umgewandelt: ein kölnisches mit insgesamt 30 Städten – 14 davon aus Westfalen –, ein lübisches mit 15, ein preußisches mit 9 Städten und Danzig als Quartiershauptstadt und schließlich ein sächsisches Viertel mit Braunschweig an der Spitze. Daneben scheint man noch einen Kranz von sogenannten »Beistädten« akzeptiert zu haben, die nur mittelbar an den Entscheidungsprozessen der Tagfahrten, aber in vollem Umfang an den Privilegien teilhaben konnten, solange sie sich an der Taxe beteiligten.[100] Außerdem bildeten sich, wiederum vor allem im stadtreichen Westfalen, gewisse regionale Städtegruppen heraus, die sich auf eigenen Regionaltagen trafen. Eines hingegen blieb beim Alten – nach wie vor lehnten die Städte eine feste Mitgliederliste ab.

Im Jahr 1557 ging die Hanse noch einen Schritt weiter: Die vier Hauptstädte besiegelten ein Statut von zehn Artikeln, das als *Konföderationsnotel* in die hansische Geschichtsschreibung eingegangen ist.[101] In ihrer Zielsetzung enthält sie viel Altbekanntes: Der Landfriede sollte gesichert werden, Streitigkeiten zwischen den Städten sollten intern geregelt, Privilegien gemeinsam verteidigt werden. Weiterhin beschwor man gegenseitige Hilfe gegen äußere Feinde – und auch weiterhin gegen innere. Interessanter sind die strukturellen Neuerungen der Bündnisurkunde: Es wurde ein neuer jährlicher Beitrag anstelle der alten Taxe festgesetzt, der auf fünf Jahre im Voraus zu entrichten war. So war die neue *confoederatio* ausreichend liquide, um an den Kontoren aktiv zu werden. Immerhin baute man in Antwerpen zu dieser Zeit und hofften die Bewohner des Stalhofs eisern auf einen Neuaufschwung. Für außergewöhnliche Missionen wurden außerdem Umlagen erhoben.[102] Diese Beiträge und die zum Teil massiven Zahlungsrückstände einzelner Städte sollten für die nächsten hundert Jahre, bis zum endgültigen Versanden der Hanse, ein stetiger Stein des Anstoßes zwischen den großen und den kleinen Städten bleiben – und auch der Grund für manchen Austritt. Die Hansetage fanden von nun an ausschließlich in Lübeck statt. Die Rolle des *caput omnium*, des »Haupts der Hanse«, die die Travestadt zeitweise informell gespielt hatte, wurde nun als einer *gemeiner Anße verordnete Hauptstatt* verfestigt, ohne dass daraus irgendwelche Vorrechte abgeleitet worden wären.[103]

Zu guter Letzt berief die Hanse einen Syndikus, eine Art Geschäftsführer also, der nicht nur die Kasse verwalten, sondern auch als hauptamtlicher Diplomat in hansischen Angelegenheiten im Westen auftreten sollte. Der erste der insgesamt nur drei hansischen Syndici war der Kölner Jurist Heinrich Sudermann, der 1556 zunächst für sechs Jahre, später dann auf Lebenszeit berufen wurde und in hansischen Diensten 35 Jahre lang auf Achse war.[104] Viel vergebliche Mühe und Zeit investierte er darin, das Antwerpener Kontor in Schwung zu bekommen. Daneben erwarteten seine Auftraggeber insbesondere, dass er eine hansische Registratur anlegte, sich um die Sammlung der verstreuten alten Privilegien bemühte und überhaupt *alles in eine ordnung fassen* sollte, *so in gemenen der Hanse ratdschlegen vorfallen mugen.*[105] Gedankt haben es die Hansen ihrem wackeren Geschäftsführer nur mäßig: Als Sudermann 1591 starb, standen trotz mehrfacher eindringlicher Mahnungen immer noch über 20 000 Taler seiner Besoldung aus.

Kurz nach der Mitte des 16. Jahrhunderts hatte die Hanse also zum ersten Mal, was sie ihre gesamte mittelalterliche Erfolgsgeschichte hindurch nie gehabt und offenbar auch nie gebraucht hatte: eine schriftliche, wenn auch kurze Verfassung, einen zumindest einigermaßen klaren Mitgliederbestand,[106] eine dauerhafte Kasse und die Anfänge einer Registratur, die ein hauptamtlicher Mitarbeiter, der Hansesyndikus, betreute. Aus dem fluiden Zusammenhalt von Städten und Kaufleuten war ein Städtebund geworden. Was zunächst einmal neuen Handlungsspielraum versprach, hatte aber negative Folgen: Vor allem wurde der Bund schlagartig bedeutend kleiner, und es blieb bei dieser Tendenz. Das lag nicht nur an der neuen Bundesverfassung und am Mitgliedsbeitrag, den mittelfristig vor allem kleinere Städte des Binnenlandes immer weniger aufbringen wollten, sondern auch am zunehmenden Druck der Landesherren auf ihre landständischen Städte, deren Bündnisfreiheit immer weiter eingeschränkt wurde. Und so setzte sich in der zweiten Hälfte des 16. Jahrhunderts jene Tendenz fort, die mit dem zwangsweisen Ausscheiden der kurmärkischen Städte hundert Jahre zuvor begonnen hatte: Bald nach 1500 schieden die altmärkischen Städte Stendal und Salzwedel aus, danach die kleineren sächsischen Städte, 1553 auch die größeren wie Einbeck, Hannover oder Göttingen, einige Jahre später dann auch Goslar. Ungefähr zur selben Zeit sah man auch die IJsselstädte zum letzten Mal auf einem Hansetag, wenig später die einst wichtigen Hansestädte Wesel und Duisburg. Die schwedischen und polnischen Expansionen drängten in den folgenden Jahrzehnten weitere Städte weg vom Hanseverband, etwa Anklam, Kolberg, Stettin oder Greifswald. Riga besuchte noch bis 1559 den Hansetag, Reval bis 1576. Die Liste ließe sich fortsetzen.

Vor Zeiten wart ihr Hänse ... *heute seid ihr Gänse:* Solidarität im europäischen Krisenjahrhundert?

Das 17. Jahrhundert begann für die Hanse also unter neuen institutionellen Vorzeichen. Sie war deutlich kleiner, aber auch strukturierter geworden. Ihre alte Flexibilität nach innen, die unter mittelalterlichen Bedingungen ein wesentlicher Erfolgsfaktor gewesen war, hatte sie gegen einen kleinen, aber zumindest über einige Jahre gut vernetzten Kern großer und mittlerer Städte eingetauscht, die jede für sich relative Handlungsfreiheit hatte. Diese neue Form hansischer Gemeinschaft stieß freilich nicht in allen Städten auf Gegenliebe und forderte von der hansischen Politik, allen voran vom hansischen Syndikus, geduldige Überzeugungsarbeit.

Den Geist dieser hansischen Aufbruchstimmung zeigt ein Lied aus der Feder von Sudermanns Nachfolger im Amt des hansischen Syndikus Johann Domann. Es ist in mehreren, im Detail leicht abweichenden Fassungen überliefert und umfasst stolze hundert, in manchen Fassungen sogar hundertzwei Strophen. Wer die wohl alle singen sollte? Niemand, darf man vermuten. Der gelehrte Domann griff hier schlicht auf eine in akademischen Kreisen weitverbreitete Form für Spott, Kritik und seltener auch Lob zurück. Auch eine bekannte Melodie hat er angegeben, in deren »Ton« man sein Gedicht singen sollte.[1] Eine wunderbare Zeile dieses Gedichts lautet so: *Vorzeiten wart ihr Hänse, berühmet mit der Tat, itzt aber seid ihr Gänse von schlechter Tat und Rat.* Darin kondensiert sich der Charakter des Liedes: Es sollte an einen alten Gemeinschaftsgeist appellieren – aber unter neuen, den veränderten Realitäten angepassten Prinzipien. Denn: Nur Gänse ändern sich eben *nicht sehre,* Hänse schon. Sollten sie jedenfalls, meinte Domann.

Abb. 42: Vierte Strophe aus Johannes Domanns »Lied von der Hanse«, adaptiert auf die bekannte Melodie des Roland-Liedes, die Domann selbst angibt.

Das Ringen um die *hansische societet* und die letzten gemeinsamen Aktionen

Trotz der groß angelegten, teils freiwilligen, teils unfreiwilligen Schrumpfkur der vorausgehenden Jahrzehnte war es für die nach 1600 verbleibenden circa 20 aktiven Städte durchaus nicht einfacher geworden, zu einer gemeinsamen Willensbildung zu gelangen – auch wenn man 1579 noch hoffnungsvoll meinte: *beßer eine fest zusamensetzung 20 stetter, die es treulich und woll mitt hertzen meinen, als 100 und mehr stett, worinn das widderspiell gefunden.*[2] Diese Hoffnung ging nicht auf. Das alte Problem der mangelnden Instruktionen für die Ratssendeboten – und war es auch im Einzelfall vielleicht nur vorgeschoben – verzögerte endlos die Beschlussfassung auch noch auf den Hansetagen des 17. Jahrhunderts. *Dictum, contradictum, multum disputatum, conclusum aliquid, executum nihil* – »geredet, widersprochen, viel diskutiert, irgendwas beschlossen und nichts ausgeführt«, seufzte 1605 der Lübecker Protokollant in seine Feder. Ja, es war geradezu sprichwörtlich, dass die Hansestädte *nicht ehe raths pflegen, ehe die sache verlohren.*[3]

Tatsächlich war das nur der äußere Effekt der mangelnden Kohäsionskräfte nach innen. In dieser verkleinerten Gruppe traten die wirtschaftlichen Unterschiede umso deutlicher hervor, ohne dass damit die Größe und die (zumindest gefühlte) Bedeutung der

Mitgliedsstädte korreliert hätten. Sie alle bestanden auf angemessener Berücksichtigung, konnten sich aber weder dieselben Handlungsspielräume leisten, noch teilten sie alle dieselben Handelsinteressen. Boomtowns wie Danzig, Hamburg oder Bremen kamen hier mit Städten wie Lübeck oder Köln zusammen, deren Glanz schon deutlich Patina angesetzt hatte, und solchen, deren Wirtschaft in jenen Jahren stagnierte, wie es etwa im sächsischen Viertel und am Rhein, wo man stark unter den Auswirkungen des niederländischen Unabhängigkeitskampfes litt, allenthalben der Fall war. Die Gründe für diese unterschiedlichen Konjunkturen waren aber nicht mehr über gemeinsame Aktionen beizulegen. Und vielerorts war man auf die butenhansischen Fernhändler geradezu angewiesen. In Köln machte der Tuchexport von etwa 40 italienischen Handelshäusern beinahe ein Drittel des gesamten städtischen Exports aus.[4] Während Dortmund und Soest so verarmt waren, dass sie sich den Umbau ihrer mittelalterlichen Stadtmauern in ein zeitgemäßes Bastionensystem nicht leisten konnten, expandierte der Leinwandhandel in Münster und Osnabrück.

Unter dieser Perspektive verwundert es nicht, dass gerade die großen Mitgliedsstädte sich nur sehr situativ an die gemeinsamen Regeln gebunden fühlten. Hamburg beispielsweise ließ den Gästehandel trotz fortgesetzter Proteste des Hansetages weiter zu und gewährte den Merchant Adventurers 1567 zunächst für zehn Jahre, ab 1611 dann dauerhaft die Niederlassung in der Stadt. Das ungleich kleinere Stade, das sich in der Zwischenzeit den Engländern geöffnet hatte, wurde dafür 1601 verhanst.[5]

Die späte Hanse – ein *Club diplomatique* nur für die Großen?

So könnte man den Eindruck gewinnen, die Hanse sei zum Schluss nur noch ein Club für die Großen gewesen – einschließlich solcher, deren Größe schon etwas angeschlagen war. Das zeigte sich etwa, als man sich kurz vor der Jahrhundertwende zu einer neuen Konföderationsnotel aufraffte und versuchte, den Kreis der Beistädte zu erweitern. Mit Verweis auf die kaskadierende Kommunikation von den Quartiers- hinab zu den Beistädten wandte man sich schriftlich auch an ziemlich kleine Ortschaften, die man bei der Durchsicht der alten Hanse-Archivalien identifiziert hatte und die ehemals die Tagfahrten besucht, aber schon lange nicht mehr anwesend gewesen waren, um sie für den erneuerten Bund zu werben.

Das betraf beispielsweise das pommersche Demmin, dem am 29. Juli 1600 Stralsund schrieb und anbot, sie könnten, *ob sie wollten, in die alte Societet wider* aufgenommen werden.[6] Großzügig bot man nicht nur die Teilhabe an den hansischen Privilegien und Freiheiten an, die kaum jemandem mehr nützten, sondern auch die Befreiung von etwaigen Kontributionen, wie man es auch anderen *unvermögenden pommrischen Städten* angeboten habe. Lediglich ein *annuum*, ein jährlicher Mitgliedsbeitrag also, sollte bezahlt werden, der mit 15 Reichstalern ziemlich moderat ausfiel, aber von den Demminer Ratsherren noch auf 12 Taler heruntergehandelt wurde. Und so trat also Demmin der Hanse wieder bei – oder reaktivierte vielmehr seine nie aufgehobene Mitgliedschaft. Tatsächlich kam die Anfrage aus Stralsund gerade recht: Seit längerer Zeit schon beschwerten sich die Demminer bei ihrem Landesherrn über alle möglichen Einschränkungen von Handel und Gewerbe. Mit der ebenfalls pommerschen Landstadt Anklam lag man in ständigem Zwist über die freie Binnenschifffahrt auf der Peene, denn Anklam bestand auf der Durchsetzung seiner Stapelprivilegien. So beschwerten sich 1606 die Demminer beim Landesherrn, dass *ein Kaufmann, [der] von Stettin alhie zu Wasser angelangt und Latten, Teer, Dackspon, Klappholz und Radwelligen gebracht, ... zu Anklam fünff Tage Markt zu halten uffgezoegert worden*. Für dieses Problem also erhoffte man sich in Demmin Abhilfe. Deutlich wurde das zehn Jahre später, als die Konföderation auslief und man in Demmin eine Verlängerung ablehnte: *Insonderheit aber irret unß nit wenich,* beschied man verärgert die Anfrage, *daß wir unß bei Untergebung unndt Annehmung der Hansischen Societet die gewisse Hoffnung gemacht, daß dadurch aller Wiedwill, Zusezung undt wiederrechtliche ... Turbationes der unß zustehenden freien Schiffarth unndt Handlunge ... abgethan* würden, die ihnen von ihren *teils Confoederirten und Nachparn* widerfahren seien.

Man sieht daran, dass gerade für die kleineren Städte wie Demmin die Anziehungskraft der alten Hanse nicht in den Privilegien bestand. Die Demminer hatten vielmehr auf die traditionelle Ausgleichsfunktion der Hansetage und auf Beistand gegenüber der Fürstenherrschaft gehofft – und wurden darin enttäuscht. Die binnenhansische Vermittlerfunktion war in den Jahren um 1600 kaum mehr erfolgreich. In den ständigen Streitigkeiten zwischen Hamburg und Magdeburg um den Elbzoll konnte der Hansetag ebenso wenig vermitteln wie im Konflikt um die Ostseedurchfahrt, die Lübeck 1607 allen Ernstes für alle Fremden, auch für Mithansen, zu sperren versuchte, wogegen Hamburg 1620 vor das Reichskammergericht zog.[7]

Es gab aber durchaus auch gemeinsame Erfolge. 1606 etwa entsetzte ein Heer der Städte Lübeck, Bremen, Hamburg und Magdeburg gemeinsam das von seinem Landesherrn Herzog Heinrich Julius belagerte Braunschweig. Im Jahr darauf schlossen sie, zumal die Konföderationsnotel von 1604 ja noch immer nicht von allen ratifiziert worden war, ein Defensivbündnis, in das auch Lüneburg Aufnahme fand. Gut zehn Jahre später kam es zur erneuten Belagerung von Braunschweig und zu einer letzten, ebenfalls erfolgreichen Militärunternehmung der Hansestädte samt anschließender Vermittlung eines Kompromissfriedens.[8] Der Streit um Braunschweig, seine Autonomie und auch seine Hansezugehörigkeit war damit aber noch lange nicht beendet und zog sich noch, publizistisch von zahlreichen Streitschriften lautstark begleitet, bis in den Dreißigjährigen Krieg hinein, nur um nach der kriesgbedingten Zwangspause in den 1670er-Jahren wieder zu entflammen.[9]

An den Angriffen auf Braunschweig beteiligte sich auch König Christian IV. von Dänemark und Norwegen, einer der letzten großen Gegner der Hanse.[10] Gleich nach seiner Thronbesteigung 1596 begann er ein umfassendes Reformprogramm, um Staat, Militär und Wirtschaft auf die neue Rolle Dänemarks als *domina maris Baltici* vorzubereiten. Massiv griff er in den Ostseehandel ein, verbot 1611 den Lübeckern die Fahrt nach Schweden, sperrte im Jahr darauf die Trave und ließ regelmäßig Schiffe in Richtung

Livland aufbringen. Da halfen auch kaiserliche Mahnungen, denen ohnehin keine Taten folgten, nichts. So kam es schließlich zum Schulterschluss der alten Konkurrenten und dazu, dass sich das konservative Lübeck schließlich doch zu einem Verfechter der Handelsfreiheit in der Ostsee aufschwang: 1613 verband es sich mit den Niederlanden in einem Militärbündnis, das offiziell defensiv, in seiner Intention aber deutlich gegen den Dänen gerichtet war.[11] Dieser mächtige neue Gegner hatte also neue gemeinsame Interessen immerhin der Seestädte geschaffen.

In anderen Fällen blieb die gesamthansische Solidarität aus. Stralsund wurde 1612 im Konflikt mit seinem Herzog gänzlich allein gelassen, Riga und Reval erhielten als Hilfe gegen die russischen Angriffe immerhin noch Geld- und Materiallieferungen. Osnabrück, das zur gleichen Zeit wie Braunschweig von seinem Landesherrn bedrängt wurde, bekam nur maue diplomatische Unterstützung auf dem Kreistag.[12]

Ein (vor-)letzter Kraftakt

Trotz aller auseinanderstrebenden Kräfte gelang es der hansischen Diplomatie 1604 noch einmal, eine Konföderationsnotel auszuarbeiten und einen Nachfolger für den 1591 verstorbenen Sudermann zu berufen: den Stralsunder Stadtsyndikus Johann Domann, der eingangs dieses Kapitels bereits als Lieddichter aufgetreten ist. Ratifiziert wurde beides aber erst fünf Jahre später, was ein deutliches Licht auf die Konsensfähigkeit der Hanse in diesen Jahren wirft.[13] Acht Jahre hatte man nun schon über die Erneuerung des Bundes diskutiert, wobei vor allem Lübeck und Braunschweig als treibende Kräfte auftraten. Nun kam er endlich zustande. Um dieser Revitalisierung auch das nötige Fundament zu verleihen, beschloss man, alle hansischen Ordnungen, Statuten und Beschlüsse zu sammeln und den Städten gebündelt zur Verfügung zu stellen, damit sich niemand mehr wegen Unwissenheit entschuldigen könne. Anders gesagt: Man versuchte sich erstmals in ihrer Geschichte an einer zentralen Zusammenstellung des materiellen Rechts der Hanse. Als unmittelbares Ergebnis entstanden wohl in vielen alten Hansestädten Sammelcodices mit den jeweils vor Ort vorhandenen Aufzeichnungen. Zustande kam dann aber nichts; der neu geschlossene Bund sollte ohnehin nicht viel mehr als zwei Jahrzehnte Bestand haben. In diesen Jahren kurz vor dem Dreißigjährigen Krieg allerdings entfaltete die hansische Diplomatie noch einmal eine bemerkenswerte Aktivität an den Höfen des Auslands.

Bei der englischen Krone freilich liefen die Hansen auf Sand. Mit einer Kaufmannsvereinigung verhandle man nicht, hieß es schroff aus London; das sei eines Königs unwürdig.[14] Trotz dieser Abfuhr wurden Verbindungen zu einzelnen englischen Politikern und Ministerien durchaus noch fruchtbar geknüpft, blieb der Stalhof noch über zweihundert Jahre im hansischen Besitz und wurde auch noch von deutschen Kaufleuten frequentiert.[15] Mittelfristig konnte sich sogar eine nennenswerte Community deutscher Auswanderer in London etablieren, die regen Handel mit der Heimat, insbesondere mit Hamburg, trieben, zumal viele englische Großkaufleute sich auf den Handel mit der Levante und dem Fernen Osten verlegten, sodass sich im wesentlich kapitalschwächeren Nordseehandel eine neue Lücke ergab. Das waren zwar alles deutsche Kaufleute, aber keine Hansen. Viele von ihnen nahmen später ohnehin die britische Staatsbürgerschaft an. Über das ganze 17. und 18. Jahrhundert hinweg gab es auch politisch wieder engere Beziehungen zwischen England und den Hansestädten – aber eben nur zu den Städten, nicht zur Hanse.[16]

Die spanische Außenpolitik dagegen zeigte in jenen Jahren intensives Interesse an dem alten Bund der Seestädte, an den binnenländischen Städten hingegen gar keines.[17] Auch das dürfte am innerhansischen Zusammenhalt gezerrt haben. Geplant war ein Abkommen, das den Hansen ein in der Praxis reichlich unrealistisches Monopol auf den spanischen Handel zusprechen und so die aufsässigen Niederländer, die sich ja gerade erst als Republik von Spanien verselbstständigt hatten, verdrängen sollte. Der Spanienhandel hatte sich allerdings seit den 1580er-Jahren außerordentlich intensiviert, sodass das Interesse durchaus beiderseitig war. Die Hanse führte umgehend eine *Hispanische Kollekte* auf sämtliche Waren im Spanienhandel ein, um die aufwendigen Delegationen zum Hof in Madrid kollektiv zu finanzieren. Nach dem Dreißigjährigen Krieg wurde dann sogar ein ständiger Vertreter nach Madrid entsandt, zu dessen Besoldung auch ein eigener Balkon beim Stierkampf gehörte.[18]

Nach Osten hin hatte man schon seit den 1570er-Jahren, als es Annäherungen zwischen dem Reich und Moskau gegeben hatte, und insbesondere nach der erfolgreichen Einverleibung Livlands in das Zarenreich immer wieder versucht, sich mit der neuen Situation zu arrangieren.[19] 1586 hatte der Lübecker Beauftrage Zacharias Maier vom Zaren einen ersten »Gnadenbrief« erwirkt, dem weitere folgen sollten.[20] Zugleich wurde den Lübeckern – nicht der Hanse! – ein neuer Hof in Aussicht gestellt, der den alten Petershof ersetzen sollte. 1602 verständigte sich ein Hansetag nach langen Vorverhandlungen endlich darauf, eine gemeinsame hansische Delegation nach Russland zu entsenden, um den Handel nicht nur

Abb. 43: Die *Moscovitische Legation* auf dem Augsburger Reichstag von 1576 im *Thesaurus picturarum* des pfälzischen Rates Marcus zum Lamm. Auch hier tragen die Pelzhändler ihre charakteristischen Pelzbündel, wie sie schon aus den mittelalterlichen Darstellungen (Abb. 22) bekannt sind.

für die Travestadt, sondern für die Hanse insgesamt wieder in Schwung zu bringen und die Gnadenbriefe in echte Privilegien zu verwandeln.[21] Und so machten sich Beauftragte aus Lübeck, Danzig und Stralsund auf den Weg. Die ausgesprochen teure Mission erreichte nicht den erwünschten Erfolg. Zwar stellte Zar Boris Godunow ein Privileg aus – aber wieder nur für die Lübecker, was bei den Mithansen große Verärgerung hervorrief. Die Gesandten von der Trave hatten, wie ihnen der Danziger Ratssekretär in seinem Bericht nach Hause bitter vorwarf, *den Moscowittern so einen blauen Dunst vor die augen gemacht, das sie nicht anders meinten, denn das die von Lubek ... die anderen confoederirten Stedte gleichsam wie ihren unterthanen hielten.*[22] Dieses Gebaren scheint sich für die Lübecker ausgezahlt zu haben. Ihnen wurde außer einem Bauplatz in Nowgorod auch die Einrichtung von Niederlassungen in Pleskau, Iwangorod und Archangelsk gestattet, für die man in Lübeck sogleich eine neue Fassung der alte Schrae ausarbeitete.[23] Tatsächlich kam der Russlandhandel wieder einigermaßen in Schwung, wenn auch nicht in dem Maße, wie man es sich wohl erhofft hatte. Als kurz nach 1700 der Lübecker Hof kriegsbedingt für einige Jahre aufgegeben werden musste, waren gerade einmal zwei Kaufleute anwesend.

Alles in allem war die hansische Diplomatie zu Beginn des 17. Jahrhunderts durchaus erfolgreich, ohne dass sich hätte überdecken lassen, wie wenig sie eigentlich noch von gemeinsamen Interessen getragen war. Zudem wurde in dieser auf Zeremonien so bedachten Zeit der Status der hansischen Gesandten von den Staatsoberhäuptern und ihren meist adeligen Diplomaten immer stärker in Zweifel gezogen. Ganz auf der Linie des englischen Königs, der es ablehnte, mit Kaufleuten zu verhandeln, hielten es immer mehr Staaten Europas für unangemessen, dass die Hansestädte sich »zu Souveränen erheben und ihren Vertretern einen Rang verleihen, den die deutschen Fürsten noch nicht für ihre Vertreter haben erlangen können«.[24] Das *ius legationis* – und damit die Möglichkeit außenpolitischen Handelns – sollte souveränen Staaten vorbehalten bleiben.

Alles Krise – oder doch nicht? Das Beispiel Hamburg

War das 17. Jahrhundert also eine Krisenzeit, wie man aus der Vogelperspektive glauben könnte?[25] Differenzierungen sind durchaus angebracht – gerade weil das Auseinandertreten von Gewinnern und Verlierern in dieser spannungsgeladenen Zeit ein Faktor für das Versanden der Hanse gewesen sein dürfte. Fraglos eine Erfolgsgeschichte erlebte zum Beispiel Hamburg. Die Stadt an der Elbe hatte im Laufe des 16. Jahrhunderts Lübeck, in dessen Schatten es lange Zeit gestanden hatte, überflügelt und war zum *florentissimum emporium totius Germaniae,* dem blühendsten Handelszentrum Deutschlands, aufgestiegen.[26] Früh hatte man den Handel im Nordatlantik besetzt und die Routen nach England ausgebaut, nachdem diese von den Kölnern und anderen Hansen immer weniger bedient worden waren. Vor allem profitierte Hamburg vom Krieg Philipps II. von Spanien gegen seine abtrünnigen Provinzen in den Niederlanden, und das gleich doppelt: Zum einen strömten reiche niederländische Emigranten, die aufzunehmen die Hamburger klug genug waren, in die Stadt. Zum andern traten, nachdem der florierende Handel zwischen der Iberischen Halbinsel und den Niederländern praktisch zum Erliegen gekommen war, insbesondere die Hamburger die Stelle ihrer Nachbarn im Norden an. In den 1590er-Jahren stießen sie durch die Straße von Gibraltar ins Mittelmeer vor und eröffneten neue, stabile Routen zu den italienischen Häfen und der marokkanischen Küste. Selbst die Atlantikfahrt zu den iberischen Überseebesitzungen, die Fremden eigentlich verboten war, unternahmen einige hamburgische Konvois schon im 16. Jahrhundert wegen der hohen Gewinne, die der Handel mit Brasilien versprach. So wurde Hamburg zum deutschen Tor in den Westen und Süden.

Daneben entwickelte sich Hamburg zu einem erstrangigen Börsen- und Finanzplatz. 1619 wurde nach dem Vorbild der Amsterdamer *Wisselbank* eine öffentliche Bank in städtischer Trägerschaft eröffnet. In den gut erhaltenen Bilanzen der frühen 1620er-Jahre erkennt man, welche Rolle die emigrierten Niederländer dabei spielten. Den Dreißigjährigen Krieg schließlich überstand

Hamburg hinter starken Mauern und dank der stetigen Beteuerung seiner Neutralität ziemlich glimpflich. In den 1640er-Jahren sicherte man sich endgültig den schon lange beanspruchten Status einer Reichsstadt und konnte so nach den westfälischen Friedensschlüssen seinen wirtschaftlichen Aufwärtskurs fortsetzen.

Danzig als »Kern einer Nordseekultur«?

Das zweite Beispiel für den Boom inmitten der angeblichen Krise ist Danzig, das sich im 16. Jahrhundert nicht nur zur größten Stadt, sondern auch zum wichtigsten Hafen an der Ostsee entwickelte. Und das galt für den ostseeischen Binnenhandel ebenso wie für die Verbindungen in die Niederlande und nach England, wodurch Danzig geradezu »a nucleus of a north sea culture« wurde, die in der frühen Neuzeit manche Historiker ausmachen wollen.[27] Diese Transitfunktion, in der Danzig nun Lübeck überflügelte, beförderte den Aufstieg der Stadt, stärkte dabei aber die auseinandertreibenden Kräfte innerhalb der Hanse.

Wichtigstes Exportgut war für Danzig noch immer das Getreide des polnischen Hinterlandes, das im Laufe des 16. Jahrhunderts zunehmend die Niederländer über Ostsee und Nordsee verschifften. 1534 berichtete der kaiserliche Diplomat Maximilian Transsilvan, »dass die Holländer alle Jahre ein- oder zweimal nach Danzig kommen mit zwei- oder dreihundert großen Schiffen, um das ganze Getreide ... zu kaufen ..., denn alle großen Herren in Polen und in Preußen haben seit 25 Jahren Mittel gefunden, über gewisse Flüsse all ihr Getreide nach Danzig zu schicken. ... Und deshalb sind das Königreich Polen und die genannten Herren sehr reich geworden ... Denn vor dieser Zeit wussten sie nicht, was sie mit ihrem Getreide machen sollten.«[28] Und so entwickelte sich Danzig zu einem der großen Kornumschlagplätze des frühneuzeitlichen Europa.[29] Daneben hatte sich in der Stadt ein reges Gewerbeleben etabliert, das für den Export und mehr noch für den polnischen Binnenmarkt produzierte – unter anderem Luxusgegenstände und hochwertige Textilien, für die man die über See importierten Halbfertigwaren verarbeitete.[30]

Und schließlich hatten die über Krakau gespeisten Kupferexporte das Volumen selbst der ergiebigen schwedischen Bergwerke überrundet. In Sachen Kupfer war der Anschluss an Polen im wahrsten Sinne Gold wert.

Dem Handel entsprechend boomte auch die Stadt Danzig und platzte bald aus allen Nähten. Anfang des 17. Jahrhunderts umfasste sie fast 260 Hektar Fläche und war damit fast dreimal so groß wie Lübeck. Die Einwohnerzahl stieg von 30 000 um 1500 auf über 75 000 bis zur Mitte des 17. Jahrhunderts, wobei viele Zuziehende von weither kamen. Die Niederländer und Engländer bildeten eigene Communities in der Stadt und prägten deren Kultur und Entwicklung.[31] In dieser Zeit entwickelten sich die Niederlande endgültig zum Hauptakteur im Ostseehandel, mit Danzig als zentralem Hafen. In der Folge boomte die Stadt umso mehr, allerdings auf Kosten eines eigenen aktiven Außenhandels. Nicht mehr preußische, sondern niederländische Getreideschiffe brachten das polnische Getreide in die ganze Welt, monopolisierten den Handel immer mehr und brachten den Danzigern so neben dem Ärger der benachbarten Kleinstädte zunehmend auch den des Kleinadels im Binnenland, der *Szlachta*, ein, für die die blühende Handelsstadt zunehmend ein »alles verschlingender Polyp« wurde. »Was der polnische Acker erbringt«, heißt es in einem zeitgenössischen Gedicht, »das Meer verschlingt./Nicht sättigt der Gutsherr das grundlose Meer,/das ganze Land nicht der Herren Gier./Was der Untertan bringt,/wie im Abgrund versinkt./So ist der unselige Handelsbrauch:/Die Schute, wie ein leerer Bauch,/frißt alles Hab und alles Gut,/ist der Gutsherr nicht auf der Hut.«[32] Aufzuhalten war diese Entwicklung aber nicht mehr, die, wenn auch weniger rasant, in dieser Zeit außerdem Elbing und Thorn nahmen und ebenfalls das Umland und die Nachbarstädte wirtschaftlich abhängten.[33]

Danzig war eine weitere prosperierende Stadt, die ihren Wohlstand kaum noch der Kooperation mit dem hansischen Gesamtverband verdankte und entsprechend immer weniger Interesse an diesem zeigte. Mit Lübeck immerhin bestanden noch enge Verbindungen, etwa im Spanienhandel.[34] Spätestens im Laufe des

17. Jahrhunderts aber wurden die Beziehungen zu England oder in die junge Republik der Niederlande deutlich enger und wichtiger als die zu vielen Hansestädten.[35]

Die Hanse und der *Teutsche Krieg*

Im November 1619 bestieg der Pfälzer Kurfürst zu Prag einen Thron, von dem die böhmischen Stände zuvor Ferdinand, den Vetter und wahrscheinlichen Nachfolger von Kaiser Matthias, gestoßen hatten. Dieses »böhmische Experiment« sollte Europa bekanntlich in einen dreißig Jahre dauernden Krieg stürzen, in dem sich konfessionelle Gegensätze und politische Ansprüche auf das Ungesundeste miteinander verquickten und immer wieder neues Öl in die längst schwächelnde Kriegsflamme gossen. Dass es allerdings erst jetzt zum Krieg kam, verwunderte ganz Europa.[36]

Das europäische Krisenjahrzehnt vor dem großen Krieg und die Avancen der Protestantischen Union

Nachdem mit dem Augsburger Religionsfrieden von 1555 zunächst der Konfessionsfrieden im Reich wieder einigermaßen hergestellt und die Zeit der Reformationswirren beendet schienen, sahen spätestens die letzten Jahrzehnte des Jahrhunderts auf theologischer wie auf politischer Ebene eine wachsende Polarisierung zwischen den Konfessionen. Es ist viel gestritten worden, warum das geschah. Insbesondere dürfte das Aussterben der Friedensgeneration von 1555, jener Fürsten also, die den Religionsfrieden mit großer Anstrengung ausgehandelt hatten, dazu beigetragen haben. Auf politischer Ebene jedenfalls traten die Interpretationsspielräume und offenen Fragen in dem damaligen Kompromissfrieden immer deutlicher hervor und waren einem zunehmenden Deutungskampf ausgesetzt.[37] Daneben erkannten die Protestanten im Reich immer öfter bedrohliche Szenarien am Horizont.

Um die Reichsstände wieder in einen Dialog zu setzen, trat im April 1608 schließlich ein Reichstag in Regensburg zusammen –

und platzte. Es war der erste Reichstag der Neuzeit, der ohne einen Beschluss auseinanderging. Das vorzeitige und ergebnislose Ende zeigte sinnfällig, wie unmöglich die Kommunikation zwischen den verhärteten Fronten geworden war. Auf diese gespannte Situation reagierten die protestantischen Fürsten im Grunde sehr mittelalterlich: Sie schlossen sich zur Protestantischen Union, einem Defensivbündnis, zusammen – »defensiv« natürlich in sehr dehnbarem Sinne. Man plante ein gemeinsames Heer, wählte mit dem Kurpfälzer einen Direktor, der auch als oberster Heerführer fungieren konnte, und stattete eine Kriegskasse aus. Postwendend fand sich ein katholisches Gegenbündnis, die »Liga«, zusammen.

In diesen sorgenvollen Zeiten, als alle Fürsten nach Bündnispartnern schielten, kam die alte Hanse in den Blick der Evangelischen. So war man auch im brandenburgisch beherrschten Fürstentum Ansbach, das sich an der Union beteiligte, auf der Suche. Georg Fuchs, einer der Geheimen Räte des Markgrafen, erarbeitete noch auf dem geplatzten Reichstag ein Gutachten, in welchem er ausführlich mögliche Partner abwog.[38] *Welcher gestaldt die Hanse- und seestedt vor vielen unverdenckhlichen jaren eine treffliche verbundtnus und einikheit gehabt, daz bezeugen die historien gnugsam. So ist auch wissenlich, waz grosse und schwere krieg sie insonderheit wider die cron Dennemarckh gefurt.* Trotzdem, so Fuchs weiter, seien sich die *chur- und fursten* bisher leidlich unsicher gewesen und hätten viel beratschlagt, ob man die Hansestädte um ein Bündnis angehen solle, *weyl diese verbundtnus inen in einem weg schedlich, im andern aber nuzlich.* Die Reichsstädte – und das meint wohl die im Süden, wo es um viel mehr ging als im Norden – hätten zwar *itziger zeit daz merste geldt, so nervus belli ist,* aber das *mistrawen zwischen den fürsten und inen* sei zu groß. Deshalb lenkte er den Blick auf die zweite, ökonomisch noch immer sehr potente Garde: die Hansestädte. Wenn sie nur mitmachen würden, da war sich Fuchs sicher, würden auch die anderen Reichsstädte nachziehen. Tatsächlich nahm die Union Verhandlungen auf, die aber zu keinem Ergebnis führten, da der Fürstenbund größte Bedenken zeigte, *nit unmittelbare freye reichsständt* wie eben *sonderlich die Hanse confoederirte stätte* mit einzubeziehen.[39] Obwohl insbesondere der Bremer Bürgermeister Heinrich Krefftig sich alle Mühe gab, erst die Hanse und dann wenigstens seine Heimatstadt zu überzeugen, traten diese der Union nie bei. Noch sahen sie keine Notwendigkeit – sie sollte aber kommen.

Der Krieg kommt in den Norden

Nachdem am 23. Mai 1618 drei kaiserliche Beamte aus dem Fenster der Prager Burg geworfen worden waren und damit der Krieg endgültig ausbrach, blieben die Hansestädte zunächst neutral. Mit besorgter Neugier beobachtete man das Geschehen aus der Ferne, insbesondere längs der Ostsee hielten aber die Städte viel akutere Gefahren in Atem: Schweden und Polen gerieten immer wieder aneinander, ebenso Polen und Russland, und schließlich wurde *Holstein ... sehr von Dennemarck bedruckt und trachtet mann sehr nach benachbarten stifften, graf- und herschafften. Zue was intent, ist leicht zu ermessen* – so berichtete ein Nürnberger Agent im Februar 1619 in die Heimat.[40]

War man anfangs auch bemüht, sich aus dem Konflikt herauszuhalten, so traf man doch Vorbereitungen. Der Stralsunder Bürgermeister Lambert Steinwich entwickelte sogar einen umfänglichen Plan zur noch stärkeren Strukturierung des Hansebundes, der eine ständige Vertretung der vierzehn noch Mitgliedsbeiträge entrichtenden Städte (der »Kontribuenten«) in einem hansischen Direktorium vorsah.[41] Außerdem wollte Steinwich eine stetige hansische Miliz und eine Kasse, die statt aus den zögerlich gezahlten Kontributionen aus den Neubürgergeldern aller Hansestädte stetig angefüllt werden sollte – eine spannende Idee, die aber nicht fruchtete. Das mag an der damals überall grassierenden Teuerung und Geldentwertung gelegen haben, die viele Städte ohnehin in große Bedrängnis brachten, aber auch daran, dass Hamburg just in diesem Jahr den Prozess vor dem Reichskammergericht gegen das Lübecker Durchfuhrverbot anstrengte.

Während die erste Kriegsphase vor allem die Pfalz, also das Heimatterritorium des böhmischen »Winterkönigs« Friedrich heimsuchte, blieben die Hansestädte noch unbehelligt. Zeitgleich lief jedoch der Waffenstillstand zwischen Spanien und den Niederlanden aus und verbanden Letztere sich mit dem Dänenkönig Christian IV. zur gegen Habsburg gerichteten Haager Allianz, deren Vorstoß die zweite Phase des Krieges einläutete. Nun also waren auch die Hansestädte in ihrer Neutralität bedroht und lavierten zwischen den Kriegsparteien. Als geradezu glücklich für sie muss man den Umstand werten, dass die katholischen Heerführer Wallenstein und Tilly beinahe mühelos bis an die Elbe und nach Jütland vorstießen, sodass ein längerer Krieg mit all seinen Folgen zunächst noch vermieden wurde. Parallel dazu begann der Kaiser, die Hanse und Polen für eine große Seeallianz mit Spanien zu umwerben.[42] Tatsächlich hätte die Hanse in diesem Projekt einen bedeutsamen Platz eingenommen. Aber die Städte waren aus konfessionellen Gründen mehrheitlich zurückhaltend gegenüber dem katholischen Kaiser und seinen Verbündeten. Noch dazu fürchteten sie – und sicher zu Recht –, dadurch in noch größere Kriege hineingezogen zu werden. So kam der habsburgische Plan trotz

Abb. 44: Die Belagerung von Stralsund im Mai 1628 durch die Truppen Wallensteins auf einem zeitgenössischen Kupferstich.

kaiserlicher Lockungen und spanischer Drohungen letztlich nicht zustande.

In der Zwischenzeit war Wallenstein, dem der Kaiser das Herzogtum der abgesetzten Mecklenburger verliehen hatte, an der Ostsee angelangt.[43] 1627 wurde Wismar besetzt, während Rostock sich für eine enorme Summe freikaufte und Stralsund sich 1628 noch erfolgreich der Belagerung widersetzen konnte. Daraufhin ging die Stadt ein Bündnis mit Schweden ein, das zwar noch nicht in den Krieg eingetreten, aber schon längst dabei war, den südlichen Ostseesaum unter seinen Einfluss zu bringen. Der Konkurrent Dänemark war nun ausgeschaltet, denn im Mai 1629 schlossen Beauftragte des Kaisers in Lübeck Frieden mit dem militärisch gründlich geschlagenen Dänemark.[44] So war auch diese zweite Phase des Dreißigjährigen Krieges mit einem klaren Sieg der Kaiserlichen rasch beendet.

Von Hansen zu Hanseaten: Die großen Drei werden Stellvertreter

Es brodelte auch nach dem Frieden von Lübeck weiter, und eine Fortsetzung des Konflikts erschien bald am Horizont. Noch vor dem Friedensschluss hatte Kaiser Ferdinand II. im März das sogenannte Restitutionsedikt erlassen, das den geistlichen Besitzstand auf den Status quo des Jahres 1552 zurücksetzen sollte.[45] Das hätte zwar nicht die Hansestädte selbst, wohl aber fast alle Bistümer betroffen, in denen zumindest die sächsischen und die Seestädte lagen. Sie alle hatten mittlerweile evangelische Bischöfe: Bremen, Lübeck, Halberstadt, Magdeburg und einige mehr. Außerdem war klar, dass die evangelischen Reichsstände dieses Edikt nicht akzeptieren würden. Man vermutete also wieder – und zu Recht – Krieg. Und so trafen sich die Abgeordneten der Hansestädte noch Ende 1629 in Lübeck.[46]

Schon auf dem im Jahr zuvor abgehaltenen Treffen war das Jammern groß gewesen: Das *uhralte Hansische collegium* sei *nunmer in einem solchen trübsehligen zustandt gerathen, daß – so ihnen nicht balde hülf, schutz, errettung und erleichterung widerfahren sollte – nichts anders dan desselben gentzliche dissolution und zerrüttung, auch bey viehlen deßen gliedern und angehörigen woll ein exitial-zerstörung,* also die gänzliche Auslöschung, *zu erwarten.*[47] Ungeachtet des gerade geschlossenen Friedens war allen Beteiligten klar, dass die Hanse trotz aller Umstrukturierungsmaßnahmen nicht an Entscheidungsfreude und Geschwindigkeit zugelegt hatte. Und so beauftragte der Hansetag von 1629 die Städte Lübeck, Hamburg und Bremen, dass sie doch so *wie sich die occassionen erzeigen und zutragen möchten* als Vertreter des gesamten Bundes handeln *und allenthalben die gemeine wolfahrt darunter in acht nehmen wollten,* wofür ihnen dann der Rezess auch *gnugsame vollmacht und plenipotenz* verlieh.[48] Ursprünglich als Stellvertretung mit begrenzter Geltung gedacht, wurde die Regelung nie außer Kraft gesetzt. Von nun an waren es die drei »freien und Hansestädte«, die für den Verband sprachen und handelten – und damit auch für ein gewisses Fortleben sorgten, selbst als die Hanse schon versandet war.

Münster 1648: die Hanse im Konzert der Stände und Staaten

Der weitere Krieg, der sich noch zwei Jahrzehnte hinziehen sollte, verlief für viele Hansestädte insofern glimpflich, als sie von Eroberung und Zerstörung weitestgehend verschont blieben. Zweien von ihnen, Hamburg und Bremen, brachte diese Zeit der Allianzen und Versprechungen sogar die endgültige Anerkennung als Reichsstädte.[49] Nur Magdeburg wurde durch Tillys Truppen 1631 vollständig und unter großer medialer Aufmerksamkeit zerstört. Als Anfang der 1640er-Jahre der Ruf nach Frieden an allen Ecken Europas immer lauter wurde, stimmte auch die Hanse ein, man sei *deß lieben Friedenß, darbey allein die commercia floriren, von hertzen begierigh.* Und so wurden die Hansestädte auch zu den Verhandlungen nach Osnabrück geladen.

Lübeck versuchte noch, Köln zur Teilnahme zu bewegen, was zeigt, dass die Vertreterschaft der großen Drei noch nicht als Dauerlösung anvisiert wurde. Die Kölner aber lehnten freundlich ab – nicht ohne die fromme Hoffnung zu äußern, man möge durch den Frieden *dehm fast zerfallenen Hänsischen wesen und commercia wieder ufhelfen* und es möchten die zerstreuten Mitglieder *dermah-*

leins wieder zusammen gebracht werden.[50] So fuhr man ohne die Kölner und hatte auf diese Weise zumindest nicht den Ballast etwaiger konfessioneller Konflikte mit der katholischen Rheinmetropole im Gepäck. Bescheiden beteuerte die hansische Delegation gleich zu Beginn, man sei nicht gekommen, *um sich in die tractaten einzudringen, sondern nuhr umb denen Keyserlichen gesandten mitt nöhtiger information ... zur handt gehen,* sofern etwas das Interesse der Städte nach *erhaltung dern commercien und darüber habende privilegia betreffe, damit selbiges bey denen tractaten beobachten werden möge.*[51] Tatsächlich war die Wiederherstellung eines freien Handels die wesentliche Bestrebung der hansischen Delegation. Als Idealzustand wurde die Vorkriegszeit angestrebt, wohl wissend, dass dies mit den Entschädigungsansprüchen einzelner Kriegsteilnehmer nicht vereinbar sein würde. Insbesondere rückte der schwedische Reichskanzler Oxenstierna nicht von seiner Forderung nach Pommern ab – auch nicht, als eine hansische Gesandtschaft ihn 1645 in Stockholm anlässlich der Krönung von Königin Christine darauf ansprach.[52] Und so blieben Wismar, Stralsund, Kammin und eine Reihe weiterer pommerscher Städte bis auf Weiteres schwedisch.

Immerhin gelang es den Hansen, als Ganzes in den dänisch-schwedischen Friedensschluss von Brömsebro am 13. August 1645 aufgenommen zu werden, womit auch die Handelsfreiheit in der Ostsee wieder bestätigt wurde. Ungefähr zeitgleich handelten Bremen, Hamburg und die Niederlande einen Vertrag zum Schutz der freien Handelsfahrt auf der Nordsee aus, der im Oktober 1646 gegen das ausdrückliche Verbot des Kaisers auch auf Lübeck ausgedehnt wurde. Der dritte Erfolg schließlich war Anfang 1648 die Aufnahme in den spanisch-niederländischen Friedensvertrag, wobei zugleich der alte Handelsvertrag von 1607 mit Spanien erneuert wurde. Diesmal fand auch Danzig ausdrücklich Aufnahme in beide Vertragswerke. Nur aus diesen diplomatischen Erfolgen heraus ist erklärlich, warum schließlich die *civitates Anseaticae* (»Hansestädte«) im Osnabrücker Teil des großen Westfälischen Friedenswerkes ihren Platz fanden, obwohl sie weder Staat noch Reichsstand waren. Den Hansestädten unter schwedischer Herrschaft wurde darin ausdrücklich freie Handels- und Schifffahrt innerhalb und außerhalb des Reiches garantiert.[53] So war der hansischen Diplomatie kurz vor ihrem Ende noch einmal ein nennenswerter Erfolg vergönnt.

Von Münster nach Rastatt: die Hanse im *siècle de Louis XIV.*

Egal wie sehr man dem Einfluss einzelner Persönlichkeiten auf den Verlauf der Geschichte misstraut: Der Sonnenkönig Ludwig XIV. veränderte Europa, das steht wohl außer Frage. Die Zeit zwischen seinem Regierungsantritt im Jahre 1643 und seinem Todesjahr 1715 wird oft in Anlehnung an Voltaire als das »Zeitalter Ludwigs XIV.« bezeichnet.[54] In diese Zeit fallen das Ende des Dreißigjährigen Krieges, aber auch eine ganze Reihe von Nachfolgekriegen, die Europa und zunehmend auch dessen Kolonien in Mitleidenschaft zogen. Zugleich war es eine Zeit großer intellektueller und künstlerischer Blüte, die Wiege von Aufklärung und *scientific revolution,* von Bach und Barockkultur. Die Hanse hatte an all diesen Facetten nur noch am Rande Anteil, die ehemaligen und verbliebenen Hanse*städte* dafür umso mehr.

Die Hanse und der Sonnenkönig

Unmittelbar nach dem Westfälischen Frieden verdichteten sich die hansischen Beziehungen zum Hof in Versailles.[55] Den Avancen während des Krieges für ein Bündnis gegen den Kaiser war die Hanse stets geschickt und mit ihrem altbewährten Mittel ausgewichen: Man sei nicht ausreichend instruiert, man nehme aber die Sache, die natürlich von *großer importantz* sei, gerne *ad referendum.*[56] Und so passierte schlicht gar nichts. Auf einen Handelsvertrag hingegen ließ man sich umso lieber ein. Gerade für die Lübecker war der Anschluss an Frankreich wichtig, weil ihnen Hamburg bei der Portugal- und Spanienfahrt zusehends das Wasser abgrub.[57] Dort hatte sich eine nennenswerte portugiesische Community gebildet, zu der auch viele vertriebene Juden zählten. Im südlichen Teil der Neustadt, nahe den Landungsbrücken, kann man noch heute die Nachwirkungen dieser engen Verbindung zwischen Hamburg und Portugal an der Vielzahl der portugiesischen Läden und Restaurants erahnen.

Lübeck also war an neuen Märkten, Frankreich an einer Schwächung der Niederlande gelegen. So kam 1655 ein Vertrag zustande, der nicht nur Lübeck, sondern allen Hansestädten einen ausgesprochen günstigen Zugang zu den französischen Häfen, vor allem aber die Sicherheit der Schiffe auf See garantierte.[58] Dabei wurde der ausdrückliche hansische Wille zur Neutralität anerkannt. Die günstigen Bedingungen von 1655 wurden schon wenige Jahre später durch ein Fassgeld wieder eingeschränkt, über das man lange verhandelte. Auch sonst wurde König Ludwig immer übergriffiger, verlangte nun auch freien Zugang französischer Schiffe zum Lübecker Hafen und schließlich die Konzession, dort Schiffe bauen und Waffen kaufen zu dürfen – schließlich rüstete er schon für den nächsten Krieg. Die Lübecker willigten unter zwei Bedingungen ein: Erstens musste für den Schiffbau auf heimische Arbeitskräfte zurückgegriffen werden; zweitens sollte König Ludwig gegenüber anderen Staaten ausdrücklich festhalten, dass die lübischen Waffenlieferungen der Neutralität der Stadt keinerlei Abbruch täten – eine etwas merkwürdige Doppelbödigkeit, die aber bis heute vorkommt. Zu einer Verlängerung des Vertrags von 1655 ist es trotz dieser Konzessionen nie gekommen.

1669: der letzte Hansetag

Vierzig Jahre nach dem vom Krieg überschatteten Zusammentreffen trafen sich die Hansestädte im Juni 1669 ein allerletztes Mal. Nicht, dass man es zwischenzeitlich nicht versucht hätte: Zwei Lübecker Initiativen waren ins Leere gegangen, bis 1666 dem Großen Stadtbrand in London der Stalhof zum Opfer fiel und immerhin fünf Städte zusammentraten, um einen Wiederaufbau zu beraten. Die restlichen winkten ab, das mittlerweile schwedische Wismar etwa mit der vielsagenden Begründung, von dieser Hanse sei doch *mehr umbra als res ipsa übrig,* mehr Schatten als Sein, und man hege auch *gar keine Hoffnung ..., daß dieses Bündnis im vorigen Flore restaurieret werden* könne.[59] So kam wenig zustande und man vertagte sich.

Drei Jahre später auf dem letzten Hansetag, von dem wohl niemand wusste, dass es der letzte sein würde, waren immerhin neun Städte anwesend: neben Lübeck, Hamburg und Bremen auch Braunschweig, Danzig, Hildesheim, Köln, Osnabrück und Rostock. Beraten wurde nicht nur über die Wiedererrichtung des Stalhofes, sondern auch über ein schon früher diskutiertes Bündnis mit den süddeutschen Reichsstädten, neue Beiträge und die Bestellung eines Gesandten bei den Generalstaaten. Über Handelsfragen wurde nicht gesprochen, nachdem der Bremer Abgesandte abwinkend meinte, das sei nur »gut Geld nach bösem werfen«.[60] Beschlossen wurde letztlich nichts. So unspektakulär ging das einst so wichtige Zentralgremium der Hanse zu Ende.[61]

Braunschweig 1671 und die große Angst der Städte

Tatsächlich schwanden die Interessen am hansischen Verbund offenbar mit dem Vertrauen, das man in seine Schlagkraft als Schutzbündnis der Städte setzte. Besonders wahrgenommen wurde in Norddeutschland die Causa um Braunschweig, das 1671 Herzog Rudolf August und sein jüngerer Bruder Anton Ulrich nach dreiwöchiger schwerer Belagerung einnahmen und nach langen Jahrhunderten großer Autonomie der landesherrlichen Knute unterwarfen.[62] Braunschweig hatte sich das gesamte Mittelalter hindurch alle Mühe gegeben, sich wie eine Reichsstadt zu gerieren. Die Stadt hatte sogar die Kosten auf sich genommen, Reichstage zu beschicken und sich in die Reichsmatrikel einzutragen, was einer landständigen Stadt eigentlich gar nicht zustand und sie in allen möglichen Reichsangelegenheiten kontributionspflichtig machte. Doch der Gewinn an symbolischem Kapital war einfach zu verlockend.[63] Seit dem Beginn des Jahrhunderts allerdings war Braunschweig seitens der welfischen Landesherren immer stärker unter Druck geraten und, wie oben geschildert, zweimal belagert und nur durch hansische Militärhilfe entsetzt worden.

Flankiert wurde das Ganze durch zahlreiche Flugschriften für und wider die braunschweigische Position. Denn in vielen Städten schürte der Umgang mit Braunschweig die Angst um das eigene Schicksal. Ein emotionsgeladener Brief aus dem Hamburger Staatsarchiv führt sehr gut vor Augen, in welche großen reichspolitischen und auch hansischen Dimensionen diese Angst eingebettet war und wie der Braunschweiger Fall nur Auslöser, nicht Ursache für die allgemeine Besorgnis war. Verfasst wurde dieser Brief von einem vorgeblich Kölner Kaufmann, der sich Hinrich Fischer nennt, zugleich aber als P.S. nachsetzt: *Meinen nahmen zu unterschreiben habe ich vor dieses mahl bedencken gehabt, derowegen Ich einen entlehnet.*[64] Auch der Adressat unseres pseudonymen Briefeschreibers, ein zeitgemäß umständlich titulierter *Wohl-Edler, Vester und Hochghelahrter, insonders Großgünstiger Herr,* bleibt im Unklaren. Immerhin wird deutlich, dass sich Pseudo-Fischer an einen Hamburger wendet, als er beteuert, obschon er *frembde und gantz unbekant* sei, *so meine ich es doch gut mit Hamburg und allen Städten.* Die Eroberung von Braunschweig ist ihm ein Fanal für den Niedergang des Hansebundes, der doch *so etwaß Edles, Herrliches und Ehrenwerthes geweßen, vor die wahre deutsche freyheit, ja vor die freyheit des gantzen Menschlichen Geschlechts, als es mit worten nit mag außgesprochen* werden. Das ehemals mächtige Braunschweig sei nur der Anfang, jetzt könne man die *erbärmliche leibeigenschafft* schon absehen, *darin nun unser liebes Vaterlandt Teutscher Nation gesetzet werden wird.* Die Untätigkeit der anderen Hansestädte nennt er *liederlich, ehrvergessen und unverandtwortlich,* hatte sich doch trotz braunschweigischer Hilferufe niemand bemüßigt gefühlt einzuschreiten. Nun zeige sich also der Mangel an Staatlichkeit, der Mangel an einer eigenen hanseatischen Truppe, einem stehenden Heer, einer *armée,* die *auff ihren beinen gehalten* wird, wie sie die Fürstenstaaten mittlerweile alle längst unterhielten. *Waß wollte daß gekostet haben?,* poltert Pseudo-Fischer in seinem Brief. *Aber waß wird's nun kosten, daß Ihr alle untereinander auff den krieg nichts wenden wollet?* Und er zitiert eine Inschrift vom alten Hamburger Rathaus: »Die Freiheit, die errungen die Alten, möge die Nachwelt würdig erhalten« (*Libertatem quam peperere maiores digne studeat servare posteritas*).

Bemerkenswert ist an Briefen wie diesem, dass sie einerseits die städtischen Freiheiten und bürgerlichen Werte betonen, andererseits auch schon einen gesamtdeutschen Nationalismus aufrufen. Letzterer hatte sich in den letzten Jahren des Dreißigjährigen Krieges ausgeprägt, als man sich auf einmal in der gemeinsamen Sache wiederfand, die schwedischen und französischen Truppen, die man einst herbeigerufen hatte, möglichst rasch wieder aus dem Land zu drängen. Diese Rhetorik wird nun auf fürstliche Truppen aus dem eigenen Land übertragen: *einem rechtschaffenen, redlichen, teutschen hertzen schmeckt ein stück Brodt undt ein trunck wasser besser in seiner freyheit alß fürstlich dienstbahrkeit und Knechtschafft.*

Die Angst um die Freiheit der Städte ist sehr konkret, wertet der anonyme Briefeschreiber Braunschweig doch nur als ein Zeichen kommenden Unglücks: Denn *wenn die See-Städte Lübeck, Hamburg, Bremen, Rostock etc. weg sind, so will ich umb die Städte oben im Reich, Regenspurg, Augspurg, Ulm, Wormß etc. nicht eine Kürschkern geben.* Die dortigen Fürsten hätten die nötigen Mittel rasch bei der Hand. Es geht also um nicht weniger als die Weiterexistenz der deutschen Freien und Reichsstädte, wobei der Briefschreiber nonchalant übergeht, dass Braunschweig und auch Rostock nie welche waren. Er verortet sie gleichwohl in diesem Kontinuum, wie durch die Auswahl der süddeutschen Städte – sämtlich Reichsstädte – deutlich wird.

Die deutschen und europäischen Mächte schlossen zwei Jahrzehnte nach dem Friedensschluss in Münster und Osnabrück schon wieder munter neue Allianzen. 1672 verbanden sich Schweden und Frankreich ein weiteres Mal und verhandelten parallel mit den Fürstbistümern Köln und Münster. Das Ziel: der Einmarsch in die jungen Niederlande. Es beginnt das *Rampjaar,* wie es in der niederländischen Geschichtsschreibung bis heute heißt, das »Katastrophenjahr«.[65] England, Frankreich und die beiden Fürstbistümer erklärten den Generalstaaten nacheinander den Krieg, der endgültig erst 1678 beendet werden sollte.

Die Sorge vor dem Waffenklirren bei den Nachbarn wurde für die Städte im Reich zusätzlich durch eine Fürstenallianz verstärkt, die eine Reichsreform von fundamentaler Bedeutung anstrebte.

Die Landstände – also die vielen kleinen Ritter, vor allem aber die Städte – sollten Mittel für fürstliche Garnisonen und stehende Heere nur noch stark eingeschränkt bewilligen dürfen.[66] Schon 1667 hatte man dem kaiserlichen Hof in Wien ein entsprechendes Gutachten vorgelegt, das dort lange verhandelt wurde, bis 1671 endlich die kaiserliche Absage kam. Daraufhin verbanden sich sämtliche Kur- und die Mehrzahl der übrigen Fürsten zu einer Allianz, die das kaiserliche Veto für nichtig erklären wollte. Es ist diese *die alliantz der Cur- und Fürsten, ... die Sie mit einander auff ihr Nachkommen und Erben zu ewigen Zeiten wider die Städte geschlossen,* die unserem Hinrich Fischer nach der militärischen Eskalation um Braunschweig so große Sorgen bereitete, dass er eine Abschrift seines Briefs nach Hamburg sandte. Im Nebensatz erfahren wir übrigens, wie in solchen Fällen die informellen Kommunikationsnetzwerke funktionierten: Sollte der namenlose Adressat den Text der Fürstenallianz noch nicht kennen, so könne er, schreibt Fischer, *dieselbe bey M.[er] Johan Cleinigken, dem Balbierer in Hamburg, lehnen; dem habe Ich die zugeschickt.*[67]

Die Sorge, die Fischer und seine Zeitgenossen in den Städten umtrieb, bekam neue Nahrung, als sich das Verhältnis zwischen Kaiser und Fürstenallianz unter der Einwirkung des brandenburgischen Kurfürsten rascher als gedacht entspannte. Und so schloss sich schon im Januar 1672 Kaiser Leopold mit einer ganzen Reihe von Reichsfürsten zu einer *Defensiv-Alliantz* zusammen – vordergründig zur *Conservation der Teutschen Freyheit und des Westphälischen Friedens.*[68] Trotz der somit berechtigten Furcht der ehemals so autonomen Städte im Reich vor der geballten Fürstenmacht kam es zu keinem weiteren hansischen Revitalisierungsversuch mehr, ganz anders noch als zu Beginn des Jahrhunderts. Offenbar war das Vertrauen in die Wirkkraft der Hanse gänzlich verflogen.

Das endgültige Ende der Hanse

Anfang der 1670er-Jahre kehrte der Krieg an die westlichen und nördlichen Reichsgrenzen zurück. Über die nächsten dreißig Jahre brach Ludwig XIV. einen sogenannten »Reunionskrieg« nach dem anderen vom Zaun, um vorgeblich französische Gebiete zurück an die Krone zu bringen – eine *réunion* eben.[69] Dabei stellte insbesondere der Krieg Frankreichs gegen die Niederlande die Hansestädte vor große Herausforderungen. Die alten Garantien des Handelsvertrages von 1655 galten nicht mehr, und so wurden hansische Schiffe regelmäßig von französischen Korsaren aufgebracht – just in einer Zeit, in welcher der französisch-lübeckische Handel blühte. Der Krieg blieb keiner zwischen zwei Staaten, sondern es schalteten sich umgehend Schweden, Dänemark, Spanien, kurzzeitig England und nicht zuletzt der Kaiser in die Auseinandersetzung ein, was das Dilemma der Hansestädte zwischen Reichstreue und Handelsinteressen noch verstärkte. Der Konflikt entwickelte sich im Grunde wie alle Kriege dieses Jahrhunderts: Kaum war er begonnen, traten weitere Mächte hinzu, und sogleich fing man an, über Frieden zu verhandeln. Denn diese Kriege waren tatsächlich die Fortsetzung von Politik mit anderen Mitteln, der Übergang von Krieg und Frieden deshalb sehr durchlässig.

Obwohl also Verhandlungen über die französischen Ansprüche früh einsetzten, dauerte es noch bis 1679, ehe man in Nimwegen endlich einen Friedenskongress auf die Beine stellte. Zu diesem Kongress reisten Deputierte aus Lübeck, Hamburg und Bremen und traten *alß von dem gesambten Hanseeschen corpore dazu gevollmächtigte* auf, als Abgesandte, die »für das Interesse und die Angelegenheiten der gesamten Hanse« *(pro comuni Hansae teutonicae interesse et commodo)* sprachen.[70] Frankreich aber weigerte sich, sie in das Vertragswerk aufzunehmen. Stattdessen verhandelte Versailles mit den Niederlanden außer über einen Friedensvertrag auch gleich über ein Handelsabkommen. Daraufhin dachte man auf Seiten der Hanse über eine neue Gesandtschaft nach, um wenigstens auf handelspolitischem Gebiet die Gleichstellung mit den Niederlanden und eine Erneuerung des hanseatisch-französischen Handelsvertrags von 1655 zu erreichen. Bremen und Lübeck freilich scheuten die Kosten einer solchen Delegation und hielten sie auch nicht für besonders dringlich. Großzügig erklärten sie sich einverstanden, dass Hamburg, dessen Frankreichfahrt seit den 1670er-Jahren enorm zugenommen hatte, auf eigene Kosten Gesandte nach Paris entsenden könne, die auch in ihrem Namen und also für die Hanse sprächen.[71]

Diese Idee stieß beim Hamburger Rat überraschenderweise auf wenig Gegenliebe, zumal auch an der Elbe die Finanzlage durchaus angespannt war. Trotzdem entschloss man sich zu einer Delegation, die im Frühjahr 1679 nach Paris entsandt wurde, aber ausschließlich die Hamburger Interessen vertreten sollte. Nun wiederum beschwerten sich Bremen und Lübeck, die zwar für eine gemeinsame Gesandtschaft nicht hatten zahlen wollen, eine eigenständige, nur für Hamburg sprechende aber genauso wenig zu dulden bereit waren, weil sie befürchteten, *daß solche particuliere negotiation nicht allein in Frankreich, sondern auch anderwerts das ansehen möchte gewinnen, ob wehren die noch wenige zusammenstehende Hansee Städte auch getrennet.*[72] Sie verlangten, dass die Hamburger nachträglich ihre Mission als *in nomine hanseatico* auswiesen, und gaben der Erwartung Ausdruck, dass *dadurch die Abgesandtschaft an ihr selbst ansehenylicher und das negotium in publicum favorabler* werde. Die Hamburger ließen sich – wenig verwunderlich – nicht darauf ein und antworteten mit Ausflüchten.

Zwanzig Jahre später in Rijswijk auf dem nächsten Friedenskongress, der einen weiteren französischen Reunionskrieg beenden sollte, fiel es der Hanse erneut schwer, sich Gehör zu verschaffen.[73] Die Diplomatie der Fürsten und Könige hatte einfach keinen Begriff für dieses eigenartige *corpus,* das sich schlecht in die Kategorien des entstehenden Staats- und Völkerrechts bringen ließ, und misstraute daher ihrer diplomatischen Satisfaktionsfähigkeit grundsätzlich.[74] So verlegten sich die Städte von der situativen Diplomatie auf Staatsebene erstmals dauerhaft auf eine konsularische Vertretung, indem sie den ohnehin schon in Hamburger Diensten in Paris residierenden Christophe Brosseau mit der Wahrnehmung auch ihrer Interessen in Frankreich beauftragten.[75] Tatsächlich kam 1716 ein neuer Schifffahrtsvertrag zustande. Dass hier nicht mehr mit der Hanse, sondern mit einzelnen Städten verhandelt wurde, war den französischen Beamten dabei durchaus bewusst: Brosseau, der zwischenzeitlich den hamburgischen Dienst quittiert hatte, erschien nun in ihren Unterlagen als *député des villes de Lubec et de Breme,* die anderen Abgesandten als *deputez de la ville de Hambourgh.*[76] Und als Danzig einen neuen Konsul in Cádiz berief, der sich selbst als »hansisch« titulierte, schritt der Dreistädtebund umgehend ein und wies die Preußen in ihre Schranken: Hansisch respektive hanseatisch – das waren jetzt nur noch sie.[77]

Der Hanse ist tot, es lebe der Hanseat: Nachleben im Norden und anderswo

Organisatorisch ging die Hanse also, wie sie gekommen war: stillschweigend. Die Zeitgenossen haben dabei den Verfall der hansischen Gemeinschaft durchaus zur Kenntnis genommen, ja zeitweise lautstark beklagt. Denn während die gemeinschaftlichen Geschäfte den großen Drei übertragen und von den anderen Hansestädten ohne großes Interesse verfolgt wurden, setzte bei den im weitesten Sinne politischen Schriftstellern, also den Juristen, Historikern und anderen Gelehrten, ziemlich bald eine Romantisierung der Hanse als traditioneller Garant städtischer Autonomie und bürgerlicher Freiheit im Norden ein. In dieser Zeit setzte sich auch ein neuer Begriff durch, den die spätere Forschung zur Unterscheidung zwischen der eigentlichen Hansezeit und ihrem von den drei großen Seestädten verwalteten Erbe verwendete: »Hanseat«. Ehe sie die Muße zum bestätigenden Blick zurück fanden, standen erst einmal stürmische Zeiten ins Haus.

Politischer Stresstest: vom Alten Reich zu neuem Selbstbewusstsein

Mit dem Ende des Alten Reiches im Pulverdampf der napoleonischen Kriege errangen die drei übrig gebliebenen Hansestädte 1803 den Status souveräner Stadtstaaten, wurden aber bald darauf von französischen Truppen besetzt und sogar ins Französische Kaiserreich einverleibt, um den britischen Gegner aus den Häfen des Kontinents auszuschließen. Napoleon lockte mit fantastischen Plänen von einem »Elbe-Weser-Reich«, scheiterte jedoch in den Städten des Nordens an der traditionell-hansischen Auffassung, *der Handel sei das eigentümliche Element der Hansestädte* – und eben nicht die *Sorge für ein großes Gebiet*, die nur die Kräfte der städtischen Senate abziehen würde.[1] Als der Kaiser der Franzosen unter Druck geriet, rauften sie sich noch einmal zu alter Gemeinschaft zusammen und stellten 1813 eine *Hanseatische Legion* auf, für die der exilierte Schriftsteller Jonas Ludwig von Heß mit seiner Schrift *Über den Wert und die Wichtigkeit der Freiheit der Hansestädte* eifrig englisches Geld einwarb. Die Hansestädte, behauptete Heß, hätten von jeher *an dem freien Großbritannien stetswährend einen gleichwohlwollenden Beschützer gefunden*, während die *frantzösische Raubsucht* als gemeinsamer Feind stilisiert wurde.[2] Und tatsächlich konnte er so die eine oder andere Geldspende akquirieren.

Nach dem Sieg über Napoleon konnten die Hansestädte sich ihre Selbstständigkeit auf dem Wiener Kongress immerhin endgültig sichern und traten als Mitbegründer am 8. Juni 1815 dem Deutschen Bund bei. Bezeichnet werden sie in der Bundesakte allerdings als »freie Städte«, nicht als »Hansestädte«. Und tatsächlich gaben sich die drei zwar nach außen alle Mühe, als gemeinsamer Staatenbund aufzutreten, legten aber nach innen größten Wert auf Autonomie und suchten vor allem den individuellen Vorteil zu sichern – ganz nach hansischer Tradition, möchte man meinen.[3]

Tatsächlich hatte man nach innen in dieser Zeit reichlich damit zu tun, den sozialen Frieden einigermaßen aufrechtzuerhalten. Das hemmte die Verfassungsentwicklung in allen drei Hansestädten während der Jahrzehnte nach 1800 gewaltig, stieß aber andererseits eine ganze Reihe von administrativen und sozialen Neuerungen, etwa im Schul- und im Gesundheitswesen, an.[4] Hinzu kamen wirtschaftliche Probleme: Zu Beginn des Jahrhunderts war beispielsweise die Weser bei Bremen so versandet, dass größere Seeschiffe nicht mehr bis an die Stadt kamen und nur noch leichte Boote anlegen konnten. Der Magdeburger Porträtmaler Otto Friedrich Wehrhan brachte es noch 1842 in seiner *Norddeutschen Reise* auf den Punkt: »Einen Hafen gibt es in Bremen nicht und darum auch keinen zu beschreiben.«[5] Bereits 1827 hatte die Stadt deshalb

Grund und Boden vom Königreich Hannover an der Wesermündung gekauft und Bremerhaven gegründet; ab 1847 entstand dort nach dem 1830 fertiggestellten Alten der Neue Hafen. Doch insgesamt waren die ersten Jahrzehnte des 19. Jahrhunderts in den Hansestädten eher von Stagnation als von boomendem Welthandel geprägt.

Neuanfang im Warmen: hanseatische Beziehungen nach Übersee

Gemeinsam traten die drei Hansestädte vor allem in Übersee auf, um wichtige Schifffahrts- und Handelsverträge abzuschließen.[6] Sie griffen dafür auf ein umfangreiches Netz von Konsulaten zurück, das sich nach den oben beschriebenen Anfängen im 17. und 18. Jahrhundert nach 1800 sprunghaft ausweitete und bis zur Jahrhundertmitte rund 300 Vertretungen weltweit umfasste.[7] Diese Konsulate waren höchst unterschiedlich besetzt: mal von allen drei Städten, mal von nur einer, mal wechselte die Ausrichtung bei Neubestallung eines Konsuls. Entsprechend bunt war auch das Wirken der eingesetzten Lobbyisten. Andersherum wirkten ausländische Konsuln aller großen Handelsnationen in Bremen, Hamburg und Lübeck.

Seit der Jahrhundertmitte gewann der Seehandel wieder an Schwung und spann seine globalen Netze immer weiter. Der Mittelmeerhandel war sicherer geworden, seit Frankreich 1830 Algier besetzt und die Rückzugshäfen der nordafrikanischen Korsaren schrittweise unter seine Kontrolle gebracht hatte. Über mehr als zwei Jahrhunderte hatten sie die europäische Schifffahrt in Atem gehalten und in Hamburg und Lübeck sogar zur Einführung von Versicherungskassen *(Türcken-Cassen)* geführt, die den Loskauf von gefangenen und versklavten Schiffsleuten organisierten.[8] Der Atlantikhandel dagegen und insbesondere die engen hanseatisch-amerikanischen Beziehungen nahmen nach dem Ende der napoleonischen Kontinentalsperre erst mit erheblicher Verzögerung wieder Fahrt auf.[9] 1849 aber wurden schließlich die englischen

Navigation Acts aufgehoben, die seit der Mitte des 17. Jahrhunderts die weltweite Verschiffung englischer Kolonialwaren regulierten und sie im Grundsatz nur auf englischen Schiffen zuließen.[10] All das gab der hanseatischen, zumal der hamburgischen Schifffahrt weiteren Aufwind.[11] Und so verschifften die Städte, die früher Pelze aus Nowgorod nach Westeuropa gebracht hatten, nun Kolonialwaren aus Südamerika, Afrika und dem Fernen Osten.[12] Dabei beteiligten sie sich im Zusammenschluss aktiv am kolonialen Geschacher und schlossen mit den überseeischen Handelsnationen Verträge, um privilegierte Zugänge zu den dortigen Märkten zu erhalten. So profitierten die drei Seestädte weiterhin vom Traditionsgebilde der Hanseatischen Gemeinschaft, auch wenn diese nichts mehr mit ihrem mittelalterlichen Vorläufer zu tun hatte.

Siam, Persien und neue Märkte

Zwei hanseatische Handelsverträge des 19. Jahrhunderts sind besonders hervorzuheben, weil sie die jeweiligen nationalen Märkte überhaupt erst für deutsche Handelsinteressen öffneten: zum einen der mit dem Kaiserreich Persien im Mittleren, zum anderen der mit dem Königreich Siam im Fernen Osten.[13] In Siam, wie man bis 1939 das heutige Thailand nannte, hatten die lokalen Könige ihre Selbstständigkeit gegenüber europäischen Interessen leidlich behauptet – ihr Land wurde als einziges dieser Weltregion nie kolonisiert.[14] Das lag auch daran, dass Siam selbst, wie viele ostasiatische Herrschaftsgebilde jener Zeit, kein zentralistisch organisiertes Königreich war, sondern eher aus regionalen Herrschaftszentren bestand, die über Tribute in ganz unterschiedlicher und teils auch sich überlappender Form mit der Hauptstadt und dem Königtum verbunden waren. Die westliche Geschichtswissenschaft hat für diese Form der Herrschaft den schönen Begriff »Mandala-System« geprägt.[15] Erst in der Mitte des 19. Jahrhunderts änderte sich das, wurde Siam im westlichen Sinne staatsähnlicher, ein definierter *geo-body*, wie es der thailändische Historiker Thongchai Winichakul genannt hat.[16] Der Staat, der in den Augen der Kolonialmächte noch gar keiner war, entwickelte auf einmal Staatsgrenzen und ein Staatsgebiet, das aus dem bestand, was Engländer und Franzosen übrig gelassen hatten.

Im Zuge dieser epochalen Entwicklungen, die das Königreich nach innen und außen vollständig umgestalteten, ging es die überhaupt ersten Handelsverträge ein, zunächst mit England 1855, dann mit den USA, Frankreich und Dänemark. Die Hanseaten sprangen auf diesen Zug eilends auf und öffneten so diesen wichtigen südpazifischen Markt für deutsche Schiffe. Ausgehandelt wurde der Vertrag vom Oktober 1858 durch den Hamburger Kaufmann Theodor Thies, zu dieser Zeit Agent einer hamburgischen Firma in Singapur und später der erste hanseatische Konsul in Bangkok. Eigentlich hätten die sparsamen Hanseaten lieber in London verhandelt, aber König Rama IV., der viele der oben beschriebenen Reformen angestoßen hatte, bestand darauf, die Verhandlungen in seinem Palast zu führen. Auch sonst war die Thies'sche Handelsmission in Siam für die Hansestädte kein finanzielles Zuckerschlecken: Allein die Geschenke für den König, unter anderem ein Satz Blasinstrumente, preußische Gardeuniformen und ein Teleskop nach Fraunhofer Bauart, hatten einen Wert von rund 6000 Mark.

Der Vertrag, der so zustande kam, lehnte sich eng an die Vereinbarungen Siams mit Großbritannien von 1855 an, dem günstigsten der bisher geschlossenen Handelsverträge. Das war typisch für die Verträge der Hanseaten. Man beschloss einen Zolltarif von drei Prozent auf die Einfuhr und differenzierte Tarife auf insgesamt 65 Ausfuhrartikel, darunter Gummi, Elfenbein und *Schildkrötschalen*, aber auch Pfauenschwänze, *Fischmägen* und *ungereinigte Vogelnester.*[17] Letztere übrigens – in Bouillon über Nacht eingelegt waren sie eine Delikatesse – wurden bedeutend höher verzollt als etwa Nashornhäute.[18] Ausdrücklich sicherte Siam den Hanseaten zu, dass sie in den Genuss auch aller den Briten künftig gewährten Vergünstigungen kommen sollten. Den *Hanseatischen Bürgern, welche Siam besuchen oder dort ihre Wohnung nehmen*, wurden freie Religionsausübung und sogar der Kirchenbau gewährt; sie mussten sich aber *auf dem Consulat der freien Hansestädte einzeichnen lassen* und durften dauerhaften Wohnsitz *vorerst nur in der Stadt Bangkok* nehmen. Während der Zeit ihres Aufenthalts im Königreich unterlagen sie in minderschweren Fällen der konsularischen Gerichtsbarkeit. Dieser Punkt hätte den hanseatisch-siamesischen Vertrag beinahe noch platzen lassen, denn die siamesische Regierung bestand auf einer gegenseitigen Regelung für den – schon damals unwahrscheinlichen und tatsächlich nie eingetroffenen – Fall siamesischer Konsulate in den Hansestädten. Für hanseatische Schiffe, übrigens ausdrücklich auch Kriegsschiffe, wurde ein Schiffrecht auf den Flüssen des Reiches verankert; Havarie-, Erb- und Schuldfälle wurden geregelt und vieles mehr.

Ein Jahr vor dem Abschluss des Handelsvertrags mit Siam waren hanseatische Vertreter mit dem Kaiserreich Persien übereingekommen. Dieser Vertrag hatte eine rund zehnjährige Vorgeschichte. Schon 1847 hatte der Ministerresident in Paris Vincent Rumpff mit einem gerade anwesenden persischen Gesandten Gespräche über mögliche Handelsverbindungen aufgenommen. Die Gründe für den langen Vorlauf waren dieselben, die später den Vertrag mit dem Königreich Siam gefährden sollten: die hohen Kosten. Auch Schah Mohammad, der seinen dem Westen gegenüber offenen Premierminister Qa'im in einem Teppich hatte ersticken lassen, wollte nur in Teheran verhandeln, und auch die persische Regierung erwartete kostbare Geschenke. So verschoben die Hanseaten weitere Verhandlungen erst einmal, weil man sich nicht sicher war, ob sich die Investition überhaupt lohnen würde. Persien war schließlich in den vorangegangenen Jahren von mehreren Seiten unter Druck geraten, durch Großbritannien, Russland und das junge Afghanistan. Mohammad freilich starb schon im Jahr nach den ersten Kontakten in Paris, sodass sein Sohn Nāser ad-Din den Vertrag 1857 unterzeichnete. Schah Nāser ad-Din führte das Reich in seiner fast fünfzigjährigen Regierungszeit in ein umfassendes Industrialisierungsprogramm, setzte aber auch die unangenehme Tradition seines Vaters fort, allzu reformorientierte Premierminister zu ermorden.[19]

Der letzte »hanseatische« und der erste »deutsch«-chinesische Vertrag

Den letzten Handelsvertrag, in dem die Städte gemeinschaftlich auftraten, wurde 1861 mit dem kaiserlichen China geschlossen.[20] Ausgehandelt worden war er aber weniger von hanseatischen Delegierten als vielmehr vom preußischen außerordentlichen Gesandten Kammerherr Friedrich Albrecht Graf zu Eulenburg. China, das sich lange Zeit gegen den Einfluss aus dem Westen gewehrt hatte, war durch einen Aufstand geschwächt und konnte sich nach den Opiumkriegen gegen England keine weiteren Eskalationen leisten. Trotzdem erschien es angeraten, gemeinschaftlich mit dem Reich der Mitte zu verhandeln.

Preußen und die Hansestädte hatten sich seit der Gründung des Deutschen Bundes immer mehr einander angenähert. Seit 1859 schon hatte es eine *Hanseatische Gesandtschaft* in Berlin gegeben, deren Leiter die Städte dann ab 1867 im Bundesrat erst des Norddeutschen Bundes, dann des Deutschen Reichs vertrat – allerdings nicht als »hanseatischer« Abgeordneter, sondern in Personalunion mit (teils unterschiedlichen) Vollmachten für alle drei Einzelstädte.[21] Auch Preußen umschmeichelte die wichtigen Häfen. Von Bismarck ist sogar der – freilich nicht eindeutig belegte – Ausspruch überliefert: »Eine Großmacht ist und wird der Norddeutsche Bund durch Preußen, eine Weltmacht kann er nur durch die Hansestädte werden.« So ist das gemeinsame Vorgehen in China gar nicht verwunderlich. »Wir sind allzumal Partikularisten«, soll der Eiserne Kanzler bei derselben Gelegenheit gesagt haben, »aber wir müssen, um einig zu werden, allmählich zu einer größeren Auffassung der Dinge uns heraufarbeiten.«[22] Und tatsächlich: Neben dem Zollverein und den Hansestädten wurden auch die beiden mecklenburgischen Großherzogtümer in den Vertrag aufgenommen und damit ein beträchtlicher Teil des späteren Bismarckreiches. Und so kann man durchaus sagen, dass der letzte »hanseatische« Handelsvertrag auch der erste »deutsche« gewesen ist.

Eine »halbvergessene Antiquität« erwacht langsam wieder zum Leben: die bürgerliche Hansegeschichtsschreibung

Am Beginn der modernen, wissenschaftlichen Hanseforschung stand, das ist ganz zu Anfang dieses Buches schon einmal kurz thematisiert worden, Georg Sartorius, der mitten in den Wirren der napoleonischen Kriege sich keinen »harmloseren, politischen Gegenstand« vorstellen konnte »als diese halbvergessene Antiquität« Hanse.[23] Der Göttinger Professor war aber beileibe nicht der Erste, der sich mit der Geschichte der Hanse beschäftigte. Schon Heinrich Sudermann, dem ersten hansischen Syndikus, war aufgetragen worden, eine Geschichte des neu konstituierten Bundes zu verfassen.[24] Das waren freilich noch Arbeiten der Selbstvergewisserung gewesen: Es habe *die noth geleret, daz man sich ... zusammen setzen muss,* betonte etwa 1591 der Londoner Kontorssekretär Lisemann. Und das *betzeugen doch nicht allein die alten recesse, sondern auch gedruckte historien, was nutzen der burger geschaffet, ja, was tapfere thaten sie verrichtet undt in was ansehen sie ... gerathen.*[25] Während Lisemann, ebenso wie viele andere, noch den defensiven Charakter des Bundes, die *mutua defensio,* betonte, schleicht sich auch schon ein Interpretament in seine Darstellung, das in den späteren Jahrhunderten dominant werden sollte: die besondere Bedeutung des *burgers.*

Mitten im Dreißigjährigen Krieg erschienen dann die vier Bände des *De Rebuspublicis Hanseaticis Tractatus* aus der Feder des ehemaligen Magdeburger Ratssyndikus Johannes Angelius Werdenhagen, die sich ausdrücklich in den Streit um die Unabhängigkeit Braunschweigs einmischten und deshalb in manchen Städten durchaus kontrovers aufgenommen wurden.[26] Danach wurde es weitestgehend ruhig um die Hanse als historischen Gegenstand. Das entsprach in gewisser Weise ihrer abgeebbten Bedeutung.

Der hanseatische Bürger als Triebkraft deutscher Geschichte

Erst im späteren 18. Jahrhundert begann man sich wieder langsam für die Hanse zu interessieren – mal aus antiquarischer Faszination, wie in Johann Peter Willebrandts *Hansischer Chronick* von 1748, mal als Wiederentdeckung alter Gemeinsamkeit. 1799 wurde in Bremen das *Hanseatische Magazin* gegründet.[27] Ihm war, wie vielen Zeitschriftenprojekten dieser Zeit, keine lange Lebensdauer beschieden; schon 1804 wurde es eingestellt. In diesen wenigen Jahren aber hat es zum Geistesleben Norddeutschlands durchaus beigetragen, wie das Subskribentenverzeichnis und die weite Verbreitung noch erhaltener Exemplare zeigen. Herausgeber war der spätere Bremer Bürgermeister und bedeutende hanseatische Politiker Johann Smidt, an den noch heute ein Denkmal in Bremerhaven erinnert.[28]

Hanseatisch heißt das Magazin nicht deswegen, betont Smidt gleich im Vorwort der ersten Ausgabe, *weil es die Geschichte der Hanse zu dem vorzüglichen Gegenstande seines Inhalts zu machen gedenckt; weder eine träge Augenweide an dem Anblick vormaliger Größe, noch ein kleinliches Wichtigthun mit den gegenwärtigen Ueberbleibseln derselbem gehört zu dem Charakter, welchen die Bürger unserer Städte respectiren.* Smidts Anliegen war gemessen an späteren Identitätspolitiken also geradezu fortschrittlich. Es ging ihm auch nicht darum, die *Bürger Hamburgs, Bremens und Lübecks unter dieser Firma in eins zu schmelzen, und ihnen etwa eine gemeinschaftliche Cultur, gemeinschaftliche Sitten und einen gemeinschaftlichen Volkscharackter unter dem Namen des hanseatischen andichten zu wollen, der in der Wirklichkeit nicht existirt.*[29]

Gleich am Anfang dieser ersten Ausgabe stand ein *Kurzer Entwurf einer Geschichte der Hansa, insonderheit des Ganges der Handlung während derselben.*[30] Als Verfasser hatte Smidt den bedeutenden Mathematiker und Ökonomen Johann Georg Büsch, Leiter der Hamburger Handelsakademie, gewinnen können, zu dessen Schülern eine Reihe bedeutender Kaufleute zählte, etwa der spätere hanseatische Sondergesandte Georg Heinrich Sieveking, der 1796 mit dem revolutionären Frankreich verhandelte.[31] Man darf also seinen Einfluss auf das zeitgenössische Geschichtsbild der merkantilen Oberschicht nicht unterschätzen. Büsch jedenfalls zeichnete das Bild tatkräftiger norddeutscher Stadtbürger, die vor allem durch Einigkeit und Hemdsärmeligkeit für Frieden und Wohlstand gesorgt hätten.

Diese Vorstellung bürgerlicher Triebkraft für die deutsche Geschichte war es nun, die zur Wiederentdeckung der Hanse als historischem Gegenstand führte.[32] Prägend dafür wurde der Bearbeiter von Georg Sartorius, der hamburgische Archivar Johann Lappenberg.[33] Sartorius hatte die erste Ausgabe seines Werkes weitestgehend auf der Basis gedruckter Quellen und Literatur geschrieben, denn die hansestädtischen Archive waren ihm noch verschlossen. Als Staatsangelegenheiten hielt man Archive damals noch für staatliches Herrschaftswissen, das vor den Augen Unbefugter zu schützen sei. Nach den napoleonischen Kriegen änderte sich das vielerorts, wurden die Archive der Geschichtsforschung geöffnet, und so ging Sartorius an die Überarbeitung seines Werkes. Über der Arbeit freilich verstarb er, und Lappenberg übernahm die Aufgabe. Er machte aus der »halbvergessenen Antiquität« eine staatstragende Angelegenheit: aus der *Geschichte des hanseatischen Bundes* von 1802 war 1830 auf einmal die *Urkundliche Geschichte des Ursprunges der deutschen Hanse* geworden. Das kam zunächst einmal daher, dass in diesen von Restauration und Fürstendruck geprägten Jahren der Deutsche Bund und damit der Bundesbegriff insgesamt keinen guten Klang in den Ohren der meisten Liberalen hatten. Für Lappenberg entsprach dieser Schwenk zudem seiner wenigstens im Kern bis heute akzeptierten Neubewertung der Hansegeschichte: Nicht aus den Städtebünden habe die Hanse ihren Anfang genommen, sondern aus den Zusammenschlüssen der Kaufmänner, also den Vorgängern des hanseatischen Bürgertums. Dieses Bürgertum nun, so stellt Lappenberg in seiner Einleitung fest, habe Deutschland den Weg zur Nation gewiesen. Denn es sei *vor allem der Mangel an Einheit der Nation gewesen, welcher die Städte des nördlichen Deutschlands, wie früher Italien, groß gemacht* hatte – und deren *freye Verfassungen* und *kräftiger Sinn* den Gegenpol zu den *kostspieligen Fehden* der Fürsten und Könige bildeten.[34]

Wirkmächtig wurde diese neue Auffassung durch Lappenbergs enge Verbindung mit dem Göttinger Geschichtsprofessor Georg Waitz. Gemeinsam wurden sie gleich zu Beginn in die 1858 auf die Initiative des berühmten Historikers Leopold von Ranke gegründete Historische Kommission bei der Bayerischen Akademie der Wissenschaften berufen. Diese Kommission hat Großes, dabei aber auch Erdrückendes für die deutsche Geschichtswissenschaft vor allem auf dem Gebiet der Quellenedition und der Grundlagenforschung, etwa in der Erarbeitung der *Allgemeinen Deutschen Biographie,* geleistet.[35] Und diese Kommission nun konnten Lappenberg und Waitz davon überzeugen, auch die Hanserezesse in ihr Programm aufzunehmen. Zu dem groß angelegten Editionsplan der *Reichstagsakten* mit seiner Betonung des Reiches und der Fürsten bot das Projekt ein bürgerliches (und nicht zuletzt auch ein protestantisches) Gegengewicht.

Lappenberg strich in seinem Finanzierungsantrag die hansische Geschichte ganz ausdrücklich als den *interessantesten Theil der Geschichte des dritten Standes* heraus. Mehr noch: *Für kein historisches Material, keine Forschungen werden unsere Enkel uns mehr Dank wissen, als für diejenigen, welche die Heldenzeit und die Großthaten des deutschen Bürgerthums vergegenwärtigen und zugleich für immer die Kunde sichern von den geringen Anfängen ..., welche allmählich die ... rastlose Industrie und jene Geldmacht geschaffen haben, vor denen das alte Europa mit jedem Jahrhunderte und jedem Jahrzehnte hat mehr und mehr zurücktreten müssen.*[36] »Hanse« und »deutsches Bürgertum« waren also im Grunde ein und dasselbe, ihre Geschichte die Vorgeschichte für die deutsche Wirtschaftsmacht der Gegenwart und Zukunft. Mit diesem Programm hatte der Antrag den gewünschten Erfolg. Der erste Band der *Hanserezesse* erschien 1870 in München.

Die junge Hanseforschung bekommt eine Dachorganisation

Und damit sind wir auch schon wieder bei unserem Einstieg in die Hansegeschichte angelangt. Am 24. Mai 1870 wurde, wie berichtet, in Stralsund nicht nur der Frieden mit Dänemark von 1370 gefeiert, sondern auch die Gründung des *Hansischen Geschichtsverein* (HGV) beschlossen, der dabei das nationale Pathos des Feieranlasses in sich aufsog.[37] Der Impuls ging von Lappenbergs Nachfolger Karl Koppmann aus, der neben dem Hamburger Staatsarchiv auch die Herausgabe der Hanserezesse übernommen hatte. Er regte einen gemeinsamen Verein für *hansische und vaterländische Studien* an, was bei den Geschichts- und Altertumsvereinen Norddeutschlands auf offene Ohren stieß. Die *Erinnerung an den glorreichen Frieden von Stralsund,* meinte etwa der Bremer Senator Heinrich Smidt, verweise auf den Sieg, *den die Einigkeit deutschen Bürgerthums über die Gewaltthätigkeit ausländischer Monarchen erfochten* habe. Und der spätere Gymnasialdirektor Johann Friedrich Bulle verstieg sich sogar zu der Aussage, es gezieme sich nicht, *kalt bei der Erinnerung an einen solchen Tag zu bleiben,* sondern sich vielmehr *den damals bethätigten deutschen Bürgermuth und deutsche Bürgertüchtigkeit, welche die Bewunderung aller Zeiten verdienen, lebendig zu vergegenwärtigen und damit einen geringen Zoll des Dankes, den wir unseren mannhaften Vorfahren schulden, abzustatten.*[38] Offensiver Militarismus und nationales Pathos, norddeutsches Bürgertum und deutsches Volk wurden hier in eine folgenschwere Verbindung gebracht, die vielen der Anwesenden zusagte.

Immerhin betonte man die Transformation der angeblichen *Waffengemeinschaft* in eine *Studiengemeinschaft,*[39] der auch gleich ein Gegenstand zufiel. Der frisch gegründete Verein machte sich die Herausgabe der Hanserezesse und des ihnen an die Seite gestellten *Hansischen Urkundenbuches* zur Aufgabe, da aus München schon kurz nach dem Thronwechsel von 1864 das deutliche Signal gekommen war, mehr als den ersten Band des Projekts wolle man nicht finanzieren. Der neue Bayernkönig Ludwig II. hatte eben eine größere Liebe für Schloss Neuschwanstein als für irgendwelche staubigen Editionsarbeiten. Zum Glück für die Hanseforschung konnte Waitz auf der ersten Pfingsttagung des HGV die Vereinsmitglieder überzeugen, das Projekt mit eigenen Mitteln weiterzuführen.[40] Wetternd überzeugte er seine Zuhörer, *die reichen Hansestädter müßten sich schämen, wenn sie indolent genug wären, sich den Grundstein zu einem Ehrendenkmal ihrer Geschichte von einem süddeutschen Fürsten setzen zu lassen, ohne bereitwillig den Ausbau und die Vollendung in die eigene Hand zu nehmen.*[41] Und so beschloss man außer der Gründung einer Vereinszeitschrift ebenso die Fortführung des groß angelegten Editionswerkes.

Neben der wissenschaftlichen Forschungstätigkeit setzte in den folgenden Jahren auch eine umfangreiche monografische Publikationstätigkeit ein, die sich auch an breitere Leserschaften richtete. In dichter Folge erschienen nun Gesamtdarstellungen, die sich – genauso wie die Quelleneditionen, auf die sie sich stützten – ausdrücklich vornahmen, die Hanse als *Vertreter der gesamten deutschnationalen Politik* im Norden darzustellen.[42]

Das neu erwachte Interesse des späten 19. Jahrhunderts an der Hanse schwappte übrigens hinüber auf das viktorianische England. Die gebürtige Hamburgerin Helen Zimmern war schon als Kind auf die Insel gezogen und zunächst als Journalistin und Übersetzerin tätig gewesen – unter anderem von Friedrich Nietzsche, der sie als einzige unter seinen Übersetzern eines Briefwechsels würdigte. Dann wurde sie ab 1889 mit ihrem Sachbuch *The Hansa Towns* zur Bestellerautorin.[43] Es mag freilich kein Zufall sein, dass man sich in diesen Jahren auf der Insel wieder stärker für die Hansestädte, ihren Zusammenhalt und ihre Verbindung mit dem Reich zu interessieren begann. Denn um diese Zeit nahmen allerhand wirtschafts- und geopolitische Spannungen zwischen Großbritannien und Deutschland ihren Anfang.

Schiffe für den Kaiser: die Hanse und die wilhelminische Flottenpolitik

Wenn die Hanse zum Ende des 19. Jahrhunderts als vorgeblich legitime Vertreterin deutscher Außen-, zumal Seepolitik des Mittelalters wiederentdeckt wurde, so hatte das zwei wesentliche Gründe: zum einen die Selbstlegitimation des HGV, der mit seiner Zuständigkeit für ein territorial übergreifendes, »vaterländisches« Phänomen seine Existenz gegenüber den vielen bereits etablierten lokalen Geschichts- und Altertumsvereinen rechtfertigen konnte, zum andern das zunehmende Interesse an einer selbstbewussten deutschen Seepolitik.

Der sich rasant entwickelnde Welthandel im Zeitalter des Imperialismus hatte die Frage nach der nationalen Teilhabe am Kuchen immer virulenter werden lassen. Territorial mochte Deutschland in Europa »saturiert« sein, wie Bismarck sich gleich nach der Reichsgründung mehrfach zu betonten beeilte. Aber die Rufe nach einem »Platz an der Sonne« wurden doch immer lauter, bis der Kanzler in erste koloniale Landnahmen einwilligte. Noch dynamischer wurde die deutsche Übersee- und Flottenpolitik, nachdem 1890 »der Lotse von Bord gegangen war«, wie es auf einer berühmten zeitgenössischen Bismarck-Karikatur heißt. Dabei standen nicht nur koloniale Ambitionen hinter dem deutschen Flottenausbau, sondern bald auch die angestrebte Präsenz in den Meeren rund um Europa. Die permanente Möglichkeit, nicht die eigentliche Durchführung militärischer Aktionen war der Inbegriff eines neuen Modewortes: *Seemacht.*[44]

Von einer solchen Macht konnte lange keine Rede sein. 1848/49 hatte es zwar zum ersten Mal eine deutsche Flotte gegeben, deren elf Schiffe – darunter das Flaggschiff *Hansa* – jedoch schon 1852/53 wieder verkauft werden mussten.[45] Trotzdem war nun der Gedanke in der Welt und wurde immer wieder als Mittel deutscher Außenpolitik ins Spiel gebracht. Die Hansestädte mit ihren großen Reedereien und weltweiten Handelsinteressen spielten dabei eine herausgehobene Rolle. Neuen Wind erhielt die Diskussion immer wieder durch den brodelnden Konflikt zwischen konservativ-protektionistischen Kreisen und liberalem hansischen Handelsbürgertum, für dessen Erfolg niedrige Zollschranken und die Sicherheit der Seewege zentral waren. Im Inland sahen die Hanseaten ihre ökonomischen Interessen seit der Reichsgründung durch die lauter werdenden Forderungen der ostelbischen Agrarlobby und der Schwerindustrie nach der Beschränkung russischer und amerikanischer Importe gefährdet, nach außen durch steigende Zölle, vor allem in den USA und Lateinamerika.[46]

In dieser Debatte, die von Politikern, Vertretern von Industrie und Handel und nicht zuletzt auch von der Presse geführt wurde, hatten nun auch Hansehistoriker eine wichtige Stimme. Als sich im Mai 1870 in Stralsund der HGV gründete, wurde eine Preisaufgabe zum Thema *Die deutschen Hansestädte und König Waldemar* ausgeschrieben. Der Gewinner war der spätere Herausgeber der Hanserezesse, Dietrich Schäfer, der gleich im Vorwort seiner Studie feststellte: *Der Kampf der Städte gegen Dänemark machte [die Hanse] zu einer politischen Macht, die durch zwei Jahrhunderte die Interessen der Deutschen zur See vertrat und stark genug war, sich in allen Fragen, die die nordeuropäischen Meere und ihren Verkehr betrafen, Gehör zu verschaffen.*[47] Schäfer war als Sohn eines Hafenarbeiters in Bremen aufgewachsen und hatte sich aus ärmlichen Verhältnissen über das Bremer Lehrerseminar und ein Studienstipendium des Norddeutschen Lloyd bis zum Hochschullehrer emporgearbeitet – eine Biografie, die er selbst nicht müde wurde zu betonen.

Größeren Einfluss als sein Doktorvater Waitz in Göttingen hatte auf Schäfer der berühmt-berüchtigte Berliner Starhistoriker Heinrich von Treitschke, dessen Antisemitismus er ebenso teilte wie die Auffassung, es lasse sich *jede bedeutsame menschliche Thätigkeit in ihrer zeitlichen Entwicklung – also, wie man gedankenlos zu sagen pflegt, historisch – darstellen; doch je weiter sie vom Staate abliegt, umso weniger gehört sie der Geschichte an.*[48] Im Geiste dieser Staatsversessenheit beteiligte sich Schäfer an exponierter Stelle an dem wohl bedeutsamsten Historikerstreit des 19. Jahrhunderts, dem sogenannten »Methodenstreit« zwischen Karl Lamprecht und Georg von Below, und verfasste er seine Abhandlungen zur Hansegeschichte. *Wesen und Inhalt der Hanse,* gab er der Dissertation seines Schülers Häpke 1908 in einem Vorwort mit auf den Weg, *ist ihre Vertretung Deutschlands zur See.*[49] Kein Wunder also, dass Schäfer Mitglied im 1897 gegründeten Flottenverein war und dessen Ziele, wie auch andere Hanseforscher, durch zahlreiche Vorträge und Publikationen aktiv unterstützte. Der Verein wurde ungeheuer populär und hatte zwischenzeitlich über eine Million Mitglieder.[50] Kaiser Willhelm II. wiederum dankte der Hanseforschung ihre willige Unterstützung, indem er wiederholt seine neue Flotte als *alte hanseatische Aufgabe,* als *neue Hanse,* als die Fortsetzung einer Politik, *wo in alter Zeit die Hansa hat aufhören müssen, weil ihr die belebende und beschützende Kraft des Kaisertums fehlte,* bezeichnete.[51] Und so ließ man sich schließlich auch in den Seestädten vom »Tirpitz-Plan«, wie der systematische Ausbau der deutschen Hochseeflotte genannt wurde, überzeugen.

Erfüllt haben sich die hanseatischen Hoffnungen nicht. Nach der kurzen Zeit des »neuen Kurses« unter Bismarcks Nachfolger Caprivi schlugen sich der Kaiser und die Reichskanzler endgültig auf die Seite von Agrariern und Industriellen, während die Hanseaten die Zeche zahlen durften: Sie finanzierten die Flotte durch steigende Zölle und Abgaben, während die Industrie am massiven Aufrüsten verdiente und die Agrarlobby durch Einfuhrzölle beruhigt wurde. Gebaut wurden aber keine kleinen Kreuzer und Kanonenboote für die koloniale *gunboat diplomacy,* sondern schwere Kriegsschiffe, die offensichtlich Großbritannien – und damit den wichtigsten Kunden der Hanseaten – nervös machen sollten. So führte die wilhelminische Flottenpolitik ziemlich unmittelbar in die Katastrophe des Ersten Weltkrieges. Die deutsche Niederlage brach die Begeisterung für die Hanse und die deutsche Seegeltung kaum, zumal auch Schäfers akademische Schüler fleißig weiter im Sinne ihres Doktorvaters publizierten und dem Weimarer Revisionismus immer neues Futter lieferten.[52]

Vom *nordisch-germanischen Geist* zur *Brücke zwischen Ost und West:* neue identitäre Aufgaben

In der Zwischenkriegszeit erfasste eine große Begeisterung für die kulturellen Gemeinsamkeiten Norddeutschlands mit seinen nordischen Nachbarn weite bürgerliche Kreise – zumal solche, die ein lebhaftes Interesse auch am wirtschaftlichen Austausch hatten.[53] Im Zuge dieser Skandinavienbegeisterung wurde 1921 in Lübeck die *Nordische Gesellschaft* ins Leben gerufen.[54] Ursprünglich als ein *Verein zur Förderung und Vertiefung der kulturellen und wirtschaftlichen Beziehungen zwischen Deutschland und den nordischen Ländern* gegründet und finanziell großzügig von Lübecker Handelshäusern unterstützt, fand sie rasch Zuspruch im wohlsituierten Bürgertum der Stadt. Im Vereinshaus in der Breiten Straße, später auch im Deutsch-Nordischen Schriftstellerhaus in Travemünde sprachen Wirtschafts- und Literaturgrößen, darunter Thomas Mann. Mit dem *Deutsch-nordischem Jahrbuch für Kulturaustausch und Volkskunde* gab man sich betont völkerverbindend; man veranstaltete Kunstausstellungen und Musikfestivals – ein Paradestück hansestädtischer Bürgerlichkeit. Besondere Bedeutung erlangte außerdem die zur Gesellschaft gehörige *Nordische Verkehrs GmbH*, die den Skandinavientourismus von Travemünde aus organisierte. In der regen Tätigkeit der Gesellschaft in Lübeck und im ganzen Ostseeraum bot die Hanse einen zentralen Identifikationspunkt – doch viel Anklang fand das Ganze bei den Freunden im skandinavischen Ausland nicht. Das lag sicher daran, wie schlecht die deutsche Hanse in den nationalen Geschichtswerken der Ostseenachbarn mehrheitlich gelitten war. Ganz anders verhielt es sich nämlich mit anderen internationalen Gesellschaften wie etwa dem PEN-Club, der relativ problemlos das gemeinsame *Ostseejahr 1931* beging.

Von der Kulturforschung zur Raumpolitik: deutsche Nordtümeleien zwischen Weimar und der Wolfsschanze

Bei allen zeitgemäß deutschtümelnden Anwandlungen der Gesellschaft kann man eine wirkliche Wendung zur nationalsozialistischen Ideologie erst nach der Gleichschaltung 1933 feststellen. Die kam dann aber rasch und heftig. Alfred Rosenberg, berüchtigter Chefideologe der NSDAP und selbst ein gebürtiger Hanseat aus Reval, hatte einen Narren an der Nordischen Gesellschaft und ihrer Sache gefressen. Er setzte seinen Privatsekretär Thilo von Trotha zum Schirmherrn ein und ließ ihr großzügige Förderung zukommen. Nun eröffnete die Gesellschaft an allen möglichen Orten sogenannte »Kontore«, denen jeweils lokale Nazigrößen an die Spitze gestellt wurden. Damit verband Rosenberg die Hoffnung, sie zur »Zentralstelle für die Verkündung und Verwirklichung des Nordischen Gedankens«, ja mit ihr letztlich gar »ein getarntes politisches Seitenstück zur SS zu schaffen, das mühelos den Nordischen Gedanken in andere Länder verpflanzen kann«.[55]

Bei diesem Ansinnen spielten hansische Traditionen eine wichtige Rolle. 1939 etwa sprach Hans Muchow in Hamburg über *Die Hanse als Wille und Tat aus nordisch-germanischem Geist.*[56] Und wenige Jahre zuvor hatte der Lübecker Wirtschaftswissenschaftler Werner Daitz vor der Gesellschaft seinen Plan eines *neuen kontinentaleuropäischen Wirtschaftskreislaufes* ausgebreitet, der unter deutscher Führung die bisherige Passivität Europas gegenüber der Entwicklung des Weltmarktes überwinden könne: *Deutschland, in der Mitte des europäischen Kontinents gelegen, ist von Natur aus der berufene Warentransiteur, das Clearinghouse für den kontinentaleuropäischen Waren- und Leistungsaustausch.*[57] In diesem Konzept spielte die Hanse eine Vorbildrolle, weil sie die erste europäische *Bedarfsdeckungswirtschaft* dargestellt habe, die den gegenseitigen Austausch *zwischen den von ihr umschlossenen Völkern und Volksräumen* organisiert habe. Diese Vision einer europäischen Großraumwirtschaft hat auch wichtige Hanseforscher, allen voran Fritz Rörig, umgetrieben, dem die Forschung bis heute die Wende von einer rein politikgeschichtlichen hin zu einer wirtschaftshistorischen Sicht auf die Hanse zu verdanken hat.[58] Aber er vertrat eben auch vehement den *Zusammenklang von Geschichtsforschung und gegenwartsbezogener Geschichtsdeutung.*[59]

In einem vom SS-Hauptamt mitherausgegebenen Sammelband über *Germanische Gemeinsamkeit* stellte Rörig 1944 fest, es sei das *große europäische Verdienst* der Hanse gewesen, *die Länder von Nordsee und Ostsee in einer zwar differenzierten, aber doch in sich höchst aktiven Wirtschaftsgemeinschaft zusammengeführt zu haben.* So weit könnte man das auch heute ganz ähnlich lesen. Aber Rörig setzte hinzu: *Ihr deutsches Verdienst aber ist es, diese Gemeinschaft unter deutscher Führung aufgebaut zu haben.*[60] Solche Töne wiederum waren damals selbst für das liberale Bürgertum anschlussfähig, wie überhaupt die Wirtschaftsraumforschung sich in einem kriegsgebeutelten Europa stets betont friedliebend geben konnte.

Dass die Wiederherstellung der deutschen Führungsrolle ganz Europa zugutekäme, versuchte Heinrich Hunke im In- und Ausland mit zwei reich illustrierten Bänden zu belegen. 1940 erschien *Hanse, Downing Street und Deutschlands Lebensraum*, zwei Jahre später *Hanse, Rhein und Reich*. Darin identifizierte er Großbritannien als kriegstreibenden Hauptgegner nicht nur Deutschlands, sondern jeder freien europäischen Wirtschaft und rief die Länder Nordeuropas auf, sich unter deutscher Führung zu einer neuen *hansischen Wirtschaftsgemeinschaft* zusammenzuschließen.[61]

Die Fantasie von einem deutsch geführten Norden und von dessen Durchdringung mit deutscher Kultur erfüllte sich letztlich nicht – dafür waren die skandinavischen Länder an den Aktionen der Nordischen Gesellschaft schon vor deren Gleichschaltung zu wenig interessiert gewesen. Rosenberg selbst konnte zwar mit der *Nasjonal Samling* in der norwegischen Regierung eine Partei installieren, die zur Kollaboration mit dem NS-Regime bereit war. Sein Lübecker Experiment aber konnte er selbst nur als gescheitert eingestehen: *Der Norden hat das neue Deutschland nicht verstanden. Der Norden hat auf den deutschen Appell an die Idee einer Schicksalsgemeinschaft der Ostsee nicht geantwortet.*[62]

Die Hanse als »Mittler zwischen Ost und West«: neue Aufgaben nach 1945

Nach dem Krieg warf man den rhetorischen Ballast des Nationalsozialismus rasch über Bord, nicht aber die Grundvorstellung von der raumbildenden Kraft der Hanse. Sie wurde lediglich konsequent entpolitisiert. Eine starke Hinwendung zur Wirtschafts- und Sozialgeschichte sowie zur vergleichenden Stadtgeschichte machte das möglich.[63] Zugleich wurden neue Forschungen durch die deutsche Teilung ebenso erschwert wie durch den Verlust zahlreicher Archivalien. Kriegsschäden hatten unwiederbringliche Lücken in die deutsche Archivlandschaft gerissen, andere Bestände waren auf lange Zeit durch ihre Verschleppung in die Sowjetunion unzugänglich. Die aus Lübeck etwa kamen erst 1990 zurück an die Trave.[64]

Die Teilung Deutschlands führte auch zur Teilung des HGV, von dem sich seit 1955 schrittweise in der DDR die *Hansische*

Arbeitsgemeinschaft abspaltete.[65] Das war eine institutionelle Trennung, die aber durchaus keine Aufkündigung der Zusammenarbeit darstellte. Tatsächlich hat die Hanseforschung über den Eisernen Vorhang hinweg bemerkenswert eng zusammengearbeitet und haben trotz aller Finanz- und Währungsprobleme Mitglieder der Arbeitsgemeinschaft regelmäßig die Pfingsttagungen im Westen besucht – und umgekehrt bundesdeutsche Historiker so manche Konferenz in der DDR. Tatsächlich betonten der politisch geläuterte Rörig ebenso wie seine Schüler Ahasver von Brandt und Ekkehard Müller-Mertens seit den Nachkriegsjahrzehnten stets die »Mittlerrolle der Hanse zwischen Ost und West«.[66]

Hanseatischer Geist im Wirtschaftswunderland

Den Geist hansisch-hanseatischer Weltoffenheit beschworen neben der Forschung auch Politik und Wirtschaft in der jungen Bundesrepublik. In der Hansestadt Hamburg zum Beispiel war der Reeder, Kaufmann und spätere CDU-Politiker Erik Blumenfeld einer von mehreren wichtigen Akteuren, die für die Rückbesinnung auf hanseatische Traditionen warben.[67] Blumenfeld hatte Auschwitz und Buchenwald überlebt, unter anderem seiner Netzwerke wegen. Sie umspannten über seine Mutter nicht nur Himmlers Leibmasseur Felix Kersten, der für die Rettung zahlreicher KZ-Insassen verantwortlich gewesen sein soll, sondern auch den späteren ZEIT-Verleger Gerd Bucerius, der ihn kurz vor Kriegsende in seinem Haus versteckte. Nach dem Krieg baute er das väterliche Erbe zu einem internationalen Großunternehmen aus.

Blumenfeld setzte sich für eine konsequente Orientierung an alten hanseatischen Werten ein. Hamburg falle »unverändert die Aufgabe« zu, ein »Tor zur Welt«, ein »Bindeglied zwischen Osten und Westen zu sein«.[68] Realisiert wurde diese Aufgabe vor allem durch den Ausbau persönlicher Netzwerke zwischen den Hamburger Hanseaten und dem Rest der Welt. Sie materialisierten sich etwa in der Wiederbegründung des Übersee-Clubs an der Binnenalster, den 1922 der später in die Emigration nach England getriebene Bankier Max Warburg ins Leben gerufen hatte. Auch die neuerliche Belebung des Anglo-German Club 1948 und einige Jahre später die Transatlantik-Brücke trugen zu den internationalen Netzwerken bei. Auf diese Weise bündelte Hamburg schrittweise den Begriff des »Hanseatischen« auf die eigene Stadt.

Unterstützt wurde dieser Prozess von einer in den Nachkriegsjahren von vielen Repräsentanten der Hamburger Politik und Kaufmannschaft vertretenen Vorstellung von einem »Hamburger Sonderweg«, der sich darin äußerte, dass die Stadt »eine verhältnismäßig ruhige Insel im Nazi-Treiben während der ganzen Zeit des Hitlerregimes geblieben« sei.[69] Auch wenn diese Reinwaschung der jüngsten Vergangenheit spätestens im Laufe der 1960er-Jahre immer weniger Akzeptanz fand, scheint doch der Bezug auf das Hanseatische eine große Integrationskraft in der Stadtbevölkerung entfaltet zu haben.[70] Wie sehr das bis in die jüngste Gegenwart noch nachwirkte, trat 2015 hervor, als Politik und Presse den verstorbenen Altkanzler Schmidt bundesweit als »wahrhaft großen Hanseaten« rühmten.[71]

Neben der wiederentdeckten Weltoffenheit wurde noch ein zweites Element älterer deutscher Hansebegeisterung in die Bundesrepublik hinübergerettet: die hansische *Tatkraft*.[72] Sie findet sich schon in den Schilderungen des 19. Jahrhunderts und der Zwischenkriegsjahre, umso mehr natürlich in den Werken aus der Zeit des Nationalsozialismus – und bei Fritz Rörig, der so nachhaltig die erste Generation der Hansehistoriker in Ost- und Westdeutschland geprägt hat. Nicht nur seine »Unternehmerkräfte«, die energisch die Gründung Lübecks vorangetrieben hätten, nein, das gesamte deutsche Bürgertum war ihm »eine Energie geschichtlichen Werdens«.[73] Dass diese Tugend gerade in der Wiederaufbauphase der Nachkriegszeit häufig beschworen wurde, liegt auf der Hand.

Ein drittes Element bundesrepublikanischer Hansebilder war schließlich die Vorstellung vom besonderen Verhältnis zwischen Hanse und Reich, die regelmäßig auf das abstrakte Verhältnis zwischen Wirtschaft und modernem Staat übertragen wurde. Die Energie und Tatkraft des hansischen Unternehmers verbanden sich mit der staatlichen Sicherstellung von Handlungsfähigkeit und Gestaltungsfreiheit – die man geneigt war, von der jungen

Republik zu fordern. Der Wirtschaftshistoriker Wilhelm Treue, der zu den Gründungsvätern der deutschen Unternehmensgeschichte gehörte, betonte etwa 1952, dass »bezeichnenderweise … die Blütezeit des Kaufmanns« just beginne, als »das Deutsche Reich machtpolitisch darniederlag« – also in jenem Interregnum, von dem im dritten Kapitel die Rede war. Es ist für ihn allerdings die große Zeit des Kaufmanns, »der als Individuum auf die innenpolitische Sphäre beschränkt blieb. Wo er aber versuchte, in größerer Gemeinschaft, so in der Hanse, aus dem engen Rahmen des Staates hinauszutreten, da scheiterte er sehr bald nach kurzem, aber großem Erfolg an eben der Machtlosigkeit des Staates, welche ihm gleichzeitig die Ungebundenheit wirtschaftlicher Tätigkeit gewährt.«[74] Zweierlei gab er seinen Lesern also mit auf den Weg: Der Staat muss erstens nach innen die »Ungebundenheit« der Wirtschaft sicherstellen und sie nach außen schützen und fördern. Zweitens wird diese Wirtschaft nicht von Gruppen wie der Hanse getragen, die »trotz aller politischen und wirtschaftlichen Erfolge auf die Dauer lebensunfähig« seien, sondern von großen Individuen, von Unternehmerpersönlichkeiten.

In der Bewertung der mittelalterlichen Hanse und ihres »Niedergangs«, wie es damals noch einhellig hieß, spiegelten sich durch die gesamte wirtschaftshistorische Forschung des 20. Jahrhunderts hindurch stets grundlegende Vorstellungen davon, wie Wirtschaft funktioniere, welche Ziele sie zu verfolgen habe und welches Verhältnis zu Staat und Gesellschaft ihr gebühre. Im Grunde ist das bis heute so, auch wenn Historiker mit ihrem ideologischen Urteil zurückhaltender geworden sind und sich häufig hinter der Komplexität und Vielfalt der Vergangenheit verstecken – im Unterschied zu vielen Ökonomen. Und deshalb ist die Hanse regelmäßig Argument für teils ganz widersprüchliche ökonomische Globalaussagen.

Und für alle anderen? Hanse museal

Während Hamburg unmittelbar nach dem Zweiten Weltkrieg zurück zu seiner hanseatischen Tradition fand und diese aktiv für den Wiederaufbau einsetzte, spielte die öffentliche Erinnerung an die Hanse andernorts keine prominente Rolle. Die erste große Ausstellung der Bundesrepublik, die sich der Hanse widmete, war 1973 in Köln: *Hanse in Europa – Brücke zwischen den Märkten.* Mit großer Redlichkeit versuchte man, sich der alten Schematismen zu enthalten und die Hanse nicht als Ersatzstaat oder Kulturexporteur zu überbewerten. Zugleich zeigte sich darin, wie schwierig ein solches Phänomen bei einer solchen Zielsetzung an ein breiteres Publikum zu vermitteln ist: Abstrakt und gleichsam etwas blutleer erschien die Hanse zwar wissenschaftlich sehr korrekt, aber auch ohne wirkliche Identifikationsangebote. Für die Ausstellungsmacher war sie eben keine Brücke zwischen Menschen, sondern eine *zwischen den Märkten.*

Auf die Kölner Schau folgte 1989 als Ausfluss des frisch geschlossenen Kulturabkommens zwischen DDR und BRD in Hamburg und Rostock die große kulturhistorische Ausstellung *Die Hanse – Lebenswirklichkeit und Mythos,* deren wuchtiger schwarzer Zweibänder bis heute der unangefochtene Klassiker unter den Hansekatalogen ist. 1997 schloss sich *transit: Brügge – Novgorod* an, eine Ausstellung des Essener Ruhrlandmuseums, die erst auf den zweiten Blick die Hanse und vordergründig eine ihrer Haupthandelsrouten behandelte, die mehr oder minder zufällig über eine gewisse Strecke mit der heutigen Bundesstraße 1 in eins fällt. Eine weitere große, in ihrer Kernausrichtung aber eher landeshistorische Hanseausstellung stellte im Jahr zuvor das Kulturhistorische Museum in Magdeburg unter dem Titel *Hanse – Städte – Bünde* auf die Beine.[75] Neben diese vier großen Hanseausstellungen der letzten Jahrzehnte sind immer wieder speziellere getreten, etwa 1991 in Wesel, 2006 in Dortmund mit der aufwendigen Schau *Ferne Welten – freie Stadt,* die sich unter anderem ausführlich der hansischen Geschichte der Reichsstadt widmete, oder 2012 *Vertraute Ferne* im Ostpreußischen Landesmuseum Lüneburg.[76]

Seit 2015 nun hat das ambitioniert gestaltete Europäische Hansemuseum in Lübeck die Funktion eines zentralen Vermittlungshauses für die Geschichte der Hanse übernommen. Das stark strukturgeschichtlich orientierte Haus enthält sich wohltuend allzu plastischer Parallelisierungen zwischen gestern und heute und kann dabei von jedem Besucher für das je eigene Hansebild aufgerufen werden. In seinem Geleitwort zum Ausstellungskatalog betonte der damalige Bundesaußenminister Frank-Walter Steinmeier, die Hanse sei »ein Beispiel dafür, welche Vorteile Austausch und freier Handel über Grenzen hinweg schon in früheren Jahrhunderten für die beteiligten Völker bieten konnten«. Sie dürfe so »als früher Vorläufer der Europäischen Union gelten«, denn »ihre Aufgabe« sei eine ähnliche gewesen: »grenzübergreifend zusammenzuarbeiten, um Verständigung und friedlichen Austausch zu fördern«.[77] Das ist ein weitverbreitetes und durchaus sympathisches Bild von der Hanse, das allerdings – die vorhergehenden Kapitel dürften es gezeigt haben – nur bedingt den historischen Realitäten entspricht. Und es hat eine Vorgeschichte.

Die Hanse der Neuzeit: offen, inklusiv … und nicht ganz historisch

Diese Vorgeschichte hängt eng zusammen mit dem Fortschritt des europäischen Integrationsprozesses und der schrittweisen Erweiterung der alten Wirtschaftsgemeinschaft EG in die politische Gemeinschaft EU.[78] Als dieser Prozess in den 1980er-Jahren wieder Fahrt aufnahm, wuchs auch das Interesse an der Hanse und ihren grenzübergreifenden Kontakten. Man entdeckte neben ihren wirtschaftlichen auch ihre völkerverbindenden Eigenschaften. Zwei populäre Sachbücher, das eine in Neuauflage kurz vor dem Schengener Abkommen, das andere kurz nach dem Vertrag von Maastricht erschienen, stellen ausdrücklich die Parallelen zur fortschreitenden innereuropäischen Verdichtung her: Dieter Zimmerlings *Handelsmacht im Zeichen der Kogge* spricht 1984 im Klappentext zum ersten Mal von der »ersten europäischen Wirtschaftsgemeinschaft«, Uwe Ziegler schrieb zehn Jahre später über »Aufstieg, Blütezeit und Niedergang der ersten europäischen Wirtschaftsgemeinschaft«. Dazwischen lagen zwei wesentliche Vertragswerke, die der EU, wie wir sie heute kennen, ihr Gesicht gegeben und tatsächlich auch ihre Bürger einander näher gebracht haben – und eine Initiative zur Wiederbelebung der Hanse, die alle Mitgliedsstaaten der EU sowie die Anrainerstaaten der Ostsee einbeziehen sollte.

Engholms »Neue Hanse«, die Hansischen Wirtschaftstage und eine große Wende im Osten

Es war der frischgebackene schleswig-holsteinische Ministerpräsident Björn Engholm, der schon in seiner Regierungserklärung vom Juni 1988 das »Mare Balticum, die Ostsee, als Region einer aufblühenden wirtschaftlichen und kulturellen Begegnung« zur Vision seiner politischen Tätigkeit erklärte. Er hat diesen Plan über seine gesamte politische Schaffenszeit sehr aktiv verfolgt.[79] Beinahe zeitgleich gab am anderen Ende der Ostsee, in Helsinki, der Beratungsausschuss der finnischen Wirtschaft (EVA) ein Gutachten in Auftrag, das auch in deutscher Übersetzung unter dem Titel *Mare Balticum – Eine Wirtschafts- und Kulturregion* erschien. Wiederum an einer anderen Küste, im schwedischen Malmö, fanden die ersten *Hansischen Wirtschaftstage* statt.[80]

Während an vielen Ecken der Ostsee die Zeichen auf Kooperation standen, brach die Sowjetunion zusammen und wurden die baltischen Staaten unabhängig. Sie folgten 2004 den knapp zehn Jahre zuvor beigetretenen westlichen Nachbarn Schweden und Finnland in die EU; Dänemark war schon seit 1973 mit von der Partie. Die Teilhabe am europäischen Binnenmarkt bewirkt tatsächlich eine stärkere Integration zwischen den Mitgliedsstaaten. Das gilt vor allem mit Blick auf die »negative Integration«, auf die Aufhebung von wirtschaftlichen Binnengrenzen, die Deregulierung und Liberalisierung der Märkte, während man sich bei der »positiven Integration«, der Schaffung einer gemeinsamen europäischen Ordnungspolitik für den Binnenmarkt, deutlich schwerer tut. Darin mag man wirklich gewisse Parallelen zur mittelalterlichen Hanse sehen.

Insgesamt aber sollte man mit Vergleichen zwischen Hanse und EU eher vorsichtig sein. Gewiss folgte der Hansetag dem Konsensprinzip unter Gleichen und ähnelte somit in gewisser Weise dem Europäischen Rat. Der Hansetag hatte keine gemeinsame Exekutive, konnte also Beschlüsse kaum wirksam umsetzen, und machte auch von der Verhansung als *ultima ratio* nur spärlichst Gebrauch. Trotzdem entfaltete er eine gewisse Bindungskraft. Seine Beschlüsse allerdings mussten erst in den einzelnen Hansestädten in geltendes Recht überführt werden. Das trifft alles mehr oder minder auch auf die Europäische Union zu. Aber was erklärt man mit diesen Parallelen? Wir verstehen damit weder die EU noch die Hanse besser. Und eine direkte Kontinuität von der einen zur anderen kann man nun wirklich nicht behaupten.[81] So blieb der Traditionsverweis auf die mittelalterliche Hanse im Kontext zwischenstaatlicher Wirtschaftskooperation stets Kulisse. Was auch sonst? Aber hohe Integrationskraft hat diese Bezugnahme durchaus entfaltet. Und das ist ja erst einmal etwas Gutes.

Fröhlich hansisch: die »Hanse der Neuzeit« und ihre Ableger

Die Renaissance der Hanse im ausgehenden 20. Jahrhundert entstand – gut hansisch – nicht nur an einem Punkt und nicht nur an der Ostsee. 1980 wandte sich der Bürgermeister des niederländischen Zwolle an 57 ehemalige Hansestädte zwecks Gründung einer *Neuen Hanse* als »Lebens- und Kulturgemeinschaft der Städte über die Grenzen hinweg«. Immerhin 43 folgten der Einladung. Heute sind 194 Städte aus elf europäischen Ländern Mitglieder des *Städtebunds: die Hanse,* wie die Vereinigung mittlerweile heißt. Das ist, wenn man genau hinschaut, bemerkenswert. Denn ging es dem Engholm'schen Projekt wesentlich um das Zusammenbringen von Wirtschaftsunternehmen, wurde hier in Zwolle die Zusammenarbeit der Städte in den Mittelpunkt gerückt. Wenn man so will, entstanden also Kaufmanns- und Städtehanse fast gleichzeitig neu. Die *Hanse der Neuzeit* tagte nun alljährlich in einer anderen Stadt, sehr bald schon mit einem »Hansefest« als Kern der Veranstaltung.[82] Rasch entstanden Ableger des Erfolgsrezepts, die geradezu hansische »Quartiere« nachbildeten, weil ihre Mitgliedsstädte außer den allgemeinen »Hansetagen der Neuzeit« auch »Regionaltage« besuchen.

Der erste dieser Ableger war schon 1983 die *Westfälische Hanse.* Überhaupt ist man in Westfalen ganz erstaunlich stolz auf seine hansischen Traditionen, obwohl die Forschung den hansischen Charakter der Städte dort immer wieder problematisiert hat. So kommt Friedrich Fahlbusch, einer der maßgeblichen Experten für die westfälische Hansegeschichte, zu dem vernichtenden Urteil, dass »im Regelfall und in Westfalen grundsätzlich mit dem Etikett ›Hansestadt‹ zur Beschreibung des geschichtlichen Status einer Stadt nichts, allenfalls wenig gewonnen ist«.[83] Trotzdem kann man beobachten, dass der Verweis auf die hansische Geschichte Westfalens zum Beispiel in den jüngeren Schulbüchern für Nordrhein-Westfalen mitunter prominenter ist als in denen der hanseatischen Seestädte[84] – vielleicht, weil man es dort nicht so nötig hat. Denn in Hamburg begegnet man dieser Tradition ohnehin auf Schritt und Tritt, während sie in Lemgo erst herausgearbeitet werden muss.

In den damals noch neuen Bundesländern hat sich 1998 der *Altmärkische Hansebund* zusammengefunden, dem neben dem geschäftsführenden Stendal die Städte Gardelegen, Werben, Seehausen, Osterburg, Tangermünde, Salzwedel und Havelberg angehören.[85] »Der Achterbund steht für gemeinsames Handeln, um das historische Erbe der Hansezeit bekannt und erlebbar zu machen«, heißt es im gemeinsamen Internetauftritt. »Zudem sollen über Grenzen hinweg in hanseatischer Tradition ein reger Austausch mit anderen europäischen Tourismusregionen und die wirtschaftliche Zusammenarbeit gefördert werden.«[86] Das entspricht der Agenda des *Städtebundes,* auf dessen internationalen Hansetagen sich die gemeinsamen Aktivitäten des altmärkischen Regionalbündnisses bisher im Wesentlichen materialisieren.

Diese Hansetage, um deren Ausrichtung sich die Mitgliedsstädte mit einigem Vorlauf bewerben können, werden oft zusammen mit anderen Stadtfesten gefeiert. Dortmund etwa hat 1982 nicht nur den Westfälischen Hansetag willkommen geheißen, sondern auch sein 1100. Stadtjubiläum begangen und sich anlässlich dessen neben anderen Stadtverschönerungen eine metallene Hansekogge des Künstlers Klaus Lawatzki am Ostwall geleistet. In

Münster zieren seit 1993, als man neben der Hansezugehörigkeit auch den 1200. Geburtstag der Stadt zu feiern hatte, in Bronze gefasste »Hansesteine« mit den Namen von 40 Hansestädten die alte Salzstraße zwischen Prinzipalmarkt und Erbdrostenhof. Ebenfalls begehbar ist das Hansegedenken in Wesel, wo seit 2013 ein steinernes »Hanseband« die Fußgängerzone durchzieht, auf dem die Namen der damals 185 Mitglieder der »Hanse der Neuzeit« aufgeführt sind.

Historisches im engeren Sinne bleibt bei den Hansetagen der Neuzeit in der Regel bestenfalls Beiprogramm, wobei immerhin die Bewerbung um die Mitgliedschaft im *Städtebund: die Hanse* und regelmäßig auch die Ausrichtung eines Hansetages kleinere Ausstellungen oder wissenschaftliche Aufarbeitungen der eigenen Hansegeschichte anstoßen. Wichtiger noch ist das freilich dann, wenn man ganz offiziell den Titel »Hansestadt« tragen möchte – so sehen es die Kommunalverfassungsgesetze der Bundesländer für solche Namenszusätze vor. In den letzten Jahren haben etwa Buxtehude und Uelzen erfolgreich diesen Status beantragt, nicht ohne dafür umfängliche historische Recherchen durchführen zu müssen, die die einstige Zugehörigkeit zur Hanse belegen.[87]

Die Hanse der Neuzeit und viele andere gegenwärtige Hansereferenzen im (wirtschafts-)politischen Diskurs sind im Wesentlichen Identitätsprojekte, die mit viel gutem Willen Leute zusammenbringen wollen, um gemeinsam Wirtschaft, Tourismus und politische Kooperation zu aktivieren. Sie haben oft nicht viel historischen Tiefgang, aber allerbeste Absichten. Dagegen ist erst einmal nicht viel zu sagen – im Gegenteil. Schwierig aber wird es, wenn mit solchen Referenzen eine aktive, in die Zukunft gerichtete Politik betrieben werden soll.

Der Ehrbare Kaufmann und die Hanse: Visionen für eine geläuterte Wirtschaft?

Es ist Zeit, auf die eigenartige Liebesgeschichte zurückzukommen, mit der wir dieses Buch begonnen haben. Das Geburts- oder wenigstens Wiedergeburtsdatum des Ehrbaren Kaufmanns, wie er eingangs problematisiert wurde, kann man genau feststellen: der 28. Mai 2003. Er ist also noch ein ziemlich junger Hüpfer. Die große Renaissance des Ehrbaren Kaufmanns hierzulande hat bemerkenswerterweise ein einziges Interview in der Wochenzeitung DIE ZEIT ausgelöst, das offenbar einen Nerv getroffen hat.[1] Geführt wurde es mit dem Familienunternehmer Jürgen Heraeus, einem promovierten Betriebswirt, der dem Edelmetall- und Technologiekonzern gleichen Namens vorsaß und lange Zeit Vorsitzender von UNESCO Deutschland war.

2003: die Wiedergeburt des Ehrbaren Kaufmanns

In dem Interview geht es eigentlich vor allem um die Rolle von Aufsichtsräten in börsennotierten Unternehmen und die Gehälter dieser Aufsichtsräte und anderer Manager. Die deutsche Wirtschaft schrammte gerade haarscharf an einer Rezession vorbei; die Arbeitslosenquote hatte den dritthöchsten Stand seit Gründung der Bundesrepublik erreicht; kurz nach dem Interview senkte die Europäische Zentralbank den Leitzins auf einen historischen Tiefstand; die Dot.com-Blase war wenige Jahre zuvor geplatzt. Und dann zeigte auch noch der Soziologe Reinhard Blomert in seinem viel gelesenen Buch *Die Habgierigen* mit dem Finger auf bundesdeutsche Unternehmensspitzen und brachte so die Spitzengehälter in der deutschen Wirtschaft, die ja vorher nicht weniger skandalös gewesen waren, aufs mediale Tapet.[2]

In dieser Situation waren die besonnenen Worte, die Heraeus fand, Balsam für die deutsche Seele – und zwar auf beiden Seiten der gesellschaftlichen Debatte. Er erkannte hohe Gehälter von Führungskräften an, mahnte aber gleichzeitig zum Maßhalten. Er sprach offen über Zahlen, auch über die eigenen. Und er setzte auf Selbstregulierung gegenüber zunehmender Normsetzung und Bürokratisierung: »Fehlende Werte werden durch juristische Klauseln ersetzt. Nichts läuft mehr ohne Juristen, es geht nur noch darum, alle rechtlichen Kniffe, Haken und Ösen richtig einzusetzen.« Das sprach Entscheider ebenso an wie diejenigen, über die entschieden wurde.

Maßhalten ist für Heraeus eine wesentliche Kategorie. Die Wirtschaft dürfe sich nicht weiter in eine Richtung entwickeln, »wo am Ende die Marktwirtschaft nicht mehr toleriert wird – weil sich das Management auf Kosten der Aktionäre bereichert, weil die Unterschiede bei der Vergütung von Managern und Arbeitern Ausmaße annehmen, die die Belegschaft nicht mehr nachvollziehen kann«. Zugleich betont er das Leistungsprinzip, das sich durchaus auch in – angemessener – Bezahlung niederschlagen dürfe, die aber nicht der Bewertungsmaßstab für soziales Renommee sein solle: »Wenn man früher zeigen wollte, dass man vorangekommen ist, dann war für das soziale Umfeld der jeweilige Titel die Dokumentation des Aufstiegs: Handlungsvollmacht, Prokura, Direktor. Heute sind die Hierarchien flacher, und viele Titel haben keine Bedeutung mehr. Was bleibt dann noch? Dann bleibt nur noch das Einkommen, um sich zu profilieren.« Dem eben nicht ehrbaren Manager attestiert er, dass er »nicht sehr glücklich« sein dürfte, »wenn er die finanzielle Situation, die sich für ihn verbessert hat, mit der gesellschaftlichen Situation vergleicht, in die er sich gebracht hat«. Letztlich also zähle soziales Kapital. Und deshalb müsse dieses Kapital stärker vom bloßen Einkommen und dem daraus resultierenden Reichtum entkoppelt werden. Stattdessen müsse wieder das zählen, was einer, auch mit seinem Reichtum, tut, nicht das, was einer hat. Dementsprechend ruft Heraeus zum vernünftigen Einsatz unternehmerischer und privater Vermögen auf – zu einem Zurück zum »klassischen Sparkapitalismus«

gegenüber dem gegenwärtigen »Pumpkapitalismus«, das der berühmte Soziologe Ralf Dahrendorf noch kurz vor seinem Tod nachdrücklich forderte.[3]

Sodann gibt Heraeus ein Beispiel für den Ehrbaren Kaufmann, den er revitalisieren will: »Als ich hier in den sechziger Jahren angefangen habe, wurde der gesamte Edelmetallhandel am Telefon abgewickelt, ohne schriftliche Bestätigung. Wenn dann einer am nächsten Tag sagte, er habe sich geirrt und wolle den Kauf gar nicht, dann wurde er aus der Community ausgeschlossen.« Diese Community dürfte jeden Leser der vorgehenden Kapitel an Greifs *maghribi traders* und den Netzwerkhandel der Hanse erinnern. An diesem Beispiel zeigt sich eine wichtige Einsicht, die hilft, über die Beliebigkeit im Sprechen über den Ehrbaren Kaufmann hinauszukommen: der *Ehr-bare* Kaufmann ist kein *Ehr-licher* Kaufmann. Oder er muss es zumindest nicht sein. Ehrbarkeit hat bestenfalls mittelbar etwas mit Ehrlichkeit zu tun – nämlich dann, wenn ihr Ausbleiben auffällt. Ehrbarkeit dagegen ist keine von individuellen Qualitäten objektiv bestimmte Größe, sondern eine ausschließlich von außen, vom Netzwerk anerkannte. Der Ehrbare Kaufmann bezieht seine Legitimität nicht aus irgendeiner gesellschaftlichen Ordnung, aus Gesetz, Moral und Markt, sondern ausschließlich aus der Gruppe, innerhalb derer und für die er tätig ist. Deshalb funktioniert Ehrbarkeit auch überall, zum Beispiel genauso in der Mafia. Ehrbarkeit braucht erst einmal nur gruppeninterne, keine äußeren Kriterien. *Ere unde love* der Hansen folgten hansischen, keinen gesamtgesellschaftlichen Anerkennungslogiken.

Nun treten in unseren modernen Gesellschaften Wirtschaftsakteure immer stärker auch der Gesellschaft, nicht nur dem engeren Kreis ihrer Kunden und Geschäftspartner gegenüber – und sei es nur medial. Deshalb werden die Anerkennungsmechanismen einer breiten Öffentlichkeit gerade für große Firmen immer wichtiger. Das hat Folgen. Zum einen kommt es leicht zu einer Verwechselung von Ethik und Verantwortung mit Marketing und Unternehmenskommunikation, weil Außenwirkung nun einmal deren zentrales Betätigungsfeld ist. Im Gegensatz dazu steht die Einsicht, dass Ehrbarkeit wesentlich ein soziales Anerkennungskapital im Verhältnis zwischen Unternehmen und Unternehmern ist, woraus wiederum folgt, dass der Maßstab, was Ehrbarkeit ausmache und was nicht, in der Kommunikation innerhalb dieser Gruppen bestimmt wird – und nicht in irgendeinem kantischen Prinzipienhimmel, der sich ewig und unveränderlich über Zeit und Raum erstreckt. Man sollte also vorsichtig mit seinen historischen Vorbildern umgehen. Denn Zeit und Raum haben die Angewohnheit, auch Maßstäbe und Werte zu verändern.

Die Folgen: Kommt die BWL ohne Unternehmensethik aus?

Heraeus sprach ein heikles Thema in überzeugender Weise an, denn er vertrat selbst die betroffene Gruppe und verkörperte die von ihm eingeforderten Grundsätze. Dieses Thema, das Selbstverständnis wirtschaftlicher Entscheidungsträger und deren Selbstverpflichtung, nahm der renommierte Ökonom Horst Albach kurz darauf in einem viel beachteten öffentlichen Vortrag auf. Albach forderte nur einen Monat später am Wissenschaftszentrum in Berlin ein »Zurück zum ehrbaren Kaufmann« und bezog sich dabei auf das ZEIT-Interview mit Heraeus.[4] Auch Albach ging es um die Frage von Managergehältern, genauer um die Beteiligung am Unternehmenserfolg durch sogenannte Stock Options, also das Führungskräften eingeräumte Recht, Aktien des eigenen Unternehmens eine Zeit lang zu einem festgesetzten Preis zu kaufen, um sie zu einer börsen- und aktionärsförderlichen Führung zu motivieren. Denn je mehr die Aktienkurse steigen, desto höher auch die Gewinne für die Besitzer dieser Stock Options. Wenn die Wirtschaft stagniert, gehen naturgemäß auch diese Gewinne zurück. Kursverluste sind jedoch für die beteiligten Führungskräfte früher sichtbar als für den Kapitalmarkt. Stark ist also die Versuchung, durch Verschleierung bis hin zur Bilanzfälschung weiterhin kurssteigernde Gewinne auszuweisen. 2001 zeigte das etwa der Fall des US-Energiekonzerns Enron, weswegen das Thema auch in Deutschland in der Presse war.[5] Und gerade als das Manuskript zu diesem Buch abgeschlossen wird, beschäftigt der milliardenschwere Bilanzbetrug des Dax-Konzerns

Wirecard Medien und Gerichte. Wissenschaft und Politik reagierten auf diese und andere Fälle von offensichtlichem Managementfehlverhalten mehrheitlich durch einen Ruf nicht nur nach mehr Kontrolle, sondern auch nach stärkerer Corporate Governance, nach Leitbildern und Codices also, die ein verantwortliches Handeln der Führungsspitzen regulieren und ethisches Verhalten sicherstellen sollten.

Für Albach verschiebt das zu Unrecht den Fokus und macht den »pathologischen Fall«, wie er es nennt, zum Normalfall. Dabei entspreche doch eigentlich das durchschnittliche Aufsichtsratsmitglied dem Ehrbaren Kaufmann. Statt das »Urvertrauen« in die Wirtschaft zu zerstören, solle man lieber den Vorständen mehr Sicherheit für langfristiges Handeln einräumen, um die Versuchung, sich kurzfristig zu bereichern, zu minimieren. Denn letztlich sei der Mensch nicht von Natur aus habgierig, sondern werde es erst durch den Druck, morgen vielleicht schon seiner Position beraubt zu sein. Im Grunde bedürfe es »keiner Ethik des unternehmerischen Handelns. Die Betriebswirtschaftslehre ist eine Wissenschaft, die auf ethischen Prinzipien aufbaut.« Es sei vielmehr Aufgabe der Gesellschaft, Institutionen zu entwickeln, »innerhalb deren unternehmerisches Handeln sich anreizkompatibel vollziehen« könne.

Ganz zum Schluss seines Beitrages paraphrasiert Albach ausdrücklich Heraeus, der gesagt habe: »Der ehrbare Kaufmann braucht keinen Kodex guter Corporate Governance.«[6] Tatsächlich liest sich das Interview etwas anders: »Es ist gut«, stellt Heraeus nämlich auf die Frage nach dem Corporate-Governance-Kodex fest, »wenn die Leute sich damit beschäftigen und hoffentlich entdecken, dass vieles im Kodex eigentlich selbstverständlich ist und sie das besser schon vorher so gemacht hätten.« Selbstverständlichkeit ist also beiden ein zentrales Schlagwort. Die Nuance freilich, die Albach und Heraeus sehr grundsätzlich voneinander unterscheidet, liegt darin, dass der eine ethisch angemessenes Verhalten für eine Fundamentaltugend der meisten wirtschaftlichen Führungskräfte hält, die lediglich durch die gesellschaftlich gesetzte Realität korrumpiert werde, während der andere diese Tugend erst (wieder) installiert wissen will. Man kann auch sagen: Für den einen ist es der Status quo und sind alle Abweichungen davon bedauerliche Ausnahmen, für den anderen ist es das moralische Leitbild im Wirtschaftsleben und Grundlage der Einsicht entscheidungsleitender Akteure, »dass … sie das besser schon vorher so gemacht hätten«. Diese Einsicht gelte es aber erst zu schaffen.

Beide Positionen zeigen damit idealtypisch die legitimatorische ebenso wie die produktive Kraft der Idee des Ehrbaren Kaufmanns – aber eben auch, wie groß das Risiko ist, beides miteinander zu vermengen. Umso mehr braucht es Konkretisierung. Und wenn man, wie beim Ehrbaren Kaufmann, aus einem historischen Bezug und historischen Vorbildern ein tragfähiges Konzept gießen will, dann sollte man auch diese historischen Bezüge sattelfest machen. Woher also kommt diese »Metapher« ursprünglich? Und wie kann sie möglicherweise historisch und mit der nötigen kritischen Differenzierung gefüllt werden?

Die Wurzeln des Ehrbaren Kaufmanns

Wer sich in die blühende Literaturlandschaft zum Ehrbaren Kaufmann begibt, wird vor allem im Bereich der Unternehmensberatung und der Corporate Identity fündig.[7] Hartnäckig hält sich hier die Behauptung, man lese in einem Kaufmannsbuch des Jahres 1340 zum ersten Mal vom »wahren und ehrlichen Kaufmann«.[8] Gemeint ist damit wohl die berühmte *Pratica della mercatura* des Florentiner Kaufmanns Francesco Pegolotti, die tatsächlich – ebenso wie viele andere Kaufmannsbücher der Zeit – neben Anleitungen zur Geschäftsführung auch solche zur Risikominimierung in Sachen Seelenheil bereithält.[9] Das ist aber ein Unterschied zu moderner Compliance oder zu Fragen der Corporate Responsibility. Für den mittelalterlichen Kaufmann ist es die akute Sorge um das eigene Seelenheil, die ihn nach tugendhaftem Handeln fragen lässt. Wenn das für den Manager der Gegenwart nicht mehr der Fall ist, muss ein entsprechend anderes Korrektiv her. Und das könnte in der Tat die »Ehrbarkeit« liefern – aber eben nicht im Sinne von Tugendkatalogen wie dem von Pegolotti.

Historisch war das Adjektiv »ehrbar« erst einmal eine ständische Formel, auf die gewisse Personen bei der Ansprache in formellen Kontexten einen Anspruch hatten. Sie wurde im adeligen und im stadtbürgerlich-oligarchischen Milieu des Spätmittelalters und der frühen Neuzeit verwendet. Wer so angesprochen werden musste, wurde innerhalb seiner sozialen Gruppe hervor- und mit anderen auf eine Stufe gehoben. Ratsmitglieder beispielsweise hatten Anrecht auf eine solche Anrede. In Hamburg bildete dann in der zweiten Hälfte des 17. Jahrhunderts eine ökonomisch potente Gruppe, nämlich die Angehörigen der drei ältesten und wichtigsten Fernhändlergesellschaften, die »Versammlung eines Ehrbaren Kaufmanns«.[10] Mit der 1665 gegründeten Commerziendeputation, die aus den Mitgliedern der Versammlung gewählt wurde, schufen sie sich zugleich ein ständiges Organ und übten unmittelbaren Einfluss auf die Politik ihrer Heimatstadt aus. Regelmäßig saßen fortan sechs gewählte Mitglieder der Kaufmannschaft im Rat der Hansestadt, im »Ehrbaren Rat« wohlgemerkt. Und so revitalisierte sich eine im Grunde sehr mittelalterliche Idee: dass nämlich ökonomische Eliten in die politische Verantwortung genommen wurden und sich so einerseits für das Wohl und Wehe ihrer Kommune verantwortlich fühlten, andererseits von dieser Position auch für ihre eigenen Unternehmungen profitieren konnten.

Das also ist der historische Kosmos, aus dem die Ehrbarkeit stammt, die der Kaufmann unter Beweis stellen sollte: eine Lebensführung, die der öffentlichen Stellung, die er einnahm, angemessen war, und die Mitarbeit an den öffentlichen Aufgaben, insbesondere auch unter Einsatz des eigenen Kapitals, etwa in ausladendem Mäzenatentum oder in Form genossenschaftlich getragener Institutionen.

Der Ehrbare Kaufmann als Kulisse

Mit dem Untergang der altständischen Welt im Pulverdampf napoleonischer Kanonen und im Wasserdampf der Industrialisierung geriet diese Vorstellung von Ehrbarkeit für ein rundes Jahr-

Abb. 45: Tafel an der Außenwand der Industrie- und Handelskammer Nürnberg aus dem Jahre 1909.

hundert praktisch vollkommen in Vergessenheit. Sie wurde erst zum Ende des 19. Jahrhunderts von den Handelskammern wieder ausgegraben, wie sie etwa in Hamburg 1867 aus der Tradition der Commerziendeputation hervorging. Als die Handelskammern der vielen deutschen Teilstaaten vor und nach der Reichsgründung immer enger zusammenrückten, beschworen sie die alten Tugenden.[11] Vermutlich verschmolz in dieser Zeit das Reden von der »Ehr-barkeit«, wie es im Norden Tradition hatte, mit der Berufung auf die individuelle »Ehr-lichkeit«, wie es in der süddeutschen, auf italienische Vorbilder zurückgehenden Kaufmannsliteratur etabliert worden war. Die Handelskammer Nürnberg etwa brachte 1909 eine Tafel an ihrem repräsentativen Neubau an, auf der in schönster historisierender Frakturschrift zu lesen steht: *Der Handel begehrt solche Leut/Bei denen sei Aufrichtigkeit/In Wort und Werk das wohl vernim(m)/Auch Herz und Mund zusam(m)enstim(m).* Nur wenige Jahre zuvor hatte der große Lübecker Romancier Thomas Mann genau diesen *Leut* ein bleibendes Denkmal gesetzt. In seinen *Buddenbrooks* von 1901 hat er mit der Person des alten Konsuls Johann eine Identifikationsfigur geliefert, die immer wieder in der Diskussion um den Ehrbaren Kaufmann zitiert wird mit der berühmten Empfehlung: »Mein Sohn, sey mit Lust bey den Geschäften am Tage, aber mache nur solche, daß wir bey Nacht ruhig schlafen können!«[12]

Ein Vierteljahrhundert später, am 5. Juni 1926, hielt Mann im Lübecker Stadttheater an der Beckergrube, gute hundert Meter von seinem Geburtshaus in der Breiten Straße entfernt, einen Vortrag zur 700-Jahr-Feier seiner Heimatstadt. Der Text erschien später als verlegerische Beigabe zu einem der ersten großen Bildbände Lübecks und trägt den lyrischen Titel *Lübeck als geistige Lebensform.*[13] Er betonte, dem Anlass entsprechend, wie sehr seine Heimatstadt sein Œuvre geprägt habe, ja wie sehr er das »Patrizisch-Städtische, das stammesmäßig Lübeckische oder das allgemein Hanseatische ... literarisch-dichterisch darstelle und vertrete«.[14] Das bürgerliche Leben seiner Gegenwart und dessen Betätigungen, auch die künstlerischen, denen er selbst nachging, seien samt und sonders »Wiederverwirklichungen einer ererbten und blutsüberlieferten Existenzform«, ein »Erbteil« der »kaufmännischen hanseatischen Vorfahren«, mitunter »aus dem Praktischen ins Theoretische und Intellektuelle übertragene Eigenschaften«.[15] Es war eine Stimme gegen den Abgesang. Denn dieser bürgerliche Charakter, den er idealisierte, war – das sah Mann selbst deutlich genug – »ausgeleert, ausgelebt, todgeweiht«. Die Welt, die er erlebte, war im Wandel begriffen. Das war ihm »eine Tatsache. Sie leugnen, hieße das Leben und die Entwicklung leugnen; sich konservativ gegen sie zu verstocken, hieße sich selber ausschließen vom Leben und der Entwicklung. Aber ein anderes ist es, die Weltevolution anerkennen, und ein anderes, zu meinen, die Lebensform deutscher Bürgerlichkeit sei durch sie im Ernste gerichtet und vernichtet.« Das Weltbürgertum, das Mann hier beschwört, hat durchaus auch produktive Kräfte: es ist nämlich »unfähig ..., aus Feigheit und Anschlußangst an das Neue seine Wurzeln und Herkunft ... zu verleugnen«.[16] Diese spannungsreiche Selbstbeschreibung zwischen Traditionalismus und Offenheit für Neues wird in anderer, weniger eleganter Form bis heute immer wieder aufgerufen, wenn die hanseatischen Tugenden des Ehrbaren Kaufmanns beschrieben werden.

Szenenwechsel. Drei Jahrzehnte später. Kurz vor der Weihnachtspause 1956 verabschiedete der Bundestag noch das Gesetz zur vorläufigen Regelung des Rechts der Industrie- und Handelskammern, das den Kammern gleich im ersten Paragrafen auftrug, die Wirtschaftsunternehmen in ihrer Arbeit »zu unterstützen und zu beraten sowie für Wahrung von Anstand und Sitte des ehrbaren Kaufmanns zu wirken«.[17] Das hat sich in mehrfacher Hinsicht als nicht ganz so »vorläufig« entpuppt, wie es der Name annoncierte: Das Gesetz gilt heute immer noch und ist lediglich durch föderale Landesgesetzgebung ergänzt worden; und der Ehrbare Kaufmann feiert eine beispiellose Renaissance, je weiter sich die Realität der deutschen Wirtschaftswelt von diesem hehren Ideal zu entfernen scheint. In den letzten Jahren haben sich viele Industrie- und Handelskammern damit auf Kongressen beschäftigt, haben dazu Broschüren gedruckt und dabei immer wieder auf diesen Fundamentaltext Bezug genommen.[18] »Es gilt, den ›ehrbaren Kaufmann‹ wieder mit Leben zu füllen«, heißt es ausdrücklich in einem Positionspapier des Deutschen Industrie- und Handelskammertages.[19] Und 2017 wurde der Ehrbare Kaufmann als Leitbild in den »Deutschen Corporate Governance Kodex«, der 2001 von einer durch die Bundesjustizministerin eingesetzten Kommission erarbeitet wurde und seitdem jährlich überprüft und aktualisiert wird, aufgenommen.[20]

Tatsächlich erlebte der Ehrbare Kaufmann seine regelmäßigen Wiedergeburten stets am Ausgang von starken Konjunkturphasen, als sich das Ende des Booms bereits abzuzeichnen begann oder das Vertrauen in die Wirtschaft durch eine allzu große Schere zwischen den Superreichen und dem Rest der Nation leidlich angekratzt war: in der Boomphase vor dem Ersten Weltkrieg, die auf Gründerkrach und Gründerkrise folgte; in der Zwischenkriegszeit, als die »Goldenen Zwanziger« die Erinnerung an den Krieg eben doch nicht allen vergoldeten; in den 1950er-Jahren, als das Wirtschaftswunder die Deutschen dick und den Nationalsozialismus vergessen machte; und schließlich nach den in immer kürzeren Abständen folgenden Finanzkrisen der Jahre 2001/02, 2007/08 – und 2016, auch wenn Deutschland an der ganz großen Krise damals noch einmal vorbeischrammte. In solchen Situationen ist der Ehrbare Kaufmann ein willkommener Schwanenritter auf den

Schwingen von Verlässlichkeit und Weitblick; eine Projektionsfigur für die Hoffnung, dass eben doch nicht alles korrupt und zum Untergang verdammt sei.

Auf ähnliche Weise ist auch der heute beschworene Modellcharakters des Ehrbaren Kaufmanns für die deutsche Wirtschaft, so möchte ich behaupten, die romantische Synthese von Erhard und Mann, die Verbindung von der hehren Idee sozialer Marktwirtschaft aus der Wirtschaftswunderzeit mit der bohrenden Untergangsbefürchtung, uns diese Idee bald nicht mehr leisten zu können und deshalb das alte Wirtschaftsbürgertum neu erfinden zu müssen. Das finanzstarke Bürgertum, später dann der familiengeführte Mittelstand und dessen Trägerinstitutionen haben das Vorbild vom Ehrbaren Kaufmann als Werkzeug der Selbstkontrolle und Selbstdarstellung entdeckt und gefördert, denn an einer grundlegenden Veränderung des Status quo und an einer Kontrolle von außen konnte ihm nicht viel liegen – umso mehr an der eigenen Erneuerung. Auch die »Versammlung des Ehrbaren Kaufmanns« in Hamburg hat sich nach dem Zweiten Weltkrieg als Verein wieder gegründet und wirkt gerade in den letzten Jahren sehr aktiv und auf unterschiedlichen Feldern für die Förderung und Implementierung wirtschaftsethischer Grundsätze. Der Ehrbare Kaufmann – zumal der hanseatische – hat jede Menge positives Potenzial, Vision anzufachen. Keine Frage.

Der Ehrbare Kaufmann und die Hanse: Modelle für die Zukunft?

Tatsächlich scheint es, als erlebten wir seit knapp zwei Jahrzehnten eine neue Renaissance, nachdem die neoliberale Wende der 1970er-Jahre den Ehrbaren Kaufmann vorübergehend zum Verstummen gebracht hatte.[21] Nach den Krisen von 2001/02 und 2007/08 befinden wir uns in einer Phase der Erholung und Orientierung – und werden uns nach der hoffentlich bald überstandenen Corona-Krise erst recht neu besinnen müssen. Können also die Hanse als Netzwerk und Bündnis wie auch der einzelne Hansekaufmann Impulse für die Analyse wirtschaftlicher Zusammenhänge und für Leitbilder einer zukünftigen Wirtschaftsordnung geben?

Zunächst einmal nützt es nichts, Ideale zu beschwören und lange Kataloge von Kaufmannstugenden zu entwickeln, um anschließend zu hoffen, diese würden sich schon irgendwie von selbst etablieren. Das ist Coachinggeschwätz und ökonomischer Kitsch. Denn der Markt kennt, wie der Urvater der deutschen Soziologie, Max Weber, schon vor etwas über einem Jahrhundert klar analysiert hat, kein Ansehen der Person: »›sachliche‹ Interessen beherrschen ihn. Er weiß nichts von ›Ehre‹«[22] – der Markt, wohlgemerkt, das Umfeld, in dem jedes Unternehmen agiert, aber natürlich schon. Und hier liegt das besondere Potenzial der Hanse als historisches *role model:* Während die italienischen Händlermanuale des ausgehenden Mittelalters und mit ihnen die spätere Handelsliteratur stark die individualistische Perspektive betonen und den einzelnen Kaufmann zur Mäßigung aufrufen, stärkte die hansische Tradition deutlich die institutionellen Settings, in denen sich der individuelle Kaufmann bewegte. Maßstab waren nicht das individuelle Gewissen und der liebe Gott, sondern *ere unde love,* also äußere Anerkennungsmechanismen.[23] Gegenüber individuellen Gewissensentscheidungen, die man kaum messen, geschweige denn steuern kann, ist das eine ziemlich handfeste Sache.

Die zentrale Frage bleibt dann freilich, wer über diese Anerkennung entscheidet – ob ausschließlich die eigenen *peers* wie in der Hanse oder eine andere, zu diesem Zweck eingesetzte und akzeptierte Instanz wie »der Staat«, oder aber Zwitterinstitutionen wie die Industrie- und Handelskammern, die sowohl aus Vertretern der sie repräsentierenden Gruppe bestehen als auch öffentlich reglementiert und behördlich organisiert sind. Gerade im internationalen Bereich, in dem viele Unternehmen agieren, sind überstaatliche Lösungen gefragt. Neue Visionen wie das Blockchain-Modell, bei dem eine lange Kette von dezentralen Vertrauensbezeugungen *(validations)* innerhalb eines regelbasierten Netzwerkes Verlässlichkeit erzeugen soll, finden momentan immer mehr Interesse – und werden mit gutem Grund häufig mit der Hanse und ihrem Handelsmodell in Verbindung gebracht. Natürlich ist die Hanse auch hier oft nicht viel mehr als ein schönes Label. Aber der Kern ist durchaus richtig erkannt, und es lohnt sich, hier noch genauer

– und übrigens auch vergleichend – hinzusehen. Derzeit tun das gleich mehrere Neugründungen mit ausdrücklichem Rückgriff auf die Hanse als Modell, etwa die Vertrauensplattform *Hanse digital*, auf der Firmen zusammenfinden, die sich zu bestimmten gemeinsamen Werten und Standards bekennen und sich deren Einhaltung wechselseitig bestätigen.

Nachdenken müsste man etwa auch über das wirksame Senken von Transaktionskosten durch die Hanse und die Institutionen, die das bewirkten. Unlängst hat etwa noch Angela Titzrath, Chefin des Hamburger Hafenbetreibers HHLA, in der Wochenzeitung DIE ZEIT über »räuberischen Wettbewerb und die Renaissance der Hanse« gesprochen. Sie deutete einen engeren Zusammenschluss der kleineren Häfen an Nord- und Ostsee an, um den führenden europäischen Häfen Rotterdam und Antwerpen etwas entgegenzusetzen.[24] 2018 hat die HHLA Anteile am Hafen von Tallinn, dem alten hansischen Reval, gekauft und ist nun Marktführer in Estland. Den großen Schifffahrtskonsortien, die aus dem Reedereiensterben der letzten Jahrzehnte hervorgegangen sind, hat man nun etwas anzubieten.

In anderen Kontexten ist häufig der Staat an die Stelle der alten Hansestädte getreten. Er stellt die Infrastruktur zur Verfügung, er reguliert mehr oder minder behutsam, und er stellt die Rettungsschirme, wenn etwas schiefgeht und genau diejenigen nach ihm schreien, die sonst von ihm in Ruhe gelassen werden wollen. Er investiert Milliarden in Infrastruktureinrichtungen, in ein verlässliches System, das Vereinbarungskosten niedrig hält, Korruption verhindert und so weiter. Und er setzt Anreize, damit sich Unternehmen ansiedeln. Nun ist es ein Charakteristikum einer zunehmend globalen Wirtschaft, dass die Umsätze vieler Unternehmen nicht dort generiert und reinvestiert werden, wo diese Unternehmen ansässig sind. Das war auch schon beim Hansekaufmann, im ersten Globalisierungszeitalter, der Fall. Trotzdem drängten sie ihre Heimatstädte zur Investition in die gemeinsame hansische Infrastruktur. Die Folge waren regelmäßig Legitimationsprobleme der politischen Eliten, die mit den wirtschaftlichen oft deckungsgleich waren, gegenüber der Stadtgemeinde, die immer wieder zu

Stadtunruhen führten. Nun ist die Situation heute eine andere, weil im hansischen Handel im Gegensatz zu heute das Zauberwort »Arbeitsplätze« noch keine Rolle spielte. Dennoch lohnt es sich für Unternehmen möglicherweise, in Erinnerung an die erfolgreiche, aber eben stets auch prekäre Verbindung zwischen Handel und Politik in den Hansestädten des Mittelalters über die eigene *Corporate Social Responsibility* nachzudenken – und darüber, wie man jene öffentlichen Infrastrukturen stützen kann, von denen man seinen *pay-off* in Form gesenkter Transaktionskosten zurückerhält. Denn nur so kann man sich auch langfristig dieser Vorteile sicher sein. Für dieses Miteinander, für stärkere Unternehmensverantwortung vor Ort kann die Hanse eine Anregung bieten.

Aber ganz gleich, welche gegenwärtigen Wirtschaftsphänomene man anfassen will: Wenn man dabei die Hanse und den Ehrbaren Kaufmann zur Referenz macht, dann besser nicht, indem man Individualethik beschwört, egal ob mit oder ohne Ethik-Kodizes. Das wäre historischer Kitsch und hätte mit den Vorbildern, die man aufruft, bestenfalls äußerlich zu tun. Vielmehr muss man versuchen, die Verhaltensmuster der historischen Akteure und die dahinterliegenden Logiken möglichst klar herauszuarbeiten, um Unterschiede und Gemeinsamkeiten zu gegenwärtigen Umständen benennen zu können. Nur dann bringt man sie für die Gegenwart zum Sprechen.

Also: Visionen kann man viele haben. Und man muss deswegen nicht gleich zum Arzt gehen, wie es Altbundeskanzler Schmidt in seinem Bonmot empfahl. Aber mit der einen oder anderen vielleicht doch zuerst zum nächsten Historiker. Wegen der Risiken und Nebenwirkungen.

Anhang

Anmerkungen

Die Deutschen und der Ehrbare Kaufmann: eine eigenartige Liebesgeschichte

1 In einer Studie der IHK für München und Oberbayern maßen 2014 über 90 Prozent der befragten Unternehmen dem Leitbild eines Ehrbaren Kaufmanns eine hohe oder sogar sehr hohe Bedeutung zu (abrufbar unter www.ihk-muenchen.de/csr; letzter Abruf am 27. Februar 2020). Ich frage mich, wen das verwundert und wovon es überzeugen soll. Ganz ähnlich das Ergebnis bei einer Befragung der deutschen Wirtschaftsjunioren im Mai 2009; vgl. dazu Graf/Stober, Der Ehrbare Kaufmann und Compliance (2010), S. 15 ff.

2 Oswald, Den Ehrbaren Kaufmann leben (2018), S. 48 f.

3 Griepentrog, Das Glaubwürdigkeitsprinzip (2010), S. 61.

4 Daniel Klink im Interview mit dem *Handelsblatt* vom 23. 12. 2009.

5 Adorno, Ästhetische Theorie ([4]1984), S. 353–357.

6 Grau, Politischer Kitsch (2019).

7 Vgl. dazu auch Brink, Glaubwürdigkeit als Grundlage (2018), S. 205 ff.

8 Ein berückend-bedrückendes Beispiel dafür wäre Demas, Historisches für Führungskräfte (2006).

9 Vgl. etwa Carson u. a., Clearing a Path (2000).

10 Staffelbach, Ökonomik (2002), S. 11.

11 Beschorner/Hajduk, Der ehrbare Kaufmann (2011).

12 Ebd., S. 8.

13 Hernig, Die Renaissance der Seidenstraße (2018), S. 205 ff.

14 Zur chinesischen One-Belt-One-Road-Initiative gibt es, soweit ich es nach einigen Bemühungen überblicken kann, noch wenig Literatur, die sich einigermaßen überzeugend den Anschein von Neutralität gibt. Das gilt auch für Bände, die in großen, wissenschaftlich anerkannten Verlagen wie Springer University Press erschienen sind, etwa für Liu, China's Belt and Road Initiatives (2018), in dem man Feststellungen wie die folgende findet: »Since the 1990 s, some western countries have been manipulating the United Nations Human Rights Council, making excuses concerning China's ›human rights issues‹ to push anti-China proposals for ten consecutive times« (ebd., S. 67). Auf dieser Grundlage kann man eine einigermaßen objekti-

vierte Auseinandersetzung oder auch nur Beschreibung der Initiative nicht erwarten.

15 Hernig, Die Renaissance der Seidenstraße (2018), S. 229.
16 Ebd., S. 218 f.
17 Ebd., S. 220 f.
18 Dass er dabei – und wiederholt an anderen Stellen seines Buches – mit großer Begeisterung den Philosophen Oswald Spengler und sein berühmtes Buch vom *Untergang des Abendlandes* zitiert, stimmt auch nicht vertrauensvoller. Nicht umsonst hatte dessen Betonung der »großen Persönlichkeiten mit geschichtsbildendem Willen« (S. 221), für die auch Hernig sich so erwärmt, ihn zu einem glühenden Anhänger Mussolinis werden lassen.
19 Ebd., S. 225.
20 Ebd.: »Damals luden die Norddeutschen, nicht die Chinesen zur Teilnahme an der Initiative ein. Deren Führerschaft war unbestritten. Lübeck war seit 1294 ›caput et principum omnium‹ – ›Haupt und Führer aller‹.« Die Übersetzung ist so zwar richtig, aber im Original heißt es *principium* (= Ursprung), nicht *principum* (= Fürst oder Führer). Vgl. HUB 1 (1876), S. 399 (Nr. 1154).
21 Ebd., S. 228.
22 Dass das im Übrigen kein Schattenfechten mit einer marginalen Publikation ist, zeigt die Präsenz von Hernig auf den Veranstaltungen zahlreicher IHKen, im Februar 2020 sogar gemeinsam mit Ex-Bundespräsident Christian Wulff. Hier wird also tatsächlich und sehr aktiv Politik mit einem schiefen Hansebild betrieben.
23 Ptak, China und Asiens maritime Achse im Mittelalter (2019), S. 41.
24 Dollinger, Die Hanse ([6]2012). Bei vielen wissenschaftlichen Klassikern sind bekanntlich Neuauflagen und auch die behutsamen Aktualisierungen mit wenig Schmerzen zu vernachlässigen, solange man ein preiswertes antiquarisches Exemplar der Vorgängerauflage bekommt, weil sie sich meist auf bibliografische Ergänzungen und Nachwörter beschränken. Die von Volker Henn und Nils Jörn besorgte Neubearbeitung des »Dollinger« von 2012 kann man aber mit Fug und Recht ein neues – und sehr, sehr lesenswertes, auf den aktuellen Forschungsstand gebrachtes – Buch nennen. Zur Bedeutung der Erstausgabe für die Hanseforschung vgl. die ausführliche Würdigung in HGbll. 83 (1965), S. 115 ff.

Hanse – was ist das eigentlich?

1 Zu Sartorius und seiner Hanse-Geschichte vgl. Hundt, Von der »halbvergessene[n] Antiquität« zum modernen Staatenbund (2001) und Jahnke, Reliquien jener Bewegung (2019).
2 Vgl. dazu Hippel, Bauernkrieg (1982).
3 Sartorius, Geschichte des hanseatischen Bundes 1 (1802), S. VI.

4 Zur Vereinsgeschichte vgl. nun auch die Dissertation von Reich, Der Hansische Geschichtsverein (2019).
5 HGbll. 1 (1872), S. III.
6 Vgl. Selzer, Hanse (2010), S. 11 ff.
7 HUB 9 (1903), S. 462–474 (Nr. 584). – Vgl. dazu Friedland, Wirtschaftsgemeinschaft und Staatshoheit (1987) und vorbildlich Jörn, »With money and bloode« (2000), S. 28–44. Eine Teilübersetzung bietet Dollinger, Hanse ([3]1981), S. 532 ff. (Nr. 26).
8 Zum Beispiel in HUB 5 (1899), S. 257 (Nr. 503): Danziger Schiffer verpflichten sich im September 1401 gegenüber Hz. Albrecht von Holland zur Zahlung von 500 holländischen Schilden für die Verwundung und Tötung von holländischen Kaufleuten auf der Rhede von Stavoren.
9 Zur Verbandshaftung im breiten historischen Blick vgl. Maihold, Strafe für fremde Schuld (2005).
10 Hirsch/Vossberg, Caspar Weinreich. Chronik (1855), S. 5: *Item in dem yor war vnser koffmann zu lunden gefangen; das kwam her von des konigs von denmarken wegen. Dan er liesz den englischen vil schiffe nemen in dem sunde mit grossem gut; das teten meistenteils vnsere leute, die von hir gezogen woren zum konige auf sold anno 67.*
11 Jenks, England, die Hanse und Preußen 2 (1992), S. 474 f.; Jörn, »With money and bloode« (2000), S. 13 ff.
12 HUB 9 (1903), S. 453 (Nr. 570).
13 Ebd., S. 463 (Nr. 571).
14 Ebd., S. 464 (Nr. 571).
15 Ovid, Epistolae ex Ponto, XVI; Vergil, Eclogae, VI.
16 HUB 9 (1903), S. 464 (Nr. 571).
17 Das hat auch Friedland, Wirtschaftsgemeinschaft und Staatshoheit (1987), S. 10 bemerkt.
18 Zu seiner Bedeutung für die Hanseforschung vgl. Friedland, Ahasver von Brandt (1979).
19 Brandt, Hanse und nordische Mächte (1962), S. 16.

Die große Transformation: der Stoff, aus dem Hanse wurde

1 Mörke, Geschwistermeere (2015).
2 Eine eindrückliche Karte mit der Verbreitung vorgeschichtlicher Bernsteinfunde findet sich bei Genz, Blühende Landschaften (2004), S. 169.
3 Dazu jetzt Brandt, Hollingstedt an der Treene (2012).
4 Trillmich/Buchner, Quellen des 9. bis 11. Jahrhunderts ([7]2000), S. 238 (IV, 20). Adams Chronik ist die wohl bedeutendste Quelle für die Geschichte Nordeuropas in dieser Zeit, die von anderen Autoren eher links liegen gelassen worden ist.
5 Das hat vor allem der schwedische Historiker Nils Blomkvist in zahlreichen Studien (s. Literaturverzeichnis) gezeigt, die im Rahmen eines über mehr als zehn Jahre durchgeführten Großprojekts entstanden

sind, bei dem Historikerinnen und Historiker von allen Küsten der Ostsee unmittelbar nach dem Kalten Krieg begonnen haben, diese frühe Phase und ihre Bedeutung für ihre jeweiligen Nationalgeschichten aufzubereiten.

6 Vgl. dazu den schönen Ausstellungskatalog von Driever u. a., Friesische Freiheit (2005).

7 Lebecq, On the Use of the Word ›Frisian‹ (1990). Eingehend zur Sache ders., Marchands et navigateurs (1983). Der zweite Band dieser Arbeit stellt eine umfangreiche Quellensammlung dar. Kritisch zur »Friesenorientierung« der frühen nordeuropäischen Handelsgeschichte Paulsen, Schifffahrt, Hanse und Europa (2016), S. 367–411.

8 Zu Dorestad vgl. Willemsen, Dorestad as a Fluviatile Society (2016).

9 Dijkstra, Handelszentrum Tiel (2002).

10 Zum Folgenden vgl. etwa Ambrosiani, Osten und Westen (2002).

11 Die Diskussion referieren Barrett u. a., What was the Viking Age? (2000).

12 Lesenswert dazu Mäkeler, Globalisierter Handel (2011).

13 Differenziert dazu etwa Lund, Peace and Non-Peace in the Viking Age (1987).

14 Ebel, Fernhandel der Wikingerzeit (1987) hat in einem wichtigen Aufsatz diese frühen Quellen mit Blick auf ihre Aussagen zum Fernhandel ausgewertet. Im Anhang (S. 288–312) finden sich die wichtigsten Passagen in zweisprachiger Ausgabe.

15 Englische Übersetzung bei Lund, Two Voyagers at the Court of King Alfred (1984).

16 Eine gut kommentierte, moderne Edition und Übersetzung gibt Trakadas, Wulfstan's Voyage (2009). Zu Truso vgl. Bogucki, Truso, Silver and Trade (2014).

17 Gut lesbar und reich bebildert dazu der Ausstellungskatalog von Willemsen, Wikinger am Rhein (2004).

18 Mehr dazu jetzt bei Simek, Geschichte der Normannen (2018), S. 108 ff.

19 Müller, Nestorchronik (2001), S. 19.

20 Ebd.

21 Zur älteren Debatte, die sich eigentlich erledigt hatte, vgl. Hjaræ, Antinormannismen (1976). Die Vorgeschichte in der russischen Historiografie des 18. Jahrhunderts und ihre Bedeutung für das Selbstbild des Zarenreichs behandelt Scholz, Von der Chronistik zur Historiographie (2000).

22 Sindbæk, Networks and Nodal Points (2007).

23 Die Literatur zu Haithabu ist natürlich Legion. Da sich hier in den letzten Jahrzehnten viel getan hat, sollte man zu neuerer Forschungsliteratur greifen, etwa zu Brandt, Haithabu und die frühe Stadtentwicklung (2002) und Schietzel, Spurensuche Haithabu (2018), der auch eine kritische Forschungsgeschichte dieses wohl wichtigsten nordeuropäischen und entsprechend immer wieder auch ideologisch in Dienst genommen Grabungsplatzes liefert.

24 Trillmich/Buchner, Quellen des 9. bis 11. Jahrhunderts (^{7}2000), S. 434 f.

25 Nachweise bei Mäkeler, Globalisierter Handel (2011), S. 22–25.
26 Ebd., S. 29 ff.
27 Trillmich/Buchner, Quellen des 9. bis 11. Jahrhunderts ([7]2000), S. 58–61.
28 Radtke, Der Schleswig-Mann (2010), S. 95.
29 Mörke, Geschwistermeere (2015), S. 54; zum Rohstoffhandel zu dieser Zeit vgl. auch Hilberg, Handel und Rohstofftransfer (2018).
30 Köster, Pilgerzeichen und Pilgermuscheln (1983), S. 89–98.
31 Einzelheiten bei Raffield, Slave markets of the Viking world (2019).
32 Hatz/Hatz, Fund von Burg (2001).
33 Vgl. Mäkeler, Globalisierter Handel (2011), S. 37 mit entsprechenden Nachweisen.
34 Radtke, Schleswig und Soest (1981). In Schleswig ist ein bruderschaftlicher Zusammenschluss von Fernkaufleuten um 1200 durch ein Siegel nachweisbar. Christian Radtke hat darüber hinaus versucht, plausibel zu machen, dass es eine solche Kaufmannsgilde schon in Haithabu gegeben hat; vgl. ders., Auf der Suche (2017).
35 Zu dieser spannenden, aber kurzen Episode vgl. Bolton, Empire of Cnut the Great (2009).
36 Einen kompakten Überblick bietet Brink, Christianisierung Skandinaviens (2013). Klug und lehrreich, aber auch sehr anstrengend die umfassende Analyse von Blomkvist, Discovery of the Baltic (2005), der den Europäisierungsprozess als eine Annahme lateinisch-christlicher Strukturen und damit auch als einen Abgrenzungsprozess zum jetzt weiter in die Ferne gerückten paganen bzw. orthodoxen Osten beschreibt. Lesenswert ist im Übrigen auch der Vergleich zwischen Skandinavien und Iberischer Halbinsel unter der Überschrift »Disharmonie der Extremitäten« bei Borgolte, Europa entdeckt seine Vielfalt (2002), S. 142–167.
37 Vgl. Rösener, Wärmeoptimum des Hochmittelalters (2010) mit Einzelheiten, auch zur Datengrundlage. Zum Folgenden außerdem Stadelmaier, Agrartechnik und Bewirtschaftungsformen (2012).
38 Eine Zusammenstellung bietet Weigel, Bevölkerungsgeschichte Europa (2012), S. 61 ff.
39 Einzelheiten bei Rösener, Strukturen und Wandlungen (1999).
40 Zur Umetikettierung und Neubestimmung der deutschen Ostsiedlung vgl. Lübke, Ostkolonisation, Ostsiedlung, Landesausbau (2008), S. 479 ff., zur Fachgeschichte der Osteuropaforschung Kleindienst, Entwicklung (2009).
41 Das lateinische Original im UB Erzstift Magdeburg 1 (1937), S. 250 f. (Nr. 193).
42 Bernhard von Clairvaux, Sämtliche Werke 3 (1992), S. 890–893 (Briefe, Nr. 457). Zum Kreuzzug vgl. Kamp, Wendenkreuzzug (2013).
43 Zur epochalen Bedeutung dieses Kreuzzugsaufrufes vgl. Angenendt, Toleranz und Gewalt (2007), S. 403 f.
44 Eingehend dazu Kümper, Sachsenrecht (2009).
45 Bündig zur »Geburt des Ritters« etwa Ehlers, Ritter (2006), S. 18 ff.
46 Zum Übergang von der Villikations- zur Zinsherrschaft vgl. etwa die

Fallstudie von Irsigler, Auflösung der Villikationsverfassung (2001), für Skandinavien Iversen, From Slavery to Tenant Farming (2019).

47 Zum Folgenden vgl. Ehlers, Heinrich der Löwe (2008) und Schneidmüller, Innovationspotentiale (2009).

48 Andersen, Das Liubice des Abodritenkönigs Heinrich (2007).

49 Näheres zu den Abodriten bei Ruchhöft, Vom slawischen Stammesgebiet zur deutschen Vogtei (2008). Einen eindrucksvollen Fund aus dieser Zeit, eine Kreuzigungsszene auf Walross-Elfenbein, bespricht Gläser, Kreuzigungsszene (2019).

50 Stoob, Helmold von Bosau. Slawenchronik (1963), S. 142 (c. 34).

51 Ebd., S. 145.

52 Ebd., S. 211–213 (c. 57).

53 Ebd., S. 224 f. (c. 63).

54 Ebd., S. 302–305 (c. 86). Kritisch zu dieser Darstellung Bock, Das Ende des Abodritenreiches (2016).

55 Vgl. dazu Gläser, Vorbesiedlung, Gründung und Entwicklung (2016), S. 211–230, ders., Kreuzigungsszene (2019), S. 16 ff. Der Forschungsstand zu Lübeck als einer der archäologisch bestbetreuten Städte Deutschlands ändert sich freilich rasch, gerade weil die Lübecker Altstadtinsel eine archäologisch so ertragreiche Fläche darstellt.

56 Stoob, Helmold von Bosau. Slawenchronik (1963), S. 265 (c. 76).

57 Vgl. dazu Selzer, Nachgrabung (2016).

58 Laurent, Die Chronik Arnolds von Lübeck (1853), S. 5; vgl. dazu Jenks, Welfen (1995), S. 488 ff.

59 Laurent, Die Chronik Arnolds von Lübeck (1853), S. 69.

60 Hampe, Deutsche Kaisergestalten (1909), S. 233.

61 Vgl. dazu Hucker, Kaiser Otto IV. (1990), S. 25–35 mit Einzelheiten.

62 Maurer, Walther von der Vogelweide: Sämtliche Lieder (^{6}1995), S. 101. Die Deutungs- und Forschungsgeschichte zu diesem berühmten sog. *Reichston*, der sicher zu den bekanntesten deutschen Minneliedern zählt, hat Burkert, Walthers von der Vogelweide »Reichston« (2015) aufgearbeitet.

63 Einzelheiten etwa bei Graßmann, Lübeckische Geschichte (^{3}1997), S. 103 ff.

64 LUB 1 (1843), S. 9–12 (Nr. 7) bzw. kritisch ediert in MGH DD F I, S. 263–267 (Nr. 981).

65 Am Ende, Studien (1975), S. 22 f.; Scheper, Frühe Institutionen (1975), S. 14–20.

66 Laurent, Die Chronik Arnolds von Lübeck (1853), S. 168 (II 12).

67 Graßmann, Lübeckische Geschichte (^{3}1997), S. 109 ff.

68 LUB 1 (1843), S. 16–22 und S. 25 (Nrn. 11–15, 20).

Over sand unde over see: die Geburt der Hanse aus Privilegien und Fahrtgemeinschaften

1 Den besten deutschsprachigen Überblick bieten noch immer Lagerlöf/Svahnström, Die Kirchen Gotlands (1991). Tiefere Dokumentation, insbesondere auch zur nachmittelalterlichen Geschichte der Kirchen, bei Stobaeus, Kust och kyrka på Gotland (2010).

2 Vgl. dazu noch immer Deus, Scheibenkreuze (1967).

3 Wiegand, Soest und Wisby (1981), S. 485 ff.

4 Kunz, Skulptur um 1200 (2007). Ein Kruzifix dieser Handwerkergruppe findet sich noch heute in der Landkirche in Hemse, außerdem eine Marienstatue, ursprünglich aus Viklau, heute im Staatlichen Museum in Stockholm.

5 MGH DD HdL (1957), S. 68 ff. (Nrn. 48, 49). Übersetzung bei Sprandel, Quellen (1982), S. 172–175. Zur Diskussion um die Urkunde Ellmers, Hanse der deutschen Kaufleute (2018), S. 24–39. Eine schöne Geschichtserzählung aus der Ausstellersituation auf der Ertheneburg, in der die einzelnen Zeugen ausführlich beschrieben werden und daraus ein Zeitbild gewebt wird, findet sich bei Graichen/Hammel-Kiesow, Hanse (2011), S. 13 ff.

6 Ebd., S. 138 ff. – 1191/92 schließt der Fürst Jaroslaw von Nowgorod einen Vertrag mit den Gotländern und den Deutschen, der die Keimzelle der dortigen Sondergemeinde darstellen dürfte (oder sie jedenfalls hier erstmals schriftlich aufscheinen lässt). Dazu mehr auf S. 122 ff.

7 HUB 1 (1876), S. 139 (Nr. 422) bzw. LUB 1 (1843), S. 166 f. (Nr. 148) – zur Datierung dieser Urkunde vgl. auch Stein, Über die ältesten Privilegien (1902), S. 80 f.

8 Zu den komplizierten Verhältnissen auf Gotland vgl. neben der Dissertation von Kattinger, Gotländische Genossenschaft (1999) besonders auch Jahnke, Homines imperii (2011), S. 29–47.

9 Graichen/Hammel-Kiesow, Die Hanse (2011), S. 38. So auch Stoob, Hanse (1995), S. 88. Eine Hansegeschichte Westfalens (oder auch nur des Rheinlands) fehlt übrigens trotz vieler wichtiger Detailstudien, die insbesondere seit den 1990er-Jahren vorgelegt worden sind, noch immer. Der seltsame, farbenfrohe Band von Gurk, Die Hanse und Westfalen (2000) kann dieses Manko jedenfalls nicht wettmachen und die Loseblattsammlung Hansische Stadtgeschichten ([2]1997) des Westfälischen Hansebundes bestenfalls als Vorarbeit für eine solche Geschichte gelten.

10 Zur Kölner Wirtschaftsgeschichte des Mittelalters vgl. den wichtigen Doppelband *Zwei Jahrtausende Kölner Wirtschaft* (1975) und die vierbändige Quellensammlung von Kuske, Quellen (1917/34).

11 Das Folgende im Wesentlichen nach Zöller, Kaiser, Kaufmann und die Macht des Geldes (1993), die sich ausführlich sowohl mit dem literarischen als auch mit dem realen Gerhard auseinandersetzt. Ergänzend zur Einordnung noch Schumacher, Toleranz, Kaufmannsgeist und Heiligkeit (2010).

12 Asher, Rudolf von Ems, Der guote Gêrhart ([3]1989), S. 34 (V. 263).
13 Zu diesen Verbindungen vgl. Lloyd, England and the German Hanse (1991), S. 13 ff.
14 Der Chronist William of Malmesbury berichtet etwa schon 1125 von deutschen Kaufleuten in London; vgl. Jahnke, Homines imperii (2011), S. 8.
15 HUB 1 (1876), S. 8 (Nr. 14). Übersetzung bei Sprandel, Quellen (1982), S. 171: »... Ich befehle euch, dass ihr die Männer und Bürger von Köln mit allem ihrem Gut, ihren Handelswaren und Besitztümern wie meine eigenen Leute und Freunde behütet, unterstützt und schützt ..., weil sie meine Getreuen sind und sie und all ihr Gut unter meinem Schutz und Schirm stehen. Deshalb sollen sie vollkommenen Frieden genießen, nach ihrem eigenen Recht leben, und ihr sollt ihnen keine neuen Abgaben oder Vorschriften auferlegen, für die bisher kein Zwang oder Gewohnheit bestand.«
16 Vgl. dazu auch Stehkämper, Friedrich Barbarossa und Köln (1993).
17 Nicholas, Medieval Flanders (1992), S. 111 ff.
18 HUB 1 (1876), S. (Nr. 25).
19 Ehbrecht, Soest – »Mutter der Hanse« (2011).
20 Der Bedeutung des Hellwegs widmeten sich 1997 die Ausstellung *Transit Brügge-Novgorod* im RuhrlandMuseum (Essen) und der gleichnamige Katalogband.
21 Zur Dortmunder Hansegeschichte vgl. Schilp/Welzel, Dortmund und die Hanse (2012) und den opulenten Ausstellungskatalog Ohm/Schilp/Welzel, Ferne Welten – freie Stadt (2006).
22 UB Dortmund 1 (1881), S. 24 (Nr. 71) – ausführlich dazu Schilp, Consules (1995), S. 79 ff.
23 Luntowski, Dortmunder Kaufleute in England (1970).
24 Ebd., S. 101–104 mit Einzelheiten.
25 Ediert bei Frensdorff, Dortmunder Statuten und Urtheile (1882), S. 1–42 (Nr. 1).
26 Zur Soester Hansegeschichte gleich mehrere wichtige Beiträge in Köhn, Soest (1981); vgl. außerdem Ehbrecht, Soest – »Mutter der Hanse« (2011).
27 Dusil, Verbreitung des Soester Rechts (2008).
28 Zu deren Hansegeschichte vgl. etwa Hergemöller, Osnabrück (1988) und Looz-Corswarem, Münster und die Hanse (1997).
29 Regest in HUB 1 (1876), S. 72–79 (Nr. 231 u. 232), zweisprachige Edition mit ausführlichem Kommentar bei Goetz, Deutsch-russische Handelsverträge (1916), S. 231–304. Eingehend hat sich mit diesem Vertrag – allerdings vor allem mit Blick auf die darin erwähnten Gewichte – Witthöft, Smolensker Vertrag (2002) beschäftigt.
30 Dederich, Alpertus von Metz (1859), S. 48 f. (Original) bzw. S. 124 (Übersetzung, von der meine leicht sprachlich-stilistisch, aber nicht sinntragend abweicht). Zur Gewaltbereitschaft von Händlern und Stadtbewohnern in dieser Zeit und Region vgl. auch Danckelmann, Kriegerischer Geist (1925), S. 66 ff. mit weiteren literarischen Zeugnissen.
31 Einzelnachweise bei Stein, »hansa« (1909). Umfassend, aber auch sehr meinungsstark und als Vorarbeit für eine nicht unproblematische These

über die Kontinuität der Hanse stellt die unterschiedlichen Begriffsverwendungen auch Ellmers, Die Hanse der deutschen Kaufleute (2018), S. 13–22 dar.

32 Ausführlich dazu Vogel, Seefahrender Kaufmann (1912).

33 Ebd., S. 244.

34 Wernicke, Fahrtrichtungsgenossenschaften (1999); Ehbrecht, Beiträge (1985).

35 Greif, Institutions (2006), S. 91 ff.

36 Ogilvie, Institutions and European Trade (2011), S. 414 ff. u. Edwards/Ogilvie, Contract enforcement (2012).

37 Schütt, Dänische Knudsgilden (1985) mit Einzelheiten.

38 Zur fruchtbaren dänischen Stadtherrschaft vgl. Graßmann, Lübeckische Geschichte ([3]1997), S. 109 ff., zur größeren Einbettung in die Geschichte des Ostseeraums Jahnke, Aufstieg Lübecks (2009).

39 Einzelheiten bei Pelc, Rostock und die Hanse (2018) und Jörn, Rostock und Wismar (2018).

40 LUB 1 (1843), S. 20 f. (Nr. 13), übersetzt bei Sprandel, Quellen (1982), S. 178–181. – Weitere Privilegien desselben Königs für Lübeck in ebd., S. 16 ff. (Nrn. 11–13, 15 und 20). Zur Sache vgl. auch Kattinger, Gotländische Genossenschaft (1999), S. 155 ff.

41 Zu den Livland-Kreuzzügen ausführlich Selart, Livland und die Rus' (2007).

42 Zur Geschichte Rigas vgl. jetzt den Sammelband von Misāns, Riga und der Ostseeraum (2005); auf die frühen hansischen Einbindungen fokussiert Benninghoven, Rigas Entstehung (1961).

43 Einzelheiten dazu bei Napiersky, Quellen des Rigischen Stadtrechts (1876).

44 Ausführlich zum Wirken des Ordens Benninghoven, Orden der Schwertbrüder (1965).

45 Frequenz, Teilnehmer und Logistik der Preußenreisen hat Paravicini, Preußenreisen (1989/95) in einer umfassenden und materialreichen Studie aufgearbeitet.

46 Zur Gründung von Reval/Tallinn vgl. Leimus/Mänd, Reval (2017).

47 Einzelheiten bei Pistohlkors, Baltische Länder (1994), S. 48 ff.

48 Graßmann, Lübeckische Geschichte ([3]1997), S. 112 ff.; Jenks, Welfen (1995), S. 502–505. Zur Rolle des Papsttums als Lübecker Schutzmacht im 13. Jahrhundert vgl. Herrmann, Lübeck und die Päpste (1995).

49 LUB 1 (1843), S. 35 f. (Nr. 29).

50 Das Privileg ist kritisch ediert in MGH DD F II (2018), S. 653–658 (Nr. 1197) und übersetzt bei Weinrich, Quellen (1977), S. 411–417 – zur Sache vgl. Auge, Reichsfreiheitsprivileg (2019).

51 Einzelheiten bei Jenks, Welfen (1995), S. 502 ff.

52 Walther, Barbarossas Urkunde (1989); Hammel-Kiesow, Staufer und Lübeck (2016).

53 Zur Bedeutung dieser Schlacht für die Entwicklung im Nordosteuropa vgl. Hoffmann, Bedeutung (1977).

54 Vgl. dazu Möbius, Gedächtnis der Reichsstadt (2011), S. 131–206.
55 So berichtet es im 15. Jahrhundert der Lübecker Dominikaner Hermann Korner, s. Schwalm, Chronica novella (1895), S. 538.
56 Vgl. Kluger, Hermann von Salza und Kaiser Friedrich II. (1987).
57 Sarnowsky, Deutscher Orden (2007), S. 13 f. Ausführlich zu den chronikalischen Quellen Emckh, Geschichte der Ritter (1866), S. 156 ff.
58 Statt der fehlerhaften Edition im PrUB I 1 (1882), S. 41 ff. (Nr. 56) sollte man besser den Abdruck bei Weise, Interpretation der Goldenen Bulle (1967), S. 22–27 nutzen. Die Diskussion um die Urkundenkritik fasst Gouguenheim, L'empereur, le grand maître et la Prusse (2004) zusammen. Die päpstliche Bestätigung der Kaiserbulle durch Gregor IX. (»Bulle von Rieti«, 1234) ebenfalls im PrUB I 1 (1882), S. 83–84 (Nr. 108).
59 Ausführlich dazu Sarnowsky, Wirtschaftsführung (1993).
60 Eingehend dazu Czaja, Preußische Hansestädte (2000).

Autonomie und Bünde: die Geburt der Hansestadt aus dem feudalen Vakuum

1 Barthold, Geschichte der deutschen Hanse 2 (1862), S. 170.
2 Greif, Institutions (2006), S. 106 ff.
3 Algazi, Herrengewalt (1996). Kritisch dazu Sigrid Schmitt in VSWG 89 (2002), S. 72–78.
4 Zur Wahrnehmung des Interregnums in der deutschen Geschichtsschreibung vgl. die eingehende Dissertation von Kirk, Die kaiserlose, die schreckliche Zeit (2002).
5 Matthaues Parisiensis. Chronica maior 5 (1880), S. 357.
6 LUB 1 (1843), S. 96 (Nr. 95). Überhaupt rückten Hamburg und Lübeck eng zusammen – vgl. dazu Wriedt, Älteste Vereinbarungen (1984). Zur Bedeutung der Verbindung Hamburg-Lübeck, die in diesen Jahren die Verbindung Schleswig-Hollingstedt überflügelte vgl. auch Jahnke, Handelsstrukturen (2008), S. 168 ff.
7 LUB 1 (1843), S. 229 (Nr. 247) bzw. HR I 1 (1870), S. 2 (Nr. 3).
8 Ebd., S. 4 f. (Nrn. 7, 8).
9 Ebd., S. 3 (Nr. 5). Unmittelbar zuvor verhandelten Lübeck und Hamburg übrigens noch die Angleichung seerechtlicher Bestimmungen, s. HUB 1 (1876), S. 189 f. (Nr. 538).
10 LUB 1 (1843), S. 96 (Nr. 96).
11 UB Göttingen 1 (1863), S. 38 (Nr. 50) und UB Braunschweig-Lüneburg 1 (1859), S. 20 (Nr. 27).
12 Eingehend dazu Müller, Lübeck und der Rheinische Städtebund (2000).
13 MGH Const. 2 (1896), S. 585 (Nr. 428 VI 2).
14 HUB 1 (1876), S. 113 f. (Nr. 345) und S. 164 ff. (Nr. 460). Zu beiden Bünden vgl. Bruns, Propter communem utilitatem (1991), S. 24–34.
15 HUB 1 (1876), S. 233 f. (Nr. 650).
16 Hill, Die Stadt und ihr Markt (2004), S. 222 ff.

17 HUB 1 (1876), S. 349 (Nr. 1012) und S. 353 f. (Nr. 1023).
18 LUB 1 (1843), S. 463 f. (Nr. 511). Die deutsche Übersetzung in Anlehnung an jene bei Mantels, Beiträge (1881), S. 50. Zu diesem Brief vgl. auch Brandt, Geist und Politik (1954), S. 67 f.
19 LUB 1 (1843), S. 471–474 (Nr. 520).
20 Die erste Formulierung stammt aus einem Zusammenschluss von Goslar, Hildesheim und Braunschweig aus dem Jahr 1252, die zweite aus einem westfälischen Landfrieden von 1348, an dem sich nicht nur die Hansestädte Lemgo, Herford, Osnabrück und Minden, sondern auch die Bischöfe von Minden und Osnabrück sowie mehrere Grafen und die Herren von Lippe beteiligten: HUB 1 (1876), S. 140 (Nr. 426) bzw. UB Niederrhein 3 (1853), S. 366 ff. (Nr. 456).
21 Beispiele bei Jenks, Welfen (1995), S. 514 ff.
22 HUB 1 (1876), S. 106 f. (Nr. 331).
23 Ebd., S. 167 (Nr. 466).
24 Ebd., S. 140 f. (Nr. 428) – zur falschen Datierung Stein, Älteste Privilegien (1902), S. 80.
25 Zu diesen ältesten Flandernprivilegien kompakt Henn, Anfänge (1989), S. 46–49; ausführlich Stein, Älteste Privilegien (1903) und mit Blick auf die Folgeprivilegien bis 1360 dann Stützel, Privilegien (1998).
26 Das hat m. E. überzeugend Jahnke, Homines imperii (2011), S. 13 ff. und S. 27 f. gegen Stein, Älteste Privilegien (1903), S. 78 ff. aufgezeigt, der die *homines imperii* mit den Gotlandfahrern gleichsetzen möchte. Der englische Schutzbrief für die *homines de terra regis Dacie,* also die Dänen, unter dessen Schirm die Lübecker 1226 zu schlüpfen versuchten, in: Patent Rolls Henry III (1908), S. 59; die Privilegienverleihung der Grafen von Holstein von 1253 in LUB 1 (1843), S. 182 (Nr. 197).
27 HUB 1 (1876), S. 147 f. (Nr. 433).
28 Sprandel, Konkurrenzfähigkeit (1984), S. 21.
29 Zum Folgenden eingehend Jenks, Welfen (1995), S. 511 ff. mit umfassenden Einzelnachweisen.
30 HUB 1 (1876), S. 115 (Nr. 348) und S. 131 (Nr. 402).
31 Hilfreiche tabellarische Zusammenstellung bei Jenks, Welfen (1995), S. 521 f.
32 HUB 1 (1876), S. 120 f. (Nr. 367), S. 139 (Nr. 424), S. 159 (Nr. 438), S. 160 (Nr. 445).
33 Ebd., S. 208 (Nr. 593).
34 Ebd., S. 319 f. (Nrn. 922, 923).
35 Etwa Dollinger, Hanse ([6]2012), S. 57: »In den 80er Jahren des 13. Jahrhunderts begann die Hanse allmählich Gestalt anzunehmen.« Genau genommen versuchten bereits 1277/78 Lübeck und andere Ostseestädte im Verein mit ihren Bischöfen eine Handelssperre gegen Nowgorod durchzusetzen, um den Nachschub für die Russen und Litauer, die gerade Livland gegriffen hatten, zu blockieren – s. LUB 1 (1843), S. 357 f. (Nr. 388) und S. 360 (Nr. 391). Von der Wirksamkeit dieser Aktion ist aber nichts überliefert; außerdem blieb es bei einer rein ostseeischen Initia-

tive. Dass, wie Koppmann in HR I 1 (1870), S. 7 f. (Nr. 10) zu rekonstruieren versucht, zu diesem Anlass eine Tagfahrt stattgefunden hätte, lässt sich durch nichts stützen; vgl. auch Jahnke, Überlegungen (2012), S. 10.

36 HR I 1 (1870), S. 9 ff. (Nrn. 12–20) und LUB 1 (1843), S. 371 f. (Nr. 406). Ein Auszug in deutscher Übersetzung auch bei Dollinger, Hanse ([6]2012), S. 507 (Nr. 4). Die Zustimmungs- und Dankesschreiben von Goslar, Münster, Soest und Dortmund in LUB 1 (1843), S. 384 ff. (Nrn. 422 ff.).

37 Ebd., S. 383 f. (Nr. 421).

38 Ausführlich zu diesem Konflikt Harttung, Norwegen und die deutschen Seestädte (1877), S. 54 ff.

39 HR I 1 (1870), S. 18 (Nr. 28).

40 Ebd., S. 16–19.

41 Ebd., S. 18 (Nr. 29): *De Normannis, ut bona non vadant per Sund.*

42 Grautoff, Chronik des Franziskaner Lesemeisters Detmar 1 (1829), S. 159.

43 HUB 1 (1876), S. 329 (Nr. 956).

44 Ebd., S. 329 f. (Nrn. 959, 961, 966). – Der Dank König Erichs von Norwegen für diese ablehnende Haltung gegenüber den *Theutonicis … conjurati,* den verschworenen Deutschen, und die Bitte, ihn gegen diese zu unterstützen, in LUB 1 (1843), S. 448 f. (Nr. 489).

45 LUB 1 (1843), S. 438, 440–446 (Nrn. 481, 483, 484).

46 HUB 1 (1876), S. 347 (Nr. 1008).

47 LUB 1 (1843), S. 599 f. (Nr. 668).

48 Zur *aulde alliance* vgl. Bonner, Scotland's »auld alliance« with France (2001).

49 Zahlenmaterial bei Riis, Einfluß des hansischen Handels (2005).

50 Die große Debatte um die »Krise des Spätmittelalters« wollen wir an dieser Stelle nicht aufmachen. Dass die Wahrnehmung einer spezifischen Situation als »krisenhaft« nichts Objektives, sondern eine Deutung darstellt, liegt auf der Hand; dass Krisen immer auch produktive Kräfte freisetzen, ist mittlerweile eine banale Einsicht. Für das Westeuropa des beginnenden 14. Jahrhunderts reicht es festzustellen, dass viele Menschen schlicht Hunger hatten und dass viel gestorben wurde. Daraus muss man keine Gesamtkrise des Spätmittelalters machen – keine Frage. Aus den von vielen als krisenhaft wahrgenommenen Entwicklungen unserer Zeit sollte man (hoffentlich) auch keine Gesamtkrise konstruieren. Sonst könnte niemand mehr gut schlafen. Aber ernst nehmen kann man diese Entwicklungen trotzdem. Weiteres zur Debatte um die Krise des Spätmittelalters in dem Sammelband von Bauch/Schenk, The Crisis of the 14th Century (2020).

51 Ulbricht, Allgegenwärtigkeit der Pest (2004).

52 Boyens, Krise in der Krise (2004), S. 301 ff. – Zum Seuchenschutz in London zu jener Zeit vgl. Slack, Impact of the Plague (1990), S. 221 ff.

53 Zum Problem vgl. Vasold, Ausbreitung des Schwarzen Todes (2003).

54 Die Belege für Lübeck und Schleswig-Holstein stellt Ibs, Pest in Schleswig-Holstein (1994) zusammen.

55 Noodt, Lübecker Material (2005).

56 Reincke, Bevölkerungsprobleme (1951); ders., Bevölkerungsverluste (1952).
57 Vgl. etwa Kelter, Deutsches Wirtschaftsleben (1953). – Zu den Judenpogromen vgl. Ibs, Judenverfolgungen (1995).
58 Diese schematische Beschreibung typischer Verläufe geht wesentlich zurück auf den Wirtschaftshistoriker Wilhelm Abel. Seine Agrarkrisentheorie ist mittlerweile vielfach kritisiert und regional ausdifferenziert, aber nicht grundsätzlich widerlegt worden. Für eine kritische Auseinandersetzung mit illustrativem Quellenmaterial vgl. Dolle, Theorie (1994).
59 Zur Pest in Norwegen und den Folgen vgl. Benedictow, Plague (1992), S. 73 ff.
60 Über die Möglichkeiten der Bevölkerungsschätzung vgl. Lunden, Four Methods (1968).
61 Vgl. Benedictow, Plague (1992), S. 38 ff. und Riis, Einfluß (2005).
62 HR I 1 (1870), S. 75 (Nr. 143): *Die ghemen cooplude vorsegehet sint ghedelet in dre deel; dat es to verstane: de van Lubeke ende de Wendeschen stede ende die Sassen ende dat dar to behort in en derdendeel; ende die van Westfalen ende de van Prucen ende dat daer toe behort int ander; ende de van Gotlande ende van Lyflande ende van Sweden ende dat dar to behort int derde.*
63 Vgl. dazu auch Jahnke, Hansebegriff (2013), S. 14 ff. und ders., Homines imperii (2011), S. 44 ff.
64 Vgl. dazu Kunze, England und die Hanse (1891), S. 96–105 (Nrn. 137–141).
65 HR I 1 (1878), S. 135 ff. (Nr. 212) bzw. Sprandel, Hansequellen (1982), S. 283–286.
66 Auch begrifflich nicht. Differenziert dazu Behrmann, Hansekaufmann (1997), S. 167 ff., der auch die frühen Wortbelege diskutiert.
67 Vgl. nur die Beschwerden in HR I 1 (1870), S. 90–95 (Nrn. 158–161).
68 HUB 3 (1886), S. 243–275 (Nr. 495–502).
69 HR I 1 (1870), S. 126 (Nr. 199).
70 Ebd., S. 127 f. (Nr. 200).
71 HR I 1 (1870), S. 306–310 und S. 343 f. (Nrn. 356 ff., 384). Eine kompakte Zusammenfassung der Entwicklung auch bei Nedkvite, Bergener Kontor (2013), S. 166–170.
72 Choroskevic, Der deutsche Hof (1996).
73 Zur Herrschaft Waldemars IV. vgl. Bracke, Regierung Waldemars IV. (1999).
74 HR I 1 (1870), S. 160–167 (Nrn. 232–235) und S. 180–183 (Nrn. 252–256). Zur hansischen Gesandtschaft in dieser Sache vgl. Behrmann, Hansische Gesandte (1997), S. 99 f. und Goetze, Datierung (1972).
75 Die Schlacht ist schon früh vorbildlich archäologisch ergraben und dokumentiert worden und stellt für die Schlachtenarchäologie einen bedeutsamen Fundkomplex dar, weil in den Massengräbern erstaunlich viele Rüstungsteile und Waffen aufgefunden wurden, die auf anderen Schlachtfeldern oft von den Siegern erbeutet und fortgebracht wurden. Näheres dazu bei Thordeman, Armour (1939). Das reiche Fundmaterial ist größtenteils heute im Museum Visby zu sehen.

76 HUB 4 (1896), S. 10 (Nr. 21).
77 HR I 1 (1870), S. 184–187 (Nrn. 258, 259); HUB 4 (1896), S. 17 ff. (Nr. 30).
78 HUB 4 (1896), S. 11–17 (Nrn. 24–29).
79 Ebd., S. 20 f. (Nr. 35) und S. 29 f. (Nr. 59).
80 HR I 1 (1870), S. 186 f. (Nr. 259) und HUB 4 (1896), S. 25 ff. (Nr. 48 ff.). Zur Sache vgl. auch Stieda, Revaler Zollbücher (1887), S. I–IX.
81 Einzelheiten bei Graichen/Hammel-Kiesow, Hanse (2011), S. 123–162.
82 HUB 4 (1876), S. 64 (Nr. 156).
83 HR I 1 (1870), S. 355–361 (Nrn. 399–402).
84 Ebd., S. 362 f. (Nr. 403).
85 Ebd., S. 372–379 (Nrn. 412–419). Zur Sache vgl. noch immer Daenell, Kölner Konföderation (1894).
86 HR I 1 (1870), S. 363–372 (Nrn. 401–411).
87 Ebd., S. 390 ff. (Nr. 431 ff.).
88 Ebd., S. 474–478 (Nr. 513) und S. 485 ff. (Nr. 523).
89 Ausführlich zur Wahrnehmung des Friedens in der historischen Literatur – von der Chronistik bis zur modernen Geschichtswissenschaft – des gesamten Ostseeraums Schwebel, Stralsunder Friede (1970).
90 HR I 1 (1870), S. 485 ff. (Nr. 524).

Kaufleute, Koggen und Kontore: die Auslandsstützpunkte der Hanse

1 Graichen/Hammel-Kiesow, Die Hanse (2011), S. 43.
2 HR II 3 (1881), S. 614.
3 Vgl. Engel, Organisation der deutsch-hansischen Kaufleute (1913), S. 466 f.
4 Vgl. dazu Dahlbäck, Gast oder Bürger? (1998) und Herrald, Companion (2015), S. 127–160.
5 Es sind noch eine ganze Reihe bemerkenswerter mittelalterlicher Kaufmanns- und Warenhäuser in King's Lynn erhalten; vgl. dazu Pantin, Merchant Houses (1962).
6 Eingehend dazu Friedland, Ältermann (2005) und Kattinger, Gotländische Genossenschaft (1999), S. 279–282.
7 Gedruckt bei Sartorius-Lappenberg, Urkundliche Geschichte 2 (1830), S. 395–403 und S. 446–572. Die originale Handschrift ist verbrannt; eine Abschrift der Ordnung für Sluis in Hamburg, Staatsarchiv, Best. 111-1, Nr. 38459.
8 Daenell, Blütezeit der Hanse 1 (^{3}2001), S. 267. Zum Hamburger Bier vgl. Blankenburg, Hanse und Bier (2001), S. 33–63.
9 HR I 6 (1889), S. 546 (Nr. 556 § 75).
10 Zur Sache eingehend Paravicini, Schuld und Sühne (2006). Diese Stiftung wird auch erwähnt bei Koppmann, Leitfaden (1875), S. 28–30 (Nr. 45). Einen frappant ähnlichen Antwerpener Fall, bei dem auch Kirchenfenster mit der Darstellung des Kaisers und der Kurfürsten gestiftet wurden, bespricht Rössner, Hansische Geschichtsbilder (2000).

11 Dazu und zu weiteren deutschen Niederlassungen in Russland vgl. Angermann, Handelsniederlassungen (1971) und Selart, Dorpater Zins (2004).
12 Zum Folgenden eingehend: Jahnke, Messen in Schonen (2018).
13 Dazu ausführlicher unten, S. 197 ff.
14 Einzelheiten bei Jahnke, Silber des Meeres (2000), S. 90–94.
15 Eine wichtige Quelle dafür ist Schäfer, Buch des Lübeckischen Vogtes auf Schonen (1887).
16 Grundlegend zum Kontor in Nowgorod und zum hansischen Russlandhandel: Angermann/Friedland, Nowgorod (2002). Wichtig außerdem noch immer Goetz, Deutsch-russische Handelsgeschichte (1922) mit der korrespondierenden Edition von dems., Deutsch-russische Handelsverträge (1916).
17 Zur Sache vgl. Schaeken, Voices on Birchbark (2018) Zahlreiche gute Abbildungen mit deutschen Übersetzungen der Texte auch im Ausstellungskatalog: Russen und Deutsche 1 (2012), S. 64–67 (Nrn. I.52–57).
18 Ebd., S. 65 (Nr. I.53).
19 Abgebildet und erstmals besprochen bei Artsikhovskii, Berestianye gramoty (1953); bessere Abbildungen von einem Teil der Birkenrinden in der Datenbank http://gramoty.ru/birchbark (Nrn. 199–210 und 331).
20 Cordes, Gesellschaftshandel (1998), S. 58 f.
21 Ausführlich dazu Rybina, Novgoroder Handelsvertrag (1984), S. 125 ff. und Kattinger, Gotländische Genossenschaft (1999), S. 147 ff.
22 HUB 1 (1876), S. 26 f. (Nr. 50) bzw. Sprandel, Quellen (1982), S. 175 ff.
23 HUB 2 (1879), S. 23 (Nr. 43) bzw. LUB 2 (1858), S. 148 f. (Nr. 171).
24 Lebedev, Ladoga als Mittelpunkt und Handelszentrum (1999) mit Einzelheiten.
25 Goetz, Deutsch-russische Handelsverträge (1916), S. 103 f.
26 Ebd., S. 104.
27 Onasch, Gross-Nowgorod (1969), S. 144.
28 Friedland, Die Hanse (1991), S. 41.
29 Graichen/Hammel-Kiesow, Die deutsche Hanse (2011), S. 270 f.
30 LUB 1 (1843), S. 289 (Nr. 304) und S. 301 (Nr. 317) – vgl. dazu Rennkamp, Studien (1987), S. 143 ff.
31 Goetz, Deutsch-russische Handelsverträge (1916), S. 114 u. a.
32 Ausführlich diskutiert diese Frage Janin, Fürst oder Bojaren (2001).
33 Zur mittelalterlichen Stadttopografie vgl. Mühle, Frühgeschichte Novgorods (1997).
34 Rennkamp, Studien (1977), S. 104.
35 HR II 2 (1876), S. 267 ff. (Nr. 325) gibt einen illustrativen Bericht von solchen Streitigkeiten.
36 Schubert, Kontore (2005), S. 11.
37 Rybina, Hansische Kaufleute (2002), S. 240.
38 Erstmals ediert von Schluter, Nowgoroder Schra (1911); eine digitale Neuedition bietet Jenks, Nowgoroder Schraen (2005).
39 Zur Soester Schrae vgl. Mersiowsky, Kuhhäute, Schrein und Schrae (2006).

40 HUB 3 (1886), S. 358.
41 Angermann, Hansisch-russische Kulturbeziehungen (1998), S. 75 f.
42 Vgl. Rybina, Hansische Kaufleute (2002), S. 240 ff. und Schubert, Russische Kaufmannschaft (1993), S. 17 f. mit vielen Einzelheiten.
43 Ebd., S. 21 mit Hinweis auf entsprechende Beschwerden der Polocker Kaufleute.
44 Zum Warenumschlag vgl. Harder-Gersdoff, Hansische Handelsgüter (2002).
45 Goetz, Deutsch-Russische Handelsverträge (1916), S. 178–180 und S. 185 f.
46 Harder-Gersdoff, Hansische Handelsgüter (2002), S. 135.
47 Zitiert bei Kattinger, Gotländische Genossenschaft (1999), S. 47.
48 Angermann, Novgorod und die Hanse (1997), S. 284.
49 Liebermann, Gesetze 1 (1903), S. 234 (IV Aethelred, c. 2.8): *Et homines Imperatoris qui veniebant cum navibus suis, bonarum legum digni tenebantur sicut et nos.*
50 Delisle/Berger, Receuils des actes de Henri II, roi de Angleterre 2 (1909), S. 116 f. (Nr. 540). Eine kommentierte Übersetzung bieten Quellen zur Geschichte der Stadt Köln 1 (1999), S. 148–153 (Nr. 28).
51 HUB 1 (1876), S. 22 f. (Nr. 40).
52 In der zuvor genannten Urkunde von 1176 ist das Wort *Gildhalla Coloniensium* (»kölnische Gildehalle«) erst nachträglich über das unpräzisere *domus* (»Haus«) nachgetragen worden – trotzdem findet man hier und da noch in der Literatur 1176 als Erstnennung des Londoner Kontors. Zur präzisen Beschreibung dieser Urkunde, die lediglich in zwei jüngeren Abschriften überliefert ist, vgl. Deeters, Gerhard von Wesel (1994).
53 HUB 1 (1876), S. 80 (Nr. 237), S. 194 (Nr. 354) und S. 220 (Nr. 636).
54 Ausführlich dazu Deeters, Gerhard von Wesel (1994).
55 Quellen zur Geschichte der Stadt Köln 2 (1996), S. 101–118 (Nr. 9).
56 HUB 1 (1876), S. 308 ff. (Nr. 902). – Zur Sache wichtig: Jenks, Bishopsgate (2015).
57 HUB 1 (1876), S. 132 (Nr. 405) und S. 193 f. (Nr. 552). Zu diesem ersten hansischen Ältermann in London vgl. Fryde, Arnold Fitz Thedmar (1989).
58 HR II 5 (1888), S. 182 (Nr. 263 § 10); ähnlich HR II 7 (1892), S. 727 (Nr. 488 § 21).
59 Jenks, Bishopsgate (2015), S. 9.
60 Lappenberg, Urkundliche Geschichte (1851), Anhang, S. 26 f. (Nr. 45).
61 HR I 7 (1893), S. 492 f. (Nr. 733). – Zu diesem Privileg vgl. Stein, Hansebruderschaft (1908). Dort auch die Korrektur der Datierung, die in den HR noch mit 1424 angegeben wird (S. 198).
62 Diese und weitere Einzelbelege bei Weinbaum, Stalhof (1928).
63 Dollinger, Hanse (^{6}2012), S. 130.
64 Lappenberg, Urkundliche Geschichte (1851), S. 166 ff. – Zum Folgenden ausführlich Jörn, With money and bloode (2000), S. 420–482.
65 HR 2 (1878), S. 80 f. (Nr. 81).
66 Einzelheiten bei Jörn, Stellung der englischen Älterleute (1998).
67 Sprandel, Quellen (1982), S. 353–382; vgl. dazu Henn, Hansekontore

und ihre Ordnungen (2008), S. 29–32 und Jörn, With money and bloode (2000), S. 483 ff.

68 Sprandel, Quellen (1982), S. 366 (c. XXIV), S. 378 (c. LV), S. 367 (c. XXV) und S. 376 f. (c. XLVIII ff.).

69 Schubert, Kontore (2005), S. 41; Lappenberg, Urkundliche Geschichte (1851), S. 32.

70 Henn, Entfaltung im Westen (1989), S. 73.

71 Einzelheiten bei Vandewalle, Hafen und Hafenarbeit (1990).

72 Das Zitat stammt aus dem Traktat *Libelle of Englyshe Polycye* von 1436, zitiert bei Schubert, Novgorod, Brügge (2005), S. 27.

73 Einzelheiten bei Ganshof, Le commerce de la Hanse (1939).

74 Vgl. etwa Rössner, Hansische Memoria (2005), S. 49–59.

75 HUB 2 (1879), S. 212 (Nr. 492). Zur Sache vgl. auch Henn, Entfaltung im Westen (1989), S. 45.

76 HUB 2 (1879), S. 101 f. (Nr. 261).

77 Ebd., S. 103–109 (Nr. 266).

78 Kellenbenz, Aufstieg und Krise (1986), S. 143.

79 HUB 4 (1899), S. 451–459 (Nr. 874).

80 Einen guten Überblick über die Verbindungen gibt Murray, Bruges (2005), S. 216–258. Zu hansischen Geldgeschäften in Brügge vgl. Greven, Hanesatic Banking Customs (1996).

81 Allerdings nicht nur hier; vgl. Leloux, Kirche und Caritas (1973); Rössner, Hansische Memoria (2005). Im o. g. Aardenburger Privileg von 1307 ließen sich die Hansen ausdrücklich nicht nur die freie Wahl des Wohnsitzes, sondern auch der Grabstätte bestätigen; s. HR I 1 (1870), S. 46 (Nr. 84).

82 Einzelheiten bei Greve, Gast und Gastgeber (1994) bzw. ausführlich dies., Hansische Kaufleute (2011).

83 Nicht 6000, wie man wegen eines Druckfehlers bei d'Haens, Welt der Hanse (1984), S. 180, immer wieder einmal liest. – Zur Versammlung vgl. HR II 4 (1883), S. 347–350 (Nrn. 484 f.).

84 Paravicini, Brügge und Deutschland (2007), S. 429 f.

85 Smidt, Het Oosterlingenhuis (1948).

86 Grundlegend dazu Greve, Hansische Kaufleute, Hosteliers und Herbergen (2011). Einen schön bebilderten, quellennahen und dennoch kompakten Überblick über das Verhältnis der deutschen Kaufleute zu ihrer Gaststadt gibt außerdem Paravicini, Brügge und Deutschland (2007).

87 Paravicini u. a., Hansekaufleute in Brügge, 4 Bde. (1992–2000).

88 Stammler, Deutsche Hanse und deutsche Literatur (1919); vgl. dazu unbedingt die kritische Weiterentwicklung von Geeraedts, Literarische Beziehungen (1987).

89 Zum Bergener Kontor grundlegend sind die neueren Arbeiten von Arnved Nedkvitne, Mike Burkhardt und Justyna Wubs-Mrozewicz (s. Literaturverzeichnis) sowie der Sammelband von Graßmann, Das Hansische Kontor zu Bergen (2005). Eine ausführliche Kritik Nedkvitnes an den Arbeiten von Burkhardt und Wubs-Mrozewicz sowie deren Gegendarstellungen in HGbll. 131 (2013), S. 145–194.

90 HUB 2 (1886), S. 4 ff. (Nr. 6).
91 Ebd., S. 152 (Nr. 364); gedruckt im DN 7.1 (1867), S. 104 f. (Nr. 91).
92 Henn, Hansekontore (2008), S. 35 ff. mit Einzelbeispielen.
93 HR I 1 (1870), S. 467–472 (Nrn. 510 f.).
94 Blom, Hanseaten in Oslo und Tromsø (1973).
95 Nedkvitne, German Hansa (2014), S. 351 ff.
96 Bruns, Lübecker Bergenfahrer (1900).
97 Ehnert, Küchenmeysterey (1981), S. 17.
98 Nelli, Il naufragio della Querina (2005), S. 71 f.: *Gli stoccafissi sono pesci dalle carni piuttosto grasse ma asciutte. Li fanno seccare al vento e al sole, senza sale, e diventano duri come il legno. Quando li vogliono mangiare li battono col rovescio della mannaia sfilacciandoli come nervi, e aggiungono burro e altre spezie per insaporili. Rappresentano un'importante mercanzia nei mari tedeschi.* (»Die Stockfische sind Fische, die ein sehr fettes, aber auch trockenes Fleisch haben. [Die Bewohner] trocknen sie ohne Salz im Wind und in der Sonne, sodass sie hart wie Holz werden. Wenn sie diese essen wollen, klopfen sie mit der Rückseite eines Beiles [auf den Fisch], um sie zu zerfasern, und fügen Butter und andere Gewürze hinzu, um sie zu würzen. Sie stellen eine wichtige Ware in deutschen Meeren dar.«)
99 Die Entwicklung des nordeuropäischen Stockfischhandels fasst bündig Wubs-Mrozewicz, Fish, Stock and Barrel (2009) zusammen; dort auch weitere Literatur.
100 Nedkvitne, Bergener Kontor (2013), S. 148 ff. mit Nachweisen für den frühen Stockfischhandel.
101 HUB 1 (1876), S. 347 (Nr. 1008).
102 Vgl. Nedkvitne, Bergener Kontor (2013), S. 160–166 mit Einzelheiten.
103 Ebd., S. 175 ff.
104 Bruns/Weczerka, Hansische Handelsstraßen (1967). Auf Ergänzungsnotwendigkeiten weist etwa Straube, Geleitswesen (2015), S. 270 ff. hin. Eine digitale (Teil-)Neubearbeitung der »Hansischen Handelsstraßen« ist am Institut für Geschichtliche Landeskunde der Universität Göttingen seit 2019 in Gange.
105 Kellenbenz, Durchfuhrt (1973); Theuerkauf, Binnen- und Seehandel (1996); mit Perspektiven auf weiter ausgreifende Einbindungen Hill, Im Schatten der Hanse (2012).
106 HUB 2 (1879), S. 305 (Nr. 693 § 7).
107 Einen breiten und gut zugänglichen Überblick über die konventionell so bezeichneten nordeuropäischen Schiffstypen gibt Krause, Handelsschifffahrt (2010); kritisch dazu Paulsen, Schifffahrt und Europa (2012).
108 Ewe, Schiffe auf Siegeln (1972) stellt ein Kompendium solcher Siegel dar.
109 Mit vielen Beispielen dazu Weski, Fiktion oder Realität? (1999).
110 Die Kontroverse begann mit den Beiträgen von Paulsen und Ellmers in den HGbll. 128 (2010), S. 19–112 und S. 113–140; wozu dann im Jahr darauf Jahnke, Koggen und kein Ende (2011) Stellung nahm. Zuletzt zur

Sache noch Paulsen, Schifffahrt, Hanse und Europa (2016) und Ellmers, Kogge und Holk (2016).

111 Das Folgende vor allem nach Jahnke, Schiffer und Kaufmann (2001); ergänzend Ellmers, Alltag auf Koggen (2018), S. 264 ff.

112 Zitiert bei Jahnke, Schiffer und Kaufmann (2001), S. 133.

113 HUB 5 (1899), S. 275 (Nr. 545).

114 Jahnke, Schiffer und Kaufmann (2001), S. 134 mit Beispielen.

115 Diese und weitere Ausdifferenzierungen ausführlich bei Deggim, Leben an Bord (2001), S. 103 f.

116 So heißt es in einem Beschluss über Feierlichkeit zu Ehren der Verstorbenen Flandernfahrer aus dem Jahr 1485. HUB 10 (1907), S. 733 f. (Nr. 1217).

117 Das Folgende im Wesentlichen nach Ellmers, Alltag auf Koggen (2018) und Deggim, Leben an Bord (2001).

118 Ellmers, Lose Gegenstände (1995), S. 129 f.

119 Ellmers, Alltag auf Koggen (2018), S. 268 ff. stellt Beispiele zusammen. Vogel, Seeschiffahrt (1915) hat aufgrund der von ihm gesichteten Belege ein Verhältnis von einem Mann Besatzung pro 5 Last Tragfähigkeit errechnet. Auch für diese Relation gibt es aber reichlich Gegenbeispiele.

120 Zitiert bei Heinsius, Schiff der hansischen Frühzeit (1986), S. 129.

121 David, De expugnatione Lyxbonensi (1936), S. 58: *Noctis enim supra modum tenebrositas atque insueta maris rheumata nautas etiam audacissimos despearere cogent.*

122 Zum Folgenden vgl. Krause, Handelsschiffahrt (2010), S. 241 ff. und Landwehr, Seerecht (2003), S. 120 ff.

123 Lübecker Ratsurteile 1 (1955), S. 269 (Nr. 441).

124 LUB 2 (1858), S. 87 (Nr. 105 § 30).

125 Jahnke, Schiffer und Kaufmann (2001), S. 136.

126 Zur Sache vgl. Hansen, Strandrecht und Strandraub (2001). 1415 verbot Kaiser Sigismund das Strandrecht reichsweit – HUB 6 (1905), S. 4 f. (Nr. 9) –, ohne dass damit eine wirkliche Besserung eintrat.

127 Das Folgende vor allem nach Ellmers, Alltag auf Koggen (2003), außerdem Peplow, Überlegungen (2015) und Förster, Alltagsleben (2002).

128 Eingehend dazu Sauer, Bedeutung der Küste (1992); Schall, »wâ scheident aber die wege sich« (1989).

129 Peplow, Überlegungen (2015), S. 2: *Item alse gy nicht seen mogen tusschen dat huse unde de kerke, so sint gy up dat grogest van den peve.*

130 Das hat Westerdahl, Ancient Sea Marks (2010) gezeigt.

131 HR III 7 (1905), S. 184 (Nr. 108 §§ 360, 364).

132 Schiffe ohne Mastkorb und Kastell finden sich etwa auf den Siegeln bei Ewe, Schiffe auf Siegeln (1972), S. 105 (Nr. 8: Barth, um 1300), S. 106 (Nr. 10: Bergen, 13. Jh.; noch mit Drachenköpfen an Bug und Heck), S. 115 (Nr. 28: Damme, 13. Jh.) oder S. 122 (Nr. 41: Elbing/Elbląg, 1242).

133 Balazamo/Kaiser, Olaus Magnus. Die Wunder des Nordens (2006), S. 148.

134 David, De expugnatione Lyxbonensi (1936), S. 58: *Subsequenti dominica*

costam Brittanie, profunditatis dimenisone saltem LXXV. cubitorum et maris nigredine, comperimus.

135 Zur Sache vgl. Ellmers, Nachtsprung (1981) bzw. ders., Hanse der deutschen Kaufleute (2018), S. 227–231.

136 Vgl. etwa Ewe, Schiffe auf Segeln (1972), S. 127 f. (Nrn. 51–54: Danzig/Gdańsk), S. 143 (Nr. 83: Kiel) oder S. 196 (Nrn. 189 f.: Staveren).

137 HUB 3 (1886), S. 73 f. (Nr. 150). König Waldemar IV. von Dänemark empfiehlt in diesem Brief vom Juli 1349, die Fahrt zwischen Gellen und Møn nach Wismar und Rostock einzustellen, weil er mit beiden Städten im Krieg stehe.

138 Alle einschlägigen Texte sind ediert bei Sauer, Seebuch (1996), S. 124–139.

139 1394 finden wir in Kampen, 1398 in Stralsund einen *kompassmaker*. Vgl. dazu Ellmers, Hanse der deutschen Kaufleute (2018), S. 231 ff.

140 Vgl. dazu Sauer, Seebuch (1996), S. 122.

141 Eannes de Azurara, Chronica (1841), S. 57 (cap. 9).

142 Zitiert bei Vogel, Einführung des Kompass (1911), S. 24. Zur Sache vgl. Schnall, Probleme der praktischen Navigation (1997).

143 Peplow, Überlegungen (2015), S. 9.

144 Vgl. dazu Theuerkauf, Hamburg und der Elbhandel (1986); ders., Binnen- und Seehandel (1996).

145 Looz-Corswarem, Koggen vor Köln (2018).

146 Levison, Werden der Ursula-Legende (1928), S. 76 f.

147 Zu diesen neuen Schiffstypen vgl. Looz-Corswarem, Entwicklung der Rheinschiffahrt (1996).

148 Zum Kölner Stapel eingehend Schwerhoff, Kölner Stapel (2010). Das wichtige Stapelprivileg im Original und deutscher Übersetzung in: Quellen zur Geschichte der Stadt Köln 1 (1999), S. 215–224.

149 Bohmbach, Stader Zoll und Hamburger Stapel (1981); Graefe, Stapelrecht der Stadt Münden (1978).

150 Instruktive Beispiele aus dem Nordwesten bei Stein, Binnenfahrt (1909).

151 Vgl. Nissen, Neue Forschungsergebnisse (1966). Dort auch die einschlägige ältere Literatur.

152 Krieg, Schalfahrt (1914).

153 Lübeck, Archiv der Hansestadt Lübeck, Kämmerei, Nr. 1099. Wer dieser Ruter war, ist nicht ganz klar, denn es gibt in dieser Zeit sowohl in Reval als auch in der Gegend um Köln und Siegburg eine Familie dieses Namens – und letztlich ist mit Blick auf die hansischen Verbindungen zwischen Ost und West auch eine Verwandtschaft zwischen diesen beiden Familien(-zweigen?) gar nicht unwahrscheinlich. Tonie Dyemans jedenfalls, der sich des Erbes annahm, war Ratsherr in Lübeck (HR III 2, 1883, S. 392, Nr. 392) – so kam wohl auch das Inventar in die Kämmereirechnungen. *Snor syde, rot genawed,* also rote Seidenschnüre, zählten zu Ruters Handelsgut, ebenso *blaue swer syden* und *biritthe* in unterschiedlichen Farben und Qualitäten, außerdem einer Truhe, mehrere Kleidungsstücke, Röcke, Hemden und *ii par bruner hosen,* schließlich noch *allerleyge munte in sulvere,* also Silbergeld.

Hansischer Handel: zwischen Vertrauensökonomie und Innovationsrückstand?

1 Jenks, Transaktionskostentheorie (2005), Seltzer-Ewert, Neue Institutionenökonomik (2005). Letztere haben seit diesem viel beachteten Aufsatz noch zahlreiche Arbeiten zum Thema vorgelegt – vgl. das Literaturverzeichnis.
2 Zur Einführung in sein Werk vgl. Pies/Leschke, Douglass Norths ökonomische Theorie (2009). Die Anführungsstriche um den North'schen Nobelpreis erklären sich nur daher, dass die *Alfred-Nobel-Gedächtnismedaille der Schwedischen Reichsbank* zwar gemeinsam mit den Nobelpreisen verliehen wird, aber formal kein Nobelpreis ist. Einen wirtschaftswissenschaftlichen Nobelpreis gibt es formal nicht; die Bedeutung ist aber fraglos vergleichbar.
3 Zu den *heterogeneous commercial environments* des hansischen Wirtschaftsraumes und den Strategien, damit umzugehen, vgl. Ewert-Selzer, Institutions of Hanseatic Trade (2016), S. 77–98.
4 Jenks, Transaktionskostentheorie (2005), S. 34 ff.
5 Das Folgende nach ebd.
6 HUB 1 (1876), S. 160 (Nr. 444).
7 Witthöft, Zeichen, Verpackung (1993).
8 HUB 2 (1879), S. 69 (Nr. 154 § 25); HUB 3 (1886), S. 261 (Nr. 497.1 § 33).
9 Jenks, Transaktionskostentheorie (2005), S. 39.
10 Link/Kapfenberger, Transaktionskostentheorie (2005). Zum Gesellschaftshandel in Preußen vgl. auch Sarnowsky, Hansischer Gesellschaftshandel (2000); Beispiele aus Bremen bei Smit, Aus Bremischen Familienpapieren (1874).
11 Cordes, Spätmittelalterlicher Gesellschaftshandel (1998), worauf das Folgende auch im Wesentlichen aufbaut. Ergänzend zu einzelnen Aspekten: ders., Gewinnteilungsprinzipien (1997) und Anfänge (1999).
12 So treffend Cordes, Arbeitswelt (2000), S. 36.
13 Ediert und vorbildlich kommentiert von Cordes u. a., Societas (2003). In den allgemeinen Kontext spätmittelalterlicher Kaufmannsschriftlichkeit bettet es Hammel-Kiesow, Schriftlichkeit (2008) ein.
14 Widman, Bodenseehanse (1988). Eine gut zugängliche und quellennahe Darstellung zur Ravensburger Gesellschaft bietet Eitel, Große Ravensburger Handelsgesellschaft (1984), die jüngere Detailforschung findet sich bei Daniels, Wert der Information (2012).
15 Jenks, Small is beautiful (2013).
16 Jahnke, Netzwerke im Handel 1 (2013), S. 199.
17 Korlén, Norddeutsche Stadtrechte 2 (1951), S. 132: *Van kumpanye: Wederleget iemen den anderen in cumpanie, so wanne se schichten scholen, is dar hovetguot unde winninge, so scal he to voren up boren, dat he to voren hevet ut geleget. Dat andere scolen se like delen. Is dar min den hovetguot, so scholen se dat schichten, alse se it to samene geleget hebbet na marktale.*
18 Ausführlich dazu Cordes, Gewinnteilungsprinzipien (1997).

19 Es ist nicht ganz klar, ob das nicht eine Wortschöpfung von Stuart Jenks ist, weil ich diesen Begriff bisher nur bei ihm und der ihn rezipierenden Forschungsliteratur gefunden habe, die Handelsquellen Südeuropas dagegen üblicherweise vom *socius stans* (dem »bleibenden« Partner) sprechen. Aber selbst wenn es so ist, ist es eine wunderschöne Wortschöpfung, die es verdient, weitergetragen zu werden.
20 Zum Sendeve-Gut vgl. Sprandel, Interferenz (1999), S. 90 ff.
21 CDS Dortmund (1887), S. 187 f.
22 Vgl. etwa Cordes u. a., Societates (2003), S. 64 (Nr. 57, 3, 8 u. 9) oder S. 91 (Nr. 82, 2 u. 4).
23 Cordes, Juristische Bildung (2007), S. 44 bzw. ders., Gesellschaftshandel (1998), S. 187. Ein weiteres Beispiel aus dem späten 16. Jahrhundert bei Pelus-Kaplan, Wolter von Holsten (1977), S. 40.
24 Holbach, Handelspraktiken (2009), S. 87 ff.
25 Zur süddeutschen Familiengesellschaft vgl. jetzt Isenmann, Strategien (2020), S. 35–64.
26 HR III 3 (1888), S. 390 f.: ... *plecht Goth armer lude kynder uth Westfalen yn dussze stede to yaghen, welck szo lange vor yunghen unde knechte mothen denen, liden unde dulden, darno ghesellen, darna matscoppe mothe werden, darna den handel und guth mothen erven, darna dat regimente ... ock vorstan moten.*
27 Zit. bei Cordes, Spätmittelalterlicher Gesellschaftshandel (1998), S. 96 nach dem Segeberger Codex des Lübischen Rechts: *Deit ein borger einem anderen borgere offte gaste gudt mede to der se werth to vorkopende to sinem besten, de genne, de dat gudt vorkopenn schall, de is mechtich to donde unde to latende in aller mathe, unde de em dat gudt belovet hefft, de mot em ock de rekenscopp beloven. Darumme se ock malck tho, wen he sin gudt belovet offte beveleth.*
28 Die ganze semantische Bandbreite zeigt besser noch als die heute etablierteren Wörterbücher des Mittelniederdeutschen Kosegarten, Wörterbuch 1 (1860), S. 382 ff.
29 Dazu eingehend Stark, Techniken und Organisationsformen (1993).
30 Einzelheiten zum Handel auf Gegenseitigkeit bei Ewert/Selzer, Wirtschaftliche Stärke (2010), S. 43 ff. und Stark, Techniken (1993).
31 Vgl. Swoboda, Wettbewerbsverbot (1931), S. 9 f. mit Nachweisen.
32 Selzer/Ewert, Verhandeln und Verkaufen (2001), S. 139–144.
33 Holbach, Handelspraktiken (2009), S. 90 f.
34 Henn, Hansekontore und Ordnungen (2008), S. 16 f.; Jörn, Herausbildung (2000), S. 225.
35 Sprandel, Quellen (1982), S. 371 (c. XXXVI).
36 HR I 5 (1880), S. 157 (Nr. 225 § 8); I 6 (1889), S. 545 (Nr. 556 A § 70); I 7 (1893), S. 205 (Nr. 355 § 11) und S. 211 (Nr. 363); II 1 (1876), S. 205 (Nr. 321 § 14); II 6 (1890), S. 327 (Nr. 356 § 17); III 5 (1894), S. 90 (79 § 53). – Zur Sache Jenks, Hansisches Gästerecht (1996), S. 53 ff.
37 Zum Folgenden vgl. vor allem ebd.
38 HUB 5 (1899), S. 275 (Nr. 545) u. S. 284 f. (Nr. 562). Dass es solche Ver-

bote schon im 14. Jahrhundert immer wieder, allerdings situativ und als Abrede zwischen den Kaufleuten und Schiffern vor Ort, nicht auf Initiative des Hansetages, gegeben hat, zeigt Jenks, Hansisches Gästerecht (1996), S. 19 mit einer Reihe von Belegen.

39 HUB 6 (1905), S. 276 (Nr. 489 § 2).

40 HR I 7 (1893), S. 381 ff. (Nr. 576).

41 Vgl. dazu Gorißen, Strukturbildung durch Handelshemmnisse? (2007).

42 Zum *Fondaco dei Tedeschi* vgl. immer noch Simonsfeld, Fondaco (1887).

43 Choroskevic, Der deutsche Hof (1996).

44 Einzelheiten dazu bei Selzer, kophus, sellebode, nedderlage, spiker (2019).

45 Nicht umsonst hat Nagel, Das mittelalterliche Kaufhaus (1971) seine Untersuchung wesentlich an süddeutschen Beispielen durchführen müssen.

46 Ellmers, Kran und Waage (1996), S. 162. Zur Entwicklung des Hamburger Hafens und seiner Infrastruktur vgl. Deggim, Hafenleben (2005).

47 Selzer, kophus, sellebode, nedderlage, spiker (2019), S. 97 f.

48 LUB 2.2 (1858), S. 921 ff. (Nr. 1001) u. 6 (1881), S. 760–766 (Nr. 784).

49 HUB 10 (1907), S. 49 (Nr. 76 § 1).

50 Vgl. etwa Kiaupa, Gästehandel in Vilnius (2001).

51 Zum Folgenden vgl. besonders Brück, Eigenhandel hansischer Seeleute (1993).

52 Krieger, Ursprung und Wurzeln (1970), S. 20 und S. 139 ff.

53 Napiersky, Quellen des Rigischen Stadtrechts (1876), S. 200 (XI 19 § 2).

54 Sprandel, Quellen zur Hanse-Geschichte (1982), S. 397–410.

55 HUB 10 (1907), S. 323 f. (Nr. 504).

56 Ebd., S. 409 ff. (Nr. 599).

57 Bracker u. a., Die Hanse – Lebenswelt und Mythos (2006), S. 783–789.

58 Samsonowicz, Struktura handlu gdańskiego (1962), S. 707 f.

59 Bis ins 16. Jahrhundert hinein waren die Ablöseraten für Frachtraumanteile im Übrigen nicht fest fixiert, sodass sie selbst einem gewissen Verhandlungsgeschick unterlagen. Damit befasste sich ein Hansetag zu Lübeck im Mai/Juni 1530, der erstmals für die England- und Hollandfahrt feste Sätze pro Mark Frachtwert festsetzte – vgl. HR III 9, S. 766 (Nr. 593 § 12).

60 HR III 7, S. 718 (Nr. 431 § 134).

61 Brück, Eigenhandel hansischer Seeleute (1993), S. 37 ff. führt eine Reihe Beispiele an.

62 Zum Folgenden vgl. insbesondere North, Geldumlauf (1989); ders., Europäisches Zahlungssystem (2002).

63 Cornelis Rattmann, Die Mark kam aus Hamburg, in: *Welt am Sonntag* vom 9. Dezember 2001.

64 Zum Folgenden vgl. Kuhn, Lübische Währungsunion (2018).

65 UB Hamburg 1 (1842), S. 487 f. (Nr. 591).

66 LUB 2.2 (1858), S. 652 (Nr. 703). Zum Lübecker Geldwesen vgl. Dummler/Sanftleben, Siebenhundert Jahre Geldwesen (2015), die auch die wichtige städtische Münzsammlung vorstellen.

67 Tatsächlich aber dürfte das repräsentative Moment für die Stadt und die

Zurschaustellung ihrer ökonomischen Potenz fast bedeutsamer gewesen sein. Zumindest für den hansischen Binnenmarkt deutet die Geldmarktstudie von Volckert, Währungsvielfalt (2016) darauf hin, dass »Transaktionen mittlerer Größe und Reichweite – also solche, für die Silber verwendet wurde – insgesamt wichtiger waren und für die Integration von Märkten eine wichtigere Rolle spielten als Geschäfte des Groß- und Fernhandels« (S. 29).

68 HR I 2 (1872), S. 187 (NR. 172 § 1): *Unde desse penninghe schullen hebben sternen an beyden syden, an der syde des crutzes mydden in dem crutze, unde an der anderen syde in deme tzirkele, dar de bokstave ninnen stan rechte boven des arves hovede und boven der borch und boven dem ossenhovede.* Das Münzbild zeigte also auf der einen Seite einheitlich ein Kreuz mit einem Stern in der Mitte, auf der anderen einen Stern oberhalb des jeweiligen Stadtwappens: das Adlerhaupt *(arves hovede)* für Lübeck, die Burg für Hamburg und den Ochsenkopf *(ossenhovede)* für Wismar.

69 Zum Münzschatz vgl. Hammel-Kiesow, Silber, Gold und Hansehandel (2003).

70 Akerlof, Market for Lemons (1970).

71 Zur Entwicklung des Wechsels vgl. Denzel, Bargeldloser Zahlungsverkehr (2008).

72 Lesenswert dazu Gorißen, Wechselrecht und Handelsinteressen (2008), S. 205 ff.

73 Eine gute, kritische Synthese der Forschung bietet Jahnke, Bankenplatz des Nordens (2006). Die wesentlichen Quellen zur lübischen Bankengeschichte druckt Pauli, Lübeckische Zustände 2 (1872), S. 98–171 in seinem Urkundenanhang.

74 Etwa bei Pauli, Lübeckische Zustände 2 (1872), S. 151 f. (Nr. 55).

75 Weissen, Briefe in Lübeck lebender Florentiner (2003); Fouquet, Italiener in Lübeck (1998).

76 Weissen, Haltung (2005), S. 175.

77 Fouquet, Italiener in Lübeck (1998), S. 220.

78 Pauli, Lübeckische Zustände 2 (1872), S. 151 (Nr. 54): 1471 überweist van Buren 133 Mark von Reval nach Braunschweig.

79 Ausführlich zu van Burens Geschäften: Jahnke, Bankenplatz des Nordens (2006), S. 152 ff.

80 Ebd., S. 155 ff.

81 Vgl. dazu Holbach, Hansisches Gewerbe (1998).

82 Viele Beispiele bei Neumann, Geschichte des Wechsels (1863), S. 84 ff., Sprandel, Zahlungssystem (1975), S. 43 ff. und Jahnke, Bankenplatz des Nordens (2006), S. 161 ff.

83 Entsprechende Beschwerden Bueris vermerkt Fouquet, Italiener in Lübeck (1998), S. 214.

84 Das Folgende im Wesentlichen nach Jenks, Finanzierung (2010), der damit ausdrücklich auch seinen viel zitierten Aufsatz »War die Hanse kreditfeindlich?« (1982) in mancher Hinsicht revidiert. Zur Politik des Brügger Magistrats vgl. De Roover, Bruges Money Market (1968), S. 48 ff.

85 HR I 5 (1880), S. 15 ff. (Nr. 23).
86 Ebd., S. 58 ff. (Nr. 83).
87 HR I 4 (1887), S. 569 (Nrn. 630 f.).
88 Jenks, Finanzierung (2010), S. 7.
89 Jahnke, Feigenhandel im Hanseraum (2015); ders., Globalisierung (2017); Köhler/Jahnke, Vom Mittelmeer zum Hanseraum (2018).
90 In der jüngeren Literatur wird er üblicherweise nach Dollinger, Die Hanse ([3]1976), S. 171 (auch noch S. 165 in der Neuauflage [6]2012) zitiert, der übrigens der Meinung ist, diese »volkstümliche ... Redensart« ginge »wahrscheinlich bis auf das 15. Jahrhundert« zurück. Weiter als bis auf Deecke, Lübische Sagen und Geschichte (1857), S. 55 kann ich ihn nicht zurückverfolgen.
91 Gelius, Hansische Warenkunde (2006).
92 Lechner, Hansische Pfundzollisten (1935).
93 Den importierten die Hansen vor allem von Island, was sogar auf der berühmten *Carta marina* von 1539 (s. Innendeckel) seinen Niederschlag gefunden hat: An der südlichen Küstenlinie sieht man deutlich ein Fass mit der Beischrift SVLFVR. Einzelheiten zum hansischen Schwefelhandel bei Mehler, Sulphur Trade (2015).
94 Irsigler, Desiderata (2002). – Wo man genauer hinschaut, wie das etwa Selzer, Blau (2010) beim Waidhandel getan hat, zeigt sich, wie viel tiefer man damit die hansische Netzwerkbildung greifen kann.
95 Zum Textilhandel im Hanseraum vgl. Huang, Textilien (2015); dies./Jahnke, Textiles and the Medieval Economy (2015); Abraham-Thisse, Tuchhandel der Hanse (2002) und Childs, Timber for Cloth (2000).
96 Ebel, Fernhandel der Wikingerzeit (1987), S. 288 f. (Nr. 3).
97 Diese Diskussion referiert ausführlich und sehr kritisch Paulsen, Schifffahrt, Hanse und Europa (2016), S. 376–388.
98 Pirennne, Draps de Frise? (1909), S. 315: »L'une prend son origine dans l'antiquité germanique; l'autre a hérité de la technique supérieure qu lui a léguée la civilisation impériale. Il n'existe entre elles aucune filiation; elles sont étrangères l'une à l'autre.«
99 Vgl. dazu Holbach, »seulement pour les Oosterlincx« (1994).
100 HUB 3 (1886), S. 56 ff. (Nr. 115 f.) mit der Ordonnanz des Deutschen Kaufmanns sowie der Verkündung der Regelung in Poperinge einen Monat später (Nov. 1347) bzw. LUB 2.2 (1858), S. 814 f. (Nr. 877).
101 Hollbach, Handelsbedeutung von Wolltuchen (1993).
102 Schmitz, Leinengewerbe (1967). – Zum Flachsimport vgl. Sherman, Flax and Linen (2015).
103 Ertl, Kölner Borten als Exportware (2011).
104 Jahnke, Hanse (2014), S. 85 f. zitiert Revaler Kaufleute mit Gewinnen von bis zu 97 Prozent auf einzelne hochwertige Tücher, aber auch Verlusten durch andere. Zu schnell konnte sich der Geschmack ändern oder ein Luxustuch beschädigt werden. Da war der Massenhandel solider: mit weniger Risiko, aber auch mit Gewinnspannen, die kaum je 20 Prozent erreichten.

105 Militzer, Kölner Weinhandel (1980) und Ossendorf, Sancta Colonia (1996). Zum hansischen Weinhandel insgesamt vgl. Hartmeyer, Weinhandel (1905); Postel, »Heiligtum« im Ratskeller (1996) und Militzer, Weinhandel in Riga und Livland (2004). Zur bildlichen Repräsentation des hansischen Weinhandels vgl. auch Petermann, Bilder zur Hanse (2018).
106 Gerkens/Graßmann, Lust und Last (1996); Fouquet, Trinkstuben und Bruderschaften (2004). Spannende Details zum bürgerlichen Weinkonsum bieten Fouquet, Weinkonsum (2004) und Irsigler, Großbürgerlicher Kölner Haushalt (1972).
107 Militzer, Handel und Vertrieb (1993), S. 173.
108 Sander, Städtische Weinkeller (2004) mit vielen sprechenden Beispielen.
109 Gerkens/Graßmann, Lust und Last (1996), S. 166.
110 Jahnke, Hanse (2014), S. 58–62 mit Einzelheiten.
111 Dollinger, Hanse ([6]2012), S. 286 mit S. 580 (Anhang, Nr. 48).
112 Veale, English Fur Trade (1966). Zum Pelzhandel vgl. außerdem Makarov, Economy of the Fur Trade (2012).
113 Zu diesem historisch bedeutenden Gestühl und seinen Stiftern vgl. Brück, Stralsunder Rigafahrer (2001) oder den Katalogeintrag in: Russen und Deutsche 1 (2012), S. 42–49 (Nr. I 33).
114 Lübeck, St. Annen-Museum, Inv.-Nr. 33. – Abb. im Corpus der mittelalterlichen Holz-Skulptur 1 (2005), S. 187 (Nr. 59) oder in Russen und Deutsche 1 (2012), S. 49 (Nr. I.34).
115 Das Folgende vor allem nach Barfod, Bernsteinhandel des Deutschen Ordens (1988) und Krüger, Gold des Meeres, Gold der Felder (2012).
116 Einzelheiten bei Maschke, Schäffer und Lieger des Deutschen Ordens (1970).
117 Delatouche, Le poisson d'eau douce (1966).
118 Lampen, Stadt und Fisch (2000), S. 294 f. mit einigen Nachweisen, die indizienhaft auch auf regionale Unterschiede (Hering im Westen, Stockfisch im Osten) hinweisen. Das Thema müsste eigentlich noch einmal ausführlicher untersucht werden.
119 Zum hansischen Heringsfang und -handel eingehend: Jahnke, Silber des Meeres (2000).
120 Jahnke, Malmöer Schonenzollliste (2008), S. 32.
121 Einzelheiten dazu bei Lampen, Stadt und Fisch (2000).
122 Die Bandbreite zeigt quellennah Heckmann, Süßwasserfische (2008) auf.
123 Lampen, Stadt und Fisch (2000), S. 299 f. mit Nachweisen.
124 HUB 1 (1876), S. 280 (Nr. 811).
125 Einzelheiten dazu und zur besonderen Bedeutung Kölns für den westeuropäischen Fischhandel bei Kuske, Kölner Fischhandel (1905).
126 LUB 4 (1873), S. 132 (Nr. 137).
127 So etwa 1502 in Erkelenz, wo *Wirich Tenengieter sein heringe verkuert und bynnen der stat op dem mart verbrant* wurde; s. Kümper, Mathias Baux. Chronik 1 (2016), S. 282.
128 Zur Bedeutung der Baienfahrt vgl. Agats, Hansischer Baienhandel (1904).
129 Ausführlich zur Lüneburger Saline Witthöft, Lüneburger Saline (2010).

130 Grundlegend dazu Link, Preußischer Getreidehandel (2013) sowie der Sammelband von Berggren u. a., Cogs, Cargoes and Commerce (2002).
131 Unger, Thresholds for Market Integration (2007).
132 Ausführlich dazu die Dissertation von Blankenburg, Die Hanse und ihr Bier (2001). Die wichtigste Synthese zur vormodernen Biergeschichte, die auch über den Hanseraum hinausgeht, ist Unger, Beer in the Middle Ages and Renaissance (2004).
133 Vgl. Wiechmann, Kein Bier ohne Alster (2016).
134 Irsigler, Diffusion des Hopfenbierkonsums (1996).
135 LUB 1 (1843), S. 39 (Nr. 32).
136 Karte bei Irsigler, Diffusion des Hopfenbierkonsums (1996), S. 383.
137 Ebd., S. 385 f.
138 Militzer, Handel und Vertrieb (1993), S. 173. Den Zusammenhang mit dem gestiegenen Bierkonsum macht etwa Schönfelder, Wirtschaftliche Entwicklung (1970), S. 46 auf. Gestützt wird diese Theorie durch eine Nachricht in der Cronica der Hilligen Stat Coelle (sog. »Koehlhoff'sche Chronik«; CDS 16, 1876, S. 73), die für das Jahr 1435 einen besonderen Maifrost und entsprechende Weinpreise notiert und daraufhin bemerkt: *In dem selven jair voirten die Nederlende das bier opperwart ... ind machden alle lant beirs voll.* (»Im selben Jahr führten die Niederländer Bier [den Rhein] hinauf ... und es gab überall im Land Bier.«)
139 Zu ihm und seinem Werk vgl. Michel, Heinrich Knaust (1903).
140 Das Buch erschien unter dem Pseudonym *Marcus Knackwurst* wahrscheinlich in Braunschweig, denn der Untertitel lautet: *Neuvermehrte wahre und eigentliche Beschreibung der Edlen Aufrichtig wohl und lieblichschmeckenden Braunschweigischen Würste und Mumme.* Zur Braunschweiger Mumme vgl. Steinführer, Hansestadt Braunschweig (2017), S. 40 f.
141 Eingehend dazu Lindemann, Nachrichtenübermittlung (1978).
142 Zu den Holbein-Gemälden vgl. Petter-Wahnschaffe, Holbein und der Stalhof (2010), spezifisch zu diesem Gemälde dort S. 29–48.
143 Ebd., S. 229–233.
144 Jenks, Werkzeug (1992), S. 295.
145 Die wichtigsten bleiben Stieda, Veckinchusen Briefwechsel (1921), Lesnikov, Handelsbücher (1973) und Lesnikov/Stark, Handelsbücher (2013); zu ihrer Bedeutung vgl. Cordes, Veckinchusen-Quellen (2016). Aus der reichen Veckinchusen-Literatur seien nur die beiden neueren Arbeiten von Lorenz-Ridderbecks, Krisenhandel (2014) und Seifer, Hildebrand Veckinchusen (2000) sowie die Dissertation von Afflerbach, Beruflicher Alltag (1993) genannt, die wesentlich auf den Briefwechsel zurückgreift. Die klassische Auswertung allerdings ist und bleibt Irsigler, Alltag (1985). Nicht zuletzt ist die umfangreiche Veckinchusen-Korrespondenz auch für die Sprachgeschichte wichtig. Jeske, Fachwortschatz (2005) hat so ein wichtiges Handwörterbuch erstellt, das für die Auswertung hansischer Quellen von großem Nutzen ist.
146 Stieda, Veckinchusen Briefwechsel (1921), S. IX.
147 Die Herkunft aus der Nähe von Radevormwald vermutet Franz Irsigler in:

Hanse in Europa (1973), S. 304. Zur Twente-Theorie vgl. Seyger, Twenthe en de Duitse Hanze (2016), S. 972 ff. und ders., Hanzestadt Oldenzaal (2017), S. 180–183. Die Herkunft von einem durch Lehensbücher tatsächlich belegten *huys to Vockingh* in der Nähe der heutigen Gemeinde Delden ist zumindest nicht unplausibel, wenn auch der Name nicht mehr als ein Indiz sein kann. Aber sie würde die allzu romantische Suggestion vom zugewanderten Bauernsohn aus ärmlichen Verhältnissen, der dann in Venedig zu größtem Ruhm und zu tiefstem Fall kommt, etwas relativieren. Und dass die Twente mit dem westfälischen Dortmund über Handelsrouten verbunden war, lässt sich auch anderweitig zeigen.

148 Stieda, Veckinchusen Briefwechsel (1921), S. 423 ff. (Nr. 414).

149 Grundlegend zur kaufmännischen Bildung noch immer: Bruchhäuser, Kaufmannsbildung (1989).

150 Kitzinger, So leret men de scholeren (1996) gibt einen guten Überblick.

151 LUB 1 (1843), S. 175 (Nr. 189). Zur Lübecker Lateinschule vgl. Wriedt, Schulen und bürgerliches Bildungswesen (1983), S. 158 ff.

152 Der gesamte Fundkomplex in Lübeck, St. Annen-Museum, Inv.-Nr. 1582–1690. Die Tafeln sind immer wieder ausgestellt und abgebildet worden. Ediert wurden sie bereits von Warncke, Mittelalterliche Schulgeräte (1912). Aus der späteren Literatur vgl. etwa Graßmann, Wachstafel-Notizbuch (1986); Mührenberg, Aussagekraft einiger Wachstäfelchen (2005) und Cordes, Juristische Bildung (2007), S. 47 ff.

153 Mührenberg, Aussagekraft einiger Wachstäfelchen (2005), S. 71 (Abb. 1).

154 Warncke, Mittelalterliche Schulgeräte (1912), S. 237 und S. 242 f. mit Abb. 11 (Tafel III).

155 Ebd., Abb. 10 (Tafel III). Der Brief ist übersetzt bei Cordes, Juristische Bildung (2007), S. 50. Zum hansischen Handel mit Frankfurt a. M. vgl. Koppe, Lübecker Frankfurt-Händler (2006).

156 Stieda, Veckinchusen Briefwechsel (1921), S. 116 f. (Nr. 98). Der Brief wird eingehend besprochen bei Irsigler, Alltag (1985), S. 75 ff. Die hochdeutsche Übertragung hier nach Cordes, Juristische Bildung (2007), S. 42.

157 Stieda, Veckinchusen Briefwechsel (1921), S. 408 (Nr. 393) und S. 330 (Nr. 312).

158 Ebd., S. 389 (Nr. 373).

159 Ebd., S. 317 (Nr. 293).

160 Ebd., S. 327 (Nr. 306) und S. 426 (Nr. 477); zur Episode vgl. auch Irsigler, Alltag (1985), S. 82.

161 Stieda, Veckinchusen Briefwechsel (1921), S. 95 (Nr. 80).

162 Ebd., S. 98 (Nr. 81).

163 Diplomatarium Fennicum, Nr. 5687 (1513 September 20). Hier und im Folgenden ist die Orthografie gegenüber der Edition zur Vereinfachung der Lesbarkeit vorsichtig dem Lautwert angeglichen und eine etwas andere, kürzere Satzeinteilung vorgenommen worden. Der Wortlaut bleibt aber unverändert.

164 Ebd., Nr. 5459 (1510 Juni 20). – So lange hatte die Vorbereitung der Ent-

sendung des Sohnes gedauert. Und in diesen vier Jahren mag natürlich noch einiges an Adoleszenzproblemen hinzugekommen sein.

165 Ebd., Nr. 5687.

166 Ebd., Nr. 5737 (1514 Juli, ohne Tagesdatum).

167 Ebd., Nr. 5732 (1514 Juli 2).

168 Ausführlich dazu Ropp, Kaufmannsleben (1907), S. 12 ff. und S. 21–26. Das Zitat von S. 24.

169 Von zur Mühlen, Handel und Politik (1970), S. 641.

170 Vgl. dazu Krause, Zu den Bergen'schen Spielen (1881); Hartung, Spiele der Deutschen (1877).

171 Siewert, Rigafahrer (1897), S. 256 (Nr. 24).

172 Es ist jetzt ediert und vorbildlich kommentiert von Koppe, Hans Wynekes Revaler Handlungsbuch (2018). Ein rund 40 Jahre jüngeres Tagebuch, ebenfalls von einem Revaler Kaufmannsgesellen, hat Greiffenhagen, Tagebch (1925/26) ediert. Die Edition weist allerdings manchen sinnentstellenden Lesefehler auf, vgl. daher dazu auch Mickwitz, Aus Revaler Handelsbüchern (1938).

173 Loefke, Westfälischer Erbschaftsstreit (2006).

174 Koppe, Revaler Handlungsbuch (2018), S. 134.

175 Stromer, Innovatorischer Rückstand (1976).

176 Vgl. dazu jetzt etwa Safely, Family Firms and Merchant Capitalism (2019), S. 111 ff.

177 Graf/Stober, Ehrbarer Kaufmann und Compliance (2010).

178 Vgl. dazu jetzt Ewert, Pfadabhängigkeit und ›Lock-in‹ (2019).

Eigentum verpflichtet – aber wozu? Der hansische Kaufmann zwischen Himmel und Erde

1 Das Folgende im Wesentlichen nach Kümper, Hansische Kaufmannschaft (2018). Einen guten Querschnitt bieten außerdem die Beiträge in Graßmann, Der Kaufmann und der liebe Gott (2009).

2 Die Literatur zu diesem Komplex ist Legion. Ich nenne hier nur den neueren Überblick von Becker, Zinsverbot (2014) sowie die Arbeiten von Gilomen, Wucher und Wirtschaft (1990) und Rösch, Wucher in Deutschland (1994).

3 Kauffer, Spiegelungen wirtschaftlichen Denkens (1998), S. 44.

4 Ebd., S. 174.

5 Ebd., S. 176: *ein rechtuerdich truwe kopman de is groter ere werdich ... wente eyn kopman heft eyn varlyk ampt. Leyder so wert de werlt io older io erger.*

6 Ellmers, Hanse der deutschen Kaufleute (2018), S. 276 ff.

7 Caesarius von Heisterbach, Dialogus miraculorum 4 (2009), S. 1775 (IX, 13).

8 Stieda, Veckinchusen Briefwechsel (1921), S. 339 (Nr. 319).

9 Die klassische Fassung findet sich in der *Legenda aurea* des Dominika-

ners Jakob von Voragine aus dem 13. Jahrhundert. Eine deutsche Übersetzung bei Benz, Legenda aurea (1984), S. 28.

10 Vgl. dazu Fiedler, Kult und Botschaft (2012).

11 Blaschke, Nikolaikirchen (2013), S. 48. Dieser Band kondensiert auch die Summe seiner Nikolaikirchenforschungen. Seine älteren, viel und kontrovers rezipierten Aufsätze gesammelt in ders., Stadtgrundriss und Stadtentwicklung (1997).

12 Ebd., S. 91.

13 Zur älteren Kritik vgl. die Nachweise ebd., S. 48–51, auf die Blaschke selbst eingeht; positiver insgesamt Heidelore Böcker in den HGbll. 134 (2015), S. 327–330.

14 Köster, Pilgerzeichen und Pilgermuscheln (1983). Über die europäische Datenbank www.pilgerzeichen.de kann man sich ein gutes Bild von der Verbreitung machen.

15 Rüther, Mönche der Märkte und Messen (2016).

16 Schwalm, Chronica novella (1895), S. 539.

17 Vgl. Ulpts, Rolle der Mendikanten (1992) mit Einzelheiten.

18 UB Bistum Lübeck 1 (1856), S. 250 f. (Nr. 259): Bischof Burkhard verbot den Bettelorden Beichte und Bestattung mit Bezug auf »jene, die die anwesenden Geistlichen und Ministranten in der Kirche einschlossen und daran hinderten, hinauszukommen; außerdem jene, die gewaltsam einen Subdiakon während der Messe hinter dem Altar grausam niederwarfen« *(eos qui sacerdotes et ecclesie ministros in loco firmiori ipsius ecclesie contemptibiliter recluserunt. et reclusos detinuerunt. item eo qui manus violentas in subdyaconum actu ministrantem iuxta altare inter diuina crueliter iniecerunt)*.

19 Der Chronist Detmar – CDS Lübeck 2 (1899), S. 323 – berichtet dazu: *In deme jare Cristi 1277 do worden de domherren ghewarnet van den raetheren, dat se toghen uter stad, wente de menheit sere were wedde se ghereyset, unde mochten in groten scaden komen, weret dat se bleven. Dit dede se unde togen van dennen.* (»In dem Jahre 1277 nach Christi Geburt wurden die Domherren vom Rat gewarnt, dass sie aus der Stadt zögen; denn die Bürgerschaft sei sehr gegen sie aufgebraucht und es könne ihnen großer Schaden entstehen, wenn sie blieben. Das taten die Domherren und zogen von dannen.«)

20 UB Bistum Lübeck 1 (1856), S. 316 (Nr. 290).

21 Einzelheiten etwa bei Ulpts, Rolle der Mendikanten (1992), S. 134–141 und Koppmann, Dominikanerkloster (1883), S. 67–75, der auch das Andauern dieser Streitigkeiten im 14. und 15. Jahrhundert bespricht und einige Urkunden dazu im Anhang wiedergibt.

22 Bruzelius, The Dead Come to Town (2009).

23 Poeck, Totengedenken in Hansestädten (1991).

24 Vgl. dazu Oexle, Memoria und Memorialbild (1984). Einschlägige Fallstudien aus dem Hanseraum bieten Plate, Biddet vor dat geslecht (2000) und Schmid, Kölner Hansekaufleute (1995).

25 Vgl. etwa zu Lübeck Noodt, Religion und Familie (2000) und Meyer, Be-

sitzende Bürger (2010), zu Köln Klosterburg, Zur Ehre Gottes und zum Wohl der Familie (1995), zu Lüneburg Weidemann, Vorsorge und Versorgung (2012) oder zu Reval Hahn, Revaler Testamente (2015), zu Bremen die Detailstudie von Hofmeister, Sorgen eines Bremer Shetlandfahrers (2015).

26 Kämpfer, Mittelniederdeutsche Plenarien (1954), S. 172: *Etlike lude meynen. Dat de gode dar mede groten deenst don/offt se kerken. vnde clostere kostlick maken van armer lude gude ... Schone kerken. ryke clostere tho makende is wol ghedaen. So verne du dar vnder der armen lude nicht vorghetest.*

27 Einen guten Überblick bietet Rahn, Wirkungsfelder (1999).

28 Das Lübecker Bruderschaftswesen ist aufgearbeitet von Zmyslony, Bruderschaften (1977), das Hamburger von Brandes, Geistliche Bruderschaften (1935–1937), das Dortmunder von Helbich, Memoria, Gemeinschaft und Repräsentation (2010).

29 Jahnke, Zu Ehren Gottes (2012), S. 172 f.

30 Einzelheiten bei Ashauer, Rechnungsbuch (2014). Zu den bruderschaftlichen Zusammenschlüssen niederdeutscher Kaufleute im Ausland und den Beitritten in dänische und andere Bruderschaften vgl. auch Jahnke, Zu Ehren Gottes (2012) und ders., Hansische Kaufleute und deren Religiosität (2019).

31 LUB 9 (1893), S. 673–680 (Nr. 664).

32 Jahnke, Geistliche Bruderschaften (2005) hat eine solche *koste* der Lübecker St. Antonius-Bruderschaft anhand ihrer Rechnungen rekonstruiert.

33 Ausführlich zum Folgenden Brück, Korporationen (1994).

34 Kohl, Haus Seefahrt (1862), S. 15 f.: *... dat gelt, wo uppe der reyse van ohnen tho bröke gesammelt, nicht tho de godlyken eere unde notturfft der armen, sunderen tho idelenn unde unnuttem etende, supende unde fustes anderer lichtferdigenn handelinge angelecht und gekeret, wor dorch de almechtige (deme vor sodane wilferige reyse byllyken tho dancken) thor ungnade und straffe vororsaket unde bewagen, ock de armenn darvan gar nichtes getrostet unde gebetert.*

35 Gutmann, Zeitreise durch Bremen (1997), S. 36. Die beste Monografie zum Thema bleibt Kohl, Haus Seefahrt (1862), der auch die einschlägigen Quellentexte mit abdruckt.

36 WA 2 (1884), S. 754 (»Ein Sermon von den Bruderschaften«).

37 Nach Kohl, Haus Seefahrt (1862), S. 16.

38 Zur Geschichte der Schiffergesellschaft vgl. Hammel-Kiesow, Seefahrt, Schiff und Schifferbrüder (2001).

39 Hasse, Vergangenheit (1901), S. 32: *Also hebben dusse vorgemelten olderlude myt willen vnde hulpe der broderen vnde suster to der sulftigen tydt angesettet vnde gemaket tor Borch to gevende alle sundage VI almyssen benomliken to ilken almyszen eyn punt botteren vnde II schon rogghen vnde III penninge in de hant armen nottruftigen mynschen de in der broderschop sint also den olderluden myt der brodere wille beduncket de des an deme besten noth vnde behof hebben.*

40 Hamm, Heilskommerzielle Perspektiven (2009).

41 Le Goff, Geburt des Fegefeuers (1984). – Zur Sache vgl. auch Riedel, Himmel, Hölle, Fegefeuer (2007).
42 Caesarius von Heisterbach, Dialogus miraculorum 5 (2009), S. 2237 ff. (XII, 24).
43 Dekrete der ökumenischen Konzilien 2 (2000), S. 223 f. (can. 25).
44 Münster, Universitäts- und Landesbibliothek, Ms. N. R. 5000, fol. 317r-329v.
45 Postel, Hamburg und Lübeck (1979); Boockmann, Gregorsmesse (2001).
46 Chiffoleau, La comptabilité de l'Au-Delà (1980), S. 326–352 und S. 412 ff.
47 Lusiardi, Fegefeuer und Weltengericht (2000).
48 Zum Folgenden ausführlicher Kümper, Hansische Kaufmannschaft (2018).
49 Deutsche Thomas-Ausgabe 1953, S. 68.
50 Schneyer, Alberts Predigtzyklus (1969), S. 123; vgl. auch Meier, Urbane Utopien (2006), S. 13 f.
51 Eingehender dazu Langholm, The Merchant in the Confessional (2003).
52 Eine detaillierte Diskussion über die Rolle städtischer Eliten – auch von Kaufleuten! – in der *Summa* findet sich bei Oberste, Heiligkeit und Häresie 1 (2003), S. 285–292.
53 Vgl. dazu auch Knäble, Wucher, Seelenheil, Gemeinwohl (2017). Eine nur singulär überlieferte, dafür umso interessantere, zumal monografische Thomas-Paraphrase aus dem Hanseraum ist in der Weimarer Anna-Amalia-Bibliothek unter dem Titel *Kopenschopp to voren* erhalten. Sie ist ediert und kommentiert von Heß, Gerechtigkeit und Rechtfertigkeit (2010).

Von fluider Verfasstheit und situativen Identitäten: die Städte und die Kaufleute

1 Vgl. dazu Jahnke, Überlegungen (2013) bzw. ders., Hanse (2014), S. 118–164, wo er die Bedeutung der Regelmäßigkeit der Tagfahrten betont, die nicht mit der Flandernblockade von 1356/58, sondern erst 1379/80 eingesetzt habe. Zur Kritik am Konzept der »Städtehanse« vgl. Henn, Interessengemeinschaft (1984).
2 Vgl. etwa Behrmann, Herrscher und Handelsstädte (2004), S. 67 oder Jenks/Wubs-Mrozewicz, Hanse in Medieval and Early Modern Europe (2012), S. 7 f. mit jeweils weiteren Literaturangaben. Aus der letzten Auflage des »Dollinger« ist das Kapitel stillschweigend verschwunden.
3 Fahne, Gotthart V. von Hövel Chronik (1856), S. 26.
4 Einzelheiten bei Groten, In tanto tumultu rerum (2004), S. 132 ff.
5 Winterfeld, Kapital und Patriziat in Köln (1925), S. 4.
6 Zu den frühen lübischen Oberschichten vgl. Maschke, Familie (1980), S. 75 ff. und Wegemann, Führende Geschlechter (1949). Zum Patriziat anderer Hansestädte und ihren Organisationsformen vgl. die bündige Zusammenfassung bei Dollinger, Hanse (^{6}2012), S. 171 ff.

7 Groten, Kölner Richerzeche (1984).
8 Loesch, Kölner Zunfturkunden (1907), S. 26 f. (Nr. 10).
9 Zur Zirkelgesellschaft vgl. Dünnebeil, Lübecker Zirkel-Gesellschaft (1996).
10 Dollinger, Hanse (⁶2012), S. 174, der sich auf ein Schreiben des Jahres 1380 bezieht.,
11 »Staatsmann« nennt ihn zu Recht Maschke, Familie (1980), S. 76. Ausführlich zur Sache: Neumann, Hinrich Castorp (1932).
12 Zu den Städtekämpfen vgl. Kannowski, Bürgerkämpfe und Friedebriefe (2001), S. 69–84, Ehbrecht, Bürgerkämpfe (1976) und Jenks, Friedensvorstellungen (1996) bzw. ders., Einstellung der Hanse (2001) sowie das in der verlegerischen Aufmachung gewöhnungsbedürftige, aber in der Datenaufbereitung sehr hilfreiche Inventar von Hergemöller, Uplop – Seditio (2012).
13 Sprandel, Konkurrenzfähigkeit der Hanse (1984), S. 30 f.
14 Einzelheiten bei Schulz, Aufstand der Zünfte (1987).
15 HR 1.3 (1875), S. 374 (Nr. 366).
16 Mohnike/Zober, Johann Berckmanns Stralsundische Chronik (1833), S. 166.
17 Eine knappe Schilderung dieser Episode bei Gutz, Stralsunder Bürgerkämpfe (1961).
18 Häufig genug dürfte diese »Wiederaufnahme« auch schlicht die erste Aufnahme dargestellt haben, weil man erst spät überhaupt den Drang zu einer Festlegung verspürte; vgl. dazu Henn, »Wieder-«Aufnahme (2016).
19 Vgl. dazu Steinführer, Hansestadt Braunschweig (2017), S. 25 f. und Pitz, Bürgereinung (2001), S. 97–102.
20 HR I 2 (1872), S. 106 (Nr. 92). Auch bei Dollinger, Hanse (⁶2012), S. 539 f. (Nr. 20) in auszugsweiser, neuhochdeutscher Übertragung.
21 Ebd., S. 106: *alzo dat nen copman in Flanderen, in Engheland, in Denemarken, in Norweghen, to Nogarden, nog an jenegher stad, de in des copmans rechte is, schal meenschop edder jeneghe handelinghe mid en hebben, nog to lande, nog to watere, nog af, nog to to vornde, bi vorlust ere unde gudes.*
22 Braunschweig, Stadtarchiv, B III 4:19, fol. 5r-6r.
23 Schilling, Stadt und Territorialstaat (1991), S. 25 ff.; Asch, Rat und Bürgerschaft in Lübeck (1961), S. 56 ff.
24 Pitz, Bürgereinung (2001); kritisch dazu Behrmann, Megalopolis (2002). Zur Sache vgl. auch Groth, Hanse und Recht (2016), S. 222 ff. und S. 274 ff. – Bemerkenswerterweise enthält der Aufsatz von Pitz, Einstimmigkeit (1994) noch keinen Hinweis auf die Identitätsthese, die er 2001 in Buchform vorlegte.
25 Lesenswert dazu Frenz, Gleichheitsdenken (2000).
26 Das zeigt sehr gut etwa Mörke, »Konflikt« als Kategorie (1982) an braunschweigischen Beispielen aus der Reformationszeit.
27 So erklärt es der Lübecker Rat selbst in einer bemerkenswerten Selbstauskunft über die Stadtverfassung aus dem Jahr 1340, gedruckt bei Deecke, Grundlinien (1389), S. 38. Dabei wird auch gleich festgehalten, wie

diese Bestätigung einzuholen sei, nämlich mit »Rat und Konsens der Vorsteher der Handwerksämter und der Gemeinde« *(consilium et consensum magistrorum officiorum mechanicorum ac universitatis)*.

28 Grundlegend dazu Blickle, Landschaften im Alten Reich (1973), der seine Befunde allerdings an oberschwäbischem Material erarbeitet. Für Norddeutschland vgl. Krüger, Landschaftliche Verfassung (1984).

29 Vgl. dazu neben Pitz, Bürgereinung (2001) auch ders., Verfassung des hansischen Bundes (2001).

30 Pitz, Bürgereinung (2001), S. 401.

31 Zum Hansetag vgl. Hammel-Kiesow, Hanse (²2002), S. 71 ff.; Selzer, Hanse (2010), S. 56 ff. und immer noch Wernicke, Städtehanse (1983), S. 26–40.

32 Die Zahlen basieren auf den Eintragungen in den HR.

33 Jahnke, Die Hanse (2014), S. 124.

34 Vgl. dazu Jenks, Capital (1992).

35 Pitz, Bürgereinung (2001), S. 343–365.

36 Inwieweit man daraus eigenständige hansische »Unterquartiere« ablesen kann, bleibt strittig – vgl. dazu Fahlbusch, Theorie der Unterstädte (1991).

37 Henn, Kommunikative Beziehungen (2002).

38 HR I 1 (1870), S. 1 (Nrn. 1, 2); Einungsurkunde in LUB 1 (1843), S. 225 (Nr. 242).

39 Zu diesem Mittel vgl. Retting, Ad referendum (2018).

40 Eine gute Zusammenfassung bietet Jahnke, Reliquien (2019); ein gut zugänglicher Vortrag zum Thema außerdem uner http://y2u.be/modO8vEPC7Y (zuletzt abgerufen am 27. Juni 2020). Vgl. außerdem den Bericht zu einem ebenfalls von Jahnke geleiteten Workshop des HGV von Huang/Kypta, Neues Haus (2011).

41 Deutlich dazu die Einleitungen von Koppmann und Höhlbaum zur 1. Abt. der HR und HUB 1 (1876).

42 Ähnliches gilt übrigens auch für das *Hansische Urkundenbuch*; vgl. Höhlbaum, in der Einleitung zu HUB 3 (1886), S. XX: »Ganze Urkunden-Gruppen, deren Werth für die hansegeschichtliche Forschung einem Zweifel nicht unterliegt, die aber dem Rahmen dieses Werkes sich nicht hätten fügen können, ohne ihre Gestalt zu verlieren, werden ausgelassen.«

43 Hänselmann, Henning Brandis' Diarium (1896), S. 143 f.; die Übersetzung von mir. – Zu Brandis, seinem *Diarium* und dessen Bedeutung für die Erforschung der politischen Kultur um 1500 vgl. Gebauer, Das hansische Hildesheim (1925) und Prühlen, Alse sunst hir gebruchlich is (2005).

44 Von der zeremoniellen Bedeutung dieser Eröffnung berichtet etwa der Bremer Ratssendebote Johann Hemeling, der 1379 einen Hansetag zu Lübeck besuchte: CDS Bremen 37 (1968), S. 165–169. – Diesen Bericht wertet ausführlich Behrmann, Zeichen, Zeremoniell und Hansebegriff (2001) aus.

45 Das kann man aber natürlich HR III 3 (1888), S. 250–352 (Nrn. 330–423) entnehmen.

46 Vgl. dazu Sauer, Hansestädte und Landesfürsten (1971), S. 125.
47 HR III 3 (1888), S. 105–108 (Nrn. 157–161) – das Zitat S. 107 (Nr. 159).
48 Hänselmann, Henning Brandis' Diarium (1896), S. 144.
49 Eingehend zu diesem Streit Hill, Bremen auf Hansetagen (2001).
50 Den Ablauf der Tagfahrten im 16. Jahrhundert schildert sehr gut Schipmann, Politische Kommunikation (2004), S. 67 ff.
51 Zum Folgenden vgl. besonders Jenks, Hanse als kybernetische Organisation (2014).
52 Zum Lübecker Rat vgl. Lutterbeck, Rat der Stadt Lübeck (2002). Dass auch in anderen norddeutschen Städten die Amtszeit der Ratsherren oft beträchtlich war, deutet sich etwa durch die Studien von Spiess, Ratsherren ([2]1970) und Birli, Beobachtungen (2016) an.
53 Vgl. dazu Jenks, Capital (1992); zum Konzept der Pfadabhängigkeit außerdem aus institutionentheoretischer Sicht Ewert, Pfadabhängigkeit und ›Lock-in‹ (2019), der allerdings das Beispiel Hansetag nicht bespricht.
54 Brandt, Hanse und nordische Mächte (1962), S. 17.
55 Jenks, Hanse als kybernetische Organisation (2014), S. 75.
56 Vgl. dazu noch immer Bode, Hansische Bundesbestrebungen (1926) sowie Puhl, Sächsischer Städtebund (1986), S. 30 ff. und Daenell, Blütezeit 2 (1905), S. 452 ff., der sehr detailreich die Verbindungen mit der politischen Herausforderungen der Zeit schildert, aber m. E. dazu neigt, die Bedeutung der Tohopesaten insgesamt überzubewerten.
57 Vgl. etwa HR II 6 (1890), S. 299 f. (Nr. 333).
58 Ausführlich dazu Henn, Lübecker Hansetag 1418 (1991). Zur Lübecker Verfassungskrise vgl. Graßmann, Lübeckische Geschichte ([4]2008), S. 250 ff. und Pitz, Bürgereinung (2001), S. 125 ff.
59 HR I 6 (1889), S. 35 (Nr. 51).
60 Ebd., S. 559 (Nr. 557a) nur als Regest, gedruckt in HUB 6 (1905), S. 87–90 (Nr. 170).
61 Poeck, Herren der Hanse (2010), S. 275 (Karte 2) zeigt die Herkunftsstädte der 51 Delegierten. Er hat den gesamten zweiten Teil seiner Studie (S. 273–482) diesem Hansetag gewidmet. Ausführlich hat sich mit dieser wichtigen Tagfahrt auch Henn, Lübecker Hansetag 1418 (1991) beschäftigt.
62 HR I 6 (1889), S. 554–559 (Nr. 557).
63 Ebd., S. 554. – Interessanterweise offenbar ganz ähnlich auch in Königsberg: *Dis sal man in textbuchstaben schriben lassen und hengen uf das rathus.* Mit *text* bzw. *textbuchstaben* ist wohl die sehr ordentliche Buchschrift Textura in Abgrenzung zu den kursiven Kanzleischriften gemeint. Man sollte den Text also wirklich gut (und auch mit einigem Abstand noch) lesen können.
64 Vgl. dazu Henn, Lübecker Hansetag 1418 (1991), S. 32 f.
65 LUB 8 (1889), S. 766–771 (Nr. 720) vom Oktober 1450; ratifiziert auf einem Hansetag in Lübeck im April 1451; vgl. HUB 8 (1899), S. 10 (Nr. 22).
66 Dazu jetzt Hormuth, Aggressor oder Opfer (2019) mit frischer Perspektive.

67 Einen guten Überblick im Zusammenhang mit den hansischen Tohopesaten bieten Hill, Stadt und ihr Markt (2004), S. 330 ff. und Daenell, Blütezeit 2 (1905), S. 491 ff.
68 Vgl. dazu Bode, Hansische Bündnisbestrebungen (1926), S. 69.
69 HR II 4 (1883), S. 232–326 (Nrn. 312, 313) und S. 294 f. (Nrn. 415, 416). – Zur Sache vgl. Meckstroth, Verhältnis (1962), S. 132–157.
70 Vgl. etwa HR II 5 (1888), S. 30 (Nr. 68 § 4) u. II 6 (1890), S. 82 f. (Nr. 105).
71 HR II 6 (1890), S. 89 (Nr. 117).
72 Die im Zuge der (Wieder-)Entdeckung der Kaperei als Fehde zur See nach der Jahrtausendwende eingeführte Spitzfindigkeit, die Fehde sei »weniger ein allgemein anerkanntes Rechtsmittel des Adels, sondern eher ein permanent umstrittener Anspruch« – so etwa noch Rohmann, Wie wird man Seeräuber (2019), S. 56 – verkennt, dass das für (fast) alle Rechtsmittel im spätmittelalterlichen deutschen Recht galt.
73 Homeyer, Sachsenspiegel ([3]1861), S. 137 (Textus prologi).
74 Zur theoretischen Einbettung der Fehde vgl. Kümper, Der gerechte Krieg vor der Haustür (2008), zur Einbettung Gottes in die mittelalterliche Rechtsordnung Schreiner, »Got is selve recht« (2001).
75 Reinle, Bauernfehden (2003).
76 Die Fehdebriefe der sächsischen Städte an König Erik VII. sind ediert in HR I 8 (1897), S. 73f. (Nr. 102).
77 Eine lesenswerte Fallstudie bietet dazu jetzt Neustadt, Kommunikation im Konflikt (2019), die den »Krieg« der wendischen Städte gegen König Erik VII. von Dänemark behandelt.
78 Zum Folgenden vgl. insbesondere Peplow, »Hansische Seekriege« (2012) und Kammler, Up Eventur (2005). Viele Details auch bei Fritze/Krause, Seekriege der Hanse (1989), die allerdings in ihren Deutungen dem Paradigma der »hansischen Seemacht« verhaftet bleiben.
79 Immer wieder wurden auch Schiffe zwangsgechartert oder schlicht beschlagnahmt – vgl. etwa den Fall bei Rohmann, Wegnehmen, Verhandeln, Erstatten (2014), S. 580 mit Anm. 18.
80 HR III 6 (1899), S. 30 (Nr. 51).
81 Das hat überzeugend schon Hutchinson, Medieval Ships (1994), S. 146 gezeigt.
82 Kammler, Up Eventur (2005), S. 142.
83 Kammler, Lübecker Fehden zur See (2005), S. 90; Krause, Seekriegswesen (1998), S. 211 f. Eine solche Kugel *hagelschot* aus dem 16. Jahrhundert ist im Hamburger Hafen ausgegraben worden.
84 Einzelheiten bei Fritze/Krause, Seekriege der Hanse (1989), S. 140 ff.
85 Eingehend dazu Kammler, Up eventur (2005), ein knapper, aber guter Überblick auch bei dems., Kaperschiffahrt (1999). Zur Sache vgl. außerdem Selzer, Seeräuber in Heringstonnen? (2012).
86 Kammler, Kaperschiffahrt (1999), S. 20 f.; Böhringer, Prise (1970), S. 44 ff. – Einen Hamburger Kaperbrief des Jahres 1471 hat Rörig, Kapervertrag (1917) ediert und besprochen.
87 HR I 2 (1872), S. 353 (Nr. 300).

88 Die einschlägigen Quellenstellen stellt Böhringer, Recht der Prise (1970) zusammen, bleibt aber in seiner Interpretation einem sehr normativen Verständnis verhaftet.

89 Steinhausen, Hansische Handelsbriefe (1897), S. 69. Zum sog. »Dreizehnjährigen Krieg« zwischen Orden, preußischen Ständen und dem Königreich Polen sowie der Rolle der Hansestädte darin vgl. Stark, Lübeck und Danzig (1973), S. 168 ff.

90 HR II.4 (1883), S. 446 (Nr. 613) und S. 484 (Nr. 687).

91 Ebd., S. 435 f. (Nr. 591).

92 Rohmann, Wegnehmen, Verhandeln, Erstatten (2014), S. 583.

93 Rohmann, Wie wird man Seeräuber (2019), S. 57.

94 Vgl. dazu Jenks, England, Hanse und Preußen 2 (1992), S. 612 f.

95 Das Europäische Hansemuseum Lübeck hat dazu im Sommer 2020 eine kluge Ausstellung gezeigt, zu der auch ein Katalog erschienen ist: Störtebeker & Konsorten (2020) – dort auf S. 134 f. auch kurze Biogramme zu Pothorst und Pining.

96 Zum Folgenden vgl. neben dem eben genannten Ausstellungskatalog insbesondere Puhle, Vitalienbrüder (1994); Ehbrecht, Störtebeker (2005); Rohmann, Johan Stortebeker (2007). Wichtig noch immer trotz einiger mittlerweile überholter Deutungen auch Cordsen, Beiträge (1908).

97 Zur Legendenbildung vgl. etwa Rohmann, Störtebeker (2011).

98 Zur Kalmarer Union vgl. North, Europa expandiert (2007), S. 269 ff.

99 Zit. bei Grautoff, Chronik 1 (1829), S. 495.

100 CDS 28 (1902), S. 1. Deutsche Übersetzung des Berichts bei Puhle, Vitalienbrüder (^{2}1994), S. 53 f.

101 Zu Hermann Korner und seiner Chronik vgl. Möhring-Müller, Chronica Novella (1993) und Möbius, Gedächtnis der Reichsstadt (2011), S. 59 ff.

102 Schwalm, Cronica novella (1895), S. 363 f. – Vgl auch den Bericht der sog. *Rufus-Chronik* in CDS 28 (1902), S. 25 f.

103 Jörn/Birli, Liber proscriptorum (2019), S. 41.

104 HR I 4 (1877), S. 552 (Nr. 605). Zur Sache vgl. Rohmann, Kaperfahrer (2007), S. 100 ff.

105 Zu einzelnen Aspekten dieser gerafften Großerzählung vgl. neben den o. g. Titeln auch Scheurlen, Handel und Seeraub (1974), Benninghoven, Gotlandfeldzüge (1964), Wanke, Vitalienbrüder in Oldenburg (1991) sowie Ehbrecht, Hansen, Friesen und Vitalienbrüder (1983).

106 Rohmann, Kaperfahrer (2007), S. 96 ff.

107 Vgl. dazu Rohmann, Störtebeker und die Vitalienbrüder (2011), S. 250 ff.

108 Grundlegend dazu noch immer Cordes, Hanserecht (2008). Zur Wissenschaftsgeschichte vgl. auch Groth, Hanse und Recht (2016), der sich allerdings beachtlich konsequent auf die Analyse wissenschaftlicher Deutungen und ihrer Implikationen beschränkt und jedes positive eigene Sachurteil zu vermeiden sucht.

109 Kompakt dazu Oestmann, Lübisches und sächsisch-magdeburgisches Recht (2009); ausführlich der Sammelband von Schweitzer/Bastman-Bühner, Stadt im europäischen Nordosten (2001).

110 Eine zweisprachige Ausgabe mit Kommentar bietet Eichler, Hamburger Ordeelbook (2005).
111 Vgl. dazu Czaja, Kulmer Handfeste (2009).
112 Reincke, Kölner, Soester, Lübecker und Hamburger Recht (1950), S. 38.
113 Vgl. etwa den Einfluss des Lübischen Rechts auf Bergen, Visby und Stockholm, den Ullrich, Untersuchungen (2008) herausgearbeitet hat.
114 Erst in jüngster Zeit löst sich die Rechtsgeschichte von diesen Vorstellungen und fragt, wie Oberhofbeziehungen und Appellation in der Rechtspraxis eigentlich abliefen. Nicht den Hanseraum behandelnd, aber richtungsweisend dazu die Dissertation von Krey, Spätmittelalterliche Laiengerichtsbarkeit (2015).
115 Wer es präziser und technischer erklärt bekommen möchte, dem sei der Aufsatz von Dusil, Stadtrechtsfamilien (2018) wie überhaupt der gesamte Sammelband, in dem er erschienen ist, anempfohlen. Dusil diskutiert auch die Forschungsgeschichte des Konzepts »Stadtrechtsfamilie« ausführlich.
116 Vgl. etwa das gute Beispiel bei Dusil, Stadtrechtsfamilien (2018), S. 69 f.
117 Ebd., S. 65.
118 Henn, Lübisches Recht (2009).
119 Ein einleuchtendes Beispiel bespricht etwa Neumeister, Hansische Beziehungen (1998).
120 Zur Verbreitung vgl. Hyldgaard-Jensen, Rechtswortgeographische Studien 1 (1964), S. 85–91. Wie sehr Rechtsbegriffe auch zur Rechtsvereinheitlichung über die Geltungsgrenzen von Gesetzen hinaus beitragen können, spielt auch in unserer zunehmend vernetzten Zeit eine große Rolle. Vgl. etwa Teubner, Nichtlegislatorische Rechtsvereinheitlichung (1992).
121 Vgl. dazu Scherner, Lex mercatoria (2001) u. Cordes, Auf der Suche (2001). Zur *Lex mercatoria* in England, wo das Königtum gewisse Normen schriftlich fixierte, vgl. Eichler, Lex mercatoria (2008).
122 Ebel, Rechtsschöpferische Leistung (1974), S. 242.
123 Sehr lesenswert zu diesem Konstrukt Höhn, Pluralismus oder Homogenität? (2019).
124 Zum hansischen Seerecht vgl. die systematische Arbeit von Landwehr, Seerecht der Hanse (2003) und die Edition von Graßmann/Jahnke, Seerechte im Hanseraum (2003).
125 Diese Frage hat zu Recht Jahnke, Seerechte (2008), S. 50 aufgeworfen.
126 Krieger, Ursprung und Wurzeln (1970), S. 101 ff.
127 Jenks, Court of King's Bench (2002); Tigar, Law and the Rise of Capitalism (2000), S. 195–210.
128 Gelderbloom, Cities of Commerce (2013), S. 102–140.
129 Dass genau das Anforderungen mittelalterlicher Kaufleute an Gerichtsverfahren waren, hat Cordes, Erwartungen (2013) anhand der hansischen Privilegien in London und Brügge nachgezeichnet.
130 Vgl. dazu den Sammelband von Cordes, Mit Freundschaft oder mit Recht? (2015).

131 Zu finden unter www.transnational-law.de (letzter Abruf am 6. Juli 2020). Zur Bedeutung der historischen Bezüge für die moderne Handelsrechtswissenschaft vgl. auch Horn, Transnationales Handelsrecht (2009).
132 Stein, Lex mercatoria (1995) stellt die Positionen zusammen.
133 CDS Lübeck 4 (1910), S. 286 ff. (Nr. 1833).
134 Vgl. dazu Feldtmann, Hamburg im Lüneburger Prälatenkriege (1925).
135 HR II 5 (1888), S. 20 mit Anm. 1.

Der Herbst der Hanse und ihr Blätterwald: reagieren auf die *newe* und die Neue Welt

1 Zum Folgenden vgl. Sarnowsky, Das Ende der mittelalterlichen Hanse (2016).
2 Zur Wirkmacht dieser Redeweise vgl. Döring, Farben der Landkarten (2012), S. 293 ff.
3 Eine gut nachvollziehbare Darstellung dieses Prozesses liefert am Beispiel der wichtigen niederrheinischen Territorien Janssen, Die niederrheinischen Territorien (1980), S. 60 ff.
4 Ebd., S. 68.
5 Sehr gelehrt und dennoch gut lesbar dazu Stolleis, Geschichte des Öffentlichen Rechts 1 (1988), S. 126 ff. und S. 394 ff.
6 Vgl. dazu auch den Sammelband von Jörn/North, Integration (2000).
7 Zu diesen beiden Ereignissen vgl. Volksdorf, Bürgermeister Otto Voge (1998) und Bornstedt, Schlacht bei Bleckenstedt (1982).
8 Zu diesen und weiteren Beispielen vgl. Sarnowsky, Ende der mittelalterlichen Hanse (2016), S. 503 ff.
9 HR I 2 (1878), S. 354 (Nr. 439, Art. 4).
10 Stein, Hansestädte (1913), S. 541–551; dagegen Petri, Stellung der Südersee- und IJsselstädte (1961), S. 47.
11 Stein bezieht sich mit Blick auf Kampen allerdings nur auf die Anmerkungen von Kunze in HUB 4 (1896), S. 6 f. (Nr. 10), der den späteren Text gar nicht druckt. Die Privilegien von 1360 sind ediert in HUB 3 (1886), S. 250–297 (Nr. 497).
12 HR I 1 (1870), S. 436 (Nr. 479).
13 Weststraate, Abgrenzung durch Aufnahme (2003), S. 30.
14 Kampen, Stadsarchief, Best. 1. Stadsbestuur Kampen, Nr. 2050 vom 7. August 1423. Dabei liegt auch ein Vidimus von Bischof Rudolf von Utrecht vom 13. März 1436.
15 Vgl. Kümper, Gerechter Krieg (2008), S. 994 f.
16 Vgl. HUB 7 (1939), S. 167 ff. und HR II 2 (1878), S. 161 (Nr. 201).
17 Das hat insbesondere Seifert, Kompagnons und Konkurrenten (1997) herausgearbeitet.
18 Blockmans, Holländischer Durchbruch (1993) mit Einzelheiten.
19 Das hat vor allem Marc Boone in mehreren Studien aufgezeigt – vgl. insbesondere Boone, Gent (1990). Zum Souveränitätsanspruch der bur-

gundischen Herzöge in ihren Landen, der mit gutem Grund meist als ein spezifisches Zeichen von Modernität gewertet worden ist, vgl. ders., Die Herzöge von Burgund und der Traum der Souveränität (2015).

20 Ehm, Burgund und das Reich (2002), S. 86–99. Zum Verhältnis zwischen Hanse und Burgund vgl. auch immer noch Stein, Burgunderherzöge (1901).

21 Vgl. dazu HUB 9 (1903), S. 324 ff. (Nr. 467) und S. 335 ff. (Nrn. 480, 482).

22 HR II 6 (1890), S. 76 (Nr. 100), S. 86 (Nr. 115) und S. 201 f. (Nr. 225); HUB 9 (1903), S. 348 f. (Nr. 491) und S. 363–383 (Nrn. 517–524, 527 f.). Zur Kölner Sonderhanse vgl. Salter, Cologne (1931), zur Verhansung Deeters/Helmrath, Quellen 2 (1996), S. 101–118 (Nr. 9).

23 HR II 6 (1890), S. 409 f. (Nr. 437 §§ 12, 13); HUB 9 (1903), S. 474 (Nr. 585).

24 Vgl. Jenks, Frieden von Utrecht (1993), S. 63 f.

25 Vgl. Jenks, England, die Hanse und Preußen 2 (1992), S. 655 ff.

26 Dazu eingehend Daniels, Kooperation und Konflikt (2016).

27 Ebd., Bd. 1, S. 224–245.

28 HR II 6 (1890), S. 404 (Nr. 433) und S. 472 f. (Nr. 506).

29 Einzelheiten bei Jenks, England, die Hanse und Preußen 2 (1992), S. 719 ff.; kompakt auch ders., Frieden von Utrecht (1993), S. 65 ff.

30 HR II 7 (1892), S. 340–350 (Nr. 142).

31 Ebd., S. 647–650 (Nr. 395). Zu den Bedingungen vgl. Jenks, Frieden von Utrecht (1993), S. 68 ff.

32 Schönfelder, Wirtschaftliche Entwicklung (1970), S. 76 ff. – Zum sog. »Neusser Krieg« und der Kölner Beteiligung daran vgl. Deeters/Helmrath, Quellen 2 (1996), S. 119–128 (Nr. 10). Unter anderem hatte auch Karl der Kühne alle Kölner Handelsgüter beschlagnahmt; s. HR II 7 (1892), S. 446 f. (Nr. 283).

33 Eingehend dazu Jörn, »With money and bloode« (2000), S. 180 ff.

34 Dazu eingehend Petter-Wahnschaffe, Holbein und der Stalhof (2010).

35 Wurm, Politische Beziehungen (1852), S. 191 f.

36 Vgl. Wijffels, Krieg, Diplomatie und Recht (2015), S. 93 ff.

37 Zur Geschichte der Merchant Adventurers in ihrer Beziehung zu den Hansestädten vgl. Wiegandt, Merchant Adventurers (1972) und Jörn, Auseinandersetzungen (1998).

38 Jörn, Crocodile creature merchant (1998) bespricht einige sehr illustrative.

39 Anweisung gedruckt bei Lappenberg, Geschichte des Stalhof (1851), S. 186 ff. (Nr. 165).

40 Einzelheiten bei Oldland, English Woollen Industry (2019). – Exportstatistiken im Anhang von Llyod, England and the German Hanse (1991).

41 Vgl. dazu noch immer Evers, Kontor in Antwerpen (1915). Zum institutionentheoretischen »Lock in« der hansischen Kaufleute – oder zumindest einer gewichtigen Gruppe darunter – vgl. Kypta, Von Brügge nach Antwerpen (2016).

42 Vgl. dazu Dunthorne, Dramatizing the Dutch Revolt (2011).

43 Vgl. dazu Weise, Zweiter Thorner Vertrag (1972).

44 HR III 3 (1888), S. 389 ff. (Nr. 502).

45 Vgl. etwa den Bericht bei Nottbeck, Fragment (1894), S. 461 ff. aus den Jahren 1501/03.
46 Vgl. Angermann, Deutsche Kaufleute (2002).
47 Lappenberg, Steffen Kempes Lied (1847). Eine weitere Ballade über Kniphof verfasste ein gewisser Hans von Göttingen; vgl. dazu Lappenberg, Hans von Gottingens Lied (1847).
48 Der Vertrag ist gedruckt bei Waitz, Lübeck (1855), S. 316 ff.
49 So der Titel von Postel, Wullenwever (2010), der sehr gut auch die wechselnden Bewertungen dieser kontroversen Gestalt nachzeichnet. Kompakte Darstellung bei Dollinger, Hanse ([6]2012), S. 425–433; viele wichtige Aktenstücke bei Waitz, Lübeck (1855), der ansonsten überholt ist. Wichtig außerdem Friedland, Wirtschaftspolitisches Erbe (1971).
50 Zum Frieden von Malmö vgl. Brandt, Geist und Politik (1954), S. 158 ff. – Zur Unterstützung Gustav Wasas durch lübische Kaufleute vgl. Vogtherr, Hermann Iserhel (2014) sowie das Spottlied bei Schäfer, Das Lied vom Israhel (1882), das sich über die Versuche des Lübecker Iserhel belustigt, Hamburger Bier nachzubrauen. Eine Last davon soll er auch Gustav Wasa verehrt haben.
51 Zu diesem Zins vgl. Selart, Der »Dorpater Zins« (2004).
52 Angermann, Livländische Städte (1995), S. 123 ff.
53 Vgl. dazu Oakley, War and Peace (1993), S. 24 ff.
54 Einzelheiten bei Spreckelsen, Revalsche Freibeuter (1902); zum handelspolitischen Kontext vgl. Kirchner, Bedeutung Narwas (1951).
55 Bunge, Quellen des Revaler Stadtrechts 2 (1847), S. 159.
56 Zu Bugenhagen und seiner Bedeutung vgl. die Beiträge in Garbe/Kröger, Bugenhagen (2010).
57 Das Folgende im Wesentlichen nach Trossbach, Unterschiede und Gemeinsamkeiten (1997), Postel, eyne gans nye ferlicke secte (2009) und Veltmann, Reformation in den Hansestädten (2009).
58 Puhle, Geldpolitik und soziale Konflikte (1993). Zu den Ratseliten der Zeit und ihrem Selbstverständnis vgl. Schilling, Politische Elite nordwestdeutscher Städte (1979). Ausführliche Detailstudien zu drei wichtigen Hansestädten bietet Mörke, Rat und Bürger in der Reformation (1983).
59 HR III 9, S. 18 f. (Nr. 2 §§ 96–102).
60 Ebd., S. 264 (Nr. 132 § 120).
61 Zu seinem Wirken vgl. Trossbach, Unterschiede und Gemeinsamkeiten (1997), S. 152 ff.
62 Schildhauer, Auseinandersetzungen (1959), S. 121. Zur Sache vgl. auch Ehbrecht, Köln – Osnabrück – Stralsund (1980).
63 Überzeugend nachgewiesen haben das Trossbach, Unterschiede und Gemeinsamkeiten (1997) und Veltmann, Reformation in den Hansestädten (2009).
64 Zur Reformation in Lübeck vgl. noch immer Jannasch, Reformationsgeschichte Lübecks (1953).
65 Einzelheiten bei Postel, Reformation in Hamburg (1986).
66 Siehe oben, S. 310 f.

67 Zitat nach Heyde, Städtische Reformation und Landesherrschaft in Livland (2004), S. 269.
68 Tode, Reformation in Preußen (2004), der auch die Vielfalt der reformatorischen Bewegungen in den preußischen Städten aufzeigt.
69 Müller, Zweite Reformation (1997), S. 56.
70 Einleuchtend beschreibt das Körber, Reformation im Ostseeraum (2004).
71 Zur Sache vgl. North, Geschichte der Ostsee (2011), S. 105 ff.
72 Jannasch, Reformationsgeschichte Lübecks (1958), S. 152 f. – Zu den darin gefundenen Schriften in baltischer Sprache, von denen manche bis heute in keinem weiteren Exemplar bekannt sind, vgl. Johansen, Gedruckte deutsche und undeutsche Messen (1959). Einen Kaufmann, der den Druck des ersten estnischen Katechismus mitfinanzierte, bespricht Jahnke, Zum Nutze Revals (2005), S. 94 f.
73 Eingehend zum Folgenden Veltmann, Hanse, Westeuropa und Reformation (2005), der eindringlich zeigt, dass man sie gerade im nichtdeutschsprachigen Ausland für die Verbreitung der Reformation insgesamt auch nicht überschätzen dürfe. Dort setzte sich doch eher der hochdeutsche und lateinische Druck durch.
74 HR III 9, S. 402 ff. (Nr. 260).
75 Zum Verhältnis Wolseys zum Kontor vgl. Jörn, »With money and bloode« (2000), S. 180 ff.
76 Fudge, Commerce and Print (2007), S. 107 ff. – Die wichtigsten Quellen sind in Auszügen gedruckt bei Pauli, Stalhofkaufleute (1871); ders., Verfahren (1878). Pauli hält Ellerdorpe für einen Danziger; er stammte aber ziemlich sicher aus Hamburg – vgl. Postel, Reformation in Hamburg (1986), S. 183.
77 Werner, Den Irrtum liquidieren (2007), S. 292 ff.
78 HR III 9, S. 407 f. (Nrn. 268 f.).
79 Palliser, Popular Reactions (1988), S. 95.
80 Ebd., S. 101 und 104.
81 Grundliegend dazu noch immer Pitz, Tendenzen (1983). Zum Folgenden vgl. außerdem den Sammelband von Hammel-Kiesow, Hansischer Handel (2016), insbesondere den Aufsatz von Stephan Selzer.
82 Hammel-Kiesow, Hansischer Seehandel (1993); ders., Tuch und Hering (1993). Zur größeren Einbettung dieser Befunde in die Konjunkturlage des Ostseeraums an der Jahrhundertwende vgl. North, Geldumlauf und Wirtschaftskonjunktur (1992).
83 Baum-Sprandel, Wirtschaftsentwicklung (1972); Schönfelder, Wirtschaftliche Entwicklung (1970).
84 Jenks, Distributionsrevolution (2014).
85 Zur *consumer* bzw. *industrious* (!) *revolution* vgl. De Vries, Industrious Revolution (2008).
86 HR II 7 (1892), S. 10 f. (Nr. 14) – vgl. dazu Jenks, Distributionsrevolution (2014), S. 66 ff.
87 Zu den Veränderungen des Nord- und Ostseeraums durch die atlanti-

sche Wirtschaft vgl. den Sammelband von Müller/Rössner/Toshiaki, Rise of the Atlantic Economy (2011).

88 Rörig, Wirtschaftskräfte ([2]1971), S. 656.

89 Vgl. dazu Cordes, Spätmittelalterlicher Gesellschaftshandel (1998), S. 264–267 und ders., Kapital, Arbeit, Risiko, Gewinn (2005) sowie Jeannin, Lübecker Handelsunternehmungen (1963) und Jahnke, Strukturen von gestern (2016).

90 Vgl. dazu auch Thomas, Persönliche Haftung (2003), S. 79–94.

91 Einen solchen Fall beschreibt Jahnke, Strukturen von gestern (2016), S. 109 ff.

92 Behringer, Merkur (2003), S. 303 ff.

93 Ahrens, Botenwesen (1962); vgl. Behringer, Merkur (2003), S. 164 f. zu den Kölner Verbindungen.

94 Roth, Neue Zeitungen (1914), S. 74, der sich hier auf Riga bezieht. Zu den sog. »Fuggerzeitungen« vgl. Bauer, Zeitungen vor der Zeitung (2011).

95 Einzelheiten bei McCusker-Gravenstejn, Beginnings (1991).

96 Johmans, Risk and Reputation (1995); Jahnke, Strukturen von gestern (2016), S. 214 ff.

97 Grundlegend zum Folgenden die profunde Dissertation von Iwanov, Krise (2016).

98 Vgl. dazu Stoob, Hanse (1995), S. 353 ff. und Fahlbusch, Bemerkungen zur Führungsgruppe (2001), zum westfälischen Hansequartier im 16. Jahrhundert Schipmann, Politische Kommunikation (2004).

99 Postel, Warum ging die Hanse zugrunde? (2016), S. 135. Zur Taxierung von 1540 vgl. Winterfeld, Westfälisches Hansequartier (1955).

100 Kritisch dazu Fahlbusch, Theorie der Unterstädte (1991).

101 Gedruckt bei Höhlbaum, Kölner Inventar 1 (1896), S. 553–557 (Nr. 113).

102 Eine Zusammenstellung solcher Kontributionen zwischen 1540 und 1604 bei Iwanov, Krise (2016), S. 353–356 (Anhang 8).

103 Köln an Münster im Mai 1552 – zitiert nach Fahlbusch, Hansische Führungsgruppe (1991), S. 64.

104 Zu den hansischen Syndici vgl. Iwanov, Krise (2016), S. 123–170.

105 Simson, Danziger Inventar (1917), S. 895 (Nr. 33).

106 Wie wenig festgelegt er trotz der neuen Form der Mitgliedschaft letztlich immer noch war, zeigen die unterschiedlichen Zahlenangaben, die sich in den Quellen finden; vgl. Iwanov, Krise (2016), S. 65 ff.

Vor Zeiten wart ihr Hänse ... heute seid ihr Gänse: **Solidarität im europäischen Krisenjahrhundert?**

1 Die Studierenden eines Zürcher musikwissenschaftlichen Seminars haben 2019 mit ihrer Professorin Inga Mai Groote eine Kabinettausstellung zu den Klangwelten einer frühneuzeitlichen Hansestadt im Lüneburger Lüne-Kloster vorbereitet; vgl. dazu den Katalog: Groote,

Glocken, Orgel, spelelude (2019). Zu Domanns Lied dort S. 19 f. – Vollständige Edition bei Lappenberg, Domann (1847), S. 456–471.

2 Protokollnotiz vom Hansetag 1579, zitiert bei Postel, Warum ging die Hanse zugrunde? (2016), S. 134 und 138, der in diesem Beitrag umfänglich aus Lübecker Protokollen der nicht edierten Hansetage des späten 16. und 17. Jahrhunderts zitiert.

3 Beide Zitate bei ebd., S. 134.

4 Stoob, Hanse (1995), S. 363.

5 Pitz, Merchant Adventurers (1995) – im selben Band auch ein Beitrag von Jürgen Bohmbach über das Ausscheiden Stades aus der Hanse.

6 Oldach, Demmin (2016), S. 385. Danach auch das Folgende. Bei den wörtlichen Zitaten sind leichte Angleichungen der Groß- und Kleinschrift sowie der Zeichensetzung vorgenommen worden. Es mag noch hinzuzufügen sein, dass Demmin tatsächlich schon im 13. Jahrhundert gemeinsam mit Stralsund in »hansischen« Angelegenheiten (wenn man diese zu diesem Zeitpunkt schon so nennen möchte) auftaucht; vgl. etwa HR I 1 (1870), S. 5 f. (Nr. 8).

7 Gönnenwein, Stapel- und Niederlagsrecht (1939), S. 168 f.; Baasch, Handelskammer 1 (1915), S. 39 ff.

8 Rath, Hansestädte (2011), S. 364–384.

9 Zur Sache vgl. Steinführer, Braunschweig (2017), S. 30–34 und Iwanov, Krise (2016), S. 78 ff.

10 Vgl. Loose, Hamburg und Christian IV. (1963) mit Einzelheiten.

11 Weber, Beziehungen (2001), S. 224 ff.

12 Vgl. dazu Langer, Stralsund (1970), S. 180 ff., – Simson, Organisation (1907), S. 414 ff., – Schipmann, Osnabrück und die Hanse (2004), S. 103 ff.

13 Die Notel von 1604 ist gedruckt bei Iwanov, Krise (2016), S. 327–334, die Landungsartikel druckt Werdenhagen, De rebuspublicis Hanseaticis ([2]1641), Tl. 4, S. 1053–1060. Ausführlich zu den vorhergehenden Beratungen Postel, Solidarität (2001), S. 155 ff.

14 Vgl. Grassby, Letzte Verhandlungen (1958).

15 Einzelheiten bei Schulte-Beerbühl, Deutsche Kaufleute (2007), S. 81–100.

16 Forster, England und die Hansestädte (1957).

17 Vgl. dazu Weller, Ungleiche Partner (2010) mit einer guten Zusammenstellung der älteren Literatur auf S. 347, Anm. 19. Wichtige Zeitzeugenberichte sind ediert von Pauli, Aufzeichnungen (1860) und Simson, Arnold von Holten (1908).

18 Weller, Ungleiche Partner (2010), S. 351 ff.

19 Vgl. dazu Angermann, Deutsche Kaufleute (2002), S. 107 ff. und ders., Hanse und Rußland (1984).

20 Ein späterer (Juli 1588) ist in deutscher Übersetzung gedruckt bei Willebrandt, Hansische Chronick (1748), 3. Abt. S. 163 ff.

21 Zu dieser Delegation eingehend Iwanov, Hansische Gesandtschaft (2007); wichtige Quellen aus dem reichen Aktenmaterial sind ediert bei Blümcke, Berichte und Akten (1894).

22 Ebd., S. 40.

23 Ediert und mit zeitgenössischer Übersetzung gedruckt bei Neubauer, Moskauer Privileg (1968), S. 74–83. Zu den Höfen vgl. Iwanov, Hansische Niederlassungen (2015). – Die neue (siebente) Fassung der Nowgoroder Schra bei Schlüter, Nowgoroder Schra (1911), S. 199–216.
24 Weller, Ungleiche Partner (2010), S. 349.
25 Zur »Krise des 17. Jahrhunderts« vgl. Ogilvie, Seventeenth Century Crisis (1992).
26 Postel, Hamburgs Rolle (1995), S. 72 ff. – Das Zitat bei dems., Ehrbarer Kaufmann (1992), S. 23.
27 Roding/Heerma van Voss, The North Sea and Culture (1996), S. 496. Zum Konzept der »Nordseekultur« zustimmend auch Oberg, Gab es in Bremen eine maritime Kultur (2014), S. 396 ff.
28 Zitiert bei Stoob, Die Hanse (1995), S. 277.
29 Lange Zeit hat man das mühelos in das Spätmittelalter zurückprojiziert. Diese Ansicht hat Link, Preußischer Getreidehandel (2013) korrigiert. Zur frühen Neuzeit vgl. Tielhof, Mother of all Trades (2002).
30 Kompakt dazu Bogucka, Danzig an der Wende zur Neuzeit (1984).
31 Wątróbska, Holländische Spuren (2003).
32 Die deutsche Übersetzung nach Bogucka, Das alte Danzig (1980), S. 13.
33 Ein kompakter Überblick bei Müller, Zweite Reformation und städtische Autonomie (1997), S. 29–32.
34 Vgl. dazu Wälter, Wirtschaftliche Beziehungen (1995).
35 Harder-Gersdorff, Lübeck, Danzig und Riga (1978).
36 Das Folgende im Wesentlichen nach Kümper, Protestantische Union (2020).
37 Ausführlich dazu Gotthardt, Augsburger Religionsfrieden (2004), S. 386–500.
38 Gedruckt bei Herold, Gutachten (1967).
39 Ebd., S. 98. – Dass man im Übrigen noch zehn Jahre später aus dem Süden mit einiger besorgter Bewunderung auf die Hansestädte sah, zeigt auch ein Nuntiaturbericht des Jahres 1628, den Ellisen, Hanse (1917) ins Deutsche übersetzt hat und der feststellt, dass »dieser Hansabund, nachdem er so heruntergekommen ist, ... noch beständig einen Obristen mit 15 000 Mann Fußvolk« unterhalte und »im Notfalle ... eine weit größere Zahl von Soldaten halten, dazu auch viele Meerschiffe mittels der Beiträge, die jede Stadt aus den Mitteln ihrer sehr reichen Bürger würde erheben können«.
40 Vollzitat bei Kümper, Protestantische Union (2020). Dass in diesen Jahren der Norden durchaus nicht »angestrengt nach Prag gestarrt« hat, zeigt Gotthardt, Ursachen (2017), S. 67.
41 Zu diesem Plan vgl. Rath, Hansestädte (2011), S. 453–462 und Postel, Solidarität (2001), S. 160 ff.
42 Vgl. dazu Reichard, Maritime Politik 2 (1881).
43 Einzelheiten bei Hroch, Wallensteins Beziehungen (1961).
44 Gedruckt bei Lorenz, Quellen zur Geschichte Wallensteins (1987), S. 205–209.

45 Vgl. dazu Bühler, Restitutionsedikt (1992).
46 Brandt, Ende (1956).
47 Zitiert nach Postel, Warum ging die Hanse zugrunde? (2016), S. 140.
48 Zitiert nach Postel, Hansische Politik (1998), S. 526.
49 Schmidt, Städtehanse (1998), S. 40 f.
50 Beide Zitate bei Postel, Hansische Politik (1998), S. 527. Zum Folgenden vgl. neben diesem Aufsatz auch Gerber, Zeremoniell (2020).
51 Acta Pacis Westphalicae II A 2 (1976), S. 129.
52 Wehrmann, Bericht (1876), S. 482 f.
53 Vgl. Buschmann, Kaiser und Reich 2 ([2]1994), S. 65 f. (Art. 10 § 10 und 17 §§ 10, 11).
54 Für einen kompakten Überblick vgl. Schilling, Ludwig XIV. (2010).
55 Eingehend dazu die lesenswerte Dissertation von Félicité, Königreich Frankreich (2017).
56 Postel, Cunthor (2006), S. 382 f.
57 Poettering, Handel, Nation, Religion (2013), S. 288 ff.
58 Vgl. dazu Graßmann, Gesandtschaft (2011) und Félicité, Königreich Frankreich (2017), S. 78 ff. Der Vertragstext ist gedruckt in: Consolidated Treaty Series 3 (1969), S. 413 ff.
59 Zitiert nach Dollinger, Hanse ([6]2012), S. 477.
60 Graßmann, Lübeckische Geschichte ([4]2008), S. 452.
61 Der Rezess und einige Schreiben in seinem Umfeld sind nach Osnabrücker Quellen ediert bei Arnke/Schepers, Neue Erkenntnis (2014), S. 305–325 (Nrn. 16–27). Der Dokumentationsband zur Tagung *Vom Ende der Hanse zur Geburt der Hanseaten*, die im Mai 2019 von der Historischen Kommission für Niedersachsen und Bremen gemeinsam mit dem HGV ausgerichtet wurde und sich ausführlich mit dem letzten Hansetag befasste, war zum Manuskriptabschluss noch nicht erschienen. Vielleicht verändert er unser Bild noch einmal durch neue Erkenntnisse.
62 Zur Sache vgl. Querfurth, Unterwerfung Braunschweigs (1953).
63 Näheres dazu bei Steinführer, Braunschweiger Wappenbrief (2018), S. 141 ff.
64 Hamburg, Staatsarchiv, Best. 111-1, Nr. 38477.
65 Dazu eingehend Dreiskämper, Redeloos, radeloos, reddeloos (1998).
66 Eine detaillierte und gut zugängliche Schilderung der Vorgänge, wenn auch natürlich in zeitgebundener Diktion, findet sich bei Droysen, Staat des großen Kurfürsten (1865), S. 232 ff.
67 Wie sehr im Übrigen Hamburg in dieser Zeit ein Zentrum des Nachrichtenaustausches war, zeigt Krieger, Hamburg als Kommunikationszentrum (2004).
68 Codex Germaniae diplomaticus (1732), Sp. 709–714 (Nr. 126) und Sp. 737–740 (Nr. 132).
69 Zu den Reunionskriegen und ihren Hintergründen vgl. Schilling, Ludwig XIV. (2010), S. 89 ff.
70 Eingehend dazu Graßmann, Nimwegen (1972).
71 Voss, Importanz (1998), S. 102 ff.

72 Zitiert bei Wohlwill, Wann endete die Hanse? (1900), S. 141.
73 Graßmann, Rijswijk (1977).
74 Ebel, Staatsrechtliche Literatur (1940) umreißt das Problem mit vielen Beispielen.
75 Eingehend dazu Félicité, Königreich Frankreich (2017), S. 111 ff.
76 Ebd., S. 194.
77 Zu diesem Konflikt vgl. Ressel, Hanseatische Gemeinschaft (2012), S. 168 ff.

Der Hanse ist tot, es lebe der Hanseat: Nachleben im Norden und anderswo

1 Loose, Elbe-Weser-Reich (1969), S. 201. – Bemerkenswert auch die Überlegungen der Brüder Schlegel zur Bedeutung der Hansestädte für Hannover und die Englandpolitik aus dem Jahre 1813/14; vgl. dazu Haase, Brüder Schlegel (1979), S. 355 ff. und S. 381–394 (Nr. 5).
2 Heß, Wert und Wichtigkeit (1814), Vorwort u. S. 2.
3 Vgl. Prüser, Handelsverträge (1962), S. 17 f. zur Debatte über den Staatstitel.
4 Dazu eingehend: Herzig, Sozial- und Verfasssungskrisen (1993) und Postel, Franzosenzeit (1995).
5 Wehrhahn, Norddeutsche Reise (1842), S. 392.
6 Zum Folgenden vgl. Jeannin, Hansestädte im europäischen Handel (1971) und Prüser, Handelsverträge (1962), der auch die einzelnen Druckorte nachweist. Die älteren Handelsverträge finden sich sämtlich im Bremer Handelsarchiv 1 (1864) zusammengestellt. Eine Auswahl auch bei Graßmann, Handels- und Schiffahrts-Verträge (1978).
7 Eingehend dazu Graßmann, Hanse weltweit? (2001) und Ressel, Hanseatische Gemeinschaft (2012); mit Abstrichen immer noch auch Fink, Diplomatische Vertretungen (1931), der zwar breit und quellennah arbeitet, aber aus den hansischen Konsulaten im Grunde Kuriosa macht und sie entsprechend interpretiert.
8 Eingehend dazu die Dissertation von Ressel, Sklavenkassen (2012).
9 Ausführlich zum Aufschwung des Überseehandels im 19. Jahrhundert: Schramm, Deutschland und Übersee (1950), S. 163 ff., zum Handel mit den USA: Hammel-Kiesow u. a., Hanseatisch-amerikanische Beziehungen (2017) und Prüser, Handelsverträge (1962), S. 30–34 zur Bedeutung der Monroe-Doktrin.
10 Vgl. dazu Schmidt, Wettbewerb (1922), zur Wahrnehmung dieses bedeutsamen Ereignisses in Bremen und Hamburg Wickede, Aufhebung (1850).
11 Kresse, Fahrtgebiete (1972), S. 42 ff. stellt die einschlägigen Routen zusammen.
12 Eine gut lesbare Schilderung eines exemplarischen Hamburger Einzelschicksals – die Firma Godeffroy & Söhne – vom Ende des 18. bis zum Anfang des 20. Jahrhunderts bei Elvert, Europa (2018), S. 401–421.

13 Vgl. dazu Prüser, Handelsverträge (1962), S. 61 f. und S. 68 f. – dort auch Nachweis der Druckorte.
14 Für einen ersten Überblick über die spannende Geschichte dieses Königreiches vgl. Grabowsky, Kleine Geschichte Thailands (2010), S. 17 ff.
15 Mehr dazu bei Chutintaranond, Mandala (1990).
16 Vgl. dazu das auch sonst anregende Buch von Winichakul, Siam Mapped (1994).
17 Die Tarife sind als Anlage veröffentlicht im Bremer Handelsarchiv 1 (1864), S. 277 f.
18 Vgl. etwa das Rezept für »Batavische Suppe« bei Davidis, Praktisches Kochbuch (1897), S. 303: *Am Abend vor dem Gebrauch werden 100–130 g indische Vogelnester in kalte Bouillon gelegt und über Nacht aufgeweicht, des folgenden Tages all die kleinen Federchen mit einer Spicknadel herausgenommen und die Nestchen, welche gehörig aufgeweicht sein müssen und dann wie einzelne Fädchen aussehen, in Filets geschnitten, in eine Kasserole gethan und mit Madeira, etwas Cayenne-Pfeffer, welcher seiner Schärfe wegen mit Vorsicht anzuwenden ist, und mit einem kleinen Theelöffel voll Fleischextrakt langsam gekocht, worauf man reichlich von einer Konsommee aus Ochsen- und Kalbfleisch und eine halbe Flasche Madeira hinzufügt und die Vogelnester vollends weicht kocht. Beim Anrichten wird die Suppe rein abgeschäumt, gesalzen und in eine Terrine gefüllt.*
19 Einzelheiten bei Sohrab, Deutsch-persische Wirtschaftsbeziehungen (1976), S. 104 ff.
20 Gedruckt u. a. im Gesetzesblatt der Freien Hansestadt Bremen 1863, S. 53–144.
21 Vgl. Brandt, Hanseatische Gemeinschaft (1956), S. 69 f. und Fink, Vertretungen (1920), S. 138 ff.
22 Beide Zitate ebd., S. 140 f.
23 Siehe oben, S. 21 f.
24 Iwanov, Krise (2016), S. 291 ff. – Zur Kritik der ältesten Hansegeschichtsschreibung vgl. auch Schwebel, Stralsunder Friede (1970), S. 186 ff. Insgesamt bleibt eine gründliche Aufarbeitung dieses Themas aber weiterhin Desiderat.
25 Simson, Danziger Inventar (1917), S. 973 (Nr. 80). – Zu Lisemann: ders., Liseman (1910).
26 In Hamburg etwa wurden sie verboten; vgl. ZVHG 4 (1858), S. 328–333.
27 Vgl. dazu Kopitzsch, »Publicität«, »Gemeingeist« und »Beförderung der Cultur« (2008); zu Smidt auch Festerling, Bremens deutsche und hanseatische Politik (1964), S. 11–24. Die Bände des *Hanseatischen Magazins* sind sämtlich von der Staats- und Universitätsbibliothek Bremen digitalisiert worden und stehen online zur Verfügung.
28 Zu Smidt vgl. Biebusch, Revolution und Staatsstreich (1973).
29 Hanseatisches Magazin 1 (1799), S. V.
30 Ebd., S. 1–90 und 2 (1799), S. 104–139.
31 Zu Büsch und seiner Bedeutung für die ökonomische Ideengeschichte vgl. Roscher, Johann Georg Büsch (1867).

32 Dazu jetzt eingehend Jahnke, Reliquien (2019).
33 Zur Bedeutung Lappenbergs vgl. Postel, Grundlegungen (1996).
34 Lappenberg, Urkundliche Geschichte (1830), S. XII.
35 Eingehend dazu Gall, Geschichts- und Quellenforschung (2008).
36 Der Antrag ist gedruckt in den *Nachrichten von der Historischen Commission bei der Bayerischen Akademie der Wissenschaften* 1859, S. 47–53, die beiden Zitate auf S. 48.
37 Zur Vereinsgeschichte vgl. die Dissertation von Reich, Hansischer Geschichtsverein (2020), zur Gründung aber noch immer Brandt, Hundert Jahre (1970).
38 Beide Zitate bei Schwebel, Stralsunder Friede (1970), S. 195.
39 Mantels, Hansischer Geschichtsverein (1872), S. 3.
40 Ebd., S. 174 ff. mit Einzelheiten. Zur Geschichte der Rezesseditionen vgl. auch die Vorlesung von Carsten Jahnke vom Oktober 2019 unter http://y2u.be/modO8vEPC7Y (letzter Abruf: 2. August 2020) bzw. dessen Aufsatz: Reliquien (2019).
41 So der Bericht der ersten Jahresversammlung in HGbll. 1 (1874), S. XVII.
42 Constantin Höhlbaum in der Einleitung zu HUB 1 (1878), S. VIII.
43 Studien zu Helen Zimmern fehlen bis heute. Kurze Erwähnung mit Auszügen aus Nietzsches Briefen, die erkennen lassen, wie sehr er Zimmerns Übersetzungen schätzte – mehrfach fragte er sie aktiv an! –, bei Marita Knödgen, Die frühe politische Nietzsche-Rezeption in Großbritannien, 1895–1914: eine Studie zur deutsch-britischen Kulturgeschichte, Diss. phil. Univ. Trier 1997.
44 Lesenswert dazu, wenngleich journalistisch: Pfeiffer, Seemacht Deutschland (2009). Auch Pfeiffer sieht in der Hanse den ersten »maritimen Komplex« deutscher Seeherrschaft. Er hat allerdings im Gegensatz zu vielen seiner Kolleginnen und Kollegen einige Mühe auf die Lektüre wirklicher Hanseforschung verwandt, sodass seine Thesen, auch wenn man nicht immer zustimmen möchte, doch anregend sind.
45 Salewski, Die Deutschen und die See (1998), S. 24–39.
46 Detailliert dazu Böhm, Überseehandel und Flottenbau (1972). Zur Sache vgl. außerdem Paulmann, Schiffe, Hanse und Europa (2016), S. 503 ff., wie auch sonst in seinem Buch geradezu wortgewaltig gegenüber politischen Indienstnahmen. Ruhiger dagegen Hill, Vom öffentlichen Gebrauch der Hansegeschichte (2001), S. 76 ff.
47 Schäfer, Hansestädte (1879), S. 5. – Zu Schäfer vgl. Pitz, Schäfer als Hanseforscher (1996). Seine Memoiren sind unter dem Titel *Mein Leben* 1926 als Buch erschienen.
48 Vorwort zu *Historische Zeitschrift* 76 (1896), S. 4.
49 Häpke, Brügge (1908), S. iv.
50 Einzelheiten bei Deist, Flottenpolitik und Flottenpropaganda (1976).
51 Alle drei Zitate bei Hill, Öffentlicher Gebrauch (2001), S. 78.
52 Vgl. dazu Krause, Umorientierung (1970).
53 Zu den vielfältigen Formen der Auseinandersetzungen mit dem Norden in jener Zeit vgl. Lutzhöft, Der Nordische Gedanke (1971).

54 Einen kompakten Überblick über die Geschichte der Gesellschaft bietet der Artikel von Nicola Karcher im Handbuch des Antisemitismus 5 (2012), S. 449–451.
55 Kuusisto, Alfred Rosenberg (1984), S. 301.
56 Vgl. Hill, Öffentlicher Gebrauch (2001), S. 81. Der Vortrag ist im selben Jahr auch im Druck erschienen.
57 Ebd., S. 82 f.
58 Zur kritischen Würdigung Rörigs vgl. Müller-Mertens, Neuansätze (2003) und Noodt, Rörig (2007), für eine eingehende Analyse seines Sprachgebrauchs Förster, Hansebild (2017).
59 Zitiert bei Selzer, Nachgrabung (2016), S. 39.
60 Rörig, Hanse im europäischen Raum (1944), S. 112 f.
61 Vgl. Hill, Öffentlicher Gebrauch (2001), S. 85 f. und Holbach, Stereotypen (2007), S. 303 ff.
62 Der Norden 17 (1940), S. 1.
63 Vgl. dazu den Forschungsüberblick von Pitz, Hansische Geschichtsforschung (1961).
64 Einzelheiten bei Graßmann, Nun ist es schon Geschichte (2013).
65 Zu ihrer Geschichte vgl. Müller-Mertens, Hansische Arbeitsgemeinschaft (2011), dessen Dokumentation Segen und Fluch der Zeitzeugenschaft mit sich bringt.
66 Rörig, Stand und Aufgaben (1947); Brandt u. a., Deutsche Hanse (1963); Müller-Mertens, Hanse in europäischer Sicht (2003).
67 Eine eingehende Biografie widmet ihm Bajohr, Hanseat und Grenzgänger (2010).
68 Blumenfeld, Tor zur Welt (1950), S. 24.
69 So der Vorstandsvorsitzende der Harburger Gummiwarenfabrik Phoenix AG in einer eidesstattlichen Erklärung im Jahr 1946. Dieses Zitat und Weiteres bei Seegers, Deutungen (2018), S. 226 ff.
70 Eingehend dazu Schild, Kaufmann-Legende (2003).
71 Seegers, Deutungen (2018), S., S. 221.
72 Vgl. dazu Holbach, Stereotypen (2007), S. 298 ff., aber auch schon mit bemerkenswert diagnostischem Blick Brandt, Wirtschaftsorganisation (1963), S. 10.
73 Rörig, Wirtschaftskräfte ([2]1971), S. 251.
74 Treue, Illustrierte Kulturgeschichte (1952), S. 12.
75 Vgl. zu all diesen Ausstellungen Puhle, Hanse und Museen (2010).
76 Die Kataloge zu diesen drei Ausstellungen: Prieur, Wesel und die Hanse (1991); Schilp/Welzel, Ferne Welten (2006); Mähnert/Selzer, Vertraute Ferne (2012).
77 Katalog des Europäischen Hansemuseums (2016), S. 7.
78 Zum europäischen Integrationsprozess vgl. etwa den kompakten Überblick von Thiemeyer, Europäische Integration (2010).
79 Zitat aus: DIE ZEIT vom 21. November 1991; vgl. dazu auch die Biografie von Burchardt/Knobbe, Engholm (1993), S. 209 ff.
80 Einzelheiten zur positiven Bewertung der Hanse in Schweden und

Finnland seit den späten 1980er-Jahren bei Schweitzer, Hanse-Tradition (1999).

81 Diffiziler als dieser sehr globale, wenn auch, wie ich glaube, fundamental richtige Einwand argumentiert gegen solche Vergleiche Hammel-Kiesow, Europäische Union (2007).

82 Eingehend – und sehr kritisch – dazu Bohmbach, Neue Hanse (2001).

83 Fahlbusch, Unterquartier (1998), S. 302.

84 Vgl. dazu Kümper, Erinnerungsorte (2014), S. 104 ff.

85 Das reich illustrierte Buch von Lyko/Mühlenberg, Türme, Tore, stolze Bürger (2008) gibt einen guten Eindruck von der historischen Identitätsarbeit des Altmärkischen Hansebundes.

86 https://www.landkreis-stendal.de/de/hanse/der-altmaerkische-hansebund.html (letzter Abruf im August 2020).

87 Utermöhlen, Hansestadt Buxtehude (2015); Vogtherr, Uelzen in der Hanse (2016).

Der Ehrbare Kaufmann und die Hanse: Visionen für eine geläuterte Wirtschaft?

1 DIE ZEIT 23/2003 vom 28. Mai 2003.

2 Blomert, Die Habgierigen (2003).

3 Dahrendorf, Verlorene Ehre des Kaufmanns (2009).

4 Albach, Zurück zum ehrbaren Kaufmann (2003).

5 Eingehend dazu Blomert, Die Habgierigen (2003), S. 128 ff.

6 Albach, Zurück zum ehrbaren Kaufmann (2003), S. 40. Bei seinem ehemaligen Doktoranden Joachim Schwalbach, mittlerweile selbst Professor an der Humboldt Universität, hat 2009 dann Tobias Schmitt diese Lehrweisheit seines akademischen Großvaters zum Titel seiner Diplomarbeit gewählt und zu zeigen versucht, wie viele sog. »Hidden Champions« in ihrer Wirtschaftsweise auf Prinzipien des Ehrbaren Kaufmanns zurückgreifen – vgl. Klink, Der Ehrbare Kaufmann in der aktuellen Forschung (2010), S. 26. Die Arbeit ist mittlerweile nicht mehr online einsehbar, weil das Portal www.der-ehrbare-kaufmann.de, das Schwalbach ins Leben gerufen hatte und auf dem eine Reihe von Einzelstudien zu Unternehmerpersönlichkeiten publiziert wurde, Stand August 2020 nicht mehr zur Verfügung steht.

7 Etwa bei Oswald, Den Ehrbaren Kaufmann leben (2018), S. 48 ff.

8 Ich erspare mir und der Leserschaft hier Einzelnachweise von Internetseiten, möchte aber anregen, einmal den Satz »Bereits 1340 im mittelalterlichen Italien sprachen Kaufmannshandbücher vom wahren und ehrlichen Kaufmann« in eine beliebige Suchmaschine einzugeben. Es ergibt sich zugleich ein bestürzendes Bild, wie ernst es denjenigen, die über Ehrbarkeit schreiben, mit der Aufrichtigkeit beim Umgang mit fremden Quellen ist: Der Satz, ebenso wie viele weitere Textpassagen über den Ehrbaren Kaufmann, diffundiert durch unglaublich viele On-

line- und Printpublikationen – und zwar praktisch durchweg ohne Quellenangabe. Rühmliche Ausnahme: Schwalbach/Klink, Der Ehrbare Kaufmann als individuelle Verantwortungskategorie (2012), S. 224.
9 Zur *Pratica* vgl. Mikl, Historische Soziologie der Wirtschaft (1999), S. 221 ff.
10 Zur Geschichte der Vereinigung vgl. Postel, Versammlung eines Ehrbaren Kaufmanns (1992).
11 Ausführlich dazu Will, Selbstverwaltung der Wirtschaft (2010), S. 139 ff.
12 Mann, Gesammelte Werke 1 (1974), S. 48.
13 Mann, Gesammelte Werke 11 (1990), S. 376–398. Zur Sache vgl. Voget, Thomas Mann und das Hanseatentum (2003).
14 Mann, Gesammelte Werke 11 (1990), S. 378.
15 Ebd., S. 385.
16 Ebd., S. 397 f.
17 IHK-Gesetz § 1 (1).
18 Ausführlich rekapituliert das jetzt Milinovic, Der ehrbare Kaufmann (2019), S. 29–72.
19 https://www.dihk.de/de/themen-und-positionen/recht-in-der-wirtschaft/ehrbarer-kaufmann-2728 (letzter Abruf im August 2020).
20 Darüber berichtete das Handelsblatt vom 14. Februar 2017.
21 Zur Debatte um diese Wende vgl. Werding, Neoliberale Wende (2008).
22 Weber, Wirtschaft und Gesellschaft ([5]1990), S. 538.
23 Das macht dieses Modell anschlussfähig auch an moderne Konzeptionen von Wirtschaftshandeln, etwa an die Ordoökonomik, die besonders nach den Umweltbedingungen des einzelnen Wirtschaftsakteurs fragt. Vgl. dazu Hielscher, Ehre und Vertrauen (2015).
24 DIE ZEIT vom 15. Juli 2020.

Quellen- und Literaturverzeichnis

Abkürzungen

CDS	Die Chroniken der deutschen Städte
DN	Diplomatarium Norvegicum
DSA	Deutsches Schifffahrtsarchiv
FStGA	Freiherr vom Stein-Gedächtnisausgabe: Mittelalter
HGbll.	Hansische Geschichtsblätter
HR	Hanserezesse
HRG²	Handwörterbuch zur deutschen Rechtsgeschichte, 2. neu bearb. Ausg.
HUB	Hansisches Urkundenbuch
LEChUB	Liv-, Est- und Churländisches Urkundenbuch
LUB	Urkundenbuch der Stadt Lübeck
MGH	Monumenta Germaniae Historica
MUB	Mecklenburgisches Urkundenbuch
PrUB	Preußisches Urkundenbuch
QDhG	Quellen und Darstellungen zur hansischen Geschichte
UB	Urkundenbuch
VGHL	Veröffentlichungen zur Geschichte der Hansestadt Lübeck
VSWG	Vierteljahrschrift für Sozial- und Wirtschaftsgeschichte
ZLG	Zeitschrift für Lübeckische Geschichte
ZRG GA	Zeitschrift der Savigny-Stiftung für Rechtsgeschichte, Germanistische Abt.
ZVHG	Zeitschrift des Vereins für Hamburgische Geschichte
ZVLGA	Zeitschrift des Vereins für Lübeckische Geschichte und Altertumskunde

Quellen

Acta Pacis Westphalicae II A 2, bearb. von Wilhelm Engels, Münster 1976.
Asher, John A. (Hg.), Rudolf von Ems, Der guote Gerhart (Altdeutsche Textbibliothek 56), Tübingen [3]1986.
Balzamo, Elena u. Kaiser, Reinhard (Hg.), Olaus Magnus. Die Wunder des Nordens, Frankfurt a. M. 2006.
Bauer, Albert (Hg.), Heinrich von Lettlands Livländische Chronik (Ausgewählte Quellen zur deutschen Geschichte des Mittelalters 24), Darmstadt 1959.
Benz, Richard (Hg.), Die Legenda aurea des Jacobus de Voragine aus dem Lateinischen übersetzt, München 1984.
Bernhard von Clairvaux. Sämtliche Werke, hg. von Gerhard Winkler, Bd. 3, Innsbruck 1992.
Blümcke, Otto (Hg.), Berichte und Akten der hansischen Gesandtschaft nach Moskau im Jahre 1603 (Hansische Geschichtsquellen 7), Halle 1894.
von Brandt, Ahasver (Hg.), Regesten der Lübecker Bürgertestamente des Mittelalters, 2 Bde. (Veröffentlichungen zur Geschichte der Hansestadt Lübeck 18 u. 24), Lübeck 1964/1973.
Bruns, Friedrich, Die Lübecker Bergenfahrer und ihre Chronistik (Hansische Geschichtsquellen N. F. 2), Berlin 1900.
Bruns, Friedrich, Die Aufzeichnungen des Protonotars Johann Wunstorp über Straßenraub 1477–1483, in: HGbll. 1902 (1903), S. 205–215.
Bruns, Friedrich, Die älteren lübischen Ratslinien, in: ZVLGA 27 (1934), S. 31–99.
Bruns, Friedrich u. Weczerka, Hugo, Hansische Handelsstraßen, 3 Bde., (QDhG 13), Köln u. a. 1962–1968.
von Bunge, Friedrich Georg (Hg.), Die Quellen des Revaler Stadtrechts, 2 Bde., Dorpat 1844–1847.
Buschmann, Arno (Hg.), Kaiser und Reich. Klassische Texte und Dokumente zur Verfassungsgeschichte des Hl. Römischen Reiches Deutscher Nation, Bd. 2, München [2]1994.
Caesarius von Heisterbach, Dialogus miracolorum – Dialog über die Wunder, lat.-dt., übers. von Nikolaus Nösges u. Horst Schneider (Fontes Christiani 86), 5 Bde., Turnhout 2009.
Codex Germaniae diplomaticus, hg. von Johann Christian Lüning, Frankfurt a. M. 1732.
Cordes, Albrecht, Friedland, Klaus u. Sprandel, Rolf (Hg.), Societates: Das Verzeichnis der Handelsgesellschaften im Lübecker Niederstadtbuch 1311–1361 (QDhG N. F. 54), Köln u. a. 2003.
Danmarks Gilde- og Lavskraaer fra Middelalderen, Bd. 1, hg. von Christophe Nyrop, Kopenhagen 1899.
David, Charles Wendell (Hg.), De Expugnatione Lyxbonensi: The Conquest of Lisbon (Records of the Western Civilization), New York 1936.
Davidis, Henriette, Praktisches Kochbuch für die gewöhnliche und feinere Küche, Milwaukee 1897.

Dederich, Andreas (Hg.), Des Alpertus von Metz zwei Bücher über verschiedene Zeitereignisse, nebst zwei Bruchstücken über Bischöfe von Metz, Münster 1859.

Deecke, Ernst, Grundlinien zur Geschichte Lübecks, 1143–1226, Lübeck 1839.

Deecke, Ernst, Lübische Geschichten und Sagen, Lübeck 1852.

Deeters, Joachim u. Helmrath, Jürgen (Hg.), Quellen zur Geschichte der Stadt Köln, Bd. 2, Köln 1996.

Delisle, Léopold u. Berger, Élie (Hg.), Receuils des actes de Henri II roi d'Angleterre et Duc de Normandie, concernant Les Provinces de France et Les Affaires de France, Bd. 2, Paris 1909.

Die Chroniken der niedersächsischen Städte, Lübeck, 5 Bde. (Die Chroniken der deutschen Städte vom 14. bis ins 16. Jahrhundert 19, 26, 28, 30 u. 31), Leipzig 1884–1911.

Dortmunder Urkundenbuch, bearb. von Karl Rübel, 3 Bde. u. 1 Erg.-Bd., Dortmund 1881–1910.

Ehnert, Rolf (Hg.), Küchenmeysterey. Passau (Johann Petri) um 1486, Göppingen 1981.

Eichler, Frank (Hg.), Das Hamburger Ordeelbook von 1270 samt Schiffrecht: Nach der Handschrift von Fredericus Varendorp von 1493 (Kopenhagener Codex). Textausgabe und Übersetzung ins Hochdeutsche mit rechtsgeschichtlichem Kommentar, Hamburg 2005.

Eichler, Frank (Hg.), Lex Mercatoria – das englische Marktrecht des Mittelalters: mit den Quellentexten und ihren Übersetzungen, Hamburg 2008.

Englert, Anton u. Trakadas, Athena (Hg.), Wulfstan's Voyage: the Baltic Sea Region in the Early Viking Age as seen from Shipboard (Maritime Culture of the North 2), Roskilde 2009.

Ewe, Herbert, Schiffe auf Siegeln, Bielefeld 1972.

Fahne, Anton (Hg.), Gotthard V. von Hövel, Chronik und Hintertreibung eines Schandgedichts, sammt der Abdankungsschrift seines Vetters Gotthard VIII. von Hövel, Köln 1856.

Frensdorff, Ferdinand (Hg.), Dortmunder Statuten und Urtheile (Hansische Geschichtsquellen 3), Halle 1882.

Goetz, Leopold Karl (Hg.), Deutsch-russische Handelsverträge des Mittelalters (Abhandlungen des Hamburgischen Kolonialinstituts 37), Hamburg 1916.

Graßmann, Antjekathrin (Hg.), Handels- und Schiffahrts-Verträge der Hansestadt Lübeck in der 1. Hälfte des 19. Jahrhunderts (Schriftenreihe der Industrie- und Handelskammer zu Lübeck 13), Lübeck 1978.

Graßmann, Antjekathrin u. Jahnke, Carsten (Hg.), Seerechte im Hanseraum des 15. Jahrhunderts: Edition und Kommentar zum Flandrischen Copiar Nr. 9 (Veröffentlichungen zur Geschichte der Hansestadt Lübeck B 36), Lübeck 2003.

Grautoff, Heinrich (Hg.), Chronik des Franziskaner Lesemeisters Detmar nach der Urschrift und mit Ergänzungen aus anderen Schriften, 2 Bde., Hamburg 1829/30.

Greiffenhagen, Otto, Das Tagebuch des Peter von Halle, in: Beiträge zur Kunde Estlands 11 (1925/26), S. 1–17.

Hach, Johann Friedrich (Hg.), Das alte Lübische Recht, Lübeck 1839.

Hänselmann, Ludwig (Hg.), Henning Brandis' Diarium: Hildesheimische Geschichte aus den Jahre 1471–1528, Hildesheim 1896.

Häpke, Rudolf, Niederländische Akten und Urkunden zur Geschichte der Hanse und zur deutschen Seegeschichte, 2 Bde., München u.a. 1913, 1923.

Hakonar Saga (Rerum Britannicarum Medii Aevi Scriptores 88, 2), hg. von Guðdbrandur Vigfússon, London 1887.

Hamburgisches Urkundenbuch, 4 Bde., begr. von Johann Martin Lappenberg, fortges. von Hans Nierheim u. Jürgen Reetz, Hamburg 1842–1967.

Heckmann, Dieter (Hg.), Revaler Urkunden und Briefe von 1273 bis 1510 (Veröffentlichungen aus den Archiven Preußischer Kulturbesitz 25), Köln u.a. 1995.

Hergemöller, Bernd-Ulrich (Hg.), Quellen zur Verfassungsgeschichte der deutschen Stadt im Mittelalter (Ausgewählte Quellen zur deutschen Geschichte des Mittelalters 34), Darmstadt 2000.

Heß, Cordelia (Hg.), Gerechtigkeit und Rechtfertigkeit. Untersuchung und Edition des Gedichts von der Gerechtigkeit, des Henselyns bok und des Traktats Kopenschopp to voren (Sällskapet Runica et Mediævalia. Editiones 1), Stockholm 2010.

von Heß, Jonas Ludwig, Ueber den Wert und die Wichtigkeit der Freiheit der Hansestädte, London 1814.

Hirsch, Theodor u. Vossberg, Friedrich (Hg.), Caspar Weinreichs Danziger Chronik: ein Beitrag zur Geschichte Danzigs, der Lande Preussen und Polen, des Hansabundes und der Nordischen Reiche, Berlin 1855.

Höhlbaum, Constantin, Kölner Inventar, 2 Bde. (Inventare Hansischer Archive des sechszehnten Jahrhunderts 1 u. 2), Leipzig 1896/1903.

Hoeninger, Robert, Kölner Schreinsurkunden des zwölften Jahrhunderts: Quellen zur Rechts- und Wirtschaftsgeschichte der Stadt Köln (Publikationen der Gesellschaft für rheinische Geschichtskunde 1), 2 Bde., Bonn 1884–1894.

Homeyer, Carl Gustav (Hg.), Des Sachsenspiegels erster Theil oder das Landrecht, 3. überabr. Aufl., Berlin 1861.

Jähnig, Bernhart u. Letkemann, Peter (Hg.), Danzig in acht Jahrhunderten: Beiträge zur Geschichte eines hansischen und preußischen Mittelpunktes (Quellen und Darstellungen zur Geschichte Westpreußens 23), Münster 1985.

Jahnke, Carsten, Politische Nachrichten aus Lübeck aus den Jahren 1531 bis 1535. »Desse lofflike stadt henget nu ann eynenn sydenn fadenn«, in: ZVLGA 79 (1999), S. 119–145.

Jahnke, Carsten (Hg.), Die Hamburgisch-Lübischen Pfundgeldlisten, 1485–1486 (Veröffentlichungen aus dem Staatsarchiv der Freien und Hansestadt Hamburg 21), Hamburg 2006.

Jahnke, Carsten, Die Malmöer Schonenzolliste des Jahres 1375, in: HGbll. 115 (2008), S. 1–107.

Jenks, Stuart (Hg.), Die mittelalterlichen Nowgoroder Schraen als digitale Edition (Beilage CD-ROM: Die mittelalterlichen Schraen des hansischen Kontors in Nowgorod), in: Hammel-Kiesow/Hundt, Gedächtnis der Hansestadt Lübeck (2005), S. 393–404 (mit Text auf CD-ROM).

Jörn, Nils u. Birli, Sonja (Hg.), Der Liber Proscriptorum: Das Wismarer Verfestungsbuch 1353–1430 (Schriftenreihe der Freunde und Förderer des Archivs des Hansetadt Wismar 9), 2 Bde., Wismar 2019.

Herold, Hans-Jörg, Gutachten über ein Bündnis evangelischer Fürsten mit den Hansestädten aus dem Jahre 1608, in: HGbll. 87 (1967), S. 91–104.

Keutgen, Friedrich (Hg.), Urkunden zur Städtischen Verfassungsgeschichte, Berlin 1899.

Kohl, Horst (Hg.), Ein deutscher Bürger des sechzehnten Jahrhunderts: Selbstschilderung des Bartholomäus Sastrow (Voigtländers Quellenbücher 38), Leipzig 1912.

Koppe, Gert, Hans Wynekes Revaler Handlungsbuch (1490–1497): ein Beitrag zur Ausbildung hansische Kaufleute, in: Selzer, Menschen – Märkte – Meere (2018), S. 123–179.

Koppmann, Karl (Hg.), Kämmereirechnungen der Stadt Hamburg, 2 Bde., Hamburg 1869/73.

Koppmann, Karl (Hg.), Leitfaden für die Aelterleute des deutschen Kaufmanns zu Brügge, Hamburg 1875.

Koppmann, Karl (Hg.), Das Seebuch. Mit einer nautischen Einleitung von Arthur Breusing (Niederdeutsche Denkmäler 1), Bremen 1876.

Korlén, Gustav (Hg.), Norddeutsche Stadtrechte, Bd. 2: Das mittelniederdeutsche Stadtrecht von Lübeck nach seinen ältesten Formen (Lunder germanistische Forschungen 23), Lund u. a. 1951.

Krüger, Klaus (Hg.), Die Brügger Steuerlisten 1360–1390 (Kieler Werkstücke D 2), Frankfurt a. M. u. a. 1992.

Kümper, Hiram (Hg.), Mathias Baux. Chronik der Stadt Erkelenz und des Landes von Geldern, 2 Bde., Neustadt a. d. Aisch 2016.

Kunze, Karl (Hg.), England und die Hanse: Akten, 1257–1412, Halle 1891.

Kuske, Bruno (Hg.), Quellen zur Geschichte des Kölner Handels und Verkehrs im Mittelalter, 4 Bde., Köln 1917–1934.

Lacomblet, Theodor Joseph (Hg.), Urkundenbuch für die Geschichte des Niederrheins oder des Erzstifts Cöln, der Fürstenthümer Jülich und Berg, Geldern, Meurs, Kleve und Mark, und der Reichsstifte Elten, Essen und Werden, 4 Bde., Düsseldorf 1840–1858.

Lappenberg, Johann Martin, Urkundliche Geschichte des Ursprunges der deutschen Hanse, 2 Bde., Hamburg 1830.

Lappenberg, Johann Martin, Des Hans von Göttingen Lied vom Seeräuber Martin Pechlin, in: ZVHG 2 (1847), S. 141–156.

Lappenberg, Johann Martin, Des Syndikus Domann Lied von der deutschen Hanse, in: ZVHG 2 (1847), S. 451–471.

Lappenberg, Johann Martin, Urkundliche Geschichte des hansischen Stalhofes zu London, Hamburg 1851.

Laurent, Johann (Hg.), Die Chronik Arnolds von Lübeck (Die Geschichtschreiber der deutschen Vorzeit – XIII. Jahrhundert 3), Berlin 1853.

Lechner, Georg (Hg.), Die hansischen Pfundzollisten des Jahres 1368 (18. März 1368 bis 10. März 1369) (QDhG 10), Lübeck 1935.

von Lehe, Erich (Hg.), Das hamburgische Schuldbuch von 1288 (liber debitorum) (Veröffentlichungen aus dem Staatsarchiv der Freien und Hansestadt Hamburg 4), Hamburg 1956.

Lesnikov, Michail P. u. Stark, Walter (Hg.), Die Handelsbücher des Hildebrand Veckinchusen: Kontobücher und übrige Manuale (QDhG N. F. 67), Köln u. a. 2013.

Liebermann, Felix (Hg.), Die Gesetze der Angelsachsen, Bd. 1: Text und Übersetzung, Halle a. d. Saale 1903.

Liv-, Chur- und Estländisches Urkundenbuch, 2 Bde. in 15 Teilbdn., Reval 1853–1913.

von Loesch, Heinrich (Hg.), Die Kölner Zunfturkunden nebst anderer Kölner Gewerbeurkunden bis zum Jahre 1500 (Publikationen der Gesellschaft für Rheinische Geschichtskunde 22), Bonn 1907.

Lorenz, Gottfried (Hg.), Quellen zur Geschichte Wallensteins (Ausgewählte Quellen zur deutschen Geschichte der Neuzeit 20), Darmstadt 1987.

Lund, Niels (Hg.), Two Voyagers at the Court of King Alfred: The Ventures of Ohthere and Wulfstan Together with the Description of Northern Europe from the »Old English Orosius«, York 1984.

Mann, Thomas, Gesammelte Werke in dreizehn Bänden, Bd. 11, Frankfurt a. M. 1990.

Matthaei Parisiensis, monachi Sancti Albani, Chronica majora, hg. von Henry Richards Luard, Bd. 5, London 1880.

Maurer, Friedrich (Hg.), Walther von der Vogelweide. Sämtliche Lieder, Stuttgart ^{6}1995.

Mecklenburgisches Urkundenbuch, 25 Bde., Schwerin 1863–1977.

von Moerner, Theodor (Hg.), Kurbrandenburgs Staatsverträge von 1601 bis 1700, Berlin 1867.

Mohnike, Gottlieb u. Zober, Ernst (Hg.), Johann Berckmanns Stralsundische Chronik, Stralsund 1833.

Mollwo, Carl (Hg.), Das Handlungsbuch von Hermann und Johann Wittenborg, Leipzig 1901.

Müller, Ludolf (Hg.), Die Nestorchronik (Forum Slavicum 56), München 2001.

Napiersky, Johann G. L. (Hg.), Die Quellen des Rigischen Stadtrechts bis zum Jahr 1673, Riga 1876.

Nelli, Paolo (Hg.), Il naufragio della Querina: Veneziani nel circolo polare artico, Rom 2005.

Niedner, Felix (Hg.), Norwegische Königsgeschichte, Bd. 2 (Thule 18), Darmstadt 1965.

Nirrnheim, Hans (Hg.), Das Handlungsbuch Vickos van Geldersen, Hamburg 1895.

Nirrnheim, Hans (Hg.), Das Hamburgische Pfundzollbuch von 1369 (Veröffentlichungen aus dem Staatsarchiv der Freien und Hansestadt Hamburg 1), Hamburg 1910.

von Nottbeck, Eugen, Fragment einer Revaler Chronik, in: Beiträge zur Kunde Est-, Liv- und Kurlands 4 (1894), S. 450–468.

Patent Rolls of the Reign of Henry III, 1225–1232, London 1908.

Pauli, Carl Wihelm, Die Aufzeichnungen des Lübecker Bürgermeisters Henrich Broke, in: ZVLGA 1 (1860), S. 79–92, 173–183 und 281–347.

Pommersche Landtagsakten, Bd. 1.1, hg. von Werner Buchholz (Veröffentlichungen der Historischen Kommission für Pommern IV 13.1), Köln u. a. 2000.

Preußisches Urkundenbuch, 6 Bde., Königsberg/Marburg 1882–1986.

Regesta Norvegia, 7 Bde., Oslo 1898–1997 (als Datenbank verfügbar unter www.dokpro.uio.no/dipl_norv/regesta_felt.html).

Quellen zur älteren Wirtschaftsgeschichte Mitteldeutschlands, Bd. 2, Weimar 1952.

Quellen zur Geschichte der Stadt Köln, 2 Bde., hg. vom Förderverein Geschichte in Köln, Köln 1996/99.

Regesten der Erzbischöfe von Köln im Mittelalter, 12 Bde., Düsseldorf 1901–2001.

Rudolf von Ems, Der guote Gêrhart, hg. von John Asher (Altdeutsche Textbibliothek 56), Tübingen [3]1989.

Sartorius, Georg Friedrich, Geschichte des hanseatischen Bundes, 2 Bde., Hamburg 1802.

Sartorius, Georg Friedrich, Urkundliche Geschichte des Ursprunges der deutschen Hanse, hg. von Johann Martin Lappenberg, 2 Bde., Hamburg 1830.

Sauer, Albert (Hg.), Das Seebuch: das älteste erhaltene Seehandbuch und die spätmittelalterliche Navigation in Nordwesteuropa (Schriften des Deutschen Schiffahrtsmuseums 44), Hamburg 1996.

Schäfer, Dietrich (Hg.), Das Buch des lübeckischen Vogts auf Schonen (Hansische Geschichtsquellen 4), Halle 1887.

Schlüter, Wolfgang (Hg.), Die Nowgoroder Schra in sieben Fassungen vom XIII. bis XVII. Jahrhundert, Dorpat 1911.

Schramm, Percy Ernst (Hg.), Kaufleute zu Haus und über See: Hamburgische Zeugnisse des 17., 18. und 19. Jahrhunderts (Veröffentlichungen der Forschungsstelle für Hamburgische Wirtschaftsgeschichte 1), Hamburg 1949.

Schroeder, Hans-Dieter (Hg.), Der Stralsunder Liber memorialis, 6 Bde. (Veröffentlichungen des Stadtarchivs Stralsund 5), Weimar 1964–1988.

Schwalm, Jakob (Hg.), Die Chronica novella des Hermann Korner, Göttingen 1895.

Seeberg-Elverfedt, Roland, Revaler Regesten, 3 Bde. (Veröffentlichungen der Niedersächsischen Archivverwaltung 22, 26 u. 35), Göttingen 1966–1969.

Seibertz, Johann Suibert (Hg.), Urkundenbuch zur Landes- und Rechtsgeschichte des Herzogthums Westfalen, Bd. 1, Münster 1839.

Siewert, Franz (Hg.), Geschichte und Urkunden der Rigafahrer in Lübeck im 16. und 17. Jahrhundert (Hansische Geschichtsquelle N. F. 1), Berlin 1897.

Simon, Ulrich (Hg.), Das Lübecker Niederstadtbuch (1363–1399) (QDhG N. F. 56), Köln u. a. 2006.

Simson, Paul, Die Reise des Danziger Ratsherrn Arnold von Holten durch

Spanien und Oberitalien in den Jahren 1606–1608, in: Archiv für Kulturgeschichte 6 (1908), S. 39–70.

Simson, Paul, Danziger Inventar, 1531–1591 (Inventare Hansischer Archive des sechszehnten Jahrhunderts 3), Leipzig 1917.

Smit, H. J. (Hg.), Bronnen tot de geschiedenis van het handel met Engeland, Schotland, en Ierland, Bd. 1 (Rijks geschiedskundige publicatën 63), 's-Gravenhage 1928.

Smit, Heinrich, Aus Bremischen Familienpapieren, 1426–1445, in: HGbll. 4 (1874), S. 51–74.

Sprandel, Rolf (Hg.), Das Hamburger Pfundzollbuch von 1418 (QDhG N. F. 18), Köln u. a. 1972.

Sprandel, Rolf (Hg.), Quellen zur Hanse-Geschichte (Ausgewählte Quellen zur deutschen Geschichte des Mittelalters 36), Darmstadt 1982.

Steinhausen, Georg, Hansische Handelsbriefe aus dem 15. Jahrhundert, in: Jahrbücher für Nationalökonomie und Statistik 69 (1897), S. 69–83.

Stieda, Wilhelm (Hg.), Hansisch-Venetianische Handelsbeziehungen im 15. Jahrhundert, Rostock 1894.

Stieda, Wilhelm (Hg.), Revaler Zollbücher und -Quittungen des 14. Jahrhunderts, Halle 1887.

Stieda, Wilhelm (Hg.), Hildebrand Veckinchusen. Briefwechsel eines deutschen Kaufmanns im 15. Jahrhundert, Leipzig 1921.

Stoob, Helmut (Hg.), Helmold von Bosau. Slawenchronik (Ausgewählte Quellen zur deutschen Geschichte des Mittelalters 19), Darmstadt 1963.

Sudendorf, Hans F. G. (Hg.), Die Welfen-Urkunden des Tower zu London und des Exchequer zu Westminster, Hannover 1844.

Techen, Friedrich, Einige Handelsbriefe aus dem letzten Drittel des 16. Jahrhunderts im Ratsarchiv zu Wismar, in: HGbll. 47 (1922), S. 170–186.

Techen, Friedrich, Ein Frachtvertrag vom Jahre 1684, in: HGbll. 54 (1929), S. 174–183.

Thomas, Georg M. (Hg.), Capitorale dei Visdomini del Fontego dei Tedeschi in Venezia. Kapitular des Deutschen Hauses in Venedig, Berlin 1874.

Trakadas, Athena (Hg.), Wulfstan's Voyage. The Baltic Sea Region in the Early Viking Age as seen from Shipboard (Maritime Culture of the North 2), Rosklide 2009.

Trillmich, Werner u. Buchner, Rudolf (Hg.), Quellen des 9. bis 11. Jahrhunderts zur Geschichte der Hamburgischen Kirche und des Reiches (Ausgewählte Quellen zur deutschen Geschichte des Mittelalters 11), Darmstadt [7]2000.

Urkundenbuch der Stadt Göttingen (Urkundenbuch des Historischen Vereins für Niedersachsen 6 u. 7), bearb. von Karl Gustav Schmidt, 2 Bde., Hannover 1863/67.

Urkundenbuch der Stadt Lübeck, hg. vom Vereine für Lübeckische Geschichte und Altertumskunde, 11 Bde., Lübeck 1843–1905 (Ndr. Osnabrück 1976).

Urkundenbuch der Stadt Magdeburg (Geschichtsquellen der Provinz Sachsen und angrenzender Gebiete 26–28), bearb. von Gustav Hertel, Halle 1892–1896.

Urkundenbuch zur Geschichte der Herzöge von Braunschweig und Lüneburg und ihrer Lande, 11 Bde., hg. von Hans F. G. J. Sudendorf, Hannover u. a. 1859–1883.

Vogtherr, Hans-Jürgen (Hg.), Die Lübecker Pfundzollbücher (QDhG N. F. 41), Köln u. a. 1995.

Wehrmann, Carl Friedrich (Hg.), Briefe an Matthias Mulich, geschrieben im Jahre 1523, in: ZVLGA 2 (1867), S. 296–347.

Wehrmann, Carl Friedrich (Hg.), Bericht über die Gesandtschaft der Hansestädte nach Stockholm zur Beglückwünschung der Königin Christine im Jahre 1645, in: ZVLGA 3 (1876), S. 476–488.

Weinrich, Lorenz (Hg.), Quellen zur deutschen Verfassungs-, Wirtschafts- und Sozialgeschichte bis 1250 (Ausgewählte Quellen zur deutschen Geschichte des Mittelalters 32), Darmstadt 1977.

Weissen, Kurt, Briefe in Lübeck lebender Florentiner Kaufleute an die Medici (1424–1491), in: ZVLGA 83 (2003), S. 53–81.

Werdenhagen, Johann Angelius, De rebuspublicis Hanseaticis earumque nobili confederatione, Frankfurt a. M. ²1641.

Willebrandt, Johann Peter, Hansische Chronik, Lübeck 1748.

Literatur

Aufgeführt sind sämtliche Titel nach 1800, die nicht ausdrücklich den Anspruch haben, ältere Texte greifbar zu machen (»Edition«) – also auch alle Literatur des Kaiserreichs und des NS, gleichwie insbesondere Letztere mit gutem Grund nicht als Forschung, sondern eigentlich eher als Quelle anzusehen sind.

Abu-Lughod, Janet, Das Weltsystem im dreizehnten Jahrhundert. Sackgasse oder Wegweiser?, in: Peter Feldbauer u. a. (Hg.), Vom Mittelmeer zum Atlantik: die mittelalterlichen Anfänge der europäischen Expansion, Wien u. a. 2001, S. 11–37.

Adorno, Theodor W., Ästhetische Theorie (= Gesammelte Schriften 7), hg. von Gretel Adorno und Rolf Tiedemann, Frankfurt a. M. [4]1984.

Afflerbach, Thorsten, Der berufliche Alltag eines spätmittelalterlichen Hansekaufmanns. Betrachtungen zur Abwicklung von Handelsgeschäften, Frankfurt a. M. 1993.

Ahrens, Gerhard, Das Botenwesen der Hamburger Kaufmannschaft (1517–1821), in: Archiv für deutsche Postgeschichte 10 (1962), S. 28–35.

Albach, Horst, Zurück zum ehrbaren Kaufmann – Zur Ökonomie der Habgier, in: WZB-Mitteilungen 100 (2003), S. 37–40.

Ambrosiani, Björn, Osten und Westen im Ostseehandel zur Wikingerzeit, in: Klaus Brand u. a. (Hg.), Haithabu und die frühe Stadtentwicklung im nördlichen Europa (Schriften des Archäologischen Landesmuseums Schleswig-Holstein 8), Neumünster 2002, S. 339–348.

Am Ende, Bernhard, Studien zur Verfassungsgeschichte Lübecks im 12. und 13. Jahrhundert (Veröffentlichungen zur Geschichte der Hansestadt Lübeck B 2), Lübeck 1975.

Andersen, Henning Hellmuth, Das Liubice des Abodritenkönigs Heinrich. Zur Regionalgeschichte um 1100, in: Imke Hamann-Bock (Hg.), Medieval Towns in Northeastern Europe, Tönning u. a. 2007, S. 125–132.

Angermann, Norbert, Zu den deutschen Handelsniederlassungen in Pleskau und Krasnyj, in: HGbll. 89 (1971), S. 79–91.

Angermann, Norbert, Der Hansehandel mit Novgorod nach dem Zeugnis archäologischer Quellen. Bericht über eine sowjetische Publikation, in: HGbll. 98 (1980), S. 76–84.

Angermann, Norbert (Hg.), Die Hanse und der deutsche Osten, Lüneburg 1990.

Angermann, Norbert, Die hansisch-russische kulturelle Begegnung im mittelalterlichen Novgorod der Ruś, in: Henn/Nedkvitne, Norwegen und die Hanse (1994), S. 191–214.

Angermann, Norbert, Die livländischen Städte und die Hanse, in: HGbll. 113 (1995), S. 111–126.

Angermann, Norbert u. Friedland, Klaus (Hg.), Novgorod: Markt und Kontor der Hanse (QDhG N. F. 53), Köln u. a. 2002.

Angermann, Norbert, Deutsche Kaufleute in Novgorod im 16. und 17. Jahrhundert, in: ders./Friedland, Novgorod (2002), S. 97–115.

Angermann, Norbert, Die Bedeutung der Hanse für die Kultur des mittelalterlichen Livland, in: Heinrich Bosse, Otto-Heinrich Elias, Robert Schweitzer (Hg.), Buch und Bildung im Baltikum. Festschrift für Paul Kaegbein zum 80. Geburtstag (Schriften der Baltischen Historischen Kommission 13), Münster 2005, S. 41–58.

Angermann, Norbert, Deutsche Handelsverbindungen mit Moskau im 15. und 16. Jahrhundert, in: HGbll. 125 (2007), S. 121–142.

Angermann, Norbert (Hg.), Die baltischen Länder und Europa in der Frühen Neuzeit (Quellen und Studien zur baltischen Geschichte 26), Köln u. a. 2015.

Angermann, Ulrich, Ritterliche Gewalt und bürgerliche Selbstbehauptung: Untersuchungen zur Kriminalisierung und Bekämpfung des spätmittelalterlichen Raubrittertums am Beispiel norddeutscher Hansestädte (Rechtshistorische Reihe 91), Frankfurt a. M. u. a. 1991.

Andermann, Ulrich, Kriminalisierung und Bekämpfung ritterlicher Gewalt am Beispiel norddeutscher Hansestädte, in: Kurt Andermann (Hg.), »Raubritter« oder »Rechtschaffene vom Adel«? Aspekte von Politik, Friede und Recht im späten Mittelalter (Oberrheinische Studien 14), Sigmaringen 1997, S. 151–166.

Antz, Christoph, Gilden im mittelalterlichen Skandinavien (Veröffentlichungen des Max-Planck-Instituts für Geschichte 139), Göttingen 1998.

Asch, Jürgen, Rat und Bürgerschaft in Lübeck, 1598–1669: die verfassungsrechtlichen Auseinandersetzungen im 17. Jahrhundert und ihre sozialen Hintergründe (Veröffentlichungen zur Geschichte der Hansestadt Lübeck 17), Lübeck 1961.

Asmussen, Georg, Die Lübecker Flandernfahrer in der zweiten Hälfte des 14. Jahrhunderts (1358–1408) (Kieler Werkstücke D 9), Frankfurt a. M. u. a. 1999.

Auge, Oliver, Handlungsspielräume fürstlicher Politik im Mittelalter: der südliche Ostseeraum von der Mitte des 12. Jahrhunderts bis in die frühe Reformationszeit (Mittelalter-Forschungen 28), Ostfildern 2009.

Auge, Oliver, Konflikt und Koexistenz: Die Grenze zwischen dem Reich und Dänemark bis zur Schlacht bei Bornhöved (1227) im Spiegel zeitgenössischer Quellen, in: Frandsen u. a., 1200 Jahre deutsch-dänische Grenze (2013), S. 71–94.

Auge, Oliver (Hg.), Hansegeschichte als Regionalgeschichte (Kieler Werkstücke A 37), Frankfurt a. M. u. a. 2014.

Baasch, Ernst, Die »Durchfuhr« in Lübeck. Ein Beitrag zur Geschichte der lübischen Handelspolitik im 17. und 18. Jahrhundert, in: HGbll. 13 (1907), S. 109–152.

Bärmann, Johannes, Die Städtegründungen Heinrichs des Löwen und die Stadtverfassung des 12. Jahrhunderts (Forschungen zur deutschen Rechtsgeschichte 1), Köln u. a. 1961.

Bahnsen, Uwe, Hanseaten unter dem Hakenkreuz: die Handelskammer Hamburg und die Kaufmannschaft im Dritten Reich, Kiel u. a. 2015.

Bajohr, Frank, Hanseat und Grenzgänger: Erik Blumenfeld – eine politische Biographie, Göttingen 2010.

Barfod, Jörn, Zum Bernsteinhandel im Ostseeraum, in: Mähnert/Selzer, Vertraute Ferne (2012), S. 53–58.

Barrett, James u. a., What was the Viking Age and when did it happen? A View from Orkney, in: Norwegian Archaeological Review 33 (2000), S. 1–38.

Barthold, Friedrich Wilhelm, Die Geschichte der deutschen Hanse, 2 Bde., Leipzig 1862.

Bauch, Martin u. Schenk, Gerrit Jasper (Hg.), The Crisis of the 14th Century: Teleconnections between Environmental and Societal Change? (Das Mittelalter. Beihefte 13), Berlin u. a. 2020.

Bauer, Oswald, Zeitungen vor der Zeitung: die Fuggerzeitungen (1568–1605) und das frühmoderne Nachrichtensystem (Colloquia Augustana 28), Berlin 2011.

Baur, Kilian, Freunde und Feinde: Niederdeutsche, Dänen und die Hanse im Spätmittelalter (1376–1513) (QDhG 76), Köln u. a. 2018.

Baur, Kilian, Eigeninitiative und Diplomatie: die Vertretung individueller Interessen und die »hansischen Außenbeziehungen« im Spätmittelalter, in: Christian Henrich-Franke u. a. (Hg.), Grenzüberschreitende institutionalisierte Zusammenarbeit von der Antike bis zur Gegenwart (Historische Dimensionen Europäischer Integration 30), Baden-Baden 2019, S. 243–268.

Baykowski, Uwe, Die Kieler Hansekogge: Nachbau eines historischen Segelschiffes von 1380, Kiel 1991.

Becker, Felix, Die Hansestädte und Mexiko: Handelspolitik, Verträge und Handel, 1821–1867 (Acta Humboldtiana. Series geographica et ethnographica 9), Wiesbaden 1984.

Becker, Hans-Jürgen, Kölns Städteverträge in vorhansischer Zeit, in: HGbll. 107 (1989), S. 1–14.

Becker, Hans-Jürgen, Das Zinsverbot im lateinischen Mittelalter, in: Caspar Matthias u. a. (Hg.), Was vom Wucher übrigbleibt: Zinsverbote im historischen und interkulturellen Vergleich, Tübingen 2014, S. 15–45.

Behr, Hans-Joachim, Die Landgebietspolitik nordwestdeutscher Hansestädte, in: HGbll. 94 (1976), S. 17–37.

Behringer, Wolfgang, Im Zeichen des Merkur: Reichspost und Kommunikationsrevolution in der Frühen Neuzeit (Veröffentlichungen des Max-Planck-Instituts für Geschichte 189), Göttingen 2003.

Behrmann, Thomas, »Hansekaufmann«, »Hansestadt«, »Deutsche Hanse«? Über hansische Terminologie und hansisches Selbstverständnis im späten Mittelalter, in: Thomas Scharff (Hg.), Bene vivere in communitate. Beiträge zum italienischen und deutschen Mittelalter. Hagen Keller zum 60. Geburtstag, Münster 1997, S. 155–176.

Behrmann, Thomas, Über die Willensbildung in der »Megalopolis«: Die Hanse in der Deutung von Ernst Pitz, in: HGbll. 120 (2002), S. 205–212.

Behrmann, Thomas, Verhaltensformen zwischen Herrschern und Hansestädten: Beobachtungen zu den anglo-hansischen und dänisch-hansischen Beziehungen, in: Hammel-Kiesow, Vergleichende Ansätze (2002), S. 77–96.

Behrmann, Thomas, Herrscher und Hansestädte. Studien zum diplomatischen Verkehr im Spätmittelalter (Greifswalder Historische Studien 6), Hamburg 2004.

Beinke, Lothar, Die Familie Twente – Richter, Bürgermeister und Hospitalgründer: Die Geschichte einer Osnabrücker Familie und ihres Hofhauses im 13. und 14. Jahrhundert, Frankfurt a. M. u. a. 2009.

Benedictow, Ole Jørgen, Plague in the Late Medieval Nordic Countries: Epidemiological Studies, Oslo 1992.

Benninghoven, Friedrich, Rigas Entstehung und der frühhansische Kaufmann (Nord- und osteuropäische Geschichtsstudien 3), Hamburg 1961.

Benninghoven, Friedrich, Der Orden der Schwertbrüder. Fratres Milicie Christi de Livonia (Ostmitteleuropa in Vergangenheit und Gegenwart 9), Köln u. a. 1965.

Berghaus, Peter, Hansisches Geld in Westfalen, in: North, Geldumlauf (1989), S. 7–18.

Beschorner, Thomas u. Hadjuk, Thomas, Der ehrbare Kaufmann – Unternehmensverantwortung »light«?, in: CSR-Magazin 3/2011, S. 6–8.

Beschorner, Thomas u. Hadjuk, Thomas, Vom ehrbaren Kaufmann zur Unternehmensverantwortung, in: Forum Wirtschaftsethik 2/2012, S. 2–7.

Beßlich, Barbara, Faszination des Verfalls: Thomas Mann und Oswald Spengler, Berlin u. a. 2002.

von Bippen, Wilhelm, Seeversicherung und Seeraub eines hansischen Kaufmanns im 16. Jahrhundert, Bremen 1889.

Birli, Sonja, Jörn, Nils u. a. (Hg.), »ene vruntlike tohopesate«. Beiträge zur Geschichte Pommerns, des Ostseeraums und der Hanse. Festschrift für Horst Wernicke zum 65. Geburtstag (Schriftenreihe der David-Mevius-Gesellschaft 12), Hamburg 2016.

Bischop, Dieter, Tuchplompen – Zeugnisse des hansischen Tuchhandels, in: Mähnert/Selzer, Vertraute Ferne (2012), S. 59–62.

Biskup, Maria, Der preußische Bund, 1440–1454: Genesis, Struktur, Tätigkeit und Bedeutung in der Geschichte Preußens und Polens, in: Konrad Fritze u. a. (Hg.), Bürgertum – Handelskapital – Städtebünde (Hansische Studien 3), Weimar 1975, S. 210–229.

von Blankenburg, Christine, Die Hanse und ihr Bier: Brauwesen und Bierhandel im hansischen Verkehrsgebiet (QDhG N. F. 61), Köln u. a. 2001.

Blaschke, Karlheinz, Nikolaikirchen und Stadtentstehung in Europa: Von der Kaufmannssiedlung zur Stadt, Berlin u. a. 2013.

Blockmans, Wim, Der holländische Durchbruch in der Ostsee, in: Jenks/North, Hansischer Sonderweg? (1993), S. 49–58.

Blockmans, Wim, Zeehavens als drijvende kracht van de stedelijke regio's, in: Brand u. a., Stedelijk verleden in veelvoud (2011), S. 13–26.

Blockmans, Wim u. a. (Hg.), The Routledge Handbook of Maritime Trade around Europe 1300–1600, London u. a. 2017.

Blomert, Reinhard, Die Habgierigen. Firmenpiraten, Börsenmanipulationen: Kapitalismus außer Kontrolle, München 2003.

Blomkvist, Nils, The Discovery of the Baltic: The Reception of a Catholic

World-System in the European North (AD 1075–1225) (The Northern World 15), Leiden u. a. 2005.

Blomkvist, Nils, St. Lars' in Visby – a monument of the 1229 treaty?, in: Engelbrecht u. a., Rund um die Meere des Nordens (2008), S. 29–38.

Blomkvist, Nils, Europäisierung des Ostseeraums. Ein klarer Fall von change qualitative, in: Winfried Eberhard, Christian Lübke (Hg.), Die Vielfalt Europas: Identitäten und Räume, Leipzig 2009, S. 123–131.

Blumenfeld, Erik, Hamburg – Tor zur Welt, in: Festschrift zum CDU-Kongress 1950, Hamburg 1950, S. 24–26.

Bock, Günther, Das Ende des Abodritenreiches – Helmold von Bosau kritisch hinterfragt, in: Felix Biermann u. a. (Hg.), Die frühen Slawen: von der Expansion zu gentes und nationes (Beiträge zur Ur- und Frühgeschichte Mitteleuropas 81), Bd. 2, Langenweissbach 2016, S. 287–308.

von Bode, Wilhelm, Hansische Bundesbestrebungen in der ersten Hälfte des 15. Jahrhunderts, in: HGbll. 51 (1926), S. 28–71.

Böcker, Heidelore, Städtische Spitzenfunktionen in Reich und Hanse? »Neueste Nachrichten« aus dem 15. Jahrhundert, in: Marika Bacsóka u. a. (Hg.), Europa, das Reich und die Osmanen: die Türkenreichstage von 1454/55 nach dem Fall von Konstantinopel. Johannes Helmrath zum 60. Geburtstag (Zeitensprünge 18), Frankfurt a. M. 2014, S. 145–164.

Böhm, Ekkehard, Überseehandel und Flottenbau: Hanseatische Kaufmannschaft und Deutsche Seerüstung, 1879–1902, Düsseldorf 1972.

Böhringer, Karl-Heinz, Das Recht der Prise gegen Neutrale in der Praxis des Spätmittelalters (Das geltende Seekriegsrecht in Einzeldarstellungen 7), Hamburg 1970.

Bogucka, Maria, Das alte Danzig. Alltagsleben vom 15. bis 17. Jahrhundert, Leipzig 1980.

Bogucka, Maria, Danzig an der Wende zur Neuzeit: von der aktiven Handelsstadt zum Stapel und Produktionszentrum, in: HGbll. 102 (1984), S. 91–103.

Bogucki, Mateusz, Truso, Silver and Trade, in: Søren Michael Sindbaek, Athena Trakadas (Hg.), The World in the Viking Age, Roskilde 2014, S. 98–99.

Bohm, Robert (Hg.), Gotland: Tausend Jahre Kultur- und Wirtschaftsgeschichte im Ostseeraum (Kieler Historische Studien 31), Sigmaringen 1988.

Bohmbach, Jürgen, Stader Zoll und Hamburger Stapel. Ein Abriß des Kampfes um Handel und Schiffahrt auf der Elbe vom 12. bis zum Ende des 16. Jahrhunderts, in: Stader Jahrbuch N. F. 71 (1981), S. 39–47.

Bohmbach, Jürgen (Hg.), Fernhandel und Stadtentwicklung im Nord- und Ostseeraum in der hansischen Spätzeit (1550–1630) (Veröffentlichungen aus dem Stadtarchiv Stadt 18), Stade 1995.

Bohn, Robert (Hg.), Gotland. Tausend Jahre Kultur- und Wirtschaftsgeschichte im Ostseeraum (Kieler Historische Studien 31), Sigmaringen 1988.

Bongardt, Eva-Maria, Adolf Bocks »Peter von Danzig«: zur Rezeption eines Motivs in der Zeit des Nationalsozialismus, in: Petermann u. a., Hansische Identitäten (2018), S. 185–198.

von Bonsdorff, Jan, Changing Practices in the Commission of Later Middle Ages Church Art in the Baltic Sea Region, in: Petermann u. a., Hansische Identitäten (2018), S. 75–82.

Boone, Marc, Gent en de Bourgondische Hertogen ca. 1384 – ca. 1453: een sociaal-politieke Studie van een Staatsvormingprocess (Verhandelingen van de koninklijke academie voor wetenschappen, letteren en schoone kunsten van België. Klasse der letteren 133), Turnhout 1990.

Boone, Marc, Flemish and Brabantine Identity in Late Medieval/Early Modern Europe: Cities and Princes in the Contest for Mastering Regional Identities, in: Rien T. Segers (Hg.), Cultural constructions of Europe. European identy in the 21st century, Frankfurt a. M. 2004, S. 178–186.

Boone, Marc, Die Grafschaft Flandern im langen 14. Jahrhundert: ansteckende Gewalt in einer urbanisierten Gesellschaft angesichts der Krisen des Spätmittelalters, in: Neithard Bulst u. a. (Hg.), Gewalt im politischen Raum. Fallanalysen vom Spätmittelalter bis ins 20. Jahrhundert (Historische Politikforschung 15), Frankfurt a. M. 2008, S. 24–45.

Boone, Marc, Le comté de Flandre au XIV siècle: les enquêtes administratives et juridiques comme armes politiques dans les conflits entre villes et prince, in: Thierry Pécout (Hg.), Quand gouverner, c'est enquêter: les pratiques politiques de l'enquête princière, Occident, XIIIe-XIVe siècles, Paris 2010, S. 461–480.

Bosch, Rudolf A. A., The Impact of Financial Crises on the Management of Urban Fiscal Systems and Public Debt: the Case of the Duchy of Guelders, 1350–1550, in: van Schaïk, Economies (2015), S. 113–134.

Bracke, Niels, Die Regierung Waldemars IV.: eine Untersuchung zum Wandel von Herrschaftsstrukturen im spätmittelalterlichen Dänemark (Kieler Werkstücke A 21), Frankfurt a. M. u. a. 1999.

Bracker, Jörg u. a. (Hg.), Die Hanse – Lebenswelt und Mythos [überarbeitete Neuauflage von Bd. 2], Lübeck 2006.

Brand, Hanno (Hg.), Trade, Diplomacy and Cultural Exchange: Continuity and Change in the North Sea Area and the Baltic, c. 1350–1750 (Groninger Hanze Studies 1), Hilversum 2001.

Brand, Hanno u. Knol, Egge (Hg.), Koggen, kooplieden en kantoren: de Hanze, een praktisch netwerk (Groninger Hanze Studies 4), Hilversum 2009.

Brand, Hanno, De Zuiderzeesteden tussen Habsburg en de Hanze in de eerste helft van de zestiende eeuw: een aanzet tot en positiebepaling, in: Mario Dammen, Louis Sicking (Hg.), Bougondië voorbij: de Nederlanden, 1250–1650. Liber alumnorum Wim Blockmans (Middeleeuwse Studies en Bronnen 123), Hilversum 2010, S. 279–294.

Brand, Hanno, Een vete tussen Staveren en Lübeck (1329–1335), in: ders., Jeroen Benders u. a. (Hg.), Stedelijk verleden in veelvoud: opstellen over laatmiddeleeuwse stadsgeschiedenis in de Nederlanden voor Dick de Boer (Middeleeuwse Studies en Bronnen 134), Hilversum 2011, S. 59–74.

Brand, Hanno, Sven Rabeler u. Harm von Seggern (Hg.), Gelebte Normen im urbanen Raum? Zur sozial- und kulturgeschichtlichen Interpretation rechtlicher Quellen in mitteleuropäischen Städten des Mittelalters (13. bis 16. Jahrhundert) (Groninger Hanze Studies 5), Hilversum 2014.

Brandi, Karl, Justus Möser und die Hanse, in: HGbll. 64 (1940), S. 68–80.

von Brandt, Ahasver, Der Lübecker Rentenmarkt von 1320–1350, Diss. phil. Kiel 1935.

von Brandt, Ahasver, Geist und Politik in der lübeckischen Geschichte: acht Kapitel von den Grundlagen historischer Größe, Lübeck 1954.

von Brandt, Ahasver, Die Hanse und die nordischen Mächte im Mittelalter (Wissenschaftliche Abhandlungen der Arbeitsgemeinschaft für Forschung des Landes Nordrhein-Westfalen 102), Köln u. a. 1962.

von Brandt, Ahasver, Die Hanse als mittelalterliche Wirtschaftsorganisation – Entstehung, Daseinsformen, Aufgaben, in: Die Hanse als Mittler (1963), S. 9–38.

von Brandt, Ahasver, Die Stadt des späten Mittelalters im hansischen Raum, in: HGbll. 96 (1978), S. 1–14.

Brandt, Klaus (Hg.), Haithabu und die frühe Stadtentwicklung im nördlichen Europa (Schriften des Archäologischen Landesmuseums Schleswig-Holstein 8), Neumünster 2002.

Brandt, Klaus (Hg.), Hollingstedt an der Treene: ein Flusshafen der Wikingerzeit und des Mittelalters für den Transitverkehr zwischen Nord- und Ostsee (Schriften des Archäologischen Landesmuseums Schleswig-Holstein 10), Neumünster 2012.

Braunschweig, Hanno, Mobilität für Hamburg: Boten und Läufer in den Kämmereirechnungen 1461–1499, in: Selzer/Weidman, Hamburger Lebenswelten (2014), S. 147–172.

Braunstein, Philippe, Erscheinungsformen einer Kollektividentität: Die Bewohner des Fondaco dei Tedeschi in Venedig (12.–17. Jahrhundert), in: Uwe Bestmann u. a. (Hg.), Hochfinanz, Wirtschaftsräume, Innovationen: Festschrift für Wolfgang von Stromer, Bd. 1, Trier 1987, S. 411–420.

Brink, Alexander, Glaubwürdigkeit als Grundlage einer gemeinsamen Verantwortung, in: Arne Manzeschke (Hg.), Evangelische Wirtschaftsethik – wohin? (Leiten, Lenken, Gestalten 33), Münster u. a. 2018, S. 195–216.

Brisbane, Mark u. Gaimster, David R. M. (Hg.), Novgorod: the Archaeology of a Russian Medieval City and Its Hinterland, London 2001.

Brosthaus, Urusla, Bürgerleben im 16. Jahrhundert: die Autobiographie des Stralsunder Bürgermeisters Bartholomaus Sastrow als kulturgeschichtliche Quelle (Forschungen und Quellen zur Kirchen- und Kulturgeschichte Ostdeutschlands 11), Köln u. a. 1978.

Bruch, Julia, Kypta, Ulla u. Skambraks, Tanja (Hg.), Methodes in Premodern Economic History: Case studies from the Holy Roman Empire, c. 1300–1600, London u. a. 2019.

Brück, Thomas, Der Eigenhandel hansischer Seeleute vom 15. bis 17. Jahrhundert, in: HGbll. 111 (1993), S. 25–42.

Brück, Thomas, Korporationen der Schiffer und Bootsleute: Untersuchungen zu ihrer Entwicklung in Seestädten an der Nord- und Ostseeküste vom

Ende des 15. bis zum Ende des 17. Jahrhunderts (Abhandlungen zur Handels- und Sozialgeschichte 29), Weimar 1994.
Bruns, Jürgen Karl W., Propter communem utilitatem: Studien zur Bündnispolitik der westfälischen Städte im Spätmittelalter (Studia humaniora 16), Düsseldorf 1991.
Burchardt, Rainer u. Knobbe, Werner, Björn Engholm, die Geschichte einer gescheiterten Hoffnung, Stuttgart 1993.
Burkhardt, Mike, Zwischen Räten und Reichen: Christian von Oldenburg auf dem Weg zu den Thronen der Kalmarer Union, in: Daniel Höffker, Gabriel Zeilinger (Hg.), Fremde Herrscher: Elitentransfer und politische Integration im Ostseeraum (15.–18. Jahrhundert) (Kieler Werkstücke G 3), Frankfurt a. M. u. a. 2003, S. 43–69.
Burkhardt, Mike, Die Ordnungen der vier Hansekontore Bergen, Brügge, London und Novgorod, in: Graßmann, Das Hansische Kontor zu Bergen (2005), S. 58–77.
Burkhardt, Mike, Das Hansekontor in Bergen im Spätmittelalter: Organisation und Struktur, in: HGbll. 124 (2006), S. 21–70.
Burkhardt, Mike, One hundred years of thriving commerce at a major English sea port. The Hanseatic Trade at Boston between 1370 and 1470, in: Brand/Müller, Dynamics of Economic Culture (2007), S. 48–64.
Burkhardt, Mike, Der hansische Bergenhandel im Spätmittelalter: Handel – Kaufleute – Netzwerke (QDhG N. F. 60), Köln u. a. 2009.
Burkhardt, Mike, Kaufmannsnetzwerke und Handelskultur. Zur Verbindung von interpersonellen Beziehungsgeflechten und kaufmännischem Habitus im spätmittelalterlichen Ostseeraum, in: Kleingärtner/Zeilinger, Raumbildung durch Netzwerke? (2012), S. 117–130.
Burkhart, Dagmar, Eine Geschichte der Ehre, Darmstadt 2006.
Callmer, Johan, Gustin, Ingrid u. Roslund, Mats (Hg.), Identity Formation and Diversity in the Early Medieval Baltic and Beyond: Communicators and Communication (The Northern World 75), Leiden u. a. 2017.
Carson, Paula Philips u. a., Clearing a Path through the Management Fashion Jungle: Some preliminary Trailblazing, in: The American Academy of Management Journal 43 (2000), S. 1143–1158.
Chiffoleau, Jacques, La comptabilité de l'Au-Delà: les hommes, la mort et la religion dans la région d'Avignon à la fin du Moyen Age (vers 1320 – vers 1480) (Collection de l'École française de Rome 47), Rom 1980.
Choroskevic, Anna Leonidovna, Der Ostseehandel und der deutsch-russisch-gotländische Vertrag 1191/1192, in: Jenks/North, Hansischer Sonderweg? (1993), S. 1–12.
Choroskevic, Anna Leonidovna, Der deutsche Hof in Novgorod und die deutsche Herberge (Fondaco dei Tedeschi) in Venedig im 13./14. Jahrhundert. Eine vergleichende Vorstudie, in: Pelc, Zwischen Lübeck und Novgorod (1996), S. 67–88.
Christensen, Aksel Emanuel, Scandinavia and the advance of the Hanseatics, in: The Economic History Review N. F. 9 (1956/57), S. 89–117.
Chutintaranond, Sunait, Mandala, Segmentary State and Politics of Centrali-

zation in Medieval Ayudhya, in: Journal of the Siam Society 78 (1990), S. 88–100.

Conybeare, John, Trade Wars: A Comparative Study of Anglo-Hanse, Franco-Italian, and Hawley-Smoot Conflicts, in: World Politics 38 (1985), S. 147–172.

Cordes, Albrecht (Hg.), Spätmittelalterlicher Gesellschaftshandel im Hanseraum (QDhG N. F. 45), Köln u. a. 1998.

Cordes, Albrecht, Die Anfänge des Gesellschaftshandels im Hanseraum bis zur Mitte des 14. Jahrhunderts, in: Jörn/Kattinger/Wernicke, Genossenschaftliche Strukturen (1999), S. 65–78.

Cordes, Albrecht, Die Rolle der Handelsgesellschaften in der Arbeitswelt des spätmittelalterlichen Hansekaufmanns, in: Tandecki, Rolle der Stadtgemeinden (2000), S. 33–48.

Cordes, Albrecht, Kapital, Arbeit, Risiko, Gewinn. Aufgabenteilung in einer Lübecker Handelsgesellschaft des 16. Jahrhunderts, in: Hammel-Kiesow/Hundt, Gedächtnis der Hansestadt Lübeck (2005), S. 517–534.

Cordes, Albrecht, Juristische Bildung für Kaufmannskinder: die städtische Schule in Lübeck und ihr Lehrplan im 13./14. Jh., in: ZVLGA 87 (2007), S. 41–53.

Cordes, Albrecht, Die Erwartungen mittelalterlicher Kaufleute an Gerichtsverfahren: Hansische Privilegien als Indikator, in: ders., Serge Dauger (Hg.), Eine Grenze in Bewegung: private und öffentliche Konfliktlösung im Handels- und Seerecht (Schriften des Historischen Kollegs. Kolloquien 81), München 2013, S. 39–64.

Cordes, Albrecht, Die Veckinchusen-Quellen und ihre weitere Erforschung. Ein faszinierendes und sperriges Stück Kaufmannsgeschichte, in: Nikolaus Henkel, Jürgen Sarnowsky (Hg.), Konzeptionelle Überlegungen zur Edition von Rechnungen und Amtsbüchern des späten Mittelalters (Nova mediaevalia 16), Göttingen 2016, S. 73–90.

Czaja, Roman, Preußische Hansestädte und der Deutsche Orden. Ein Beitrag zu den Beziehungen zwischen Stadt und Landesherrschaft im späten Mittelalter, in: HGbll. 118 (2000), S. 57–76.

Czaja, Roman u. Jahnke, Carsten (Hg.), Städtelandschaften im Ostseeraum im Mittelalter und in der Frühen Neuzeit, Torún 2009.

Czaja, Roman, Polen und Preußen im hansischen Handel an der Schwelle des Mittelalters und der frühen Neuzeit, in: Sabine Wüst (Hg.), Schätze aus der Welt aus landeshistorischer Perspektive. Festschrift zum 65. Geburtstag von Wolfgang Wüst, Regensburg 2018, S. 265–272.

Daenell, Ernst Robert, Die Kölner Konföderation vom Jahre 1367 und die schonischen Pfandschaften, 1367–1385, Leipzig 1894.

Daenell, Ernst Robert, Die Blütezeit der deutschen Hanse, 2 Bde., 3. Aufl., mit einem Vorwort von Horst Wernicke, Berlin 2001 (Erstausgabe: Leipzig 1905).

Dahlbäck, Göran, Gast oder Bürger? Zur rechtlichen Stellung des deutschen Kaufmanns im mittelalterlichen Schweden, in: Wernicke/Jörn, Beiträge (1998), S. 309–314.

Dahlbäck, Göran, Eisen und Kupfer, Butter und Lachs: Schwedische Produkte im hansischen Handel, in: Hammel-Kiesow, Vergleichende Ansätze (2002), S. 163–174.

Dahmus, John W., Medieval German Preaching on the Ten Commandments. A Comparison of Berthold of Regensburg and Johannes Nider, in: Medieval Sermon Studies 44 (2000), S. 37–52.

von Danckelmann, Eberhard, Der kriegerische Geist in den rheinischen Bischofsstädten und die Ministerialität zu Zeiten Heinrichs IV., in: VSWG 18 (1925), S. 62–94.

Daniels, Tobias, Kooperation und Konflikt im hansischen Mittelmeerhandel zwischen Spätmittelalter und Früher Neuzeit, in: Hammel-Kiesow/Selzer, Hansischer Handel (2016), S. 137–160.

Day, John, The Great Bullion Famine of the Fifteenth Century, in: Past & Present 79 (1978), S. 3–54.

Deeters, Joachim, Gerhard von Wesel – ein Kölner Kaufmann im Londoner Hansekontor, in: Henn/Nedkvitne, Norwegen und die Hanse (1994), S. 161–176.

Deeters, Joachim, Hansische Rezesse: Eine quellenkundliche Untersuchung anhand der Überlieferung im Historischen Archiv der Stadt Köln, in: Hammel-Kiesow/Hundt, Gedächtnis der Hansestadt Lübeck (2005), S. 427–446.

Deeters, Joachim, Beschwernisse durch Krieg und Natur: Die Anreise der Kölner zum Hansetag 1628, in: Hundt, Hanse und Stadt (2014), S. 85–88.

Dekker, Cornelis; Baetens, Roland, Geld in het water: Antwerps en Mechels kapitaal in Zuid-Beveland na de stormvloeden in de 16e eeuw, Hilversum 2009.

Delatouche, Raymond, Le poisson d'eau douce dans l'alimentation médiévale, in: Comptes rendus de l'Académie d'agriculture de France 52 (1966), S. 793–798.

Demas, Jan, Historisches für Führungskräfte: ein ungewöhnliches Geschichtsbuch, Berlin u. a. 2006.

Denzel, Markus A., Das System des bargeldlosen Zahlungsverkehrs europäischer Prägung vom Mittelalter bis 1914 (VSWG Beihefte 201), Stuttgart 2008.

Denzel, Markus A., Kommerzielle Innovationen für den Hanseraum? Ein Beitrag zum Strukturwandel des internationalen Handels des 15. und 16. Jahrhunderts, in: Hammel-Kiesow/Selzer, Hansischer Handel (2016), S. 67–100.

De Roover, Raymond, The Bruges Money Market around 1400 (Verhandelingen van de Koninklijke Vlaamse Academie voor Wetenschappen, Letteren en Schone Kunsten van België 63), Brüssel 1968.

Deus, Wolfgang-Herbert, Scheibenkreuze in Soest, auf Gotland und anderswo (Soester Beiträge 30), Soest 1967.

Deutschländer, Gerrit, Die Hanse heute, in: Mähnert/Selzer, Vertraute Ferne (2012), S. 94–99.

Die Hanse als Mittler zwischen Ost und West (Wissenschaftliche Abhandlungen der Arbeitsgemeinschaft für Forschung des Landes Nordrhein-Westfalen 27), Köln u.a. 1963.

Dijkstra, Juke, Das Handelszentrum Tiel im 10. bis 12. Jahrhundert, in: Joachim Henning (Hg.), Europa im 10. Jahrhundert. Archäologie einer Aufbruchszeit, Mainz 2002, S.195–208.

Dirks, Florian, Konfliktaustragung im norddeutschen Raum des 14. und 15. Jahrhunderts. Untersuchungen zu Fehdewesen und Tagfahrt (Nova mediaevalia 14), Göttingen 2015.

Dirlmeier, Ulf, Zu den Beziehungen zwischen oberdeutschen und norddeutschen Städten im Spätmittelalter, in: Paravicini, Nord und Süd (1990), S.203–218.

Dirlmeier, Ulf, Heinrich der Löwe und »die Wirtschaft«, in: Johannes Fried (Hg.), Heinrich der Löwe: Herrschaft und Repräsentation (Vorträge und Forschungen 57), Ostfildern 2003, S.293–310.

Distler, Eva-Marie, Städtebünde im deutschen Spätmittelalter: eine rechtshistorische Untersuchung zu Begriff, Verfassung und Funktion (Studien zur europäischen Rechtsgeschichte 207), Frankfurt a.M. 2006.

Dobat, Andres, Zwischen Mission und Markt – Ansgars Kirchen im Norden. Eine interdisziplinäre Betrachtung der kontinentalen Mission im Skandinavien des 9. Jahrhunderts, in: Germania 88 (2010), S.403–439.

Döring, Jörg, Die Farben der Landkarten, in: Monika Schausten (Hg.), Die Farben imaginierter Welten: Zur Kulturgeschichte ihrer Codierung in Literatur und Kunst vom Mittelalter bis zur Gegenwart, Berlin 2012, S.271–300.

Dösseler, Emil, Der Niederrhein und die Brabanter Messen zu Antwerpen und Bergen op Zoom vom Ende des 14. bis zum Ende des 16. Jahrhunderts, in: Düsseldorfer Jahrbuch 57/58 (1980), S.47–97.

Dösseler, Emil, Südwestfalen und England: Mittelalter und frühneuzeitliche Handelsbeziehungen. Mit einem numismatischen Exkurs von Peter Berghaus (Materialien der Historischen Kommission für Westfalen 4), Münster 2013.

Dolderer, Winfried, Deutscher Imperialismus und belgischer Nationalitätenkonflikt: Die Rezeption der Flandernfrage in der deutschen Öffentlichkeit und deutsch-flämische Kontakte 1890–1920 (Kasseler Forschungen zur Zeitgeschichte 7), Melsungen 1989.

Dolle, Josef, Zu der Theorie einer »spätmittelalterlichen Agrarkrise«. Eine kritische Untersuchung am Beispiel des Altkreises Göttingen, in: Göttinger Jahrbuch 42 (1994), S.55–94.

Dollinger, Philippe, Die Hanse, Stuttgart 1966 und 6., von Volker Henn und Nils Jörn neu bearb. Aufl., Stuttgart 2012.

Dormeier, Heinrich, Wirtschaftlicher Erfolg, Laienfrömmigkeit und Kunst in Lübeck um 1500: die Stiftung des Bankiers und Großkaufmanns Godert Wiggerinck, in: Enno Bünz; Klaus-Joachim Lorenzen-Schmidt (Hg.), Klerus, Kirche und Frömmigkeit im spätmittelalterlichen Schleswig-Holstein (Studien zur Wirtschafts- und Sozialgeschichte Schleswig-Holsteins 41), Neumünster 2006, S.275–297.

Dormeier, Heinrich, Spätmittelalterliche Frömmigkeitsformen in Nürnberg und Lübeck. Gemeinsamkeiten, Unterschiede und die Testamente der oberdeutschen Zuwanderer in der Hansemetropole, in: Franz Fuchs (Hg.), Frömmigkeit und Frömmigkeitsformen in Nürnberg um 1500 (Pirckheimer-Jahrbuch für Renaissance- und Humanismusforschung 32), Wiesbaden 2019, S. 47–110.

Dreiskämper, Petra, Redeloos, radeloos, reddeloos: de geschiedenis van het rampjaar 1672, Hilversum 1998.

Dreyer, Thomas, Die »Assecuranz- und Haverey-Ordnung« der Freien und Hansestadt Hamburg von 1731 (Rechtshistorische Reihe 75), Frankfurt a. M. u. a. 1990.

Driever, Rainer, Kuppers, Willem u. van Lengen, Hajo (Hg.), Die Friesische Freiheit des Mittelalters – Leben und Legende, Oldenburg 2005.

Dünnebeil, Sonja, Die Lübecker Zirkel-Gesellschaft. Formen der Selbstdarstellung einer städtischen Oberschicht (Veröffentlichungen zur Geschichte der Hansestadt Lübeck B 27), Lübeck 1996.

Dummler, Dieter u. Sanftleben, Jörn, Siebenhundert Jahre Geldwesen in Lübeck: die Münzgeschichte der Reichs- und Hansestadt Lübeck im Spiegel der Münzsammlung des Archivs der Hansestadt (1114–1819) (Kleine Hefte zur Stadtgeschichte 24), Lübeck 2015.

Dusil, Stephan, Zur Verbreitung des Soester Rechts im Mittelalter: Perspektiven der vergleichenden Stadtrechtsforschung, in: Cordes, Hansisches Recht (2008), S. 175–203.

Dusil, Stephan, Stadtrechtsfamilien, Rechtsräume und die Verbreitung des Magdeburger Rechts: Überlegungen zu Begriffen und Konzepten, in: Gabriele Köster u. a. (Hg.), Kulturelle Vernetzung in Europa: Das Magdeburger Recht und seine Städte, Dresden 2018, S. 57–77.

Ebel, Else, Der Fernhandel der Wikingerzeit bis in das 12. Jahrhundert in Nordeuropa nach altnordischen Quellen, in: Klaus Düwel u. a. (Hg.), Untersuchungen zu Handel und Verkehr der vor- und frühgeschichtlichen Zeit, Bd. 4 (Abhandlungen der Akademie der Wissenschaften in Göttingen. Philologisch-Historische Klasse 156), Göttingen 1987, S. 266–312.

Eberhardt, Ilse, »Van des stades wegene utgegeven unde betalt«: Städtischer Alltag im Spiegel der Stadtrechnungen von Osnabrück, 1459–1519 (Osnabrücker Geschichtsquellen und Forschungen 37), Osnabrück 1996.

Edjtehadi, Mostafa, Zerfall der Staatsmacht Persiens unter Nāṣir ad-Dīn Schah Qāǧār (1848–1896): Einblicke in die Machtverhältnisse am Teheraner Hof nach den Tagebüchern I'timād as-Salṭanas (Islamkundliche Untersuchungen 161), Berlin 1992.

Edwards, Jeremy u. Ogilvie, Sheilagh, Contract enforcement, institutions, and social capital: the Maghribi taders reappraised, in: The Economic History Review 65 (2012), S. 421–444.

Edwards, Jeremy u. Ogilvie, Sheilagh, What lessons for economic development can we draw from the Champagne fairs?, in: Explorations in Economic History 49 (2012), S. 131–148.

Ehbrecht, Winfried, Hanse und spätmittelalterliche Bürgerkämpfe in Niedersachsen und Westfalen, in: Niedersächsisches Jahrbuch für Landesgeschichte 48 (1976), S. 77–105.

Ehbrecht, Winfried, Köln – Osnabrück – Stralsund. Rat und Bürgerschaft hansischer Städte zwischen religiöser Erneuerung und Bauernkrieg, in: Franz Petri (Hg.), Kirche und gesellschaftlicher Wandel in deutschen und niederländischen Städten der werdenden Neuzeit (Städteforschung A 10), Köln 1980, S. 23–63.

Ehbrecht, Winfried, Beiträge und Überlegungen zu Gilden im nordwestlichen Deutschland (vornehmlich im 13. Jahrhundert), in: Berent Schwineköper (Hg.), Gilden und Zünfte. Kaufmännische und gewerbliche Genossenschaften im frühen und hohen Mittelalter (Vorträge und Forschungen 29), Sigmaringen 1985, S. 413–450.

Ehbrecht, Winfried (Hg.), Störtebeker 600 Jahre nach seinem Tod (Hansische Studien 15), Trier 2005.

Ehbrecht, Winfried, Soest – »Mutter der Hanse«. Wirtschafts- und sozialgeschichtliche Überlegungen, in: ders. (Hg.), Soest. Geschichte der Stadt, Bd. 1, Soest 2011, S. 521–624.

Ehm, Petra, Burgund und das Reich: Spätmittelalterliche Außenpolitik am Beispiel der Regierung Karls des Kühnen (1465–1477) (Pariser Historische Studien 61), Berlin u. a. 2002.

Ehrenberg, Richard, Hamburg und England im Zeitalter der Königin Elisabeth, Jena 1896.

Eichler, Frank, Quellen des Hamburger Stadtrechts, in: Cordes, Hansisches und hansestädtisches Recht (2008), S. 127–140.

Eiden, Herbert, Die Hanse, die Leipziger Messen und die ostmitteleuropäische Wirtschaft, in: HGbll. 120 (2002), S. 73–96.

Ekdahl, Sven (Hg.), Kultur und Politik im Ostseeraum und im Norden 1350–1450 (Acta Visbyensia 4), Visby 1973.

Ellmers, Detlev, Lose Gegenstände aus Koggewracks: Archäologische Zeugnisse vom Leben an Bord, in: Deutsches Schiffahrtsarchiv 18 (1995), S. 207–232.

Ellmers, Detlev, Hansische Selbstdarstellung im Siegelbild, in: Hammel-Kiesow/Hundt, Gedächtnis der Hansestadt Lübeck (2005), S. 413–426.

Ellmers, Detlev (Hg.), Die Hanse der deutschen Kaufleute und ausgewählte Beiträge zur Geschichte der Seefahrt (Hansische Studien 26), Wismar 2018.

Ellmers, Detlev, Alltag auf Koggen – nach Bildern, Funden und Texten, in: ders., Hanse der deutschen Kaufleute (2018), S. 259–290.

Ellmers, Detlev, Ergebnisse der Versuchsfahrten mit Kogge-Nachbauten, in: ders., Hanse der deutschen Kaufleute (2018), S. 291–294.

Engel, Alexander, Homo oeconomicus trifft ehrbaren Kaufmann. Theoretische Dimensionen und historische Spezifität kaufmännischen Handelns, in: Mark Häberlein, Christof Jeggle (Hg.), Praktiken des Handels. Geschäfte und soziale Beziehungen europäischer Kaufleute in Mittelalter und früher Neuzeit (Irseer Schriften N. F. 6), Konstanz 2010, S. 145–172.

Engel, Evamaria, Fritze, Konrad u. Schildhauer, Johannes (Hg.), Hansische

Stadtgeschichte – Brandenburgische Landesgeschichte. Eckhard Müller-Mertens zum 65. Geburtstag (Hansische Studie 8), Weimar 1989.

Engel, Evamaria, Aus dem Alltag des Hansehistorikers: Wie viele und warum wendische Städte?, in: Urbanski, Recht und Alltag im Hanseraum (1993), S. 125–143.

Engel, Karl, Die Organisation der deutsch-hansischen Kaufleute in England im 14. und 15. Jahrhundert bis zum Utrechter Frieden 1474, in: HGbll. 19 (1913), S. 445–518 und 20 (1914), S. 173–226.

Engelbrecht, Michael, Hanssen-Decker, Ulrike u. Höffker, Daniel (Hg.), Rund um die Meere des Nordens: Festschrift für Hain Rebas, Heide 2008.

Ersland, Geir Atle u. Trebbi, Marco (Hg.), Neue Studien zum Archiv und zur Sprache der Hanseaten (Det Hanseatiske Museums Skrifter 28), Bergen 2008.

Ertl, Thomas, Kölner Borten als Exportware: eine Spurensuche im spätmittelalterlichen Italien, in: Geschichte in Köln 58 (2011), S 7–32.

Evers, Walter, Das hansische Kontor in Antwerpen, Kiel 1915.

Ewert, Ulf u. Selzer, Stephan, Verhandeln und Verkaufen, Vernetzen und Vertrauen. Über die Netzwerkstruktur des hansischen Handels, in: HGbll. 119 (2001), S. 135–161.

Ewert, Ulf u. Selzer, Stephan, Neue Institutionenökonomik als Herausforderung an die Hanseforschung, in: HGbll. 123 (2005), S. 7–29.

Ewert, Ulf u. Selzer, Stephan, Netzwerkorganisation im Fernhandel des Mittelalters. Wettbewerbsvorteil oder Wachstumshemmnis?, in: Jörg Sydow, Hartmut Berghoff (Hg.), Unternehmerische Netzwerke. Eine historische Organisationsform mit Zukunft?, Stuttgart 2007, S. 45–70.

Ewert, Ulf u. Selzer, Stephan, Netzwerke im europäischen Handel des Mittelalters. Konzepte – Anwendungen – Fragestellungen, in: Gerhard Fouquet, Hans-Jörg Gilomen (Hg.), Netzwerke im europäischen Handel des Mittelalters (Vorträge und Forschungen 72), Ostfildern 2010, S. 21–47.

Ewert, Ulf u. Selzer, Stephan, Wirtschaftliche Stärke durch Vernetzung. Zu den Erfolgsfaktoren des hansischen Handels, in: Mark Häberlein, Christof Jeggle (Hg.), Praktiken des Handels: Geschäfte und soziale Beziehungen europäischer Kaufleute in Mittelalter und früher Neuzeit (Irseer Schriften N. F. 6), Konstanz 2010, S. 39–70.

Ewert, Ulf u. Sunder, Marco, Trading Networks, Monopoly and Economic Development in Medieval Northern Europe. An Agent-Based Simulation of Early Hanseatic Trade, in: Kleingärtner/Zeilinger, Raumbildung durch Netzwerke? (2012), S. 131–154.

Ewert, Ulf u. Selzer, Stephan, Institutions of Hanseatic Trade: Studies on the Political Economy of a Medieval Network Organisation, Frankfurt a. M. u. a. 2016.

Ewert, Ulf, Pfadabhängigkeit und »Lock-in«: Fernhandelspraxis im Hanseraum jenseits italienischer Vertragsstandards, in: Jörg Oberste, Susanne Ehrich (Hg.), Italien als Vorbild? Ökonomische und kulturelle Verflechtungen europäischer Metropolen am Vorabend der »ersten Globalisierung« (1300–1600) (Forum Mittelalter. Studien 16), Regensburg 2019, S. 151–166.

Fahlbusch, Friedrich Bernward, u. a. (Hg.), Civitatum communitas. Studien zum europäischen Städtewesen. Festschrift Heinz Stoob, 2 Bde. (Städteforschung A 21), Köln u. a. 1984.

Fahlbusch, Friedrich Bernward, u. a. (Hg.), Beiträge zur westfälischen Hansegeschichte, Warendorf 1988.

Fahlbusch, Friedrich Bernward, Bemerkungen zur Führungsgruppe des hansischen Verbandes 1560–1576, in: Michael Stolleis (Hg.), Recht, Verfassung und Verwaltung in der frühneuzeitlichen Stadt (Städteforschung A 31), Köln u. a. 2001, S. 63–89.

Fahlbusch, Friedrich Bernward, Kaufleute und Politiker: Bemerkungen zur hansischen Führungsgruppe, in: Hammel-Kiesow, Vergleichende Ansätze (2002), S. 43–51.

Fehling, Emil Ferdinand, Lübeckische Ratslinie von den Anfängen der Stadt bis auf die Gegenwart (Veröffentlichungen zur Geschichte der Freien und Hansestadt Lübeck 7), Lübeck 1925 [Ergänzungen u. Korrekturen bei Bruns, Ratslinien (1934)].

Feldtmann, Hans, Hamburg im Lüneburger Prälatenkriege und der zweite Rezeß vom Jahre 1458, in: Zeitschrift des Hamburgischen Geschichtsvereins 26 (1925), S. 1–106.

Félicité, Indravati, Das Königreich Frankreich und die norddeutschen Hansestädte und Herzogtümer (1650–1730): Diplomatie zwischen ungleichen Partnern (QDhG N. F. 65), Köln u. a. 2017.

Félicité, Indravati, Die Diplomatie der Hansestädte nach dem Westfälischen Frieden: ein Beleg für eine »hansische Identität« im Europa der frühen Neuzeit, in: Petermann u. a., Hansische Identitäten (2018), S. 213–220.

Festerling, Helmut, Bremens deutsche und hanseatische Politik in der ersten Hälfte des 19. Jahrhunderts (Veröffentlichungen aus dem Staatsarchiv der Freien Hansestadt Bremen 33), Bremen 1964.

Fey, Carola u. Krieb, Steffen (Hg.), Adel und Bauern in der Gesellschaft des Mittelalters. Internationales Kolloquium zum 65. Geburtstag von Werner Rösener (Studien und Texte zur Geistes- und Sozialgeschichte des Mittelalters 6), Korb 2012.

Fiedler, Martin, Vertrauen ist gut, Kontrolle ist teuer: Vertrauen als Schlüsselkategorie wirtschaftlichen Handelns, in: Geschichte und Gesellschaft 27 (2001), S. 576–592.

Finke, Manfred, UNESCO Weltkulturerbe Altstadt von Lübeck: Stadtdenkmal der Hansezeit, Neumünster 2006.

Fischer, Bernd, Hanse-Städte: Geschichte und Kultur, Köln 1981.

Förster, Thomas, Alltagsleben auf spätmittelalterlichen Schiffen: Neue archäologische Untersuchungen an Wrackfunden vor der Küste von Mecklenburg-Vorpommern, in: Carl Olof Cederl, Kersten Krüger (Hg.), Maritime Archäologie heute, Rostock 2002, S. 232–263.

Förster, Thomas, Große Handelsschiffe des Spätmittelalters: Untersuchungen zu zwei Wrackfunden des 14. Jahrhunderts vor der Insel Hiddensee und der Insel Poel (Schriften des Deutschen Schiffahrtsmuseums 67), Bremerhaven 2009.

Förster, Ulrike, Untersuchungen zum Hansebild Fritz Rörigs, in: HGbll. 135 (2017), S. 115–185.

Fouquet, Gerhard, Ein Italiener in Lübeck: Der Florentiner Gerardo Bueri († 1449), in: ZVGAL 78 (1998), S. 187–220.

Fouquet, Gerhard, Nahrungskonsum und Öffentlichkeit im Späten Mittelalter: Beobachtungen zum Bierverbrauch der Lübecker Oberschicht, in: Zeitschrift der Gesellschaft für Schleswig-Holsteinische Geschichte 124 (1999), S. 31–49.

Fouquet, Gerhard, Städtische Lebensformen im Spätmittelalter: neue Perspektiven und neue Forschungen, in: Jahrbuch für Regionalgeschichte 22 (1999/2000), S. 11–36.

Fouquet, Gerhard, Geschäft und Politik, Ehe und Verwandtschaft: Briefe an den Nürnberg-Lübecker Kaufmann Matthias Mulich vom Winter 1522/23, in: Helmut Bräuer, Elke Schlenkrich (Hg.), Die Stadt als Kommunikationsraum. Beiträge zur Stadtgeschichte vom Mittelalter bis ins 20. Jahrhundert. Festschrift für Karl Czok, Leipzig 2001, S. 311–346.

Fouquet, Gerhard, Von Haus und Geschäft im fernen Lübeck. Die Briefe an den Nürnberg-Lübecker Kaufmann Matthias Mulich vom Winter 1522/23, in: Anzeiger des Germanischen Nationalmuseums 2002, S. 65–73.

Fouquet, Gerhard, Trinkstuben und Bruderschaften: Soziale Orte in den Orten des Spätmittelalters, in: ders., Matthias Steinbrink, Gabriel Zeilinger (Hg.), Geschlechtergesellschaften, Zunft-Trinkstuben und Bruderschaften in spätmittelalterlichen und frühneuzeitlichen Städten (Stadt in der Geschichte 30), Stuttgart 2004, S. 9–30.

Fouquet, Gerhard, Weinkonsum in gehobenen städtischen Privathaushalten des Spätmittelalters, in: Michael Matheus (Hg.), Weinproduktion und Weinkonsum im Mittelalter (Geschichtliche Landeskunde 51), Stuttgart 2004, S. 133–179.

Fouquet, Gerhard, Die Finanzen der Bergenfahrer zu Lübeck – das Schüttingsrechnungsbuch (1469–1530), in: Graßmann, Hanseatisches Kontor zu Bergen (2005), S. 140–162.

Fouquet, Gerhard u. a. (Hg.), Von Menschen, Ländern, Meeren: Festschrift für Thomas Riis zum 65. Geburtstag, Tönning 2006.

Fouquet, Gerhard, Lübeck als Reichsstadt: Die Zeit Friedrichs III., in: Fouquet u. a., Von Menschen, Ländern, Meeren (2006), S. 277–305.

Fouquet, Gerhard, »Kaufleute auf Reisen«. Sprachliche Verständigung im Europa des 14. und 15. Jahrhunderts, in: Rainer Schwinges (Hg.), Europa im späten Mittelalter: Politik – Gesellschaft – Kultur (Beihefte zur Historischen Zeitschrift), München 2006, S. 465–487.

Fouquet, Gerhard u. Zeilinger, Gabriel (Hg.), Die Urbanisierung Europas von der Antike bis in die Moderne (Kieler Werkstücke E 7), Frankfurt a. M. u. a. 2009.

Fouquet, Gerhard, Speyer und Lübeck: zwei Beispiele für Bischofs- und Königsstädte in salischer und staufischer Zeit, in: Armin Schlechter u. a. (Hg.), Von der mittelalterlichen »Kuhstadt Speyer« bis zur Dom-Restaurierung 1957–61 (Beiträge zur Geschichte der Stadt Speyer und ihrer Umgebung 1), Ubstadt-Weiher 2018, S. 19–54.

Fraesdorff, David, Der barbarische Norden: Vorstellungen und Fremdheitskategorien bei Rimbert, Thietmar von Merseburg, Adam von Bremen und Helmold von Bosau (Orbis mediaevlis 5), Berlin 2005.

Frandsen, Steen Bo u. a. (Hg.), 1200 Jahre deutsch-dänische Grenze: Aspekte einer Nachbarschaft, Neumünster 2013.

Frankot, Edda, Of Laws of Ships and Shipmen: Medieval Maritime Law and its Practice in Urban Northern Europe (Scottish Historical Review Monographs Series 20), Edinburgh 2012.

Franzke, Cordula A., Die persönlichen Handelsrechnungen des preußischen Kaufmanns Johannes Plige (1391–1399), in: HGbll. 130 (2012), S. 1–57.

Freytag, Hartmut u. Vogeler, Hildegard, Über das Sendungs- und Sündenbewußtsein des lübeckischen Kaufmanns, in: Graßmann, Der Kaufmann und der liebe Gott (2009), S. 1–20.

Friedland, Klaus, Kaufleute und Städte als Glieder der Hanse, in: HGbll. 76 (1958), S. 21–41.

Friedland, Klaus (Hg.), Stadt und Land in der Geschichte des Ostseeraums. Festschrift für Wilhelm Koppe, Weimar 1973.

Friedland, Klaus (Hg.), Frühformen englisch-deutscher Handelspartnerschaft (QDhG N. F. 23), Köln u. a. 1976.

Friedland, Klaus u. Sprandel, Rolf (Hg.), Lübeck, Hanse, Nordeuropa: Gedächtnisschrift für Ahasver von Brandt, Köln u. a. 1979.

Friedland, Klaus (Hg.), Visby-Colloquium des Hansischen Geschichtsvereins (QDhG N. F. 32), Köln u. a. 1987.

Friedland, Klaus, Wirtschaftsgemeinschaft und Staatshoheit als Problem der Hanse, in: Ureland, Sprachkontakt in der Hanse (1987), S. 7–19.

Friedland, Klaus, Gotland: Handelszentrum – Hanseursprung, in: Bohn, Gotland (1988), S. 57–64.

Friedland, Klaus, Die Hanse: die völkerverbindende Funktion des Handels, in: Heinz Duchhardt (Hg.), In Europas Mitte: Deutschland und seine Nachbarn, Bonn 1988, S. 14–19.

Friedland, Klaus (Hg.), Brügge-Colloquium des Hansischen Geschichtsvereins (QDhG N. F. 36), Köln u. a. 1990.

Friedland, Klaus, Mensch und Seefahrt zur Hansezeit: Gesammelte Aufsätze, hg. von Antjekathrin Graßmann, Rolf Hammel-Kiesow u. Hans-Dieter Loose (QDhG N. F. 42), Köln u. a. 1995.

Friedland, Klaus, Der Ältermann der deutschen Kaufleute zu Lynn, in: Hammel-Kiesow/Hundt, Gedächtnis der Hansestadt Lübeck (2005), S. 405–412.

Fritze, Konrad, Müller-Mertens, Eckhard u. Schildhauer, Johannes (Hg.), Zins – Profit – Ursprüngliche Akkumulation (Abhandlungen zur Handels- und Sozialgeschichte 21), Weimar 1981.

Fritze, Konrad (Hg.), Autonomie, Wirtschaft und Kultur der Hansestädte. Johannes Schildhauer zum 65. Geburtstag (Hansische Studien 6), Weimar 1984.

Fritze, Konrad, Müller-Mertens, Eckhard u. Schildhauer, Johannes (Hg.), Der Ost- und Nordseeraum. Politik, Ideologie, Kultur vom 12. bis zum 17. Jahrhundert (Hansische Studien 7), Weimar 1986.

Fritze, Konrad u. Krause, Günter, Seekriege der Hanse, Berlin 1989.
Fryde, Natalie, Arnold Fitz Thedmar und die Entstehung der Großen Deutschen Hanse, in: HGbll. 107 (1989), S. 27–42.
Fryde, Natalie, Hochfinanz und Landesgeschichte im Deutschen Hochmittelalter, in: Blätter für deutsche Landesgeschichte 125 (1989), S. 1–12.
Fryde, Natalie, Ein mittelalterlicher deutscher Großunternehmer: Terricus Teutonicus de Colonia in England, 1217–1247 (Beihefte zur VSWG 126), Stuttgart 1997.
Fryde, Natalie, Die Wirtschaft Nordwesteuropas um 1200, in: Wolfgang von Stromer (Hg.), Venedig und die Weltwirtschaft um 1200 (Centro tedesco di studi Veneziani. Studi 7), Sigmaringen 1999, S. 71–82.
Fryde, Natalie, How to get on in England in the thirteenth century? Dietrich of Cologne, burgess of Stamford, in: Björn K. Weiler (Hg.), England and Europe in the Reign of Henry III, Aldershot 2002, S. 207–214.
Fudge, John D., Cargoes, Embargoes, and Emissaries: the Commercial and Political Interaction of England and the German Hanse 1450–1510, Toronto 1995.
Füssel, Marian, Knäble, Philip u. Elsemann, Nina (Hg.), Wissen und Wirtschaft: Expertenkulturen und Märkte vom 13. bis 18. Jahrhundert, Göttingen 2017.
Gabrielsson, Artur, Die Verdrängung der mittelniederdeutschen durch die neuhochdeutsche Schriftsprache, in: Gerhard Cordes, Dieter Möhn (Hg.), Handbuch der niederdeutschen Sprach- und Literaturwissenschaft, Berlin 1983, S. 119–153.
Gaethke, Hans-Otto, Herzog Heinrich der Löwe und die Slawen nordöstlich der unteren Elbe (Kieler Werkstücke A 24), Frankfurt a. M. u. a. 1998.
Gaimster, David R. M., A parallel history: the archaeology of Hanseatic urban culture in the Baltic c. 1200–1600, in: Robert Gilchrist u. a. (Hg.), Medieval Archaeology, Bd. 1, London 2017, S. 297–311.
Ganshof, François Louis, Le commerce de la Hanse avec la Flandre et le Brabant (début 13e s.-16e s.), in: La revue générale 72 (1939), S. 299–304.
Garleff, Michael, Die baltischen Länder: Estland, Lettland, Litauen vom Mittelalter bis zur Gegenwart, Regensburg 2001.
Garzmann, Manfred, Stadtherr und Gemeinde in Braunschweig im 13. und 14. Jahrhundert (Braunschweiger Werkstücke A 13), Braunschweig 1976.
Geelhaar, Tim, Wendische Städte oder *civitates maritimae*? Sondierungen zum Sprachgebrauch in die Hanserezessen von 1256–1370, in: Rudolf Holbach, Dietmar von Reeken (Hg.), »Das ungeheure Wellen-Reich«. Bedeutungen, Wahrnehmungen und Projektionen des Meeres in der Geschichte (Oldenburger Schriften zur Geschichtswissenschaft 15), Oldenburg 2014, S. 57–70.
Geeraerdts, Loek, Literarische Beziehungen zur Zeit der Hanse, in: Ureland, Sprachkontakt in der Hanse (1987), S. 107–121.
Gelderbloom, Oscar, The Decline of Fairs and Merchant Guilds in the Low Countries, 1250–1650, in: Jaarboek voor Middeleeuwse Geschiedenis 7 (2004), S. 199–238.

Gelius, Rolf, Vom Nutzen einer hansischen Warenkunde, in: HGbll. 124 (2006), S. 93–114.

Gerber, Alexander, Zeremoniell und Verfahrenspraktiken in Reichsstädten auf dem Westfälischen Friedenskongress: Studien am Beispiel der Hansestädte und Kolmars, in: Michael Rohrschneider (Hg.), Frühneuzeitliche Friedensstiftung in landesgeschichtlicher Perspektive, Köln u. a. 2020, S. 189–214.

Gilomen, Hans-Jörg, Wucher und Wirtschaft im Mittelalter, in: Historische Zeitschrift 250 (1990), S. 265–301.

Gläser, Manfred (Hg.), Der Handel (Lübecker Kolloquium zur Stadtarchäologie im Hanseraum 2), Lübeck 1999.

Gläser, Manfred, Hahn, Hans-Joachim u. Weibezahn, Ingrid (Hg.), Heiden und Christen: Slawenmission im Mittelalter (Ausstellungen zur Archäologie in Lübeck 5), Lübeck 2002.

Gläser, Manfred, Die Slawenmission in den schriftlichen Quellen, in: ders. u. a. (Hg.), Heiden und Christen (2002), S. 69–78.

Gläser, Manfred (Hg.), Luxus und Lifestyle (Lübecker Kolloquium zur Stadtarchäologie im Hanseraum 6), Lübeck 2008.

Glete, Jan, Swedish Naval Administration, 1521–1721: Resource Flows and Organisational Capabilities (The Northern World 46), Leiden u. a. 2010.

Gönnenwein, Otto, Das Stapel- und Niederlagsrecht (QDhG 11), Weimar 1939.

Goetz, Leopold Karl, Deutsch-russische Handelsgeschichte des Mittelalters (Hansische Geschichtsquellen N. F. 5), Lübeck 1922.

Goetze, Jochen, Hansische Schiffahrtswege in der Ostsee, in: HGbll. 93 (1975), S. 71–88.

Goldberg, Jessica L., Choosing and enforcing business relationships in the eleventh century mediterranean: Reassessing the »Maghribi traders«, in: Past and Present 216 (2012), S. 3–40.

Gómez-Montero, Javier (Hg.), Der Jakobsweg und Santiago de Compostela in den Hansestädten und im Ostseeraum (Topographica – Studien und Texte zu kulturellen Räumen in Europa 1), Kiel 2011.

Gorißen, Stefan, Strukturbildung durch Handelshemmnisse? Der Kölner Stapel und der Handel der kleinen niederrheinischen Häfen im 18. Jahrhundert, in: Zeitschrift des Bergischen Geschichtsvereins 101 (2007), S. 71–94.

Gorißen, Stefan, Wechselrecht und Handelsinteressen im 17. und 18. Jahrhundert: die Kölner Wechselordnung von 1675/91, in: Andrea Bendlage u. a. (Hg.), Recht und Verhalten in vormodernen Gesellschaften. Festschrift für Neithard Bulst, Bielefeld 2008, S. 201–221.

Gotthardt, Axel, »Wer sich salviren könd solts thun«. Warum der deutsche Protestantismus in der Zeit der konfessionellen Polarisierung zu keiner gemeinsamen Politik fand, in: Historisches Jahrbuch 71 (2001), S. 64–96.

Gouguenheim, Sylvain, L'empereur, le grand maître et la Prusse: la Bulle de Rimini en question (1226–1235), in: Bibliothèque de l'Ecole des Chartes 162 (2004), S. 381–420.

Grabowsky, Volker, Kleine Geschichte Thailands, München 2010.

Graefe, Hans, Das Stapelrecht der Stadt Münden von 1247. Entstehung und frühe Auswirkung, in: HGbll. 96 (1978), S. 139–147.

Graf, Christian u. Stober, Rolf (Hg.), Der Ehrbare Kaufmann und Compliance: Zur Aktivierung eines klassischen Leitbilds für die Compliancediskussion (Schriften aus dem Forschungsinstitut für Compliance, Sicherheitswirtschaft und Unternehmenssicherheit 3), Hamburg 2010.

Graichen, Gisela u. Hammel-Kiesow, Rolf, Die deutsche Hanse: eine heimliche Supermacht, Reinbek 2011.

Granda, Jeanette u. Schreiber, Jürgen (Hg.), Perspektiven durch Retrospektiven. Wirtschaftsgeschichtliche Beiträge. Rolf Walter zum 60. Geburtstag, Köln u.a. 2013.

Grassby, Richard, Die letzten Verhandlungen zwischen England und der Hanse, 1603–1604, in: HGbll. 76 (1958), S. 73–118.

Grassel, Philipp, Late Hanseatic Seafaring from Hamburg and Bremen to the North Atlantic Islands. With a Marine Archaeological Excursus in the Shetland Islands, in: Skyllis 15 (2015), S. 172–182.

Graßmann, Antjekathrin, Lübeck auf dem Friedenskongress zu Nimwegen, in: ZVGLA 52 (1972), S. 36–61.

Graßmann, Antjekathrin, Lübeck auf dem Friedenskongress zu Rijswijk 1697, in: ZVLGA 57 (1977), S. 38–51.

Graßmann, Antjekathrin, Die Greveradenkompanie. Zu den führenden Kaufleutegesellschaften in Lübeck um die Wende zum 16. Jahrhundert, in: Jenks/North, Hansischer Sonderweg? (1993), S. 109–134.

Graßmann, Antjekathrin (Hg.), Ausklang und Nachklang der Hanse im 19. und 20. Jahrhundert (Hansische Studien 12), Trier 2001.

Graßmann, Antjekathrin, Hanse weltweit? Zu den Konsulaten Lübecks, Bremens und Hamburgs im 19. Jahrhundert, in: dies., Ausklang und Nachklang (2001), S. 43–65.

Graßmann, Antjekathrin, Neue Obligationen und ein wenig klingende Münze ... Vom Ende der Hansekasse 1855, in: Hundt, Geschichte als Verpflichtung (2002), S. 215–228.

Graßmann, Antjekathrin (Hg.), Das Hansische Kontor zu Bergen und die Lübecker Bergenfahrer (Veröffentlichungen zur Geschichte der Hansestadt Lübeck B 41), Lübeck 2005.

Graßmann, Antjekathrin (Hg.), Lübeckische Geschichte, 4. verb. u. erg. Aufl., Lübeck 2008.

Graßmann, Antjekathrin, »Vom reichsfreyen Bürger zum vogelfreyen Republikaner« – Traditionen und Chancen der drei Hansestädte 1806, in: North, Ende des Alten Reiches (2008), S. 126–143.

Graßmann, Antjekathrin (Hg.), Der Kaufmann und der liebe Gott: zu Kommerz und Kirche in Mittelalter und früher Neuzeit (Hansische Studien 18), Trier 2009.

Graßmann, Antjekathrin, Zu den wirtschaftlichen und persönlichen Beziehungen Lübecks ins Baltikum im Lichte einer unbekannten Quellengruppe, in: Bernd Kasten u.a. (Hg.), Leder ist Brot: Beiträge zu einer norddeutschen Landes- und Archivgeschichte. Festschrift für Andreas Röpcke, Schwerin 2011, S. 125–135.

Graßmann, Antjekathrin, Eine hansestädtische Gesandtschaft an den Hof

Ludwigs XIV.: zum französisch-hansestädtischen Vertragsabschluss 1655, in: ZVLGA 97 (2011), S. 21–37.

Grau, Alexander, Politischer Kitsch. Eine deutsche Spezialität, München 2019.

Greif, Avner, The Study of Organizations and Evolving Organizational Forms Through History: Reflections from the Late Medieval Firm, in: Industrial and Corporate Change 5 (1996), S. 473–501.

Greve, Anke, Gast und Gastgeber: Hansekaufleute und Hosteliers in Brügge im 15. Jahrhundert, in: Henn/Nedkvitne, Norwegen und die Hanse (1994), S. 95–108.

Greve, Anke, Brügger Hosteliers und hansische Kaufleute: ein Netzwerk vorteilhafter Handelsbeziehungen oder programmierte Interessenkonflikte?, in: Jörn u. a., Hansekaufleute in Brügge (2000), S. 151–162.

Greve, Anke, Hansische Kaufleute, Hosteliers und Herbergen im Brügge des 14. und 15. Jahrhunderts (Kieler Werkstücke D 6), Frankfurt a. M. u. a. 2011.

Griepentrog, Wolfgang, Das Glaubwürdigkeitsprinzip: Vorbild Ehrbarer Kaufmann – ein Ratgeber für erfolgreiche Kommunikation, Leichlingen 2010.

Groote, Inga Mai (Hg.), Glocke, Orgeln, spelelude: Klangwelten in der Hansestadt, Lüneburg 2019.

Groten, Manfred, Die Kölner Richerzeche im 12. Jahrhundert. Mit einer Bürgermeisterliste, in: Rheinische Vierteljahrsblätter 48 (1984), S. 34–85.

Groten, Manfred, In tanto tumultu rerum. Die Bürger von Brügge in Galberts Bericht über die Ermordung Graf Karls von Flandern 1127, in: Sabine Happ u. a. (Hg.), Vielfalt der Geschichte: Lernen, Lehren und Erforschen vergangener Zeiten. Festgabe für Ingrid Heidrich, Berlin 2004, S. 126–140.

Groth, Carl, Hanse und Recht: eine Forschungsgeschichte (Freiburger Rechtsgeschichtliche Abhandlungen N. F. 74), Berlin 2016.

Groth, Carl u. Höhn, Philipp, Unwiderstehliche Horizonte? Zum konzeptionellen Wandel von Hanseraum, Reich und Europa bei Fritz Rörig und Carl Schmitt, in: Historische Zeitschrift 306 (2018), S. 321–353.

Gurk, Bernhard, Die Hanse und Westfalen: ein Aufbruch nach Europa, Nürnberg 2000.

Haase, Carl, Die Brüder Schlegel und der Graf Münster 1813/1814, in: Niedersächsisches Jahrbuch für Landesgeschichte 48 (1979), S. 349–396.

Häberlein, Mark, Die Fugger: Konkurrenten der Hanse im Ostseeraum?, in: Hammel-Kiesow/Selzer, Hansischer Handel (2016), S. 49–66.

Haemers, Jelle, A Financial Revolution in Flanders? Public Debt, Representative Institutions, and Political Centralisation in the County of Flanders during the 1480 s, in: van Schaïk, Economies (2015), S. 135–160.

Häpke, Rudolf, Brügges Entwicklung zum mittelalterlichen Weltmarkt (Abhandlungen zur Verkehrs- und Seegeschichte 1), Berlin 1908.

Häpke, Rudolf, Die Regierung Karls V. und der europäische Norden (Veröffentlichungen zur Geschichte der Freien und Hansestadt Lübeck 3), Lübeck 1914.

Halbertschlager, Franz, Obenaus, Andreas u. Sutner, Philipp A. (Hg.), Seehandelsrouten: Wegbereiter der frühen Globalisierung (Expansion – Interaktion – Akkulturation 35), Wien 2019.

Hamm, Berndt, Den Himmel kaufen: Heilskommerzielle Perspektiven des 14. bis 16. Jahrhunderts, in: Rudolf Suntrup, Jan R. Veenstra (Hg.), Himmel auf Erden, Heaven on Earth (Medieval to Early Modern Culture 12), Frankfurt a. M. u. a. 2009, S. 23–56.

Hammel-Kiesow, Rolf, Stadtgründung, Herkunft der Siedler und Berufstopographie der Hansestadt Lübeck im Mittelalter, in: Ureland, Sprachkontakt in der Hanse (1987), S. 21–42.

Hammel-Kiesow, Rolf, Lübeck als Vorbild zahlreicher Städtegründungen im Ostseeraum? Überlegungen zum Verhältnis zwischen geschichtlichen Vorgängen und historiographischer Erklärung, in: Hoffmann, Stadt im westlichen Ostseeraum 1 (1995), S. 263–323.

Hammel-Kiesow, Rolf, Wer kaufte die Waren des hansischen Handels? Eine Annäherung an die Endverbraucher, in: Kattinger/Wernicke, »kopet uns werk by tyden« (1999), S. 73–80.

Hammel-Kiesow, Rolf (Hg.), Seefahrt, Schiff und Schifferbrüder. 600 Jahre Schiffergesellschaft zu Lübeck 1401–2001, Lübeck 2001.

Hammel-Kiesow, Rolf, Der Lübecker Hafen von den Anfängen bis heute, in: Hammel-Kiesow, Seefahrt, Schiff und Schifferbrüder (2001), S. 75–80.

Hammel-Kiesow, Rolf, Auf dem Weg zur Macht: der Lübecker Kaufmann im 12. und 13. Jahrhundert, in: Die Hanse – Macht des Handels, Bonn 2002, S. 12–29.

Hammel-Kiesow, Rolf (Hg.), Vergleichende Ansätze in der hansischen Geschichtsforschung (Hansische Studien 13), Trier 2002.

Hammel-Kiesow, Rolf, Die Hanse, 3. akt. Aufl., München 2004.

Hammel-Kiesow, Rolf u. Hundt, Michael (Hg.), Das Gedächtnis der Hansestadt Lübeck. Festschrift für Antjekathrin Graßmann zum 65. Geburtstag, Lübeck 2005.

Hammel-Kiesow, Rolf, Europäische Union, Globalisierung und Hanse: Überlegungen zur aktuellen Vereinnahmung eines historischen Phänomens, in: HGbll. 125 (2007), S. 1–44.

Hammel-Kiesow, Rolf, Schriftlichkeit und Handelsgesellschaften niederdeutsch-hansischer und oberdeutscher Kaufleute im späten 13. und 14. Jahrhundert, in: Heckmann/Röhrkasten, Von Nowgorod bis London (2008), S. 213–241.

Hammel-Kiesow, Rolf (Hg.), Geschichtsbewusstsein in der Gesellschaft: Konstrukte der Hanse in den Medien und in der Öffentlichkeit (Hansische Studien 19), Trier 2010.

Hammel-Kiesow, Rolf, Der Januskopf der dudeschen hense: zwischen »Globalisierung« und Abschottung, in: Steiner, Globalisierung (2011), S. 53–70.

Hammel-Kiesow, Rolf, Die Hanse als kaufmännisch-städtische Interessenvertretung auf politischem und wirtschaftlichem Gebiet, in: Opll/Weigl, Städtebünde (2017), S. 187–204.

Hammel-Kiesow, Rolf, Von Leibniz bis zum »Städtebund: Die Hanse« – Konjunkturen der Hanserezeption, in: Petermann u. a., Hansische Identitäten (2018), S. 149–162.

Hansen, Mikael Kristian, Die Rolle des Deutschen Ordens im Ostseeraum, 1360–1370: Versuch einer Neuinterpretation, in: HGbll. 126 (2008), S. 187–220.

Hansen, Nils, Strandrecht und Strandraub, in: Kieler Blätter zur Volkskunde 33 (2001), S. 51–78.

Hansische Stadtgeschichten des Westfälischen Hansebundes, 2. erw. u. akt. Aufl., hg. vom Westfälischen Hansebund, Herford 1997.

Harder-Gersdorff, Elisabeth, Lübeck, Danzig und Riga: ein Beitrag zur Frage der Handelskonjunktur im Ostseeraum am Ende des 17. Jahrhunderts, in: HGbll. 96 (1978), S. 106–138.

Harder-Gersdorff, Elisabeth, Hansische Handelsgüter auf dem Großmarkt Novgorod (13.–17. Jh.): Grundstrukturen und Forschungsfragen, in: Angermann/Friedland, Novgorod (2002), S. 133–151.

Harreld, Donald J. (Hg.), A Companion to the Hanseatic League (Brill's Companions to European History 8), Leiden u. a. 2015.

Hartmann, Thomas Felix, Die Reichstage unter Karl V. Verfahren und Verfahrensentwicklung 1521–1555 (Schriften der Historischen Kommission bei der Bayerischen Akademie der Wissenschaften 100), Göttingen 2017.

Hartmeyer, Hans, Der Weinhandel im Gebiete der Hanse im Mittelalter (Volkswirtschaftliche und wirtschafts-geschichtliche Abhandlungen N. F. 3), Jena 1905.

Haupt, Reinhard, Der »Ehrbare Kaufmann«. Erinnerungen in der Unternehmensethik an vergessene Wirtschaftstraditionen, in: Granda/Schreiber, Perspektiven durch Retroperspektiven (2013), S. 47–59.

Heckmann, Dieter, Süßwasserfische als Vorrats- und Handelsgut im spätmittelalterlichen Preußen, in: Heckmann/Röhrkasten, Von Nowgorod bis London (2008), S. 317–340.

Heckmann, Marie-Luise u. Röhrkasten, Jens (Hg.), Von Nowgorod bis London: Studien zu Handel, Wirtschaft und Gesellschaft im mittelalterlichen Europa. Festschrift für Stuart Jenks zum 60. Geburtstag (Nova mediaevalia 4), Göttingen 2008.

Heimpel, Hermann, Über Organisationsformen historischer Forschung in Deutschland, in: Historische Zeitschrift 189 (1959), S. 139–222.

Heinsius, Paul, Das Schiff der hansischen Frühzeit (QDhG 12), 2. verb. Aufl., Weimar 1986.

Henn, Volker, »The Libelle of Englyshe Polycye«: Politik und Wirtschaft in England in den 30er Jahren des 15. Jahrhunderts, in: HGbll. 101 (1983), S. 43–66.

Henn, Volker, Die Hanse: Interessengemeinschaft oder Städtebund? Anmerkungen zu einem neuen Buch, in: HGbll. 102 (1984), S. 119–126.

Henn, Volker, Über die Anfänge des Brügger Hansekontors, in: HGbll. 107 (1989), S. 43–66.

Henn, Volker, Der Lübecker Hansetag vom Sommer 1418, in: Beiträge zur deutschen Volks- und Altertumskunde 26 (1991), S. 25–41.

Henn, Volker u. Nedkvitne, Arnved (Hg.), Norwegen und die Hanse. Wirtschaftliche und kulturelle Aspekte im europäischen Vergleich (Kieler Werkstücker A 11), Frankfurt a. M. u. a. 1994.

Henn, Volker, Tideman Lemberg – ein Dortmunder Hansekaufmann des 14. Jahrhunderts, in: Kattinger/Wernicke, Akteure und Gegner der Hanse (1998), S. 37–51.

Henn, Volker, Kommunikative Beziehungen und binnenhansisches Raumgefüge, in: Hammel-Kiesow, Vergleichende Ansätze (2002), S. 33–42.

Henn, Volker, Die Hanse und die westfälischen Femegerichte im 15. Jahrhundert, in: Hammel-Kiesow/Hundt, Gedächtnis der Hansestadt Lübeck (2005), S. 469–480.

Henn, Volker, Eine unbeachtete Brügger Kontorordnung aus dem 15. Jahrhundert, in: Heckmann/Röhrkasten, Von London bis Nowgorod (2008), S. 31–50.

Henn, Volker, Die Hansekontore und ihre Ordnungen, in: Cordes, Hansisches Recht (2008), S. 15–39.

Henn, Volker, Lübisches Recht in den Auslandsniederlassungen der Hanse, in: Lück/Puhle/Ranft, Grundlagen (2009), S. 49–66.

Henn, Volker, Aus rheinischer, westfälischer und hansischer Geschichte. Gesammelte Aufsätze, hg. von Franz Irsigler u. a., Trier 2009.

Henn, Volker u. Sarnowsky, Jürgen (Hg.), Das Bild der Hanse in der städtische Geschichtsschreibung des Mittelalters und der frühen Neuzeit (Hansische Studien 20), Trier 2010.

Henn, Volker, »... dat wy se wedder in de hense nehmen wolden«. Zur »Wieder-«Aufnahme ostniederländischer Städte in die Hanse in der ersten Hälfte des 15. Jahrhunderts, in: Neumann u. a., Ad laudem et gloriam (2016), S. 151–172.

Henningsen, Bernd, Etzold, Tobias u. Hanne, Krister (Hg.), The Baltic Sea Region: A Comprehensive Guide. History, Politics, Culture and Economy of a European Role Model (The Baltic Sea Region 17), Berlin 2017.

Herborn, Wolfgang u. Dietmar, Carl, Köln im Spätmittelalter, 1288–1512/13 (Geschichte der Stadt Köln 4), Köln 2019.

Hergemöller, Bernd-Ulrich, Osnabrück im mittelalterlichen Hanseverband, in: Fahlbuch u. a., Beiträge zur westfälischen Hansegeschichte (1988), S. 11–63.

Hergemöller, Bernd-Ulrich, Uplop – Seditio. Innerstädtische Unruhen des 14. und 15. Jahrhunderts im engeren Reichsgebiet. Schematisierte vergleichende Konfliktanalyse, Hamburg 2012.

Hermans, M. R., Die deutsche Konnexion: Zutphen, Handelsstadt im 14. Jahrhundert, in: Jörn u. a., Hansekaufleute in Brügge (2000), S. 341–347.

Hernig, Marcus, Die Renaissance der Seidenstraße: Der Weg des chinesischen ins Herz Europas, Berlin 2018.

Herrmann, Rainer, Lübeck und die Päpste (1201–1267), in: ZVGLA 75 (1995), S. 9–52.

Hielscher, Stefan, Ehre und Vertrauen im Fernhandel der Deutschen Hanse: Ein Beitrag zur Debatte um das Ideal des »Ehrbaren Kaufmanns« aus Sicht der Ordonomik (Diskussionspapiere des Lehrstuhls für Wirtschaftsethik an der Martin-Luther-Universität Halle-Wittenberg 2015–12), Halle 2015.

Hilberg, Volker, Handel und Rohstofftransfer nach Skandinavien und ins Ostseegebiet: Haithabu/Schleswig und der Kontinent im 11. Jahrhundert, in: Matthias Wemhoff (Hg.), Bewegte Zeiten: Archäologie in Deutschland, Petersberg 2018, S. 216–227.

Hill, Thomas u. Poeck, Dietrich W. (Hg.), Gemeinschaft und Geschichtsbilder im Hanseraum (Kieler Werkstücke E 1), Frankfurt a. M. u. a. 2000.

Hill, Thomas, Vom öffentlichen Gebrauch der Hansegeschichte und Hanseforschung im 19. und 20. Jahrhundert, in: Graßmann, Ausklang und Nachklang (2001), S. 67–88.

Hill, Thomas, Kleine Städte in der Hanse. Das Beispiel Kiels (1250–1400), in: Birli u. a., »ene vruntlike tohopesate« (2016), S. 247–264.

von Hippel, Wolfgang, Bauernkrieg, Französische Revolution und aufgeklärte Humanität. Zum Geschichtsbild des deutschen Bürgertums am Ende des 18. Jahrhunderts im Spiegel von Georg Friedrich Sartorius' »Versuch einer Geschichte des deutschen Bauernkriegs«, in: Peter Blickle (Hg.), Bauer, Reich und Reformation: Festschrift für Günther Franz zum 80. Geburtstag, Stuttgart 1982, S. 309–329.

Hjaræ, Harald, Antinormannismen i der ryska historieforskning, in: Historisk Bibliotek 6 (1976), S. 27–51.

Höhlbaum, Konstantin, Kölns älteste Handelsprivilegien für England, in: HGbll. 11 (1882), S. 41–50.

Höhn, Philipp, Pluralismus statt Homogenität. Hanse, Konflikträume und Rechtspluralismus im vormodernen Nordeuropa (1400–1600), in: Roland Deigendesch, Christian Jörg (Hg.), Städtebünde und städtische Außenpolitik. Träger, Instrumentarien und Konflikte (Stadt in der Geschichte 44), Ostfildern 2019, S. 261–290.

Hoffmann, Erich, Die Bedeutung der Schlacht von Bornhöved für die deutsche und skandinavische Geschichte, in: ZVLGA 57 (1977), S. 9–37.

Hoffmann, Erich, Der Besuch Kaiser Karls IV. in Lübeck im Jahre 1375, in: Paravicini, Nord und Süd (1990), S. 73–96.

Hoffmann, Erich (Hg.), Die Stadt im westlichen Ostseeraum. Vorträge zur Stadtgründung und Stadterweiterung im hohen Mittelalter, 2 Bde. (Kieler Werkstücke A 14), Frankfurt a. M. 1995.

Hofmeister, Adolf E., Sorgen eines Bremer Shetlandfahrers: das Testament des Cordt Folkers von 1543, in: Bremisches Jahrbuch 94 (2015), S. 46–57.

Holbach, Rudolf, »... seulement pour les Oosterlincx«. Über die Beziehungen zwischen hansischen Kaufleuten und flandrischen Tuchproduzenten, in: Henn/Nedkvitne, Norwegen und die Hanse (1994), S. 73–94.

Holbach, Rudolf, Hansisches Gewerbe und Hansegeschichte – Vorbemerkungen, in: Bracker, Lebenswirklichkeit und Mythos ([2]1998), S. 610–612.

Holbach, Rudolf, Brügge, die Hanse und der Handel mit Tuch, in: Jörn u. a., Hansekaufleute in Brügge (2000), S. 183–204.

Holbach, Rudolf, Stereotypen in der Hansegeschichtsforschung, in: Hans-Henning Hahn (Hg.), Nationale Wahrnehmungen und ihre Stereotypisierung. Beiträge zur Stereotypenforschung (Mitteleuropa – Osteuropa 9), Frankfurt a. M. 2007, S. 293–318.

Holbach, Rudolf, Hansische Kaufleute und Handelspraktiken, in: Bremisches Jahrbuch 88 (2009), S. 82–104.

Holbach, Rudolf, Die Hanse und der deutsche Nordwesten im 15. Jahrhundert, in: Oldenburger Jahrbuch 112 (2012), S. 33–52.

Holbach, Rudolf, Hansestädte als Aufenthalts- und Verhandlungsorte adeliger Herrschaftsträger, in: Gerd Steinwascher (Hg.), Adelige Herrschaft und Herrschaftssitze in Nordwestdeutschland im Mittelalter, Edewecht 2016, S. 191–207.

Hormuth, Franziska, Aggressor oder Opfer hansischer Politik? Graf Gerhard der Mutige von Oldenburg und Delmenhorst (1450–1482), in: Pelc, Hansestädte im Konflikt (2019), S. 129–150.

Huang, Angela u. Kypta, Ulla, Ein neues Haus auf altem Fundament? Neue Trends in der Hanseforschung und die Nutzbarkeit der Rezesseditionen, in: HGbll. 129 (2011), S. 139–155.

Huang, Angela u. Jahnke, Carsten, Bermudadreieck Nordsee: der Hamburger Schiffe 1481 auf dem Weg nach London, in: HGbll. 130 (2012), S. 59–92.

Huang, Angela, Die Textilien des Hanseraums: Produktion und Distribution einer spätmittelalterlichen Fernhandelsware (QDhG N. F. 71), Köln u. a. 2015.

Huang, Angela u. Jahnke, Casten (Hg.), Textiles and the Medieval Economy: Production, Trade and Consumption of Textiles, 8th – 16th Centuries (Ancient Textiles Series 16), Oxford u. a. 2015.

Huizinga, Johan, Herbst des Mittelalters: Studien über Lebens- und Geistesformen des 14. und 15. Jahrhunderts in Frankreich und den Niederlanden (Kröners Taschenausgabe 204), Stuttgart [11]1975.

Hundt, Michael, Von der »halbvergessene[n] Antiquität« zum modernen Staatenbund? Bedingungen, Ziele und Wirkungen hanseatischer Politik zwischen Altem Reich und Wiener Ordnung (1795–1815), in: Graßmann, Ausklang und Nachklange (2001), S. 1–30.

Hundt, Michael (Hg.), Geschichte als Verpflichtung. Hamburg, Reformation und Historiographie. Festschrift für Rainer Postel zum 60. Geburtstag (Beiträge zur deutschen und europäischen Geschichte 28), Hamburg 2001.

Hundt, Michael u. Lokers, Jan (Hg.), Hanse und Stadt. Akteure, Strukturen und Entwicklungen im regionalen und europäischen Raum. Festschrift für Rolf Hammel-Kiesow zum 65. Geburtstag, Lübeck 2014.

Hussong, Ulrich, War Duderstadt eine Hansestadt?, in: Eichsfeld-Jahrbuch 17 (2009), S. 63–84.

Hybel, Nils u. Poulsen, Bjørn, The Danish Resources C. 1000–1550: Growth and Recession (The Northern World 34), Leiden u. a. 2007.

Hyldgaard-Jensen, Karl, Rechtswortgeographische Studien, Tl. 1: Zur Verbreitung einiger Termini der westlichen und nördlichen mittelniederdeutschen Stadtrechte vor 1350 (Göteborger germanistische Forschungen 7), Uppsala 1964.

Ibs, Jürgen, Die Pest in Schleswig-Holstein von 1350 bis 1547/48: eine sozialgeschichtliche Studie über eine wiederkehrende Katastrophe (Kieler Werkstücke A 12), Frankfurt a. M. u. a. 1994.

Irsigler, Franz, Kaufmannstypen im Mittelalter, in: Meckseper, Stadt im Wandel 3 (1985), S. 385–397.

Irsigler, Franz, Der Alltag einer hansischen Kaufmannsfamilie im Spiegel der Veckinchusen-Briefe, in: HGbll. 103 (1985), S. 75–99.

Irsigler, Franz, »Ind machden alle lant beirs voll«: zur Diffusion des Hopfenbierkonsums im westlichen Hanseraum, in: Günter Wiegelmann, Ruth.-E. Mohrmann (Hg.), Nahrung und Tischkultur im Hanseraum (Beiträge zur Volkskultur in Nordwestdeutschland 91), Münster u. a. 1996, S. 377–397.

Irsigler, Franz, Desiderata einer hansischen Gewerbe- und Produktionsgeschichte, in: Hammel-Kiesow, Vergleichende Ansätze (2002), S. 209–219.

Isenmann, Mechthild, Strategien, Mittel und Wege der inner- und zwischenfamiliären Konfliktlösung oberdeutscher Handelshäuser im 15. und »langen« 16. Jahrhundert (VSWG Beihefte 249), Stuttgart 2020.

Iwanov, Iwan, Aspekte der innerhansischen Kommunikation in der zweiten Hälfte des 16. Jahrhunderts, in: Wolfgang E. J. Weber (Hg.), Wissenswelten. Perspektiven der Neuzeitlichen Informationskultur (Mitteilungen des Instituts für Europäische Kulturgeschichte der Universität Augsburg. Sonderheft 2003), Augsburg 2003, S. 29–44.

Iwanov, Iwan, Die hansische Gesandtschaft nach Moskau von 1603: ein Zusammen- oder Nebeneinanderspiel der Repräsentationen?, in: Otto Gerhard Oexle; Michail A. Bojcov (Hg.), Bilder der Macht in Mittelalter und Neuzeit. Byzanz – Okzident – Rußland (Veröffentlichungen des Max-Planck-Instituts für Geschichte 226), Göttingen 2007, S. 475–506.

Iwanov, Iwan, »Wo schall ich dat spreken vp iuwe spracke?« Von Nutzen und Strapazen einer Sprachreise nach Rußland zur Zeit der Hanse, in: Uwe Ohainski u. Arnd Reitemeier (Hg.), Aus dem Süden des Nordens. Studien zur niedersächsischen Landesgeschichte für Peter Aufgebauer zum 65. Geburtstag, Bielefeld 2013, S. 259–269.

Iwanov, Iwan, Von Moskau nach Lübeck und zurück. Russische Sprachschüler auf den Spuren der Hanse, in: Hundt/Lokers, Hanse und Stadt (2014), S. 447–470.

Iwanov, Iwan, Hansische Niederlassungen in Russland um 1600, in: HGbll. 133 (2015), S. 163–181.

Iwanov, Iwan, Hanse im Zeichen der Krise. Handlungsspielräume der politischen Kommunikation im Wandel (1550–1620) (QDhG N. F. 61), Köln u. a. 2016.

Jäger, Helmut, Betriebsgrößen als Spiegel gesellschaftlicher Strukturen, in: Dieter Rödel (Hg.), Strukturen der Gesellschaft im Mittelalter: interdisziplinäre Mediävistik in Würzburg, Wiesbaden 1996, S. 242–259.

Jähning, Bernhart u. Militzer, Klaus (Hg.), Aus der Geschichte Alt-Livlands: Festschrift für Heinz von zur Mühlen zum 90. Geburtstag (Schriften der Baltischen Historischen Kommission 12), Münster u. a. 2004.

Jäschke, Julia, Seier, Maria u. Stockhusen, Sabrina, Makler im hansisch-niederdeutschen Handelsgebiet, in: HGbll. 133 (2015), S. 183–206.

Jahnke, Carsten, Pfundzollrechnungen im Ostseeraum – Bestand und Fragen der Auswertung, in: Nowak/Tandecki, Preußische Hansestädte (1998), S. 153–170.

Jahnke, Carsten, Das Silber des Meeres. Fang und Vertrieb von Ostseehering zwischen Norwegen und Italien (12.–16. Jahrhundert) (QDhG N. F. 49), Köln u. a. 2000.

Jahnke, Carsten, Schiffer und Kaufmann: ein schwieriges Verhältnis, in: Hammel-Kiesow, Seefahrt, Schiff und Schifferbrüder (2001), S. 133–138.

Jahnke, Carsten, »dat se bliven ewich tosamende ungedelt« – Neue Überlegungen zu einem alten Schlagwort, in: Zeitschrift der Gesellschaft für Schleswig-Holsteinische Geschichte 128 (2003), S. 45–60.

Jahnke, Carsten, Netzwerke in Handel und Kommunikation an der Wende vom 15. zum 16. Jahrhundert am Beispiel zweier Revaler Kaufleute, 2 Bde., Habil.-schrift (masch.) Univ. Kiel 2003.

Jahnke, Carsten, Wege und Absatzmärkte im Handel mit Ostseehering, 1100–1600. Kontinuität und Wandel, in: Oelsen u. a., Der Ostseeraum und Kontinentaleuropa 1100–1600 (2004), S. 131–136.

Jahnke, Carsten, Bernd Pal, ein Kaufmann des 15. Jahrhunderts: eine biographische Skizze, in: Vana Tallinn 15 (2004), S. 158–176.

Jahnke, Carsten, »do eten de susteren unde broderen to hope«. Die Koste der St. Antonius-Bruderschaft zur Burg in Lübeck. Zur Durchführung mittelalterlicher Feste in der Stadt Lübeck, in: Hammel-Kiesow/Hundt, Gedächtnis der Hansestadt Lübeck (2005), S. 97–112.

Jahnke, Carsten, »Zum Nutze der guten Stadt Reval« – Hans Selhorst, ein Revaler Kaufmann und Ratsherr zu Beginn des 16. Jahrhunderts, in: Vana Tallinn 16 (2005), S. 88–107.

Jahnke, Carsten, Piraten und Politik: Die Auseinandersetzung Lübecks und Hamburgs mit Gerhard von Oldenburg und Edo Wymeken zu Jever, 1480 bis 1487, in: Ehbrecht, Störtebeker (2005), S. 181–209.

Jahnke, Carsten, Lübeck, der Bankenplatz des Nordens? Lübecker Banken des 15. Jahrhunderts als Indikatoren eines neuen Kommunikationsmodells und eines sich ausweitenden Handelsraumes, in: Scripta Mercaturae 40 (2006), S. 149–168.

Jahnke, Carsten, Geld, Geschäfte, Informationen. Der Aufbau hansischer Handelsgesellschaften und ihre Verdienstmöglichkeiten (Handel, Geld und Politik vom frühen Mittelalter bis heute 10), Lübeck 2007.

Jahnke, Carsten, Hansisches und anderes Seerecht, in: Cordes, Hansisches und hansestädtisches Recht (2008), S. 41–68.

Jahnke, Carsten, Handelsstrukturen im Ostseeraum im 12. und beginnenden 13. Jahrhundert: Ansätze einer Neubewertung, in: HGbll. 126 (2008), S. 145–185.

Jahnke, Carsten, Zur Interpretation der ersten Lübecker Schiffssiegel, in: ZVLGA 88 (2008), S. 9–24.

Jahnke, Carsten, Der Aufstieg Lübecks und die Neuordnung des südlichen Ostseeraumes im 13. Jahrhundert, in: Czaja/Jahnke, Städtelandschaften im Ostseeraum (2009), S. 29–72.

Jahnke, Carsten, De Hanze en de Europese economie in de Middeleeuwen, in: Brand/Knol, Koggen, kooplieden en kantoren (2009), S. 44–61.

Jahnke, Carsten, Handelsnetze im Ostseeraum, in: Gerhard Fouquet u. Hans-Jörg Gilomen (Hg.), Netzwerke im europäischen Handel des Mittelalters (Vorträge und Forschungen 72), Ostfildern 2010, S. 189–212.

Jahnke, Carsten, »Homines Imperii« und »Osterlinge«: Selbst- und Fremdbezeichnungen Hansischer Kaufleute im Ausland am Beispiel Englands, Flanderns und des Ostseeraumes im 12. und 13. Jahrhundert, in: HGbll. 129 (2011), S. 1–57.

Jahnke, Carsten, Zu Ehren Gottes und zum Wohle der Kasse. Religiöse und soziale Netzwerke in den spätmittelalterlichen Hansestädten und deren Funktionen, in: Kleingärtner/Zeilinger, Raumbildung durch Netzwerke (2012), S. 165–182.

Jahnke, Carsten, Die Hanse am Beginn des 15. Jahrhunderts: Versuch einer Beschreibung, in: Hundt/Lokers, Hanse und Stadt (2014), S. 15–27.

Jahnke, Carsten, Die Hanse, Stuttgart 2014.

Jahnke, Carsten, Der Feigenhandel im Hanseraum, in: HGbll. 133 (2015), S. 41–75.

Jahnke, Carsten, A Church Landscape that disappeared: Hanseatic Merchants, Churches and the Scanian fairs, in: Ingrid Gustin u. a. (Hg.), Mellan slott och slagg. Vänbok till Anders Ödman (Lund Studies in Historical Archaeology 17), Lund 2016, S. 97–104.

Jahnke, Carsten, Die »Nordsee«, ein verbindendes oder trennendes Element?, in: Michael Borgolte, Nikolas Jaspert (Hg.), Maritimes Mittelalter. Meere als Kommunikationsräume (Vorträge und Forschungen 83), Ostfildern 2016, S. 195–209.

Jahnke, Carsten, Mit Strukturen von gestern auf Märkte von morgen? Hansische Kaufleute und deren Handelsorganisation an der Wende vom 15. zum 16. Jahrhundert, in: Hammel-Kiesow/Selzer, Hansischer Handel im Strukturwandel (2016), S. 101–136.

Jahnke, Carsten, Globalisierung in der Vormoderne. Die globalisierte Welt des Mittelalters – die Hanse, Norddeutschland und der Mittelmeerraum, in: Mitteilungen der Deutschen Gesellschaft für Archäologie des Mittelalters und der Neuzeit 30 (2017), S. 33–40.

Jahnke, Carsten, Die Messen in Schonen: die größten Marktveranstaltungen im Hanseraum, in: Markus A. Denzel (Hg.), Europäische Messegeschichte 9. bis 19. Jahrhundert, Köln u. a. 2018, S. 55–82.

Jahnke, Carsten, Hansische Kaufleute und deren Religiosität außerhalb ihrer Heimat, in: Zapiski historyczne 84 (2019), S. 7–41.

Jahnke, Carsten, Die Reliquien jener grossartigen Bewegung – »Die Recesse und andere Akten der Hansetage« sowie das »Hansische Urkundenbuch«, in: HGbll. 137 (2019), S. 1–42.

Janin, Valentin L., Novgoroder Birkenrindenurkunden, in: Archiv für Diplomatik, Schriftgeschichte, Siegel- und Wappenkunde 41 (1995), S. 211–237.

Janin, Valentin L., Fürst oder Bojaren: Wer hatte die Macht im Staat Novgorod?, in: Müller-Witte, Novgorod (2001), S. 125–132.

Jeannin, Pierre, Die Hansestädte im europäischen Handel des 18. Jahrhunderts, in: HGbll. 89 (1971), S. 41–73.

Jenks, Stuart, War die Hanse kreditfeindlich?, in: VSWG 69 (1982), S. 305–338.

Jenks, Stuart, Hartgelt und Wechsel im hansisch-englischen Handel des 15. Jahrhunderts, in: North, Geldumlauf (1989), S. 127–166.

Jenks, Stuart, Werkzeug des spätmittelalterlichen Kaufmanns: Hansen und Engländer im Wandel von »memoria« zur Akte (mit einer Edition von »The Noumbre of Weyghtys«), in: Jahrbuch für fränkische Landesforschung 52 (1992), S. 283–319.

Jenks, Stuart, England, die Hanse und Preußen: Handel und Diplomatie, 1377–1474, 2 Bde. (QDhG N. F. 38), Köln u. a. 1992.

Jenks, Stuart, A Capital without a State: »Lübeck caput tocius Hanze« (to 1407), in: Historical Research 45 (1992), S. 134–149.

Jenks, Stuart, Robert Sturmys Handelsexpedition in den Mittelmeerraum (1457/8) mit einer Edition des Kronratsprozeßprotokolls und verwandter Aktenstücke, in: Marie-Luise Laudage u. a. (Hg.), Vera lex historiae. Studien zu mittelalterlichen Quellen. Festschrift für Dietrich Kurze, Wien u. a. 1993, S. 305–372.

Jenks, Stuart u. North, Michael (Hg.), Der hansische Sonderweg? Beiträge zur Sozial- und Wirtschaftsgeschichte der Hanse (QDhG N. F. 39), Köln u. a. 1993.

Jenks, Stuart, Der Frieden von Utrecht, in: ders./North, Hansischer Sonderweg? (1993), S. 59–76.

Jenks, Stuart, Die Welfen, Lübeck und die werdende Hanse, in: Bernd Schneidmüller (Hg.), Die Welfen und ihr Braunschweiger Hof im hohen Mittelalter (Wolfenbütteler Mittelalter-Studien 7), Wolfenbüttel 1995, S. 483–522.

Jenks, Stuart, Friedensvorstellungen der Hanse (1356–1474), in: Johannes Fried (Hg.), Träger und Instrumentarien des Friedens im hohen und späten Mittelalter (Vorträge und Forschungen 43), Sigmaringen 1996, S. 405–439.

Jenks, Stuart, England und die kontinentalen Messen im 15. Jahrhundert und die Entstehung der Merchant Adventurers, in: Peter Johanek, Heinz Stoob (Hg.), Europäische Messen und Märktesysteme (Städteforschung A 39), Köln 1996, S. 57–86.

Jenks, Stuart, Das hansische Gästerecht, in: HGbll. 114 (1996), S. 2–60.

Jenks, Stuart, Die Einstellung der Hanse zu den Stadtaufständen im Spätmittelalter, in: Henn, Hansische Tagfahrten (2001), S. 75–108.

Jenks, Stuart, Der Court of King's Bench und seine Akten, in: Hammel-Kiesow, Vergleichende Ansätze (2002), S. 337–355.

Jenks, Stuart, Transaktionskostentheorie und die mittelalterliche Hanse, in: HGbll. 123 (2005), S. 31–42.

Jenks, Stuart, Die Hanse im ersten Globalisierungszeitalter, Vorlesung an der Universität Erlangen-Nürnberg im Wintersemester 2009/10. Aufgezeichnet und online abrufbar unter www.video.uni-erlangen.de (letzter Abruf am 20. September 2019).

Jenks, Stuart, Die Finanzierung des hansischen Handels im Spätmittelalter am Beispiel von Preußen, in: HGbll. 128 (2010), S. 1–18.

Jenks, Stuart, The London Steelyard's Certifications of Membership 1463–1474 and the European Distribution Revolution, in: ders./Wubs-Mrozewicz, The Hanse in Medieval and Early modern Europe (2013), S. 59–108.
Jenks, Stuart, Small is Beautiful: Why Small Hanseatic Firms Survived in the Late Middle Ages, in: ders./Wubs-Mrozewicz, The Hanse in Medieval and Early modern Europe (2013), S. 191–214.
Jenks, Stuart, Die Hanse als kybernetische Organisation, in: Auge, Hansegeschichte als Regionalgeschichte (2014), S. 59–84.
Jenks, Stuart, Die Distributionsrevolution des 15. Jahrhunderts, in: HGbll. 132 (2014), S. 47–78.
Jenks, Stuart, Bishopsgate und die hansischen Rechte in London, in: HGbll. 133 (2015), S. 1–40.
Jeske, Hans, Der Fachwortschatz des Hansekaufmanns Hildebrand Veckinchusen (Westfälische Beiträge zur niederdeutschen Philologie 11), Bielefeld 2005.
Jörn, Nils (Hg.), Der Stralsunder Frieden von 1370. Prosopographische Studien (QDhG 46), Köln u. a. 1998.
Jörn, Nils, The crocodile creature merchant: the Dutch Hansa. Die Widerspiegelung der englisch-hansischen Auseinandersetzungen in den Denkschriften englischer Kaufleute und Politiker in der zweiten Hälfte des 16. Jahrhunderts, in: Graßmann, Niedergang oder Übergang? (1998), S. 63–92.
Jörn, Nils, Die Auseinandersetzungen zwischen Hanse und Merchant Adventurers vor den obersten Reichsgerichten im 16. und 17. Jahrhundert, in: ZVLGA 78 (1998), S. 323–348.
Jörn, Nils, Kattinger, Detlef u. Wernicke, Horst (Hg.), Genossenschaftliche Strukturen in der Hanse (QDhG N. F. 48), Köln u. a. 1999.
Jörn, Nils, Zwischen Eigenständigkeit und Unterordnung. Die Auseinandersetzungen zwischen Stalhof und Hansetagen um die Kontorordnungen, in: ders./Kattinger/Wernicke, Genossenschaftliche Strukturen (1999), S. 101–122.
Jörn, Nils, Kattinger, Detlef u. Wernicke, Horst (Hg.), »kopet uns werk by tyden« – Beiträge zur hansischen und preußischen Geschichte. Walter Stark zum 75. Geburtstag, Schwerin 1999.
Jörn, Nils, Paravicini, Werner u. Wernicke, Horst (Hg.), Hansekaufleute in Brügge: Beiträge der internationalen Tagung in Brügge April 1996 (Kieler Werkstücke D 13), Frankfurt a. M. u. a. 2000.
Jörn, Nils, Die Emanzipationsbestrebungen der livländischen Städte in der Hanse in der zweiten Hälfte des 14. Jahrhunderts, in: ders./Paravicini/Wernicke, Hansekaufleute in Brügge (2000), S. 249–282.
Jörn, Nils, »With money and bloode«: Der Londoner Stalhof im Spannungsfeld der englisch-hansischen Beziehungen im 15. und 16. Jahrhundert (QDhG N. F. 50), Köln u. a. 2000.
Jörn, Nils u. North, Michael (Hg.), Die Integration des südlichen Ostseeraumes in das Alte Reich (Quellen und Forschungen zur höchsten Gerichtsbarkeit im Alten Reich 35), Köln u. a. 2000.

Jörn, Nils, Die Versuche von Kaiser und Reich zur Einbeziehung der Hanse in die Anstrengungen zur Abwehr der Türken im 16. und 17. Jahrhundert, in: ders./North, Integration (2000), S. 393–423.

Jörn, Nils, Rosen, Tulpen, Nelken ... neue Möglichkeiten für die Hanseforschung im Wismarer Stadtarchiv, in: ders./Birli/Peplow u. a., ene vruntlike tohopesate (2016), S. 265–278.

Jörn, Nils, Rostock und Wismar vor dem Lübecker Oberhof: Rechtsbeziehungen in Mittelalter und Früher Neuzeit, in: Manke, Rostock und seine Nachbarn (2018), S. S. 227–240.

Johansen, Paul, Der hansische Rußlandhandel, insbesondere nach Novgorod, in kritischer Betrachtung, in: Die Hanse als Mittler (1963), S. 39–58.

Jordan, William C., The Great Famine: Northern Europe in the Early Fourteenth Century, Princeton 1996.

Kämpfer, Winfried, Die mittelniederdeutschen Plenarien: ein Beitrag zur Entstehungsgeschichte spätmittelalterlicher Erbauungsliteratur (Niederdeutsche Studien 2), Münster u. a. 1954.

Kaiser, Reinhold, Imitationen von Beschau- und Warenzeichen im späten Mittelalter. Ein Mittel im Kampf um Absatz und Märkte, in: VSWG 74 (1987), S. 457–478.

Kalus, Maximilian, Kutsche und Bettstatt – Leben wie ein Faktor, in: Granda/Schreiber, Perspektiven durch Retrospektiven (2013), S. 19–36.

Kammler, Andreas, Kaperschiffahrt in Hamburg und Lübeck, 1471–1510: ein Forschungsbericht, in: Zeitschrift des Vereins für Hamburgische Geschichte 85 (1999), S. 19–34.

Kammler, Andreas, Verpflegung und Ausrüstung an Bord von Schiffen des 15. und frühen 16. Jahrhunderts im Spiegel Hamburger und Lübecker Ausstattungslisten, in: Carl Olof Cederlund u. Kersten Krüger (Hg.), Maritime Archäologie Heute, Rostock 2002, S. 264–279.

Kammler, Andreas, Up Eventur: Untersuchungen zur Kaperschifffahrt 1471 bis 1512, vornehmlich nach Hamburger und Lübecker Quellen (Sachüberlieferung und Geschichte 37), St. Katharinen 2005.

Kamp, Hermann, Der Wendenkreuzzug, in: ders./Martin Kroker (Hg.), Schwertmission. Gewalt und Christianisierung im Mittelalter, Paderborn u. a. 2013, S. 115–138.

Kannowski, Bernd, Bürgerkämpfe und Friedebriefe: Rechtliche Streitbeilegung in spätmittelalterlichen Städten (Forschungen zur deutschen Rechtsgeschichte 19), Köln u. a. 2001.

Kargashina, Marya, Forty Pelts in a Bundle: Archaeological Evidence for the Use of the Sorochok/Timber Unit in Medieval Novgorod, Kennewick 2017.

Katalog des Europäischen Hansemuseums, Lübeck 2016.

Kattinger, Detlef u. Wernicke, Horst (Hg.), Akteure und Gegner der Hanse – Zur Prosopographie der Hanse (Hansische Studien 9), Weimar 1998.

Kattinger, Detlef, Johann von Douai – ein hansischer Diplomat des 13. Jahrhunderts, in: ders./Wernicke, Akteure und Gegner der Hanse (1998), S. 25–36.

Kattinger, Detlef, Die »Universitas« der Gotlandfahrer. Eine kaufmännische Genossenschaft in der Handelspolitik Lübecks und Visbys am Ende des 13. Jahrhunderts, in: ders./Jörn/Wernicke, Genossenschaftliche Strukturen (1999), S. 41–64.

Kattinger, Detlef, Die Gotländische Genossenschaft. Der frühhansisch-gotländische Handel in Nord- und Westeuropa (QDhG N. F. 47), Köln u. a. 1999.

Kattinger, Detlef u. Wernicke, Horst (Hg.), »kopet uns werk by tyden«: Beiträge zur hansischen und preußischen Geschichte. Walter Stark zum 75. Geburtstag, Schwerin 1999.

Kattinger, Detlef, Skandinavisch-flandrische Handelsbeziehungen im hohen und späten Mittelalter, in: Jörn u. a., Hansekaufleute in Brügge (2000), S. 237–248.

Kaufhold, Martin, Deutsches Interregnum und europäische Politik: Konfliktlösungen und Entscheidungsstrukturen 1230–1280 (Monumenta Germaniae historica. Schriften 49), Hannover 2000.

Kehn, Wolfgang, Der Handel im Oderraum im 13. und 14. Jahrhundert (Veröffentlichungen der Historischen Kommission für Pommern V 16), Köln u. a. 1968.

Kellenbenz, Hermann, Bäuerliche Unternehmertätigkeit im Bereich der Nord- und Ostsee vom Hochmittelalter bis zum Ausgang der neueren Zeit, in: VSWG 49 (1962), S. 1–40.

Kellenbenz, Hermann, Rheinische Verkehrswege der Hanse zwischen Ostsee und Mittelmeer, in: Die Hanse als Mittler (1963), S. 103–118.

Kiaupa, Zigmantas, Das Recht des Gästehandels in Wilna/Vilnius im 15. und frühen 16. Jahrhundert, in: Angermann, Fernhandel und Handelspolitik (2001), S. 239–248.

Kiedel, Klaus Peter u. Schnall, Uwe (Hg.), Die Hanse-Kogge von 1380: Geschichte, Fund, Bergung, Wiederaufbau, Konservierung, 2. verb. Aufl., Bremerhaven 1989.

Kiesselbach, G. Arnold, Die wirtschaftlichen Grundlagen der deutschen Hanse und die Handelsstellung bis in die zweite Hälfte des 14. Jahrhunderts, Berlin 1907.

Kirk, Marianne, »Die kaiserlose, die schreckliche Zeit«: das Interregnum im Wandel der Geschichtsschreibung vom ausgehenden 15. Jahrhundert bis zur Gegenwart (Europäische Hochschulschriften 944), Frankfurt a. M. u. a. 2002.

Kitzinger, Martin, »So leret men de scholeren in der schule«: Schulbildung und Fachwissen in sächsischen Hansestädten, in: Puhle, Hanse – Städte – Bünde (1996), S. 603–614.

Kizik, Edmund, Die reglementierte Feier: Hochzeiten, Taufen und Begräbnisse in der frühneuzeitlichen Hansestadt (Klio in Polen 10), Osnabrück 2008.

Kleingärtner, Sunhild u. Zeilinger, Gabriel (Hg.), Raumbildung durch Netzwerke? Der Ostseeraum zwischen Wikingerzeit und Spätmittelalter aus archäologischer und geschichtswissenschaftlicher Perspektive (Beihefte zur Zeitschrift für Archäologie des Mittelalters 23), Bonn 2012.

Kluge, Dorothea, Zur Wandmalerei des 14. Jahrhunderts in Westfalen und auf Gotland, in: Ekdahl, Kultur und Politik im Ostseeraum (1973), S. 117–147.

Knäble, Philip, Wucher, Seelenheil, Gemeinwohl: der Scholastiker als Wirtschaftsexperte, in: Füssel/Knäble/Elsemann, Wissen und Wirtschaft (2017), S. 115–140.

Köhler, Stephan u. Jahnke, Carsten, Vom Mittelmeer zum Hanseraum: Der Handel mit Rosinen, Korinthen und Zibeben, in: HGbll. 136 (2018), S. 13–62.

Köhler, Stephan, Der mittelalterlicher Atlantikhandel: eine neue Route für alte Handelskreisläufe, in: Halbartschlager u. a., Seehandelsrouten (2019), S. 43–74.

Köhn, Gerhard (Hg.), Soest: Stadt – Territorium – Reich. Festschrift zum 100jährigen Bestehen des Vereins für Geschichte und Heimatpflege (Soester Beiträge 41), Soest 1981.

Körber, Esther-Beate, Die Reformation im Ostseeraum als Kommunikations- und Verkehrsereignis, in: Nordostarchiv 13 (2004), S. 15–44.

Köster, Kurt, Pilgerzeichen und Pilgermuscheln von mittelalterlichen Santiago-Straßen: Saint-Léonard – Rocamadour – Saint-Gilles – Santiago de Compostella. Schleswiger Funde und Gesamtüberlieferung (Ausgrabungen in Schleswig. Berichte und Studien 2), Neumünster 1983.

Kopitzsch, Franklin, »Publicität«, »Gemeingeist« und »Beförderung der Cultur«: Johann Smidt und das »Hanseatische Magazin« (1799–1804), in: Bremisches Jahrbuch 87 (2008), S. 117–142.

Koppe, Wilhelm, Lübeck-Stockholmer Handelsgeschichte im 14. Jahrhundert (Abhandlungen zur Handels- und Seegeschichte 2), Neumünster 1933.

Koppe, Wilhelm, Die Hanse und Frankfurt am Main im 14. Jahrhundert, in: HGbll. 71 (1952), S. 30–49.

Koppe, Wilhelm, Zu den Einbürgerungen in Lübeck und in Soest 1317/18 bis 1355/56, in: Köhn, Soest (1981), S. 479–486.

Koppe, Wilhelm, Der Lübecker Kaufmann Bertram (van) Heydebu zwischen Livland, Soest und Schleswig, in: ZVLGA 70 (1990), S. 9–26.

Koppe, Wilhelm u. Koppe, Gert, Die Lübecker Frankfurt-Händler des 14. Jahrhunderts (Veröffentlichung zur Geschichte der Hansestadt Lübeck B 42), Lübeck 2006.

Koppe, Wilhelm u. Koppe, Gert, Der Kreis der Kaufleute um den Lübecker Russlandfahrer Godschalk Wise (1350–1367), in: ZVLGA 89 (2009), S. 25–86.

Koppe, Wilhelm u. Koppe, Gert, Transportkosten, Ungeld und Miete im Lübecker Livlandhandel am Ende des 15. Jahrhunderts, in: Selzer, Menschen – Märkte – Meere (2018), S. 97–122.

Kraack, Detlev u. Lorenzen-Schmidt, Klaus-Joachim (Hg.), Essen und Trinken: zur Ernährungsgeschichte Schleswig-Holsteins (Studien zur Wirtschafts- und Sozialgeschichte Schleswig-Holsteins 46), Neumünster 2010.

Krannhals, Detlef, Danzig und der Weichselhandel in seiner Blütezeit vom 16. zum 17. Jahrhundert (Deutschland und der Osten 19), Leipzig 1942.

Krause, Günter, Das Seekriegswesen in der Geschichte der Hanse, in: Wernicke/Jörn, Beiträge (1998), S. 207–214.

Krause, Günter, Handelsschifffahrt der Hanse, Rostock 2010.

Krause, Hans Thomas, Dietrich Schäfer und die Umorientierung der deutschen bürgerlichen Hanseforschung zu Beginn des 20. Jahrhunderts, in: Fritze u. a., Neue Hansische Studien (1970), S. 93–117.

Kreem, Juhan u. Sarnowsky, Jürgen (Hg.), »Hansische« oder »nicht-hansisch«: das Beispiel der kleinen Städte und Livlands in der Hanse (Hansische Studien 27), Wismar 2019.

Kresse, Walter, Die Fahrtgebiete der Hamburger Handelsflotte, 1824–1888 (Mitteilungen aus dem Museum für Hamburgische Geschichte 7), Hamburg 1972.

Krey, Alexander, Die Praxis der spätmittelalterlichen Laiengerichtsbarkeit. Gerichts- und Rechtslandschaften des Rhein-Main-Gebietes im 15. Jahrhundert im Vergleich (Forschungen zur deutschen Rechtsgeschichte, Band 30), Köln u. a. 2015.

Krieg, Luise, Die Schalfahrt im 16. Jahrhundert und ihre wirtschaftliche Bedeutung, in: Jahrbuch des Vereins für mecklenburgische Geschichte 79 (1914), S. 1–70.

Krieger, Karl-Friedrich, Ursprung und Wurzeln der Rôles d'Oléron (QDhG 15), Köln u. a. 1970.

Krieger, Karl-Friedrich, Der Rechtsschutz der deutschen Hansekaufleute in England unter König Eduard I. (1272–1307), in: Friedland, Stadt und Land (1973), S. 33–50.

Krüger, Klaus, Ranft, Andreas u. Selzer, Stephan (Hg.), Am Rande der Hanse (Hansische Studien 22), Trier 2012.

Krüger, Klaus, Zur Symbolik des Reichs in Hansestädten und hansischen Niederlassungen, in: ders., Stephan Freund (Hg.), Kaisertum, Papsttum und Volkssouveränität im hohen und späten Mittelalter: Studien zu Ehren von Helmut G. Walther (Jenaer Beiträge zur Geschichte 12), Frankfurt a. M. u. a. 2017, S. 93–120.

Kümper, Hiram, Sachsenrecht: Studien zur Geschichte des sächsischen Landesrechts in Mittelalter und früher Neuzeit (Schriften zur Rechtsgeschichte 142), Berlin 2009.

Kümper, Hiram, Europäische Erinnerungsorte in Norddeutschland? Zum Beispiel: Hanse und Magdeburger Recht, in: Janina Fuge, Helmut Schmid (Hg.), Gedächtnisräume. Geschichtsbilder und Erinnerungskulturen in Norddeutschland (Formen der Erinnerung 56), Göttingen 2014, S. 97–119.

Kümper, Hiram, »... wente eyn kopman heft eyn varlyk ampt«: hansische Kaufmannschaft und dominikanisches Wirtschaftsdenken im Spätmittelalter, in: Petermann u. a., Hansische Identitäten (2018), S. 125–136.

Kümper, Hiram, Die Protestantische Union: ein Stiefkind der Forschungen zum Dreißigjährigen Krieg, in: Jörg Kreutz u. a. (Hg.), Die Kurpfalz im Dreißigjährigen Krieg, 1618–1648 (Bausteine zur Kreisgeschichte 12), Ladenburg 2020, S. 11–26.

Kuhn, Dominik, Die Lübische Währungsunion, in: Helge Wittmann u. a. (Hg.), Reichsstadt und Geld, Petersberg 2018, S. 135–145.

Kumilin, Kjell, Hansischer Handel und Hansekaufleute in Skandinavien – einige Probleme, in: Die Hanse als Mittler (1963), S. 79–102.

Kunz, Tobias, Skulptur um 1200: Das Kölner Atelier der Viklau-Madonna auf Gotland und der ästhetische Wandel in der 2. Hälfte des 12. Jahrhunderts (Studien zur internationalen Architektur und Kunstgeschichte 45), Petersberg 2007.

Kuske, Bruno, Der Kölner Fischhandel vom 14. bis 17. Jahrhundert, in: Westdeutsche Zeitschrift für Geschichte und Kunst 24 (1905), S. 227–313.

Kypta, Ulla, Die Hanse und die Krise des Spätmittelalters. Überlegungen zum Zusammenspiel von wirtschaftlichem und institutionellem Wandel, in: Dariusz Adamczyk (Hg.), Wirtschaftskrisen als Wendepunkte (Einzelveröffentlichungen des Deutschen Historischen Instituts Warschau 33), Osnabrück 2015, S. 159–184.

Kypta, Ulla, Von Brügge nach Antwerpen: Institutionen und Organisationen, in: Hammel-Kiesow/Selzer, Strukturwandel (2016), S. 161–182.

Lampen, Angelika, Stadt und Fisch: Konsum, Produktion und Handel im Hanseraum der Frühzeit, in: VSWG 87 (2000), S. 281–307.

Landwehr, Götz, Das Seerecht der Hanse (1365–1614): vom Schiffordnungsrecht zum Seehandelsrecht (Berichte aus den Sitzungen der Joachim-Jungius-Gesellschaft der Wissenschaften 21), Göttingen 2003.

Langholm, Odd, The Merchant in the Confessional: Trade and Price in the Pre-Reformation Penitential Handbooks (Studies in Medieval and Reformation Thought 93), Leiden u. a. 2003.

Lebecq, Stéphane, Marchands et navigateurs frisons du haut Moyen Age, 2 Bde., Lille 1983.

Lebecq, Stéphane, On the Use of the word »Frisian« in the 6th to 10th c. Written Sources: Some Interpreations, in: Seán McGrail (Hg.), Maritime Celts, Frisians and Saxon, London 1990, S. 85–90.

Lindemann, Margot, Nachrichtenübermittlung durch Kaufmannsbriefe: Brief-»Zeitungen« in der Korrespondenz Hildebrand Veckinghusens (1398–1428) (Dortmunder Beiträge zur Zeitungsforschung 26), New York u. a. 1978.

Link, Christina, Der preußische Getreidehandel im 15. Jahrhundert: Eine Studie zur nordeuropäischen Wirtschaftsgeschichte (QDhG N. F. 68), Köln u. a. 2013.

Loefke, Christian, Ein westfälischer Erbschaftsstreit um das Erbe des in Reval verstorbenen Steffen Pelser († 1500), in: Roland. Zeitschrift der genealogisch-heraldischen Arbeitsgemeinschaft Roland zu Dortmund 15 (2006), S. 39–55.

Lokatis, Siegrid, Hanseatische Verlagsanstalt. Politisches Buchmarketing im »Dritten Reich«, in: Archiv für Geschichte des Buchwesens 38 (1992), S. 1–189.

von Looz-Corswarem, Clemens, Koggen vor Köln: Seeschiffe auf dem Rhein im Mittelalter, in: Jens Lieven u. a. (Hg.), Beiträge zur Erforschung des Kulturraums an Rhein und Maas. Dieter Geuenich zum 75. Geburtstag (Rhein-Maas. Studien zur Geschichte, Sprache und Kultur 8), Hamburg 2018, S. 91–111.

Lorenz-Ridderbecks, Angela, Krisenhandel und Ruin des Hansekaufmanns

Hildebrand Veckinchusen im späten Mittelalter. Untersuchung des Briefwechsels (1471–1428), Hamburg 2014.

Lübke, Christian, Ostkolonisation, Ostsiedlung, Landesausbau im Mittelalter: der ethnische und strukturelle Wandel östlich von Saale und Elbe im Blick der Neuzeit, in: Enno Bünz (Hg.), Ostsiedlung und Landesausbau in Sachsen: die Kührener Urkunde von 1154 und ihr historisches Umfeld (Schriften zur sächsischen Geschichte und Volkskunde 23), Leipzig 2008, S. 467–484.

Lück, Heiner, »Der Deutsche kommt also im Osten in kein Neuland ...« – das Institut zur Erforschung des Magdeburger Stadtrechts (1940–1945), in: ders. u. Werner Freitag (Hg.), Historische Forschung in Sachsen-Anhalt. Ein Kolloquium anläßlich des 65. Geburtstages von Walter Zöllner (Abhandlungen der Sächsischen Akademie der Wissenschaften zu Leipzig. Philologisch-Historische Klasse 76, 3), Stuttgart 1999, S. 125–145.

Lück, Heiner, Puhle, Matthias u. Ranft, Andreas (Hg.), Grundlagen für ein neues Europa: das Magdeburger und Lübecker Recht in Spätmittelalter und Früher Neuzeit (Quellen und Forschungen zur Geschichte Sachsen-Anhalts 6), Köln u. a. 2009.

Lütge, Christoph u. Strosetzki, Christoph (Hg.), Zwischen Bescheidenheit und Risiko: Der Ehrbare Kaufmann im Fokus der Kulturen, Wiesbaden 2017.

Lund, Niels, Peace and Non-Peace in the Viking Age: Ottar in Biarmaland, the Rus in Byzantium, and Danes and Norwegians in England, in: James E. Knirk (Hg.), Proceedings of the Tenth Viking Congress (Universitets oldsaksamlings skrifter N. R. 9), Oslo 1987, S. 255–270.

Lunden, Kåre, Four Methods of Estimating the Population of a Norwegian District on the Eve of the Black Death (1349–1350), in: The Scandinavian Economic History Review 16 (1968), S. 1–18.

Luntwoski, Gustav, Dortmunder Kaufleute in England im 13. und 14. Jahrhundert, in: Beiträge zur Geschichte Dortmunds und der Grafschaft Mark 66 (1970), S. 83–196.

Lusiardi, Ralf, Fegefeuer und Weltengericht: Stiftungsverhalten und Jenseitsvorstellungen im spätmittelalterlichen Stralsund, in: Michael Borgolte (Hg.), Stiftungen und Stiftungswirklichkeiten: vom Mittelalter bis zur Gegenwart (Stiftungsgeschichte 1), Berlin u. a. 2000, S. 97–109.

Lutterbeck, Michael, Der Rat der Stadt Lübeck im 13. und 14. Jahrhundert. Politische, personale und wirtschaftliche Zusammenhänge in einer städtischen Führungsgruppe (Veröffentlichungen zur Geschichte der Hansestadt Lübeck B 35), Lübeck 2002.

Lutzhöft, Hans-Jürgen, Der Nordische Gedanke in Deutschland 1920–1940 (Kieler historische Studien 11), Stuttgart 1971.

Lyko, Donald u. Mühlenberg, Frank, Türme, Tore, stolze Bürger: der Altmärkische Hansebund, Stendal 2008.

Mähnert, Joachim u. Selzer, Stephan (Hg.), Vertraute Ferne: Kommunikation und Mobilität im Hanseraum, Husum 2012.

Mäkeler, Hendrik, Globalisierter Handel um die Jahrhundertwende? Die Ausdehnung des Wikingerzeitlichen Handelsraums, in: Steiner, Globalisierung (2011), S. 15–46.

Mänd, Anu, Social Relation of Hanseatic Merchants as Mirrored at Festivals: the Example of Reval and Riga, in: Misāns, Riga und der Ostseeraum (2005), S. 223–238.

Makarov, N. A., The Economy of the Fur Trade in the Northern Borderlands of Medieval Russia, in: Mark A. Brisbane (Hg.), The Archaeology of Medieval Novgorod in Context: Studies in Center Periphery Relations, Oxford 2012, S. 381–390.

Manke, Matthias (Hg.), Rostock und seine Nachbarn in der Geschichte: Beiträge zum Doppeljubiläum von Stadt und Universität (Veröffentlichungen der Historischen Kommission für Mecklenburg N. F. 6), Lübeck 2018.

Mantels, Wilhelm, Beiträge zur lübisch-hansischen Geschichte, hg. von Karl Koppmann, Jena 1881.

Maschke, Erich, Das Berufsbewußtsein des mittelalterlichen Fernkaufmanns, in: Paul Wilpert (Hg.), Beiträge zum Berufsbewußtsein des mittelalterlichen Menschen (Miscellanea mediaevalia 3), Berlin 1964, S. 306–335.

Maschke, Erich, Die Schäffer und Lieger des Deutschen Ordens in Preußen, in: Udo Arnold (Hg.), Domus Hospitalis Theutonicorum. Europäische Verbindungslinien der Deutschordensgeschichte (Quellen und Studien zur Geschichte des Deutschen Ordens 10), Bad Godesberg 1970, S. 69–103.

Maschke, Erich, Die Familie in der deutschen Stadt des späten Mittelalters (Sitzungsberichte der Heidelberger Akademie der Wissenschaften, philosophisch-historische Klasse 4, 1980), Heidelberg 1980.

McCusker, John u. Gravenstejn, Cora, The Beginnings of Commerical and Financial Journalism: the Commodity Price Currents, Exchange Rate Currents, and Money Currents of Early Modern Euroe (NEHA Series III 1), Amsterdam 1991.

Meckstroth, Ursula, Das Verhältnis der Stadt Münster zu ihrem Landesherrn bis zum Ende der Stiftsfehde (Quellen und Forschungen zur Geschichte der Stadt Münster N. F. 2), Münster 1962.

Mehler, Natascha, The Perception and Interpretation of Hanseatic Material Culture in the North Atlantic: Problems and Suggestions, in: Journal of the North Atlantic 2009, S. 89–108.

Mehler, Natascha, The Sulphur Trade of Iceland from the Viking age to the End of the Hanseatic Period, in: Irene Baug u. a. (Hg.), Nordic Middle Ages: Artefacts, Landscapes and Society. Essays in Honour of Ingvild Øye, Bergen 2015, S. 193–210.

Mersiowsky, Mark, Kuhhäute, Schrein und Schrae. Die Denkmäler des Soester Rechts, in: Norbert Wex (Hg.), Soester Schau-Plätze: Historische Orte neu erinnert, Soest 2006, S. 21–25.

Mersiowsky, Mark, Zur Überlieferung hansischer Geschäftsquellen. Altbekanntes und Neufunde, in: Cristina Mantegna u. Olivier Poncet (Hg.), Les documents du commerce et des marchands entre Moyen âge et époque moderne (XIIe-XVIIe siécle) (Collection de l'École française de Rome 55), Rom 2018, S. 181–202.

Meyer, Gunnar, »Besitzende Bürger« und »elende Sieche«: Lübecks Gesellschaft im Spiegel ihrer Testamente 1400–1449 (Veröffentlichungen zur Geschichte der Hansestadt Lübeck B 48), Lübeck 2010.

Meyer, Rudolf, Bona fides und lex mercatoria in der europäischen Rechtstradition (Quellen und Forschungen zum Recht und seiner Geschichte 5), Göttingen 1994.

Michel, Hermann, Heinrich Knaust, Berlin 1903.

Mickwitz, Gunnar, Neues zur Funktion der hansischen Handelsgesellschaften, in: HGbll. 62 (1937), S. 24–39.

Mickwitz, Gunnar, Aus Revaler Handelsbüchern: zur Technik des Ostseehandels in der ersten Hälfte des 16. Jahrhunderts, Helsinki 1938.

Milinovic, Marija-Jennifer, Der ehrbare Kaufmann im deutschen Recht: Untersuchungen zu Herkunft und Bedeutung des Begriffs »ehrbarer Kaufmann« sowie zum Einfluss der Ehre auf das Wirken des Kaufmanns bei besonderer Betrachtung der Entwicklung der Ehrenstrafe (Rechtshistorische Reihe 479), Frankfurt a. M. u. a. 2019.

Militzer, Klaus, Der Kölner Weinhandel: seine sozialen und politischen Auswirkungen im ausgehenden 14. Jahrhundert (Vorträge und Forschungen. Sonderband 25), Sigmaringen 1980.

Misāns, Ilgvars, Integration durch den Handel. Die Einheit des Ostseeraums zur Hansezeit (12./13.–15. Jahrhundert), in: Saeculum 56 (2005), S. 227–240.

Misāns, Ilgvars (Hg.), Riga und der Ostseeraum: von der Gründung 1201 bis in die Frühe Neuzeit (Tagungen zur Ostmitteleuropa-Forschung 22), Marburg 2005.

Möbius, Sascha, Das Gedächtnis der Reichsstadt: Unruhen und Kriege in der lübeckischen Chronistik und Erinnerungskultur des späten Mittelalters und der frühen Neuzeit (Formen der Erinnerung 47), Göttingen 2011.

Mörke, Olaf, Der »Konflikt« als Kategorie städtischer Sozialgeschichte der Reformationszeit: ein Diskussionsbeitrag am Beispiel der Stadt Braunschweig, in: Bernhard Diestelkamp (Hg.), Beiträge zum spätmittelalterlichen Städtewesen (Städteforschung A 12), Köln u. a. 1982, S. 144–161.

Mörke, Olaf, Die Geschwistermeere: eine Geschichte des Nord- und Ostseeraumes, Stuttgart 2015.

Mohrmann, Wolf-Dieter, Der Landfriede im Ostseeraum während des späten Mittelalters (Regensburger Historische Forschungen 2), Kallmünz 1972.

Mührenberg, Doris, Zur Aussagekraft einiger Wachstäfelchen, in: Mitteilungen der Deutschen Gesellschaft für Archäologie des Mittelalters und der Neuzeit 16 (2005), S. 71–74.

Müller, Christian, Lübeck und der Rheinische Städtebund 1254–1256: Formen und Möglichkeiten städtischer Politik an der Wende zum Spätmittelalter, in: ZVLGA 80 (2000), S. 165–184.

Müller, Leos, Rössner, Philipp u. Toshiaki, Tamaki (Hg.), The Rise of the Atlantic Economy and the North Sea/Baltic Trade, 1500–1800 (Beiträge zur Wirtschafts- und Sozialgeschichte 117), Stuttgart 2011.

Müller, Michael, Zweite Reformation und städtische Autonomie im Königlichen Preußen: Danzig, Elbing und Thorn in der Epoche der Konfessionalisierung (1557–1660), Berlin 1997.

Müller, Ulrich, Rösch, Felix u. Schimmer, Michaela, Von Haithabu nach Schleswig. Aktuelle Forschungen zur Gründung einer Metropole zwischen Wikinger- und Hansezeit, in: Mitteilungen der Deutschen Gesellschaft für Archäologie des Mittelalters und der Neuzeit 26 (2014), S. 25–36.

Müller-Boysen, Carsten, Kaufmannsschutz und Handelsrecht im frühmittelalterlichen Nordeuropa (Schriften des Archäologischen Landesmuseums 2), Neumünster 1990.

Müller-Mertens, Eckhard u. Böcker, Heidelore (Hg.), Konzeptionelle Ansätze der Hanse-Historiographie (Hansische Studien 14), Trier 2003.

Müller-Mertens, Eckhard, Die Hanse in europäischer Sicht: zu den konzeptionellen Neuansätzen der Nachkriegszeit und zu Rörigs Konzept, in: ders./Böcker, Konzeptionelle Ansätze (2003), S. 19–43.

Müller-Wille, Michael (Hg.), Novgorod: das mittelalterliche Zentrum und sein Umland im Norden Rußlands (Studien zur Siedlungsgeschichte und Archäologie der Ostseegebiete 100), Neumünster 2001.

Murray, James M., Bruges – Cradle of Capitalism, 1280–1390, Cambridge u. a. 2005.

Naum, Magdalena, Premodern Translocals: German Merchant Diaspora between Kalmar and Northern German Towns, in: International Journal of Historical Archaeology 17 (2013), S. 376–400.

Nedkvitne, Arnved, How important was Hansa Trade for the Norwegian Economy?, in: Henn/Nedkvitne, Norwegen und die Hanse (1994), S. 9–18.

Nedkvitne, Arnved, Das Bergener Kontor im Mittelalter, in: HGbll. 131 (2013), S. 145–188.

Nedkvitne, Arnved, The German Hansa and Bergen 1100–1600 (QDhG N. F. 70), Köln u. a. 2014.

Neubauer, Helmut, Das Moskauer Privileg für Lübeck 1603, in: Jahrbuch für Geschichte Osteuropas N. F. 16 (1968), S. 70–84.

Neumann, Gerhard, Hinrich Castorp: ein Lübecker Bürgermeister aus der zweiten Hälfte des 15. Jahrhunderts (Veröffentlichungen zur Geschichte der Freien und Hansestadt Lübeck 11), Lübeck 1932.

Neumann, Gerhard, Johannes Osthusen: ein Lübecker Syndikus und Domherr in der zweiten Hälfte des 15. Jahrhunderts, in: ZVLGA 56 (1976), S. 16–60.

Neumann, Gerhard, Lübecker Syndici des 15. Jahrhunderts in auswärtigen Diensten der Stadt, in: HGbll. 96 (1978), S. 38–46.

Neumann, Sarah, Weber, Ines u. Weiss, David (Hg.), Ad laudem et gloriam: Festschrift für Rudolf Holbach, Trier 2016.

Neumeister, Peter, Widerspiegelung hansischer Beziehungen in städtischen Rechtsquellen Berlins, in: Wernicke/Jörn, Beiträge (1998), S. 253–260.

Neustadt, Cornelia, Kommunikation im Konflikt: König Erik VII. von Dänemark und die Städte im südlichen Ostseeraum (1423–1435) (Europa im Mittelalter 32), Berlin u. a. 2019.

Nielssen, Alf Ragnar, The Importance of Hanseatic Trade for the Norwegian Settlement in Finnmark, in: Henn/Nedkvitne, Norwegen und die Hanse (1994), S. 19–40.

Noodt, Birgit, Religion und Familie in der Hansestadt Lübeck anhand der Bürgertestamente des 14. Jahrhunderts (Veröffentlichungen zur Geschichte der Hansestadt Lübeck B 33), Lübeck 2000.

Noodt, Birgit, Lübecker Material zur demographischen Wirkung der Pest im 14. Jahrhundert, in: Hammel-Kiesow/Hundt, Gedächtnis der Hansestadt (2005), S. 55–65.

Noodt, Birgit, Fritz Rörig (1882–1952): Lübeck, Hanse und die Volksgeschichte, in: ZVLGA 87 (2007), S. 155–180.

Nordmann, Claus, Nürnberger Großhändler im spätmittelalterlichen Lübeck (Nürnberger Beiträge zu den Wirtschafts- und Sozialwissenschaften 37/38), Nürnberg 1933.

Nordmann, Claus, Der Einfluß des oberdeutschen und italienischen Kapitals auf Lübeck in der Zeit von 1370 bis 1550, in: Mitteilungen des Vereins für die Geschichte der Stadt Nürnberg 35 (1937), S. 123–135.

North, Michael (Hg.), Geldumlauf, Währungssysteme und Zahlungsverkehr in Nordwesteuropa 1300–1800: Beiträge zur Geldgeschichte der späten Hansezeit (QDhG N. F. 35), Köln u. a. 1989.

North, Michael, Die Hanse und das europäische Zahlungssystem: Kreditpraktiken im internationalen Vergleich, in: Hammel-Kiesow, Vergleichende Ansätze (2002), S. 145–151.

North, Michael (Hg.), Das Ende des Alten Reiches im Ostseeraum: Wahrnehmungen und Transformationen, Köln u. a. 2008.

North, Michael, Geschichte der Ostsee: Handel und Kulturen, München 2011.

Nowak, Zenon Hubert u. Tandecki, Janusz (Hg.), Die preußischen Hansestädte und ihre Stellung im Nord- und Ostseeraum, Toruń 1998.

Oakley, Steward, War and Peace in the Baltic, 1560–1790, London u. a. 1993.

Oberg, Gab es in Bremen im 19. Jahrhundert eine maritime Kultur? Von kosmopolitischen Hanseaten und absonderlichen Seeleuten: ein ethnohistorischer Beitrag zur Debatte über Küstengesellschaften, Frankfurt a. M. u. a. 2014.

Oberste, Jörg, Zwischen Heiligkeit und Häresie: Religiosität und sozialer Aufstieg in der Stadt des hohen Mittelalters, 2 Bde. (Norm und Struktur 17), Köln u. a. 2003.

Oestmann, Peter, Rückblick auf die Hanse. Der Streit um die Abgaben an das Novgorod-Kontor, in: Hammel-Kiesow/Hundt, Gedächtnis der Hansestadt Lübeck (2005), S. 545–556.

Oestmann, Peter, Lübisches und sächsisch-magdeburgisches Recht in der Rechtspraxis des spätmittelalterlichen Reiches, in: Lück/Puhle/Ranft, Grundlagen (2009), S. 49–66.

Oexle, Otto Gerhard, Die Kaufmannsgilde von Tiel, in: Klaus Düwel u. a. (Hg.), Untersuchungen zu Handel und Verkehr der vor- und frühgeschichtlichen Zeit, Bd. 6, Göttingen 1989, S. 173–196.

Oexle, Otto Gerhard, »Einung« und »Gemeinde« in der Gesellschaft des Mittelalters, in: Tandecki, Rolle der Stadtgemeinden (2000), S. 9–24.

Ogilvie, Sheilagh C., Germany and the Seventeenth-Century Crisis, in: The Historical Journal 35 (1992), S. 417–441.

Ogilvie, Sheilagh C., Institutions and European Trade: Merchant Guilds, 1000–1800, Cambridge 2011.

Ohm, Michael, Schilp, Thomas u. Welzel, Barbara (Hg.), Ferne Welten – freie Stadt: Dortmund im Mittelalter, Bielefeld 2006.

Oldach, Robert, Demmin – eine kleine pommersche Stadt und die Hanse am Anfang des 17. Jahrhunderts, in: Birli u. a., »ene vruntlike tohopesate« (2016), S. 383–394.

Oldland, John, The English Woollen Industry, c.1200-c.1560, New York 2019.

Opll, Ferdinand u. Weigl, Andreas (Hg.), Städtebünde: Zum Phänomen interstädtischer Vergemeinschaftung von Antike bis Gegenwart (Beiträge zur Geschichte der Städte Mitteleuropas 27), Wien u. a. 2017.

Orlowska, Anna Paulina, Handel in einem Kaufmannsnetz: der Danziger Johann Pyre, in: Mähnert/Selzer, Vertraute Ferne (2012), S. 32–39.

O'Sullivan, Carolin, Die Ahndung von Rechtsbrüchen der Seeleute im mittelalterlichen hamburgischen und hansischen Seerecht (1301–1482) (Rechtshistorische Reihe 305), Frankfurt a. M. u. a. 2005.

Oswald, Gertrud, Den Ehrbaren Kaufmann leben, in: Peter Heinrich (Hg.), CSR und Kommunikation: Unternehmerische Verantwortung überzeugend vermitteln, 2. überarb. u. akt. Aufl., Berlin 2018, S. 57–69.

Päsler, Ralf G., Niederdeutsche – Hanse – Literatur. Zur Diskussion des Begriffs »Hanseliteratur«, in: Natalija Ganina u. a. (Hg.), Deutsch-russische Kulturbeziehungen in Mittelalter und Neuzeit. Aus abendländischen Beständen in Russland (Sonderschriften der Akademie gemeinnütziger Wissenschaften zu Erfurt 49), Erfurt 2017, S. 115–128.

Pagel, Karl, Die Hanse, Braunschweig [4]1986 (Erstausgabe 1942).

Palladino, S., Il contratto di commenda. Il dibattito storiografico e le evidenze documentarie, in: Jean-Marie Martin u. a. (Hg.), »Quei maledetti Normanni«. Studi offerti a Errico Cuozzo per i suoi settant'anni da Colleghi, Allievi, Amici (Collana Medievalia 5), Bd. 2, Ariano Irpino 2016, S. 753–782.

Paravicini, Werner, Edelleute, Hansen, Brügger Bürger. Die Finanzierung der westeuropäischen Preußenreisen im 14. Jahrhundert, in: HGbll. 105 (1986), S. 5–20.

Paravicini, Werner, Die Preußenreisen des europäischen Adels, 2 Bde. (Beihefte der Francia 17), Sigmaringen 1989, 1995.

Paravicini, Werner, Jenseits von Brügge: Norddeutsche Schiffer und Kaufleute an der Atlantikküste und im Mittelmeer in Mittelalter und Früher Neuzeit, in: Müller-Mertens/Böcker, Konzeptionelle Ansätze der Hanse-Historiographie (2003), S. 69–114.

Paravicini, Werner, Schuld und Sühne. Der Hansenmord zu Sluis in Flandern anno 1436, in: Hans-Peter Baum u. a. (Hg.), Wirtschaft, Gesellschaft, Mentalitäten im Mittelalter. Festschrift zum 75. Geburtstag von Rolf Sprandel (Beiträge zur Wirtschafts- und Sozialgeschichte, 107), Stuttgart 2006, S. 401–445.

Pauli, Reinhold, Die Stalhofskaufleute und Luthers Schriften, in: HGbll. 1 (1871), S. 153–162.

Pauli, Reinhold, Das Verfahren wider die Stahlhofskaufleute wegen der Lutherbücher, in: HGbll. 8, S. 157–172.

Paulsen, Reinhard, Schifffahrt, Hanse und Europa im Mittelalter: Schiffe am Beispiel Hamburgs, europäische Entwicklungslinien und die Forschung in Deutschland (QDhG N. F. 73), Köln u. a. 2016.

Pavlova, Elena, The Coinless Period in the History of Northeastern Rus': Historiography Study, in: Russian History 21 (1994), S. 375–392.

Pelc, Ortwin (Hg.), Zwischen Lübeck und Novgorod: Wirtschaft, Politik und Kultur im Ostseeraum vom frühen Mittelalter bis ins 20. Jahrhundert. Norbert Angermann zum 60. Geburtstag, Lüneburg 1996.

Pelc, Ortwin, Das Ende der dänischen Herrschaft in Lübeck 1220/27, in: Manfred Gläser u. a. (Hg.), Danskere i Lübeck: 1203–2003 (Ausstellungen zur Archäologie in Lübeck 6), Lübeck 2003, S. 111–116.

Pelc, Ortwin, Die hanseatischen Konsulate an der unteren Donau im 19. Jahrhundert, in: Hammel-Kiesow/Hundt, Gedächtnis der Hansestadt Lübeck (2005), S. 557–568.

Pelc, Ortwin (Hg.), Hansestädte im Konflikt: Krisenmanagement und bewaffnete Auseinandersetzung vom 13. bis zum 17. Jahrhundert (Hansische Studien 23), Wismar 2019.

Pelus-Kaplan, Marie-Louise, Wolter von Holsten, ein Lübecker Kaufmann in der 2. Hälfte des 16. Jahrhunderts, in: HGbll. 95 (1977), S. 66–79.

Penners, Theodor, Fragen der Zuwanderung in den Hansestädten des späten Mittelalters, in: HGbll. 83 (1965), S. 12–45.

Peplow, Christian, »Hansische Seekriege« im 14. und 15. Jahrhundert. Alltag – Wirklichkeit – Mythos, in: Skyllis 12 (2012), S. 40–46.

Peplow, Christian, Überlegungen zur alltäglichen Navigationspraxis der hansischen Seeschifffahrt im Ostseeraum des Spätmittelalters, in: Jahrbuch der Deutschen Gesellschaft für Schiffahrts- und Marinegeschichte 18 (2015), S. 10–30.

Peplow, Christian, Wenn Diebe zu Helden werden: Mythos Klaus Störtebeker, in: Rugia 26 (2018), S. 20–28.

Petermann, Kerstin, Rasche, Anja u. Weilandt, Gerhard (Hg.), Hansische Identitäten (Conjunctiones 1), Petersberg 2018.

Peters, Inge-Maren, Hansekaufleute als Gläubiger der englischen Krone (1294–1350) (QDhG N. F. 24), Köln u. a. 1978.

Peters, Robert, Die Rolle der Hanse und Lübecks in der mittelniederdeutschen Sprachgeschichte, in: Werner Besch u. a. (Hg.), Sprachgeschichte. Ein Handbuch, Bd. 2.2, Berlin u. a. 2008, S. 1496–1505.

Pfeiffer, Hartmannus, Seemacht Deutschland: Die Hanse, Kaiser Wilhelm II. und der neue Maritime Komplex, Berlin 2009.

Pichierri, Die Hanse – Staat der Städte: Ein ökonomisches und politisches Modell der Städtevernetzung (Stadt – Raum – Gesellschaft 10), Berlin 2000.

Pitz, Ernst, Hansische Geschichtsforschung, 1945–1960, in: VSWG 48 (1961), S. 251–262.

Pitz, Ernst, Einstimmigkeit oder Mehrheitsbeschluss? Ein heimlicher Verfassungsstreit um die Vollmachten der Ratssendeboten auf den Hansetagen, in: Wilfried Ehbrecht (Hg.), Verwaltung und Politik in Städten Mitteleuropas. Beiträge zu Verfassungsnorm und Verfassungswirklichkeit in altständischer Zeit (Städteforschung A 34), Köln u. a. 1994, S. 115–146.

Pitz, Ernst, Bürgereinung und Städteeinung. Studien zur Verfassungsgeschichte der Hansestädte und der deutschen Hanse (QDhG N. F. 52), Köln u. a. 2001.

Poeck, Dietrich W., Totengedenken in Hansestädten, in: Franz Neiske u. a. (Hg.), Vinculum Societatis. Joachim Wollasch zum 60. Geburtstag, Sigmaringen 1991, S. 175–232.

Poeck, Dietrich W., Kontorverlegung als Mittel hansischer Diplomatie, in: Jörn u. a., Hansekaufleute in Brügge (2000), S. 33–54.

Poeck, Dietrich W., Hansische Ratssendboten, in: Hammel-Kiesow, Vergleichende Ansätze (2002), S. 97–142.

Põder, Kaire, Credible commitment and cartel: The case of the Hansa merchant in the guild of late medieval Tallinn, in: Baltic Journal of Economics 10 (2010), S. 43–60.

Poettering, Jorun, Handel, Nation und Religion: Kaufleute zwischen Hamburg und Portugal im 17. Jahrhundert, Göttingen 2013.

Pohl, Hans (Hg.), Die Beziehungen Hamburgs zu Spanien und dem spanischen Amerika in der Zeit von 1740 bis 1806 (VSWG Beihefte 45), Stuttgart 1963.

Postel, Rainer, Motive städtischer Reformation in Norddeutschland, in: Jahrbuch für Regionalgeschichte 15 (1988), S. 92–107.

Postel, Rainer, Karl V. und die Hansestädte, in: Sicken, Herrschaft (1994), S. 19–29.

Postel, Rainer, »Im Allgemeinen ist der Mensch geneigt, beym Alten zu bleiben.« Über die Franzosenzeit und ihre Wirkungen in den Hansestädten, in: Ernst Willi Hansen u. a. (Hg.), Politischer Wandel, organisierte Gewalt und nationale Sicherheit: Beiträge zur neueren Geschichte Deutschlands und Frankreichs. Festschrift für Claus-Jürgen Müller (Beiträge zur Militärgeschichte 50), Berlin u. a. 1995, S. 11–27.

Postel, Rainer, Zur »erhaltung der commercien und darüber habende privilegia« – Hansische Politik auf dem Westfälischen Friedenskongreß, in: Heinz Duchhardt (Hg.), Der Westfälische Friede: Diplomatie, politische Zäsur, kulturelles Umfeld, Rezeptionsgeschichte (Beihefte zur Historischen Zeitschrift 26), München 1998, S. 523–540.

Postel, Rainer, Von der Solidarität bedrängter Egoisten: Hansetage des frühen 17. Jahrhunderts, in: Volker Henn, Tagfahrten (2001), S. 151–162.

Postel, Rainer, »eyne gans nye ferlicke secte« – die Hansestädte und die Reformation, in: Graßmann, Der Kaufmann und der liebe Gott (2009), S. 131–145.

Postel, Rainer, Jürgen Wullenwever – Demokrat oder Demagoge?, in: ZVLGA 90 (2010), S. 11–26.

Postel, Rainer, Späte Hanse und Altes Reich, in: HGbll. 129 (2011), S. 153–169.

Postel, Rainer, Warum ging die Hanse zugrunde?, in: Zeitschrift für Lübeckische Geschichte 96 (2016), S. 126–141.

Prüser, Jürgen, Die Handelsverträge der Hansestädte Lübeck, Bremen und Hamburg mit überseeischen Staaten im 19. Jahrhundert (Veröffentlichungen aus dem Staatsarchiv der Freien Hansestadt Bremen 30), Bremen 1962.

Puhle, Matthias, Die Vitalienbrüder: Klaus Störtebeker und die Seeräuber der Hansezeit, Frankfurt a. M. u. a. 1994.

Puhle, Matthias (Hg.), Hanse – Städte – Bünde: die sächsischen Städte zwischen Elbe und Weser, 2 Bde., Magdeburg 1996.

Puhle, Matthias, Die Hanse – Gemeinschaft, Bündnis oder gar Vorläufer Europas?, in: Franz Felten (Hg.), Städtebünde – Städtetage im Wandel der Geschichte (Mainzer Vorträge 11), Stuttgart 2006, S. 37–48.

Puhle, Matthias, Hanse und Museen – keineswegs ein unproblematisches Verhältnis, in: Hammel-Kiesow, Geschichtsbewusstsein (2010), S. 89–97.

Puhle, Matthias, Hanse und Reich: Rezeptionsgeschichte im 19. und 20. Jahrhundert, in: HGbll. 129 (2011), S. 171–191.

Puhle, Matthias, Die Hansestadt Stendal und das Magdeburger Recht, in: Neumann u. a., Ad laudem et gloriam (2016), S. 173–182.

Querfurth, Hans Jürgen, Die Unterwerfung der Stadt Braunschweig im Jahre 1671: das Ende der Braunschweiger Stadtfreiheit, Braunschweig 1953.

Rabeler, Sven, Eine Städtelandschaft im Wandel: Urbanisierungsprozesse im südwestlichen Ostseeraum des 12. Jahrhunderts, in: Fouquet/Zeilinger, Urbanisierung Europas (2009), S. 121–146.

Rabeler, Sven, Konsumenten, Märkte, Städte. Konsumbeziehungen als Faktor der Urbanisierung im norddeutschen Raum während des 12. und 13. Jahrhunderts, in: Selzer, Konsumentenstadt (2018), S. 87–116.

Radtke, Christian, Schleswig und Soest: einige Beobachtungen aus Schleswiger Sicht, in: Soest (1981), S. 433–478.

Radtke, Christian, Der Schleswig-Mann – ein »Hausgeist« aus Novorod?, in: Archäologische Nachrichten 2010, S. 92–95.

Radtke, Christian, Auf der Suche nach den Anfängen einer Fernhändlergilde in Haithabu und Schleswig: ein historischer Längsschnitt ca. 800-ca. 1200, in: Berit Valentin Eriksen u. a. (Hg.), Interaktion ohne Grenzen: Beispiele archäologischer Forschungen am Beginn des 21. Jahrhunderts, Schleswig 2017, S. 693–706.

Rahn, Kerstin, Wirkungsfelder religiöser Bruderschaften in spätmittelalterlichen Städten der sächsischen und wendischen Hanse, in: Jörn u. a., Genossenschaftliche Strukturen (1999), S. 165–180.

Rath, Jochen, »alß gliedere eines politischen leibes trewlich meinen«. Die *Hansestädte* und die Konflikte Braunschweigs mit den Welfen im 17. Jahrhundert, Diss. phil. Univ. Münster 2011.

Reich, Elisabeth, Der Hansische Geschichtsverein: Entwicklung, Netzwerke, Geschichtsbilder (Göttinger Forschungen zur Landesgeschichte 23), Bielefeld 2019.

Reincke, Heinrich, Kölner, Soester, Lübecker und Hamburger Recht in ihren gegenseitigen Beziehungen, in: HGbll. 69 (1950), S. 14–45.

Reincke, Heinrich, Bevölkerungsprobleme der Hansestädte, in: HGbll. 70 (1951), S. 1–33.
Reincke, Heinrich, Bevölkerungsverluste durch den Schwarzen Tod, in: HGbll. 72 (1952), S. 88–90.
Reitemeier, Arnd, Das Handelsverbot der Hanse gegen Schottland (1412 bis 1415/18), in: HGbll. 112 (1994), S. 161–236.
Reitemeier, Arnd, Sprache, Dolmetscher und Sprachpolitik im Rußlandhandel während des Mittelalters, in: Angermann/Friedland, Novgorod (2002), S. 157–176.
Rennkamp, Walter, Studien zum deutsch-russischen Handel bis zum Ende des 13. Jahrhunderts: Nowgorod und Dünagebiet, Diss. phil. Univ. Bochum 1987 (masch.).
Ressel, Magnus, Zwischen Sklavenkassen und Türkenpässen. Nordeuropa und die Barbaresken in der Frühen Neuzeit (Pluralisierung & Autorität 31), Berlin u. a. 2012.
Ressel, Magnus, Von der Hanse zur hanseatischen Gemeinschaft: die Entstehung der Konsulatsgemeinschaft von Bremen, Hamburg und Lübeck, in: HGbll. 130 (2012), S. 127–174.
Ressel, Magnus, Die zeitgenössische Perzeption des Niedergangs der Hansekontore in den »Hanseatica« (1674) des Danziger Syndikus Wenzel Mittendorf, in: HGbll. 132 (2014), S. 79–103.
Retting, Doroteha, Ad referendum: zur Funktionsweise hansischer Versammlungen, 1370–1453, in: HGbll. 136 (2018), S. 133–173.
Riedel, Peter, Himmel, Hölle, Fegefeuer: Jenseitsvorstellungen im Mittelalter, in: Heinz-Dieter Heimann u. a. (Hg.), Weltbilder des mittelalterlichen Menschen (Studium litterarum 12), Berlin 2007, S. 135–146.
Riis, Thomas, Der Einfluß des hansischen Handels auf die Entwicklung der norwegischen Wirtschaft, in: Graßmann, Hansisches Kontor zu Bergen (2005), S. 28–40.
Ring, Edgar, Keramikhandel im Ostseeraum zur Hansezeit – ein Beleg für eine Hansekultur?, in: Mähnert/Selzer, Vertraute Ferne (2012), S. 41–44.
Rörig, Fritz, Ein Hamburger Kapervertrag vom Jahre 1471, in: HGbll. 23 (1917), S. 411–419.
Rörig, Fritz, Die Wirtschaftskräfte im Mittelalter. Abhandlungen zur Stadt- und Hansegeschichte, hg. von Paul Kaegbein, Berlin 1971.
Rösch, Gerhard, Wucher in Deutschland 1200–1350: Überlegungen zur Normdidaxe und Normrezeption, in: Historische Zeitschrift 259 (1994), S. 593–636.
Rösener, Werner, Strukturen und Wandlungen des Dorfes in Altsiedellandschaften, in: Siedlungsforschung 17 (1999), S. 9–27.
Rösener, Werner, Das Wärmeoptimum des Hochmittelalters: Beobachtungen zur Klima- und Agrarentwicklung des Hoch- und Spätmittelalters, in: Zeitschrift für Agrargeschichte und Agrarsoziologie 58 (2010), S. 13–30.
Rössner, Renée, Hansische Geschichtsbilder: das Brügger Kontor, in: Hill/Poeck, Gemeinschaft und Geschichtsbilder im Hanseraum (2000), S. 27–44.

Rössner, Renée, Hansische Memoria in Flandern: Alltagsleben und Totengedenken der Osterlinge in Brügge und Antwerpen (13. bis 16. Jahrhundert) (Kieler Werkstücke D 15), Frankfurt a. M. u. a. 2005.

Rohmann, Gregor, Der Kaperfahrer Johan Stortebeker aus Danzig: Beobachtungen zur Geschichte der »Vitalienbrüder«, in: HGbll. 125 (2007), S. 77–119.

Rohmann, Gregor, Klaus Störtebeker und die Vitalienbrüder, in: Johannes Fried, Olaf B. Rader (Hg.), Die Welt des Mittelalters: Erinnerungsorte eines Jahrtausends, München 2011, S. 246–260.

Rohmann, Gregor, Wegnehmen, Verhandeln, Erstatten: Politischer Alltag im Hanseraum um 1400, in: Geschichte in Wissenschaft und Unterricht 66 (2014), S. 574–585.

Rohmann, Gregor, Jenseits von Piraterie und Kaperfahrt: für einen Paradigmenwechsel in der Geschichte der Gewalt im maritimen Spätmittelalter, in: Historische Zeitschrift 304 (2017), S. 1–49.

Rohmann, Gregor, Wie wird man ein Seeräuber? Die Fehden der Gebrüder von Velen (1407–1419) und des Klaus Doeck (1418–1426) gegen Reval im Vergleich, in: Pelc, Hansestädte im Konflikt (2019), S. 55–102.

Rohrschneider, Michael, Ein Ensemble neuralgischer Zonen: Europäische Konfliktfelder um 1600, in: Robert Rebisch (Hg.), 1618. Der Beginn des Dreißigjährigen Krieges, Wien u. a. 2017, S. 19–46.

Roscher, Wilhelm, Zur Erinnerung an Johann Georg Büsch, in: Zeitschrift für die gesamte Staatswissenschaft 23 (1867), S. 241–291.

Rülke, Friedrich, Die Verlagerung der Handelswege zwischen 1450 und 1550 und ihre Rückwirkung auf die Deutsche Hanse, Diss. phil. Univ. Hannover 1971.

Rüther, Andreas, Mönche der Märkte und Messen: zur Wahrnehmung und Deutung von Predigern und Städten im späteren Mittelalter, in: Sabine von Heusinger u. a. (Hg.), Die deutschen Dominikaner und Dominikanerinnen im Mittelalter (Quellen und Forschungen zur Geschichte des Dominikanerordens N. F. 21), Berlin u. a. 2016, S. 37–52.

Rüther, Stefanie, Prestige und Herrschaft: Zur Repräsentation der Lübecker Ratsherren in Mittelalter und Früher Neuzeit (Norm und Struktur 16), Köln u. a. 2003.

Russen und Deutsche: 1000 Jahre Kunst, Geschichte und Kultur, 2 Bde., Petersberg 2012.

Rybina, Elena A., The Birch-Bark Letters: The Domestic Economy of Medieval Novgorod, in: Brisbane/Gaimster, Novgorod (2001), S. 113–118.

Rybina, Elena A., Archäologische Zeugnisse der Beziehungen zwischen Novgorod und der Hanse (nach dem Fundmaterial der Ausgraben in Novgorod), in: Birli u. a., »ene vruntlike tohopesate« (2016), S. 485–498.

Samsonowicz, Henryk, Die Handelsstraße Ostsee-Schwarzes Meer im 13. und 14. Jahrhundert, in: Jenks/North, Hansischer Sonderweg? (1993), S. 23–30.

Samsonowicz, Henryk, Die Hanse im Ostseeraum, in: Nowak/Tandecki, Preußische Hansestädte (1998), S. 7–14.

Sander, Antje, Städtische Weinkeller in Norddeutschland im Spätmittelalter, in: Michael Matheus (Hg.), Weinproduktion und Weinkonsum im Mittelalter (Geschichtliche Landeskunde 51), Stuttgart 2004, S. 101–118.

Sarnowsky, Jürgen, Die Wirtschaftsführung des Deutschen Ordens in Preußen, 1382–1454 (Veröffentlichungen aus den Archiven Preußischer Kulturbesitz 34), Köln u.a. 1993.

Sarnowsky, Jürgen, Hansischer Gesellschaftshandel in Preußen, in: Tandecki, Rolle der Stadtgemeinden (2000), S. 49–72.

Sarnowsky, Jürgen, Der weite Horizont: »Hansisches« und »Außerhansisches« in der Lübecker Ratschronik des 15. Jahrhunderts, in: Henn, Bild der Hanse (2010), S. 1–18.

Sarnowsky, Jürgen, Das Ende der mittelalterlichen Hanse, in: Birli u.a., »ene vruntlike tohopesate« (2016), S. 499–516.

Sauer, Hans, Hansestädte und Landesfürsten: die wendischen Hansestädte in der Auseinandersetzung mit den Fürstenhäusern Oldenburg und Mecklenburg während der zweiten Hälfte des 15. Jahrhunderts (QDhG N. F. 16), Köln u.a. 1971.

Schäfer, Dietrich, Das Lied vom Israhel, in: HGbll. 11 (1882), S. 116–118.

Schaeken, Jos, Voices on Birchbark: Everyday Communication in Medieval Russia (Studies in Slavic and General Linguistics 48), Leiden u.a. 2018.

van Schaïk, Remi (Hg.), Economies, Public Finances and the Impact of Institutional Changes in Interregional Perspective: The Low Countries and Neighbouring German Territories (14th-17th Centuries) (Studies in European Urban History 36), Turnhout 2015.

Schalies, Ingrid, Archäologische Untersuchungen zum Hafen Lübecks: Befunde und Funde der Grabung »An der Untertrave«/Kaimsuer, in: Beiträge der Archäologie zum Lübecker Hafen (Lübecker Schriften zur Archäologie und Kulturgeschichte 18), Bonn 1992, S. 305–344.

Scheel, Roland u. Wedel, Lilija, Waräger – Krieger, Händler, Herrscher (Studien zur Geschichtsforschung des Mittelalters 35), Hamburg 2017.

Scheel, Roland, Jenseits der »Warägergarde«: Skandinavien zwischen Byzanz und dem Westen, in: Falko Daim u.a. (Hg.), Menschen, Bilder, Sprache, Dinge: Wege der Kommunikation zwischen Byzanz und dem Westen (Byzanz zwischen Orient und Okzident 9), Bd. 2, Mainz 2018, S. 153–170.

Scheper, Burchard, Anfänge und Formen bürgerlicher Institutionen norddeutscher Hansestädte im Mittelalter: Beiträge zu einer vergleichenden Verfassungsgeschichte Lübecks, Bremens, Hamburgs und Lüneburgs, Diss. phil. Univ. Kiel 1959 (masch.).

Scheurlen, Ute, Über Handel und Seeraub im 14. und 15. Jahrhundert an der ostfriesischen Küste, Diss. phil. Univ. Hamburg 1974 (masch.).

van Schevichaven, H. D. J., Bijdrage tot de geschiedenis van den handel van Gelre vóór 1400 en van zijn betrekkingen tot de Hanze, in: Bijdragen en Mededeelingen van Gelre 13 (1910), S. 1–20.

Schild, Axel, Von der Kaufmann-Legende zur Hamburg-Legende: Heinrich Heffters Vortrag »Hamburg und der Nationalsozialismus« in der Hamburger Universität am 9. November 1950, in: Zeitgeschichte in Hamburg 2003, S. 10–46.

Schildhauer, Johannes, Soziale, politische und religiöse Auseinandersetzungen in den Hansestädten Stralsund, Rostock und Wismar im ersten Drittel des 16. Jahrhunderts, Weimar u. a. 1959.

Schildhauer, Johannes, Die Hanse. Geschichte und Kultur, Stuttgart u. a. 1984.

Schildhauer, Johannes, Hansestädtischer Alltag. Untersuchungen auf der Grundlage der Stralsunder Bürgertestamente vom Anfang des 14. bis zum Ausgang des 16. Jahrhunderts (Abhandlungen zur Handels- und Sozialgeschichte 28), Weimar 1992.

Schilp, Thomas u. Welzel, Barbara (Hg.), Dortmund und die Hanse. Fernhandel und Kulturtransfer (Dortmunder Mittelalter-Forschungen 15), Bielefeld 2012.

Schipmann, Johannes Ludwig, Osnabrück und die Hanse im 16. und 17. Jahrhundert, in: Osnabrücker Mitteilungen 109 (2004), S. 87–106.

Schipmann, Johannes Ludwig, Politische Kommunikation in der Hanse (1550 bis 1621): Hansetage und westfälische Städte (QDhG 55), Köln u. a. 2004.

Schipmann, Johannes Ludwig, Hanse und Reich im späten Mittelalter und in der frühen Neuzeit: wie kaiserfern war die Hanse wirklich?, in: Blätter für deutsche Landesgeschichte 145/146 (2009/10), S. 95–111.

Schmid, Wolfgang, Kölner Hansekaufleute als Stifter und Mäzene, in: HGbll. 113 (1995), S. 127–144.

Schmidt, Burghardt u. Richefort, Isabelle (Hg.), Les relations entre la France et les villes hanséatiques de Hambourg, Brême et Lübeck, Bruxelles 2006.

Schmidt, Georg, Städtetag, Städtehanse und frühneuzeitliche Reichsverfassung, in: Michael Stolleis (Hg.), Recht, Verfassung und Verwaltung in der frühneuzeitlichen Stadt (Städteforschung A 31), Köln u. a. 2001, S. 41–61.

Schmidt, Heinrich, Die deutschen Städtechroniken als Spiegel des bürgerlichen Selbstverständnisses im Spätmittelalter (Schriftenreihe der Historischen Kommission bei der Bayerischen Akademie der Wissenschaften 3), Göttingen 1958.

Schmidt, Heinrich, Über Geschichtsvereine und Geschichtsbewußtsein in nordwestdeutschen Hansestädten, in: HGbll. 100 (1982), S. 1–20.

Schmidt-Wiegand, Ruth, Hanse und Gilde: Genossenschaftliche Organisationsformen im Bereich der Hanse und ihre Bezeichnungen, in: HGbll. 100 (1982), S. 21–40.

Schnall, Uwe, »wâ scheident aber die wege sich ...?« Zur Navigation auf Hanse-Koggen, in: Kiedel/Schnall, Hanse-Kogge ([2]1989), S. 69–73.

Schnall, Uwe, Probleme der praktischen Navigation auf den neuen Seewegen um die Erde im 16. Jahrhundert, in: DSA 20 (1997), S. 341–358.

Schneider, Joachim, Kleine Ehrbarmannen in Kursachsen: Adel zwischen Bauern, Bürgertum und landsässiger Ritterschaft, in: Kurt Andermann, Peter Johanek (Hg.), Zwischen Nicht-Adel und Adel (Vorträge und Forschungen 53), Stuttgart 2001, S. 179–212.

Schneidmüller, Bernd, Heinrich der Löwe. Innovationspotentiale eines mittelalterlichen Fürsten, in: Werner Hechberger, Florian Schuller (Hg.), Staufer & Welfen. Zwei rivalisierende Dynastien im Hochmittelalter, Regensburg 2009, S. 50–65.

Schneidmüller, Bernd, Heinrich der Löwe und sein Politikmodell im Norden des Reichs, in: Karl-Heinz Rueß (Hg.), Die Staufer und der Norden Deutschlands, Göppingen 2016, S. 12–46.

Schnettger, Matthias, Die Kleinen im Konzert der Großen: Mindermächtige italienische Fürsten als Akteure im Umfeld der Friedensverträge von Utrecht, Rastatt und Baden, in: Heinz Duchhardt u. Martin Espenhorst (Hg.), Utrecht – Rastatt – Baden 1712–1714: ein europäisches Friedenswerk am Ende des Zeitalters Ludwigs XIV. (Veröffentlichungen des Instituts für Europäische Geschichte 98), Göttingen 2013, S. 91–114.

Schneyer, Johannes Baptist, Alberts des Großen Augsburger Predigtzyklus über den hl. Augustinus, in: Recherches de théologique ancienne et médiévale 36 (1969), S. 105–147.

Schönfelder, Wilhelm, Die wirtschaftliche Entwicklung Kölns von 1370 bis 1513: dargestellt mit linearen Trendfunktionen samt Analyse ihrer Bestimmungsfaktoren (Neue Wirtschaftsgeschichte 1), Köln u. a. 1970.

Scholz, Birgit, Von der Chronistik zur modernen Geschichtswissenschaft. Die Warägerfrage in der russischen, deutschen und schwedischen Historiographie (Forschungen zum Ostseeraum 5), Wiesbaden 2000.

Schramm, Percy Ernst, Deutschland und Übersee: der deutsche Handel mit den anderen Kontinenten, insbesondere Afrika, von Karl V. bis zu Bismarck. Ein Beitrag zur Geschichte der Rivalität im Wirtschaftsleben, Braunschweig 1950.

Schreiner, Francisca, Ein Versuch, die Praktik des Vertrageschließens auf Basis von Verträgen über Commenda-Fahrten im Genua des 12. Jahrhunderts zu rekonstruieren, in: Jan-Hendryk de Boer (Hg.), Praxisformen: zur kulturellen Logik von Zukunftshandeln (Kontingenzgeschichten 6), Frankfurt a. M. u. a. 2019, S. 457–465.

Schreiner, Klaus, »Got is selve recht.« Angewandte Theologie in Rechtsordnungen und Rechtsverfahren des späten Mittelalters, in: Hartmut Boockmann u. a. (Hg.), Recht und Verfassung im Übergang vom Mittelalter zur Neuzeit, Bd. 2, Göttingen 2001, S. 335–369.

Schubert, Birte, Die russische Kaufmannschaft und ihre Beziehungen zur Hanse, in: Jenks/North, Hansischer Sonderweg? (1993), S. 13–22.

Schubert, Birte, Die Bedeutung des Hansehandels für die wirtschaftliche Entwicklung der Ruś, in: Henn/Nedkvitne, Norwegen und die Hanse (1994), S. 177–189.

Schubert, Birte, Revaler Zollbücher und Brügger Steuerlisten: Flandernhändler im Spiegel zweier Quellen, in: Jörn u. a., Hansekaufleute in Brügge (2000), S. 283–298.

Schubert, Birte, Hansische Kaufleute im Novgoroder Handelskontor, in: Angermann/Friedland, Nowgorod (2002), S. 79–98.

Schütt, Hans-Friedrich, Die dänischen St. Knudsgilden – mit besonderer Berücksichtigung der Gilden in Schleswig und Flensburg, in: Schwineköper, Gilden und Zünfte (1985), S. 231–280.

Schulte, Günter, Zwischen Konfrontation und Kooperation: Niederdeutsche Hansestädte und ihr Verhältnis zum Reichsoberhaupt, in: Sicken, Herrschaft (1994), S. 205–240.

Schulte-Beehrbühl, Margrit, Deutsche Kaufleute in London: Welthandel und Einbürgerung, 1600–1818 (Veröffentlichungen des Deutschen Historischen Instituts London 61), München 2007.

Schulz, Friedrich, Die Hanse und England: von Eduards III. bis auf Heinrichs VIII. Zeit, Berlin 1911.

Schulz, U., Zu dem Aufstand der Zünfte 1387, in: Heimatkalender für den Kreis Anklam 22 (1987), S. 25–31.

Schwebel, Karl H., Der Stralsunder Friede (1370) im Spiegel der historischen Literatur: eine Übersicht (Schriften der Wittheit zu Bremen), Bremen 1970.

Schweitzer, Robert, Hanse-Tradition jenseits der Hanse? Das Bild der Hanse in Schweden und Finnland – mit einer Fallstudie zum heute russischen Wivorg/Vyborg, in: Mitteilungen der Geographischen Gesellschaft Lübeck 59 (1999), S. 159–188.

Schwerhoff, Gerhard, Der Kölner Stapel (1239–1831). Werden und Wandlungen einer alteuropäischen Institution, in: Jahrbuch des Kölnischen Geschichtsvereins 80 (2009/10), S. 43–69.

Seegers, Lu, Deutungen des Hanseatischen im 20. Jahrhundert, in: Petermann u. a., Hansische Identitäten (2018), S. 221–230.

von Seggern, Harm, Spätmittelalterliche Großstädte als Dienstleistungsgesellschaften? Zur Anwesenheit fremder Kaufleute (Gäste), in: Jörg Oberste (Hg.), Metropolität in der Vormoderne: Konstruktionen urbaner Zentralität im Wandel (Forum Mittelalter. Studien 7), Regensburg 2012, S. 195–210.

von Seggern, Harm, Fremde Kaufleute in Brügge. Zur Entstehung der Börse im 14./15. Jahrhundert, in: Franz J. Felten (Hg.), Mittelalterliche Kaufhäuser im europäischen Vergleich (Mainzer Vorträge 18), Stuttgart 2015, S. 103–126.

von Seggern, Harm, Quellenkunde als Methode: zum Aussagewert der Lübecker Niederstadtbücher des 15. Jahrhunderts (QDhG N. F. 72), Köln u. a. 2016.

Seibt, Ferdinand u. a. (Hg.), Transit Brügge-Novgorod: eine Straße durch die europäische Geschichte, Essen u. a. 1997.

Seier, Maria, Die Hanse auf dem Weg zum Städtebund: hansische Reorganisationsbestrebungen an der Wende vom 15. zum 16. Jahrhundert, in: HGbll. 130 (2012), S. 93–125.

Seifert, Dieter, Hildebrand Veckinchusen – a typical Hanseatic merchant in the Low Countries?, in: Peter Stabel u. a. (Hg.), International Trade in the Low Countries (14th-16th Centuries): Merchants, Organisation, Infrastructure (Studies in Urban, Social, Economic and Political History of the Medieval and Modern Low Countries 10), Leuven u. a. 2000, S. 45–53.

Seifert, Dieter, Kompagnons und Konkurrenten. Holland und die Hanse im späten Mittelalter (QDhG N. F. 43), Köln u. a. 1997.

Selart, Anti, Der »Dorpater Zins« und die Dorpat-Pleskauer Beziehungen im Mittelalter, in: Jähning/Militzer, Aus der Geschichte Alt-Livlands (2004), S. 11–38.

Selart, Anti, Livland und die Rus' im 13. Jahrhundert (Quellen und Studien zur baltischen Geschichte 21), Köln u. a. 2007.

Selzer, Stephan, Bürger an König Artus' Tafel. Gemeinschaft und Erinnerung in den Artushöfen des Preußenlandes, in: Hill u. a., Gemeinschaft und Geschichtsbilder (2000), S. 123–143.

Selzer, Stephan, Prosopographie eines Schiffsunglücks: Schadenslisten preußischer Flandernhändler als Parallelüberlieferung zur Brügger Steuerliste, in: Jörn u. a., Hansekaufleute in Brügge (2000), S. 319–326.

Selzer, Stephan, Trinkstuben als Orte der Kommunikation: das Beispiel der Artushöfe im Preußenland, ca. 1350–1550, in: Gerhard Fouquet u. a. (Hg.), Geschlechtergesellschaften, Zunft-Trinkstuben und Bruderschaften (Stadt in der Geschichte 30), Stuttgart 2003, S. 73–98.

Selzer, Stephan, Die mittelalterliche Hanse (Wissen kompakt), Darmstadt 2010.

Selzer, Stephan, Seeräuber in Heringstonnen? Gewaltausübung und Gewalterfahrung auf hansischen Schiffsrouten des Spätmittelalters, in: Sünje Prühlen (Hg.), Piraterie von der Antike bis zur Gegenwart (Historische Mitteilungen. Beiheft 81), Stuttgart 2012, S. 115–138.

Selzer, Stephan, Was meint Hansegeschichte heute?, in: Auge, Hansegeschichte als Regionalgeschichte (2014), S. 21–34.

Selzer, Stephan, Was zeigen eigentlich Hansekarten? Zur Wechselwirkung von Deutung und Kartierung der Hanse, in: Neumann u. a., Ad laudem et gloriam (2016), S. 183–206.

Selzer, Stephan, Zweifache Wachstumschancen: Hansische Ökonomie im 16. Jahrhundert und ihre Erforschung, in: Hammel-Kiesow/Selzer, Strukturwandel (2016), S. 1–10.

Selzer, Stephan, Nachgrabung auf dem Markt von Lübeck: Fritz Rörigs »Gründungsunternehmerthese« in der deutschen Geschichtsforschung der ersten Hälfte des 20. Jahrhunderts, in: ZLG 96 (2016), S. 9–52.

Selzer, Stephan (Hg.), Menschen – Märkte – Meere: Bausteine zur spätmittelalterlichen Wirtschafts- und Sozialgeschichte (Contributiones 6), Münster 2018.

Selzer, Stephan (Hg.), Die Konsumentenstadt: Konsumenten in der Stadt des Mittelalters (Städteforschung 98), Köln u. a. 2018.

Selzer, Stephan, kophus, sellebode, nedderlage, spiker. Bemerkungen zu Institutionen des hansischen Handels und ihrer Erforschung, in: Heidrun Ochs u. Gabriel Zeilinger (Hg.), Kaufhäuser an Mittel- und Oberrhein im Spätmittelalter (Schriften zur südwestdeutschen Landeskunde 80), Ostfildern 2019, S. 85–100.

Seyger, Gerard, Twenthe (1200–1500) en de Duitse Hanze, 3 Bde., Enschede 2016.

Sherman, Heidi M., The Flax and Linen of Medieval Novgorod, in: Huang/Jahnke, Textiles (2015), S. 104–112.

Sicken, Bernhard (Hg.), Herrschaft und Verfassungsstrukturen im Nordwesen des Reiches (Städteforschung A 35), Köln u. a. 1994.

Sillem, Wilhelm, Zur Geschichte der Niederländer in Hamburg von ihrer Ankunft bis zum Abschluss des Niederländischen Contracts 1605, in: Zeitschrift für Hamburgische Geschichte 7 (1883), S. 481–598.

Simensen, Erik, Der Einfluss des Mittelniederdeutschen auf das Norwegische in Urkunden des 14. Jahrhunderts, in: Ureland, Sprachkontakt in der Hanse (1987), S. 271–294.

Simonsfeld, Henry, Der Fondaco dei Tedeschi in Venedig und die deutsch-italienischen Handelsbeziehungen, 2 Bde., Stuttgart 1887.

Smid, Pirmin, Het Oosterlingenhuis te Brugge en zijn ontwerper Jan van den Poele, Antwerpen 1948.

Sohrab, Siawusch, Die deutsch-persischen Wirtschaftsbeziehungen vor dem Ersten Weltkrieg (Europäische Hochschulschriften V 137), Frankfurt a. M. 1976.

Soom, Arnold, Der Handel Revals im siebzehnten Jahrhundert (Marburger Ostforschungen 29), Wiesbaden 1969.

Spading, Klaus, Die Hanse und Holland im Prozeß der ursprünglichen Akkumulation, in: Fritze u. a., Zins – Profit – Ursprüngliche Akkumulation (1981), S. 141–153.

Sprandel, Rolf, Die Handwerker in den nordwestdeutschen Städten des Spätmittelalters, in: HGbll. 86 (1968), S. 37–62.

Sprandel, Rolf, Die Konkurrenzfähigkeit der Hanse im Spätmittelalter, in: HGbll. 102 (1984), S. 21–38.

Sprandel, Rolf, Was wußte man im späten Mittelalter in Süddeutschland über Norddeutschland und umgekehrt? Studien zur Geschichtsschreibung 1347–1517, in: Paravicini, Nord und Süd (1990), S. 219–230.

Sprandel, Rolf, Die Interferenz von Gesellschaften und Genossenschaften im hansischen Handel, in: Jörn/Kattinger/Wernicke, Genossenschaftliche Strukturen (1999), S. 79–100.

Spufford, Peter, The relative scale of medieval Hanseatic trade, in: Hammel-Kiesow, Vergleichende Ansätze (2002), S. 153–161.

Squires, Catherine, Das hansische Niederdeutsche in Groß-Novgorod, in: Das Wort. Germanistisches Jahrbuch Russland (2005), S. 265–276.

Stadelmaier, Christian, Agrartechnik und Bewirtschaftungsformen bei Adel und Bauern: Gab es eine hochmittelalterliche Agrarrevolution?, in: Fey/Krieb, Adel und Bauern (2012), S. 79–114.

Stähli, Albert, Wikinger und Waräger: die Pioniere der Globalisierung, Frankfurt a. M. 2014.

Stammler, Wolfgang, Die deutsche Hanse und die deutsche Literatur, in: HGbll. 45 (1919), S. 35–70.

Stark, Walter, Lübeck und Danzig in der zweiten Hälfte des 15. Jahrhunderts: Untersuchungen zum Verhältnis der wendischen und preußischen Hansestädte in der Zeit des Niedergangs der Hanse (Abhandlungen zur Handels- und Sozialgeschichte 11), Weimar 1973.

Stark, Walter, Über Platz- und Kommissionshändlergewinne im Handel des 15. Jahrhunderts, in: Fritze u. a., Autonomie (1984), S. 130–146.

Stark, Walter, Über Techniken und Organisationsformen des hansischen Handels im Spätmittelalter, in: Jenks/North, Hansischer Sonderweg? (1993), S. S. 191–202.

Stefke, Gerald, Der Lübecker Bürgermeister Johan Wittenborch, hingerichtet 1363, in: HGbll. 126 (2008), S. 1–144.

Stein, Walther, Über die ältesten Privilegien der deutschen Hanse in Flandern und die ältere Handelspolitik Lübecks, in: HGbll. 30 (1902), S. 51–136.

Stein, Walther, Die Hansebruderschaft der Kölner Englandfahrer und ihr Statut vom Jahre 1324, in: HGbll. 35 (1908), S. 197–240.

Stein, Walther, Die Binnenfahrt durch Holland und das Stift Utrecht vom 12. bis 14. Jahrhundert, in: HGbll. 36 (1909), S. 13–36.

Stein, Walther, »hansa«, in: HGbll. 36 (1909), S. 53–114.

Steinführer, Henning, Kurze Geschichte der Hansestadt Braunschweig, Braunschweig 2017.

Stobeaus, Per (Hg.), Kust och kyrka på Gotland: historiska uppsatser (Arkiv på Gotland 7), Visby 2010.

Stockhusen, Sabrina, Hinrik Dunkelgud und sein Rechnungsbuch (1479 bis 1517): Lebensformen eines Lübecker Krämers an der Wende vom 15. zum 16. Jahrhundert (Beihefte zur VSWG 245), Stuttgart 2019.

Stoob, Heinz (Hg.), See- und Flusshäfen vom Hochmittelalter bis zur Industrialisierung (Städteforschung A 24), Köln u. a. 1986.

Stoob, Heinz, Die Hanse, Graz u. a. 1995.

Stork, Hans-Walter, Das Fresko der Pilgerkrönung durch den Heiligen Jakobus in St. Nicolai, Mölln, in: Gómez-Montero, Jakobsweg (2011), S. 75–92.

Streb, Jochen, Die politische Glaubwürdigkeit von Regierungen im institutionellen Wandel: Warum ausländische Fürsten das Eigentum von Fernhandelskaufleuten der Hanse schützten, in: Jahrbuch für Wirtschaftsgeschichte 45 (2004), S. 141–156.

Stützel, Peter, Die Privilegien des Deutschen Kaufmanns in Brügge im 13. und 14. Jahrhundert, in: HGbll. 116 (1998), S. 23–63.

Sussman, Nathan, The Late Medieval Bullion Famine Reconsidered, in: Journal of Economic History 58 (1998), S. 126–154.

Swoboda, Rolf, Das Wettbewerbsverbot unter Handelsgesellschaften vorzugsweise nach deutschem Rechte, Heidelberg 1931.

Tandecki, Janusz (Hg.), Die Rolle der Stadtgemeinden und bürgerlichen Genossenschaften im Hanseraum in der Entwicklung und Vermittlung des gesellschaftlichen und kulturellen Gedankengutes im Spätmittelalter, Toruń 2000.

Teubner, Gunther, Nichtlegislatorische Rechtsvereinheitlichung durch transnationales Wirtschaftsrecht und Rechtsbegriffe, in: Zeitschrift für ausländisches und internationales Privatrecht 56 (1992), S. 215–233.

Thielemann, Ulrich u. Weibler, Jürgen, Betriebswirtschaftslehre ohne Unternehmensethik? Vom Scheitern einer Ethik ohne Moral, in: Journal of Business Economics 77 (2007), S. 179–194.

Theuerkauf, Gerhard, Hamburg und der Elbhandel im Mittelalter, in: Jürgen Ellermeyer u. Rainer Postel (Hg.), Stadt und Hafen: Hamburger Beiträge zur Geschichte von Handel und Schiffahrt (Arbeitshefte zur Denkmalpflege in Hamburg 8), Hamburg 1986, S. 33–43.

Theuerkauf, Gerhard, Binnen- und Seehandel zur Hansezeit an mecklenburgischen Beispielen, in: Pelc, Zwische Lübeck und Novgorod (1996), S. 179–189.

Thießen, Malte, Hanse und Hanseatengeist als Erinnerungsort: Konjunkturen und Kontinuitäten städtischer Sinnstiftungen von den 1930er Jahren bis heute, in: Neumann u. a., Ad laudem et gloriam (2016), S. 223–238.
Thomas, Frank, Die persönliche Haftung von Gesellschaftern von Personengesellschaften in der historischen Entwicklung der Neuzeit (Schriften zur Rechtsgeschichte 102), Berlin 2003.
van Tielhof, Milja, The »Mother of all Trades«: the Baltic Grain Trade in Amsterdam from the Late 16th to Early 19th Century (The Northern World 3), Leiden u. a. 2002.
Tode, Sven, Die Reformation in Preußen: Einheit und Vielfalt reformatorischer Bewegungen, in: Nordost-Archiv 13 (2004), S. 201–265.
Trossbach, Werner, Unterschiede und Gemeinsamkeiten bei der Durchsetzung der Reformation in den Hansestädten Wismar, Rostock und Stralsund, in: Archiv für Reformationsgeschichte 88 (1997), S. 118–165.
Uitz, Erika, Zur wirtschaftlichen und gesellschaftlichen Situation von Frauen in ausgewählten spätmittelalterlichen Hansestädten, in: Barbara Vogel u. Ulrike Weckel (Hg.), Frauen in der Ständegesellschaft: Leben und Arbeiten in der Stadt (Beiträge zur deutschen und europäischen Geschichte 4), Hamburg 1991, S. 89–115.
Ullrich, Stefan, Untersuchungen zum Einfluss des lübischen Rechts auf die Rechte von Bergen, Stockholm und Visby (Rechtshistorische Reihe 375), Frankfurt a. M. u. a. 2008.
Ulpts, Ingo, Zur Rolle der Mendikanten in städtischen Konflikten des Mittelalters: ausgewählte Beispiele aus Bremen, Hamburg und Lübeck, in: Dieter Berg (Hg.), Bettelorden und Stadt. Bettelorden und städtisches Leben im Mittelalter und in der Neuzeit (Saxonia Franciscana 1), Werl 1992, S. 131–151.
Unger, Richard W., Beer in the Middle Ages and Renaissance, Philadelphia 2004.
Urbanski, Silke (Hg.), Recht und Alltag im Hanseraum: Gerhard Theuerkauf zum 60. Geburtstag (De Sulte 4), Lüneburg 1993.
Ureland, Per Sture (Hg.), Sprachkontakt in der Hanse: Aspekte des Sprachausgleichs im Ostsee- und Nordseeraum (Linguistische Arbeiten 191), Berlin u. a. 1987.
Utermöhlen, Bernd, Hansestadt Buxtehude, in: Heimatliches Buxtehude 7 (2015), S. 71–96.
Vaget, Hans Rudolf, Thomas Mann und das Hanseatentum, in: Rainer Hering u. Rainer Nicolaysen (Hg.), Lebendige Sozialgeschichte: Gedenkschrift für Peter Borowsky, Wiesbaden 2003, S. 735–747.
Vasold, Manfred, Die Ausbreitung des Schwarzen Todes in Deutschland nach 1348: zugleich ein Beitrag zur deutschen Bevölkerungsgeschichte, in: Historisches Zeitschrift 277 (2003), S. 281–308.
Veltmann, Claus, Die Hanse, Westeuropa und die Ausbreitung der Reformation: eine Skizze über die Rolle von Hansekaufleuten im europäischen Konfessionalisierungsprozess, in: HGbll. 123 (2005), S. 61–83.
Veltmann, Claus, Die Reformation in den Hansestädten des südlichen und östlichen Ostseeraumes: Überlegungen zu einer Verlaufstypologie, in: Graßmann, Der Kaufmann und der liebe Gott (2009), S. 147–162.

Vogel, Walther, Ein seefahrender Kaufmann um 1100, in: HGbll. 18 (1912), S. 239–248.

Vogtherr, Hans-Jürgen, Der Schweden-Kaufmann Hermann Iserhel und Gustav Vasa, in: ZVLGA 94 (2014), S. 137–169.

Vogtherr, Hans-Jürgen, Uelzen in der Hanse, Uelzen 2016.

Volckart, Oliver, Währungsvielfalt, Wechselkurse und Geldmarktintegration im Hanseraum, ca. 1350–1550, in: Hammel-Kiesow/Selzer, Hansischer Handel (2016), S. 11–30.

von den Brinken, Anna-Dorothee, Die kartographische Darstellung Nordeuropas durch italienische und mallorquinische Portolanzeichner im 14. und in der ersten Hälfte des 15. Jahrhunderts, in: HGbll. 92 (1974), S. 45–58.

Wälter, Peter, Wirtschaftliche Beziehungen zwischen Lübeck und Danzig im späten 16. Jahrhundert, Lüneburg 1995.

Walther, Helmut, Kaiser Friedrich Barbarossas Urkunde für Lübeck vom 19. September 1188, in: ZVLGA 69 (1989), S. 11–48.

Warncke, Johannes, Mittelalterliche Schulgeräte im Museum zu Lübeck: ein Kloakenfund vom Grundstück der alten Lübecker Stadtschule, in: Zeitschrift für Geschichte der Erziehung und des Unterrichts 2 (1912), S. 227–250.

Weber, Karl Klaus, Die Hansestadt Lübeck und die Generalstaaten: die Beziehungen zwischen der Stadt als Haupt der Hanse und der Republik von ihrer Gründung 1579 bis zu Beginn des Dreißigjährigen Krieges im Spiegel niederländischer Quellen, in: ZVLGA 81 (2001), S. 201–248.

Weczerka, Hugo, Die Südostbeziehungen der Hanse, in: Angermann, Die Hanse und der deutsche Osten (1990), S. 117–132.

Weczerka, Hugo, Hansische Handelswege in den nordwestrussischen Raum, in: Angermann/Friedland, Nowgorod (2000), S. 15–24.

Wegemann, Georg, Die führenden Geschlechter Lübecks und ihre Verschwägerungen, in: ZVLGA 31 (1949), S. 51–71.

Wegmann, Jürgen, Zeibig, Dieter u. Zilkens, Hubertus, Der ehrbare Kaufmann: Leistungsfaktor Vertrauen – Kostenfaktor Misstrauen, Köln 2009.

Wehrmann, Carl, Der Aufstand in Lübeck bis zur Rückkehr des Alten Rats 1408–1416, in: HGbll. 5 (1878), S. 103–156.

Weise, Erich, Interpretation der Goldenen Bulle von Rimini (März 1226) nach dem kanonischen Recht, in: Acht Jahrhunderte Deutscher Orden in Einzeldarstellungen: Festschrift zu Ehren Sr. Exzellenz P. Dr. Marian Tumler O. T. (Quellen und Studien zur Geschichte des Deutschen Ordens 1), Bad Godesberg 1967, S. 15–47.

Weise, Erich, Der Zweite Thorner Vertrag vom 19. Oktober 1466, in: Jahrbuch der Albertus-Universität zu Königsberg 22 (1972), S. 8–68.

Wernicke, Horst, Werlich, Ralf-Gunnar u. Kattinger, Detlef (Hg.), Communitas et dominium. Festschrift zum 75. Geburtstag von Johannes Schildhauer, Groß Barkau 1994.

Wernicke, Horst, Die Formel vom »Besten des gemeinen Kaufmann«, in: ders./Werlich/Kattinger, Communitas et dominium (1994), S. 36–42.

Wernicke, Horst, Beiträge zur hansischen Kultur-, Verfassungs- und Schiffahrtsgeschichte (Hansische Studien), Weimar 1998.

Wernicke, Horst, Die Fahrtrichtungsgenossenschaften in den Hansestädten. Überlegungen zu ihrem Wesen und ihrer Bedeutung, in: ders./Jörn/Kattinger, Genossenschaftliche Strukturen in der Hanse (1999), S. 123–133.

Weski, Timm, Fiktion oder Realität? Anmerkungen zum archäologischen Nachweis spätmittelalterlicher Schiffsbezeichnungen, in: Skyllis 2 (1999), S. 96–106.

Weststraate, Job, Abgrenzung durch Aufnahme: Die Eingliederung der Süderseeischen Städte in die Hanse, ca. 1360–1450, in: HGbll. 121 (2003), S. 13–40.

Wiegelmann, Günter u. Mohrmann, Ruth-Elisabeth (Hg.), Nahrung und Tischkultur im Hanseraum (Beiträge zur Volkskultur in Nordwestdeutschland 91), Münster u. a. 1996.

Wieske, Nicolas, Kommerzielle Revolution in Norwegen und Island? Intraregionaler Handel im Spiegel altwestnordischer Quellen, München 2011.

Wijffels, Alain, Krieg, Diplomatie und Recht: die englisch-hansischen Konflikte 1468–1603, in: Albrecht Cordes (Hg.), Mit Freundschaft oder mit Recht? Inner- und außergerichtliche Alternativen zur kontroversen Streitentscheidung im 15.–19. Jahrhundert (Quellen und Forschungen zur höchsten Gerichtsbarkeit im Alten Reich 65), Köln u. a. 2015, S. 85–100.

Winichakul, Thongchai, Siam Mapped: a History of the Geo-Body of a Nation, Honolulu 1994.

von Winterfeld, Luise, Kapital und Patriziat in Köln bis 1400, Lübeck 1925.

Witthöft, Harald, Zeichen, Verpackung, Maß/Gewicht und Kommunikation im hansischen Handel, in: Jenks/North, Der hansische Sonderweg? (1993), S. S. 203–224.

Witthöft, Harald, Der Smolensker Vertrag und die Überlieferung von Waage und Gewicht aus dem Novgoroder und dem Düna-Handelsraum. Nach deutsch-russischen Quellen des 13. bis 15. Jahrhunderts, in: Angermann/Friedland, Novgorod (2002), S. 177–210.

Witthöft, Harald, Die Lüneburger Saline: Salz in Nordeuropa und der Hanse vom 12.–19. Jahrhundert: eine Wirtschafts- und Kulturgeschichte langer Dauer (De Sulte 22), Rahden 2010.

Wriedt, Klaus, Schulen und bürgerliches Bildungswesen in Norddeutschland im Spätmittelalter, in: Bernd Moeller (Hg.), Studien zum städtischen Bildungswesen des späten Mittelalters und der frühen Neuzeit, Göttingen 1983, S. 152–172.

Wubs-Mrozewicz, Justyna u. Jenks, Stuart (Hg.). The Hanse in Medieval and Early modern Europe (The Northern World 60), Leiden u. a. 2013.

Zhang, Yu (Hg.), China und Deutschland 5.0: Herausforderung, Chance und Prognose, Berlin u. a. 2019.

Zöller, Sonja, Kaiser, Kaufmann und die Macht des Geldes: Gerhard Unmaze von Köln als Finanzier der Reichspolitik und der »Gute Gerhard« des Rudolf von Ems (Forschungen zur Geschichte der älteren deutschen Literatur 16), München 1993.

Bildnachweis

Abb. 1: Hansischer Geschichtsverein e. V./Siegelsignet vom Titelblatt der Hansischen Geschichtsblätter 1872; **Abb. 2**: Schleswig, Archäologisches Landesmuseum Schloss Gottorf (Inv.-Nr. KSD 598–653); **Abb. 3**: München, Bayerische Staatsbibliothek, Clm 4453, fol. 23v und 24r; **Abb. 4**: Universitätsbibliothek Heidelberg (Cod. pal. germ. 164, fol. 26v); **Abb. 5**: Schwerin, Landesarchiv Mecklenburg-Vorpommern (15.5, fol. 42v); **Abb. 6**: Arnold Plesse (Foto), CC-BY 3.0; **Abb. 7**: Herbert Ewe. Schiffe auf Siegeln. Hinstorff Verlag GmbH, Rostock 1972; **Abb. 8**: Staats- und Universitätsbibliothek Bremen, Sächsische Weltchronik (msa 0033), fol 98r; **Abb. 9**: Lübeck, Archiv der Hansestadt, Anglicana 012a; **Abb. 10**: Stockholm, Nationalmuseum, NM 1431; **Abb. 12**: GRAMOTY; **Abb. 14**: München, Bayerische Staatsbibliothek, Clm 23638; **Abb. 15**: Herzog August Bibliothek Wolfenbüttel: Cod. Guelf. 120 Extrav., fol. 165v; **Abb. 16**: Herbert Ewe: Schiffe auf Siegeln. Hinstorff Verlag GmbH, Rostock 1972; **Abb. 18**: Tallinn, Stadtarchiv,1-I, no. 567; Abb. 20: Rheinisches Bildarchiv: rba_076847; **Abb. 21**: Wikimedia Commons, CC BY-SA 3.0 (Foto); **Abb. 22**: Deutsche Fotothek; **Abb. 24**: Wien, Kunsthistorisches Museum, Inv.-Nr. GG 1016; **Abb. 25**: Amsterdam, Rijksmuseum, RP-P-OB-78 237; **Abb. 26**: bpk/Gemäldegalerie, SMB/Jörg P. Anders; **Abb. 27**: Lübeck, St. Annen-Museum, Inv.-Nr. 1582–1690; **Abb. 28**: Bau- und Kunstdenkmäler der Freien und Hansestadt Lübeck III 2, 1921, S. 407 f.; **Abb. 29**: Thomas Koppermann, Bälau; **Abb. 31**: Braunschweig, Stadtarchiv, B III 4:19, fol. 5r. Foto: Hiram Kümper; **Abb. 32**: Peter Palm, Berlin; **Abb. 33**: British Museum, HS. Roy. 10 E IV, fol. 19r; **Abb. 34**: Kupferstich-Kabinett, SKD © Foto: SLUB Dresden/Deutsche Fotothek/Regine Richter; **Abb. 35**: Wilfried Rosendahl; **Abb. 36**: Peter Palm, Berlin; **Abb. 37**: Muzeum Narodowe w Gdańsku; **Abb. 38**: Deutsches Schifffahrtsmuseum/DSM Bremerhaven; **Abb. 40**: Lübeck, St. Annen-Museum, Inv.-Nr. 2204a; **Abb. 41**: Wittenberg, Lutherhaus; **Abb. 42**: Inga Mai Groote, 2019; **Abb. 43**: Universitäts- und Landesbibliothek Darmstadt (Hs. 1971, Bd. 15, Bl. 143); **Abb. 44**: Herzog August Bibliothek Wolfenbüttel: IH 542; **Abb. 45**: Kurt Fuchs, IHK Nürnberg

Karten in Vor- und Nachsatz: Peter Palm, Berlin

Register

Aardenburg 98 f., 109, 423
Abel, Wilhelm 419
Ablass/-handel 226, 233, 235 ff.
Åbo s. Turku
Abodriten/-reich 52
Adam von Bremen 33 f., 39, 51, 409
Adolf II. von Schauenburg 52, 55
Adolf von Köln (Erzbischof) 58
Adorno, Theodor W. 10
Aegidius Lessinus 238
Æthelred II. (England) 132
Afrika 13, 66 74, 365 f.
Agricola, Mikael 322
Akerlof, George A. 183
Akkon 81
Akzisen 79, 165, 194, 295
Alba 305
Albach, Horst 394 f.
Albert von Bremen (Bischof) 76 f.
Albertus Magnus 238
Albrecht I. (Bayern) 276, 407
Albrecht I. der Bär (Brandenburg) 46, 56
Alfred der Große (Wessex) 36
Algazi, Gadi 86
Algier 365
Alkmaar 301
Aloicus (Reisernder) 39
Alpen 50, 56, 75, 140
Alpert von Metz 72, 125
Ältermänner (*oldermenner*) 110 f., 118 ff., 131, 133 f., 136, 139, 142, 186, 207, 213, 244, 260, 304
Altmark 255, 294, 333
Altmärkischer Hansebund 389
Àlvarez de Toledo, Fernando 305
Amerika 48, 183, 230, 273, 326, 365, 376; s.a. Lateinamerika; USA
Amsterdam 115, 119, 231, 286, 302, 327, 344
Angelsachsen 35, 37, 42
Anklam 244, 334, 338
Anton Ulrich (Braunschweig) 356
Antonius-Bruderschaft (Lübeck) 232
Antwerpen 109, 138 ff., 286, 302–306, 327, 332 f., 403, 420
Arabien 35, 41, 279
Archangelsk 313, 343
Ärmelkanal 300 f.
Arnold von Lübeck (Abt) 57, 59
Arnsberg 326
Artlenburger Privileg 63
Atlantik 35, 37, 200 f., 326 f., 344, 365
Attendorn 70
Augsburg 238, 342, 347, 358
Ausbildung, kaufmännische 149, 207–210, 212 f.

Baltikum 33, 66, 69 f., 75, 77, 82, 106, 175, 189, 203, 322, 387
Bangkok 367 f.
Banken/Bankwesen 140, 185–188, 215, 344
Barbarossa s. Friedrich I. Barbarossa
Barcelona 188
Bardowick 54
Bari 223
Barthold, Friedrich Wilhelm 84
Bartlett, Robert 48
Bayern 46, 51, 56, 59, 204, 374, 407
Beistädte 252, 331, 337
Belbuck 316
Belgien 39, 192
Bellendorpe, Helbert 323
Below, Georg von 377
Belt and Road Initiative (BRI) s. Neue Seidenstraße
Beneke, Paul 299 f.
Bergen 111, 118, 122, 140–144, 177, 179, 213, 275, 283
Bergen op Zoom 139, 304
Berlin 22, 264, 294, 369, 377, 394
Bernhard von Clairvaux 46, 48
Bernhard von Lüneburg 289

Bernhard von Sachsen 56 f.
Bernstein/-handel 196 f.
Beschorner, Thomas 12 f.
Bestattungen 227 ff., 235
Beswort, Johan 151
Bettelorden 225 f., 228, 238, 318, 436
Beukelszoon, Willem 202 f.
Bier/-handel 79, 99, 115, 120, 204 f., 211 f., 325, 433, 447
Biervliet 202
Binnenschifffahrt 158 ff.
Birger (Schweden) 125
Birkenrindenurkunden 123 f.
Bismarck, Otto von 87, 369, 376, 378
Blaschke, Karlheinz 223 ff.
Blockchain 402
Blomkvist, Nils 409
Blumenfeld, Erik 382
Bocholt 70, 252
Bode, Hermen 143
Bodin, Jean 293
Bogislaw X. (Pommern) 316
Böhmen 43, 320 f., 347, 349
Bojaren 120, 128 f., 132, 308, 314
Bonaventura 238
Borken 252
Bornhöved 80
Boston 119, 179
Bourgneuf 201
Brabant 68, 97, 109, 136, 138 f., 203, 296, 298, 304
Brandenburg 46, 97, 264, 294, 312 f., 348, 359
Brandis, Henning 256 ff.
Brandt, Ahasver von 31, 260, 382
Brasilien 344
Braunsberg 83
Braunschweig 50, 58, 89, 95, 108, 132, 138 f., 190, 205, 243, 245 f., 248, 257 f., 294, 317, 321, 331, 339 f., 356–359, 370, 417, 430, 433
Bremen 65, 71, 76, 81, 90 f., 160, 232, 243, 246, 256 ff., 272, 283, 288 f., 300, 304, 337, 339, 348, 351 ff., 356, 358, 360 ff., 364 f., 371, 374, 377, 440, 452, 454
Bremer Kogge 147
Bremerhaven 152, 365, 371
Breslau 145, 282
Bretagne 156
Breughel, Pieter d. Ä. 198 f.
Briefe 45, 92 f., 98, 108, 175, 185, 205 ff., 209 f., 261, 270 f., 275, 329
Brielle 115
Britische Inseln 35 f.; s. a. England, Schottland, Wales
Brömsebro 353
Brosseau, Christophe 361
Bruderschaften 230–233
Brügge 16, 68, 70, 96, 98 f., 106–110, 118 ff., 122, 133, 135–141, 150, 164, 166, 175, 177, 185–189, 192 f., 197, 204, 207 f., 210 f., 218, 222, 241 ff., 253, 255, 264, 283, 298, 301–305, 324, 385, 444
Bruns, Friedrich 145
Bucerius, Gerd 382
Budde, Henning 319
Bueri, Ghardo de (Gerard der Wale) 185
Bugenhagen, Johannes 316–320
Bukow 53
Bulle, Johann Friedrich 374
Burgund 203, 296, 298, 301, 304
Burkhard von Serkem 227 f., 436
Büsch, Johann Georg 371 f.
Butenhansen 173–178, 271, 327, 337
Buxtehude 86, 390
Byzanz 43, 62

Cádiz 362
Caesarius von Heisterbach 221, 235
Calvinismus 305, 321
Caprivi, Leo von 378
Carta marina 431
Castorp, Hinrich 242, 308

Champagne-Messen 75, 97, 136
Chiffoleau, Jacques 237
China 13 f., 16, 163, 369, 407 f.
Chonnert, Hans jun. u. sen. 211 f., 322
Christian I. (Dänemark) 26
Christian II. (Dänemark, Norwegen u. Schweden) 310
Christian III. (Dänemark u. Norwegen) 312
Christian IV. (Dänemark u. Norwegen) 339, 350
Christianisierung 33, 42 f., 46, 52, 75, 77, 198
Christine (Schweden) 353
Cleinigken, Johan 359
Clemens VII. (Papst) 302
Coesfeld 90, 252
Comenius, Amos 196
Compliance 217, 396
Cordes, Albrecht 167
Corporate Governance/Responsibility 395 f., 400, 404
Court of Common Pleas 286
COVID-19/Corona 13, 102, 104, 293, 401
Cranach, Lucas d. Ä. 318
Curick, Georg 147

Dahrendorf, Ralf 393
Damme 96, 138
Dänemark 22, 24, 26 f., 34, 36, 39, 41 f., 50, 52, 55, 59 f., 68, 74–78, 80 f., 92 f., 96 f., 100, 105, 111–114, 116 f., 121, 124 f., 132, 156, 169, 226, 245, 265, 270, 272–275, 297, 299, 306, 310, 312, 314 f., 322, 339 f., 348–351, 353, 360, 367, 373, 377, 387, 409, 417, 426, 439
Dankwarderode 50
Danzig 27, 83, 103, 135, 146 f., 166, 172, 179, 190, 205, 211, 213, 263, 271 f., 276, 299 f., 307, 309, 320 f., 323, 326, 331, 337, 343, 345 f., 353, 356, 362, 409
Darßer Ort 150
Demmin 89, 338 f., 450
Detmar (Chronist) 99, 227, 436
Deutscher Bund 364, 369, 372
Deutscher Orden 81 ff., 111, 195, 197, 271 f., 281, 306–309, 313 f., 320
Deutscher Zollverein 369
Deutsches Schifffahrtsmuseum 152
Deventer 298
Dijon 296
Dirhems 35, 41
Distributionsrevolution 325 f., 329
Dollinger, Philippe 17, 408
Domann, Johann 335 f., 340
Dominikaner 81, 226 ff., 236, 238 f., 275
Donau 32
Dorestad 34, 39
Dorpat/Tartu 111, 121, 127, 309, 314
Dortmund 69 ff., 90, 95, 97 f., 115, 130, 138 f., 169 f., 188, 207, 223, 242 f., 252, 283, 326, 337, 385, 389, 434
Dreikronenkrieg 315
Dreißigjähriger Krieg 290 f., 325, 339, 341 f., 344, 347, 349–355, 358, 370
Dublin 191
Duisburg 13, 37, 68, 70, 252, 333
Düna 76
Durchsetzungskosten 165, 167
Durham 73
Dusil, Stephan 70
Dyemans, Tonie 426

Ebel, Friedrich 283, 286
Ebel, Wilhelm 286
Edward I. (England) 100, 133
Edward IV. (England) 27 f., 299 f., 302, 309
Ehrbarkeit/Ehrbarer Kaufmann 9–12, 15 ff., 19, 21, 66, 206, 217, 290, 298, 391, 393–401, 404, 407, 457

Eider 33, 39
Eike von Repgow 47
Einbeck 333
Elbe 45 f., 89, 159 f., 223, 279, 288 f., 320, 339, 344, 350, 361, 363
Elbing 83, 108, 114, 346
Elisabeth I. (England) 303
Ellerdorpe, Hans 323
Emden 303
Engholm, Björn 387 f.
England 26 ff., 34–37, 41 f., 44, 57 f., 65–69, 74 f., 79, 86, 88, 96–102, 107, 119, 132–136, 146, 153, 156 ff., 173, 179, 188, 191 ff., 195, 201, 203 f., 206, 243, 245, 249 f., 265, 268, 273 f., 285 f., 292, 298–304, 313, 319, 323, 326, 341, 343–347, 358, 360, 366 f., 369, 375, 382, 409, 417, 429, 439; s. a. Britische Inseln; Großbritannien
Erfurt 205, 275
Erhard, Ludwig 401
Erich (Dänemark) 99 f.
Erich (Norwegen) 418
Erich von Pommern 310
Erik II. (Norwegen) 101
Erik II. Emune (Dänemark) 50
Erik IX. (Schweden) 42
Erik XIV. (Dänemark) 315
Erkelenz 432
Erlangen 214
Ernst von Kirchberg 53
Ernst von Sachsen 295
Erster Nordischer Krieg 314 f.
Ertheneburg 413
Essen 385, 414
Estland 39, 77 f., 92 f., 322, 403
Ethik 9, 393, 395, 401, 404
Europäische Union (EU) 14, 386 ff.
Europäische Zentralbank 391
Europäisches Hansemuseum 81, 225, 385, 443
Eutin 228
Ewert, Ulf 85
Fahlbusch, Friedrich 389
Fahrtgemeinschaften/Fahrtrichtungsgenossenschaften 74, 84, 93, 132, 212, 240
Faktoreien 215
Färöer 42, 130
Fasten/-zeit 197 ff.
Fegefeuer 234–237
Fehden 266 f., 270 f., 297, 442
Felle s. Pelz/-handel
Ferdinand II. (HRR) 347, 350 f.
Finanzkrisen 400 f.
Finnland 42, 68, 211, 322, 387
Fisch/-handel 119, 121, 131, 134, 143 f., 161, 179, 190, 197–203, 424, s. a. Heringe, Stockfisch
Fischer, Hinrich (Pseud.) 357 ff.
Flandern/Flamen 16, 24, 45 f., 53, 65, 67 f., 75, 96 ff., 102, 108 ff., 118 f., 136–139, 141, 157, 165, 175, 186, 188 f., 192 f., 201, 214, 223, 245, 295 f., 298, 300, 303 f., 439
Flandernblockade 109 ff., 133, 245, 253, 267
Florens V. (Holland) 97
Florenz 185, 300, 396
Flottenverein 377
Fondaco dei Tedeschi (Venedig) 176 f., 306
Foxe, John 323
Franck, Caspar 20
Frankenreich/Franken 34 f., 45, 59, 193
Frankfurt am Main 145, 181, 193, 209, 287
Frankreich 22, 37, 39, 44, 75, 88, 98, 100 f., 139, 141, 144, 156, 193, 201, 226, 237, 274, 279, 285, 292, 301 f., 354 f., 358, 360 f., 363 ff., 367, 371
Franz I. (Frankreich) 302
Franziskaner 226 ff., 238, 310, 319
Fridays for Future 10 f.
Friedland, Klaus 17

Friedrich I. Barbarossa (HRR) 50, 56–59, 67 f., 79 ff.
Friedrich I. (Dänemark u. Norwegen) 310–313
Friedrich II. (Brandenburg) 264, 294
Friedrich II. (HRR) 58 f., 79 f., 82, 87
Friedrich III. (HRR) 118
Friedrich V. (Pfalz) 349
Friedrichstadt 33
Friesland/Friesen 33 f., 39, 53, 147, 192
Fugger 186, 312, 329

Gardelegen 389
Gästehandel/-recht 98, 121, 173, 175 f., 178, 271, 309, 337
Geld 39, 48 f., 58, 62, 66 f., 71, 96, 104, 140, 151, 163 f., 167–171, 180–188
Geldern 115, 203
Genf 320
Gennep, Wilhelm von 294
Gent 68, 91 f., 138, 298
Gerhard Unmaze 66 f.
Gerhard von Wesel 132
Gert von Holstein 111
Gesellschaftshandel 73, 167–171, 174, 205 f., 274, 291, 328
Getreide/-handel 44, 101, 105, 110, 119, 161, 190, 203, 298, 345 f.
Gianni di Lubiche 185
Gibbon, Edward 290
Gibraltar, Straße von 344
Giese, Georg (Jörg) 205 f.
Gilden 74, 95, 130, 231, 422
Globalisierung 25, 163, 403
Godric von Finchale 72 f.
Godunow, Boris 343
Goethe, Johann Wolfgang von 9
Goslar 56, 69, 91, 98, 333, 417
Goswin von Coesfeld 264
Gotenhof (Nowgorod) 129
Gotland 37, 39, 41, 61–65, 67 f., 70 f., 74 ff., 92 ff., 107 f., 112, 124 f., 127, 129, 156, 207, 276, 413, 417, 419
Göttingen 21, 90, 333, 370, 373, 377, 445
Grafenfehde 312
Great Bullion Famine 188
Greif, Avner 85, 94, 162, 393
Greifswald 112, 248, 316, 334
Grenznutzen 218
Gresham'sches Gesetz 183
Greverade II., Alf 186
Griechenland 39, 193
Groningen 71
Grönland 42
Großbritannien 364, 367 f., 375, 378, 381; s. a. England
Große Ravensburger Gesellschaft 168
Große Schicht (Braunschweig) 245
Guido I. (Flandern) 97 f.
Gustav I. Wasa (Schweden) 310, 312 f., 322, 447
Gutenberg, Johannes 329

Haager Allianz 350
Haithabu 33, 36, 38 f., 41, 410 f.
Hajduk, Thomas 12 f.
Håkon VI. (Norwegen) 113
Halberstadt 190, 246, 321, 351
Halle 294 f.
Haltern 252
Hamburg (Hammaburg) 39, 59, 65, 70, 76 f., 79, 84, 89 f., 97, 100, 103, 108, 115, 120, 132 f., 135, 148, 160, 172, 177, 179 f., 204 f., 228, 231, 257 f., 273, 276–279, 281, 283, 288 f., 296, 303, 310 ff., 317, 319 f., 325 f., 329, 337, 339, 341, 344 f., 349, 352–362, 365 ff., 371 f., 374 f., 380, 382–385, 389, 397 f., 401, 416, 430, 447
Hammel-Kiesow, Rolf 17, 118 f., 324 f.
Handelskammern s. Industrie- und Handelskammern
Hannover 258, 333, 365

Hanse der Neuzeit 388, 390; s. a. Städtebund: die Hanse
Hanseaten 330, 357, 360–372, 376–379, 382 ff., 389, 399, 401
Hanseatische Gesandtschaft 369
Hanseatische Legion 364
Hanseatisches Magazin 371, 454
Hansedrittel u. -viertel 106 ff., 136, 258, 331, 337
Hanseforschung/-geschichtsschreibung 22–25, 30, 85, 117, 141, 158, 167, 191, 207, 254, 256, 266, 290, 292, 295, 304, 370, 372 ff., 377, 380–384, 389 f.
Hansekoggen s. Koggen
hänseln 213
Hanserezesse 109, 114, 250, 253–257, 259, 263, 275, 317, 352, 373 f., 377
Hansetage 74, 109, 111, 114, 135 f., 142, 174 f., 188 ff., 216, 245 f., 250–253, 256–263, 265, 271, 290, 295, 298, 300, 305, 309, 315, 316, 324, 331–334, 336 f., 339, 342, 352, 356, 387–390, 429, 440, 452; s. a. Tagfahrten
Hansische Geschichtsblätter 23
Hansische Arbeitsgemeinschaft 381 f.
Hansischer Geschichtsverein (HGV) 22 ff., 116, 374 f., 377, 381, 452
Hansisches Urkundenbuch 254 f., 440
Häpke, Rudolf 377
Harald Hardråde 35, 37, 41
Harald II. (England) 35
Harburg 456
Harderwijk 115
Haus Seefahrt (Bremen) 232
Havelberg 389
Haverei, Große 153
Hebriden 42, 192
Heidelberg 31, 47
Heinrich II. (England) 67 f., 75, 132
Heinrich III. (England) 100
Heinrich VI. (HRR) 57 f.
Heinrich VIII. (England) 302
Heinrich der Löwe 46, 50 f., 54–58, 63, 67, 94, 124
Heinrich der Seefahrer 157
Heinrich der Stolze 51
Heinrich Julius (Braunschweig) 339
Heinrich von Liubice 52
Helgoland 279
Hellqvist, Carl Gustaf 112
Hellweg 68 f., 414
Helmold von Bosau 52–55, 57
Helsingborg 113, 115, 209
Helsinki 387
Hemeling, Johann 440
Hemse 413
Henn, Volker 253, 408
Hennegau 276, 296
Heraeus, Jürgen 391–395
Herford 90, 326, 417
Heringe/Heringshandel 198–202, 325, 432; s. a. Fisch
Hermann von Salza 81 ff.
Hernig, Marcus 13–16, 408
Heß, Jonas Ludwig von 364
HHLA 403
Hiddensee 150, 154, 156
Hildesheim 69, 91, 200, 256, 273, 356, 417
Hispanische Kollekte 341
Höhlbaum, Constantin 255
Holbein, Hans 71, 205 f., 302
Holland 27, 53 f., 95, 97, 113–116, 141, 175, 199, 204, 265, 276, 290, 296 ff., 310 ff., 325, 345, 409, 429; s. a. Niederlande
Hollingstedt (Hugstaeth) 33
Holstein 42, 52, 56, 80, 95 f., 145, 209, 297, 310, 349
Holstentor (Lübeck) 14
Holz/-handel 160 f., 166, 325
Honig/-handel 45, 190, 196
Hostelliers 140 f.
Hövel, Gotthard von 241
Hoyer, Sweder 221, 315
Huizinga, Johan 291
Hundertjähriger Krieg 107, 274
Hussiten 321

Iberische Halbinsel 37
IJsselmeer 33, 253, 333
Imperialismus 290, 376
Industrialisierung 397
Industrie- und Handelskammern 398, 400 f., 407 f.
Innozenz III. (Papst) 76
Institutionenökonomik, Neue 25, 74, 85, 162–165, 167, 183, 217 f.
Integration, europäische 386 f.
Interregnum 87 f., 91, 384
Iran 13
Irsigler, Franz 164, 207
Isborsk 37
Iserhel, Harmen 447
Island 26, 42, 273, 299, 309, 431
Israel/Heiliges Land 57, 146, 225
Italien 56, 75, 79, 144, 157, 181, 185, 193, 215, 223, 328, 337, 344, 402
Iwain 48
Iwan III. der Große (Russland) 307 f., 311 f.
Iwan IV. der Schreckliche (Russland) 313 f.
Iwangorod 343

Jagiellonen 306
Jahnke, Carsten 17, 190, 254
Jakobus, Hl. 223 f.
Jaroslaw der Weise (Kiew) 37
Jaroslaw Wladimirowisch von Nowgorod 125, 413
Jenks, Stuart 28, 85, 133, 161, 164, 166, 175, 189, 260, 325, 428
Jerusalem 81
Johann Cicero von Brandenburg 294
Johann II. (Brabant) 139
Johann von Dowey 92 f., 98, 125
Johannes der Täufer 181
Johannes von Rigemunde 93
Johanniter 81
Johansson, Claus 151
Jörn, Nils 28, 408
Juden/-tum 86, 104, 355
Jütische Halbinsel/Jütland 33, 350

Kalmarer Union 274, 306, 310, 312, 315
Kammin 353
Kampen 179, 295 ff.
Kap Domesnäs (Kolkasrags/Kap Kolka) 155
Kaperfahrten/-kriege 267–276, 297, 299 ff., 310, 312, 315, 442
Kapfenberger, Diana 166
Karl IV. (HRR) 114 f.
Karl V. (HRR) 310
Karl der Große 35
Karl der Kühne (Burgund) 301
Karl von Flandern 241
Karolinger 37, 40, 69
Kasimir III. (Polen) 114
Kaspisches Meer 35
Kastilien 226, 285
Katharer 226
Kaufmannshanse 240, 388
Kaufmannsrecht s. *lex mercatoria*
Kempe, Stephan 310, 319 f.
Kempen 151
Kersten, Felix 382
Ketelhot, Christian 317
Kettler, Gotthard 314
Kiel 141
Kiew 37, 43
King's Bench 286
King's Lynn 72, 119 f., 420
Kitsch 10
Kleve 97
Klima 44
Klinkerbauweise (Schiffbau) 147
Knaust, Heinrich 205
Kniphoff, Claus 310, 320, 447
Knud der Große 42
Knud IV. der Heilige (Dänemark) 42, 77
Knud VI. (Dänemark) 60
Knudsgilde 74
Kock, Reinmar 103, 171, 276
Koggen 81, 99, 145–148, 152, 268
Kolberg 202, 334

Kollektivhaftung 26 ff.
Kollerup-Kogge 147
Köln 39, 56, 58, 63, 65–70, 75, 79, 95, 97 f., 114 ff., 132–135, 138, 158 ff., 176, 190, 193 f., 201, 205, 208 ff., 221, 229, 236 f., 241 f., 252, 255, 257 f., 262, 265, 281, 294, 298–301, 325 f., 331 f., 337, 352 f., 356 ff., 385, 414, 422, 426
Kolonien/Kolonialisierung 45, 140, 327, 354, 366 f., 376
Kompass 157 f.
Konföderationsnotel 332, 337, 339 f.
Königsberg 83, 308, 321 f., 441
Konrad I. (Masowien) 82
Konstantinopel 37, 223, 308
Konsulate 365, 367 f.
Kontore 106, 110 f., 118–122, 128, 131–136, 139–143, 145, 150, 166 f., 173 ff., 177, 179, 188 f., 192 f., 196, 205 ff., 212 f., 222, 240, 243, 253 ff., 258 ff., 262 ff., 283, 298, 300, 303–306, 308, 323 f., 327, 332 f., 370, 422
Kopenhagen 271
Koppmann, Karl 116, 255, 374
Korner, Hermann 275
Korsaren 279, 360, 365
Krakau 114, 307, 346
Kraweelbauweise (Schiffbau) 147 f.
Krefftig, Heinrich 349
Kreuzzüge 46, 48–51, 57, 77 f., 81, 88, 100, 146, 153, 156, 189, 221, 228, 236, 314
Krieger, Karl-Friedrich 285
Kulm, Kulmer Land, Kulmer Recht 82, 83, 281
Kunz von Rosen 277
Kupfer/-handel 307, 346
Kureke, Johann 317
Kurland 313 f.
Küstenschifffahrt 153 ff.

Ladbergen 90
Ladoga-See 126
Lam, Valentin 214
Lamprecht, Karl 377
Lappenberg, Johann 372 ff.
Lateinamerika 376; s. a. Amerika
Lauchen, Georg Joachim von 157
Lauenburg 52, 160, 257
Le Goff, Jacques 234
Leipzig 145, 309
Lemberg 145
Lemgo 70, 389, 417
Leo, Johannes 236 f.
Leopold I. (HRR) 359
Lettland 76, 322
Leuchtfeuer 154
Levante 341
Lewenstad 55
lex mercatoria (Kaufmannsrecht) 167, 284, 287 f.
Lille 68, 136
Lindisfarne 35
Lippe 253, 417
Lippstadt 90, 213, 284
Lissabon 193, 327
Litauen 69, 82, 308, 313, 315, 322, 417
Litauerreisen 77
Liubice (Alt-Lübeck) 51 ff.; s. a. Lübeck
Livland/Liven 39, 76 f., 82, 97, 107, 111, 121, 127, 150 f., 175, 188, 207, 210, 308 f., 313 f., 320, 322, 340, 342, 417 f.
Lofoten 143 f.
Lohn-Preis-Schere 105
Loire 201
Lombardischer Städtebund 56
Lombardus, Petrus 219, 238
London 27, 67, 69 ff., 75, 103, 118, 122, 133–136, 140, 173, 177, 205 f., 283, 300, 302 f., 323, 341, 355, 367, 370, 422, 444
Lot s. Senklot
Lothar III. (HRR) 51
Lübeck 14, 16, 25, 28 f., 31, 39, 47, 51–56, 59 f., 63 ff., 67 f., 70 f., 75–82, 84, 89–92, 95–101, 103, 106, 108–111, 113, 118, 121 f.,

125, 130–133, 135, 138 f., 142, 144, 146, 150, 152 f., 156, 160, 167, 169 ff., 178–182, 185 f., 188 ff., 194, 197, 200 ff., 204, 207 ff., 213 f., 220 f., 223, 226–229, 232 f., 237, 241–244, 246, 248, 252 f., 255, 257 f., 260–263, 267 ff., 271 f., 275 f., 281, 283–286, 289, 296, 300, 308–312, 315, 317–323, 325 f., 329, 331 f., 336 f., 339 f., 342–346, 349, 351–357, 358, 360 ff., 365, 371, 378–381, 383, 385, 398 f., 408, 412, 416 f., 426, 429 f., 439, 443, 447; s. a. Liubice
Lübecker Währung 181 f.
Lübisches Recht 77, 169, 171, 213, 281, 428
Ludwig II. (Bayern) 374
Ludwig IV. (HRR) 181
Ludwig IX. (Frankreich) 75
Ludwig XIV. (Frankreich) 354 f., 359
Lund 76
Lüneburg 52, 54, 91, 160, 181, 190, 200, 202, 223, 229, 246, 252, 257, 289, 317, 339, 385, 449
Luther, Martin 232, 234, 315–323
Lüttich 235
Luxemburg 296
Lysø 78

Maas 34, 109, 191, 253
Maastricht, Vertrag von 386
Madrid 305, 342
Magdeburg 47, 69, 95, 190, 281, 282, 285 ff., 339, 351 f., 364, 370, 385
Magdeburger Recht 281, 285
maghribi traders 85 f., 94, 162, 393
Magna carta 75
Magnus (Schweden) 100, 113, 142
Mainz 158
Mallorca 193
Malmö 121, 199, 387
Manager/-gehälter 216 f., 391 f.
Mandala-System 366
Mann, Thomas 330, 379, 398 f., 401
Mannzahl 169, 274, 327
Margarethe I. (Dänemark, Norwegen u. Schweden) 274
Margarethe von Flandern 63, 95
Marienkirche (Lübeck) 233
Marktintegration 163 ff., 324
Marktwirtschaft 392, 401
Markzahl 168 f., 274, 327, 328
Marokko 344
Mary I. (England) 323
mascopey 327, 328
Masowien 82
Matthäus (Mönch in St. Albans) 88
Mauro, Fra 157
Maximilian I. (HRR) 277, 279
Mažvy, Martynas 322
Mechelen 109
Mecklenburg 42, 52 f., 76, 79, 96, 115, 204, 274 f., 351, 369
Medebach 70, 124, 169
Medici 185 f., 300
Melanchthon, Philipp 316
Memel/Klaipėda 69
Memling, Hans 299 f.
Memoria 228 ff.
Merchant Adventurers 290, 303, 337
Mertens, Ludeke 179
Messen 38, 69, 75, 97, 111, 116, 121 f., 136, 144 f., 184, 193, 199, 202, 304, 309, 313, 325, 329
Messkosten 165 ff.
Meyer, Marx 312
Minden 90, 417
Mittelmeer 35, 37, 140, 144, 154, 157, 169, 268, 279, 326, 344, 365
Mohammad (Persien) 368
Mölln 223 f.
Møn 156, 426
Mongolen 75, 84, 308
Mosel 193
Moskau 197, 308, 314, 342 f.
Mstislaw Davidowitsch 70 f.
München 43, 373 f., 407

Münden 90, 160
Münster 70 f., 90, 95, 98, 214, 252, 264, 337, 358, 390
Myra 222

Nachtsprung 156
Napoleon Bonaparte 363 ff., 370, 372, 397
Narva 212, 309, 314
Nāser ad-Din (Persien) 368
Nationalsozialismus 379 ff., 383, 400
Navigation (Schifffahrt) 154–159
Nestor-Chronik 37 f.
Neue Seidenstraße (Belt and Road Initiative, BRI) 13, 15 f., 407
Nevill, Richard 301
Newa 125 f.
Niederlande 44, 70, 72, 75, 115, 119, 146, 151, 193, 203, 207, 255, 291, 297, 303, 305 f., 323, 328, 337, 340 f., 344–347, 350, 353, 355, 358, 360, 388, 433; s. a. Holland
Nietzsche, Friedrich 375, 455
Niklot (Abdoritenfürst) 52
Nikolaikirchen 223 ff.
Nimwegen 360
Norddeutscher Bund 369
Nordische Gesellschaft 378–381
Nordische Verkehrs GmbH 379
Nordsee 22, 32–35, 38 f., 41, 70, 80, 103, 144, 146, 154, 156, 199 f., 203, 274, 276, 279 f., 290, 341, 345, 353, 380, 403
Norfolk 72
Normannen 37 f., 42
North, Douglass 163, 183
Northeim 90
Norwegen 26 f., 36, 39, 41 f., 55, 66, 97, 99–102, 105 f., 111, 113, 119, 141 f., 144, 195, 245, 274, 310 ff., 339, 381, 418, 439
Norwich 323
Nowgorod 37, 39 f., 63, 65, 70, 111, 118, 120, 122–131, 140, 143, 156, 164, 166 f., 171, 177, 186, 188 f., 193, 195, 213, 218, 231, 245, 283 f., 307 ff., 314, 324, 343, 366, 385, 413, 417
Nowy Torg 125
Nürnberg 279, 284, 349

Oder 307
Ogilvie, Sheilagh 74
Olaf II. (Norwegen) 42
Olaus Magnus 126, 155 f.
Oldenburg 264, 312
Oldesloe 54, 79
Opportunitätskosten 164
Ordoökonomik 458
Öresund/Sund 27, 34, 99, 113–116, 122, 179, 270, 312
Orient 35, 40, 49, 176
Orkney-Inseln 191 f.
Osbern (Chronist) 156
Öseler 78
Oslo 142
Osnabrück 70, 90, 257, 283, 337, 340, 352 f., 356, 358, 417
Osterlinge 204, 305
Ostfriesland 276
Osthusen, Johannes 25, 28 ff., 243
Ostorp, Dirk 319
Ostra, Friedrich 319
Ostsee 22, 26, 32–35, 38, 40, 42, 46, 50 ff., 59 f., 65, 68 ff., 75, 77, 80 f., 96 f., 103, 115 f., 124, 144, 146, 154, 156 f., 171, 188, 194, 199 f., 203 f., 208, 223, 244, 266, 270, 272, 274, 276, 281, 290, 297, 306, 310, 312 f., 315, 320, 325 f., 328, 339 f., 345 f., 349, 351, 353, 379 ff., 387 f., 403, 410, 417
Ottar (Reisender) 36
Otto II. (Brandenburg) 59
Otto III. (HRR) 43
Otto IV. (HRR) 58, 67
Ovid 30
Oxenstierna, Axel 353

Paderborn 69
Paris 37, 361, 368

Patiner, Heiße 171
Pax Waldemariana 60, 75 f.
Peene 338
Pegolotti, Francesco 396
Pelser, Steffen 213 f.
Pelz/-handel 39, 131, 190 f., 195 ff., 214, 342, 366
Peraudi, Raimundus 237
Pernau 127
Persien 66, 366, 368
Pest 102–106, 183
Petershof (Nowgorod) 118, 128 ff., 143, 188, 308 f., 342
Pfalz 342, 347 ff.
Pfundzölle 113, 115, 270; s. a, Zölle
Philipp II. August (Frankreich) 75
Philipp II. (Spanien) 305, 344
Philipp der Gute (Burgund) 296 ff., 301
Philipp von Schwaben 58
Piasten 43, 82
Pilger 223 ff., 236
Pining, Diderik 273
Piraten 29, 127, 244, 273, 276; s. a. Seeräuberei
Pirenne, Henri 192
Pitz, Ernst 248 ff.
Pleskau/Pskow 120 f., 123, 127, 195, 314, 343
Plettenberg, Wolter von 320
Polabien/Polaben 52, 57
Polen 43, 114, 306–309, 313 ff., 321, 334, 345 f., 349 f.
Polozk 195
Pommerellen 83
Pommern 96, 113, 115, 201, 315 ff., 319, 338, 353
Poperinge 192
Portugal 157, 193, 201, 354 f.
Pothorst, Hans 273
Prag 347, 349, 451
Prämonstratenser 319
Preußen/-fahrten 77, 82 f., 106, 113 f., 116, 157, 175, 188 f., 200, 203, 255, 271, 281, 293, 298, 301 f., 309, 313, 330 f., 345 f., 362, 369, 419
principal-agent problem 216, 329
Prise 271, 274
Privilegien 15 f., 24, 29, 59 f., 67 f., 74, 76 f., 79, 81 f., 84, 94–101, 106 f., 110 f., 113, 116, 118–121, 132 ff., 138 f., 142, 145, 160, 165, 174, 181, 241, 261, 263, 265, 275, 283, 290, 295, 298, 300–303, 305 ff., 309, 313, 320, 324, 331 ff., 338 f., 343, 444
Privy Council 303
Privilegienpanzer 96, 106, 119
Protestantische Union 348 f.
Pruzzen 77, 82
Pskow s. Pleskau
Pskowa 120
Ptak, Roderich 16
Putin, Wladimir 38
Pyre, Johann 172

Qa'im (persischer Premierminister) 368
Querini, Pietro 144

Radevormwald 207
Rama IV. (Siam) 367
Rammelsberg 69
Ratssendeboten 249 f., 254, 256, 262 f., 295, 318, 322, 336, 440
Ratzeburg 51, 55, 78 f.
Ravensburg 168
Raymundus de Peñaforte 239
Recklinghausen 70
Reformation 229, 232 f., 310, 312 f., 316–324, 347, 448
Regensburg 197, 284, 347, 358
Reginald (Mönch) 72 f.
Regionaltage 253, 257, 332, 388
Reichsfreiheitsbrief, Lübecker 79 ff.
Reichstage 197, 342, 347 f., 356
Reie 136, 138
Reincke, Heinrich 281
Restitutionsedikt 351

Reunionskriege 359 ff.
Reussel, Hans 323
Reval/Tallinn 70, 77, 93, 111, 127, 131, 150 f., 171 f., 179, 212 ff., 256, 309, 314 f., 320, 334, 340, 379, 403, 426, 430 f.
Rezesse s. Hanserezesse
Rhein 34, 37, 68, 90, 97, 158 ff., 193 f., 201, 203, 253, 301, 337, 353, 381, 433
Rheinischer Städtebund 90
Rheinland 32, 65, 70, 75, 113, 138, 191, 262, 265, 413
Ribe 39
Richard Löwenherz 57 f., 132
Richard von Cornwall 87
Riga 70 f., 77 f., 93, 111, 125, 127, 155 f., 178, 195, 207, 229, 231, 271 f., 284, 309, 334, 340
Rijswijk 361
Rimbert von Bremen 39
Rinteln 284
Robert von Flandern 139
Rohmann, Gregor 276
Rolands-Lied 336
Rôles d'Oléron 178, 285
Rom 227 f., 294, 308
Rörig, Fritz 55, 326, 380, 382 f.
Rosenberg, Alfred 379, 381
Rostock 76, 89 f., 100, 108, 153, 181, 190, 200, 246, 253, 275, 317, 319, 351, 356, 358, 385, 426
Rotterdam 13, 403
Rudolf August (Braunschweig) 356
Rudolf von Ems 66
Rügen 50, 96, 201
Ruhr 159
Rurik (warägischer Fürst) 37
Rus' 35, 37
Russland 37 f., 40, 55, 66, 68, 70 f., 75, 77 f., 102, 118, 123–129, 131, 169, 189, 195, 197, 306 f., 313 ff., 340, 342 f., 349, 368, 376, 417; s. a. Sowjetunion
Ruter, Johann 160, 426
Sachsen 45 ff., 51 f., 56 ff., 63, 65, 69, 79, 91 f., 106, 113, 223, 246, 252 f., 255, 257, 316, 331, 333, 337, 351
Sachsenspiegel 47, 266
Sächsische Weltchronik 80
Sächsischer Städtebund 253
Saint-Gilles 39
Salz/-handel 55, 68 f., 110, 121 f., 190, 201 ff., 223, 325
Salzkotten 69
Salzwedel 333, 389
Samarkand 14
Samland 39
Sandow, Reymer 150
Sarnow, Karsten 244 f.
Sartorius, Georg Friedrich 21 f., 370, 372
Sauerland 49, 69 f., 124, 191
Schaalsee 160
Schäfer, Dietrich 377 f.
Schauenburg 53 f., 59, 283 f.
Scheel, Paul 211
Scheibenkreuze 61 f.
Schelde 136, 139, 303, 305
Schengener Abkommen 386
Schiffer/Seeleute 74, 109, 146, 149–153, 155 ff., 178 ff., 222, 232, 272, 365
Schiffergesellschaft (Lübeck) 232 f.
Schiffsunglücke/-kollisionen 153, 160
Schiller, Friedrich 87, 305 f.
Schlei 38, 41
Schlesien 193
Schleswig (Sliasthorp) 33, 38–41, 68 f., 124, 145, 411
Schlittenfahrt 127
Schmidt, Helmut 383, 404
Schmilau 52
Schonen 70, 74, 76, 111, 116, 121 f., 145, 156, 165, 199, 201 f., 231, 313, 319, 325
Schottland 42, 100 f., 146, 203, 285; s. a. Britische Inseln

Schraen 130, 343
Schuldorp, Detlev 319
Schwalbach, Joachim 457
Schwartau 51
Schwarzes Meer 35
Schweden 34, 39, 42, 55, 65, 68, 97, 107, 111 ff., 115, 125, 156, 190, 269, 274 f., 306, 310, 312–315, 322, 333, 339, 346, 349, 351, 353, 355, 358, 360, 387, 419
Schwefel/-handel 191, 431
Schwerin 79
Schwertbrüder 77 f., 82
Seekriege 115, 265 f., 268 ff., 272
Seelenheil 219 f., 225, 227 ff., 234 f., 238, 396
Seeleute s. Schiffer
Seeräuberei 89; s. a. Piraten
Seeversicherungswesen 154
Seewurf 153
Seezeichen 154
Segeberg 52, 428
Seidenstraße 14, 16; s. a. Neue Seidenstraße
Seine 37
Selzer, Stephan 85, 177
Semgallen 314
Sendegut, *sendeveh* 169, 328
Senklot/Lot 153, 155 ff.
Sevilla 327
Shetland-Inseln 42
Siam/Thailand 366 ff.
Siebenbürgen 81
Siegerland 49, 69, 191
Sieveking, Georg Heinrich 371
Sigismund I. (Polen) 313
Sigismund II. (Polen) 313
Sineus (warägischer Fürst) 37
Singapur 367
Sizilien 37, 57 f., 88
Skandinavien 33, 35 ff., 39, 41 f., 44, 72, 74 f., 97, 113, 115, 147, 157, 203, 306, 322, 378 f., 381
Slawen 36–39, 43, 45 ff., 51 ff., 57, 97, 121, 147, 204
Slawenchronik 52, 57
Sluis 119 f.
Smidt, Heinrich 374
Smidt, Johann 371
Smolensk 70 f., 92
Societates-Register (Lübeck) 167 f., 170 f.
Soest 41, 61 f., 69 ff., 90, 95, 97, 130, 139, 202, 264 f., 281, 283, 294, 326, 337
Soester Fehde 264 f.
Soester Recht 283
Sowjetunion 123, 381, 387; s. a. Russland
Spanien 98 f., 138, 144, 201, 305, 341 f., 344, 346, 350, 353 f., 360
Spengler, Oswald 408
Speyer 210
Sprandel, Rolf 96, 243
St. Albans 88
St. Botulph, Messen 119
St. Gereon (Köln) 221
St. Jakobi (Lübeck) 208 f., 221
St. Maria zur Höhe (Soest) 61 f.
St. Marien (Lübeck) 257
Stade 91, 160, 267, 288
Städtebund: die Hanse 388 ff.; s. a. Hanse der Neuzeit
Städtebünde 24, 30, 56, 90, 93 f., 109, 116, 240, 253, 260 f., 294, 333
Stadtrechte 46, 69 f., 76 f., 124, 130, 169, 223 f., 250, 261, 279–286
Stadtrechtsfamilien 281 ff.
Stalhof (London) 27 f., 67, 69, 71, 118, 134 ff., 206, 299, 301 ff., 309, 323, 326, 332, 341, 355 f.
Stamford Bridge 35, 37
Stapel/-orte/-recht 99, 109 f., 119, 138, 160, 166, 176 f., 298, 303, 307, 312, 338
Staraja Russa 123
Staufer 57 ff., 79, 87
Stavoren 119, 409
Stecknitzkanal 160
Steiermark 56
Steinmeier, Frank-Walter 386

Steinwich, Lambert 349
Stendal 205, 333, 389
Stettin 190, 334
Stockfisch/-handel 142 ff., 199 f., 424, 432; s. a. Fisch
Stockholm 310, 353, 413
Störtebeker, Klaus 148, 273, 276–279, 309
Stöve, Jakob 214
Stralsund 22, 24, 89, 99 f., 108, 116 f., 142, 156, 181, 195, 229, 237, 244, 248, 258, 270, 294, 296, 319, 338, 340, 343, 349 ff., 353, 373 f., 377, 450
Stralsunder Frieden 24, 116 f., 122, 265 f., 270, 290, 373 f.
Straßburg 208
Stromer, Wolfgang von 214
Sture, Svante 268
Subprime-Krise 217
Suchkosten 165 ff., 177
Sudermann, Heinrich 332 f., 335, 340, 370
Sund s. Öresund
Sveinn Ásleifarson 191 f.
Sven Estridsson 41
Swartekop (Stader Bürger) 267, 288 f.
Sylvester (Abt v. Kiew) 37
Syndikus, hansischer 332 f., 335, 340, 370

Tagfahrten 83, 99, 110, 114, 142, 243 f., 250 f., 253 f., 257 f., 260, 262 f., 295, 331, 338, 418; s. a. Hansetage
Tallinn s. Reval
Tangermünde 389
Tannenberg, Schlacht bei 307, 314
Tartu s. Dorpat
Teheran 368
Testamente 103, 180, 227, 229, 237
Thailand s. Siam
Themse 67, 135
Thies, Theodor 367
Thomas von Aquin 238 f., 438
Thorn 83, 98, 108, 307, 346
Tiel 72, 79, 158
Tirpitz-Plan 378
Tohopesate 261–264, 294, 331
Tönning 33
Traktanten 169–172, 174, 216 f.
Transaktionskosten 85, 164 ff., 174, 177, 241, 243, 259, 306, 324, 403 f.
Transatlantik-Brücke 383
Transithandel 145, 161
Transsilvan, Maximilian 345
Trave 51, 53 f., 76, 78, 142, 150, 160, 237, 255, 260, 262, 273, 325, 332, 339, 343
Travemünde 79, 154, 379
Treene 33, 39
Treidelschifffahrt 159
Treitschke, Heinrich von 377
Trelleborg 121
Treptow/Trzebiatów 315 ff.
Tromsø 142
Trondheim 42, 144
Trotha, Thilo von 379
Truso 36, 39
Truwor (warägischer Fürst) 37
Tuch/-handel 49, 67 f., 123, 131, 139, 165, 189, 191 ff., 214, 226, 284, 300, 303 f., 325 f., 337, 431
Tucholsky, Kurt 19
Türkei 13
Turku/Åbo 211 f., 309
Turnhout 68, 136
Twente 207, 434
tyskebryggen (Bergen) 118, 141 f.

Übersee/-handel 344, 365 f.
Ueckermünde, Georg von 317
Uelzen 390
Ufermärkte 38
Ukraine 38
Umbrien 226
Ungarn 281, 307
Unna 69 f.
Unternehmensberatung 11 f., 396
Uppsala 42

Ural 308
Urban V. (Papst) 115
USA 367, 376, 394; s. a. Amerika
Utrecht 53, 97, 120, 296, 298, 301 f., 326
Utrecht, Frieden von 301 f.

Vågen 141
Valenciennes 95
van Buren, Godeman 186, 430
van den Poele, Jan 141
van der Burse (Brügger Bankiersfamilie) 140
van Geldersen, Vicko 172
Veckinchusen, Familie 207 f., 210 f., 222, 330, 434
Venedig 102, 144, 176 f., 185, 207 f., 306, 326
ventegut 166
Verbandshaftung 26 f.
Vergil 30
Verhansung 245 f., 264, 298, 300 f.
Versammlung eines Ehrbaren Kaufmanns (Hamburg) 397, 401
Viborg 309
Viklau 413
Visby 61, 64 f., 77, 93, 111 f., 130 f., 284
Vitalienbrüder 146, 274–278
Vitten 121, 201
Vordingborg 113 f.
Vreden 252

Waal 34, 72
Wachs/-handel 123, 131, 166 f., 194 ff., 214
Wagiren, Wagrier 52 f., 57
Währungen/Währungsvielfalt 180, 182 f., 188 f.
Waitz, Georg 373 f., 377
Wakenitz 53, 55
Waldemar I. (Dänemark) 50 f.
Waldemar II. (Dänemark) 60, 75–78, 80
Waldemar IV. Atterdag (Dänemark) 22, 24, 111–117, 265, 296, 377, 426
Wale, Reynolt de 151
Wallace, William (»Braveheart«) 100 f.
Wallenstein 350 f.
Walpole/Norfolk 72
Walther von der Vogelweide 59
Waräger 37 f., 126
Warthe 307
Wartislaw IX. (Pommern) 294
Weber, Max 402
Wechsel/-briefe 183–189, 210
Weichsel 36, 307
Wein/-handel 68, 79, 135, 138, 141, 190, 193 f., 199, 204 f., 325
Weißes Meer 313
Weißrussland 38
Welfen 50 f., 56, 58, 80
Wenden 46, 113 f., 116, 122, 204, 246, 252 f., 255, 258, 265, 268, 270 ff., 296 f., 310, 312, 331
Wendenkreuzzug 46
Wendischer Münzverein 180, 182
Werdenhagen, Johannes Angelius 370
Werl 69
Werne 90
Wernigerode 91
Wesel 252 f., 333, 385, 390
Weser 160, 363 ff.
Wessex/-kultur 32, 36
Westfalen 32, 41, 46, 53 f., 56, 63, 65, 68 ff., 75, 77, 90, 106, 113 f., 130, 171, 203, 213, 253, 255, 258, 264, 281, 309, 331 f., 389, 413, 417, 419, 428, 434
Westfälische Hanse 389, 413
Westfälischer Friede 345, 353 f., 359
Westhoff, Dietrich 169
Widenbrügge, Johann 319
Widerlegung 168 f., 171 f., 328
Wien 199, 359
Wiener Kongress 364
Wikinger/-zeit 34–38, 40 f., 144, 191

Wilhelm I. der Eroberer (England) 35, 42
Wilhelm II. (Deutsches Reich) 377 f.
Wilhelm II. von Holland 87, 95, 97
Willebrandt, Johann Peter 371
Winichakul, Thongchai 366
Winsen an der Luhe 288 f.
Winterfeld, Luise von 242
Wipperfürth 326
Wismar 76, 89 f., 99, 108, 160, 181, 200, 204, 253, 258, 262, 275 f., 319, 323, 351, 353, 355, 426, 430
Wittelsbacher 56
Wittenberg 79, 234, 315 ff., 319 ff.
Wittenborg, Johann 113
Władisław II. Jagiełło (Polen) 307
Woensam, Anton 159
Wohltätigkeit 220, 232
Wolchow 125 f., 129
Wolfenbüttel 312
Wolin 316
Wolle/Wollhandel 68, 107, 161, 188
Wolsey, Thomas 302, 323
Worms 358
Wucher 219, 235, 239
Wulflam, Wulf 270 f.
Wulfstan (Reisender) 36
Wullenwever, Jürgen 311 f.
Wyneke, Hans 172, 213 f.

Xi Jinping 13
Xi'an 14

Ypern 68, 136, 138, 192
Ystad 121

Zeeland 202, 296, 298
Zheng He 16
Zimmern, Helen 375, 455
Zirkelgesellschaft (Lübeck) 242
Zisterzienser 221, 225, 235
Zölle 63, 67, 76, 79, 88, 95 ff., 119, 127, 139, 142, 160, 164 f., 179, 199, 204, 323, 339, 367, 369, 376, 378; s. a. Pfundzölle
Zollern, Albrecht von 313
Zuiderzee 33, 146, 258, 297
zum Lamm, Marcus 342
Zünfte 130, 197, 231, 284
Zürich 90, 320, 449
Zweiter Weltkrieg 45, 215, 233, 384, 401
Zwin 120, 136, 138, 141, 303
Zwingli, Huldrych 321
Zwolle 388

Letzte Teilnahme an einem Hansetag
Teilnahme bis 1560
Teilnahme bis 1600
Teilnahme im 17. Jhd.
Teilnahme am letzten Hansetag 1669
Vollmacht beim Hansetag 1669
Oslo
Nordsee
Kopenhage
Stralsund 1629
Rostock
1606 Greifswald
1629 Wismar
Lübeck
Ankla
155
Stade 1584
Hamburg
Buxtehude 1591
Elbe
Lüneburg 1629
Bremen
Weser
Aller
Stendal
Berlin
1557 Groningen
1553 Bolswarde
Staveren 1553
Kampen 1553
1557 Zwolle
Amsterdam
Deventer 1615
Utrecht
Arnheim 1615
1619 Osnabrück
Minden 1559
Hannover 1535
Hildesheim
Braunschweig
Magdeburg 1629
Münster 1619
Nimwegen 1615
Wesel 1579
1608 Soest
Einbeck 1535
Goslar 1557
Paderborn 1556
1557 Venlo
Antwerpen
Brügge
1584 Duisburg
Dortmund 1606
Göttingen 1535
Halle
1557 Roermond
Köln
Rhein
0 50 100 150 km